无机非金属材料专业面向工业过程教材

无机非金属材料科学基础

刘剑虹　杨涵崧　张晓红　王超会　编

中国建材工业出版社

图书在版编目（CIP）数据

无机非金属材料科学基础/刘剑虹等编．—北京：中国建材工业出版社，2008.10
无机非金属材料专业面向工业过程教材
ISBN 978-7-80227-440-2

Ⅰ．无… Ⅱ．刘… Ⅲ．无机材料：非金属材料—教材
Ⅳ．TB321

中国版本图书馆 CIP 数据核字（2008）第 144802 号

内 容 简 介

本书介绍了无机非金属材料的形成规律、微观结构和成分状态，以及它们之间的相互关系。全书分 12 章，内容包括：无机晶体的结构与缺陷、非晶态固体、固体表面与界面、相平衡与相图、固体中的扩散、固相反应、相变过程、固体和粉末的烧结、材料的亚稳态等。

本书较全面地阐述了无机材料科学和工程的基础理论，注重新概念、新理论、新工艺、新材料以及不同学科知识的融合交叉，深度广度适中，力求既能反映无机材料学科发展的水平，又能适应专业教学的需要。

无机非金属材料科学基础

刘剑虹　杨涵崧　张晓红　王超会　编

出版发行：*中国建材工业出版社*
地　　址：北京市西城区车公庄大街 6 号
邮　　编：100044
经　　销：全国各地新华书店
印　　刷：北京密云红光印刷厂
开　　本：787mm×1092mm　1/16
印　　张：22.25
字　　数：548 千字
版　　次：2008 年 10 月第 1 版
印　　次：2008 年 10 月第 1 次
书　　号：ISBN 978-7-80227-440-2
定　　价：40.00 元

本社网址：www.jccbs.com.cn
本书如出现印装质量问题，由我社发行部负责调换。联系电话：(010) 88386906

前 言

为适应高等教育改革按系设置宽口径培养计划的需要，在原有《硅酸盐物理化学》教材内容的基础上，结合无机非金属材料学科近年来的发展现状，我们编写了《无机非金属材料科学基础》一书。无机材料科学基础是无机非金属材料与工程专业的一项重要的基础理论。本专业的学生是未来的材料研究与制备的技术人才，掌握材料的结构原理、成分与状态、化学反应过程的规律及相互间的联系，无疑对今后从事复杂的技术工作和开发新型材料十分有益。

无机材料是各种非金属无机物固体材料的统称。无机材料中最传统的部分是硅酸盐材料。随着工业水平的提高和科技的发展，硅酸盐制品工艺已不局限于制造陶瓷、玻璃、水泥和耐火材料制品，发展了一系列不含硅的氧化物、氮化物、非晶态薄膜、碳硼纤维等无机新型材料。为此，将本教材命名为《无机非金属材料科学基础》，既是适应新型无机材料飞速发展的需要，又能使本专业基础理论知识与"材料科学"这门学科相对应。

《无机非金属材料科学基础》是专门介绍无机非金属材料的形成规律、微观结构、成分与状态以及它们之间相互关系的一门重要的基础理论教材。本书共12章，主要涉及无机非金属材料的形成规律和微观结构等相关内容，内容包括无机晶体的结构与缺陷、非晶态固体、固体表面与界面、相平衡与相图、固体中的扩散、固相反应、相变过程、固体和粉末的烧结、材料的亚稳态等。

本书遵循从静态到动态、从微观到宏观的原则，循序渐进地介绍无机材料的组成、结构、状态的依从性。以无机材料制备过程中的基本原理和共性规律为主，兼顾无机材料应用过程中的环境行为，使科学和工程融合。每章附有思考题和习题，以便提高读者分析解决实际问题的能力，促进对基本概念的理解和应用。

本书较全面地阐述了无机材料科学和工程的基础理论。注重新概念、新理论、新工艺、新材料以及不同学科知识的融合交叉，深度广度适中，力求既能反映无机材料学科发展的水平，又能适应专业教学的需要。

本书第1章由齐齐哈尔大学刘剑虹编写；第2章、第3章由齐齐哈尔大学张晓红编写，燕山大学赵玉成参编一部分；第4章、第5章、第6章、第7章由佳木斯大学杨涵崧编写；第8章、第10章由齐齐哈尔大学刘剑虹、郝德生编写；第9章、第11章、第12章由齐齐哈尔大学王超会编写。

本书作为高等院校无机非金属材料专业本科生的专业基础课程教材或教学参考书，可替代原《硅酸盐物理化学》教材，实现加强基础、拓宽知识的大学本科专业培养目标，亦可用作材料科学与工程、材料学、矿物材料及相关专业本科生和研究生的教学用书和参考书，也可供科研院所、厂矿企业等从事材料科学及相关领域工作的广大科研人员、工程技术人员、技术管理人员阅读参考。

编者
2008年8月

目 录

第1章 绪论 ··· 1
1.1 材料科学与工程 ·· 1
1.2 无机非金属材料的定义及分类 ·· 4
1.3 无机非金属材料科学的发展历程 ·· 8
1.4 无机非金属材料基础科学的内容和任务 ···································· 10

第2章 结晶学基础 ·· 11
2.1 晶体的基本概念与性质 ·· 11
2.2 晶体的宏观对称性 ·· 13
2.3 晶体定向和结晶符号 ··· 16
2.4 晶体的理想形状 ··· 21
2.5 晶体结构的基本特征 ··· 22
2.6 晶体化学基本原理 ·· 28
习题 ·· 42

第3章 晶体结构与晶体中的缺陷 ·· 43
3.1 典型结构类型 ·· 43
3.2 硅酸盐晶体结构 ··· 52
3.3 晶体结构缺陷 ·· 64
习题 ·· 85

第4章 熔体和玻璃体 ··· 87
4.1 熔体的结构 ··· 88
4.2 熔体的性质 ··· 91
4.3 玻璃的通性 ··· 98
4.4 玻璃的形成 ··· 100
4.5 玻璃结构理论 ·· 106
4.6 常见玻璃实例 ·· 111
习题 ·· 116

第5章 固体的表面与界面 ··· 118
5.1 固体的表面 ··· 118

5.2 界面行为 ……………………………………………………………………… 129
  5.3 晶界 …………………………………………………………………………… 141
     习题 …………………………………………………………………………… 150

第6章 黏土-水系统胶体化学 ……………………………………………………… 152
  6.1 胶体概念和流变学基础 …………………………………………………… 152
  6.2 黏土的离子吸附与交换 …………………………………………………… 155
  6.3 黏土粒子的水化 …………………………………………………………… 160
  6.4 黏土-水系统胶体性质 …………………………………………………… 164
  6.5 瘠性料的悬浮与塑化 ……………………………………………………… 173
     习题 …………………………………………………………………………… 175

第7章 相平衡 ………………………………………………………………………… 176
  7.1 相平衡的基本概念及研究方法 …………………………………………… 177
  7.2 单元系统 …………………………………………………………………… 185
  7.3 二元系统 …………………………………………………………………… 194
  7.4 三元系统 …………………………………………………………………… 213
     习题 …………………………………………………………………………… 242

第8章 扩散 …………………………………………………………………………… 244
  8.1 扩散现象 …………………………………………………………………… 244
  8.2 菲克定律 …………………………………………………………………… 246
  8.3 扩散的机制 ………………………………………………………………… 252
  8.4 扩散的本质 ………………………………………………………………… 253
  8.5 影响扩散的因素 …………………………………………………………… 258
     习题 …………………………………………………………………………… 260

第9章 固相反应 ……………………………………………………………………… 262
  9.1 固相反应概述 ……………………………………………………………… 262
  9.2 固相反应的一般进程 ……………………………………………………… 265
  9.3 固相反应动力学 …………………………………………………………… 267
  9.4 影响固相反应的因素 ……………………………………………………… 274
     习题 …………………………………………………………………………… 278

第10章 相变过程 ……………………………………………………………………… 280
  10.1 相变概述 …………………………………………………………………… 280
  10.2 相变的分类 ………………………………………………………………… 281
  10.3 相变热力学 ………………………………………………………………… 288
  10.4 相变过程动力学 …………………………………………………………… 293

10.5　液-液分相的相变过程 ·· 303
　　习题 ··· 306

第 11 章　烧结 ··· 307
11.1　基本概念 ·· 307
11.2　固相烧结传质原理 ·· 311
11.3　液相烧结传质机理 ·· 316
11.4　晶粒长大与二次再结晶 ··· 320
11.5　影响烧结的因素 ·· 323
　　习题 ··· 325

第 12 章　材料的亚稳态 ·· 327
12.1　纳米晶材料 ··· 327
12.2　准晶态 ·· 332
12.3　薄膜状态 ·· 336

参考文献 ··· 345

第1章 绪 论

当今世界经济的腾飞和科学技术的崛起以信息科学、生命科学和材料科学为三大支柱。材料是一切技术发展的物质基础,材料也是人类进化的重要里程碑。材料伴随着人类的出现而产生,人类文明的时代特征就是以某种材料的使用来表明。人类文明的发展曾以石器时代、青铜器时代、铁器时代来划分,即以材料的进化为主要标志。材料可概括地分为三个主要的类型,即金属材料、高分子材料和陶瓷材料,在现代工程技术中还有另外两种重要的材料:复合材料和电子材料。另外,纳米材料已经在许多工业领域展露头脚,随着在微观尺度的精细结构和设备上的应用,也将导致另一种新材料类别的出现。

美国材料科学与工程调查委员会把材料定义为在机器、结构件、器件和产品中因其性能而成为有用的物质。换句话说,材料是人们可用来制作物品的宇宙中物质的子集。它在人们的日常生活中、在几乎所有的制造业中、在科学和工程的多数研究和发展中,都起着重要的作用,并与能源和信息构成现代技术的主要基础。

1.1 材料科学与工程

材料的制造由简单到复杂,在以经验为主到以科学知识为基础的发展过程中,逐渐形成了一门新兴的学科——材料科学。材料学科的领域是巨大的和多样化的,在当今世界上组成了一个庞大的循环系统。地球是所有材料的来源和归宿。图1-1形象地表达了在全球范围内

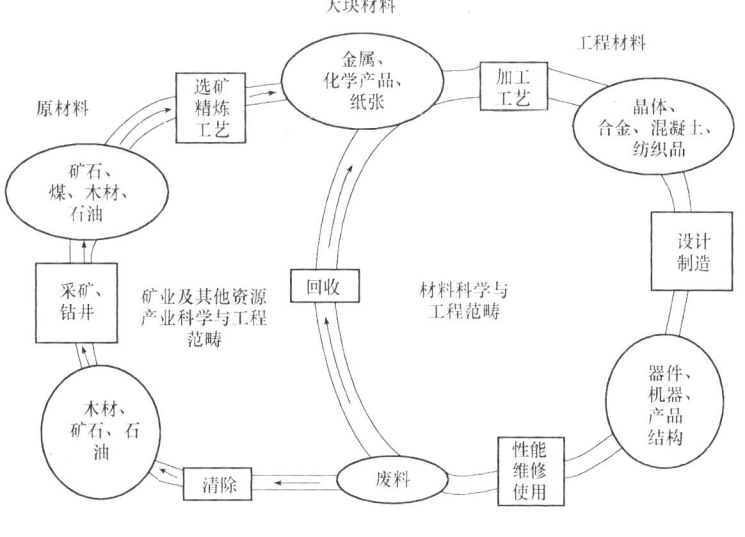

图1-1 材料循环示意图

的材料循环过程。通过采矿、钻井和收获，从地球上得到了矿物、石油、木材等原材料，再经过选矿、精炼、提纯、制浆及其他工艺过程，这些原材料就转化为工业用材料，如金属、化学产品、纸张、水泥、纤维等。在随后的工艺过程中，这些材料又被进一步加工成工程材料，如晶体、合金、陶瓷、塑料、混凝土、纺织品等。通过设计、制造、装配等过程，再把工程材料做成有用的产品。当产品经使用达到其寿命后，又以废料的形式回到地球或经过解体和材料回收以基本材料再次进入材料循环。

这样一来，材料循环很自然地就分为两个部分：左半部属于材料供应，主要是为了获得工业材料，它属于矿业及其他资源科学与工程的范畴；右半部属于材料消耗，主要是在制造结构件、器件、机器及其随后的使用中对工程材料的使用，它属于材料科学与工程的主要范畴。

材料的市场存在着竞争，一种材料会因为某些需求因素而被其他的材料取代。产品、原材料的利用率、加工制造的成本以及新材料和新工艺的发展，是造成原有被选用的材料发生改变的主要因素。当今，材料的领域从具有强烈火舌的吹氧炼钢炉到寂静的铜电解沉积、从规模巨大的钢材加工厂到珠宝的手工作坊、从尺寸很小的电子器件芯片到摩天大厦、从日常使用的塑料食品袋到宇宙飞船的钛合金壳体、从明净的玻璃到碳黑、从液态的金属汞到最硬的金刚石、从超导体到绝缘体、从可以在较低温度下成型的塑料到难以熔化的耐火材料……可以说，材料无处不在，无时不有。

第二次世界大战以前，基础科学与工程的联系并不十分紧密，各有自己的学科体系。随着科学技术的发展，基础科学与工程的联系日益紧密，甚至融成一体，进而促进新学科的发展，缩短了从基础科学研究的新发现到付诸工业应用的周期。

材料科学是研究材料的组分、结构与性能之间相互关系和变化规律的一门应用基础科学。它所包含的内容组成了一个以固体的"结构"、"化学反应"、"物理性能"及"材料工艺"为顶点的相关四面体，因而它是具有立体性质的一个科学领域。金属材料、有机高分子材料和陶瓷材料这三大材料，由于其各自分子或原子键合方式不同，它们既有相同的基础理论和规律，也有各自独立的结构组织和性质之间的变化规律。材料科学的发展对金属、有机高分子和无机非金属材料的研制与生产起了巨大的推进作用，它是研究材料共性规律的一门学科。

对于材料科学与工程，美国材料科学与工程调查委员会下的定义是：材料科学与工程是关于将材料的成分、结构、加工工艺与其性能和用途联系起来的知识的开发和应用。通常，材料科学部分更多地涉及有关材料知识的开发方面，而材料工程部分则更多地涉及有关材料知识的应用方面。

在材料科学与工程的多学科领域中所包含的主要学科与亚学科有固体物理、固体化学、有机化学、高分子物理、高分子化学、冶金学、陶瓷学。这个领域也包括合成化学、结构化学、理论化学、化学动力学以及化学工程、机械工程、电气工程、电子工程、土木工程、环境工程、航空工程、核工程、生物医学工程等大多数工程学科的一部分。经济学和管理学等学科也和材料领域的主要活动有关。还应当强调指出的是，这些学科或亚学科和材料科学与工程领域的界线并不十分清楚，而且还在不断地演化。这样，就为材料科学与工程提供了一个丰富的环境，使两个或更多的学科有目的地联合起来去解决一个材料问题，这个问题可以是基础研究方面或研究发展方面的，也可以是应用方面的。

图 1-2 表示材料领域中固体科学与材料工程之间的结合随时间的变化。从图中可以看出，在 20 世纪 20 年代，固体科学与材料工程还是分离的；而在 40 年代，二者已开始有些交叉；到了 70 年代，二者大部分重叠，也就是在这个时期，开始形成了材料科学与工程这样一门新的学科。材料科学与工程的多学科性和跨学科性，使得原来按材料种类划分的学科，如金属、陶瓷、高聚物等彼此之间的界线已不那么分明了。

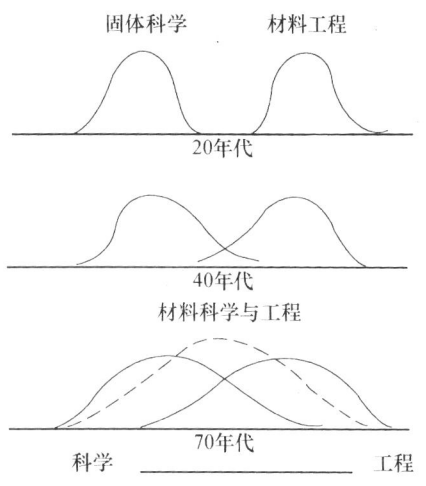

图 1-2 材料科学与工程的结合随时间的变化

材料科学与工程是一座桥梁，这座桥梁架设在基础科学（包括数学）与工程规律之间。材料科学主要是关注和探索材料方面的基础知识，而材料工程则主要考虑材料实际应用的知识。材料开发的目的就是生产出既容易成型，又具有使用特性的材料产品，一般用工艺→结构→性能这条路线去控制或改造性能。即工艺决定结构，结构决定性能。有些结构难以改变，如原子结构和晶体结构类型；有些组织结构虽然可以通过工艺来改变，但性能对于结构却有不同的敏感性。

面对材料问题，材料科学家侧重于探寻现象背后的机理，其主要职责是寻找对机理的解释；材料工程师侧重于表象规律的运用，其主要职责是照章办事。故说：科学家要"讲理"，工程师要"守法"，他们之间的合理分工与结合，可顺利地揭示出"现象与本质"之间的关系，较好地解决材料在实际应用中的问题。

下面以有涂层的不锈钢剃须刀片的研制为例，说明材料科学与工程的学科间怎样成功地合作解决问题。从 1945 年开始的 10 年中，美国一家以生产剃须刀而著称的 Gillete 公司成立了一个跨学科的研究小组，对剃须刀片的性能和使用进行长远目标研究，小组的成员由化学家（高分子化学、有机化学和物理化学方面的专家）、冶金学家和物理学家以及机械工程师和电子工程师组成。尽管当时还没有出现材料科学与工程这一新兴学科，但是此项研究的确是按照材料科学与工程的模式——多学科间合作的模式进行的。

研究小组使用当时新研制成功的扫描电子显微镜来研究不同刀片材料在使用性能上的差别。这种成批生产的剃须刀片的刃口厚度只有数十纳米，在此之前是无法分辨的。研究表明，高碳钢刀片和不锈钢刀片的失效机制不同，前者是由于剃须时发生的化学腐蚀造成的。为了减少碳钢刀片刃口剃须时的腐蚀，曾采用向刃口真空蒸发上一薄层只有数十纳米厚的金属涂层的防护方法。虽然其使用寿命得以延长，但是初始剃须质量有些降低。

研究中关键的一点是偶然观察到钢的表面上沉积了一薄层高聚物，这引起了研究人员的重视，决定附带进行一项试验，即能否使相对分子质量大的高聚物在真空中在金属表面形成一连续涂层，所选用的高聚物为热稳定性极好的聚四氟乙烯（PTFE）。试验结果表明，有 PTFE 涂层刀片的切割能力有了改善，这正好和预期的结果相反。随后用这种刀片进行的剃须试验也表明，它比没有涂层的刀片有了改进。一个有涂层剃须刀片的剃须质量能超过正常磨快的刀片，这还是第一次。

这一发现导致对用作剃须刀片刃口涂层的碳氟化合物进行全面的研究。在初始试验中发现，大相对分子质量的 PTFE 沉积到刀片的刃口后降解为相对分子质量较小、熔点较低、结晶度较高的材料，于是研究小组就致力于合成相对分子质量能够受到仔细控制的碳氟化合物。

商业用大相对分子质量 PTFE 的另一个主要问题是颗粒尺寸和很高的熔体黏度。这种聚合物颗粒在远高于其熔点的温度下流动性不好，难以形成无气孔的膜，致使最终形成的 PTFE 膜的厚度达 1μm 或更厚。这样的膜厚对于初始剃须质量是不利的，必须经过"试运转"，使膜被磨薄以后才能达到最佳剃须质量。

为了克服这一缺点，又设法寻求一种 PTFE，使其在热压烧结时，溶化的颗粒能自由地流动和聚集。所试验过的 PTFE 的相对分子质量，低的只有1000，高的可达几百万。相对分子质量非常小的 PTFE 能自由地流动，但刀片上膜的使用寿命低。相对分子质量从30000到200000的材料具有形成膜时所期望有的熔体流动性能，而且刀片的剃须寿命还出人意料地超过相对分子质量非常大的商用 PTFE。用上述相对分子质量范围的 PTFE 可以得到薄得多的（厚度约为 0.1~0.2μm）无气孔膜，而且从一开始就具有优异的剃须质量。由于这种聚合物的流动性能有所改善，在成批生产时，膜的厚度更容易得到控制。研究还表明，经过数次剃须后，PTFE 涂层一直存留到刀片最终刃口附近。

关于剃须刀片近期的研究工作是研制合金涂层来强化刃口，电子显微分析技术和物理冶金学在这里起了主要作用。所用的合金是化合物 Cr_3Pt，将其涂敷在刃口，再涂敷以 PTFE，这样就使刀片具有优异的剃须寿命。在当时，用 X 射线衍射技术测定块状 Cr_3Pt 的结构并不困难，但是要测定刃口上薄膜的晶体结构就非常困难了。然而，使用电子显微镜和细致的电子衍射分析，证实这层厚度仅有 30~50μm 的气相沉积涂层具有有序晶体结构，其晶粒异常细小并具有点阵缺陷。Cr_3Pt 的显微硬度（使用360°金刚石棱锥体压头测得）超过1400，而通常的 PTFE 涂层刀片的硬度范围只有 550~650。

通过以上实例可以看出，对于一个小小剃须刀片，为了提高它的性能和寿命，也需要在材料科学与工程领域内经多学科研究人员的共同努力才能实现。

当今，来自火箭、导弹、飞机、核能、通讯等领域的新要求，使科学和技术的许多部门都承担了新的挑战，这些挑战都是决定进展的要素，而材料方面又往往首当其冲。最先进的技术成就对材料某些性能提出的要求已达到极为苛刻的程度，同时还要求材料具有合理的稳定性和成型性。这一点与传统的老材料可以交换地用于许多目的是极不相同的。在材料科学和工程（现在也称为材料科学技术）领域工作的科学技术人员必须勇于接受挑战，做出无愧于我们时代的新贡献。

1.2 无机非金属材料的定义及分类

无机非金属材料是一大类物质的存在形式，无机非金属材料（inorganic nonmetallic materials）是指某些元素的氧化物、碳化物、氮化物、硼化物、硫系化合物（包括硫化物、硒化物及碲化物）和硅酸盐、钛酸盐、铝酸盐、磷酸盐等含氧酸盐为主要组成的无机材料。无机非金属材料是相对于金属材料而言的。20世纪40年代以后，随着现代科学技术的发展，从传统的硅酸盐材料演变成现代的无机非金属材料范畴。无机非金属材料品种极其繁多，用途各异。通常把它们分为普通的（传统的）和先进的（新型的）无机非金属材料两大类。

传统无机非金属材料主要包括陶瓷、玻璃、水泥和耐火材料。传统的无机非金属材料是工业和基本建设所必需的基础材料。如水泥是一种重要的建筑材料；耐火材料与高温技术，尤其与钢铁工业的发展关系密切；各种规格的平板玻璃、仪器玻璃和普通的光学玻璃以及日用陶瓷、卫生陶瓷、建筑陶瓷、化工陶瓷和电瓷等与人们的生产、生活息息相关，它们的产量大，用途广。其他产品，如搪瓷、磨料（碳化硅、氧化铝）、铸石（辉绿岩、玄武岩等）、碳素材料、非金属矿（石棉、云母、大理石等）也都属于传统的无机非金属材料。

新型无机非金属材料是20世纪中期以后发展起来的具有特殊性能和用途的材料。它们是现代新技术、新产业、传统工业技术改造、现代国防和生物医学所不可缺少的物质基础。主要有先进陶瓷（advanced ceramics）、非晶态材料（noncrystal material）、人工晶体（artificial crystal）、无机涂层（inorganic coating）、无机纤维（inorganic fibre）等。

在晶体结构上，非金属材料的原子结构要比金属材料复杂得多。金属材料一般是通过金属键原子相互作用；无机非金属一般是通过共价键和离子键原子共同作用而保持相对稳定的形态。无机非金属材料的元素结合力主要来源于离子键、共价键和离子-共价混合键。这些化学键所特有的高键能、高键强赋予这一大类材料以高熔点、高硬度、耐腐蚀、耐磨损、高强度和良好的抗氧化性等基本属性，以及导电性、隔热性、透光性、铁电性、铁磁性和压电性。无机非金属材料的分类见表1-1。

表1-1 无机非金属材料的分类

材料		品种示例
传统无机非金属材料	水泥和其他胶凝材料	硅酸盐水泥、铝酸盐水泥、石灰、石膏
	陶瓷	黏土质、长石质、滑石质和骨灰质陶瓷
	耐火材料	硅质、硅酸铝质、高铝质、镁质、铬镁质耐火材料
	玻璃	硅酸盐玻璃
	搪瓷	钢片、铸铁、铝和铜胎
	铸石	辉绿岩、玄武岩、铸石
	研磨材料	氧化硅、氧化铝、碳化硅
	多孔材料	硅藻土、蛭石、沸石、多孔硅酸盐和硅酸铝
	碳素材料	石墨、焦炭和各种碳素制品
	非金属矿	黏土、石棉、石膏、云母、大理石、水晶和金刚石
新型无机非金属材料	绝缘材料	氧化铝、氧化铍、滑石、镁橄榄石质陶瓷、石英玻璃和微晶玻璃
	铁电和压电材料	钛酸钡系、锆钛酸铅系材料
	磁性材料	锰-锌、镍-锌、锰-镁、锂-锰等铁氧体、磁记录和磁泡材料
	导体陶瓷	钠、锂、氧离子的快离子导体和碳化硅
	半导体陶瓷	钛酸钡、氧化锌、氧化锡、氧化钒、氧化锆等过滤金属元素氧化物系材料
	光学材料	钇铝石榴石激光材料、氧化铝、氧化钇透明材料和石英系或多组分玻璃的光导纤维
	高温结构陶瓷	高温氧化物、碳化物、氮化物及硼化物等难熔化合物
	超硬材料	碳化钛、人造金刚石和立方氮化硼
	人工晶体	铝酸锂、钽酸锂、砷化镓、氟金云母
	生物陶瓷	长石质齿材、氧化铝、磷酸盐骨材和酶的载体材料
	无机复合材料	陶瓷基、金属基、碳素基的复合材料

1. 陶瓷

陶瓷的主要原料为硅石、黏土和长石。将用黏土制成的各种器具放在火上烧，强度就会大有提高，这就是最初的陶器。在天然的矿物中常包含着制造陶瓷器必不可少的三个要素，即骨架材料——硅石；成形材料——黏土；粘结材料——长石。包含这三要素，并能具有适当比例的原料就是陶土或瓷土。

硅石的成分主要为SiO_2，它的化学性能稳定，具有高硬度和高的耐热性、抗腐蚀特性；黏土的主要成分为SiO_2、Al_2O_3和H_2O，是层状结构的铝硅酸盐物质，具有可塑性；长石的主要成分为SiO_2、Al_2O_3及K_2O，在高温下具有较好的熔融黏性。

对于陶瓷而言，硅石可作为材料的骨架。但将硅石与水拌合，无法成型。要成型，必须加入黏土。硅石与黏土拌合后，加水时容易制成坯体。干燥以后，坯体的结合也很牢，可以做成比较复杂的形状。但仅用硅石和黏土成型的毛坯，高温烧制时会瓦解，所以必须添加长石，以便于烧结成型。陶瓷硬度高、耐高温、抗腐蚀，因而在工业上有广泛的用途。

其实，在生产陶瓷的三要素中，真正不可缺少的要素只有骨架成分，硅石所具有的耐高温、不为化学药剂侵蚀和硬质特性被另外两个要素所削弱。例如，加入了长石，虽易于粘合，但却破坏了耐高温性能；加入了黏土，则影响了硬质特征，使普通陶瓷材料没有足够的强度和硬度，也就是说，陶瓷作为一种人造材料，还难以达到"石器"的强度水平。依靠传统的硅酸盐制品工艺难以实现人工制作"石器"的要求。

可以考虑用硅石以外的物质作骨架材料，在其他矿物原料中，首选氧化铝（矾土）。单用氧化铝粉末同样难以烧结成型，还得添加其余的两个要素。这样得到的烧结体已经具有足够的强度和硬度，可以达到石器的效果。

为了进一步改善性能，必须去除为了烧结而添加的长石，其解决的办法就是提高原料的纯度和细度。现在可供使用粒径为$0.2\mu m$的氧化铝粉体。添加的助烧结成分的粒径约为$10\mu m$。杂质的含量由原来的百分之几，降低到万分之几。精密陶瓷将高纯度的微粒原料精确成型后，通过严格控制的烧成法来烧结，制成了高精度的产品，它具有高纯度物质所具有的几乎全部的优异特性，从而实现了同时具有容易成型与坚硬特征的目标。

2. 玻璃

玻璃的主要成分是硅酸钠和硅酸钙，在高温下熔化后被迅速冷却，原子还来不及完成有序排列的结晶过程，保留着与液体相似的无序状态就凝固了，形成了所谓的玻璃态。早期生产的玻璃主要是钠钙玻璃，常用作窗玻璃。这种玻璃受热不均时易破裂，不能作化学仪器。玻璃易碎，但如果在玻璃型材制成后进行特殊的淬火处理，即把玻璃加热到600~650℃以上，用油或其他介质使玻璃骤冷，就可使玻璃的抗弯强度提高7~8倍，这种玻璃打碎后成为小钝角形的碎粒，没有刺伤人的危险，这就是钢化玻璃，很适合作汽车的车窗。

在一般玻璃中加入少量的澄清剂，如硝酸钠、氧化砷等，就可使玻璃更加晶莹透明，这种玻璃又叫玻晶。用它做成的器皿精美华丽，深受人们喜爱。如果在玻璃配料中加入少量金、银、铜等金属盐类作晶核，诱使玻璃形成很小的晶胞，就可获得晶体颗粒在$0.05~1\mu m$的微晶玻璃。它晶格致密，强度高，抗弯强度是普通玻璃的7~12倍。微晶玻璃耐高温性能好，在1300℃时才会软化；耐热冲击，在900℃时投入冷水中也不会破裂；耐磨、耐腐蚀并且能透过微波，可用作导弹的雷达罩，也可用于生产特殊轴承。

在微晶玻璃中加入感光金属盐类，就制成光敏微晶玻璃。它具有跟照相底片一样的感光功能，一经加热就会显示出图像来。这种玻璃在光刻、光蚀技术以及集成电路生产中非常有用。

玻璃晶莹透明，是生产光学仪器的重要材料。有色玻璃是一种常见的光学玻璃。为了保护珍贵书籍，应当避免紫外线的长期照射，采用含有氧化铬、氧化钒的玻璃作图书馆的窗玻璃，就可阻止紫外线进入书库。近年来人们根据光色互变原理制成了变色玻璃，它是在玻璃中加入卤化银并经适当热处理，使卤化银部分沉淀为微晶，当强光照射时，卤化银分解为卤素和银，使玻璃变暗，减少光线透过；当无光照时，卤素与银又结合为卤化银，形成无色晶体。用这种变色玻璃做成的变色眼镜和汽车前窗玻璃，对保护视力很有好处。最近人们又研制成功了单透玻璃，它只允许光线单向通过，从玻璃一侧看过去，一切都清晰；而从另一侧看过来，则什么也看不见，这种玻璃作汽车车窗和办公楼窗户都很受欢迎。

用玻璃纤维制成的绳缆比钢绳轻，在建筑、航海上有广泛用途；用玻璃纤维制成的布，既耐高温又不怕腐蚀，并且具有绝缘隔热性能，因而在电机、化工、冶金、交通、国防等部门都受到青睐。

3. 水泥

通用硅酸盐水泥的主要成分是硅酸盐，是用黏土和石灰石在回转窑内烧制成的，是普通建筑的常用材料。按现行国家标准，硅酸盐水泥分6个强度等级，即42.5、42.5R、52.5、52.5R、62.5、62.5R。

普通硅酸盐水泥的耐磨和耐高温性能尚不能令人满意，于是人们又开发了各种高性能水泥。在普通水泥中掺入20%～50%的火山灰，得到的火山灰水泥非常耐冲刷，是建筑水库、水电站的好材料；在普通水泥中掺入20%～85%的高炉矿渣，制得的矿渣水泥可耐高温；在普通水泥中加入石膏和膨胀剂，可制得膨胀水泥，在隧道、涵洞修补上极为有用。

目前每年全世界水泥的产量已超过8亿吨。人们正在开发各种特殊水泥，如耐油防水的抗渗水泥，抗酸碱腐蚀的耐酸碱水泥，能阻止放射线穿透的放射物的包封用水泥等。

4. 耐火材料

耐火材料是指能耐1580℃以上高温的材料，钢铁工业、有色金属工业的冶炼炉，发电厂和铁路机车的锅炉，炼焦工业的炼焦炉，制造水泥、玻璃、陶瓷、砖瓦的窑炉，都少不了耐火材料。耐火材料种类繁多。

耐火砖是最常用的一种，它的化学成分主要是氧化铝和氧化硅，它可耐1700℃的高温，广泛用作锅炉的内衬砖。

高铝砖可耐1800～2000℃的高温，抗化学侵蚀和抗磨蚀能力都大大超过黏土砖，可作高炉和加热炉的炉底材料；镁砖含85%以上的氧化镁，耐碱性腐蚀能力强，但抗急冷急热性差；铬砖耐高温，抗碱性化学侵蚀能力强；硅砖主要用在炼钢炉、炼焦炉和玻璃窑上；碳砖则大量用于高炉炼铁。

除了成型的耐火材料外，还有不定性耐火材料，作为补炉时的修补胶合剂。另一种是耐火纤维制品，它质量小、耐高温、抗腐蚀，因而在电炉、铝电解槽、熔炼炉上广泛应用。随着高温材料工业的发展，过去的一些耐火材料逐渐被淘汰，人们预计，未来二三十年内，会出现有机物、金属和无机陶瓷的复合耐火材料。

5. 新型无机非金属材料

新型无机非金属材料主要有高温结构陶瓷、光导纤维和功能材料，种类很多。如：压电材料；磁性材料；导体陶瓷；激光材料，光导纤维；超硬材料；高温结构陶瓷；生物陶瓷（人造骨）等。

新型无机非金属材料特性表现在：①承受高温，强度高；②具有光学特性；③具有电学特性；④具有生物功能。

无机非金属材料之所以能广泛地应用，归根结底是因为其某一方面的性能可以满足人们的需要，可制成各种各样的形状，也具有一定的电气绝缘强度及机械强度。此外，一些新性能还可满足一些特殊环境的要求，例如钠光灯的发光效率高而且节能，但若用普通玻璃作玻壳，则会因为钠蒸气的腐蚀作用而损坏，因此钠光灯的玻壳要用透明陶瓷来做。

用于集成电路的绝缘基板材料，首先必须要具有一定的强度，以便能够承载起安装在其上的集成电路元件及布在其上的电路线，要有均匀而平滑的表面，以便进行穿孔、开槽等精密加工，应有优良的绝缘性能；还要有充分的导热性，以迅速散发电路上产生的热；电子元器件与基片的热膨胀系数之差应尽可能地小，从而保证基片与电路间良好的匹配，电路与基片不会剥离。总之，材料的强度、表面光洁度、绝缘性能、热导性、热膨胀系数等材料性能是衡量基板材料好坏的重要指标。

环氧树脂等塑料是较好的基片材料，但它们的导热性能不好；氧化铝的导热性能约为环氧树脂的三十倍，故氧化铝是重要的基片材料。

比氧化铝的导热性更好、更有希望作基片的材料有如下几类：

氧化铝单晶（亦称为蓝宝石）：其导热系数比氧化铝烧结体大4倍，主要问题是难以获得合适的薄片形状。

碳化硅：其导热性较好，约10倍于氧化铝，硬度高，可精密加工，热膨胀系数接近硅。但却是半导体，且致密烧结非常困难。采用添加百分之几的氧化铍，并用热压烧结方法，可获得导热性能与绝缘性兼有的致密材料。

金刚石是导热系数最好的材料，绝缘性也很好，是最理想的绝缘基片材料。但是要供给高纯度且具有一定大小的片状金刚石晶体，目前还有很大困难。

光导纤维也是一种玻璃纤维，它用一种折射率较高的玻璃作芯子，用另一种折射率较低的玻璃作包皮，套制而成。由于玻璃的光学特性，光可以通过光导纤维向远方传播，就像电线传递电信号一样。光导纤维愈细愈纯，在传输中光能的损耗就愈少。光导纤维传递信号的能力很大，一根比头发丝还细的光导纤维能传递上千路电话；光缆根本不受电杂音干扰，并且质量轻，占地少，特别适合作高效的通讯使用。光纤通讯是通讯史上的一次重大变革，目前各国都在努力发展。

1.3 无机非金属材料科学的发展历程

无机材料的两位祖先是石器与陶器。石器坚硬，但成型困难，天然的石料是很难改变形状的，在当时的生产条件下，几乎不可能用来制作容器。后来发明了用黏土加水制成的泥坯，做成器皿盛装食物，这很容易成型，但强度不够，既不耐水也不耐用。而后，用火力将泥坯烧成，烧出来的制品变得更为坚固。再后来，又学会了在陶器上施加釉料，如果在毛坯上涂上各种釉质，刻上花纹，就可烧得精美的花瓶、盆、碗等日用品，使生产出来的器皿的实用性和美观性大为提高。在我国的半坡村氏族遗址中已有了精美的彩陶盆。我们的祖先对制陶技术不断加以完善，生产出图案精美、色泽鲜艳的陶器，出口世界，深受各国人民喜爱。我们中国的英文名字 China，就是瓷器的意思。随着玻璃和水泥材料的出现，人造材料的坚硬性开始接近天然的石料，最后发展成为了今天的现代硅酸盐工业。

人类认识玻璃、制造玻璃已有 5000 多年的历史。13 世纪时，威尼斯人用玻璃制成了眼镜；16 世纪时，人们又发明了望远镜和显微镜，光学玻璃的高性能是这些仪器发挥作用的关键。1886 年，德国科学家阿贝和肖特系统地研究了氧化钡、硼酸盐等对玻璃性能的影响，研制出高性能的光学玻璃，在生产和生活中得到了广泛应用。随着光学和化学的发展，人们又研制出性能更高，用途更广的光学玻璃。到了 20 世纪，光学的发展揭开了有色玻璃滤色的机理，人们据此制成了各种光色玻璃，具有选择某些特定光线的能力。如在原子能工业中，在作为观察窗和观察镜的玻璃中就加入硼和镉的氧化物以吸收中子流，加入氧化钡、氧化铝以吸收 γ 射线。

玻璃真正成为大众化的材料是从 20 世纪初开始的。1908 年，美国人发明了平拉法，1910 年，比利时人发明了有槽垂直上拉法，才使平板玻璃的生产摆脱了手工的吹制法而迅速发展。1915 年，美国研制出硼玻璃，把它加热到 200℃ 后立即投入 20℃ 的冷水中也不会破裂。因此它很快成为一种重要的化学用玻璃。用碳酸钾代替纯碱作原料生产出来的钾玻璃熔点高，也是一种优秀的化学玻璃。1959 年，英国的皮尔金格兄弟公司研制出浮法玻璃生产工艺，大大提高了生产率并且降低了生产成本。

玻璃纤维是 20 世纪 30 年代问世的新产品。用先进的技术把熔化的玻璃拉成细丝，就成为玻璃纤维。随着技术水平的提高，玻璃丝越拉越细，已超过羊毛和棉纱，从此玻璃制品告别了脆性而成为抗拉强度很高的纤维。

水泥是一种人造的水硬性材料，普通建筑材料遇水会松垮，而水泥着水后却逐渐硬化而生成坚硬的人造石，在水泥中掺入砂子后用水调成砂浆，对砖瓦、石头等有良好的黏着力，是一种很好的粘合剂。水泥和砂子、碎石掺在一起加水搅拌就成为混凝土，它具有很好的抗压性能，但抗拉强度差。用水泥包着钢筋后生成的钢筋混凝土，则具有优异的性能，它开辟了建筑史上的一个新纪元。多少巍峨矗立的高楼，多少凌空飞架的桥梁，都是钢筋混凝土结构。

伴随无机非金属材料发展的漫长历程，在工艺技术进步的同时，对材料机理的认识也在不断地深入。早在 18 世纪，阿维对晶体外部的几何规则性就有了一定的认识。后来，布拉格在 1850 年推导出 14 种点阵。1912 年劳厄发现了 X 射线通过晶体的衍射现象，证实了晶体内部原子周期性排列的结构。加上布拉格父子的工作，建立了晶体结构分析的基础。费奥多罗夫在 1890 年、熊夫利在 1891 年、巴洛在 1895 年，各自建立了晶体对称性的群理论。这为固体理论的发展找到了基本的数学工具。

从 20 世纪 60 年代起，人们开始在超高真空条件下研究晶体表面的本征特性以及吸附过程。无机非金属材料的科学研究是伴随微电子技术、光电子学技术、能源技术、地质学等技术学科的发展而日益进步的，同时，无机非金属材料的科学研究的成就和实验手段对化学物理、催化学科、生命科学、地质学等学科的影响日益增长，其作用已远远超过材料学科的范畴，正在形成新的更广泛、更有意义的交叉领域。

1.4 无机非金属材料基础科学的内容和任务

现在无机非金属材料基础科学的主要关注面是以物质形成和结构理论为基础的晶体结构、相结构、水-胶体理论、相图原理、固相反应、材料的亚稳态等。这些内容基本上都是各个领域在研制和应用无机非金属材料所需要的基本知识，即所谓材料的科学基础。

多数无机非金属材料在常温常压所呈现的是一种固体相态。物质所具备的物理特性，很大程度上取决于它的相态和结构。要抵御外力的作用，物体必须得有较大的内聚力和较紧密的结构。

内聚力是物体内部物质间的一种相互作用形式。这一作用形式是由键价和力维系的。物体的诸多性质，也与此息息相关。在以价和力为主要内力的无机非金属材料中，原子半径越小，物体的内聚力就越大，物体的硬度就高。玻璃（SiO_2）原子之间结合得较紧密，价和力较大，所以玻璃的硬度高。

晶体中的杂质和缺陷对材料的技术性能起着重要的作用。半导体的电学、发光学等性质依赖于其中的杂质和缺陷；大规模集成电路的工艺中控制和利用杂质及缺陷是极为重要的。

非晶态固体的物理性质同晶体有很大差别，这同它们的原子结构、电子价态以及各种微观过程有密切联系。非晶态固体实际上是一种亚稳态物质。

从结构上来分，非晶态固体有两类。一类是成分无序，在具有周期性的点阵位置上随机分布着不同的原子或者不同的磁矩；另一类是结构无序，表征长程序的周期性完全破坏，点阵失去意义。但近邻原子有一定的配位关系，类似于晶体的情形，因而仍然有确定的短程序。例如，金属玻璃是无规密积结构，而非晶硅是四面体键组成的无规网络。在无序体系中，缺陷失去原有的意义。无序体系是一个复杂的新领域，有待进一步的探索和研究。

同固体内部相比，固体表面具有独特的结构和物理、化学性质。这是由于表面原子所处的环境同体内原子不一样，在表面几个原子层的范围，表面的组分和原子排列形成了二维结构。表面微观粒子所处的势场同体内大不一样，因而形成独具特征的表面粒子的运动状态，粒子在表面层内运动时，具有相应的本征能量，它们的行为对表面的物理、化学性质起重要作用。

在材料的研究过程中，需要阐明材料的宏观构造和微观结构，常常进行材料的形貌分析、偏光显微分析、扫描电镜微观构造以及 X 射线衍射等微观结构分析，以取得物质结构和成分的宏观及亚微观方面的直观验证。

无机非金属材料基础科学的任务就是根据物质结构原理，在微观尺度上去研究和探讨整个无机非金属材料物质世界，充分了解无机非金属材料物质中的组成原理，搞清性能和材料的组织、结构和构造的关系。认清外界环境条件对无机非金属材料物质形成过程的影响，认识无机非金属材料的特殊性，全面地掌握无机非金属材料物质结构的分析原理，以取得无机非金属材料性能分析的依据。通过掌握这些基本规律和方法，达到能够正确判断无机非金属材料优劣，正确选择和使用无机非金属材料，有针对性地改变无机非金属材料性能的目的。为探索新材料、新性能、新工艺打下理论基础，为更好地利用材料技术，创造一个更加绚丽多彩的世界做好充分的准备。

第 2 章 结晶学基础

结晶学是以晶体为研究对象。结晶学对晶体的研究首先是从研究晶体几何外形的特征开始的。随着新的实验仪器和方法得到应用,人们对晶体的研究从晶体的外部进入到晶体的内部,对晶体的认识有了质的变化。目前,结晶学的研究内容主要包括以下几个方面:

（1）晶体生成学：研究晶体的形成、生长和变化的过程与机理以及控制和影响因素。
（2）几何结晶学：研究晶体外表几何形状及其规律。
（3）晶体结构学：研究晶体内部结构中质点排列的规律性以及晶体结构的不完整性。
（4）晶体化学：研究晶体的化学组成以及晶体结构与性质之间的关系及其规律。
（5）晶体物理学：研究晶体的各项物理性质及产生的机理。

2.1 晶体的基本概念与性质

1. 晶体的基本概念

人们最早对晶体的认识是从晶体的规则几何多面体外形开始的。例如食盐颗粒往往具有规则的立方体外形。但是,很多晶体由于受到生长条件的限制并不具有规则的几何外形。因此,规则的几何外形并不是晶体的本质。

1912 年,X 射线晶体衍射实验证实了晶体内部质点在三维空间排列的规律性,从而揭示了晶体结构的本质,图 2-1 是 NaCl 晶体结构示意图。图中大球代表 Cl^-,小球代表 Na^+。Cl^- 和 Na^+ 以相同的间隔交替排列。这种规则的交替排列在三维空间完全相同。Cl^- 和 Na^+ 在三维空间周期性重复就形成了一种格子构造。因此,晶体的正确定义应当是:晶体是内部质点在三维空间按周期性重复排列的固体;或者说晶体是具有格子构造的固体。

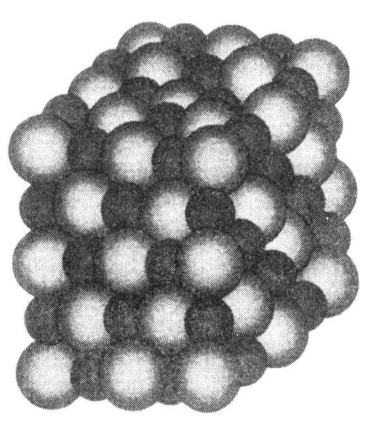

图 2-1 NaCl 的晶体结构
大球—Cl^-；小球—Na^+

如果我们在图 2-2 所给出的 NaCl 结构中任意选一个几何点 [如选在 Cl^- 或 Na^+ 中心,也可选在 Cl^- 和 Na^+ 的交界处,如图 2-2（a）所示],一定可以在整个结构中找出所有相似的点,这些点称为等同点。因为它们在晶体结构中占据的位置具有相同的周边环境。晶体结构中的等同点,必定在三维空间成周期性重复排列。我们把由一系列在三维空间按周期性排列的几何点称为一个空间点阵,把空间点阵中的几何点或等同点称为阵点或结点。因此,对应于每种晶体结构都可以做出一个相应的空间点阵,点阵中的结点在空间的排列体现了相应结构中质点排列的重复规律,如图 2-2（b）所示。不同结构的晶体对应的空间点阵可能有所不同，它们的差别主要体现在结点重复排列的方向和间距不同。

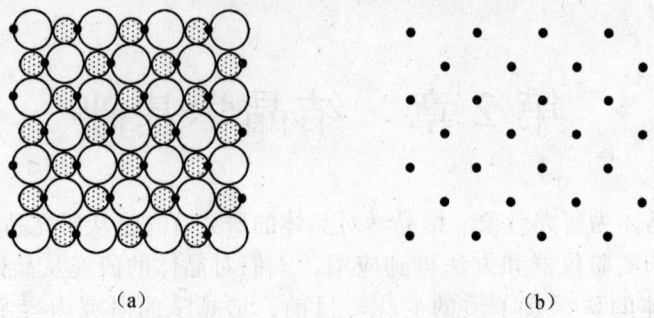

图 2-2　NaCl 晶体结构中等同点的分布
(a) 选择等同点；(b) 导出的点阵
大球——Cl^-；小球——Na^+；黑点——等同点

分布在同一直线上的结点构成一个行列，任意两个结点就可以决定一个行列。行列中两个相邻结点间的距离称为结点间距。联结分布在同一平面内的结点即构成一个面网。由任意两个相交的行列也可以决定一个面网。联结分布在三维空间内的结点就构成了空间格子。同理，由三个不共面的行列就可以决定一个空间格子（图2-3）。由图2-3可以看出，空间格子是由一系列平行叠置的平行六面体所构成。结点分布在平行六面体的角顶上，平行六面体的三组棱长就是三个相应行列的结点间距。

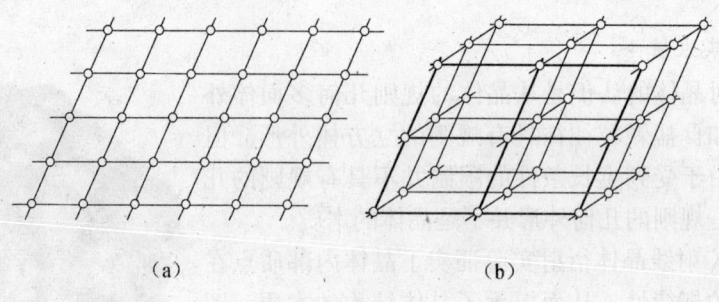

图 2-3　面网及空间格子
(a) 面网；(b) 空间格子

空间格子或空间点阵实际上是由晶体结构抽象而得到的几何图形。空间格子中的结点只是几何点，并非具体的质点（离子或原子）。空间格子中结点在空间分布的规律性表征了晶体格子构造中具体质点在空间排列的规律性。

2. 晶体的基本性质

晶体的基本性质是由晶体所具有的格子构造所决定的，主要有以下五项：

（1）均一性：晶体的任一部位都具有相同的性质。它们在相同方向上的光学、电学、热学等性能也完全相同。

（2）各向异性：晶体在不同的方向上表现出性质的差异。

（3）自限性：晶体能自发地形成封闭的凸几何多面体外形的特征，称为晶体的自限性。

（4）对称性：晶体中的相同部分以及晶体的性质能够在特定的方向或位置上有规律地重复出现，称为晶体的对称性。

（5）最小内能性：在相同的热力学条件下，晶体与相同化学组成的气体、液体及非晶质固体相比其内能为最小。因此，晶体是最稳定的物质状态。

2.2 晶体的宏观对称性

1. 对称的概念

对称是指物体中相同部分的有规律重复。例如吊扇，其三个叶片即每隔120°重复一次；人的左右手可以通过镜子的反映重复。因此，对称的条件是物体必须有若干个相同的部分以及这些相同的部分能借助于某种特定的动作发生有规律的重复。如吊扇中的叶片以转子中心线成对称分布。三个叶片可以借助于这根中心线每旋转120°重复一次。

讨论对称时需要用到对称变换和对称要素的概念。对称变换是指能使对称物体中各相同部分做有规律重复的变换操作。在对称变换中有的可以通过实际动作具体进行，如吊扇叶片的旋转，有的则无法具体进行，如双手之间的反应。

对称要素是指在进行对称变换时所凭借的几何要素——点、线、面等。如旋转的对称变换所凭借的是与转子中心线重合的直线。反映的对称变换则是借助特定的平面。因此，上述旋转所围绕的直线和反映的平面都是对称要素，一定的对称要素必然与一定的对称变换相对应。

2. 晶体的对称要素

晶体中可能出现的对称要素有以下几种：

（1）对称中心（符号C）

一个假想的几何点，其相应的对称变换是对于这个点的延伸和反转，简称倒反（反伸）。图2-4中（a）图形具有对称中心。通过对称中心作任意直线，在此直线上位于对称中心两侧等距离的两点是性质完全相同的对应点，在晶体中，如有对称中心存在必位于晶体的几何中心。

（2）对称面（符号P）

一个假想的平面，相应的对称变换为对此平面的反映。对称面就像一面镜子，把物体的两个相同部分以互成镜像的关系联系起来。图2-4中（b）图具有对称面。可以看出，垂直于对称面作任意直线，位于对称面两侧直线上等距离的两点性质完全相同。晶体中如有对称面存在时，必定通过晶体的几何中心并将晶体分成互成镜像反映的两个相同部分。

（3）对称轴（符号L^n）

一根假想的直线，相应的对称变换是绕此直线的旋转。物体在旋转一周的过程中复原的次数称为该对称轴的轴次。如吊扇叶片转一周重复三次。该对称轴就称为三次对称轴，使物体复原所需的最小旋转角称为基转角α。显然，360°必然能被α整除。因此，轴次n可写成：

$$n = \frac{360°}{\alpha} \tag{2-1}$$

晶体对称定律可以证明，在晶体中只可能出现一次、二次、三次、四次和六次轴，而不可能存在五次及高于六次的对称轴。这一结论实际上是由晶体内部的格子构造所决定的。晶体中如存在对称轴，必定通过晶体的几何中心。图 2-4 中（c）图表示具有垂直图面的二次对称轴 L^2。

（4）倒转轴（符号 L_i^n）

一种复合对称要素，由两个几何要素构成——一根假想的直线和在此直线上的一个定点。相应的对称变换是绕此直线旋转一定角度以及对此定点的倒反。对倒转轴而言，这两个对称变换缺一不可，但与对称变换的次序无关。可以先旋转后倒反，也可以先倒反后旋转，两者效果完全相同。倒转轴也称为旋转反伸轴或反轴。与对称轴一样，倒转轴也有一定的轴次 n 和基转角 α；也没有五次和高于六次的倒转轴。但是，在晶体中可能出现的 L_i^1、L_i^2、L_i^3、L_i^4 和 L_i^6 中，仅有 L_i^4 是独立的复合对称要素。其余四种倒转轴都和一个或两个简单的对称要素的联合相等效。通过对称变换，可以得到如下的等效关系：

$$L_i^1 = L^1 + C = C; \qquad L_i^3 = L^3 + C(L^3 \parallel L_i^3);$$
$$L_i^2 = L^1 + P = P(P \perp L_i^2); \qquad L_i^6 = L^3 + P(L^3 \parallel L_i^6, P \perp L^3)$$

在晶体宏观对称中只有 L_i^4 独立存在。在晶体分类中 L_i^6 被单独采用，其他倒转轴都由简单对称要素或它们的联合来代表。图 2-4 中（d）图即具有四次倒转轴。

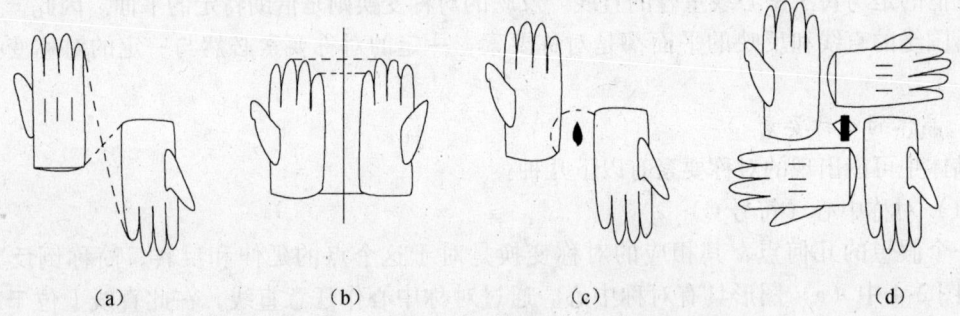

图 2-4　具有几种对称要素的图案
（a）具有对称中心；（b）具有对称面；（c）具有二次对称轴；（d）具有四次倒转轴

（5）映转轴（符号 L_s^n）

一种复合对称要素。由一根假想的直线和垂直此直线的一个平面构成。相应的对称变换是绕此直线旋转一定角度以及对此平面的反映。同样，映转轴也可以由其他对称要素等效，它们之间的等效关系为：

$$L_s^1 = L^1 + P = L_i^2$$
$$L_s^2 = L^1 + C = L_i^1$$
$$L_s^3 = L^3 + P = L_i^6$$
$$L_s^4 = L_i^4$$
$$L_s^6 = L^3 + C = L_i^3$$

因此，在晶体的宏观对称中不存在独立的映转轴。在描述晶体的宏观对称性时将不使用映转轴这种对称要素。

可以把宏观晶体中可能存在的对称要素以及所用的符号和图示记号归纳于表 2-1。

表 2-1　宏观晶体的对称要素

对称要素	对称轴					对称中心	对称面	倒转轴		
	一次	二次	三次	四次	六次			三次	四次	六次
辅助几何要素	直线					点	平面	直线和直线上的定点		
对称变换	围绕直线的旋转					对于点的反转	对于平面的反映	围绕直线的旋转及对于定点的倒反		
基转角	360°	180°	120°	90°	60°			120°	90°	60°
习惯符号	L^1	L^2	L^3	L^4	L^6	C	P	L_i^3	L_i^4	L_i^6
国际符号	1	2	3	4	6	$\bar{1}$	m	$\bar{3}$	$\bar{4}$	$\bar{6}$
等效的对称要素						L_i^1	L_i^2	L^3+C		L^3+P
图示记号		●	▲	◆	⬢	O 或 C	双线或粗线	△	◈	⬣

3. 对称要素的组合及对称型

宏观晶体的几何外形多种多样，晶体中所存在的对称要素也不同。有的晶体可以只有一个对称要素，而多数晶体却不止一个对称要素。晶体中有几个对称要素共存时，它们的组合是有一定规律的而不是任意的。例如，在一个几何图形中存在两个相交为 60° 的对称面时，这两个对称面的组合就会出现新的对称要素——三次旋转轴。这个 L^3 相当于两个对称面的交线。新出现的 L^3 又可以和原来的对称面组合，其结果又得出一个新的对称要素——第三个对称面。它和原有的两个对称面成 60° 夹角。图 2-5 为对称要素组合合成的图解。P1、P2 为原对称要素。角锥 1 经 P1 和 P2 的对称变换到 3 位。但角锥 1 也可以通过 P1、P2 的交线所产生的新对称要素 L^3 的变换而到达 3 位。因此，P1、P2 两者连续作用的效果，等于 L^3 的单独作用。数学上认为 L^3 等于 P1、P2 两者的乘积。同理，可以推出第四个对称要素 P3。有关对称要素组合定理的具体内容，可参考无机非金属材料物相分析与研究方法一书中的有关章节。

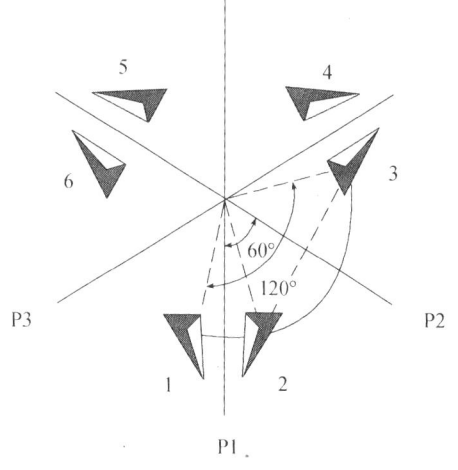

图 2-5　对称要素组合合成图解

宏观晶体中对称要素的集合称作对称型。它包含了晶体中全部对称要素的总和以及它们相互间的组合关系。在宏观晶体中所存在的对称要素都必定通过晶体的中心，不论对称变换如何，晶体中至少有一个中心点是不变的，故对称型也称为点群。从数学推导得出：总共只能有 32 种不同的对称要素组合方式，即 32 种对称型。这表明，宏观晶体的几何外形可以变化多端，但是从对称性的角度去认识，它们只可能有 32 种。表 2-2 列出了宏观晶体中可能存在的 32 种对称型和对称分类。

表 2-2 宏观晶体的 32 种对称型

原始式	倒转原始式	中心式	轴式	面式	倒转面式	面轴式	晶系	晶族
L^1		C					三斜	低级
L^2			L^2	P		L^2PC	单斜	低级
			$3L^2$	L^22P		$3L^23PC$	正交	低级
L^3		L^3C	L^33L^2	L^33P		L^33L^23PC	三方	中级
L^4	L_i^4	L^4PC	L^44L^2	L^44P	$L_i^42L^22P$	L^44L^25PC	四方	中级
L^6	L_i^6	L^6PC	L^66L^2	L^66P	$L_i^63L^23P$	L^66L^27PC	六方	中级
$3L^24L^3$		$3L^24L^33PC$	$3L^44L^36L^2$	$3L_i^44L^36P$		$3L^44L^36L^29PC$	等轴	高级

2.3 晶体定向和结晶符号

晶体的几何外形由晶面、晶棱和顶角构成。由于它们按一定的对称规律分布,因而可以通过它们确定具体晶体的对称型。但是,仅仅知道了晶体的对称型还不能掌握晶体中质点排列的规律和特征。为了确定晶面、晶棱等在空间的取向规律,可以在晶体中按一定的规则选定一个坐标系。然后用数学符号来表征晶面、晶棱的空间方位。这就是晶体定向和结晶符号所要展示的内容。

1. 晶体定向和整数定律

晶体定向包含两方面的内容。首先是在晶体中选择三根直线作为坐标轴。选作坐标轴的三根直线不是任意的,一般选对称轴或平行于晶棱的直线,标记为 X(或 a)轴、Y(或 b)轴、Z(或 c)轴。三个坐标轴的交点应位于晶体的中心。坐标轴的安置方式是 c 轴上下直立,上正下负;b 轴左右方向,右正左负;a 轴前后方向,前正后负。每两个坐标轴之间的交角称为轴角,通常用 α、β、γ 表示。从图 2-6 中可以看出轴角与相交的坐标轴之间的关系为 $\alpha = b$ 轴 $\wedge c$ 轴,$\beta = c$ 轴 $\wedge a$ 轴,$\gamma = a$ 轴 $\wedge b$ 轴。这种三轴系统也称为米勒定向。

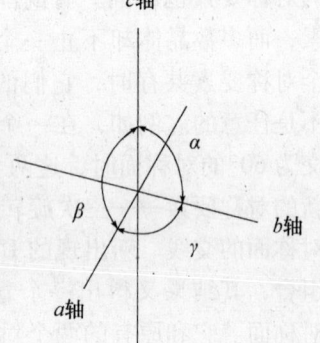

图 2-6 坐标轴与轴角

第二步是决定坐标轴的轴单位。所谓轴单位就是在坐标轴上作为长度计量单位的线段,a 轴、b 轴、c 轴的轴单位分别用 a、b、c 表示,其连比 $(a:b:c)$ 称为轴率。轴率 $a:b:c$ 和轴角 α、β、γ 合称为晶体几何常数。它是表示晶体坐标系特征的一组参数。

法国学者阿羽依在进行了大量晶体测量工作的基础上总结出一条整数定律,即若以平行于三根不共面晶棱的直线为坐标轴,则晶体上任意两个晶面在三个坐标轴上截距的比值之比为一简单整数比。如果设晶面 $A_1B_1C_1$ 和 $A_2B_2C_2$ 在三个坐标轴上的截距分别为 $\overline{OA_1}$、$\overline{OB_1}$、$\overline{OC_1}$ 和 $\overline{OA_2}$、$\overline{OB_2}$、$\overline{OC_2}$,则可根据整数规律有如下关系:

$$\frac{\overline{OA_1}}{\overline{OA_2}} : \frac{\overline{OB_1}}{\overline{OB_2}} : \frac{\overline{OC_1}}{\overline{OC_2}} = e:f:g \tag{2-2}$$

式中,$e:f:g$ 必为简单的整数比。

在晶体的格子构造中,晶面相当于最外层的面网,晶棱则为最外层面网的交线,也即是行列。整数定律中的三根坐标轴即为交于公共结点上的三个不共面的行列。因此，晶面在坐标轴上的截距必然是相应行列结点间距的整数倍。其中：

$$\overline{OA_1} = ma, \quad \overline{OB_1} = pb, \quad \overline{OC_1} = sc$$
$$\overline{OA_2} = na, \quad \overline{OB_2} = qb, \quad \overline{OC_2} = tc$$

a、b、c 分别为三个坐标轴对应行列的结点间距，相当于轴单位。m、n、p、q、s、t 则相当于截距系数，它们均为整数。将 $\overline{OA_1} = ma$，$\overline{OB_1} = pb$……代入式（2-2），则 $e:f:g$ 必为整数比。

2. 晶体的定向法则

从整数定律可知，当结晶轴（或坐标轴）为行列方向时，晶体中的晶棱、晶面就可以用简单整数形式的数学符号来表征它们的方位。晶棱肯定是行列方向；此外，晶体中的对称轴、倒转轴也都是行列方向，对称面的法线方向也是行列方向。而且，它们都是格子构造中结点间距较小的行列。因此，晶体定向时都优先选择这些对称要素作为坐标轴。这样不但符合整数定理，而且也能更好地反映晶体的对称性。下面根据以上所述的晶体定向原则对各个晶系规定具体的定向法则。

（1）等轴晶系

晶体中必有三个相互垂直的 L^4 或 L^2（没有 L^4 时）。选这三个 L^4 或 L^2 为 a，b，c 坐标轴。由于这三个 L^4 或 L^2 可以通过等轴晶系所特有的 $4L^3$ 的作用而重复，因此，这三个坐标轴的性质完全相同，轴单位应该是等长的。所以，等轴晶系的晶体几何常数为 $\alpha = \beta = \gamma = 90°$，$a = b = c$，$a:b:c = 1:1:1$。

（2）四方晶系

晶体中只有一个 L^4，选此 L^4 为 c 轴。再选与 c 垂直，本身也相互垂直的两个 L^2 为 a 轴与 b 轴。无 L^2 时，则选择满足上述条件对称面的法线为 a 轴与 b 轴。如果晶体中不存在这样的对称面，则可选方向与上述 a、b 轴相当的两个显著晶棱作为 a 轴与 b 轴。四方晶系中由于 L^4 的作用，a 轴和 b 轴可以对称重复，所以 $a = b$。但是它们和 c 轴之间没有对称要素相联系。因此，四方晶系的晶体几何常数为 $\alpha = \beta = \gamma = 90°$，$a = b \neq c$。由于 $a = b$，所以轴率可用 $a:c$ 来表示，$a:c$ 值可大于 1，也可小于 1。

（3）三方晶系

晶体中只有一个 L^3，围绕 L^3，晶体中存在三个性质相同的方向，它们与 L^3 的交角相同，相互之间的交角相等成 60°。结晶轴安置时，使 L^3 直立，三个结晶轴围绕 L^3 分布，借助于 L^3 的作用而相互重复。此时，三方晶系的晶体几何常数为 $\alpha = \beta = \gamma \neq 90°$，$a = b = c$，$a:b:c = 1:1:1$。由于三方以及六方晶系的对称特点，一般在晶体定向时不用三轴定向而用四轴定向的布拉菲系统。在布拉菲定向中选 L^3 为 c 轴，再选与 c 轴垂直的平面内互成 60° 交角的 L^2 或对称面的法线方向为水平坐标轴：a 轴、b 轴和 d 轴。三个水平轴的具体排列和正负端方向列于图 2-7。对于六方晶系晶体，由于

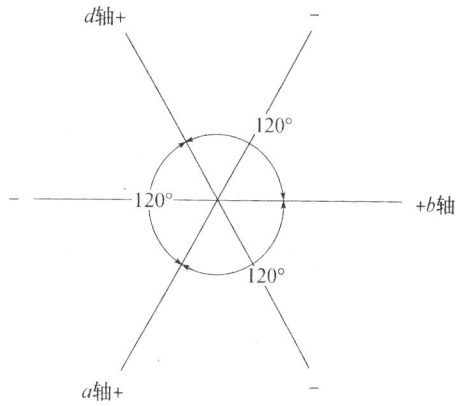

图 2-7 六方和三方晶系中三个水平结晶轴的安置

存在 L^6，它的轴次高于 L^3，也即 L^6 中必然包含一个 L^3。因此，六方晶系的晶体定向完全和三方晶系一样。L^6 就选作 c 轴，另外选三个水平坐标轴为 a 轴、b 轴、d 轴。对于三方和六方晶系而言，$a=b=d\neq c$。轴率可用 $a:c$ 表示。其晶体几何常数为 $\alpha=\beta=90°$，$\gamma=120°$，$a:c\neq 1$。对不同的晶体，$a:c$ 可大于或小于 1。

（4）正交晶系

晶体中有三个 L^2 时，选三个相互垂直的 L^2 为坐标轴。若只有一个 L^2 时则选此 L^2 为 c 轴，另选两个对称面的法线为 a 轴和 b 轴。在正交晶系中，三个坐标轴之间没有对称联系。因而，正交晶系的晶体几何常数为：$\alpha=\beta=\gamma=90°$，$a\neq b\neq c$，$a:b:c$ 之值随晶体不同而变化，一般以 b 为 1，a 和 c 可大于或小于 1。

（5）单斜晶系

晶体中只有一个 L^2 和 P。选 L^2 或 P 的法线为 b 轴。另选与 b 轴垂直的，显著的晶棱方向为 a 轴和 c 轴。一般 a 轴和 c 轴不可能正交，但应接近于 90°。单斜晶系的晶体几何常数是：$\alpha=\gamma=90°$，$\beta\neq 90°$，$a\neq b\neq c$。轴率 $a:b:c$ 中以 b 为 1，则 a 和 c 可大于或小于 1。由于 $\beta\neq 90°$，一般使 a 轴向前下方倾斜，使 $\beta>90°$。

（6）三斜晶系

晶体中只可能有对称要素 C 或 L^1，不存在可被选为坐标轴的对称要素。一般选三个显著的，相互间较接近于 90° 的晶棱方向作为坐标轴。轴角 $\alpha\neq\beta\neq\gamma\neq 90°$，$a\neq b\neq c$。轴率 $a:b:c$ 中以 b 为 1，则随晶体不同 a 和 c 可大于或小于 1。在具体定向时使 b 轴向右下方倾斜，a 轴向前下方倾斜。因而，$\alpha>90°$，$\beta>90°$，γ 可为钝角或锐角。

表 2-3 列出了各晶系的晶体定向和晶体几何常数。

表 2-3　各晶系的晶体定向和晶体几何常数

晶系		结晶轴的选择	结晶轴的安置	晶体几何常数
等轴		以三个互相垂直的四次对称轴或二次对称轴为 a、b、c 轴	c 轴：上下直立 a 轴：前后水平 b 轴：左右水平	$a=b=c$ $\alpha=\beta=\gamma=90°$
四方		以唯一的四次对称轴或四次倒转轴为 c 轴，取垂直于 c 轴的两条互相垂直的二次对称轴或对称面的法线或晶棱（或角顶连线）方向为 a 轴和 b 轴	c 轴：上下直立 a 轴：前后水平 b 轴：左右水平	$a=b\neq c$ $\alpha=\beta=\gamma=90°$
六方		以唯一的六次对称轴或六次倒转轴为 c 轴，取垂直于 c 轴的三条互成 60° 交角的二次对称轴或对称面的法线或晶棱（或角顶连线）方向为 a 轴，b 轴和 d 轴	c 轴：上下直立 a 轴：前后水平 b 轴：水平朝前偏左 30° d 轴：水平朝后偏左 30°	$a=b=d\neq c$ $\alpha=\beta=90°$ $\gamma=120°$
三方	米勒定向	以与三次对称轴或三次倒转轴等角度相交，并且互相间亦等角度相交的三条晶棱方向为 a 轴，b 轴和 c 轴	三次轴直立，a 轴、b 轴和 c 轴向上与三次轴成对称配置	$a=b=c$ $\alpha=\beta=\gamma\neq 90°$
三方	布拉菲定向	以唯一的三次轴或三次倒转轴为 c 轴，取垂直于 c 轴的三条二次对称轴或对称面法线或晶棱（或角顶连线）方向为 a 轴，b 轴和 d 轴	c 轴：上下直立 b 轴：左右水平 a 轴：水平朝前偏左 30° d 轴：水平朝后偏左 30°	$a=b=d\neq c$ $\alpha=\beta=90°$ $\gamma=120°$

续表

晶系	结晶轴的选择	结晶轴的安置	晶体几何常数
正交	以三条互相垂直的二次对称轴为 a 轴、b 轴和 c 轴，或取唯一的二次对称轴为 c 轴，取两个垂直于 c 轴并互相垂直的对称面法线为 a 轴和 b 轴	c 轴：上下直立 a 轴：前后水平 b 轴：左右水平	$a \neq b \neq c$ $\alpha = \beta = \gamma = 90°$
单斜	以唯一的二次对称轴或对称面法线为 b 轴，取两条垂直于 b 轴的晶棱方向或角顶连线为 a 轴和 c 轴	c 轴：上下直立 b 轴：左右水平 a 轴：前后倾斜	$a \neq b \neq c$ $\alpha = \gamma = 90°$ $\beta > 90°$
三斜	以任一三条晶棱方向或角顶连线方向为 a 轴、b 轴和 c 轴	c 轴：上下直立 a 轴和 b 轴任意	$a \neq b \neq c$ $\alpha \neq \beta \neq \gamma \neq 90°$

3. 结晶符号

表示晶面、晶棱等晶体方位的数字符号称为结晶符号。根据晶面与各结晶轴的交截关系，用简单数字符号来表达晶面在晶体中方位的结晶学符号称为晶面符号。用简单数字符号来表达晶棱或其他直线在晶体中方位的结晶学符号称为晶向符号。

（1）晶面符号

晶面符号的表示方法有多种，目前通用的是米勒符号，简称晶面符号。是由晶面在三个坐标轴的截距系数 p、q、r 的倒数比 $\frac{1}{p} : \frac{1}{q} : \frac{1}{r}$，经整数化后按 a、b、c 轴次序连写在一起，再加小括号而得。其通式（hkl），其中 h、k、l 称为晶面的米勒指数。

现分别用米勒符号表示图 2-8 中的晶面：晶面 $ABDE$ 与 a 轴交于 A 点，与 b 轴交于 B 点，与 c 轴经延长后交于 C 点。它们的截距分别为 $2a$、$3b$、$6c$。截距系数为 2、3、6，倒数比为 $\frac{1}{2} : \frac{1}{3} : \frac{1}{6}$，整数化后为 3∶2∶1，米勒符号为（321）。同理，晶面 C_0DE 的米勒符号为（111）。从晶面符号可以知道，晶面在晶轴上的截距系数愈大，其晶面符号中与该轴相应的米勒指数愈小。当晶面平行于某坐标轴时，由于截距系数为 ∞，而 $\frac{1}{\infty} = 0$，所以其米勒指数

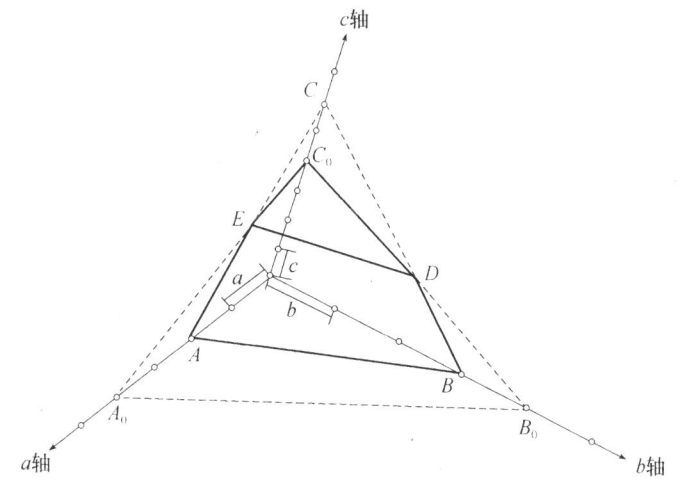

图 2-8　求晶面米勒符号的图解

为0。晶体定向坐标轴有正、负之分，因此，凡晶面与某一坐标轴的负端相交时，应在相应的米勒指数上方加一负号"-"。图2-9给出了一个立方体晶体上各晶面的米勒符号。

（2）晶向符号

晶向符号只规定晶棱等直线在晶体中的方向而不涉及它们具体的位置。因而，任何晶棱都可以假设平移到坐标轴的交点（图2-10中 O 点）；然后在此晶棱上任取一点 M，它在三个坐标轴上的坐标分别为 x、y、z。若以相应的轴单位来度量该坐标值，取它们的比值后连写并加以方括号，即为晶向符号。设：

$$\frac{OX}{a} : \frac{OY}{b} : \frac{OC}{c} = u : v : w \quad (2\text{-}3)$$

则 $[uvw]$ 即为该晶棱的晶向符号的通式。

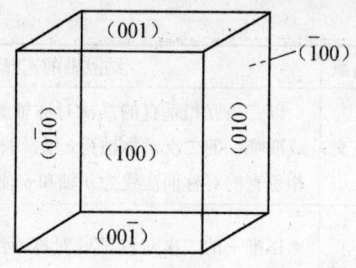

图2-9 立方体各晶面的米勒符号

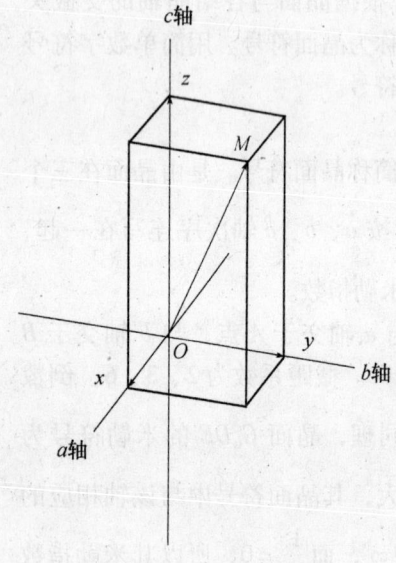

图2-10 晶向符号的图解

晶向符号也有正负之分。负值的表示方法和晶面符号相同，例如 $[u\bar{v}w]$。但是，由于任何晶向方向都是同时指向两端的，上述的 M 点可取在坐标轴原点的任一侧，它们所得到的晶向符号的正负号正好相反。因此，对晶棱符号而言，对应指数的绝对值相等而正负号完全相反的两个晶向符号只代表同一晶向方向。例如 $[102]$ 与 $[\bar{1}0\bar{2}]$ 是同一晶向方向。此外，根据晶向符号的表示法，系数0并不表示晶向与相应的坐标轴平行。在直角坐标系中，系数0则表示晶向垂直于相应的坐标轴。例如，平行于 a 轴的晶向符号为 $[100]$，平行于 b 轴的晶向符号为 $[010]$，平行于 c 轴的晶向符号为 $[001]$。

对于三方和六方晶系，习惯上采用布拉菲系统定向时，其晶面符号的通式可写为 $(khil)$。指数和标轴的对应关系，除 i 对应于 d 轴外，其他的和三轴定向相同。故晶面指数可由下式求得：

$$\frac{a}{OX} : \frac{b}{OY} : \frac{d}{OU} : \frac{c}{OZ} = k : h : i : l \quad (2\text{-}4)$$

式中，OX、OY、OU、OZ 分别为晶面在 a、b、d 和 c 轴上的截距。三个水平轴的指数间存在下列矢量关系：

$$h + k + l = 0 \quad (2\text{-}5)$$

因此，h、k、l 中只有两个是独立的。所以，在四轴定向的晶面符号中，也有将 $(hkil)$ 写成 $(hk \cdot l)$ 表示是四轴定向。例如，晶面符号 $(11\bar{2}0)$ 可写为 $(11 \cdot 0)$。图2-11给出了四轴定向时晶面符号的示例。

为避免晶棱在三根水平轴上可以有多种不同的矢量分解方式，四轴定向时的晶向符号只考虑晶向与 a、b、c 轴之间的关系，而不考虑 d 轴的关系。这样，四轴定向的晶向符号就和其他晶系的轴定向的情况完全相同。如平行于 b 轴的晶向，其晶向符号也是 $[010]$。但是，为了区别于三轴定向，四轴定向的晶向符号的通式为 $[uv \cdot w]$。

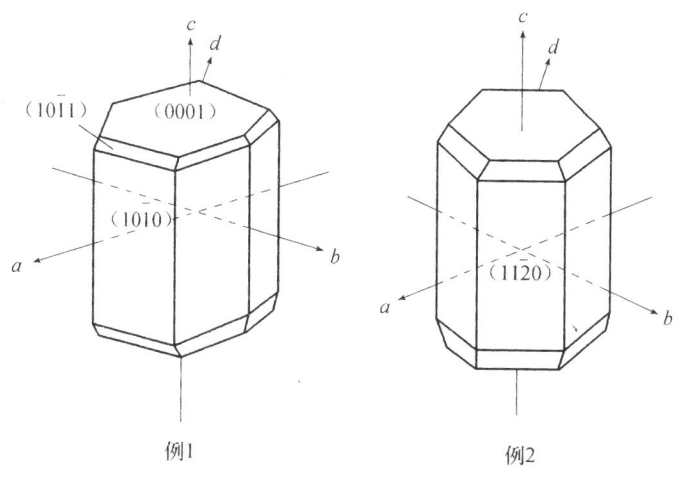

图 2-11 四轴定向时晶体的晶面符号

2.4 晶体的理想形状

通过以上讨论还不能建立起晶体在理想生长条件下可能具有的各种晶体形状,以及正确描述这些晶体形态的方法。因此,必须应用晶体所具有的对称性,以及晶面与对称要素之间的方位来研究晶体可能具有的理想形态。

1. 单形

单形是指能借助于对称型之全部对称要素的作用而相互联系起来的一组晶面的组合。同一单形的各个晶面必须相互对称重复,它们与对称要素间的取向关系也都相互一致。晶体上相互间不能对称重复的晶面,则属于不同的单形。图 2-12 是正交晶系属于 $3L^2 3PC$ 对称型的晶体。八个晶面同形等大,均可借助于该对称型的对称要素的作用而相互联系起来。因此这八个晶面组成一个单形,称为菱方双锥单形。图 2-13 是正交晶系中也属于 $3L^2 3PC$ 对称型的晶体。其中六个晶面分属于三个不同的单形,每个单形由相互平行的一对晶面所组成。

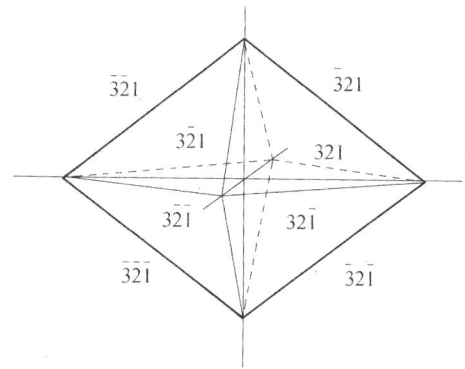

图 2-12 正交晶系 $3L^2 3PC$ 对称型的菱方双锥单形

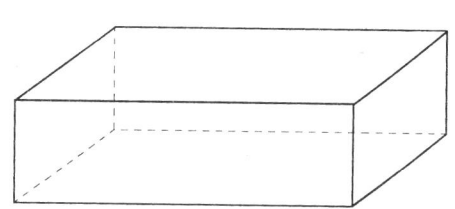

图 2-13 正交晶系 $3L^2 3PC$ 对称型的由三个平行双面单形组成的聚形

可以看出，同属于 $3L^23PC$ 对称型却可以是不同的单形。其原因是由于晶面与对称要素之间的方位不同。在菱方双锥单形中，晶面与对称要素是斜交的，而在图 2-13 中三个单形的晶面都与对称要素平行。因此，可以利用晶面与对称要素相对空间位置的不同，推导出每个对称型中可能存在的单形。在 32 个对称型中，经推导只能存在 47 种几何上不同的单形。它们分属于不同的晶系。其中高级晶族 15 种，中级晶族 25 种，低级晶族 7 种。

在单形中有左形与右形之分。它们是形状完全相同而在空间的取向正好彼此相反的两个形体。人的双手就是左形和右形的一个实例。α-石英晶体也有左、右形之分。此外，47 种单形中又有开形和闭形之别。由一个单形体本身的全部晶面不能围成封闭空间的称开形。如图 2-13 中的平行双面单形。而图 2-12 中的菱方双锥单形则围成闭合的凸多面体，这种单形属于闭形。

2. 聚形

聚形是指两个或两个以上单形的聚合。晶体是一个封闭的凸几何多面体，单独一个开形单形不能构成封闭的几何多面体。因此，要成为一个晶体，必然由两个或两个以上的单形聚合成聚形。图 2-13 中的晶体是由三个单形聚合而成的聚形。单形中的闭形，可以在晶体上单独存在，也可以参与组成聚形。单形在聚合成聚形时不是随意的，它们必须遵循对称性一致的原则。只有属于同一对称型的单形才会相聚。

2.5 晶体结构的基本特征

晶体的宏观对称性和几何外形特性，实际上是由其内部的格子构造所决定的。对于不同的晶体，其格子构造的形状、质点的种类和数目，以及质点在空间分布的对称性等是有区别的。但是，它们又有共同的规律性，这就是这节所要讨论的内容。

每一个具体的晶体结构，可以抽象出一个相应的空间点阵。而且，从空间格子的规律可知，三组不共面的行列就可以决定一个空间格子，空间格子被划分成无数平行叠置的平行六面体。不难理解，对于同一个空间点阵，如果所取的三组不共面的行列不同，就可以划分出不同的平行六面体。由于不同的行列选取可以抽象出不同的空间点阵，结果给结晶学分析带来了混乱。因此，为了更好地研究晶体结构的基本特征，使所划分出来的平行六面体具有充分的代表性，规定了选择平行六面体时所应遵循的原则。

1. 单位平行六面体的划分原则

（1）所选平行六面体的对称性应符合整个空间点阵的对称性。

（2）在不违反对称的条件下，应选择棱与棱之间直角最多的平行六面体。

（3）在遵循前两条的前提下，所选的平行六面体之体积应为最小。

（4）当对称性规定棱间交角不为直角时，在遵循前三条的前提下，应选择结点间距小的行列作为平行六面体的棱，且棱间交角尽可能接近于直角的平行六面体。

现以平面点阵为例来说明以上划分原则。

图 2-14（a）为具有 L^44P 对称的一个平面点阵，共取六种不同的平行四边形划分方式。

显然，其中3、4、6与L^44P的对称不符。5的外形虽符合L^44P的对称，但从内部结点一起考虑，则不符合L^44P的对称。最后在1和2中选择，因为1的面积最小，所以应选择平行四边形1作为划分这一平面点阵的基本单位。

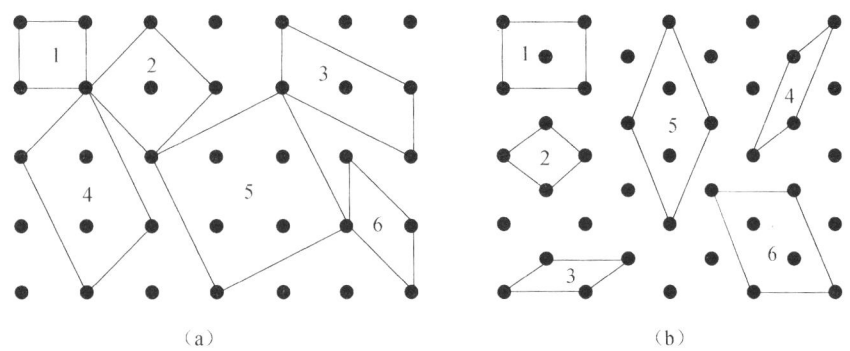

图 2-14 平面点阵划分平行四边形的几种不同方式

（a）具L^44P的平面点阵；（b）具L^22P的平面点阵

在图2-14（b）中也有六种划分方式。3、4、6不符合对称特点，2、5符合对称性且2的面积最小，但却不具有直角关系。符合对称又具有最多直角关系的应是1。因此，选择平行四边形1作为这一平面点阵的基本单位。

按选择原则选取的平行六面体称为单位平行六面体。它的三根棱长a_0、b_0、c_0以及三者相互间的交角α、β、γ是表征它本身形状、大小的一组参数，称为单位平行六面体参数或点阵参数（图2-15）。

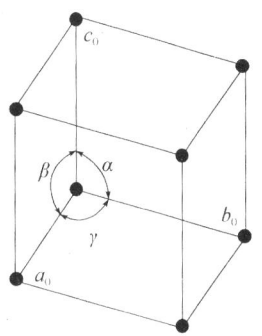

图 2-15 单位平行六面体参数的图解

选择了单位平行六面体，实际上也就确定了空间格子的坐标系。单位平行六面体的三根棱便是三根坐标轴的方向，棱的交角α、β、γ也就是坐标轴之间的夹角，棱长a_0、b_0、c_0则是坐标系的轴单位。所以，单位平行六面体参数也是表征空间格子中坐标系性质的一组参数。如果晶体定向正确，那么，晶体几何常数应和单位平行六面体参数一致。轴角应当就是单位平行六面体的α、β、γ，轴率就等于棱长之比。所不同的是单位平行六面体的三根棱长a_0、b_0、c_0都具有一定数值的绝对长度，而晶体几何常数中的轴率只是相对比值。

对应于七个晶系，单位平行六面体的形状也有七种不同的类型。

（1）等轴晶系。单位平行六面体是一个立方体。单位平行六面体参数为：
$$a_0 = b_0 = c_0, \quad \alpha = \beta = \gamma = 90°$$

（2）四方晶系。单位平行六面体为四方柱，横截面为正方形。规定柱面相交的棱为c_0。单位平行六面体参数为：
$$a_0 = b_0 \neq c_0, \quad \alpha = \beta = \gamma = 90°$$

（3）正交晶系。单位平行六面体为长、宽、高都不等的长方体。单位平行六面体参数为：
$$a_0 \neq b_0 \neq c_0, \quad \alpha = \beta = \gamma = 90°$$

（4）单斜晶系。单位平行六面体的三对面中有两对是矩形，另一对是非矩形。两对矩形平面都垂直于非矩形平面，而它们之间的夹角 $\beta \neq 90°$。两矩形面相交的棱为二次轴方向，规定此相交棱为 b_0，单位平行六面体参数为：

$$a_0 \neq b_0 \neq c_0, \quad \alpha = \gamma = 90°, \quad \beta \neq 90°$$

（5）三斜晶系。单位平行六面体是三条棱不相等，三对面相互间不垂直的斜平行六面体。单位平行六面体参数为：

$$a_0 \neq b_0 \neq c_0, \quad \alpha \neq \beta \neq \gamma \neq 90°$$

（6）六方晶系。单位平行六面体底面为菱形的柱体。菱形交角为 60°和 120°，六方晶系应有 L^6 存在，但单位平行六面体中不存在六次轴。如果把三个单位平行六面体拼起来，底面就成六边形，柱面的交棱就是六次轴方向，符合六方晶系的对称。单位平行六面体，仍然应该是菱方柱形的平行六面体。其柱面的交棱规定为 c_0，是唯一六次轴的方向，单位平行六面体参数为：

$$a_0 \neq b_0 \neq c_0, \quad \alpha = \beta = 90°, \quad \gamma = 120°$$

（7）三方晶系。单位平行六面体的形式与六方格子相同。由于菱方柱的菱形交角为 60°和 120°，相当于由两个等边三角形的正三方柱所拼成，三次轴就处在这个等边三角形的中心。三方格子的单位平行六面体参数和六方格子完全相同。

三方晶系中的另一个格子是菱面体格子。单位平行六面体相当于立方体在 $4L^3$ 中的一个 L^3 方向被拉长或压缩，使立方体变成菱面体。此时 L^3 只剩下一个，它与三方晶系的对称特点相适应。单位平行六面体参数为：

$$a_0 = b_0 = c_0, \quad \alpha = \beta = \gamma \neq 90°、60°、109°28'16''$$

如果 $\alpha = 90°、60°$ 或 $109°28'16''$，那么菱面体格子的对称性就会提高，成为立方格子。因而，α 只要不等于以上三个角度，即为菱面体格子。

2. 十四种布拉菲格子

结点都分布在平行六面体角顶上的空间格子称为原始格子，用字母 P 来代表。三方菱面体格子不用 P 代表而用 R 来代表。空间格子的种类除原始格子外还可以有其他类型格子存在。在图 2-14（b）中所选择的平行四边形中心就有一个结点。这种选择非原始格子的结果也满足单位平面六面体的选择原则。因此，单位平行六面体除原始格子外还有以下三种格子：

（1）体心格子。在单位平行六面体中心还有一个结点时即构成体心格子。用符号 I 代表。

（2）面心格子。在单位平行六面体所有三对面的中心都有结点时即为面心格子，用符号 F 表示。

（3）单面心格子。在单位平行六面体的某一对面的中心各有一个结点称为单面心格子。由于单位平行六面体有三对面，因而单面心格子由于结点所在的面不同而分为底心格子，或称 C 心格子，代表（001）面上有结点的格子，用符号 C 表示；A 心格子，代表（100）面上有结点的格子，用符号 A 表示；B 心格子，代表（010）面上有结点的格子，用符号 B 表示。

除上述三种非原始格子外，其他位置上存在结点的情况是不可能的。此外，对应于七个晶系，并非每个晶系中都同时存在以上四种格子。因为，有的可能不满足对称特点，有的则不符合选择原则。例如，立方底心格子就不能存在。因为它不符合于立方格子所固有的4L^{3}的对称特点。这样，去掉了不符合对称特点和不符合选择原则的格子后，对应于七个晶系，共有14种不同形式的空间格子，即通常所称的十四种布拉菲格子（图2-16）。

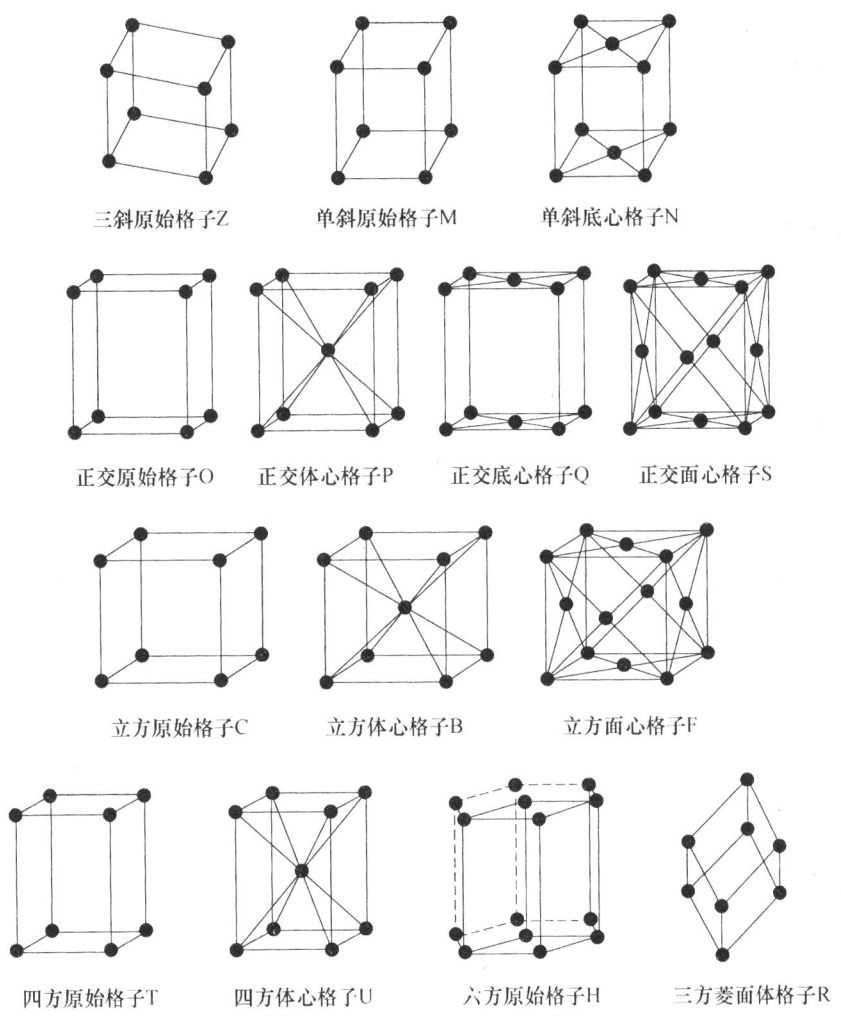

图2-16 十四种布拉菲格子

（注：各格子右下角的大写拉丁字母，是粉晶衍射标准联合委员会（JCPDS）在
《Powder Diffraction File》中采用的各布拉菲格子的符号）

布拉菲格子是空间格子的基本组成单位。只要知道了格子形式和单位平行六面体参数，就能确定整个空间格子的一切特征。

3. 晶胞

晶胞是指晶体结构中的平行六面体单位，其形状大小与对应的空间格子中的平行六面体一致。晶胞与平行六面体的区别在于，空间格子中的平行六面体是由几何点构成；而晶体结构中的晶胞则由实在的具体质点所组成。

若晶体结构中表征晶胞的平行六面体单位是对应的空间格子中的单位平行六面体时，这样的晶胞称为单位晶胞。单位晶胞是能够充分反映整个晶体结构特征的最小结构单位，其形状大小与对应的单位平行六面体完全一致，晶胞参数数值等同于对应的单位平行六面体参数。图2-17中给出了由NaCl晶格抽象而得的立方面心格子（a）、原子堆积模型（b）以及晶胞的结构图（c）。

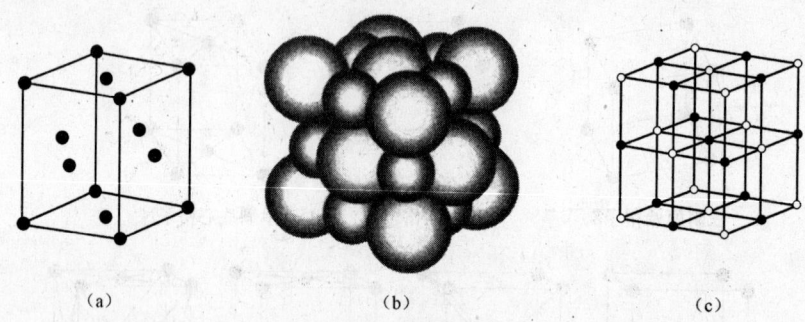

图2-17 NaCl晶体结构
（a）立方面心格子；（b）原子堆积模型；（c）晶胞的结构图

4. 晶体的微观对称要素

晶体结构中可能出现的对称要素包括两部分：一是在宏观晶体中也能出现的对称要素，即对称中心、对称面、对称轴及倒转轴；另一部分是只能在作为无限图形的晶体结构中才能出现的微观对称要素。在微观对称要素中包含有平移动作，这在有限图形中是不能存在的。所以，微观对称要素不可能直接运用于宏观晶体。微观对称要素主要有以下三种：

（1）平移轴

一直线方向，相应的对称变换为沿此直线方向平移一定的距离。具有平移轴的图形，经平移对称变换后，整个图形复原。能使图形复原的最小平移距离，称为平移轴的移距。

（2）象移面

一种复合的对称要素，其辅助几何要素有两个，即一个假想的平面和平行于此平面的某一直线方向。相应的对称变换是对此平面的反映和沿此直线方向平移的组合。当然相应的对称变换也可以是先平移后反映，其效果完全相同［图2-18（a）］。象移面可按其平移方向与距离不同分为轴向滑移的，对角线滑移的和金刚石型滑移的共五种（表2-4）。

表2-4 象移面的滑移

滑移类型		平移方向	平移距离	说明
轴向滑移	a	a	$\frac{1}{2}\vec{a}$	$\vec{a}$：沿x轴方向的结点间距
	b	b	$\frac{1}{2}\vec{b}$	$\vec{b}$：沿y轴方向的结点间距
	c	c	$\frac{1}{2}\vec{c}$	$\vec{c}$：沿z轴方向的结点间距
对角线滑移	n	(a+b) 或 (b+c) 或 (a+c)	$\frac{1}{2}(\vec{a}+\vec{b})$ 或 $\frac{1}{2}(\vec{b}+\vec{c})$ 或 $\frac{1}{2}(\vec{a}+\vec{c})$	$(\vec{a}+\vec{b})$、$(\vec{b}+\vec{c})$、$(\vec{a}+\vec{c})$ 分别是沿着x轴和y轴，y轴和z轴，x轴和z轴三个轴单位的矢量和
金刚石型滑移	d		$\frac{1}{4}(\vec{a}+\vec{b})$ 或 $\frac{1}{4}(\vec{b}+\vec{c})$ 或 $\frac{1}{4}(\vec{a}+\vec{c})$	

（3）螺旋轴

复合的对称要素为一根假想的直线及与之平行的直线方向。相应的对称变换是绕此直线旋转一定角度和沿此直线方向平移的结合。与对称轴一样，螺旋轴也有基转角和轴次之分，轴次 n 也只能等于 1、2、3、4、6，没有五次螺旋轴，若沿螺旋轴方向行列的结点间距为 T，则螺旋轴中平移变换的移距应为 $(s/n)T$，n 为轴次，s 为小于 n 的自然数。如对于 2 次螺旋轴来说，只能有 2_1。这表示其基转角为 $180°$，而移距为螺旋轴方向行列结点间距的 $1/2$。对于三次螺旋轴而言，则有 3_1、3_2 两种。其基转角为 $120°$，移距为结点间距的 $1/3$ 和 $2/3$。螺旋轴的符号既表示了轴次，也表示了平移的移距。螺旋轴根据其轴次和平移距离的大小，可分为 2_1、3_1、3_2、4_1、4_2、4_3、6_1、6_2、6_3、6_4、6_5 共 11 种。图 2-18（b）为 2_1 的几何图像。一次螺旋轴因 s 值无意义而不能成立。

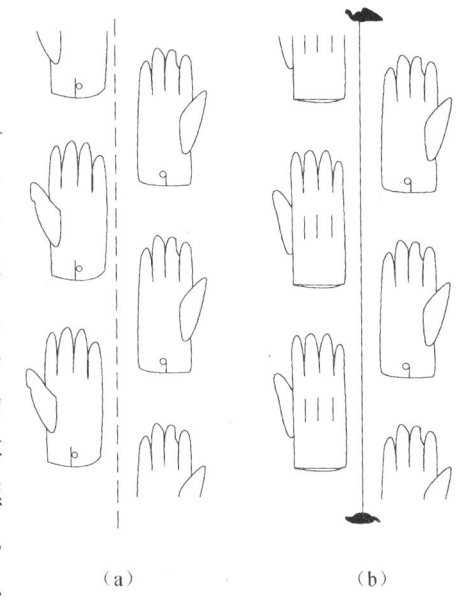

图 2-18　螺旋轴 2_1 的示意图
(a) 具有象移面和螺旋轴 2_1；(b) 几何图像

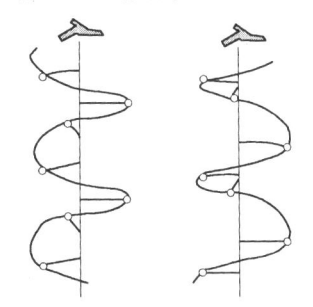

图 2-19　左旋三次螺旋轴 3_2 和右旋三次螺旋轴 3_1

在确定螺旋轴时，其对称变换以"右旋"方式为标准。即将右手大拇指伸直，四指并拢弯曲，则四指弯曲所指方向为旋转方向，大拇指所指方向即为平移方向，如果在螺旋轴的对称变换中以左旋方式为准，那么，对于一个螺旋轴 n_s 而言，其对称变换应为旋转基转角 α 后，平移的移距不是 $(s/n)T$，而是 $(1-s/n)T$（图 2-19）。

一般规定，当 $0<s<\dfrac{n}{2}$ 时，属于右旋螺旋轴，它包括 3_1、4_1、6_1、6_2。当 $n/2<s<n$ 时属于左螺旋轴，它包括 3_2、4_3、6_3、6_4，如果 $s=n/2$，称为中性螺旋轴，包括 2_1、4_2、6_3；若 $s=0$，则螺旋轴不存在平移动作。因此，它已不是螺旋轴，而是同轴次的对称轴。螺旋轴的命名都是按右旋方式进行的。

5. 空间群

我们可以把由晶体结构抽象而得的空间格子构造看成是一个无限图形。例如在 1mm^3 的 NaCl 晶体中，就包含了大约 7×10^{17} 个相当于一个晶胞大小的立方体。对于这样的宏观物体，完全可以把它看成是无限的。在无限的物体中，平移轴才能存在。

由于存在平移对称变换，当它们和对称轴、对称面联合就构成了螺旋轴和象移面，使晶体结构中可能存在的对称要素增加到 41 种，除去相互重复或等效的，具有独立存在意义的共有 27 种（表 2-5）。

表 2-5　晶体结构中可能出现的对称要素

类　　型	名　　称	国际符号
平移轴	平移格子	P、C、I、F
轴对称要素	对称轴	1（=平移格子）、2、3、4、6
	倒转轴	$\bar{1}$（=对称中心）、$\bar{2}$（=m）、$\bar{3}$（=$3+\bar{1}$）、$\bar{4}$、$\bar{6}$（=$3+m$）
	螺旋轴	2_1、3_1、3_2、4_1、4_2、6_1、6_2、6_3、6_4、6_5
面对称要素	对称面	m
	象移面	a、b、c、n、d

从平移轴的概念来看，任何一个行列方向都是一个平移轴，行列的结点间距即为平移轴的移距。因此，在晶体结构中，或在空间格子构造中可以有无穷多的平移轴。但是，从空间格子的性质可以知道，任何一个平移矢量都可由三个不共面的基本平移矢量来规定。如设三个基本矢量为 a，b 和 c，则任一平移矢量 λ 可表达为：

$$\lambda = Xa + Yb + Zc \lambda \tag{2-6}$$

式中，X、Y、Z 均为整数。

现在，我们引入平移群的概念。平移群是指在晶体结构中，所有平移轴的集合。由于任何平移轴可以用三个不共面的基本矢量来表征，因此，一个平移群也只要用三个不共面的基本平移轴来表征。这样三个不共面的平移轴实际上就构成了一个三维的平移格子，即空间格子。由此可知，平移群的图形就是相应的空间格子。在晶体结构中，由于三个基本平移矢量的大小和夹角不同，以及结点在空间格子中分布位置的不同，可能存在的平移群的种类只有十四种，这就是十四种布拉菲格子。

有了对称型（点群）和平移群的概念，就能较容易理解空间群的概念。所谓空间群是指在一个晶体结构中所存在的一切对称要素的集合。实际上一切对称要素的集合都可以由两部分组成：一是平移群；另外是除平移轴之外的所有其他对称要素的集合（和对称型相对应）。经推导，晶体结构中只能有 230 种不同的空间群。因此，尽管晶体的组成和结构千变万化，自然界和人工合成的晶体有成千上万种，但从晶体结构中所能存在的对称要素的集合看，却只有 230 种。

2.6　晶体化学基本原理

晶体的对称性，为研究晶体的结构提供了条件。此外，从晶体结构中质点的几何关系和质点间的物理、化学作用的角度考虑，还存在一些决定晶体结构的基本因素。

1. 原子半径和离子半径

在原子或离子中，围绕核运动的电子作用范围可看成是球形的。这个球的范围被认为是原子或离子的体积，球的半径即为原子半径或离子半径。

但是，在晶体结构分析中，都采用原子或离子的有效半径。有效半径的概念是假定在晶体结构中离子或原子间的静电吸引和排斥作用达到平衡时的距离划分。在离子晶体中，一对相邻接触的阴、阳离子的中心距，即为该阴、阳离子的离子半径之和。在共价化合物晶体中，两个相邻键合原子的中心距，即为这两个原子的共价半径之和。在金属单质晶体中，两个相邻原子中心距的一半，就是金属原子半径。原子或离子的有效半径能最大限度地与晶体中的实测键长相一致。

原子和离子半径是晶体化学中最基本的参数之一，它对晶体结构有重要影响。

2. 球体紧密堆积原理

在金属晶体和离子晶体中，金属键和离子键没有方向性和饱和性。因而，从几何角度看，金属原子之间或离子之间的相互结合，在形式上可看成是球体间的紧密堆积。

（1）等大球体的最紧密堆积及其空隙

从直线上看，等大球体的最紧密排列，是一个个紧靠着的串珠状长链。从平面内看，则形成图 2-20 的排列形式。在 A 球的周围有六个球相邻接触，每三个球围成一个空隙。其中一半是尖角向下的 B 空隙，另一半是尖角向上的 C 空隙。两种空隙相间分布。当紧密堆积向空间发展时，应首先将第二层紧密堆积叠加到第一层上去。从图 2-21 可看出，第二层的每个球均与第一层中的三个球体相邻接触，且落在同一种角形空隙的位置上。图中是 B 空隙位置上。若都落在 C 空隙位置上，其结果并无本质差别。此时，两层间存在两类不同的空隙，一种是连续穿透两层的空隙（图 2-21 中 C 位置），另一种是未穿透两层的空隙（图 2-21 中 A 和 B 位置）。再叠置第三层球体时，将有两种完全不同的堆积方式。一种是第三层球的球体落在未穿透的空隙 A 的位置上。从垂直于图面方向观察，第三层球的位置正好与第一层相重复（图 2-22）；此时，如果继续堆第四层，可以与第二层重复，第五层又与第三层重复，如此等等。这种紧密堆积方式可用 ABABAB… 的顺序来表示。

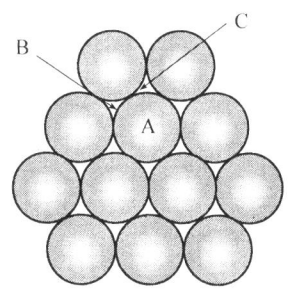 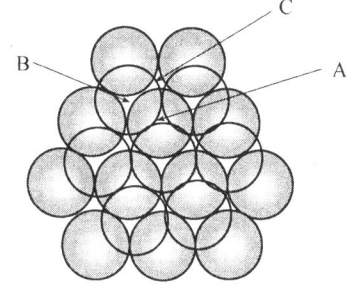

图 2-20　等大球在平面内的最紧密排列及其空隙　　图 2-21　两层球体的最紧密堆积方式

另一种堆积方式是第三层球的球体落在连续穿透两层的空隙 C 的位置上。这样，第三层和第一、第二层都不同。在叠置第四层时，才与第一层重复（图 2-23），这种紧密堆积方式可用 ABCABC… 的顺序表示。

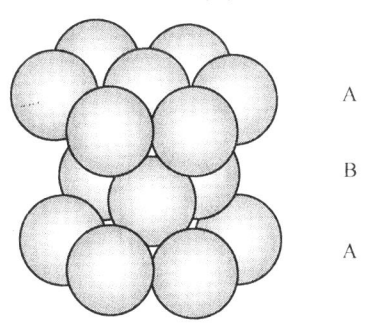 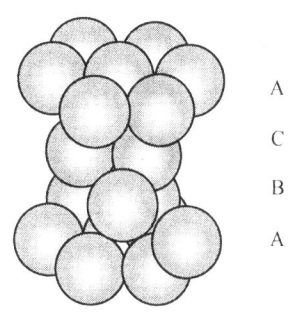

图 2-22　六方紧密堆积　　　　　　　　　图 2-23　立方紧密堆积

ABAB…紧密堆积方式，其球体在空间的分布与六方格子相对应，称为六方最紧密堆积。其最紧密排列层平行于（0001）。ABCABC…的紧密堆积方式，其球体在空间的分布与立方面心格子相一致，故称为立方最紧密堆积。其最紧密排列层平行于（111）（图2-24）。此外，从上述的球体堆积方式看，还可能有 ABCBABCB…和ABCACBABCACB…不同方式，但在晶体结构中出现较少。六方最紧密堆积和立方最紧密堆积是晶体结构中最常见的两种方式。如金属锇、铱等晶体结构属六方紧密堆积；铜、金、铂等晶体结构则属于立方紧密堆积。

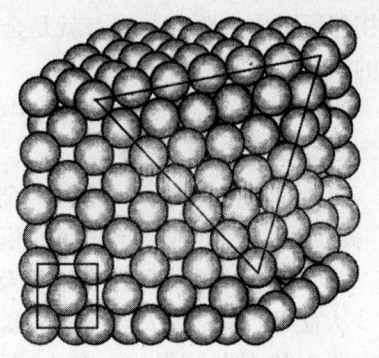

图2-24 立方紧密堆积中（111）最紧密排列层

上述的等大球体紧密堆积中，存在着两种空隙。一种是处于四个球体包围之中的空隙，四个球体中心之连线恰好成一个四面体的形状，称为四面体空隙。另一种是处于六个球体包围之中的空隙，六个球体中心之连线恰好连成一个八面体的形状，称为八面体空隙。这种空隙就是上面所述的连续穿透两层的空隙 C。八面体空隙的空间大于四面体空隙的空间。

若以图 2-21 中 B 空隙上面的一个球为例，在该球下面紧靠它的有 3 个八面体空隙（包括 C 空隙在内的三角对称分布的 3 个八面体空隙），以及 4 个四面体空隙（包括 A 空隙在内的三角对称分布的 3 个四面体空隙和球正下方的 B 四面体空隙）。如果按六方紧密堆积排，第三层和第一层相同，那么，在该球的上部也有紧靠它的 3 个八面体空隙和 4 个四面体空隙。这样，在六方紧密堆积中，每一个球的周围共有 6 个八面体空隙和 8 个四面体空隙。但是，八面体空隙由 6 个球组成，四面体空隙由 4 个球组成，因此一个球体周围的八面体不能都属于它，而只有 $6 \times \frac{1}{6} = 1$ 个八面体和 $8 \times \frac{1}{4} = 2$ 四面体是属于一个球体的。所以，若有 n 个等大球体作最紧密堆积时，就必定有 n 个八面体空隙和 $2n$ 个四面体空隙。对于 ABC…型的立方紧密堆积，这一结果同样正确。

(2) 不等大球体的紧密堆积

在不等大球体堆积时，可以看成较大的球体成等大球体紧密堆积方式，较小的球则按其本身的大小，充填在八面体或四面体空隙中，形成不等大球体的紧密堆积。在实际晶体结构中，阳离子的大小不一定能无间隙地充填在空隙中，往往是阳离子的尺寸稍大于空隙，而将阴离子略微"撑开"；或阳离子的尺寸较小，在阴离子形成的空隙中可以有一定的位移。所以，在离子晶体结构中，阴离子通常只是近似地作最紧密堆积，或出现某种程度的变形。

3. 配位数和配位多面体

(1) 配位数（符号 CN）

配位数是指在晶体结构中，原子或离子的周围，与它直接相邻结合的原子个数或所有异号离子的个数。在单质晶体中，如果原子作最紧密堆积，则不论是六方还是立方紧密堆积，每个原子的配位数均为 12。若不是紧密堆积，那么，配位数将小于 12。在共价键晶体结构中，由于共价键有方向性和饱和性，因此其配位数不受球体紧密堆积规则支配。其配位数一般较低，且不大可能超过 4。在离子晶体结构中，阳离子一般处于阴离子紧密堆积的空隙中，其配位数一般为 4 和 6。若阴离子不作紧密堆积，阳离子还可能出现其他的配位数。

（2）配位多面体

在晶体结构中，与某一个阳离子（或原子）成配位关系相结合的各个阴离子（或原子），它们的中心连线构成了配位多面体。阳离子（或中心原子）位于配位多面体的中心，各个配位阴离子（或原子）的中心则处于配位多面体的角顶上。图2-25给出了阳离子最常见的几种配位方式及相应的配位多面体。图中是较理想的阴阳离子正好接触的情况。需要注意的是阳离子在配位数相同的情况下，其配位多面体的形状可能完全不同。如配位数为6时（CN=6），配位多面体可以是八面体，也可以是三方柱体。

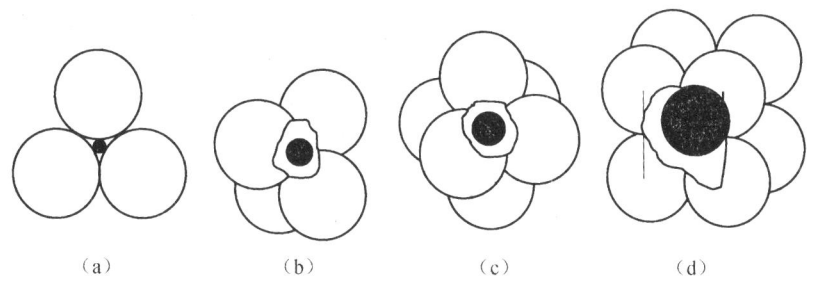

图2-25　阳离子的几种典型的配位形式及其相应的配位多面体
(a) 三角形配位；(b) 四面体配位；(c) 八面体配位；(d) 立方体配位

4. 离子的极化

离子在外电场的作用下，其正负电荷的重心不再重合，就会产生偶极（图2-26）。此时离子的形状不再是球形，其大小也发生变化。

离子晶体中，阴、阳离子都受到相邻异号离子电场的作用而被极化；同时，它们本身的电场又对邻近异号离子起极化作用。因此，极化过程包括两个方面：

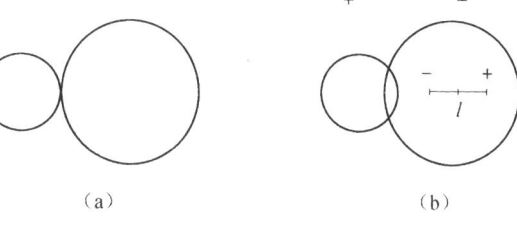

图2-26　离子极化作用示意图
(a) 未极化；(b) 极化

(1) 一个离子在其他离子所产生的外电场的作用下发生极化，即被极化。
(2) 一个离子以其本身的电场作用于周围离子，使其他离子极化，即主极化。

被极化程度的大小，可以用极化率 α 来表示：

$$\alpha = \frac{\bar{\mu}}{F} \tag{2-7}$$

式中，F 为离子所在位置的有效电场强度；$\bar{\mu}$ 为诱导偶极矩：$\bar{\mu}=e\cdot l$，e 为电荷；l 为极化后正负电荷中心的距离。表2-6给出一些主要离子的离子半径和 α 值。

表2-6　一些主要离子的半径和 α 值

离子	离子半径/nm	极化率 α $\times 10^{-3}/nm^3$	离子	离子半径/nm	极化率 α $\times 10^{-3}/nm^3$	离子	离子半径/nm	极化率 α $\times 10^{-3}/nm^3$
Li^+	0.059	0.031	B^{3+}	0.011	0.003	F^-	0.133	1.04
Na^+	0.099	0.179	Al^{3+}	0.039	0.052	Cl^-	0.181	3.66
K^+	0.137	0.83	Y^{3+}	0.090	0.55	Br^-	0.196	4.77
Ca^{2+}	0.100	0.47	C^{4+}	0.015	0.0013	I^-	0.220	7.10
Sr^{2+}	0.118	0.86	Si^{4+}	0.026	0.0165	O^{2-}	0.140	3.88
Ba^{2+}	0.135	1.55	Ti^{4+}	0.061	0.185	S^{2-}	0.184	10.20

主极化能力的大小，可用极化力 β 来表示：

$$\beta = \frac{W}{r^2} \tag{2-8}$$

式中，W 为离子的电价；r 为离子半径。

一般阴离子半径较大，易于变形而被极化，而主极化能力较低。阳离子半径相对较小，当电价较高时其主极化作用大，而被极化程度较低。

由于离子极化，电子云互相穿插，缩小了阴、阳离子之间的距离，使离子的配位数、离子键的键性以及晶体的结构类型发生变化。表2-7 是银的三个卤化物由于阴离子不同，α 值也不同，它们在晶体结构中的极化也不同，以至在离子的配位数、键性和结构类型上发生变化。

表 2-7 离子极化对卤化银晶体结构的影响

项目名称	AgCl	AgBr	AgI
Ag^+ 和 X^- 的半径之和/nm	0.115 + 0.181 = 0.296	0.115 + 0.196 = 0.311	0.115 + 0.220 = 0.335
Ag^+ 与 X^- 的实测距离/nm	0.277	0.288	0.299
极化靠近值	0.019	0.023	0.036
$\frac{r^+}{r^-}$ 值	0.635	0.587	0.523
实际配位数	6	6	4
理论结构类型	NaCl	NaCl	NaCl
实际结构类型	NaCl	NaCl	立方 ZnS

5. 电负性

晶体结构中，固定在一定的位置上的质点之间都具有一定的结合力，这种结合力，在晶体结构中称为键。键的形式有四种，即金属键、离子键、共价键和分子键。前三种为化学键。

在硅酸盐晶体中，除金属键外，其他三种键都可以存在，而且存在着离子键向共价键的过渡。鲍林曾用元素电负性的差值 $\Delta X = X_A - X_B$ 来计算化合物中离子键的成分。表2-8 和图 2-27 给出了元素的电负性值以及电负性差值与离子键分数的关系。如 NaCl，$\Delta X = 3.0 - 0.9 = 2.1$，以离子键为主。SiC，$\Delta X = 2.5 - 1.8 = 0.7$，以共价键为主。而 SiO_2 中，$\Delta X = 3.5 - 1.8 = 1.7$，Si-O 键既有离子性也有共价性。因此，两个元素电负性的差值越大，结合时离子键的成分越高。反之，共价键的成分越高。在硅酸盐晶体结构中，纯粹的离子键或共价键是不多的，而是存在着键的过渡形式。

表 2-8 元素的电负性值

Li 1.0	Be 1.5											B 2.0	C 2.5	N 3.0	O 3.5	F 4.0
Na 0.9	Mg 1.2											Al 1.5	Si 1.8	P 2.1	S 2.5	Cl 3.0
K 0.8	Ca 1.0	Sc 1.3	Ti 1.5	V 1.6	Mn 1.5	Fe 1.8	Co 1.8	Ni 1.8	Cu 1.9	Zn 1.6		Ga 1.6	Ge 1.8	As 2.0	Se 2.4	Br 2.8
Rb 0.8	Sr 1.0	Y 1.2	Zr 1.4	Nb 1.6	Tc 1.9	Ru 2.2	Rh 2.2	Pd 2.2	Ag 1.9	Cd 1.7		In 1.7	Sn 1.8	Sb 1.9	Te 2.1	I 2.5
Cs 0.7	Ba 0.9	La-Lu 1.1-1.2	Hf 1.3	Ta 1.5	Re 1.9	Os 2.2	Ir 2.2	Pt 2.2	Au 2.4	Hg 1.9		Tl 1.8	Pb 1.8	Bi 1.9	Po 2.0	At 2.2
Fr 0.7	Ra 0.9	Ac 1.1	Th 1.3	Pa 1.5	Np-No 1.3											

6. 鲍林规则

鲍林对离子晶体的结构归纳出如下五条规则：

（1）围绕每一阳离子，形成一个阴离子配位多面体，阳离子的配位数取决于它们的半径之比。

如果阴离子作紧密堆积排列，则可以从几何关系上计算出阳离子配位数与阴阳离子半径比值之间的关系。图 2-28 为阴离子成最紧密堆积，阳离子处于八面体空隙中，且相互间正好接触的情况。设阳离子半径为 r_c，阴离子半径为 r_a，由图可得到如下关系：

$$\frac{r_c}{r_a} = \frac{(\sqrt{2}-1)r_a}{r_a} = 0.414$$

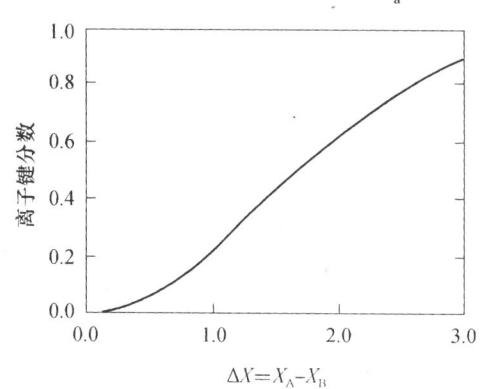

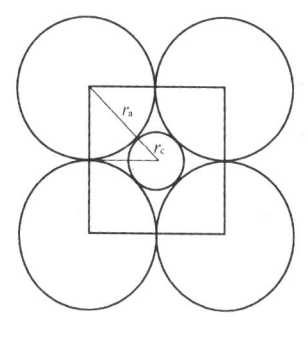

图 2-27　A-B 键的离子键分数与原子电负性差值 $\Delta X = X_A - X_B$ 的关系

图 2-28　阴离子成最紧密堆积，且相互接触，阳离子则无间隙地充填八面体空隙时，计算两者半径比之图解

（图面为垂直八面体的任一 L^4，且通过其中心的切面）

当 $r_c/r_a < 0.414$ 时，那么阴离子相互接触而与阳离子之间不接触，这种状态是不稳定的，阴离子之间的相互排斥将使离子的配位数下降。因此，$r_c/r_a < 0.414$ 时，6 次配位就不能稳定存在，所以 $r_c/r_a = 0.414$ 可以看作是六次配位的下限。当 $r_c/r_a > 0.414$ 时，阴、阳离子间相互接触，但阴离子被撑开了。这时，从结构的稳定性出发，阳离子需要更多的阴离子与之配位。根据几何关系可计算出配位数为 8 时，阴、阳离子正好接触时的 $r_c/r_a = 0.732$。因此，$r_c/r_a = 0.414$ 是 6 次配位的下限，而 $r_c/r_a = 0.732$ 则是 6 次配位的上限。离子晶体中阳离子经常出现的配位数，r_c/r_a 值以及相应的配位多面体列于表 2-9 中。

表 2-9　阴阳离子半径比与阳离子的配位数

r_c/r_a	0	0.155	0.225	0.414	0.732	1	
阳离子配位数	2	3	4	6	8		12
阳离子配位多面体的形状	哑铃状	等边三角形	四面体	八面体	立方体	截角立方体（立方最紧密堆积）	截顶的两个三方双锥的聚形（六方最紧密堆积）
实例	—	—	闪锌矿 β-ZnS	食盐 NaCl	萤石 CaF_2	自然金 Au	自然锇 Os

但是，晶体结构往往受多种因素的影响，在实际晶体结构中会出现不符合这一规则的情况。特别在阴离子不成紧密堆积排列时，还可能出现5、7、9、11等配位数。此外，当 r_c/r_a 值处于边界值附近（如0.414，0.732等），同一阳离子的配位数可以不相同。如 Al^{3+} 和氧离子配位时，既可以是4个氧离子包围一个铝离子成为铝氧四面体，也可以是6个氧离子包围一个铝离子成为铝氧八面体。表2-10列出了氧离子对一些常见阳离子的配位数。

表2-10 氧离子对一些常见阳离子的配位数

配位数	阳离子
3	B^{3+}，C^{4+}，N^{5+}
4	Be^{2+}，B^{3+}，Al^{3+}，Si^{4+}，P^{5+}，S^{6+}，Cl^{7+}，V^{5+}，Cr^{6+}，Mn^{2+}，Zn^{2+}，Ga^{3+}，Ge^{4+}，As^{5+}，Se^{6+}
6	Li^+，Mg^{2+}，Al^{3+}，Se^{3+}；Ti^{4+}，Cr^{3+}，Mn^{2+}，Fe^{2+}，Fe^{3+}，Co^{2+}，Ni^{2+}，Cu^{2+}，Zn^{2+}，Ga^{3+}，Nb^{5+}，Ta^{5+}，Sn^{4+}
6~8	Na^+，Ca^{2+}，Sr^{2+}，Y^{3+}，Zr^{4+}，Cd^{2+}，Ba^{2+}，Ce^{4+}，Sm^{3+}，Lu^{3+}，Hf^{4+}，Th^{4+}，U^{4+}
8~12	Na^+，K^+，Ca^{2+}，Rb^+，Sr^{2+}，Cs^{2+}，Ba^{2+}，La^{3+}，Ce^{3+}，Sm^{3+}，Pb^{2+}

（2）静电价规则。在一个稳定的晶体结构中，从所有相邻接的阳离子到达一个阴离子的静电键的总强度，等于阴离子的电荷数。中心阳离子到达每一配位阴离子的静电键强度 S，等于该阳离子的电荷数 Z 除以它的配位数 n，即 $S=Z/n$，以萤石（CaF_2）为例，Ca^{2+} 的配位数为8，则 Ca—F 键的静电强度为 $S=2/8=1/4$。F^- 的电荷数为1；因此，每一个 F^- 是四个 Ca—F 配位立方体的公有角顶；或者说 F^- 离子的配位数是4。

（3）在配位结构中，两个阴离子多面体以共棱，特别是以共面方式存在时，结构的稳定性便降低。对于电价高而配位数小的阳离子此效应显著；当阴、阳离子的半径比接近于该配位多面体稳定的下限值时，此效应更为显著。表2-11给出了两种多面体以顶角、棱和面共用时，两个多面体中心的距离（以共用顶角时的距离为1）。对于四面体而言，共面时两个中心阳离子的距离仅为共顶时的33%。因此，中心阳离子之间的斥力很大，这种共面方式是不稳定的。所以，在 Si—O 四面体中，只有共顶方式相连，没有共棱和共面的连接方式。

表2-11 两个多面体以不同方式相连时中心阳离子之间的距离关系

	配位三角形	配位四面体	配位八面体	配位立方体
共棱连接	0.50	0.58	0.71	0.82
共面连接	—	0.33	0.58	0.58

注：均以共角顶连接时的最大间距为1进行对比。

（4）在一个含有不同阳离子的晶体中，电价高而配位数小的那些阳离子，不趋向于相互共有配位多面体的要素。

如果在一个晶体结构中，有多种阳离子存在，则高价、低配位数阳离子的配位多面体趋于尽可能互不相连，它们中间由其他阳离子的配位多面体隔开，至多也只可能以共顶方式相连。

（5）在一个晶体中，本质不同的结构组元的种类，倾向于为数最少。这一规则也称为节省规则。

本质不同的结构组元是指在性质上有明显差别的不同配位方式。如在柘榴石的结构中，化学式为 $Ca_3Al_2Si_3O_{12}$。其中 Ca^{2+}，Al^{3+}，Si^{4+} 的配位数分别为 8、6、4，阴离子为氧离子。按静电价规则计算静电键强度：Ca—O，$S=2/8=1/4$；Al—O，$S=3/6=1/2$；Si—O，$S=4/4=1$。O^{2-} 的电荷数为 2，根据第二条规则可以求得 O^{2-} 和哪些阳离子相连。满足静电价规则的有三种方式。但这样的一种配位关系在结构中就出现了在性质上有显著差别的不同配位方式，这不符合节省规则。因此，事实上柘榴石结构只有一种配位方式。这说明，在晶体结构中，晶体化学性质相似的不同离子，将尽可能采取相同的配位方式，从而使本质不同的结构组元种类的数目尽可能少。

鲍林规则符合于大多数离子晶体的结构情况，对理想晶体结构有用，但它不完全适用于过渡元素化合物的离子晶体，更不适用于非离子晶格的晶体，对于这些晶体的结构，还需要用晶体场、配位场等理论来说明。

7. 晶体场理论和配位场理论

（1）晶体场理论的基本概念

晶体场是晶格中由阳离子周围的配位体与阳离子配位的阴离子或负极朝向中心阳离子的偶极分子所形成的一个静电势场，中心阳离子就处于该势场之中。在这里，中心阳离子与周围配位体之间被认为只存在纯粹的静电相互作用，且配位体都被作为点电荷来看待。

已知过渡元素离子的核外电子排布为：

$$\cdots(n-1)s^2(n-1)p^6(n-1)d^{0\sim10}$$

一般具有未填满的 d 电子层。d 电子层中的五个 d 轨道，它们的电子云在空间的分布如图 2-29 所示，其中 $d_{x^2-y^2}$ 和 d_{z^2} 轨道沿坐标轴方向伸展；d_{xy}，d_{xz}，d_{yz} 轨道则沿坐标轴的对角线方向伸展。每个轨道都可容纳自旋相反的一对电子。因此，当五个 d 轨道全满时，其电子云在空间叠合呈对称。但是当 d 电子层的电子未填满时，它们的叠合一般不对称（半满时除外）。

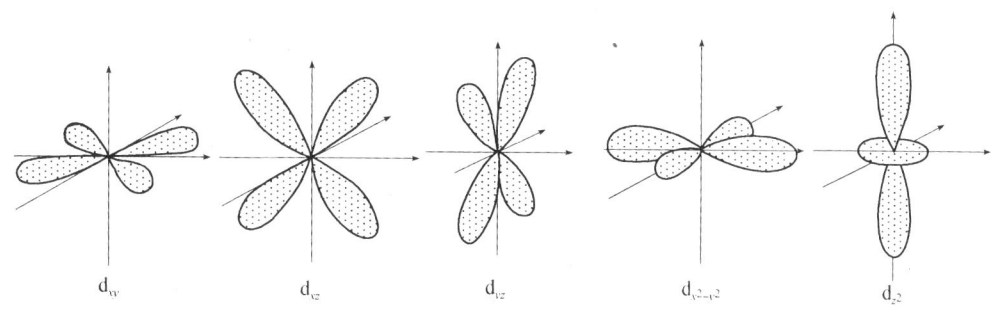

图 2-29　五个 d 轨道的空间分布

此外，一个过渡元素离子，当它处于球形对称的势场中时，五个轨道具有相同的能量，即是所谓五重简并的。电子占据任一轨道的几率均相同，但按洪特规则分布，亦即在等价轨道（能量状态相同的轨道）上排布的电子，将尽可能分占不同的轨道，且自旋平行，以便使整个体系处于最低的能量状态。

但是，当一个过渡元素离子进入晶格中的配位位置，亦即处于一个晶体场中时，过渡元素离子本身的电子层结构将受到配位体的影响而发生变化，使得原来能量状态相同的五个d轨道发生分裂，导致部分d轨道的能量状态降低而另一部分d轨道的能量升高。另一方面，配位体的配置也将受到中心过渡元素离子的影响而发生变化，引起配位多面体的畸变。一般情况下，周围配位体对中心过渡元素离子的影响是主要的。

（2）d轨道的晶体场分裂

首先考虑一个过渡元素离子在正八面体晶体场中的情况。当六个带负电荷的配位体（例如O^{2-}等阴离子或者例如H_2O等偶极分子的负端）分别沿三个坐标轴$\pm x$、$\pm y$和$\pm z$的方向向中心过渡金属阳离子接近，最终形成正八面体配合物时，中心离子中沿坐标轴方向伸展的d_{z^2}和$d_{x^2-y^2}$轨道便与配位体处于迎头相碰的位置，这两个轨道上的电子，将受到带负电荷的配位体的推斥作用，因而能量增高；而沿着坐标轴对角线方向伸展的d_{xy}、d_{xz}和d_{yz}轨道，它们因正好插入配位体的间隙之中，因而能量较低。这样，原来能量相等的五个d轨道，在晶体场中便分裂成为两组：一组是能量较高的d_{z^2}和$d_{x^2-y^2}$轨道组，称为e_g组轨道；另一组是能量较低的d_{xy}、d_{xz}和d_{yz}轨道组，称为t_{2g}组轨道（图2-30）。五重简并的d轨道在晶体场中发生能量上的变化而分裂的现象，称为晶体场分裂。

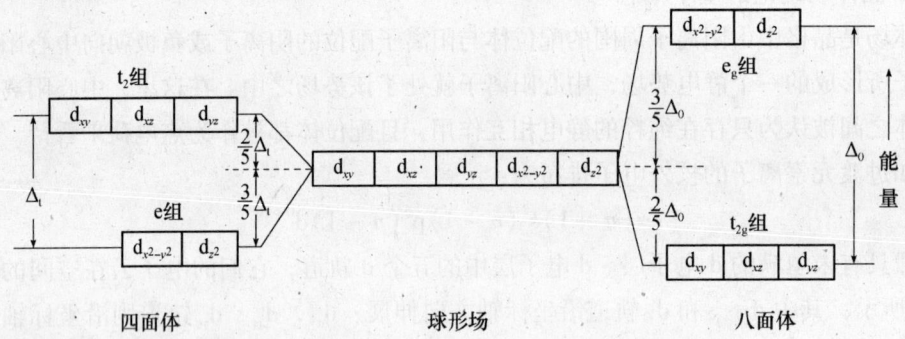

图2-30 d轨道能量在正八面体和正四面体晶体场中的分裂

e_g轨道中的每个电子所具有的能量$E(e_g)$与t_{2g}轨道中每个电子的能量$E(t_{2g})$两者的差，称为晶体场分裂参数。在正八面体场中，将它记为Δ_0。

$$\Delta_0 = E(e_g) - E(t_{2g}) \tag{2-9}$$

d轨道在晶体场的作用下发生分裂的过程中，其总能量保持不变。如果以未分裂时的d轨道的能量，也就是说以离子处于球形场中时d轨道的能量作为0，则应有：

$$4E(e_g) + 6E(t_{2g}) = 0 \tag{2-10}$$

由式（2-9）和式（2-10）可得：

$$E(e_g) = \frac{3}{5}\Delta_0, \quad E(t_{2g}) = -\frac{2}{5}\Delta_0 \tag{2-11}$$

在一个四面体配位的晶体场中，此时d_{z^2}和$d_{x^2-y^2}$轨道恰好插入在配位体的间隙之中，而

d_{xy}、d_{xz}、d_{yz} 轨道于配位体靠得较近，结果产生了与正八面体晶体场中的能量状态正好相反的变化，即 d_{xy}、d_{xz}、d_{yz} 三个轨道（此时称为 t_2 组轨道）的能量增高，而 d_{z^2} 和 $d_{x^2-y^2}$ 两个轨道（称为 e 组轨道）则能量降低（图 2-30）。相应的晶体场分裂参数记为 Δ_t。

$$\Delta_t = E(t_2) - E(e) \tag{2-12}$$

式中的 $E(t_2)$ 和 $E(e)$ 分别为 t_2 组轨道和 e 组轨道中电子的能量。同样可得：

$$E(e) = -\frac{3}{5}\Delta_t, \quad E(t_2) = \frac{2}{5}\Delta_t \tag{2-13}$$

量子力学计算表明：

$$\Delta_t = \frac{4}{9}\Delta_0 \tag{2-14}$$

实际的配位多面体的对称性，往往低于正八面体或正四面体的对称。在这样的晶体场中，原来是五重简并的五个 d 轨道，在能量上可以被分裂成为三个、四个以至五个彼此分开的轨道。

（3）晶体场稳定化能

从式（2-11）可知，与处于球形场中的离子相比，在八面体晶体场中，t_{2g} 组轨道中的每一个电子将使离子的总静电能降低 $\frac{2}{5}\Delta_0$，即使离子的稳定程度增加 $\frac{2}{5}\Delta_0$；而 e_g 组轨道中的每一个电子，使离子的总能量增高 $\frac{3}{5}\Delta_0$，从而使稳定程度减少 $\frac{3}{5}\Delta_0$。因此，当一个过渡元素离子从 d 轨道未分裂的状态进入到八面体配位位置中时，它的总静电能将改变 ε_0：

$$\varepsilon_0 = -\frac{2}{5}\Delta_0 \cdot N(t_{2g}) + \frac{3}{5}\Delta_0 \cdot N(e_g) \tag{2-15}$$

式中，$N(t_{2g})$ 和 $N(e_g)$ 分别为 t_{2g} 组和 e 组轨道内的电子数。对于四面体场来说，根据式（2-13）的关系，其离子总静电能的改变 ε_0 将为：

$$\varepsilon_0 = -\frac{2}{5}\Delta_0 \cdot N(t_2) - \frac{3}{5}\Delta_0 \cdot N(e) \tag{2-16}$$

式中，$N(t_2)$ 和 $N(e)$ 分别为 t_2 组和 e 组轨道内的电子数。根据电子排布的规则，ε 永远不可能出现正值。

把过渡元素离子从 d 轨道未分裂的球形场中进入到晶体场中时，其总静电能改变的负值称为晶体场稳定化能，缩写为（CFSE）。在数值上，CFSE $= |\varepsilon|$。它代表位于配位多面体中的离子，与处于球形场中的同种离子相比，在能量上的降低，也就是代表晶体场所给予离子的一种额外稳定化作用。

在一个给定的晶体场中，晶体稳定化能的具体数值，将取决于两个因素，一是离子本身的电子构型，二是晶体场分裂参数 Δ_0 的大小。

过渡元素离子在电子构型上的差别，主要表现在 d 电子的数目及其排布方式不同。对于一个给定的离子而言，d 电子数是确定的，但 d 电子的排布方式在不同的晶体场中可能有差别。当离子处于球形场中时，其电子的排布遵循洪特规则，将尽可能多地分别占据空的轨道，且自旋平行；当两个电子处于同一轨道中时，静电斥力将增大。因此，要迫使电子在同一个轨道中成对自旋，必须给予一定的能量，来克服所增加的这部分静电斥力，这一能量称为电子成对能，记为 P。当离子处于一个晶体场中，例如某个八面体场中时，d 轨道便分裂

成能量差为 Δ_0 的 t_{2g} 和 e_g 两组轨道。此时，d 电子的排布将受到两种相反倾向的影响；为了尽可能地降低体系的能量，洪特规则的影响要求电子尽先充填能量较低的 t_{2g} 轨道，但 P 的影响则要求电子尽可能多地分占一切空的轨道。在 $\Delta_0 < P$ 时，为弱场条件，电子只有在自旋平行地分占了全部五个 d 轨道之后，才开始在能量较低的 t_{2g} 轨道中再次充填而形成自旋成对，因而离子具有尽可能多的、自旋平行的不成对电子，处于所谓的高自旋状态。反之，在强场条件下，$\Delta_0 > P$，电子只有在 t_{2g} 轨道全被自旋成对的电子填满之后，才开始充填 e_g 轨道，此时离子处于所谓的低自旋状态。

例如 Co^{2+}（$3d^7$），在八面体场的弱场条件下，其 7 个 d 电子中首先有 3 个电子分占 t_{2g} 组的三个轨道，且自旋平行；然后因 $\Delta_0 < P$，故又有 2 个电子自旋平行地分占 e_g 组的两个轨道，从而使 d 轨道达到半满；这时最后的 2 个电子才再次充填 t_{2g} 组中的两个轨道而自旋成对；从而构成高自旋态的 $t_{2g}^5(e_g)^2$ 的电子排布，其 CFSE 为 $\left(\dfrac{4}{5}\right)\Delta_0$。但如果是在八面体场的强场条件下，当 t_{2g} 组的三个轨道半满，由于此时 $\Delta_0 > P$，故接着不是充填 e_g 组轨道，而是再次充填 t_{2g} 组轨道，使之自旋成对地达到全满；然后剩下的一个电子最后才充填 e_g 组轨道，构成低自旋态的 $(t_{2g})^6(e_g)^1$ 的 d 电子排布，此时相应的 CFSE 为 $\left(\dfrac{9}{5}\right)\Delta_0$。对于四面体而言，弱场条件下 Co^{2+} 的 7 个 d 电子的充填顺序应当是：e 组半满，然后 t_2 组半满，最后 e 组全满。强场条件下的顺序则是：e 组半满，然后 e 组全满，最后 t_2 组半满。表 2-12 列出了过渡元素离子在八面体场中的电子排布和总静电能的改变，不论 d 电子数为 1 或 9，其总静电能的变化都为负值。表中 CFSE 取绝对值。

表 2-12　过渡元素离子在八面体场中的电子排布和晶体场稳定化能

离子	d 电子数	弱场（高自旋）d 电子排布	CFSE	强场（低自旋）d 电子排布	CFSE
Sc^{3+}	0	$(t_{2g})^0(e_g)^0$	0	$(t_{2g})^0(e_g)^0$	0
Ti^{3+}	1	$(t_{2g})^1(e_g)^0$ ↑	$\dfrac{2}{5}\Delta_0$	$(t_{2g})^1(e_g)^0$ ↑	$\dfrac{2}{5}\Delta_0$
V^{3+}	2	$(t_{2g})^2(e_g)^0$ ↑↑	$\dfrac{4}{5}\Delta_0$	$(t_{2g})^2(e_g)^0$ ↑↑	$\dfrac{4}{5}\Delta_0$
V^{2+}，Cr^{3+}	3	$(t_{2g})^3(e_g)^0$ ↑↑↑	$\dfrac{6}{5}\Delta_0$	$(t_{2g})^3(e_g)^0$ ↑↑↑	$\dfrac{6}{5}\Delta_0$
Cr^{2+}，Mn^{3+}	4	$(t_{2g})^3(e_g)^0$ ↑↑↑↑	$\dfrac{3}{5}\Delta_0$	$(t_{2g})^4(e_g)^0$ ↑↓↑↑	$\dfrac{8}{5}\Delta_0$
Mn^{2+}，Fe^{3+}	5	$(t_{2g})^3(e_g)^1$ ↑↑↑↑↑	0	$(t_{2g})^5(e_g)^0$ ↑↓↑↓↑	$\dfrac{10}{5}\Delta_0$
Fe^{2+}，Co^{3+}	6	$(t_{2g})^4(e_g)^2$ ↑↓↑↑↑↑	$\dfrac{2}{5}\Delta_0$	$(t_{2g})^6(e_g)^0$ ↑↓↑↓↑↓	$\dfrac{12}{5}\Delta_0$
Co^{2+}	7	$(t_{2g})^5(e_g)^2$ ↑↓↑↓↑↑↑	$\dfrac{4}{5}\Delta_0$	$(t_{2g})^6(e_g)^1$ ↑↓↑↓↑↓↑	$\dfrac{9}{5}\Delta_0$
Ni^{2+}	8	$(t_{2g})^6(e_g)^2$ ↑↓↑↓↑↓↑↑	$\dfrac{6}{5}\Delta_0$	$(t_{2g})^6(e_g)^2$ ↑↓↑↓↑↓↑↑	$\dfrac{6}{5}\Delta_0$
Cu^{2+}	9	$(t_{2g})^6(e_g)^3$ ↑↓↑↓↑↓↑↓↑	$\dfrac{3}{5}\Delta_0$	$(t_{2g})^6(e_g)^3$ ↑↓↑↓↑↓↑↓↑	$\dfrac{3}{5}\Delta_0$
Zn^{2+}	10	$(t_{2g})^6(e_g)^4$ ↑↓↑↓↑↓↑↓↑↓	0	$(t_{2g})^6(e_g)^4$ ↑↓↑↓↑↓↑↓↑↓	0

将 Δ 值乘以相应的系数,即可得出离子的晶体场稳定化能 CFSE 的具体数值。适用于氧化物和硅酸盐的一些 CFSE 值列于表 2-13 中。

表 2-13　氧化物中过渡金属离子在配位八面体和配位四面体位置中的
晶体场稳定化能（CFSE）与八面体择位能（OSPE）

离　子	d 电子数	CFSE 八面体场/(J/mol)		CFSE 四面体场/(J/mol)		OSPE/(J/mol)	
		A	B	A	B	A	B
Sc^{3+}	0	0	0	0	0	0	0
Ti^{3+}	1	96.72	87.51	64.48	58.62	32.34	28.54
V^{3+}	2	128.54	160.36	120.17	106.77	8.37	52.34
V^{2+}	3	168.32	—	36.43	—	131.89	—
Cr^{3+}	3	251.22	224.84	55.69	66.99	195.53	157.85
Cr^{2+}	4	102.26	—	29.31	—	71.18	—
Mn^{3+}	4	150.31	135.66	44.38	40.20	105.93	95.46
Mn^{2+}	5	0	0	0	0	0	0
Fe^{3+}	5	0	0	0	0	0	0
Fe^{2+}	6	47.73	49.83	31.40	33.08	16.33	16.75
Co^{3+}	6	188.42	—	108.86	—	79.55	—
Co^{2+}	7	71.60	92.95	62.81	61.97	8.79	30.99
Ni^{2+}	8	122.68	122.26	27.22	36.01	95.46	86.25
Cu^{2+}	9	92.95	90.44	27.63	36.80	65.32	63.64
Zn^{2+}	10	0	0	0	0	0	0

注：数据取自：A—McClure（1957）；B—Dunitz 和 Orgel（1957）。

（4）八面体择位能

从表 2-13 可见，对于任一给定的过渡元素离子来说，它们在八面体场中的晶体场稳定化能总是比在四面体场中时大。我们把某一过渡元素离子在这两种晶体场中的 CFSE 的差值，称为该过渡元素离子的八面体择位能，缩写为 OSPE（亦称八面体位置优先能）。它代表了该离子位于八面体晶体场中时，与它处于四面体场中时的情况相比，在能量上降低的程度，或者说稳定性增高的程度。显然，离子的 OSPE 值越大，它优先选择进入晶格中八面体配位位置的趋势便越强。

（5）姜-泰勒效应

对于具有六次配位的过渡金属离子来说，其中 d^0、d^3、d^5、d^{10} 以及高自旋 d^5 和低自旋的 d^8 离子，它们之中被电子所占据的各个轨道叠合在一起时，整个 d 壳层电子云在空间的分布在正八面体配位位置中是稳定的；但其他离子，特别是 d^9 和 d^4 离子，它们 d 壳层电子云的空间分布不对称。因此，它们在正八面体配位位置中是不稳定的，从而将导致 d 轨道的进一步分裂，这种由于中心过渡金属离子之 d 电子云分布的对称性和配位体的几何构型不相协调，因而导致后者发生畸变，并使中心阳离子本身的 d 轨道的简并度降低，以便达到稳定的效应，称为姜-泰勒效应。

用 Cu^{2+}（$3d^9$）为例来说明。Cu^{2+} 在八面体晶体场中的电子构型为 $(t_{2g})^6(e_g)^3$，与对称的 d^{10} 壳层相比，它缺少一个 e_g 电子。如所缺的为 $d_{x^2-y^2}$ 轨道中的一个电子，d^9 离子在 xy 平面内的电子云密度就要显得小一些，于是，有效核正电荷对位于 xy 平面内的四个带负电荷的配位体的吸引力，便大于对 z 轴上的两个配位体的吸引力，从而形成 xy 平面内的四个短键和 z 轴方向上的两个长键，使配位正八面体畸变成沿 z 轴拉长了的配位四方双锥体。这种情况就相当于在八面体晶体场中，位于 xy 平面内的四个配位体向着中心的 Cu^{2+} 靠近，同时 z 轴方向的两个配位体则背离了中心离子并向外移动，原来是双重简并的 e_g 轨道，便将分裂为两个能级；同时，三重简并的 t_{2g} 轨道也将发生相应的进一步分裂，最终导致如图 2-31 中所示的情况。此时，由于能级最高的 $d_{x^2-y^2}$ 轨道中只有一个电子，因而与在正八面体场中的情况相比，中心阳离子将额外得到 $\left(\frac{1}{2}\right)\beta$ 的稳定化能。如果上述所缺少的一个 e_g 电子不是 $d_{x^2-y^2}$ 轨道而是 d_{z^2} 轨道中的电子时，则畸变的结果将形成由四个长键和两个短键所构成的扁四方双锥形配位。

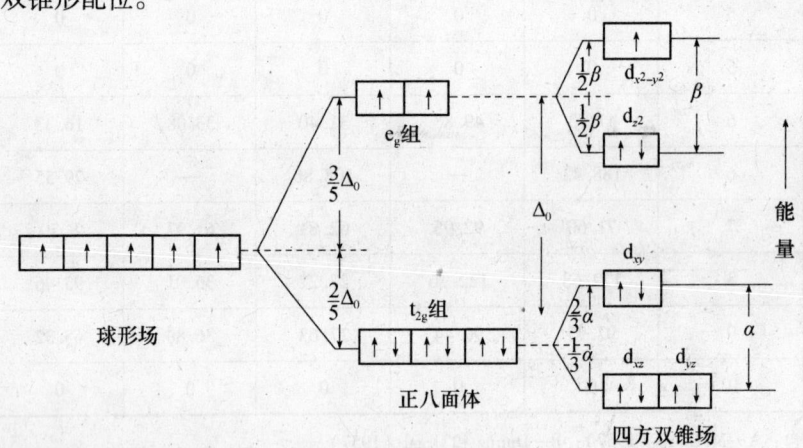

图 2-31 正八面体配位位置发生四方畸变 $\left(\frac{c}{a}>1\right)$ 时 Cu^{2+} d 轨道能级的进一步分裂

（6）过渡元素离子有效半径的晶体场效应

同一周期中的同价阳离子的价层电子都是相同的，但随着原子序数 Z 的增长，离子的核正电荷与核外电子数都随之而增加，相应地核正电荷对电子的吸引力以及电子本身相互间的斥力也都随之而增大。在通常情况下，上述吸引力增大的幅度要超过斥力的增加幅度，因而同周期中同价阳离子的有效离子半径，将随着原子序数 Z 的增大而单调地减小。

在过渡金属离子中，其有效半径的变化趋势不符合上述的模式。图 2-32 示出第一过渡系列的六配位二价阳离子的有效半径，随原子序数 Z 的增大而变化的曲线。其中高自旋态离子的这一曲线呈 W 形，两个鞍点分别在 V^{2+}（d^3）和 Ni^{2+}（d^8）处，峰点则在 Mn^{2+}（d^5）

处；低自旋态离子的曲线则呈 V 形，鞍点在 Fe^{2+}（d^6）处。

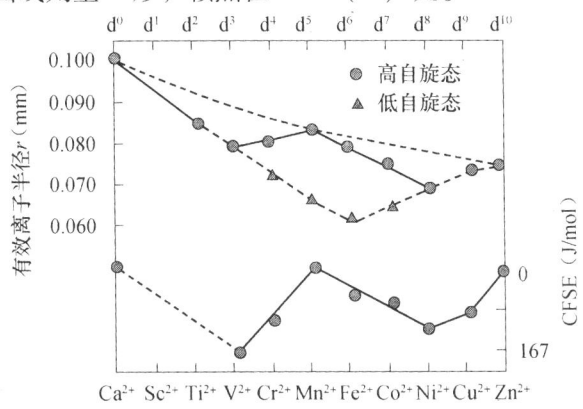

图 2-32　第一过渡系列二价金属阳离子八面体配位时的有效离子半径及其 CFSE
细虚线代表电荷呈对称分布，离子半径随原子序数的增大而变化的趋势

运用晶体场理论可以对此现象作出解释。过渡金属离子的 d 轨道，在六次配位的八面体晶体场中分裂成为 t_{2g} 和 e_g 两组轨道，其中 t_{2g} 的电子云插入在配位体的间隙中。因此，对于配位体来说，当中心阳离子随着核电荷的增加而增加 t_{2g} 轨道中的电子时，后者所起的屏蔽作用较弱，而有效核电荷的增加将占优势；于是中心阳离子便吸引配位体向自己靠拢，从而导致中心阳离子有效半径减小。但是，e_g 轨道由于它与带负电荷的配位体处于迎头相碰的地位，因而增加它的电子时，中心阴离子的电子云对配位体的排斥作用将占优势，从而增大了中心阳离子的有效半径。

在八面体晶体场中，由于 t_{2g} 电子的增加同时还将使离子的晶体场稳定化能增加。而 e_g 电子的增加则产生相反的效果，因此，在离子半径的变化与晶体场稳定化能 CFSE 的变化之间，存在有相关性（图 2-32）。所以过渡金属离子有效半径的变化，是在由于原子序数的增大而半径正常地趋于减小的基础上，再加上由于晶体场稳定化作用所引起的半径的额外收缩所导致的结果。

（7）配位场理论的基本概念

晶体场理论所假定的前提是：在中心阳离子与配位体之间的化学键是离子键，彼此间不存在电子轨道的重叠，亦即没有共价键的形成；同时，配位体则被作为点电荷来处理。但这种假设的前提在共价性强的化合物。例如硫化物，含硫盐及其类似化合物中，显然不能适用。

为了克服上述缺陷，在晶体场理论的基础上发展了配位场理论。后者除了考虑到由配位体所引起的纯粹静电效应以外，还考虑了共价成键的效应。它引用了分子轨道理论来考虑中心过渡金属原子与配位体原子之间的轨道重叠对于配合物能级的影响。

分子轨道理论强调分子是一个整体，其中的所有电子都属于整个分子。分子中电子的运动状态则由分子轨道来描述。分子轨道不仅与金属原子的电子轨道相关，而且还与配位体原子的电子轨道相关，由它们按一定的规则共同组合而成。

图 2-33 是由一个过渡金属原子与六个配位体所构成的八面体配合物的分子轨道能级图。对于第一过渡系列的金属原子而言，其参与组成分子轨道的有五个 3d 轨道，一个 4s 轨道及三个 4p 轨道。其中沿坐标轴方向伸展的 d_{z^2} 与 $d_{x^2-y^2}$（e_g 组）以及 s、p_x、p_y、p_z 六个轨道，

与处在八面体配位位置上的六个配位体之 σ 轨道发生重叠。它们共同组成六个 σ 成键分子轨道和六个 σ* 反键分子轨道。成键分子轨道代表了发生重叠的两个原子轨道的相加，它的能量比后两者单独存在时的能量都要低，因而电子充填成键分子轨道可使分子区域稳定。反键分子轨道则代表了原子轨道间的相减，其能量相应地比原来都要高，因而不如组成它的原子轨道稳定。至于金属原子中 g 组的 d_{xy}、d_{xz} 和 d_{yz} 轨道，由于它们都是沿着坐标轴的对角线方向伸展的，不可能参与组成 σ 分子轨道，因而它们有可能保持非键状态。

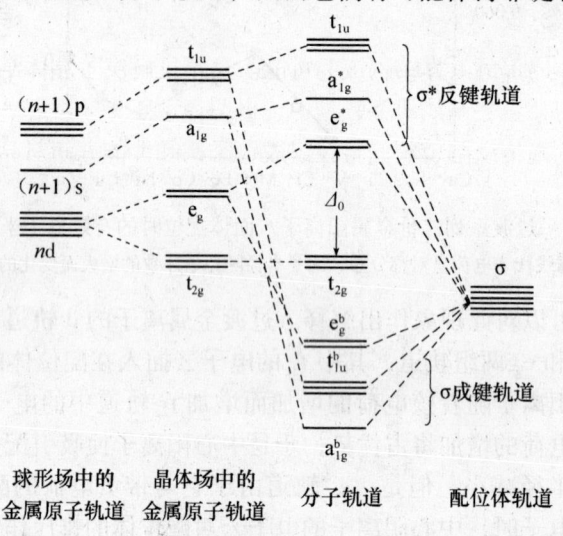

图 2-33 八面体配合物的分子轨道能级的示意图

按照量子力学的原理，一个分子轨道如果其能级较接近于构成它的某一方原子轨道的能级，则此分子轨道就具有与该原子轨道之特性相近的性质。因此在图 2-33 中，六个 σ 成键分子轨道应具有较多的配位体原子轨道的特性；而 σ* 反键分子轨道则主要具有金属原子轨道的特性；非键的 t_{2g} 分子轨道将保持原金属原子轨道的特性。反键的 e_g^* 分子轨道与非键的 t_{2g} 分子轨道间的能量间距 Δ_0，相当于晶体场理论中金属原子 d 轨道的晶体场分裂参数。

配位场理论实际上相当于分子轨道理论与晶体场理论两者的结合，但它比晶体场理论有更广泛的适应性。

习 题

2-1 试从晶体的空间格子构造说明晶体中不可能存在 L^5 和大于 L^6 的对称轴。

2-2 说明七个晶系的对称特点及与晶体几何常数的关系。

2-3 试说明在等轴晶系中，$(\bar{1}\bar{1}1)$、$(\bar{1}\bar{1}\bar{1})$、(222)、(110) 与 (111) 面之间的几何关系。

2-4 以六方原始格子为单位，画出相应的空间格子构造的 (0001) 面投影图。

2-5 何为离子的有效半径？举例说明它对晶体结构的影响。

2-6 叙述周期表中金属离子半径的变化规律。

2-7 以 NaCl 晶胞为例说明面心立方紧密堆积中的八面体和四面体空隙的位置和数量。

2-8 计算立方体配位、八面体配位、四面体配位、三角形配位的临界半径比。

第3章 晶体结构与晶体中的缺陷

在1912年以前，对晶体内部结构的研究还没有实验手段。1912年，由于X射线晶体衍射实验的成功，使测定晶体内部的具体结构成为可能。这不仅解决了晶体结构的测定，而且在晶体结构与晶体性质之间的相互关系的研究领域中，也取得了巨大的进展。另一方面，在实际晶体中，存在着各种不同的结构缺陷，它们将在组成、结构和性能方面对晶体产生影响。

3.1 典型结构类型

晶体的结构虽然与它的化学组成、质点的相对大小和极化性质有关，但是，并非所有化学组成不同的晶体，都有不同的结构。从空间群的概念可知，晶体结构只可能存在230种不同的类型，而晶体化合物的种类则远远大于这个数量。因此，化学组成不同的晶体，可以有相同的结构类型。而同一种化学组成，也可以出现不同的结构类型。在这一节中，将讨论一些有代表性的部分与无机非金属材料专业有关的晶体结构类型。

1. 金刚石结构

金刚石的晶体结构为立方晶系。从图3-1中可以看出，金刚石结构是立方面心格子。碳原子位于立方面心的所有结点位置和交替分布在立方体内的四个小立方体的中心。每个碳原子周围都有四个碳，碳原子之间形成共价键。

与金刚石结构相同的有硅、锗、灰锡（α-Sn），以及人工合成的立方氮化硼（BN）等。

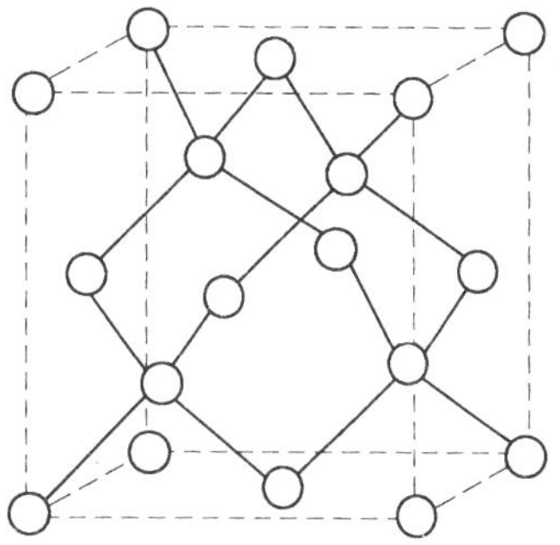

2. 石墨结构

图3-1 金刚石晶体结构

石墨的晶体结构为六方晶系，$a_0 = 0.146$nm，$c_0 = 0.670$nm。石墨结构表现为碳原子成层状排列。每一层中碳原子成六方环状排列（图3-2），每个碳原子与三个相邻的碳原子之间的距离相等，都为0.142nm。但是，层与层之间碳原子的距离为0.335nm。石墨的这种结构，表现为同一层内的碳原子之间是共价键，而层之间的碳原子则以分子键相连。C原子的四个外层电子，在层内形成三个共价键，多余的一个电子可以在层内部移动，类似于金属中的自由电子。因而，在平行于碳原子层的方向具有良好的导电性。

人工合成的六方氮化硼和石墨结构相同。

金刚石和石墨的化学组成是相同的，但它们在

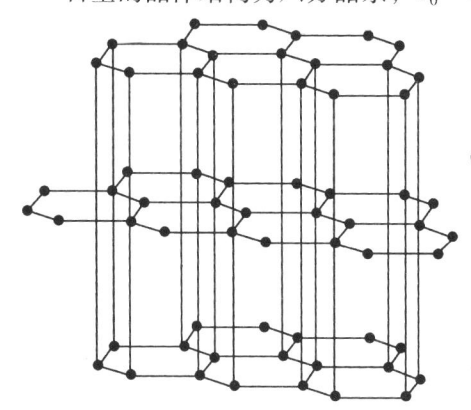

图3-2 石墨晶体结构

结构上却有很大差别。这是由于它们在形成晶体时的热力学条件不同所造成的。金刚石是碳在高温高压下结晶而成，而石墨仅在高温下形成。我们把化学组成相同的物质，在不同的热力学条件下结晶成结构不同的晶体的现象，称为同质多晶现象。

3. NaCl 型结构

氯化钠晶体结构为面心立方格子。其中阴离子按立方最紧密方式堆积，阳离子充填于全部的八面体空隙中，阴、阳离子的配位数都为 6（图 2-17）。若以 Z 表示单位晶胞中含 NaCl 的个数，则在 NaCl 晶体中，$Z=4$。

NaCl 型结构是离子晶体中很典型的一种结构。属于 NaCl 型结构的晶体很多（表 3-1）。在这些晶体结构中，阳离子处于 NaCl 结构中 Na^+ 的位置，而阴离子处于 Cl^- 的位置，所不同的是晶胞参数有别。

表 3-1 NaCl 型结构晶体举例

化合物	晶胞参数/nm	化合物	晶胞参数/nm	化合物	晶胞参数/nm	化合物	晶胞参数/nm
NaCl	0.5628	BaO	0.5523	NiO	0.4168	CrN	0.4140
NaI	0.6462	CdO	0.4700	TiN	0.4235	ZrN	0.4610
MgO	0.4203	CoO	0.4250	LaN	0.5275		
CaO	0.4797	MnO	0.4435	TiC	0.4320		
SrO	0.5150	FeO	0.4332	ScN	0.4400		

4. CsCl 型结构

氯化铯晶体结构为立方晶系。Cl^- 处于立方原始格子的八个角顶上，如图 3-3 所示，Cs^+ 位于立方体中心。Cs^+ 的配位数是 8，同样，Cl^- 的配位数也是 8。用坐标表示单位晶胞中质点的位置时，只须写出一个 Cl^- 和一个 Cs^+ 的坐标即可；Cl^-：0 0 0，Cs^+：1/2 1/2 1/2。如果取单位晶胞时把坐标原点取在 Cs^+ 的位置，那么，离子坐标可写成 Cl^-：1/2 1/2 1/2，Cs^+：000；这和上面写法完全等效。属于 CsCl 结构的晶体有 CsBr，CsI，TiCl，NH_4Cl 等。

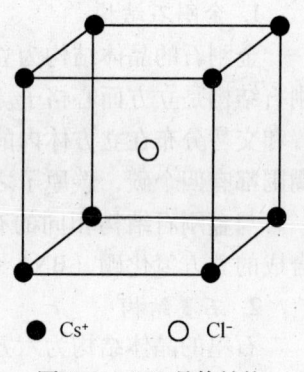

图 3-3 CsCl 晶体结构

5. β-ZnS（闪锌矿）型结构

闪锌矿晶体结构为面心立方格子，S^{2-} 位于立方面心的结点位置，而 Zn^{2+} 交错地分布于立方体的 1/8 小立方体的中心（图 3-4a）。Zn^{2+} 的配位数是 4，S^{2-} 的配位数也是 4。若把 S^{2-} 看成立方最紧密堆积，则 Zn^{2+} 充填于 1/2 的四面体空隙之中。ZnS 晶胞中质点的坐标是 S^{2-}：0 0 0，0 1/2 1/2，1/2 0 1/2，1/2 1/2 0；Zn^{2+}：1/4 1/4 3/4，1/4 3/4 1/4，3/4 1/4 1/4，3/4 3/4 3/4。

图 3-4 (b) 是 β-ZnS 结构的投影图，相当于图 3-4 (a) 的俯视图。图中数字为标高，0 为晶胞的底面位置，50 为晶胞的 1/2 标高，25 和 75 分别为 1/4 和 3/4 的标高。图 3-4 (c) 则是按多面体连接方式表示的 β-ZnS 结构。它是由 Zn-S 四面体以共顶的方式相连而成。

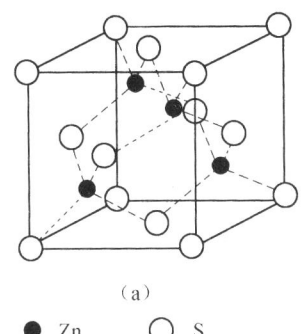 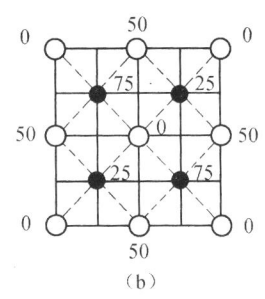 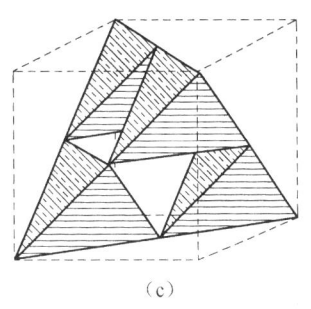

● Zn　○ S

图 3-4　闪锌矿晶体结构
(a) 晶胞结构；(b) (001) 投影；(c) 堆积方式

属于闪锌矿结构的晶体有 β-SiC，GaAs、AlP、InSb 等。

6. α-ZnS（纤锌矿）型结构

纤锌矿晶体结构为六方晶系，$Z=2$。晶胞中质点的坐标是 S^{2-}：0 0 0，2/3 1/3 1/2；Zn^{2+}：0 0 u，2/3 1/3 $\left(u-\dfrac{1}{3}\right)$。其中 $u=0.875$。图 3-5 是六方 ZnS 的晶胞，Zn^{2+} 的配位数为 4，S^{2-} 的配位数也是 4。在纤锌矿结构中，S^{2-} 按六方紧密堆积排列，Zn^{2+} 充填于 1/2 的四面体空隙中。属于纤锌矿结构的晶体有 BeO，ZnO 和 AlN 等。

在 ZnS 晶体结构中，已不完全是离子键，而是由离子键向共价键过渡。这是因为 Zn^{2+} 离子最外层有 18 个电子，而 S^{2-} 的 a 值又高达 $10.2\times10^{-3}\mathrm{nm}^3$，所以在 ZnS 晶体结构中，

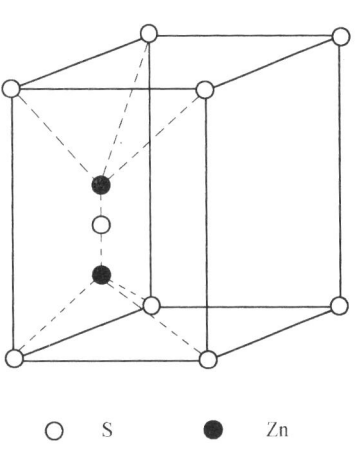

○ S　● Zn

图 3-5　纤锌矿晶体结构

离子极化明显，从而改变了阴、阳离子之间的距离和键的性质。这在 ZnO 的结构中也可以明显看到。按 ZnO 的 r^+/r^- 值，Zn^{2+} 的配位数应为 6，应属于 NaCl 型结构。而实际上 ZnO 是纤锌矿结构，Zn^{2+} 的配位数为 4。其原因是 ZnO 中的离子极化，使 r^+/r^- 值下降，从而导致配位数和键性的变化。

7. CaF_2（萤石）型结构

萤石晶体结构为立方晶系，$Z=4$。从图 3-6（a）可以看出，Ca^{2+} 位于立方面心的结点位置上，F^- 则位于立方体内八个小立方体的中心。Ca^{2+} 的配位数为 8，而 F^- 的配位数是 4。CaF_2 晶胞中质点的坐标可表示为 Ca^{2+}：000，1/2 1/2 0，1/2 0 1/2，0 1/2 1/2；F^-：1/4 1/4 1/4，3/4 3/4 1/4，3/4 1/4 3/4，1/4 3/4 3/4，3/4 3/4 3/4，1/4 1/4 3/4，1/4 3/4 1/4，3/4 1/4 1/4。如果用紧密堆积排列方式考虑，可以看作由 Ca^{2+} 按立方紧密堆积排列，而 F^- 充填于全部四面体空隙之中。此外，图 3-6（c）还给出了 CaF_2 晶体结构以配位多面体相连的方式。图中立方体是 Ca-F 立方体，Ca^{2+} 位于立方体中心，F^- 位于立方体的角顶，立方体之间是以共棱关系相连。在 CaF_2 晶体结构中，由于以 Ca^{2+} 形成的紧密堆积中，全部八面体空隙都没有被充填，因此，八个 F^- 之间就形成一个"空洞"，这些"空洞"为 F^- 的扩散提供了条件。所以，在萤石型结构之中，往往存在着负离子扩散的机制。

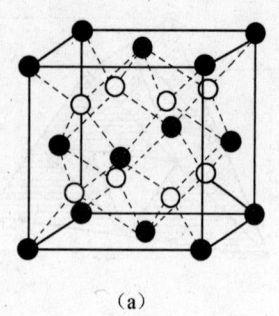 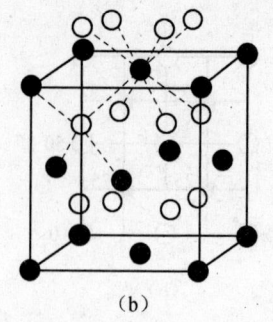 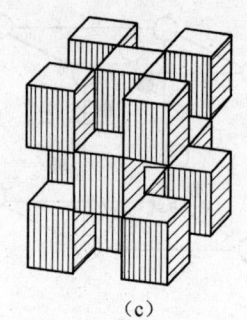

(a)　　　　　　　　　(b)　　　　　　　　　(c)

图 3-6　CaF_2（萤石）晶体结构

(a) 晶胞；(b) 配位关系；(c) 堆积方式

属于萤石型结构的晶体有 BaF_2、PbF_2、SnF_2、CeO_2、ThO_2、UO_2 等。低温型 ZrO_2（单斜晶系）的结构也类似于萤石型结构。其晶胞参数为 $a_0=0.517nm$，$b_0=0.523nm$，$c_0=0.534nm$，$\beta=99°15'$。在 ZrO_2 结构中 $\frac{r^+}{r^-}=0.6087$，因此，Zr^{4+} 的配位数为 8 是不稳定的。实验证明，ZrO_2 中 Zr^{4+} 的配位数为 7。因而，低温型 ZrO_2 的结构，相当于是扭曲和变形的萤石结构。

此外，还存在着一种结构与萤石完全相同，只是阴、阳离子的位置完全互换的晶体，如 Li_2O、Na_2O、K_2O 等。其中 Li^+、Na^+、K^+ 占有萤石结构中 F^- 的位置，而 O^{2-} 占 Ca^{2+} 的位置，这种结构称为反萤石结构。

8. TiO_2（金红石）型结构

金红石结构为四方晶系，$Z=2$。Ti^{4+} 位于四方原始格子的结点位置，体中心的 Ti^{4+} 不属于这个四方原始格子，而自成另一套四方原始格子，因为这两个 Ti^{4+} 的周围环境是不相同的（图 3-7）。晶胞中质点的坐标为 Ti^{4+}：000，1/2 1/2 1/2；O^{2-}：$uu0$，$(1-u)(1-u)0$，$(1/2+u)(1/2-u)1/2$，$(1/2-u)(1/2+u)1/2$。其中 $u=0.31$。从图 3-7 中可以看出，Ti^{4+} 的配位数是 6，O^{2-} 的配位数是 3。如果以 Ti-O 八面体的排列看，金红石结构由 Ti-O 八面体以共棱的方式排成链状，晶胞中心的链和四角的 Ti-O 八面体链的排列方向相差 90°，链与链之间是 Ti-O 八面体以共顶相连（图 3-8）。此外，还可以把 O^{2-} 看成近似于六方紧密堆积，而 Ti^{4+} 位于 1/2 的八面体空隙之中。

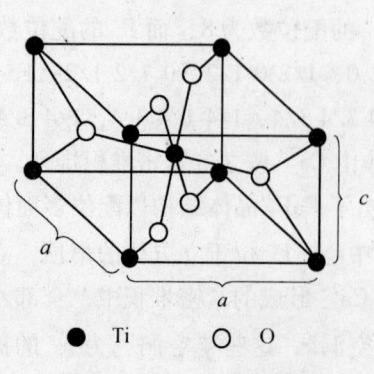 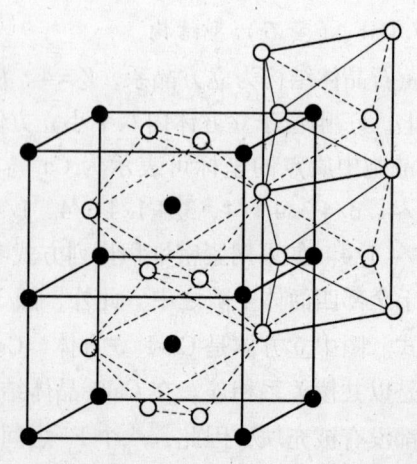

图 3-7　金红石晶体结构　　　　图 3-8　金红石晶体结构中 Ti-O 八面体链的结构

属于金红石型结构的晶体有 GeO_2，SnO_2，PbO_2，MnO_2，NbO_2，WO_2，CoO_2，MnF_2，MgF_2。

9. CdI_2（碘化镉）型结构

CdI_2 晶体结构属于三方晶系，$Z=1$。晶胞中质点的坐标为 Cd^{2+}：000，I^-：2/3 1/3 u，1/3 2/3 $(u-1/2)$，其中 $u=0.75$（图3-9）。CdI_2 晶体结构按单位晶胞看，Cd^{2+} 占有六方原始格子的结点位置，I^- 交叉分布于三个 Cd^{2+} 的三角形中心的上、下方。Cd^{2+} 的配位数是6；上下各三个 I^-。I^- 的配位数是3，三个 Cd^{2+} 处于同一边。因此，CdI_2 结构相当于两层 I^- 中间夹一层 Cd^{2+}。三层与三层之间是由范德华力相连。层之间力较弱，而易出现平行于（0001）的解理；层内则由于极化作用，Cd-I 之间是具有离子键性质的共价键。

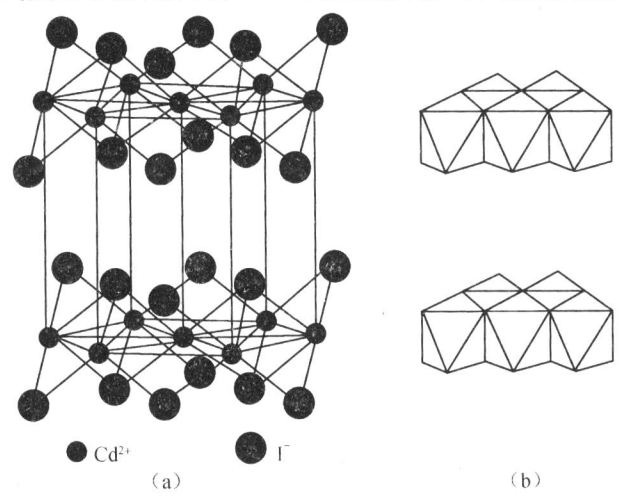

图3-9 CdI_2 晶体结构
（a）原子排列；（b）层状多面体连接方式

属于 CdI_2 型结构的晶体有 $Ca(OH)_2$，$Mg(OH)_2$，CaI_2，MgI_2。

10. α-Al_2O_3（刚玉）型结构

刚玉晶体结构属三方晶系，$a_0=0.514nm$，$\alpha=55°17'$，$Z=2$（图3-10）。如果用六方大晶胞表示，则 $a_0=0.475nm$，$c_0=1.297nm$，$Z=6$。α-Al_2O_3 的结构可以看成 O^{2-} 按六方紧密堆积排列，即 ABAB… 二层重复型，而 Al^{3+} 填充于 2/3 的八面体空隙，使化学式成为 Al_2O_3。由于只充填了2/3的空隙，因此，Al^{3+} 的分布应符合鲍林规则，即在同一层，或相邻层中的 Al^{3+}，其相互之间的距离应保持最远。图3-11给出了 Al^{3+} 分布的三种形式。Al^{3+} 在 O^{2-} 的八面体空隙中，只有按 Al_D，Al_E，Al_F，…的次序排列才满足 Al^{3+} 之间距离最远的条件。设按六方紧密堆积排列的 O^{2-} 分别为 O_A（表示第一层）、O_B（表示第二层），则 α-Al_2O_3 中氧与铝的排列次序可写成：

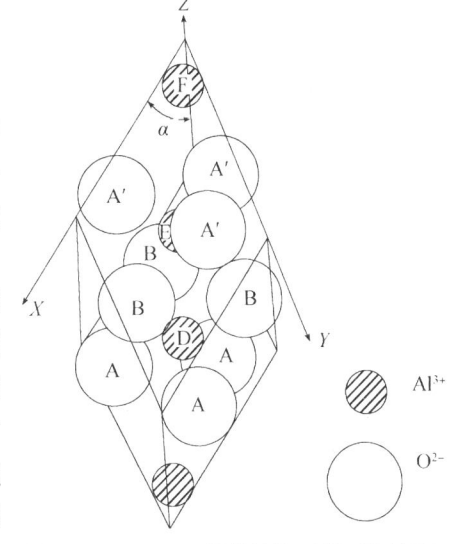

图3-10 α-Al_2O_3 晶体结构（菱面体晶胞）

$O_A Al_D O_B Al_E O_A Al_F O_B Al_D O_A Al_E O_B Al_F O_A Al_D$。

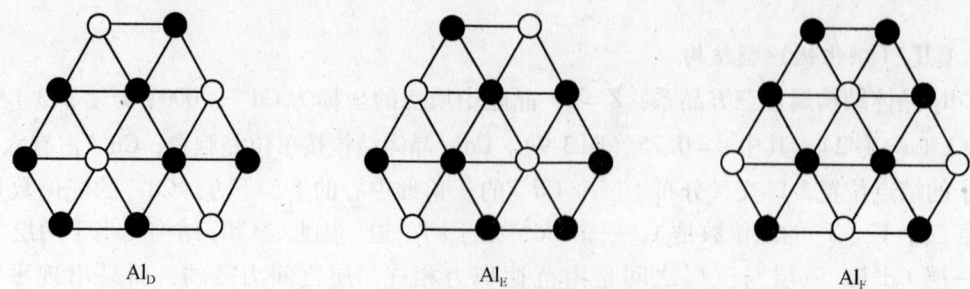

图 3-11　α-Al_2O_3 中 Al^{3+} 的三种不同排列方式（● 为 Al^{3+}，○ 为空隙）

从排列次序看，只有当排列第十三层时才出现重复。

属于刚玉型结构的有 α-Fe_2O_3，Cr_2O_3，Ti_2O_3，V_2O_3。此外，$FeTiO_3$，$MgTiO_3$ 也具有刚玉结构，只是结构中的两个 Al^{3+}，分别被一个铁和一个钛离子所代替（$FeTiO_3$）。

11. $CaTiO_3$（钙钛矿）型结构

钙钛矿结构的通式为 ABO_3，其中 A 代表二价金属离子，B 代表四价金属离子。它是一种复合氧化物结构，这种结构也可以是 A 为一价金属离子，而 B 为五价金属离子。以 $CaTiO_3$ 为例。

$CaTiO_3$ 在高温时为立方晶系，$Z = 1$。600℃ 以下为正交晶系，$Z = 4$。图 3-12 列出了 $CaTiO_3$ 的结构，可看出，Ca^{2+} 占有立方面心的角顶位置，O^{2-} 则占有立方面心的面心位置。因此，$CaTiO_3$ 结构可看成由 O^{2-} 和半径较大的 Ca^{2+} 共同组成立方紧密堆积，Ti^{4+} 充填于 1/4 的八面体空隙之中。在图 3-13 中 Ti^{4+} 位于立方体的中心，Ti^{4+} 的配位数为 6，Ca^{2+} 的配位数为 12。

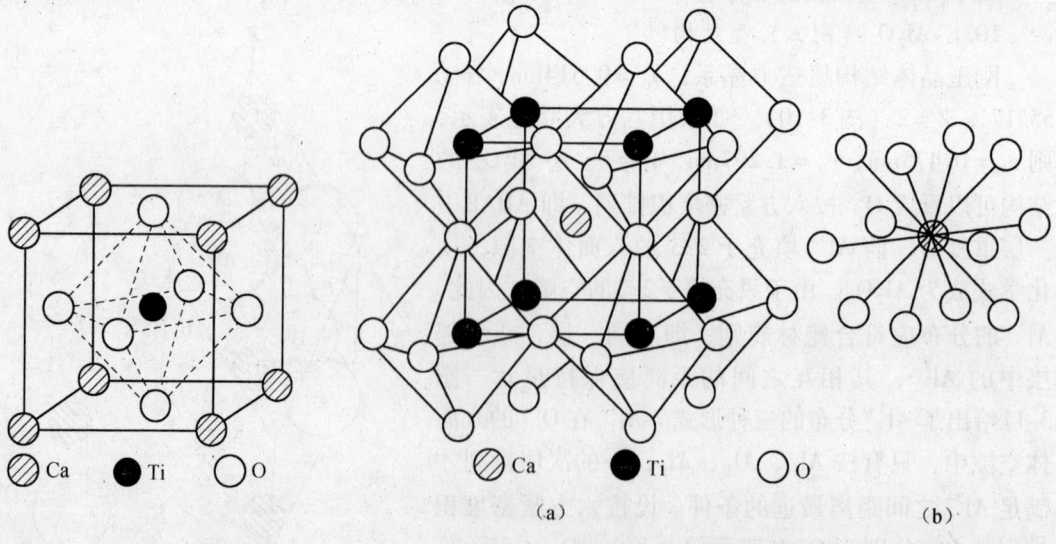

图 3-12　$CaTiO_3$ 晶体结构

图 3-13　$CaTiO_3$ 晶体结构
（a）配位多面体的连接；(b) Ca^{2+} 配位数为 12 的情况

若以 r_A 代表 ABO_3 型结构中离子半径较大的 A 离子半径，r_B 代表离子半径较小的 B 离子半径。r_O 代表氧离子半径，在钙钛矿结构中，这三种离子半径之间存在如下的几何关系：

$$r_A + r_O = \sqrt{2}(r_B + r_O) \tag{3-1}$$

实际晶体的测定发现，A、B 离子的半径都可以有一定范围的波动。只要满足下式即可：

$$r_A + r_O = t\sqrt{2}(r_B + r_O) \tag{3-2}$$

式中，t 为容差因子，其值为 0.77～1.10 时，钙钛矿结构都能稳定。由于钙钛矿结构中存在容差因子，加上 A、B 离子的价数不一定局限于二价和四价。因此，钙钛矿结构所包含的晶体种类十分丰富，表 3-2 列出一些属于钙钛矿型结构的主要晶体。

表 3-2 钙钛矿型结构晶体举例

氧化物（1+5）	氧化物（2+4）			氧化物（3+3）	氟化物（1+2）
$NaNbO_3$	$CaTiO_3$	$SrZrO_3$	$CaCeO_3$	$YAlO_3$	$KNiF_3$
$KNbO_3$	$SrTiO_3$	$BaZrO_3$	$BaCeO_3$	$LaAlO_3$	$KZnF_3$
$NaWO_3$	$BaTiO_3$	$PbZrO_3$	$PbCeO_3$	$LaCrO_3$	
	$PbTiO_3$	$CaSnO_3$	$BaPrO_3$	$LaMnO_3$	
	$CaZrO_3$	$BaSnO_3$	$BaHfO_3$	$LaFeO_3$	

钙钛矿型结构在高温时属于立方晶系，在降温通过某个特定温度后将产生结构畸变，使立方晶格的对称性下降。如果在一个轴向发生畸变（c 轴略伸长或缩短），就由立方晶系变为四方晶系；如果在两个轴向发生畸变，就变为正交晶系；若不在轴向而是在体对角线 [111] 方向发生畸变，就成为三方晶系菱面体格子。这三种畸变，在不同组成的钙钛矿结构中都可能存在。由于这种畸变，使一些钙钛矿结构的晶体产生自发偶极矩，成为铁电和反铁电体。

12. $MgAl_2O_4$（尖晶石）型结构

尖晶石晶体结构属于立方晶系，$Z=8$。图 3-14 给出了尖晶石晶体结构的晶胞。其中氧离子可看成是按立方紧密堆积排列。二价阳离子 A 充填于 1/8 的四面体空隙中，三价阳离子 B 充填于 1/2 的八面体空隙中，若图中 A 为 Mg^{2+}，B 为 Al^{3+}，即为镁铝尖晶石结构。图 3-15 是单位晶胞中配位多面体的连接方式。其中八面体之间是共棱相连，八面体与四面体之间是共顶相连。对于这种二价阳离子分布在 1/8 四面体空隙中，三价阳离子分布在 1/2 八面体中的尖晶石，称为正型尖晶石。如果二价阳离子分布在八面体空隙中，而三价阳离子一半在四面体空隙中，另一半在八面体中的尖晶石，称为反型尖晶石。究竟哪些尖晶石是正型，哪些是反型，这主要取决于 A、B 离子的八面体择位能的大小。若 A 离子的八面体择位能小于 B 离子的八面体择位能，则生成正型尖晶石，反之为反型尖晶石结构。

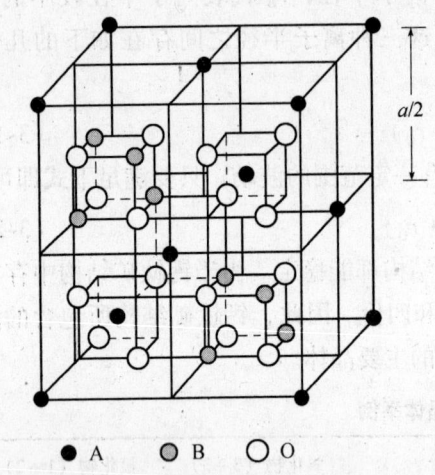
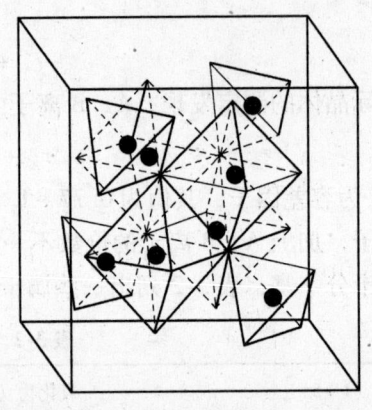

图 3-14 尖晶石晶体结构　　　　图 3-15 尖晶石晶体结构中多面体连接方式

● A　　● B　　○ O

在尖晶石结构中,也可以有 A 离子为四价离子,B 为二价离子的结构。主要应满足 AB_2O_4 通式中 A、B 离子的总价数为 8。表 3-3 列出一些主要的尖晶石型结构晶体。

表 3-3　尖晶石型结构晶体举例

氟、氰化合物	氧化物				硫化物
$BeLi_2F_4$	$TiMg_2O_4$	$ZnCr_2O_4$	$CoCO_2O_4$	$MgAl_2O_4$	$MnCr_2S_4$
$MoNa_2F_4$	VMg_2O_4	$CdCr_2O_4$	$CuCO_2O_4$	$MnAl_2O_4$	$CoCr_2S_4$
$ZnK_2(CN)_4$	MgV_2O_4	$ZnMnO_4$	$FeNi_2O_4$	$FeAl_2O_4$	$FeCr_2S_4$
$CdK_2(CN)_4$	ZnV_2O_4	$MnMn_2O_4$	$GeNi_2O_4$	$MgGa_2O_4$	$CoCr_2S_4$
$MgK_2(CN)_4$	$MgCr_2O_4$	$MgFe_2O_4$	$TiZn_2O_4$	$CaGa_2O_4$	$FeNi_2S_4$
	$FeCr_2O_4$	$FeFe_2O_4$	$SnZn_2O_4$	$MgIn_2O_4$	
	$NiCr_2O_4$	$CoFe_2O_4$		$FeIn_2O_4$	
		$ZnFe_2O_4$			

根据阴离子的堆积方式和阴、阳离子的配位关系,十二种典型结构归纳成表 3-4。在叙述典型结构时,仍然缺乏定量的关系来分析决定晶体结构的一些因素。对此,一些晶体化学家提出了使用键参数函数的方法来判断晶体的结构。主要用电荷、半径比之和 $\sum \frac{Z}{r_a}$ 与电负性的差值和正、负离子半径比的乘积 $\Delta X\left(\frac{r_c}{r_a}\right)$ 等 AB 型和 AB_2 型晶体的键参数值进行分析。图 3-16 为 AB 型化合物的晶体结构,图 3-17 为 AB_2 型化合物的晶体结构。从图中可看出,按键参数对晶体结构分类,可得到较好的规律性。

表 3-4 阴离子堆积方式与晶体结构类型

阴离子堆积方式	阴、阳离子的配位数	阳离子占据的空隙位置	结构类型	实 例
立方紧密堆积	6:6 AX	全部八面体	NaCl 型	NaCl、MgO、CaO、SrO、BaO、MnO、FeO、CoO、NiO
立方紧密堆积	4:4 AX	1/2 四面体	闪锌矿	ZnS、CdS、HgS、BeO、SiC
立方紧密堆积	4:8 A_2X	全部四面体	反萤石型	Li_2O、Na_2O、K_2O、Rb_2O
立方紧密堆积	(4+4):4 AX_2	1/4 四面体	萤石型	CaF_2、ThO_2、CeO_2、UO_2、ZrO_2
扭曲了的立方紧密堆积	6:3 AX_2	1/2 八面体	金红石型	TiO_2、SnO_2、GeO_2、PbO_2、VO_2、NbO_2、MnO_2
六方紧密堆积	12:6:6 ABO_3	1/4 八面体（B）	钙钛矿型	$CaTiO_3$、$SrTiO_3$、$BaTiO_3$、$PbTiO_3$、$PbZrO_3$、$SrZrO_3$
立方紧密堆积	4:6:4 AB_2O_4	1/8 四面体（A）1/2 八面体（B）	尖晶石型	$MgAl_2O_4$、$FeAl_2O_4$、$ZnAl_2O_4$、$FeCr_2O_4$
立方紧密堆积	4:6:4 $B(AB)O_4$	1/8 四面体（B）1/2 八面体（AB）	反尖晶石型	$FeMgFeO_4$、$Fe^{3+}[Fe^{2+}Fe^{3+}]O_4$
六方紧密堆积	4:4 AX	1/2 四面体	纤锌矿型	ZnS、BeO、ZnO、SiC
扭曲了的六方紧密堆积	6:3 AX_2	1/2 八面体	碘化镉型	CdI_2、$Mg(OH)_2$、$Ca(OH)_2$
六方紧密堆积	6:4 A_2X_3	2/3 八面体	刚玉型	$\alpha\text{-}Al_2O_3$、$\alpha\text{-}Fe_2O_3$、Cr_2O_3、Ti_2O_3、V_2O_3
简单立方	8:8 AX	全部立方体空隙	CsCl 型	CsCl、CsBr、CsI

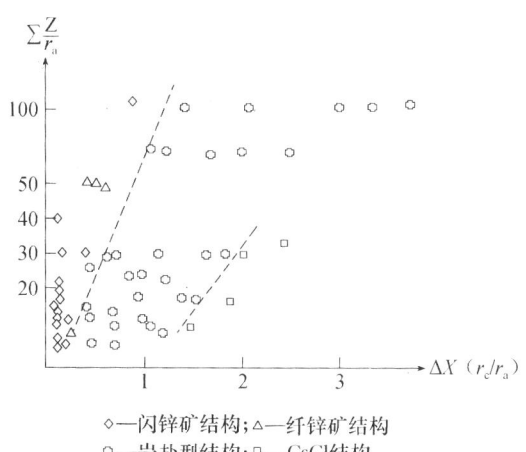

◇—闪锌矿结构；△—纤锌矿结构
○—岩盐型结构；□—CsCl结构

图 3-16 AB 型化合物的键参数与晶体结构

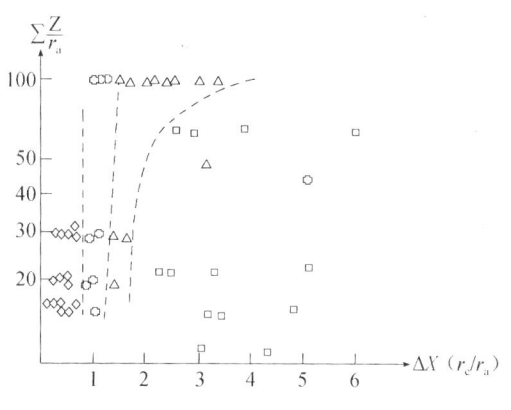

◇—层链结构；△—萤石结构
○—金红石结构；□—反萤石结构

图 3-17 AB_2 型化合物的键参数与晶体结构

3.2 硅酸盐晶体结构

硅酸盐是构成地壳的主要矿物，也是硅酸盐工业的主要原料。在硅酸盐晶体中，除了硅和氧以外，组成中的各种阳离子多达 50 多种。虽然硅酸盐晶体结构十分复杂，但其共同的特点是结构中具有硅氧四面体。根据元素的电负性与键性的关系可知：Si—O 键由于元素电负性的差仅为 1.7 而具有较强的共价键成分，一般认为 Si—O 键为离子键和共价键各占一半。所以硅氧四面体中硅氧的平均距离比硅氧离子半径之和小一些。硅离子是一种高电价低配位数的阳离子，因此，在硅酸盐晶体中，硅氧四面体之间如果相连，只能是共顶方式相连而不可能以共棱和共面的方式相连，否则结构是极不稳定的。硅酸盐的种类可以根据结构中硅氧四面体的连接方式，分成岛状、组群状、链状、层状和架状五种，见表 3-5。

表 3-5 硅酸盐晶体的结构类型

结构类型	$[SiO_4]$共用 O^{2-} 数	形 状	络阴离子	Si:O	实 例
岛 状	0	四面体	$[SiO_4]^{4-}$	1:4	镁橄榄石 $Mg_2[SiO_4]$
组群状	1	双四面体	$[Si_2O_7]^{6-}$	2:7	硅钙石 $Ca_3[Si_2O_7]$
	2	三节环	$[Si_3O_9]^{6-}$	1:3	蓝锥矿 $BaTi[Si_3O_9]$
		四节环	$[Si_4O_{12}]^{8-}$		
		六节环	$[Si_6O_{18}]^{12-}$		绿宝石 $Be_3Al_2[Si_6O_{18}]$
链 状	2	单 链	$[Si_2O_6]^{4-}$	1:3	透辉石 $CaMg[Si_2O_6]$
	2,3	双 链	$[Si_4O_{11}]^{6-}$	4:11	透闪石 $Ca_2Mg_5[Si_4O_{11}]_2(OH)_2$
层 状	3	平面层	$[Si_4O_{10}]^{4-}$	4:10	滑石 $Mg_3[Si_4O_{10}](OH)_2$
架 状	4	骨 架	$[SiO_2]$ $[(Al_xSi_{4-x})O_8]^{x-}$	1:2	石英 SiO_2 钠长石 $Na[AlSi_3O_8]$

1. 岛状结构

结构中的硅氧四面体以孤立状态存在，硅氧四面体之间没有共用的氧。硅氧四面体中的氧离子，除了和硅离子相连外，剩下的一价将与其他金属阳离子相连。如镁橄榄石结构。

镁橄榄石的化学式为 $Mg_2[SiO_4]$，晶体结构属于正交晶系，$Z=4$。从 (100) 面投影图 3-18 看，氧离子近似于六方紧密堆积，硅离子充填于四面体空隙，镁离子充填于八面体空隙。可以看出硅氧四面体是孤立的，它们之间并没有共同的氧离子，硅氧四面体之间是由镁离子按镁氧八面体的方式相连。从图中还可以清楚地看到每一个 O^{2-} 和三个 Mg^{2+} 以及一个 Si^{4+} 相连，电价是平衡的。很显然，在镁橄榄石结构中，四面体空隙仅有 $\frac{1}{8}$ 被硅充填，因此，硅氧四面体能以孤立状态存在。

镁橄榄石结构中的 Mg^{2+} 位置换成 Ca^{2+}，就是水泥熟料中 α-Ca_2SiO_4 的结构。

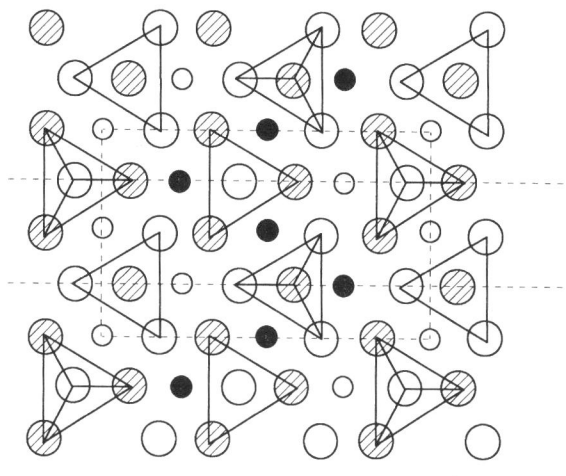

○ 代表A层氧离子在25高度　○ 代表B层氧离子在75高度

● 代表位于50高度的镁离子　○ 代表位于0高度的镁离子

硅在四面体中未示出

图 3-18　镁橄榄石晶体理想结构

2. 组群状结构

硅氧四面体以两个、三个、四个或六个硅原子，通过共用氧相连成硅氧四面体群体，这些群体之间由其他阳离子按一定的配位形式连接。如果把这些群体看成一个单元，那么，这些单元，是以孤立的状态存在的。以绿柱石为例。

绿柱石的化学式是 $Be_3Al_2[Si_6O_{18}]$。其晶体结构属于六方晶系；$Z=2$。图 3-19 是绿柱石结构在 (0001) 面上的 1/2 晶胞的投影，在 c 轴高度上还有对称的一半未画出。基本结构单元是六个硅氧四面体形成的六节环。六节环中的四面体有两个氧是共同的，它们与硅氧四

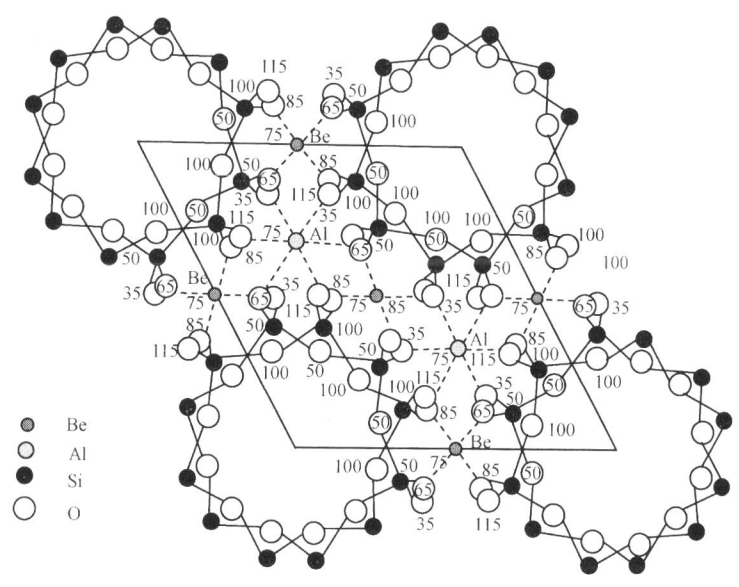

图 3-19　绿柱石晶体结构

面体中的 Si^{4+} 处于同一高度。这样的六节环在图中是八个，上面四个和下面四个在排列时错开 30°，这些六节环之间是靠 Al^{3+} 和 Be^{2+} 相连的。Al^{3+} 的配位数为 6，构成 Al-O 八面体，Be^{2+} 的配位数 4，构成 Be-O 四面体。图中一共是 2 个 Al^{3+} 和 3 个 Be^{2+}。Al^{3+} 处于 75 高度，分别由三个处于 85 高度和三个处于 65 高度的 O^{2-} 构成 Al-O 八面体。Be^{2+} 也处于 75 高度，分别由两个处于 85 高度和两个处于 65 高度的 O^{2-} 构成 Be-O 四面体。在上下叠置的六节环内，形成了一个巨大的通道，一些大的阳离子，如 K^+、Cs^+ 和 H_2O 分子可赋存其中。

堇青石 $Mg_2Al_3[AlSi_5O_{18}]$ 的结构和绿柱石相同。但六节环中有一个硅氧四面体中的 Si^{4+} 被 Al^{3+} 所替代。而绿柱石中的 (Be_3Al_2) 则被堇青石中的 (Mg_2Al_3) 所代替。

3. 链状结构

硅氧四面体通过共用氧离子相连，在一维方向延伸成链状，可分为单链和双链（图 3-20），链与链之间是通过其他阳离子按一定的配位关系连接起来，称为链状结构。以透辉石为例。

透辉石的化学式是 $CaMg[Si_2O_6]$，其结构属单斜晶系，$\beta = 105°37'$；$Z = 4$。图 3-21 为透辉石的结构。它是由沿 c 轴方向延伸的单链为基本单元。链的排列正好交叉。其中一条为原子序号②⑨②⑨②的链。第二条为原子序号㊽㊶㊷㊾㊽的链。第一条的顶角向左，第二条的顶角向右。链之间则由 Ca^{2+} 和 Mg^{2+} 相连，Ca^{2+} 的配位数是 8，Mg^{2+} 的配位数是 6，图 3-21（b）中画出了阳离子的配位关系。

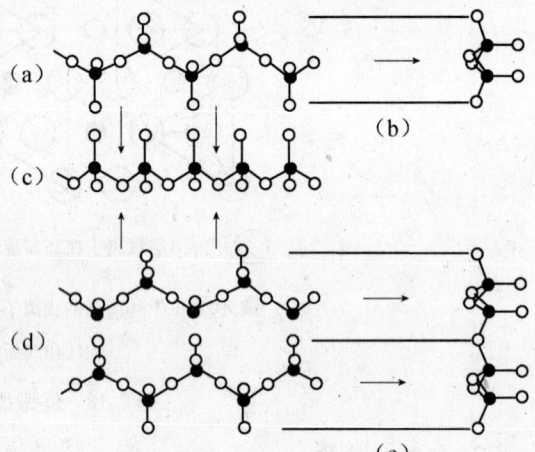

图 3-20 硅氧四面体构成的链
(a) 为单链；(b) (a) 的水平投影；
(c) (a) 和 (d) 的垂直投影；
(d) 为双链；(e) (b) 的水平投影

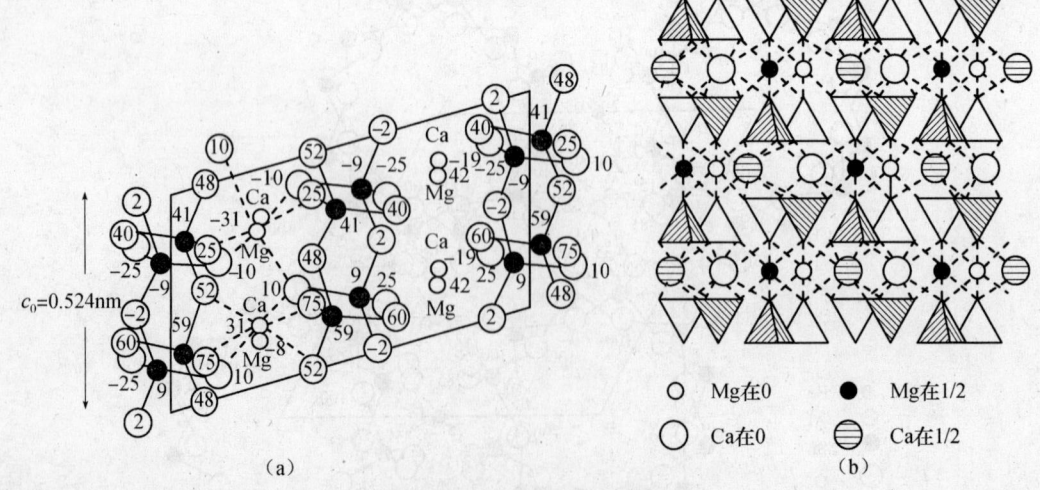

图 3-21 透辉石晶体结构
(a) (010) 面；(b) (001) 面投影

4. 层状结构

通过三个共同氧在二维平面内延伸成一个硅氧四面体层（图3-22）。在硅氧层中，处于同一平面的三个氧离子都被硅离子共用而形成一个无限延伸的六节环层，这三个氧都是桥氧，电荷已达到平衡。另一个顶角向上的氧，负电荷尚未平衡，称为自由氧。它将与硅氧层以外的阳离子相连。这种自由氧在空间排列也形成六边形网络。层状结构中络阴离子的基本单元是 $[Si_4O_{10}]^{4-}$。

在层状结构硅酸盐晶体结构中，自由氧一般不和 Al^{3+}、Mg^{2+}、Fe^{3+}、Fe^{2+} 等阳离子相连，它们的配位数为6，构成 Al-O、Mg-O 等八面体。由于硅氧层中自由氧形成六边形网络，因此 Al-O 或 Mg-O 八面体也连成六边形网络，它们之间有两种连接方式。一种是八面体以共棱方式相连，但八面体中的 O^{2-} 只被两个阳离子所共用，这种八面体称为二八面体。Al-O 八面体即是二八面体，因为 Al^{3+} 配位数为6时，每个 Al^{3+} 从 O^{2-} 中分得1/2价，两个 Al^{3+} 共用一个 O^{2-} 时占去一价，另一价则由硅氧四面体的硅离子所占有，达到了电荷平衡。另一种是八面体仍以共棱方式相连，但八面体中的 O^{2-} 被三个阳离子所共用，称为三八面体。Mg-O 八面体即是，因为 Mg^{2+} 配位数为6时，每个 Mg^{2+} 从 O^{2-} 中分得1/3价。三个 Mg^{2+} 共用一个 O^{2-} 时占去一价，另一价被硅氧四面体中的 Si^{4+} 所占有，保持电荷平衡。但是，不论二八面体还是三八面体，在形成六边形网络时总有一些 O^{2-} 不能被 Si^{4+} 所共用，因此，O^{2-} 多余的一价由 H^+ 来平衡。所以，在层状硅酸盐晶体的化学组成中，都有 $(OH)^-$ 出现（图3-23）。在层状硅酸盐晶体结构中，硅氧四面体层和含有氢氧的铝氧和镁氧八面体层，是结构的基本单元。

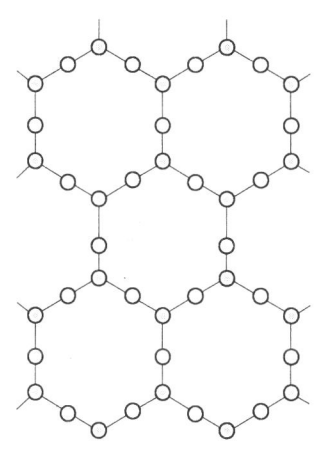

图3-22 硅氧四面体层结构

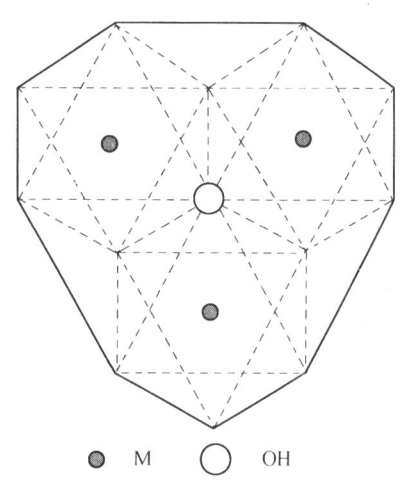

● M　　○ OH

图3-23 三八面体结构中 OH^- 的位置

在层状硅酸盐晶体结构中，硅氧四面体层和铝氧或镁氧八面体层的连接方式有两种，一种是由一层四面体层和一层八面体层相连，称为1:1型层状结构；另一种是由两层四面体层夹一层八面体层，称为2:1型层状结构（图3-24）。不论是两层还是三层，从这样的结构单位来看，电荷均已经平衡。因此层状结构中，二层与二层或三层与三层之间只能以微弱的分子键或 OH^- 产生的氢键来联系。由于这种键力很弱，所以，在二层或三层的结构单位之间可以有水分子存在。但是，如果在 Si-O 四面体层中，部分 Si^{4+} 被 Al^{3+} 代替，或 Al-O 八面体层中，部分 Al^{3+} 被 Mg^{2+} 或 Fe^{2+} 代替时，则结构单位中电荷就不平衡，有多余的负电价出现。这时，在结构层中就可以进入一些电价低而离子半径大的阳离子（如 K^+，Na^+ 等）来平衡多余的负电荷，并以水化阳离子的形式进入。如果结构中取代主要发生在 Al-O 八面体中，进入层间的阳离子与层的结合并不很牢固，在一定条件下可以被其他阳离子交换。可交换量的大小即称为阳离子交换容量。如果取代发生在 Si-O 四面体中，且量较多时，进入层间的阳离子与层之间有离子键作用，则结合较牢固。

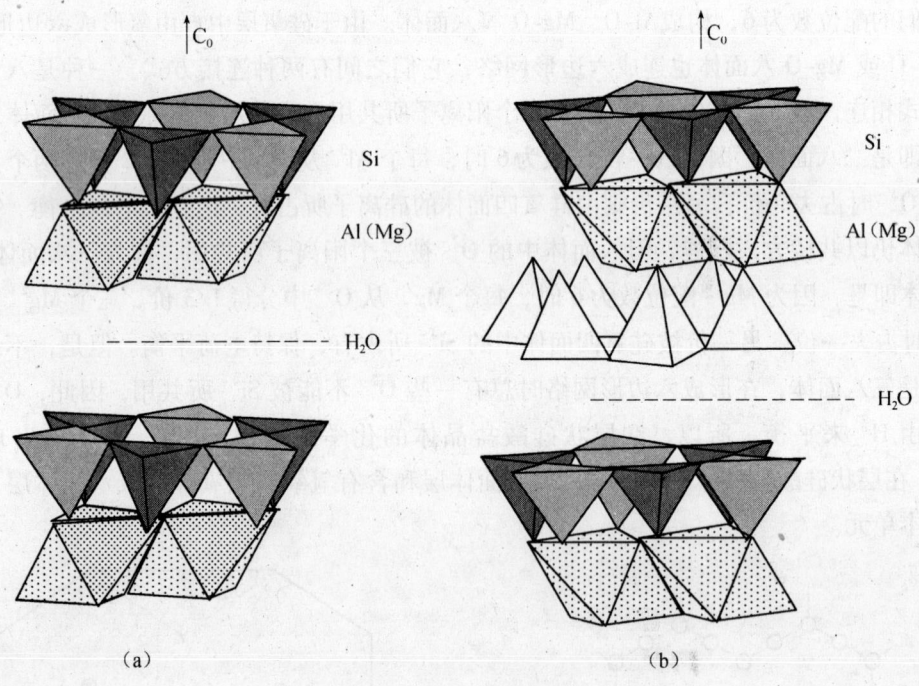

图 3-24 层状结构硅酸盐晶体中硅氧四面体层和
铝氧或镁氧八面体层的连接方式
(a) 1:1 型；(b) 2:1 型

（1）高岭石结构

高岭石的化学式为 $Al_4[Si_4O_{10}](OH)_8$ 或写成 $Al_2O_3 \cdot 2SiO_2 \cdot 2H_2O$。其结构属于三斜晶系。$a_0 = 0.5139$ nm，$b_0 = 0.8932$ nm，$c_0 = 0.7371$ nm，$\alpha = 91°36'$，$\beta = 104°48'$，$\gamma = 89°54'$；$Z = 1$。高岭石结构是 1:1 型（图 3-25），是一层硅氧四面体和一层铝氧八面体相连。在铝氧八面体层中，每一个 Al^{3+} 和四个 OH^- 以及两个 O^{2-} 相连。在 ab 平面内无限伸展，在 c 轴方向两层的结构单位重复排列。高岭石结构中，离子的取代很少，化学组成较纯净。在组成中氧化铝和氧化硅含量的比值较高，$\dfrac{Al_2O_3}{SiO_2} = \dfrac{39.50}{46.50}$。结构中，每两层与两层之间的联系主要是氢键，因为在 Al-O 八面体层中有一层是 OH^-。由于氢键较分子键强，因此，高岭石结构中，结构单位层之间的水分子不易进入，可以交换的阳离子容量也小。

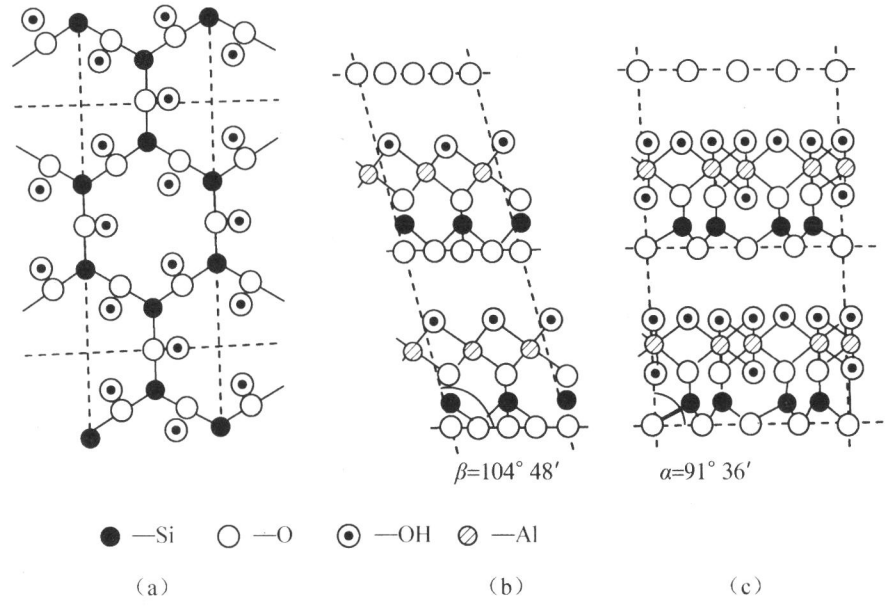

图 3-25 高岭石结构的叠置情形

(a) 相邻的高岭石结构单元层中,底面上的 O^{2-} 与顶部的 OH^- 在 (001) 面上的投影;
(b) 高岭石中相邻结构单元层的叠置情形,沿 b 轴方向的投影;
(c) 高岭石中相邻结构单元层的叠置情形,沿 a 轴方向的投影

(2) 蒙脱石结构

蒙脱石化学式为 $(M_x \cdot nH_2O)(Al_{2-x}Mg_x)[Si_4O_{10}](OH)_2$。其结构属于单斜晶系;$a_0 = 0.523nm$,$b_0 = 0.906nm$,$c_0$ 值可变,当结构单位层之间无其他原子时 $c_0 = 0.960nm$;如果结构单位层之间有水分子或可交换阳离子存在,则 c_0 值将随水分子的多少以及可交换的阳离子不同而不同。单位晶胞中 $Z=2$。蒙脱石是 2∶1 型结构(图 3-26),即两层硅氧四面体中间夹一层铝氧八面体层,在铝氧八面体层中,大约有 1/3 的 Al^{3+} 被 Mg^{2+} 所取代,为了平衡多余的负电价,在结构单位层之间有水化阳离子 M 进入。其他一般是 Na^+ 和 Ca^{2+}。蒙脱石中,硅氧四面体的 Si^{4+} 很少被取代,水化阳离子和硅氧四面体中 O^{2-} 的作用力较弱,因而,这种水化阳离子在一定条件下容易被交换出来。c 轴可膨胀以及阳离子交换容量大,是蒙脱石的特征。此外,与高岭石相比,$\dfrac{Al_2O_3}{SiO_2}$ 值要小得多。

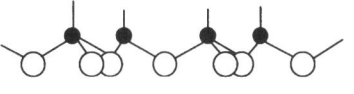

nH_2O

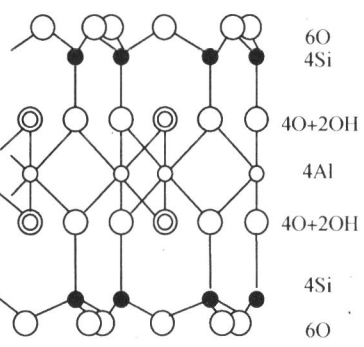

图 3-26 蒙脱石晶体结构

滑石的化学式为 $Mg_3[Si_4O_{10}](OH)_2$。属单斜晶系;$a_0 = 0.526nm$,$b_0 = 0.910nm$,$c_0 = 1.881nm$,$\beta = 100°$。滑石结构和蒙脱石相近,如图 3-27 所示。将蒙脱石中 Al-O 八面体换成

Mg-O 八面体，由于镁离子是二价，因而三个镁离子共用一个氧离子成为八面体。滑石结构即为两层硅氧四面体夹一层镁氧（氢氧）三八面体而成。

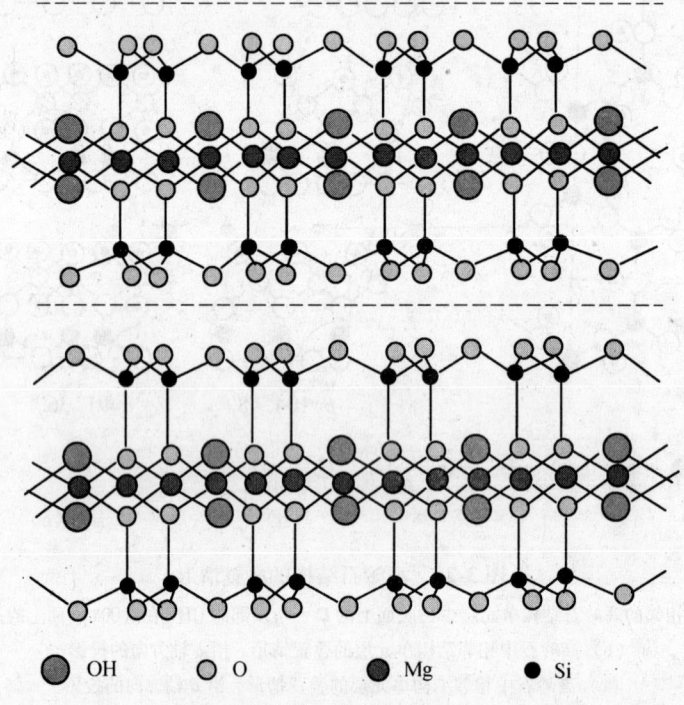

图 3-27 滑石晶体结构

（3）伊利石结构

伊利石的化学式为 $K_{1\sim1.5}Al_4[Si_{7\sim6.5}Al_{1\sim1.5}O_{20}](OH)_4$，晶体结构属于单斜晶系，$a_0 = 0.520nm$，$b_0 = 0.900nm$，$c_0 = 1.000nm$，$\beta$ 角无确切值，$Z = 2$。伊利石也是三层结构，Si-O 四面体中大约 $\frac{1}{6}$ 的 Si^{4+} 被 Al^{3+} 所取代。为平衡多余的负电荷，结构中将近有 1~1.5 个 K^+ 进入结构单位层之间。K^+ 处于两个硅氧四面体六节环的中心，相当于结合成配位数为 12 的 K-O 配位多面体。因此层间的结合力较牢固。这种阳离子不易交换。

白云母的晶体结构和伊利石相似（图3-28），其化学式为 $KAl_2[(AlSi_3)O_{10}](OH)_2$，也属于单斜晶系；$a_0 = 0.518nm$，$b_0 = 0.902nm$，$c_0 = 2.004nm$，$\beta = 95°47'$，$Z = 2$。白云母中的 Si^{4+} 有 1/4 被 Al^{3+} 所取代。因此，在结构中用于平衡剩余负电荷的 K^+ 量也增多，上升为 2.0。这从化学式中也可以清楚地看出。由于 K^+ 增多，结构单位之间的结合比较牢固。当然，不论哪一种层状硅酸盐晶体，其单位层之间的结合力远比层内的硅氧键和铝氧键弱，因此在平行于 ab 面的方向容易解理。

5. 架状结构

架状硅酸盐晶体其结构特征是每个硅氧四面体的四个角顶，都与相邻的硅氧四面体共顶。硅氧四面体排列成具有三维空间的"架"。如果，硅氧四面体中的 Si^{4+} 不被其他阳离子取代，则结构是电中性的，Si/O = 1/2。石英及其变体就属于架状硅酸盐结构。

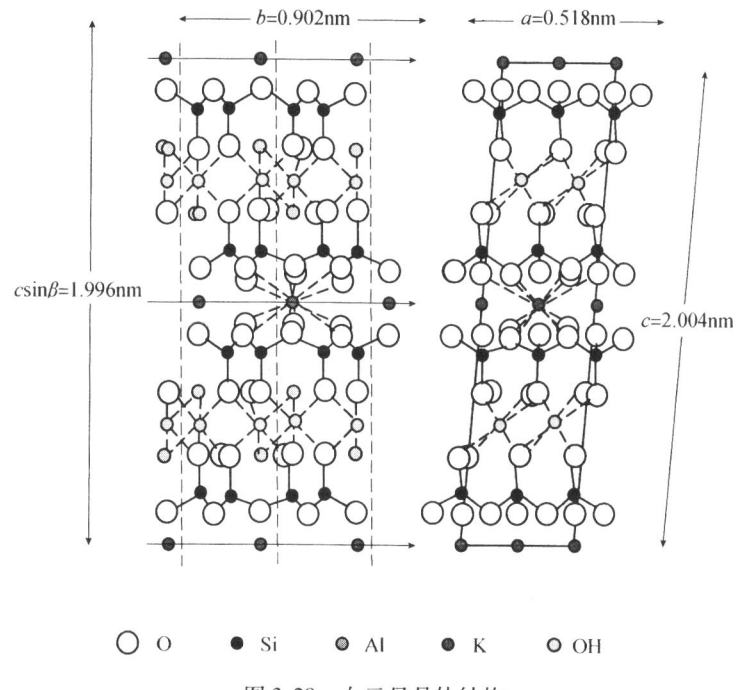

○ O　● Si　◎ Al　● K　○ OH

图 3-28　白云母晶体结构

当结构中出现 Al^{3+} 取代 Si^{4+} 时,就会有剩余负电荷,这时将有其他阳离子进入结构。一般是离子半径大而电荷较低的阳离子,如 K^+,Na^+,Ca^{2+},Ba^{2+} 等。长石族晶体就属于这一类。

（1）石英晶体结构

石英在不同的热力学条件下有不同的变体,在常压的情况下,石英的变体如下:

$$\alpha\text{-石英} \xrightleftharpoons{870℃} \alpha\text{-鳞石英} \xrightleftharpoons{1470℃} \alpha\text{-方石英} \xrightleftharpoons{1723℃} 熔体$$

$$\Updownarrow 573℃ \qquad \Updownarrow 160℃ \qquad \Updownarrow 268℃$$

$$\beta\text{-石英} \qquad \beta\text{-鳞石英} \qquad \beta\text{-方石英}$$

$$\Updownarrow 117℃$$

$$\gamma\text{-鳞石英}$$

上述纵向之间的变化均不涉及晶体结构中键的破裂和重建,转变过程迅速而可逆,往往是键之间的角度稍做变动。这种转变称为位移型转变。横向之间的转变涉及键的破裂和重建,其过程缓慢,称为重建型转变。图 3-29 为这两种转变的示意图。

α-石英,α-鳞石英,α-方石英在结构上的主要差别在于硅氧四面体之间的连接方式不同（图 3-30）。在 α-石英中,相当于以共用氧为对称中心的两个硅氧四面体中,Si-O-Si 键由 180°转变为 150°。在 α-鳞石英中,两个共顶的硅氧四面体的连接方式相当于中间有一个对称面。在 α-方石英中,两个共顶的硅氧四面体相连,相当于以共用氧为对称中心。由于硅氧四面体的连接方式不同,因此,它们之间的转变将拆开 Si-O 键重新组合。

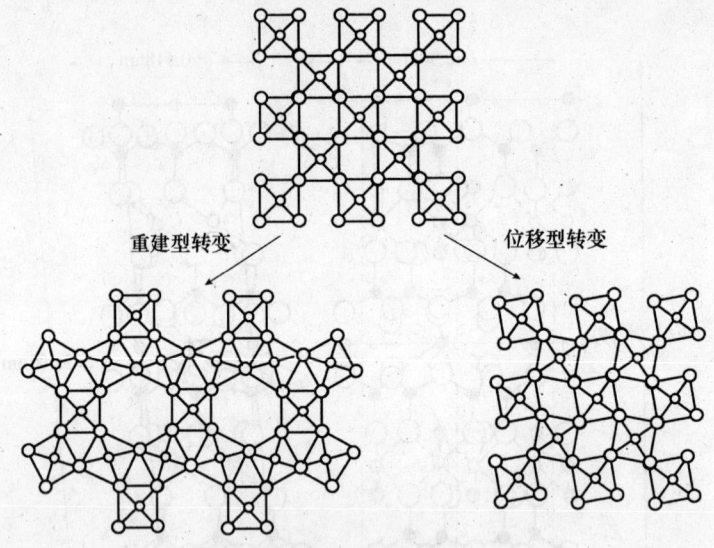

图 3-29 位移型和重建型转变示意图

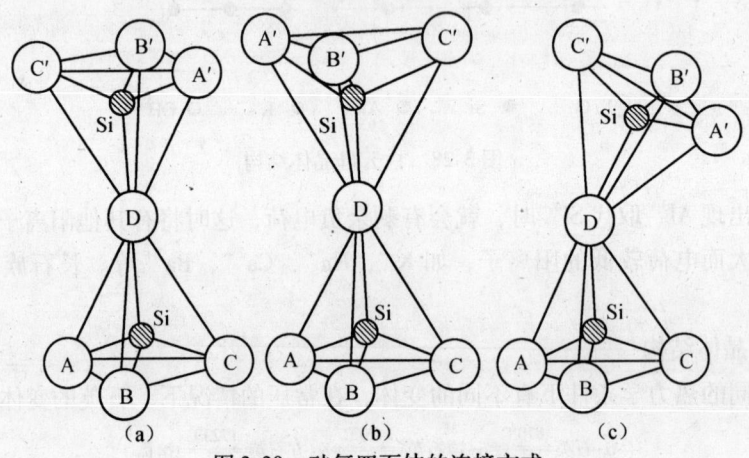

图 3-30 硅氧四面体的连接方式
(a) α-方石英；(b) α-鳞石英；(c) α-石英

1) α-石英和β-石英结构

α-石英属于六方晶系。$a_0 = 0.501$ nm，$c_0 = 0.547$ nm；$Z = 3$。图 3-31 是 α-石英的结构在 (0001) 面上的投影，在 α-石英晶体结构中存在六次螺旋轴，围绕螺旋轴的 Si^{4+} 在 (0001) 投影图上可连接成正六边形。

β-石英属于三方晶系。$a_0 = 0.491$ nm，$c_0 = 0.540$ nm；$Z = 3$。β-石英和 α-石英的区别在于 β-石英中 Si-O-Si 键角不是 150°，而是 137°。由于这一角度的变化，使 α-石英中的六次螺旋轴转变为三次螺旋轴。围绕三次螺旋轴的 Si^{4+} 在 (0001) 投影图上已不再是正六边形，而是复三方形（图 3-32）。

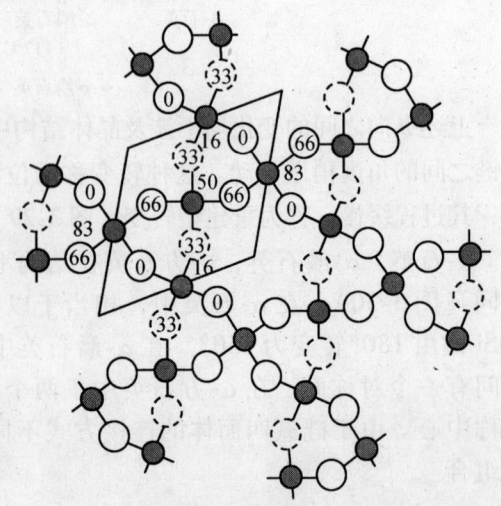

图 3-31 α-石英晶体结构 (0001) 投影

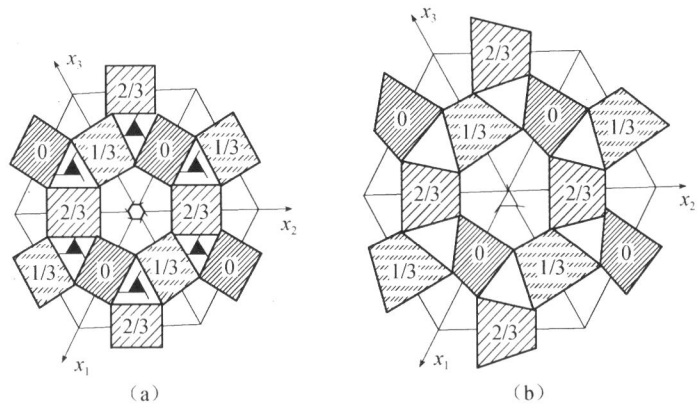

图 3-32 α-石英与 β-石英间的 (0001) 投影
(a) α-石英；(b) β-石英

2) α-鳞石英结构

α-鳞石英属六方晶系；$Z=4$。其结构可看成平行于 (0001) 面，硅氧四面体按六节环的连接方式构成四面体层，硅氧四面体层中任何两个相邻的四面体的角顶，指向相反方向。然后上下层之间再以角顶相连而成架状结构（图 3-33）。

3) α-方石英结构

α-方石英属于立方晶系，$Z=8$。图 3-34 是 α-方石英的晶胞，其中 Si^{4+} 占有全部面心立方结点的位置和立方体内相当于八个小立方体中心的四个。每个 Si^{4+} 都和四个 O^{2-} 相连。如果以 Si-O 四面体的排列看，α-方石英中也由硅氧四面体连接成硅氧四面体层，层与层之间以顶角相连（图 3-34）。所不同的是，在 α-方石英中，若以硅的排列看，它们成三层重复的方式堆积（图 3-35）。α-方石英和 α-鳞石英中硅氧四面体的连接方式的区别如图 3-36 所示。

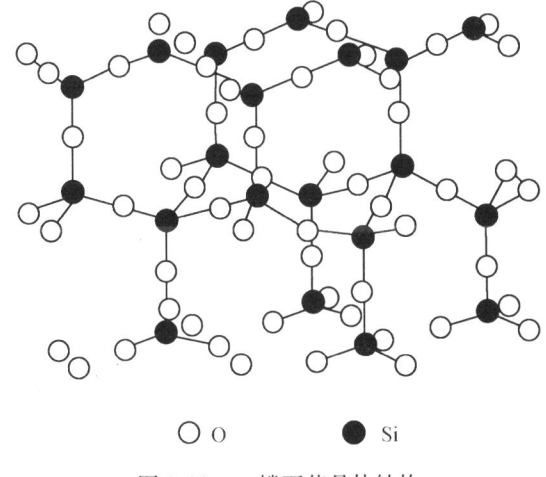

○ O ● Si

图 3-33 α-鳞石英晶体结构

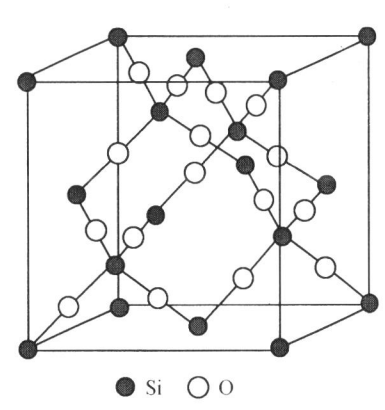

● Si ○ O

图 3-34 α-方石英晶体结构

图3-35 α-方石英中硅氧四面体连接方式的投影图

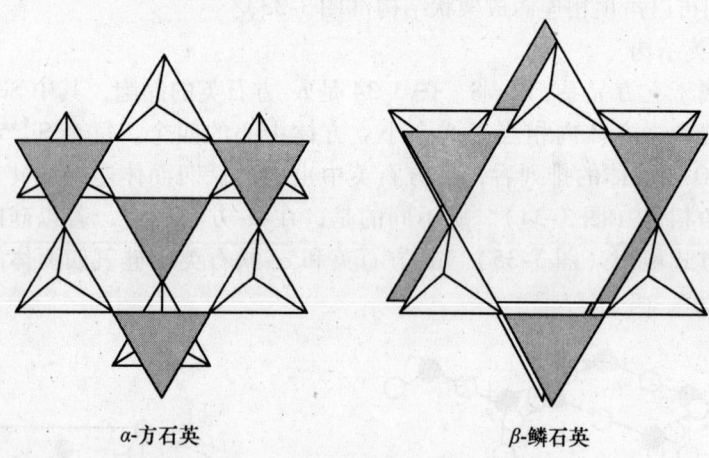

图3-36 α-方石英与α-鳞石英中硅氧四面体连接方式的区别

(2) 长石晶体结构

长石的主要组分为钾长石和钠长石：钾长石的化学式为 K[AlSi$_3$O$_8$]；钠长石 Na[AlSi$_3$O$_8$]。

在高温时它们能形成连续固溶体，低温时为有限固溶体，它们的固溶体称为碱性长石。在碱性长石中，当钠长石在固溶体中的含量在 0～67% 摩尔分数时，晶体结构为单斜晶系，称为透长石。它是长石族晶体结构中对称性最高的。

透长石属单斜晶系。$a_0 = 0.856$nm，$b_0 = 1.303$nm，$c_0 = 0.718$nm，$\alpha = 90°$，$\beta = 115°59'$，$\gamma = 90°$，$Z = 4$。结构中的基本单位是四个四面体（硅氧或铝氧四面体）相互共顶形成一个四联环，其中两个四面体的尖顶朝上，另两个尖顶向下。这样，它们又可以分别与上下的四联环共顶相连，成为曲轴状的链，其方向平行于 a 轴。链与链之间又以氧桥相连，形成三维架状结构（图3-37）。

透长石结构中由于Si^{4+}被Al^{3+}部分取代，因而负电荷有剩余，K^+填充于结构中，达到平衡电荷的作用。图3-38是透长石近于垂直a轴的投影图。图中画出了曲轴状链的投影图。它们相互连接时在图正中形成一个八联环，K^+就位于八联环的空隙中，且处于对称面的位置上（图中m的位置）。K^+的配位数是9。图中还标出了二次对称轴的位置，四面体之间存在着对称关系。透长石的四面体中Si^{4+}和Al^{3+}的分布是无序的。图中四条曲轴状链，都只画了两个四联环，如果它们各自向上下发展形成曲轴状链，便构成整个透长石结构。若八联环中的阳离子是Na^+、Ca^{2+}时，即为斜长石。因Na^+、Ca^{2+}在八联环中将偏向一侧，不处于图3-38的对称面位置，这就使结构的对称性下降，由透长石的单斜晶系变成斜长石的三斜晶系。

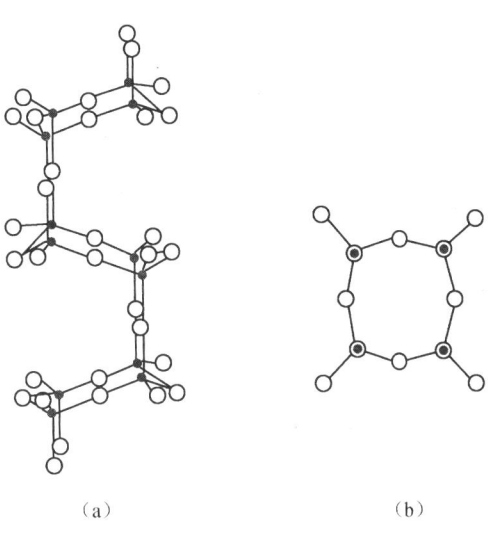

图3-37 长石结构中的四联环和曲轴状链
（a）理想的曲轴状链；（b）四联环

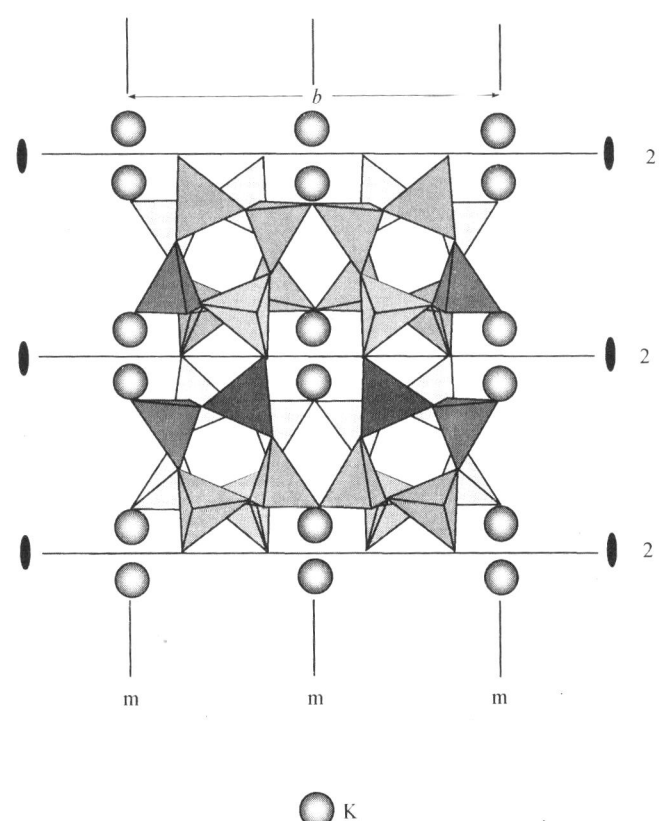

图3-38 透长石晶体结构图（一部分）

3.3 晶体结构缺陷

实际的真实晶体中，或多或少地存在着对理想晶体结构的偏离，即存在着结构缺陷。

结构缺陷的存在及其运动规律，与固体的电学性质、机械强度、扩散、烧结、化学反应性、非化学计量组成以及材料的物理化学性能密切相关。只有在理解了晶体结构缺陷的基础上，才能阐明涉及质点迁移的过程。因而掌握晶体缺陷的知识是材料科学的基本要求。

1. 点缺陷

晶体的结构缺陷主要类型见表3-6。

表3-6 结构缺陷类型

种 类	名 称	种 类	名 称
瞬变缺陷	声 子	复合缺陷	簇
电子缺陷	电 子		切变结构
	电子空穴		块结构
点缺陷	空 位	线缺陷	位 错
	间隙原子（或离子）	面缺陷	晶体表面
	杂质原子（或离子）		晶粒间界
	替代原子（或离子）	体缺陷	气孔、异相夹杂物、亚结构
	缔合中心		固溶体

（1）点缺陷的类型

在无机非金属材料中最基本和最重要的是点缺陷。

根据对理想晶格偏离的几何位置及成分来划分，点缺陷可以分为三种类型：

1）填隙原子。原子进入晶体中正常结点之间的间隙位置，成为填隙原子（或称间隙原子）。

2）空位。正常结点没有被原子或离子所占据，成为空结点，称为空位。

3）杂质原子。外来原子进入晶格就成为晶体中的杂质。这种杂质原子可以取代原来晶格中的原子而进入正常结点的位置，这称为取代原子；也可以进入本来就没有原子的间隙位置，生成间隙式杂质原子。杂质进入晶体可以看作是一个溶解的过程，杂质为溶质，原晶体为溶剂，这种溶解了杂质原子的晶体称为固体溶液（简称固溶体）。

根据产生缺陷的原因，也可以把点缺陷分为下列三种类型：

1）热缺陷。当晶体的温度高于绝对0K时，由于晶格内原子热振动，使一部分能量较大的原子离开平衡位置造成缺陷，这种缺陷称为热缺陷。

热缺陷有两种基本形式：弗伦克尔（Frenker）缺陷和肖特基（Schttky）缺陷。

在晶格热振动时，一些能量足够大的原子离开平衡位置后，挤到晶格点的间隙中，形成间隙原子,而原来位置上形成空位,这种缺陷称为弗伦克尔缺陷,如图3-39所示。如果正常格点上的原子,在热起伏过程中获得能量离开平衡位置迁移到晶体的表面,在晶体内正常格点上留下空位,这即是肖特基缺陷,如图3-40所示。

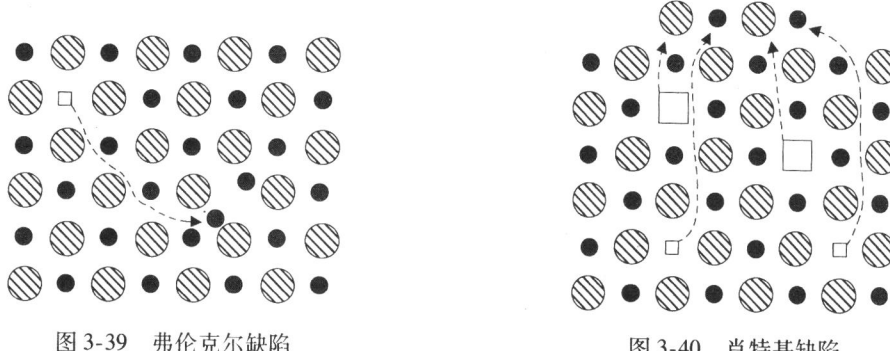

图3-39 弗伦克尔缺陷　　　　　　　图3-40 肖特基缺陷

离子晶体生成肖特基缺陷时,为了保持晶体电中性,正离子空位和负离子空位是同时成对产生的,并伴随晶体体积的增加。晶体产生弗伦克尔缺陷时,间隙原子与空格点是成对产生的,晶体的体积不发生改变,热缺陷的浓度随温度的上升而呈指数地上升,对于某一种特定材料,在一定温度下,热缺陷浓度是恒定的。

2) 杂质缺陷。由于外来原子进入晶体而产生的缺陷。杂质原子进入晶体后,因杂质原子和原有原子的性质不同,故它不仅破坏了原子有规则的排列,而且在杂质原子周围的周期势场引起改变,因此形成一种缺陷。

杂质原子分为间隙杂质原子及置换杂质原子两种。前者是杂质原子进入固有原子点阵的间隙中;后者是杂质原子替代了固有原子。晶体中杂质原子含量在未超过其固溶度时,杂质缺陷的浓度与温度无关。

3) 电荷缺陷。有一些化合物,它们的化学组成会发生偏离化学计量的现象,由此产生的晶体缺陷称为电荷缺陷,它是生成n型或p型半导体的重要基础。

从能带理论来看,由于热能作用或其他能量传递过程,价带或施主能级中电子得到能量而被激发到导带或受主能级中,此时在价带或施主能级留一空穴,在导带或受主能级中存在一个电子,如图3-41所示。这样虽然未破坏原子排列的周期性,但由于空穴和电子带正和负电荷,因此在它们周围形成了一个附加电场,引起周期性势场的畸变,造成晶体的不完整性。

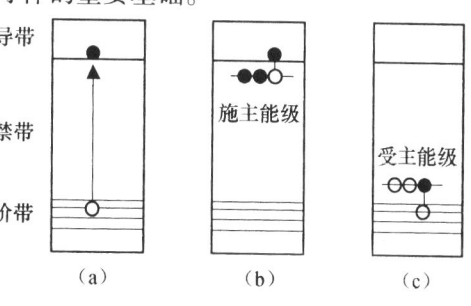

图3-41 电荷缺陷示意图
(a) 导体;(b) n型半导体;(c) p型半导体

(2) 缺陷化学反应表示法

把材料中的点缺陷看作化学实物,并用化学热力学的原理来研究缺陷的产生、平衡及其浓度等问题的一门学科称为缺陷化学。

缺陷化学所研究的对象主要是晶体缺陷中的点缺陷。而且仅在点缺陷的浓度不超过某一临界值 (约为0.1at%) 为限。这是因为缺陷浓度过高,会导致形成超结构和分离的中间相,这就超出点缺陷的范围。实际上,在大多数氧化物、硫化物和卤化物中,即使在高温下点缺陷的浓度也不会超出上述临界限度。所以,点缺陷理论仍然是解释固体的许多物理化学性质的重要基础。

点缺陷既然看作为化学实物，点缺陷之间会发生一系列类似化学反应的缺陷化学反应。为了讨论方便起见，为各种点缺陷规定了符号。目前采用得最广泛的表示法是 Kroger-Vink（克罗格-明克）的符号。

在 Kroger-Vink 符号系统中，用一个主要符号来表明缺陷的种类，而用一个下标来表示这个缺陷的位置。缺陷的有效电荷在符号的上标表示。如用上标"·"表示有效正电荷，用"'"表示有效负电荷，用"×"表示有效零电荷。下面以 MX 离子晶体（M 为二价阳离子、X 为二价阴离子）为例来说明缺陷化学符号的表示方法。

1) 空位：用 V_M 和 V_X 分别表示 M 原子空位和 X 原子空位，V 表示缺陷种类，下标 M、X 表示原子空位所在的位置。必须注意，这种不带电的空位是表示原子空位。如 MX 离子晶体，当 M^{2+} 被取走时，两个电子同时被取走，留下一个不带电的 M 原子空位。

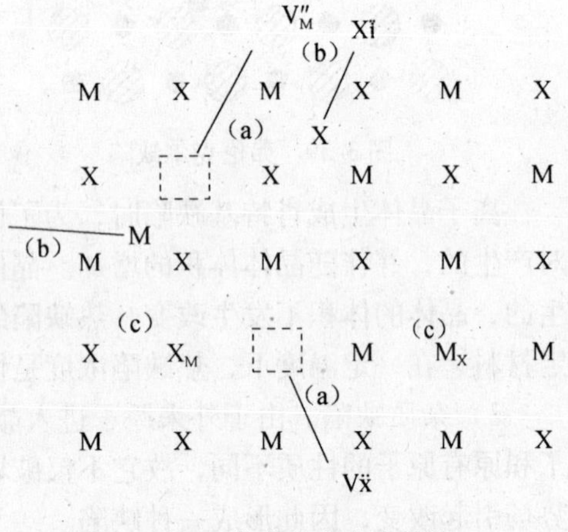

在 MX 离子晶体中，如果取走一个 M^{2+}，如图 3-42（a）所示，这时原有晶格中多余了两个负电荷。或者说这个 V_M 必然和两个带有负电荷的附加电子相联系。此时附加电子写成 e。如果这个附加电子被束缚在 M 空位上，用"'"表示一个有效负电荷，这时空位写成 V_M''。同样，如

图 3-42　MX 化合物基本点缺陷

果取走一个 X，即相当于取走一个 X 原子加上两个带正电的电子空穴。如果这两个电子空穴被束缚在 X 空位上，用"·"表示一个有效正电荷，这个空位写成 $V_X^{··}$。用缺陷反应式表示为：

$$V_M'' \rightleftharpoons V_M + 2e' \tag{3-3}$$

$$V_X^{··} \rightleftharpoons V_X + 2h \tag{3-4}$$

式中 h 表示带正电的电子空穴。

2) 填隙原子：M_i 和 X_i 分别表示 M 及 X 原子处在间隙位置上。

3) 错放位置：M_X 表示 M 原子被错放在 X 位置上，如图 3-42（c）所示。

4) 溶质原子：L_M 表示 L 溶质处在 M 位置，S_X 表示 S 溶质处在 X 位置。例如 Ca 取代 MgO 晶格中的 Mg 写作 Ca_{Mg}。Ca 若填隙在 MgO 晶格中写作 Ca_i。

5) 自由电子及电子空穴：在强离子性材料中，通常电子是局限在特定的原子位置上，这可以用离子价来表示。但在有些情况下，有的电子并不一定属于某一个特定位置的原子，这些电子用符号"e"表示。同样也可能在某些缺陷上缺少电子，这就是电子空穴，用"h"表示。它们都不属于某一特定的原子所有，也不固定在某个特定的原子位置。

6) 带电缺陷：不同价离子之间的替代引起的一种带电缺陷。如 Ca^{2+} 进入 NaCl 晶体，Ca^{2+} 取代了 Na^+，因为 Ca^{2+} 比 Na^+ 高一价，因此与这个位置应有的电价相比，Ca^{2+} 高出一个正电荷，所以写成 $Ca_{Na}^{·}$。如果 Ca^{2+} 取代了 ZrO_2 晶体中的 Zr^{4+} 则写成 Ca_{Zr}'' 表示 Ca^{2+} 在 Zr^{4+} 位置上同时带有两个单位负电荷。

7) 缔合中心：一个带电的点缺陷也可能与另一个带有相反符号的点缺陷相互缔合成一

组或一群,把发生缔合的缺陷放在括号内来表示。例如 V_M 和 V_X 发生缔合可以记作:$(V_M V_X)$。在有肖特基缺陷和弗伦克尔缺陷的晶体中,有效电荷符号相反的点缺陷之间,存在着一种库仑力,当它们靠得足够近时,就会产生一种缔合作用。在 NaCl 晶体中,最邻近的钠空位和氯空位就可能缔合成空位对,形成缔合中心,反应表示如下:

$$V'_{Na} + V^{\cdot}_{Cl} = (V'_{Na} V^{\cdot}_{Cl}) \tag{3-5}$$

在离子晶体中,每个缺陷如果看作化学物质,那么材料中的缺陷及其浓度就可以和化学反应一样,用热力学函数(如化学位、反应热效应等)来描述,也可以把质量作用定律和平衡常数之类概念应用于缺陷反应。

在写缺陷反应方程式时,必须遵守一些基本原则,点缺陷反应式的规则如下:

1)位置关系。在化合物 $M_a X_b$ 中,M 位置的数目必须永远与 X 位置的数目成一个正确的比例。例如在 Al_2O_3 中,$Al:O=2:3$。只要保持比例不变,每一种类型的位置总数可以改变。如果在实际晶体中,M 与 X 的比例,不符合原有的位置比例关系,表明晶体中存在缺陷。

2)位置增殖。当缺陷发生变化时,有可能引入 M 空位 V_M,也可能把 V_M 消除。当引入空位或消除空位时,相当于增加或减少 M 的点阵位置数。能引起位置增殖的缺陷有:V_M、V_X、M_M、M_X、X_M、X_X 等。不发生位置增殖的缺陷有 e、h、M_i、X_i 等。例如发生肖特基缺陷时,晶体中原子迁移到晶体表面,在晶体内留下空位,增加了位置数目。当然这种增殖在离子晶体中是成对出现的,因而它是服从位置关系的。

3)质量平衡。和在化学反应中一样,缺陷方程的两边必须保持质量平衡,必须注意的是缺陷符号的下标只是表示缺陷位置,对质量平衡没有作用。如 V_M 为 M 位置上的空位,它不存在质量。

4)电荷守恒。在缺陷反应前后晶体必须保持电中性。或者说缺陷反应式两边必须具有相同数目的总有效电荷。

5)表面位置。当一个 M 原子从晶体内部迁移到表面时,用符号 M_S 表示,下标 S 表示表面位置,在缺陷化学反应中表面位置一般不特别表示。

为了掌握上述规则在缺陷反应中的应用,现举例说明如下:

① $CaCl_2$ 溶解在 KCl 中。

当 $CaCl_2$ 溶解在 KCl 中,每引进一个 $CaCl_2$ 分子,同时带进两个 Cl^- 和一个 Ca^{2+}。一个 Ca^{2+} 置换一个 K^+,但由于引入两个 Cl^-,为保持原有晶格 $K:Cl=1:1$,必然出现一个钾空位。

$$CaCl_2 \xrightarrow{KCl} Ca^{\cdot}_K + V'_K + 2Cl_{Cl} \tag{3-6}$$

除上式以外,还可以考虑一个 Ca^{2+} 置换一个 K^+,而多一个 Cl^- 进入填隙位。

$$CaCl_2 \xrightarrow{KCl} Ca^{\cdot}_K + Cl_{Cl} + Cl_i \tag{3-7}$$

当然,也可以考虑 Ca^{2+} 进入填隙位而 Cl 仍然在 Cl 位置,为了保持电中性和位置关系,必须同时产生两个钾空位。写作:

$$CaCl_2 \xrightarrow{KCl} Ca^{\cdot\cdot}_K + 2V'_K + 2Cl_{Cl} \tag{3-8}$$

在上面三个缺陷反应式中,KCl 表示溶剂,溶质写在箭头左边,以上三个反应式均符合缺陷反应规则,反应式两边质量平衡,电荷守恒,位置关系正确。但是否三个反应式都实际存在呢？可以根据离子晶格结构的一些基本知识，粗略地分析判断它们的正确性。式（3-8）的不合理性在于离子晶体是以负离子作紧密堆积，正离子位于紧密堆积空隙内。既然有两个钾离子空位存在，一般 Ca^{2+} 首先填充空位，而不会挤到间隙位置使晶体不稳定因素增加。式（3-7）由于氯离子半径大，离子晶体的密堆中一般不可能挤进间隙离子，因而上面三个反应式以式（3-6）最合理。

② MgO 溶解到 Al_2O_3 晶格内形成有限置换型固溶体。此时可以写出以下两个反应式：

$$2MgO \xrightarrow{Al_2O_3} 2Mg'_{Al} + V_O^{\cdot\cdot} + 2O_O \tag{3-9}$$

$$3MgO \xrightarrow{Al_2O_3} 2Mg'_{Al} + Mg_i^{\cdot\cdot} + 3O_O \tag{3-10}$$

以上两个反应式前一个合理，因为后一个反应式中 Mg^{2+} 进入晶格填隙位置，这在刚玉型的离子晶体中不易发生。

（3）热缺陷浓度计算

热缺陷是由于热起伏引起的，在热平衡条件下，热缺陷多少仅和晶体所处的温度有关。故在某一温度下，热缺陷的数目可以用自由能最小原理来进行计算。举肖特基缺陷为例。

设构成完整的单质晶体的原子数为 N，在 T K 温度时形成 n 个孤立空位，每个空位形成能是 $\Delta h v$，相应这个过程的自由能变化为 ΔG，热焓的变化为 ΔH，熵的变化为 ΔS，则

$$\Delta G = \Delta H - T\Delta S = n\Delta h v - T\Delta S \tag{3-11}$$

其中熵的变化分为两部分：一部分是由于晶体中产生缺陷所引起的微观状态数的增加而造成的组态熵或混合熵 ΔS_c。ΔS_c 与热力学几率 W 的对数关系成正比，即：$\Delta S_c = k \ln W$，式中 k 是玻耳兹曼常数，热力学几率是 n 个空位在 $n+N$ 个晶格位置不同分布时排列总数目，即

$$W = C_{N+n}^n = \frac{(N+n)!}{N!n!} \tag{3-12}$$

另一部分熵是振动熵 ΔS_v，是由于缺陷产生后引起周围原子振动状态的改变而造成的，这样式（3-11）写作

$$\Delta G = n\Delta h v - T(\Delta S_c + n\Delta S_v) \tag{3-13}$$

当平衡时，$\dfrac{\partial \Delta G}{\partial n} = 0$

$$\frac{\partial \Delta G}{\partial n} = \Delta h v - T\Delta S_v - \frac{\mathrm{d} \ln \dfrac{(N+n)!}{N!n!}}{\mathrm{d}n} \cdot kT$$

当 $n \gg 1$ 时，根据斯特令公式 $\ln n! = n\ln n - n$；$\ln(N+n)! = (N+n)\ln(N+n) - (N+n)$，或 $\dfrac{\mathrm{d}\ln n!}{\mathrm{d}n!} = \ln n$；$\dfrac{\mathrm{d}\ln(N+n)!}{\mathrm{d}n} = \ln(N+n)$，则

$$\partial \Delta G / \partial n = \Delta h v - T\Delta S_v - [\ln(N+n) - \ln n]kT$$

$$= \Delta h v - T\Delta S_v - kT\ln\frac{n}{N+n}$$

当平衡时 $\partial \Delta G / \partial n = 0$

$$kT\ln\frac{n}{N+n} = -(\Delta h v - T\Delta S_v)$$

$$\frac{n}{N+n} = \exp\left[-\frac{(\Delta h v - T\Delta S_v)}{kT}\right] = \exp\left(-\frac{\Delta G_f}{kT}\right) \tag{3-14}$$

当 $n \ll N$ 时

$$\frac{n}{N} = \exp\left(-\frac{\Delta G_f}{kT}\right) \tag{3-15}$$

式中，ΔG_f 是缺陷形成自由能。在此近似地将其作为不随温度变化的常数看待。

在离子晶体内若考虑正、负离子空位成对出现，此时推导式（3-15）时还需考虑正离子空位数 $n\text{M}$ 和负离子空位数 $n\text{X}$。这种情况下，微观状态数由于 $n\text{M}$、$n\text{X}$ 同时出现，发生的几率等于每个事件发生几率的乘积。

$$W = W_\text{M} \cdot W_\text{X} \tag{3-16}$$

用式（3-16）带入式（3-12）计算可得：

$$\frac{n}{N} = \exp\left(-\frac{\Delta G_f}{2kT}\right) \tag{3-17}$$

上式表明，热缺陷浓度随温度升高而呈指数增加；随缺陷形成自由能升高而下降。当 ΔG_f 从 1eV 升到 8eV，温度由 1800℃ 降到 100℃ 时，缺陷浓度可以从百分之几降到 $\frac{1}{10^{54}}$。但当缺陷的生成能不太大，而温度比较高时，就有可能产生相当可观的缺陷浓度（表3-7）。

表3-7 不同温度下的缺陷浓度表 $\left[\dfrac{n}{N} = \exp\left(-\dfrac{\Delta G_f}{2kT}\right)\right]$

缺陷浓度	1eV	2eV	4eV	6eV	8eV
$\dfrac{n}{N}$ 在 100℃	2×10^{-7}	3×10^{-14}	1×10^{-27}	3×10^{-41}	1×10^{-54}
$\dfrac{n}{N}$ 在 500℃	6×10^{-4}	3×10^{-7}	1×10^{-13}	3×10^{-20}	8×10^{-37}
$\dfrac{n}{N}$ 在 800℃	4×10^{-3}	2×10^{-5}	4×10^{-10}	8×10^{-15}	2×10^{-19}
$\dfrac{n}{N}$ 在 1000℃	1×10^{-2}	1×10^{-4}	1×10^{-8}	1×10^{-12}	1×10^{-16}
$\dfrac{n}{N}$ 在 1200℃	2×10^{-2}	4×10^{-4}	1×10^{-7}	5×10^{-11}	2×10^{-19}
$\dfrac{n}{N}$ 在 1500℃	4×10^{-2}	1×10^{-4}	2×10^{-6}	3×10^{-9}	4×10^{-12}
$\dfrac{n}{N}$ 在 1800℃	6×10^{-2}	4×10^{-3}	1×10^{-5}	5×10^{-8}	2×10^{-10}
$\dfrac{n}{N}$ 在 2000℃	8×10^{-2}	6×10^{-3}	4×10^{-5}	2×10^{-7}	1×10^{-9}

对于具有氯化钠结构的碱金属卤化物，生成一个间隙离子加上一个空位的缺陷形成能约需 7~8eV。由此可见，在这类离子晶体中，即使温度高达2000℃，间隙离子缺陷浓度也小到难以测量的程度。但在具有萤石结构的晶体中，有一个比较大的间隙位置，生成填隙离子所需要的能量比较低，如对于 CaF_2 晶体，F^- 生成弗伦克尔缺陷的形成能为 2.8eV，而生成肖特基缺陷的形成能是 5.5eV，因此在这类晶体中，弗伦克尔缺陷是主要的。若干化合物中，缺陷的形成能如表3-8所示。

表 3-8　一些化合物中的缺陷生成能

化合物	反 应	生成能 E (eV)	化合物	反 应	生成能 E (eV)
AgBr	$Ag_{Ag} \rightarrow Ag_i^{\cdot} + V_{Ag}'$	1.1	CaF$_2$	$F_F \Leftrightarrow V_F^{\cdot} + V_i'$	2.3~2.8
BeO	无缺陷态$\Leftrightarrow V_{Be}'' + V_O^{\cdot\cdot}$	~6		$Ca_{Ca} \Leftrightarrow V_{Ca}'' + Ca_i^{\cdot\cdot}$	~7
MgO	无缺陷态$\Leftrightarrow V_{Mg}'' + V_O^{\cdot\cdot}$	~6		无缺陷态$\Leftrightarrow V_{Ca}'' + 2V_F^{\cdot}$	~5.5
NaCl	无缺陷态$\Leftrightarrow V_{Na}' + V_{Cl}^{\cdot}$	2.2~2.4		$O_O \Leftrightarrow V_O^{\cdot\cdot} + O_i''$	~3.0
LiF	无缺陷态$\Leftrightarrow V_{Li}' + V_F^{\cdot}$	2.4~2.7	UO$_2$	$U_U \Leftrightarrow V_U''' + U_i^{\cdot\cdot\cdot\cdot}$	~9.5
CaO	无缺陷态$\Leftrightarrow V_{Ca}'' + V_O^{\cdot\cdot}$	~6		无缺陷态$\Leftrightarrow V_U'''' + 2V_O^{\cdot\cdot}$	~6.4

(4) 点缺陷的化学平衡

缺陷的产生过程可以看成是一种化学反应过程。可用化学反应平衡的质量作用定律来处理。

1) 弗伦克尔缺陷

弗伦克尔缺陷可以看作是正常格点离子和间隙位置反应生成间隙离子和空位的过程。

在 AgBr 中，弗伦克尔缺陷的生成可写成：

$$Ag_{Ag} + V_i = Ag_i^{\cdot} + V_{Ag}' \tag{3-18}$$

式中，Ag_{Ag} 表示 Ag 在 Ag 位置上，V_i 表示未被占据的间隙，$Ag_i^{\cdot}$ 表示 Ag 在间隙位置，并带一价正电荷，根据质量作用定律

$$K_F = \frac{[Ag_i^{\cdot}][V_{Ag}']}{[Ag_{Ag}][V_i]} \tag{3-19}$$

式中，K_F 为弗伦克尔缺陷反应平衡常数，[$Ag_i^{\cdot}$] 表示间隙银离子浓度。

在缺陷浓度很小时，[V_i]≈[Ag_{Ag}]≈1

$$K_F = [Ag_i^{\cdot}][V_{Ag}'] \tag{3-20}$$

因为 [$Ag_i^{\cdot}$]=[V_{Ag}']，所以

$$[Ag_i^{\cdot}] = \sqrt{K_F}$$

缺陷反应平衡常数与温度的关系为：

$$K_F = K_0 \exp\left(-\frac{\Delta G_f}{kT}\right) \tag{3-21}$$

所以

$$[Ag_i^{\cdot}] = K_0 \exp\left(-\frac{\Delta G_f}{2kT}\right)$$

2) 肖特基缺陷

肖特基缺陷的生成需要一个像晶界、位错或表面之类的晶格上混乱的区域，例如在 MgO 中，镁离子和氧离子必须离开各自的位置，迁移到表面或晶界上，反应如下：

$$Mg_{Mg} + O_O \rightleftharpoons V_{Mg}'' + V_O^{\cdot\cdot} + Mg_s + O_s \tag{3-22}$$

式中，Mg_s 和 O_s 表示它们位于表面或界面上。式 (3-22) 左边表示离子都在正常位置上，是没有缺陷的。反应以后，变成表面离子和内部空位。在缺陷反应规则中表面位置在反应式内可以不加表示，上式可写成

$$0 \rightleftharpoons V_{Mg}'' + V_O^{\cdot\cdot}$$

0 表示无缺陷状态。

肖特基缺陷平衡常数是

$$K_s = [V_{Mg}''][V_O^{\cdot\cdot}]$$

因为
$$[V_{Mg}''] = [V_O^{\cdot\cdot}]$$

所以
$$[V_O^{\cdot\cdot}] = K_s^{\frac{1}{2}}$$

$$K_s = K\exp\left(-\frac{\Delta G_f}{kT}\right)$$

所以
$$[V_O^{\cdot\cdot}] = K\exp\left(-\frac{\Delta G_f}{2kT}\right) \tag{3-23}$$

式中，ΔG_f 为肖特基缺陷形成自由能。K 为常数，k 为玻耳兹曼常数，也可用气体常数 R 表示上式，此时公式形式相同，但需将缺陷浓度 $[V_O^{\cdot\cdot}] = \frac{n}{N}$ 中 N 取 1mol，此时写成

$$[V_O^{\cdot\cdot}] = K\exp\left(-\frac{\Delta G_f}{2kT}\right) \tag{3-24}$$

2. 线缺陷（位错）

晶体在结晶时受到杂质、温度变化或受到机械应力的作用，使晶体内部质点排列变形。原子行列间不再符合理想晶格的有秩序的排列，形成线状的缺陷称位错，如图 3-43 所示。晶体受到压缩作用后，使 ABEFGH 滑移了一个原子间距时，造成质点滑移面和未滑移面的交界是一条 EF 线，称位错线。在这条线周围的局部区域，原子配位和其他原子不同，位错的上部原子间距密，下部原子间距疏。出现疏密不均匀现象，因此它是一种缺陷。位错具有柏格斯矢量 $\vec{b}$，它的方向表示滑移方向，其大小一般是一个原子间距。柏格斯矢量 $\vec{b}$ 与位错线垂直的位错称为刃型位错，用符号 ⊥ 表示，方向为垂线指向额外平面。在位错线的周围引起晶格的弹性畸变，在刃型位错之上，晶格受压缩，在它之下，晶格受拉伸。

刃型位错有正负之分，当晶体的上半部向右滑移，多余的半个原子面自左向右推移时，相应的刃型位错称为正刃型位错，用⊥表示。当晶体的下半部被压缩，多余的半个晶面自右向左推移时，称为负刃型位错，用⊤表示。当这样的一对位错，在同一滑移面上相遇时，它

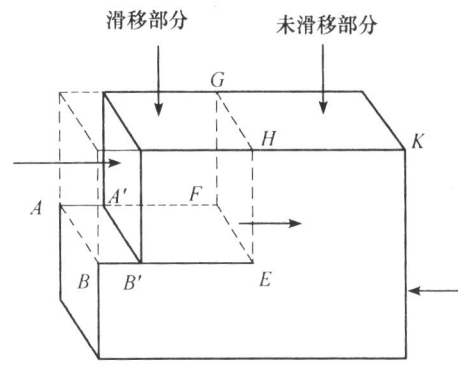

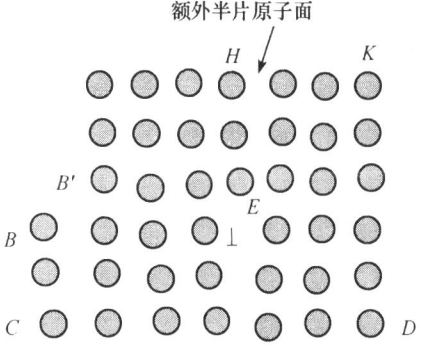

图 3-43 刃型位错示意图
（a）位错模型图；（b）原子排列图

们将相互抵消（图 3-44）。如果两个相反符号刃位错的滑移面之间间距为两个原子距，相遇时成一个空位。

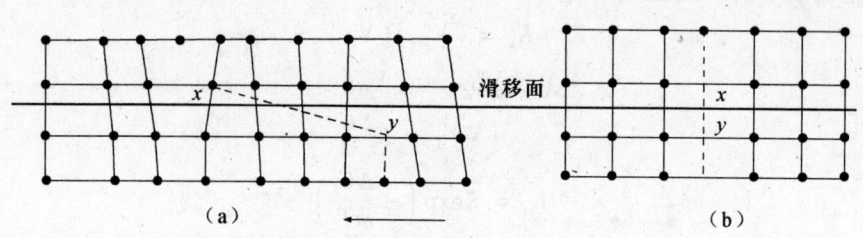

图 3-44 滑移面平行的正负两个刃型位错的相遇
(a) 相遇前；(b) 相遇后

位错的另一种基本类型为螺型位错。其特点是位错线和滑移方向相平行，如图 3-45 所示。由于和位错线 AD 垂直的面，像螺旋形，故称螺型位错。在滑移面上质点的排列如图 3-45（b）所示，实圆点和空圆圈代替同一质点在滑移面的左右侧。

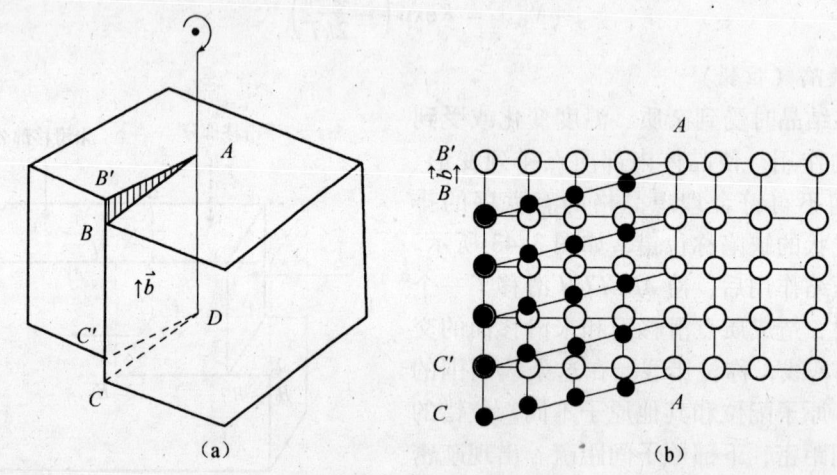

图 3-45 螺型位错示意图

在实际晶体中，很可能是同时产生刃型位错和螺型位错。图 3-46 所示的晶体，其滑移部分和未滑移部分的边界线是一条曲线；图中 $\vec{b}$ 表示柏格斯矢量。可以注意到在位错线与晶面的交点 a 上，位错线具有纯的刃型位错的特征；而在 a' 点上，位错线具有螺型位错的特征，但在这两点之间，柏格斯矢量既不平行于位错线也不垂直于位错线，这种位错称为混合位错。

设一个长度 l，截面为 A 的单晶，其中有 n 条位错线，如果每条位错长度和 l 相当，则位错密度等于 $\frac{nl}{Al} = \frac{n}{A}$。这就是说，位错密度可以用单位截面上的位错线露头的数目表示。因此用光学显微镜观察晶体位错的腐蚀坑数目，再除以视场的面积，就可以求出位错的密度。一般单晶生产中，位错密度约为 $(10^3 \sim 10^4)$ /cm^2 以下，较差的达 $(10^8 \sim 10^9)$ /cm^2。

利用位错缺陷可以说明许多现象。例如材料的塑性变形就是位错移动的结果，晶体生长快的原因之一就是晶体中有螺旋位错存在。其次由于位错地区原子活动性较大，故能加速物质在固体中的扩散过程，这对烧结和固相反应有很大意义。

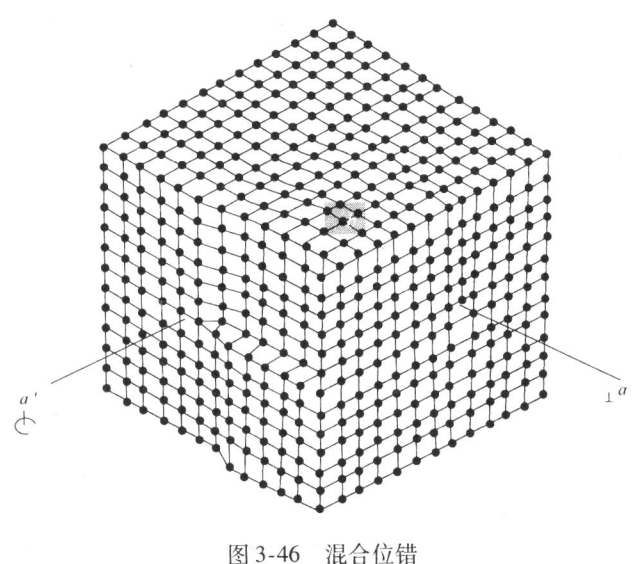

图 3-46 混合位错

3. 面缺陷

晶体的表面和晶界、亚晶、相界面等都属于面缺陷，这类缺陷的特点是在一薄层内原子的排列偏离平衡位置，因此它们的物理、化学和机械性能与规则排列的晶体内部有很大区别。

（1）外表面

实际晶体同理想晶体是有差别的，因为在形成时会受温度、压力、浓度及杂质等外界环境的影响，出现同理想结构发生偏离的现象。这种现象若发生在固体表面则形成表面缺陷，如高低不平和微裂纹，当固体材料受外力作用时，破裂常常从表面开始，实际上是从有表面缺陷的地方开始的，即使表面缺陷非常微小，甚至在一般显微镜下也分辨不出的微细缺陷，都足以使材料的机械强度大大降低。另外，由于表面的微细缺陷和表面原子的高能态，使其也易与环境其他侵蚀性物质发生化学反应而被腐蚀，所以固体往往都在表面，尤其表面凸起或裂缝缺陷部位首先产生腐蚀。

（2）晶界

晶界是多晶体中由于晶粒取向不同而形成的晶粒间界，它是多晶体中最常见的面缺陷。陶瓷是多晶体，由许多晶粒组成，因此晶界对于陶瓷材料具有特别重要的意义。

在晶界上由于质点间排列不规则而使质点距离疏密不均，从而形成微观的机械应力，这就是晶界应力。它将吸引空位、杂质和一些气孔，因此晶界上是缺陷较多的区域，也是应力比较集中的部位。此外，对单相的多晶材料来说，由于晶粒的取向不同，相邻晶粒在同一方向的热膨胀系数、弹性模量等物理性质都不相同。对于固溶体来说，各晶粒间化学组成上的不同也会形成性能上的差异。这些性能上的差异，在陶瓷烧成后的冷却过程中，都会在晶界上产生很大的晶界应力。晶粒越大，晶界应力也越大。这种晶界应力甚至可以使晶粒出现贯穿性断裂，这就是为什么粗晶结构的陶瓷材料的机械强度和介电性能都较差的原因。

由于晶界的原子处于不平衡的位置，所以晶界处存在有较多的空位、位错等缺陷，使得原子沿晶界的扩散比在晶粒内部快，杂质原子也更容易富集于晶界，因而固态相变首先发生于晶界，还使得晶界的熔点比晶粒内部低，并且容易被腐蚀。

在陶瓷材料的生产中，常常利用晶界易于富集杂质的现象，有意识地加入一些杂质到瓷料中，使其集中分布在晶界上，以达到改善陶瓷材料的性能，并为陶瓷材料寻找新用途的目的。例如，在陶瓷生产中，控制晶粒的大小是很重要的，这需要想办法限制晶粒的长大，特别是防止二次再结晶。在工艺上除了严格控制烧成制度，如烧成温度、冷却及冷却方式等外，常常是通过掺杂来加以控制。在刚玉瓷的生产中，可掺入少量的 MgO，使之在 $\alpha\text{-}Al_2O_3$ 晶粒之间的晶界上形成镁铝尖晶石薄层，包围 $\alpha\text{-}Al_2O_3$ 晶粒，防止晶粒的长大，从而成为细晶结构。

晶界的存在还影响着陶瓷材料的介电性能，因为晶体在外电场的作用下，会发生极化现象。陶瓷材料是一个典型的不均匀的多相系统，晶粒没有确定取向因而各晶界的介电性能也就不可能相同。在电场的作用下，这些介电性能不同区域内的自由电荷的积聚造成了松弛极化，称为夹层极化。由于内部电场分布不均匀，有时可能会使一部分介质内部的电场强度达到很高的数值，这现象就称为高压极化。夹层极化和高压极化都是由于介质的不均匀性（如晶界、相界等）所引起的。此外，由于正负离子激活能的区别，在晶界及表面上肖特基缺陷浓度不一样，而产生某一种符号电荷过量，这种过量电荷也将由相反符号的空间电荷来补偿。以上所述的现象都会对材料的介电性能产生较大的影响。

晶界的存在，除对材料的机械性能和介电性能有较大的影响外，还将对晶体中的电子和晶格振动的声子起散射作用，使得自由电子迁移率降低，对某些性能的传输或耦合产生阻力。例如，晶界对机电耦合不利，对光波也会产生反射或散射，从而使材料的应用受到限制。

（3）相界面

所谓相，是指物理、化学性质均匀一致的体系。相界面则是指两相体系之间的分界面。类似于晶界，相界面的存在也同样影响着材料的物理力学性能。如由晶粒细化有利于提高材料的强度和硬度可以推知，相界面变小和增多，也有利于改善材料的物理力学性能，这已在金属基、陶瓷基、水泥基和高聚物基复合材料中得到证实。减小和增多相界面，可明显提高材料的强度和韧性，但是由于组成相界面的各相、化学组成和结构有较大的差异，其性能上的差异要比单相多晶体间的差异大得多，因而在相界面上，界面应力也更加显著。

复合材料是目前很有发展前途的一种多相材料，其性能优于其中任一组元材料的单独性能，但要注意的一条就是要避免产生过大的界面应力。为此，弥散强化和纤维增强是目前采用的主要复合手段。弥散强化的复合材料结构是由基体和在基体中均匀分布的、直径在 $0.01\mu m$ 到几十毫米、含量从 1%～70% 或更多的球体或块状体组成。如 ZrO_2 增韧、Al_2O_3 材料、水泥基混凝土材料均属此类。纤维增强复合材料有平行取向和紊乱取向两种，纤维的直径一般在 $1\mu m$ 到几百微米之间波动，水泥基混凝土材料内的增强纤维则是从 $1\mu m$ 的玻璃纤维到几十毫米的钢筋。复合材料的基体通常有高分子基、金属基、陶瓷及水泥基等。常用的纤维有无机材料类如石墨、Al_2O_3、ZrO_2、Si_3N_4 和玻璃，金属材料类如钢纤维和有机高分子材料类，这些材料具有很好的力学性能，它们掺入复合材料中还可以充分保持其原有性能。

4. 非化学计量化合物

在普通化学中，定比定律认为，化合物中不同原子的数量要保持固定的比例。但对于实际的化合物，有一些并不符合定比定律，正、负离子的比例并不是一个简单的固定比例关系。这些化合物称为非化学计量化合物（Nonstoichiometric Compounds）。这是一种由于在化学组成上偏离化学计量而产生的缺陷。可分为四种类型：

(1) 阴离子缺位型（如 TiO_{2x}^-、ZrO_{2x}^-）

从化学计量观点看，在 TiO_2 晶体中，$Ti:O = 1:2$。但由于环境中氧不足，晶体中的氧可以逸出到大气中，这时晶体中出现氧空位，使金属离子与化学式比较显得过剩。从化学观点看，缺氧的 TiO_2 可以看作是四价钛和三价钛氧化物的固溶体，其缺陷反应如下：

$$2Ti_{Ti} + 4O_O \longrightarrow 2Ti'_{Ti} + V_O^{\cdot\cdot} + 3O_O + \frac{1}{2}O_2\uparrow \tag{3-25}$$

式中 Ti'_{Ti} 是三价钛位于四价钛位置，这种离子变价现象总是和电子相联系的。Ti^{4+} 获得电子而变成 Ti^{3+}。此电子并不是固定在一个特定的钛离子上，而是容易从一个位置迁移到另一个位置。更确切地说，可把这个电子看作是在氧离子空位的周围，束缚了过剩电子，以保持电中性，如图 3-47 所示。因为氧空位是带正电的，

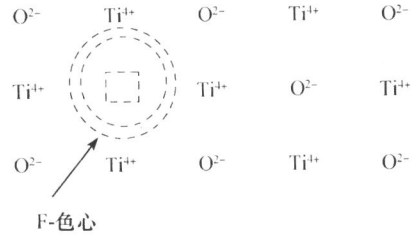

图 3-47 TiO_{2x}^- 结构缺陷示意图

在氧空位上束缚了三个自由电子，这种电子如果与附近的 Ti^{4+} 相联系就变成 Ti^{3+}。这些电子并不属于某一个具体固定的 Ti^{4+}，在电场作用下，它可以从这个 Ti^{4+} 迁移到邻近的另一个 Ti^{4+} 上，而形成电子导电，所以具有这种缺陷的材料，是一种 n 型半导体。

凡是自由电子陷落在阴离子缺位中而形成的一种缺陷又称为 F-色心。它是由一个负离子空位和一个在此位置上的电子组成的，由于陷落电子能吸收一定波长的光，因而使晶体着色而得名。例如 TiO_2 在还原气氛下由黄色变为灰黑色，NaCl 在钠蒸气中加热呈黄棕色等。

反应式（3-25）又能简化为下列形式

$$O_O \rightleftharpoons V_O^{\cdot\cdot} + \frac{1}{2}O_2\uparrow + 2e' \tag{3-26}$$

式中 $e' = Ti'_{Ti}$。根据质量作用定律，平衡时：

$$K = \frac{[V_O^{\cdot\cdot}][P_{O_2}]^{\frac{1}{2}}[e']^2}{[O_O]} \tag{3-27}$$

如果晶体中氧离子的浓度基本不变，$2[V_O^{\cdot\cdot}] = [e']$

$$[V_O^{\cdot\cdot}] \propto P_{O_2}^{\frac{1}{6}} \tag{3-28}$$

这说明氧空位的浓度和氧分压的 1/6 次方成反比，所以 TiO_2 材料在烧结时对氧分压是十分敏感的，如在强氧化气氛中烧结，获得金黄色介质材料。如氧分压不足，$[V_O^{\cdot\cdot}]$ 增大，烧结得到灰黑色的 n 型半导体。

(2) 阳离子间隙型

如图 3-48 所示，$Zn_{1+x}O$ 和 $Cd_{1+x}O$ 属于这种类型。过剩的金属离子进入间隙位置，它是带正电的，为了保持电中性，等价的电子被束缚在间隙正离子周围，这也是一种色心，如 ZnO 在锌蒸气中加热，颜色会逐渐加深，缺陷反应式如下：

$$ZnO \rightleftharpoons Zn_i^{\cdot\cdot} + 2e' + \frac{1}{2}O_2\uparrow \tag{3-29}$$

$$ZnO \rightleftharpoons Zn_i^{\cdot} + e' + \frac{1}{2}O_2\uparrow \tag{3-30}$$

实验证明,氧化锌在蒸气中加热单电荷间隙型的方程是可行的。

(3) 阴离子间隙型

如图 3-49 所示,目前只发现 UO_{2+x} 有这种缺陷。它可以看作是 U_2O_5 在 UO_2 中的固溶体。为了保持电中性,结构中引入电子空穴,相应的正离子升价。电子空穴也不局限于特定的正离子,它在电场作用下会运动。因此这种材料为 p 型半导体。对于 UO_{2+x} 中缺陷反应可以表示为:

$$\frac{1}{2}O_2 \longrightarrow O_i'' + 2\dot{h} \tag{3-31}$$

由上式可得,

$$[O_i''] \propto P_{O_2}^{\frac{1}{6}} \tag{3-32}$$

随着氧分压的提高,间隙氧浓度增大。

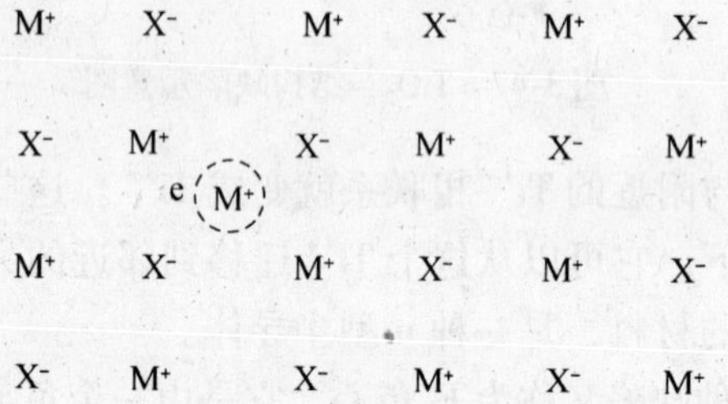

图 3-48 间隙正离子存在而形成
金属离子过剩型结构

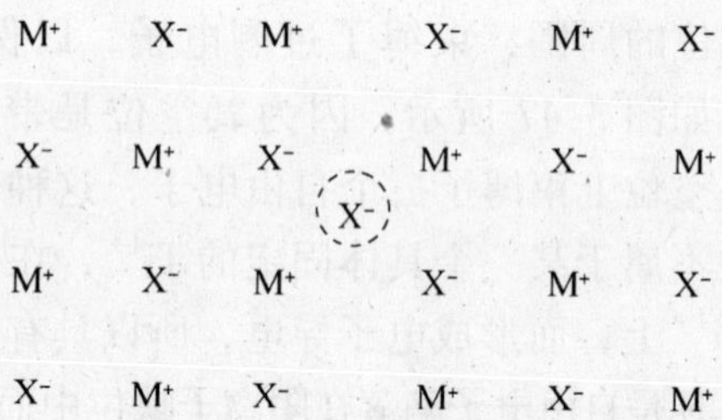

图 3-49 间隙负离子存在而形成
使负离子过剩型的结构

(4) 阳离子空位型

图 3-50 是这种缺陷的示意图。$Cu_{2-x}O$ 和 $Fe_{1-x}O$ 属于这种类型。它也属 P 型半导体。$Fe_{1-x}O$ 也可以看作是 Fe_2O_3 在 FeO 中的固溶体,为了保持电中性,三个 Fe^{2+} 被两个 Fe^{3+} 和一个空位所代替,可写成固溶式为 $(Fe_{1-x}Fe_{\frac{2}{3}x}^{})O$。其缺陷反应如下:

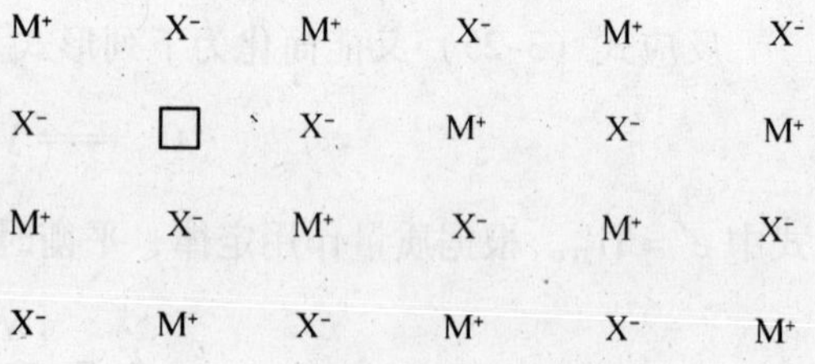

图 3-50 由于正离子空位,
使负离子过剩型缺陷结构示意图

$$2Fe_{Fe} + \frac{1}{2}O_2(g) \rightleftharpoons 2Fe_{Fe}^{\cdot} + O_O + V_{Fe}''$$

$$\frac{1}{2}O_2(g) \rightleftharpoons 2\dot{h} + O_O + V_{Fe}'' \tag{3-33}$$

从式 (3-33) 可见,铁离子空位带负电,为了保持电中性,两个电子空穴被吸引到 V_{Fe} 周围,形成一种 V-色心。

根据质量作用定律可得:

$$K = \frac{[O_O][V_{Fe}''][\dot{h}]}{P_{O_2}^{\frac{1}{6}}}$$

$$[\dot{h}] \propto P_{O_2}^{\frac{1}{6}} \tag{3-34}$$

随着氧分压增加,电子空穴浓度增大,电导率也相应升高。

综上所述,非化学计量化合物的产生及其缺陷的浓度与气氛的性质及气压的大小有密切的关系。这是它与其他缺陷不同点之一。

5. 固溶体

凡在固态条件下，一种组分（溶剂）内"溶解"了其他组分（溶质）而形成的单一、均匀的晶态固体称为固溶体。如果固溶体是由 A 物质溶解在 B 物质中形成的，一般将原组分或含量较高的组分称为溶剂（或称主晶相、基质），把掺杂原子或杂质称为溶质。在固溶体中不同组分的结构基元之间是以原子尺度相互混合的，这种混合并不破坏原有晶体的结构。如以 Al_2O_3 晶体中溶入 Cr_2O_3 为例，Al_2O_3 为溶剂，Cr^{3+} 在 Al_2O_3 中以后，并不破坏 Al_2O_3 原有晶格构造，但少量 Cr^{3+}（约 0.5wt%～2wt%）的溶入，Cr^{3+} 能产生受激幅射，使原来没有激光性能的白宝石（$\alpha\text{-}Al_2O_3$）变为有激光性能的红宝石。

固溶体可以在晶体生长过程中生成，也可以从溶液或熔体中析晶时形成，还可以通过烧结过程由原子扩散而形成。

固溶体、机械混合物和化合物三者之间是有本质区别的。若晶体 A、B 形成固溶体，A 和 B 之间以原子尺度混合成为单相均匀晶态物质。AB 混合物不是均匀的单相而是两相或多相。若 A 和 B 形成化合物 A_mB_n，A∶B = m∶n 有固定的比例，A_mB_n 化合物的结构不同于 A 和 B。若 A 与 B 两种晶体形成固溶体（A_xB_{1-x}），A 与 B 可以任意比例混合，$x = 0 \sim 1$ 范围内变动，该固溶体的结构仍与主晶相 A 相同。

(1) 固溶体的分类

1) 按溶质原子在溶剂晶格中的位置划分

溶质原子进入晶体后，可以进入原来晶体中正常格点位置，生成取代（置换）型的固溶体，在无机固体材料中所形成的固溶体绝大多数都属这种类型。在金属氧化物中，主要发生在金属离子位置上的置换。例如：MgO-CoO；MgO-CaO；$PbZrO_3$-$PbTiO_3$；Al_2O_3-Cr_2O_3 等。

MgO 和 CoO 都是 NaCl 型结构，Mg^{2+} 半径为 0.072nm，Co^{2+} 为 0.074nm。这两种晶体结构相同，离子半径接近，MgO 中的 Mg^{2+} 位置可以无限地被 Co^{2+} 取代，生成无限互溶的置换型固溶体，图 3-51 和图 3-52 为 MgO-CoO 相图及固溶体结构图。

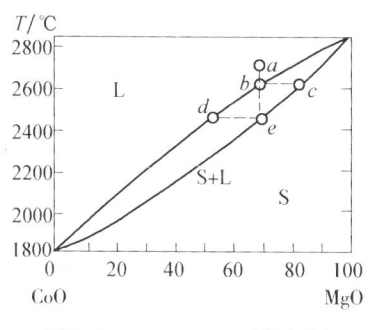

图 3-51 MgO-CoO 系统相图

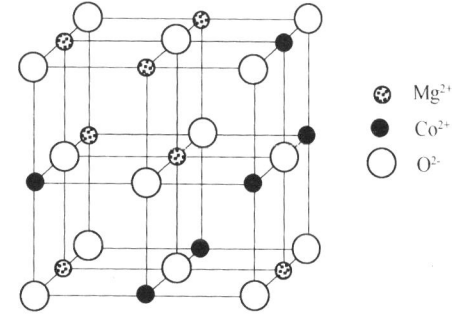

图 3-52 MgO-CoO 系固溶体结构

杂质原子如果进入溶剂晶格中的间隙位置就生成填隙型固溶体。在无机固体材料中，间隙固溶体一般发生在阴离子或阴离子团所形成的间隙中。

2) 按溶质原子在溶剂晶体中的溶解度分类

分为连续固溶体和有限固溶体两类。连续固溶体是指溶质和溶剂可以按任意比例相互固溶。因此，在连续固溶体中溶剂和溶质都是相对的。在二元系统中连续固溶体的相平衡图是连续的曲线，如图 3-51 是 MgO-CoO 的系统相图。有限固溶体则表示溶质只能以一定的限量溶入溶剂,超过这一限度即出现第二相。例如 MgO 和 CaO 形成有限固溶体如图 3-53 所示。在 2000℃ 时,约有 3wt% CaO 溶入 MgO 中。超过这一限量,便出现第二相——氧化钙固溶体。从相图可以看出,溶质的固溶度和温度有关,温度升高,固溶度增加。

(2) 置换型固溶体

在天然矿物方镁石（MgO）中常常含有相当数量的 NiO 或 FeO, Ni^{2+} 和 Fe^{2+} 置换晶体中 Mg^{2+}, 生成连续固溶体。固溶体组成可以写成 $Mg_{1-x}Ni_xO$, $x = 0 \sim 1$。能生成连续固溶体的实例还有: Al_2O_3-Cr_2O_3; ThO_2-UO_2; $PbZrO_3$-$PbTiO_3$ 等。此外,还有很多二元系统可以形成有限置换型固溶体。例如 MgO-Al_2O_3; MgO-CaO; ZrO_2-CaO 等。

影响置换固溶体中溶质原子（离子）溶解度的因素如下:

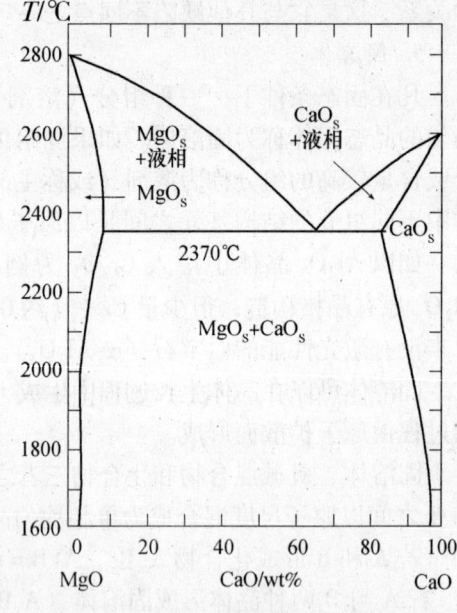

图 3-53 MgO-CaO 系统相图（有限固溶体）

1) 离子尺寸因素

离子的大小对形成连续或有限置换型固溶体有直接的影响。从晶体稳定的观点看,相互替代的离子尺寸愈相近,则固溶体愈稳定。若以 r_1 和 r_2 分别代表半径大和半径小的溶剂或溶质离子的半径,经验证明一般规律如下:

$$\left| \frac{r_1 - r_2}{r_1} \right| < 15\% \tag{3-35}$$

当符合上式,溶质和溶剂之间有可能形成连续固溶体,若此值在 15% ~ 30% 时,可以形成有限置换型固溶体,而此值大于 30% 时,不能形成固溶体。例如 MgO-NiO 之间, r_{Mg}^{2+} = 0.072nm, r_{Ni}^{2+} = 0.070nm, 计算式 (3-35) 得 2.8%, 因而它们可以形成连续固溶体。而 CaO-MgO 之间,计算离子半径差别近于 30%, 它们不易生成固溶体（仅在高温下有少量固溶）。在硅酸盐材料中多数离子晶体是金属氧化物,形成固溶体主要是阳离子之间取代。因此,阳离子半径的大小直接影响了离子晶体中正负离子的结合能。从而对固溶的程度和固溶体的稳定性产生影响。

2) 晶体的结构类型

在下列二元系统中, MgO-NiO; Al_2O_3-Cr_2O_3; Mg_2SiO_4-Fe_2SiO_4; ThO_2-UO_2 等,都能形成连续固溶体,其主要原因之一是这些二元系统中两个组分具有相同的晶体结构类型。又如 $PbZrO_3$-$PbTiO_3$ 系统中, Zr^{4+} 与 Ti^{4+} 计算半径之差, r_{Zr}^{4+} = 0.072nm, r_{Ti}^{4+} = 0.061nm。 $(0.072 - 0.061)/0.072 = 15.28 > 15\%$, 但由于相变温度以上,任何锆钛比下,立方晶系的结构是稳定的,虽然半径之差略大于 15%, 但它们之间仍能形成连续置换型固溶体 $Pb(Zr_xTi_{1-x})O_3$。

又如 Fe_2O_3 和 Al_2O_3 两者的半径差计算为 18.4%, 显然它们都有刚玉型结构,但它们也只能形成有限置换型固溶体。但是在复杂构造的柘榴石 $Ca_3Al_2(SiO_4)_3$ 和 $Ca_3Fe_2(SiO_4)_3$ 中,它们的晶胞比氧化物大八倍,对离子半径差的宽容性就提高,因而在柘榴石中 Fe^{3+} 和 Al^{3+}

能连续置换。

3）离子的电价影响

只有离子价相同或离子价总和相等时才能生成连续置换型固溶体。如 MgO-NiO；Al_2O_3-Cr_2O_3 等都是单一离子电价相等相互取代以后形成连续固溶体。如果取代离子价不同，则要求用两种以上不同离子组合起来，满足电中性取代的条件也能生成连续固溶体。典型的实例有天然矿物如钙长石 $Ca[Al_2Si_2O_8]$ 和钠长石 $Na[AlSi_3O_8]$ 所形成的固溶体，其中一个 Al^{3+} 代替一个 Si^{4+}，同时有一个 Ca^{2+} 取代一个 Na^+，即 $Ca^{2+} + Al^{3+} \longrightarrow Na^+ + Si^{4+}$，使结构内总的电中性得到满足。又如 $PbZrO_3$ 和 $PbTiO_3$ 是 ABO_3 型钙钛矿结构，可以用众多离子价相等而半径相差不大的离子去取代 A 位上的 Pb 或 B 位上的 Zr、Ti。从而制备一系列具有不同性能的复合钙钛矿型压电陶瓷材料。例如 $Pb(Fe_{\frac{1}{2}}Nb_{\frac{1}{2}})O$-$PbZrO_3$ 是发生在 B 位取代的铌铁酸铅和锆酸铅，$Fe^{3+} + Nb^{5+} \longrightarrow 2Zr^{4+}$ 满足电中性要求。A 位替代如 $(Na_{\frac{1}{2}}Bi_{\frac{1}{2}})TiO_3$-$PbTiO_3$。

4）电负性

电负性相近，有利于固溶体的生成，电负性差别大，倾向于生成化合物。

取溶质与溶剂半径之差为 ±15% 作为椭圆的一个横轴，又取电负性差 ±0.4 为椭圆的另一个轴，画一个椭圆。发现在这个椭圆之内的系统，65% 是具有很大的固溶度，而椭圆外的有 85% 系统固溶度小于 5%。因此，电负性之差 ±0.4 也是衡量固溶度大小的边界。

5）置换型固溶体中的"组分缺陷"

在不等价置换的固溶体中，为了保持晶体的电中性，必然会在晶体结构中产生"组分缺陷"。即在原来结构的结点位置产生空位，也可能在原来没有结点的位置嵌入新的质点。这种组分缺陷与热缺陷是不同的。热缺陷浓度是温度的函数，在晶体中具有普遍意义。而"组分缺陷"仅发生在不等价置换固溶体中，其缺陷浓度取决于掺杂量（溶质数量）和固溶度。不等价离子化合物之间只能形成有限置换型固溶体，由于它们的晶格类型及电价均不同，因此它们之间的固溶度一般仅为百分之几。

以焰熔法制备尖晶石单晶为例，用 MgO 与 Al_2O_3 熔融拉制镁铝尖晶石单晶往往得不到纯尖晶石，而生成"富铝尖晶石"，此时尖晶石中 $MgO:Al_2O_3 \neq 1:1$，比值大于 1 即"富铝"，由于尖晶石与 Al_2O_3 形成固溶体时存在着 $2Al^{3+}$、$3Mg^{2+}$，其缺陷反应式如下：

$$Al_2O_3 \xrightarrow{MgAl_2O_4} 2Al^{\cdot}_{Mg} + V''_{Mg} + 3O_O \tag{3-36}$$

为保持晶体电中性，结构中出现镁离子空位。如果把 Al_2O_3 的化学式改写为尖晶石形式，则应为 $Al_{\frac{8}{3}}O_4 = Al_{\frac{2}{3}}Al_2O_4$。可以将富铝尖晶石固溶体的化学式表示为 $[Mg_{1-x}(V_{Mg})_{\frac{1}{3}x}Al_{\frac{2}{3}x}]Al_2O_4$ 或写作 $(Mg_{1-x}Al_{\frac{2}{3}x})Al_2O_4$。当 $x=0$ 时，上式即为尖晶石 $MgAl_2O_4$；若 $x=1$，上式即为 $Al_{\frac{2}{3}}Al_2O_4$ 也即 α-Al_2O_3；若 $x=0.3$，$(Mg_{0.7}Al_{0.2})Al_2O_4$，这时结构中阳离子空位占全部阳离子 $\frac{0.1}{3.0} = \frac{1}{30}$。即每 30 个阳离子位置中有一个是空位。类似这种固溶的情况还有 $MgCl_2$ 固溶到 LiCl 中、Fe_2O_3 固溶到 FeO 中及 $CaCl_2$ 固溶到 KCl 中等。

不等价置换固溶体中，还可以出现阴离子空位。例如，CaO 加入到 ZrO_2 中，其缺陷反应表示为：

$$CaO \xrightarrow{ZrO_2} Ca''_{Zr} + V^{\cdot\cdot}_O + O_O \tag{3-37}$$

此外，不等价置换还可以形成阳离子或阴离子填隙的情况，可能出现的四种"组分缺陷"如下：

高价置换低价 $\begin{cases} \text{阳离子出现空位：} Al_2O_3 \xrightarrow{MgO} 2Al_{Mg}^{\cdot} + V_{Mg}'' + 3O_O \\ \text{阴离子进入间隙：} Al_2O_3 \xrightarrow{MgO} 2Al_{Mg}^{\cdot} + O_i'' + 2O_O \end{cases}$

低价置换高价 $\begin{cases} \text{阴离子出现空位：} CaO \xrightarrow{ZrO_2} Ca_{Zr}'' + V_O^{\cdot\cdot} + O_O \\ \text{阳离子进入间隙：} CaO \xrightarrow{ZrO_2} Ca_{Zr}'' + Ca_i^{\cdot\cdot} + O_O \end{cases}$

上述四种情况中，阴离子进入间隙位置一般较少，因其半径大，形成间隙使晶体内能增大而不稳定，只有萤石结构是例外。

不等价置换产生"组分缺陷"其目的是为了制造不同材料的需要，由于产生空位或间隙使晶格显著畸变，使晶格活化，材料制造工艺上常用来降低难熔氧化物的烧结温度。如 Al_2O_3 外加（1% ~ 2%）TiO_2 使烧结温度降低近 300℃。又如 ZrO_2 材料中加入少量 CaO 作为晶型转变稳定剂，使 ZrO_2 晶型转化时体积效应减少，提高了 ZrO_2 材料的热稳定性。

（3）间隙型固溶体

若杂质原子比较小，它们能进入晶格的间隙位置内，这样形成的固溶体称为间隙型固溶体。

形成间隙固溶体的条件有：

1）溶质原子的半径小和溶剂晶格结构空隙大，容易形成间隙型固溶体。例如面心立方格子结构的 MgO，只有四面体空隙可以利用；而在 TiO_2 晶格中还有八面体空隙可以利用；在 CaF_2 型结构中则有配位数为 8 的较大空隙存在；再如架状硅酸盐片沸石结构中的空隙就更大。所以在以上这几类晶体中形成间隙型固溶体的次序必然是：片沸石 > CaF_2 > TiO_2 > MgO。

2）形成间隙型固溶体也必须保持结构中的电中性，一般可以通过形成空位、复合阳离子置换和改变电子云结构来达到。例如硅酸盐结构中嵌入 Be^{2+}、Li^+ 等离子时，正电荷的增加往往被结构中 Al^{3+} 替代 Si^{4+} 平衡。$Be^{2+} + 2Al^{3+} \longrightarrow 2Si^{4+}$。

现举常见的间隙型固溶体实例：

1）原子间隙。金属晶体中，原子半径较小的 H、C、B 元素易进入晶格间隙中形成间隙型固溶体。钢就是碳在铁中的间隙型固溶体。

2）阳离子间隙。当 CaO 加入 ZrO_2 中，当 CaO 加入量小于 0.15 时，在 1800℃高温下发生下列反应：

$$2CaO \xrightarrow{ZrO_2} Ca_{Zr}'' + Ca_i^{\cdot\cdot} + 2O_O \tag{3-38}$$

3）阴离子间隙。将 YF_3 加入到 CaF_2 中，形成 $(Ca_{1-x}Y_x)F_{2+x}$ 固溶体，其缺陷反应式为：

$$YF_3 \xrightarrow{CaF_2} Y_{Ca}^{\cdot} + F_i' + 2F_F \tag{3-39}$$

类质同象是指物质结晶时，其晶体结构中原有离子或原子的配位位置被介质中部分性质相似的另一种离子或原子所占有，共同结晶成均匀的、呈单一相的混合晶体，但不引起键性和晶体结构发生质变。显然，与类质同象概念相同的只是固溶体中的置换型，而并不包括间隙式固溶体。

(4) 固溶体的性质

固溶体就是含有杂质原子的晶体，这些杂质原子的进入使原有晶体的性质发生了很大变化。

1）活化晶格，促进烧结

物质间形成固溶体时，由于晶体中出现了缺陷，故使晶体内能大大提高，进而活化了晶格，促进烧结进行。

Al_2O_3陶瓷是使用非常广泛的一种陶瓷，它的硬度大、强度高、耐磨、耐高温、抗氧化、耐腐蚀，可用作高温热电偶保护管、机械轴承、切削工具、导弹鼻锥体等，但其熔点高达2050℃，依泰曼温度可知，很难烧结。而形成固溶体后则可大大降低烧结温度。加入Cr_2O_3形成置换型固溶体，可在1860℃烧结；加入（1%～2%）TiO_2形成间隙型固溶体，只需在1600℃即可烧结致密化。

Si_3N_4也是一种性能优良的材料，某些性能优于Al_2O_3，但因Si_3N_4为共价化合物，很难烧结。然而Si_3N_4与Al_2O_3在1700℃可以固溶形成置换固溶体，即生成$Si_{6-0.5x}Al_{0.57x}O_xN_{8-x}$，晶胞中被氧取代的数目最大值为6，此材料即为塞龙材料，其烧结性能好，且具有很高的机械度。

2）稳定晶型

ZrO_2熔点很高，高达2700℃，是一种极有价值的材料。但在1000℃左右由单斜晶型变成四方晶型，伴随较大体积收缩（7%～9%），且转化迅速、可逆，从而导致制品烧结时开裂。为改善此问题，可加入稳定剂（CaO、MgO、Y_2O_3），如加入CaO在1600～1800℃处理，这样即可生成稳定的立方氧化锆固溶体，在加热过程中也不再出现像纯的ZrO_2那样异常的体积变化，从而提高了ZrO_2材料的性能。

3）催化剂

汽车或燃烧器排出的气体中有害成分已成公害，解决此问题一直是人们关心的热点。以往使用贵重金属和氧化物作催化剂均存在一定的问题。氧化物催化剂虽然价廉，但只能消除有害气体中的还原性气体，并且贵重金属催化剂价格昂贵。而用锶、镧、锰、钴、铁等的氧化物间形成的固溶体消除有害气体很有效。这些固溶体由于具有可变价阳离子，可随不同气氛而变化，使得在其晶格结构不变的情况下容易做到以下两点：对还原性气体赋予其晶格中的氧，从氧化性气体中取得氧溶入晶格中，从而起到催化消除有害气体的作用。

4）固溶体的电性能

固溶体形成对材料电学性能有很大影响，几乎所有功能陶瓷材料均与固溶体形成有关。在电子陶瓷材料中制造出各种奇特性能的材料，下面介绍固溶体形成对材料电学性能影响的两个应用。

①超导材料

超导材料可用在高能加速器、发电机、热核反应堆及磁悬浮列车等方面。所谓超导体即冷却到0K附近时，其电阻变为零，在超导状态下导体内的损耗或发热都为零，故能通过大电流。超导材料的基本特征有临界温度T_c、上限临界磁场H_c和临界电流密度三个临界值，超导材料只有在这些临界值以下的状态才显示超导性，故临界值愈高，使用愈方便，利用价值愈高。

表3-9列出了部分单质及形成固溶体时T_c和H_c。由表可见，生成固溶体不仅使得超导材料易于制造而且T_c和H_c均升高，为实际应用提供了方便。

表 3-9　部分材料 T_c 及 H_c

物质	临界温度/K	临界磁场（×10^6）A/m	物质	临界温度/K	临界磁场（×10^6）A/m
Nb	9.2	2.0	$Nb_3Al_{0.3}Ge_{0.2}$	20.7	41
Nb_3Al	18.9	32	Pb	7.2	0.8
Nb_1Ge	23.2	—	$BaPb_{0.7}Bi_{0.3}O_3$	13	—
$Nb_3Al_{0.05}Be_{0.05}$	19.6				

②压电陶瓷

$PbTiO_3$ 是一种铁电体，纯的 $PbTiO_3$ 陶瓷，烧结性能极差，在烧结过程中晶粒长很大，晶粒之间结合力很差，发生性能突变的居里点温度为 490℃。发生相变时伴随着晶格常数的剧烈变化，一般在常温下发生开裂，所以没有纯的 $PbTiO_3$ 陶瓷。$PbZrO_3$ 是一个反铁电体，居里点温度约 230℃。$PbTiO_3$ 和 $PbZrO_3$ 两者都不是性能优良的压电陶瓷，但它们的结构相同，Zr^{4+} 与 Ti^{4+} 尺寸差不多，可生成连续固溶体 $Pb(Zr_xTi_{1-x}O_3)$，$x = 0 \sim 1$。随着组成的不同，在常温下有不同晶体结构的固溶体，而在斜方铁电体和四方铁电体的边界组成 $Pb(Zr_{0.54}Ti_{0.45})O_3$ 处，压电性能、介电常数都达到最大值，从而得到了优于纯 $PbTiO_3$ 和 $PbZrO_3$ 的压电陶瓷材料，称为 PZT，其烧结性能也很好。也正是利用了固溶体的特性，在 $PbZrO_3$-$PbTiO_3$ 二元系统的基础上又发展了多元系统，例如四元系统的压电陶瓷。

在 $PbZrO_3$-$PbTiO_3$ 系统中发生的是等价取代，因此对它们的介电性能影响不大，在不等价的取代中，引起材料的绝缘性能的重大变化，可以使绝缘体变成半导体，甚至导体，而且它们的导电性能是与杂质缺陷浓度成正比的。例如，纯的 ZrO_2 是一种绝缘体，当加入 Y_2O_3 生成固溶体时，Y^{3+} 进入 Zr^{4+} 的位置，在晶格中产生氧空位。缺陷反应如下：

$$Y_2O_3 \xrightarrow{ZrO_2} 2Y'_{Zr} + 3O_O + V_O^{\cdot\cdot} \tag{3-40}$$

从式（3-40）可以看到，每进入一个 Y^{3+}，晶体中就产生一个准自由电子 e，而导电率 σ 是与自由电子的数目 n 成正比的，电导率当然随着杂质浓度的增加直线上升。电导率与电子数目的关系如下：

$$\sigma = ne\mu \tag{3-41}$$

式中，σ 为电导率，n 为自由电子数目，e 为电子电荷，μ 为电子迁移率。

5) 透明陶瓷及人造宝石

利用加入杂质离子可以对晶体的光学性能进行调节或改变。例如，只有采用热等静压制得的 PZT 是透明的，其余都是不透明的。但在 PZT 中加入少量的氧化镧 La_2O_3，生成的 PLZT 陶瓷就成为一种透明的压电陶瓷材料，开辟了电光陶瓷的新领域。这种陶瓷的一个基本配方为：

$$Pb_{1-x}La_x(Zr_{0.65}Ti_{0.35})_{\frac{1-x}{4}}O_3 \tag{3-42}$$

式（3-42）中，$x = 0.9$，这个组成常表示为 9/65/35。这个公式是假设 La^{3+} 取代钙钛矿结构中的 A 位的 Pb^{2+}，并在 B 位产生空位以获得电荷平衡。PLZT 可用热压烧结或在高 PbO 气氛下通氧烧结而达到透明。为什么 PZT 用一般烧结方法达不到透明，而 PLZT 能透明呢？

陶瓷达到透明的关键在于消除气孔，消除了气孔就可以做到透明或半透明。烧结过程中气孔的消除主要靠扩散。在 PZT 中，因为是等价取代的固溶体，因此扩散主要依赖于热缺陷，而在 PLZT 中，由于不等价取代，La^{3+} 取代 A 位的 Pb^{2+}，为了保持电中性，不是在 A 位便是在 B 位必须产生空位，或者在 A 位和 B 位都产生空位。这样 PLZT 的扩散，主要将通过电子杂质引入的空位而扩散。这种空位的浓度要比热缺陷浓度高出许多数量级，在扩散一章将讨论到。扩散系数与缺陷浓度成正比，由于扩散系数的增大，加速了气孔的消除，这是在同样有液相存在的条件下，PZT 不透明而 PLZT 能透明的根本原因。

利用固溶体特性制造透明陶瓷的除了 PLZT 之外，还有透明 Al_2O_3 陶瓷。在纯 Al_2O_3 添加 0.3%～0.5% 的 MgO，氢气氛下，1750℃ 左右烧成得到透明 Al_2O_3 陶瓷。之所以可得到 Al_2O_3 透明陶瓷，就是由于 Al_2O_3 与 MgO 形成固溶体的缘故，MgO 杂质的存在，阻碍了晶界的移动，使气孔容易消除，从而得到透明 Al_2O_3。下面讨论由于生成固溶体对单晶光学性能的影响。

表 3-10 列出了若干人造宝石的组成。可以看到，这些人造宝石全部是固溶体，其中蓝钛宝石是非化学计量的。同样以 Al_2O_3 为基体，通过添加不同的着色剂可以制出四种不同美丽颜色的宝石来，这都是由于不同的添加物与 Al_2O_3 生成固溶体的结果。纯的 Al_2O_3 单晶是无色透明的，称白宝石。利用 Cr_2O_3 能与 Al_2O_3 生成无限固溶体的特性，可获得红宝石和淡红宝石。Cr^{3+} 使 Al_2O_3 变成红色的原因与 Cr^{3+} 造成的电子结构缺陷有关。在材料中，引进价带和导带之间产生能级的结构缺陷，可以影响离子材料和共价材料的颜色。

表 3-10　人造宝石的组成

宝石名称	基体	颜色	着色剂（%）
淡红宝石	Al_2O_3	淡红色	Cr_2O_3 0.01～0.05
红宝石	Al_2O_3	红色	Cr_2O_3 1～3
紫罗兰宝石	Al_2O_3	紫色	TiO_2 0.5　Cr_2O_3 0.1　Fe_2O_3 1.5
黄玉宝石	Al_2O_3	金黄色	NiO 0.5　Cr_2O_3 0.01～0.05
海蓝宝石（蓝晶）	$Mg[AlO_2]_2$	蓝色	CoO 0.01～0.5
橘红钛宝石	TiO_2	橘红色	Cr_2O_3 0.05
蓝钛宝石	TiO_2	蓝色	不添加，氧气不足

在 Al_2O_3 中，少量的 Ti^{3+} 取代 Al^{3+}，使蓝宝石呈现蓝色；少量 Cr^{3+} 取代 Al^{3+} 呈现作为红宝石特征的红色。红宝石强烈地吸收蓝紫色光线，随着 Cr^{3+} 浓度的不同，由浅红色到深红色，从而出现表 3-10 中浅红宝石及红宝石。Cr^{3+} 在红宝石中是点缺陷，其能级位于 Al_2O_3 价带与导带之间，能级间距正好可吸收蓝紫色光线而发射红色光线。红宝石除了作为装饰用之外，还广泛地作为手表的轴承材料（即所谓钻石）和激光材料。

（5）固溶体的研究方法

固溶体可以用各种相分析手段和结构分析方法进行研究。因为，不论何种类型的固溶体，都将引起结构上的某些变化及反映在性质上的相应变化（如密度和光学性能等）。但是，最本质的方法是用 X 射线结构分析测定晶胞参数，并辅以有关的物性测试，以此来测定固溶体及其组分、鉴别固溶体的类型等。

在盐类的二元系中，等价置换固溶体晶胞参数的变化服从维加（Vergard）定律，即固溶体的晶胞参数 a 和外加溶质的浓度 c 成线性关系：$a = a_1 + (a_2 - c_1)c$。但是，在不少无机非金属材料中，有一些并不能很好地符合维加定律。因此，固溶体类型主要通过测定晶胞参数并计算出固溶体的密度，和由实验精确测定的密度数据对比来判断。

若 D 表示实验测定的密度值，D_0 表示计算的密度值，则

$$D_0 = \sum_{i=1}^{n} \frac{g_i}{V} \tag{3-43}$$

式中，g_i 表示单位晶胞内，第 i 种原子（离子）的质量（g）。

$$g_i = \frac{(\text{原子数目})_i (\text{占有因子})_i (\text{原子质量})_i}{\text{阿伏加德罗常数}}$$

$$\sum_{i=1}^{n} g_i = g_1 + g_2 + g_3 + \cdots + g_i \tag{3-44}$$

式中，V 表示单位晶胞内的体积（cm^3）。

对于立方晶系，$V = a^3$。六方晶系，$V = \frac{\sqrt{3}}{2}a^2c$。现举例说明。

CaO 外加到 ZrO_2 中生成置换型固溶体。在 1600℃，该固溶体具有萤石结构，属立方晶系。经 X 射线分析测定，当溶入 15% 的摩尔分数 CaO 时，晶胞参数 $a = 0.513$nm，实验测定的密度值为 $D = 5.447$g/cm^3。对于 CaO-ZrO_2 固溶体，从满足电中性要求看，可以写出两个固溶方程：

$$CaO(s) \xrightarrow{ZrO_2} Ca''_{Zr} + V^{\cdot\cdot}_O + O_O \tag{3-45}$$

$$2CaO(s) \xrightarrow{ZrO_2} Ca''_{Zr} + Ca^{\cdot\cdot}_i + 2O_O \tag{3-46}$$

究竟上两式哪一种正确？可从计算和实测固溶体密度的对比来决定。

已知萤石结构中每个晶胞应有 4 个阳离子和 8 个阴离子。当 0.15 分子 CaO 溶入 ZrO_2 中时，设形成氧离子空位固溶体，则固溶体可表示为 $Zr_{0.85}Ca_{0.15}O_{1.85}$，按此式求 D_0。

$$\sum_{i=1}^{n} g_i = \frac{4 \times 0.85 \times 91.22 + 4 \times 0.15 \times 40.08 + 8 \times \frac{1.85}{2} \times 16}{6.02 \times 10^{23}} = 75.18 \times 10^{-23} g$$

$$V = a^3 = (0.513 \times 10^{-7})^3 = 135.1 \times 10^{-24} cm^3$$

$$D_0 = \frac{75.18 \times 10^{-23}}{135.1 \times 10^{-24}} = 5.565 g/cm^3$$

和实验值 $D = 5.477$g/cm^3 相比，是相当一致的。这说明在 1600℃ 时，化学式 $Zr_{0.85}Ca_{0.15}O_{1.85}$ 是正确的。图 3-54（a）表示了按不同固溶体类型计算和实测的结果。曲线表明：在 1600℃ 时形成缺位固溶体。但当温度升高到 1800℃ 急冷后所测得的密度和计算值比较，发现该固溶体是阳离子间隙的形式，从图 3-54（b）可以看出，两种不同类型的固溶体，密度值有很大的不同，用对比密度值的方法可以很准确地定出固溶体的类型。

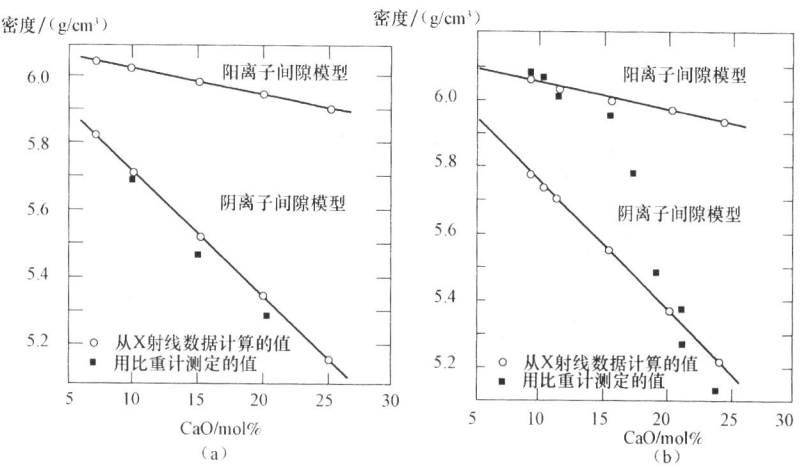

图 3-54 添加 CaO 的 ZrO_2 固溶体的密度与 CaO 含量的关系

(a) 1600℃的淬冷试样；(b) 1800℃的淬冷试样（在1600℃时，每添加一个 Ca^{2+} 就引入一个氧空位；在1800℃时，缺陷的类型随着组成而发生明显的变化）

习　　题

3-1　名词解释
（1）类质同晶和同质多晶
（2）弗伦克尔缺陷与肖特基缺陷
（3）刃型位错和螺型位错
（4）正尖晶石和反尖晶石

3-2　在萤石晶体中 Ca^{2+} 半径为 0.112nm，F^- 半径为 0.131nm，求萤石晶体中离子堆积系数；萤石晶体 $a=0.547$nm，求萤石的密度。

3-3　简述硅酸盐结构分类的原则和各类结构中硅氧四面体的形状，各类机构中硅与氧的比例是多少，并对每类结构举一实例说明之。

3-4　回答下列问题：
（1）在氧离子立方密堆中，画出适合阳离子位置的间隙类型及位置，八面体间隙位置数与氧离子数之比为若干？四面体间隙位置数与氧离子数之比又为若干？
（2）用键强度及鲍林规则来解释，对于获得稳定的结构各需要何种价离子，如下：
1）所有八面体间隙位置均填满；
2）所有四面体间隙位置均填满；
3）填满一半八面体间隙位置；
4）填满一半四面体间隙位置。
并对每一种堆积方式举一晶体实例说明之。

3-5　（1）在 CaF_2 晶体中，弗伦克尔缺陷形成能为 2.8eV，肖特基缺陷形成能为 5.5eV，计算在25℃和1600℃时热缺陷的浓度？
（2）如果 CaF_2 晶体中，含有百万分之一的 YF_3 杂质，则在1600℃时，CaF_2 晶体中是热缺陷占优势还是杂质缺陷占优势？说明原因。

3-6 试写出下列缺陷方程：

(1) $TiO_2 \xrightarrow{Al_2O_3}$

(2) $CaO \xrightarrow{ThO_2}$

(3) $Y_2O_3 \longrightarrow$

(4) $Al_2O_3 \longrightarrow$

3-7 查出 MgO、CaO、Al_2O_3 和 TiO_2 四种氧化物的正离子半径，电负性及晶体结构类型。

(1) 按离子大小、离子价、结构类型等因素判断下列各二元系统，生成固溶体或化合物的趋势：MgO-CaO；MgO-TiO_2；MgO-Al_2O_3；CaO-Al_2O_3；CaO-TiO_2；Al_2O_3-TiO_2。

(2) 查阅二元相图，校核结果的正确性。

3-8 非化学计量化合物 Fe_xO 中，$\dfrac{Fe^{3+}}{Fe^{2+}}=0.1$，求 Fe_xO 中空位浓度及 x 值。

3-9 试阐明机械混合物、固溶体、化合物和非化学计量化合物之间的异同点，并列出简明表格比较。

第4章 熔体和玻璃体

自然界中，物质通常以气态、液态和固态三种聚集状态存在。这些物质状态在空间的有限部分称为气体、液体和固体。固体按其质点排列的规律又可分为晶体和非晶体两大类。晶体的结构特点是质点在三维空间有序的、周期性的无限排列。尽管晶体存在某些缺陷，但在整个晶格中质点的排列是有规则的，即远程有序。而非晶态固体的质点排列的规律性很差，只在很小的范围内呈现有规则的排列，超出这个范围质点的排列便失去规律性。其结构特点可用近程有序、远程无序来描述。用能量曲线可以形象地描述出晶体和非晶体这两类固体材料结构的有序程度，如图4-1所示。对于理想晶体 a，其能量在内部是均一的，只是在接近表面时才有所增加，玻璃体 b 的位能高于晶体，而淬火玻璃 c 比相应的退火玻璃 d 的位能高；非晶态固体 e 由于有无数个内表面，所以能量断面分布很不规则。

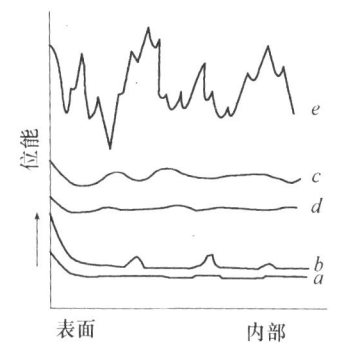

图4-1　固体的能量曲线
a—理想晶体；b—具有缺陷的真实晶体；
c—淬冷得到的玻璃；d—退火玻璃；
e—气相冷凝得到的无定形物质

非晶体又包括玻璃体和高聚体（如橡胶、沥青等）。无机玻璃是脆性材料而橡胶却有很大的弹性，两者尽管在宏观性质上有较大差别，但它们内部均有远程无序的结构特征。

固体的熔融状态称为熔体，无论是陶瓷釉、日用玻璃、功能玻璃、玻璃纤维、玻璃光纤等均由与其相同组成的熔体转变而来。熔体是高温的液态物质，玻璃一般是由液体或熔体过冷而形成的。熔体和玻璃的结构具有相似之处。

近代玻璃包括用熔体过冷而制得的传统玻璃和用非熔融法（如气相沉积、真空蒸发和溅射、离子注入和激光、凝胶法等）所获得的新型玻璃。用非熔融法等特殊方法制得的玻璃往往其过剩内能较大，有很容易析晶的倾向，有些人习惯将这类玻璃称为无定形体或非晶体，以区别于传统玻璃。由于玻璃体、非晶体和无定形体的结构都具有"远程无序"的特征，这三个概念都是相对于晶体而言的，因此常将它们看作同义词通用，不加以区别。

用熔融硅酸盐熔体过冷而制得的无机玻璃是硅酸盐材料中的重要一类。在各种无机非金属材料中，一般都包含一定数量的玻璃，玻璃的结构与性能影响着材料的性能。另外，在无机固体材料中，熔体不仅可以急冷制备玻璃，而且在特定的情况下对固体的反应和烧结也起着一定作用，影响着固体材料的结构和性质。例如，陶瓷液相参与的烧结、水泥和耐火材料的高温熔融相以及陶瓷釉的熔融性能，都会对制品的最终性能产生影响。

本章主要叙述硅酸盐熔体与玻璃体的结构及其性能。学习和掌握这些基本知识，对于研发新材料，控制材料的制备过程和改善材料性能都是很重要的。

4.1 熔体的结构

熔融态是介于气态和晶态之间的一种物质状态。了解熔体的结构可借助于 X 射线衍射、核磁共振光谱分析等技术。

实验表明，硅酸盐熔体和玻璃体的结构很相似，它们的结构中都存在着近程有序的区域。硅酸盐熔体由于组成复杂、黏度大，研究其结构比较困难。但是随着结构检测手段的改进、测试技术的提高和计算技术的发展，对熔体的认识逐渐深入。

1. 熔体结构特点

根据白硅石的晶体、熔体、玻璃体及气体四种不同状态物质的 X 射线衍射实验结果（图4-2）可知，当 θ 角很小时，气体的散射强度极大，熔体和玻璃体并无显著散射现象；随着 θ 角增大，在对应于石英晶体的衍射峰的位置，熔体和玻璃体均呈弥散状的散射强度最高值。这说明熔体和玻璃体结构很相似，它们的结构中存在着近程有序的区域。

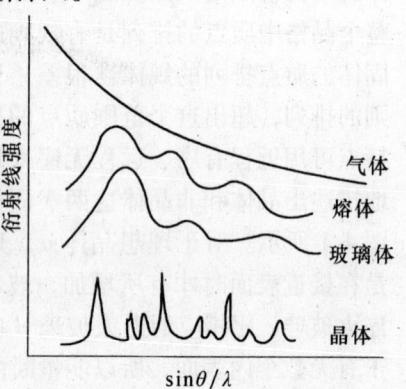

图4-2 气体、熔体、玻璃体、晶体的 X 射线图谱

近年来随着结构检测方法和计算技术的发展，熔体的有序部分被证实。熔体结构特点是熔体内部存在着近程有序区域，熔体是由晶体在高温分化的聚合体构成。石英熔体由大大小小的含有序区域的聚合体构成，这些聚合体是石英晶体在高温分化的产物，因此，局部的有序区域保持了石英晶体的近程有序特征。

硅酸盐熔体与其他熔体的区别在于硅酸盐熔体倾向于形成聚集程度大、形状不规则、短程有序的离子聚合物。

熔体组成与结构有着密切的关系，组成的变化会改变结构形式。

2. 硅酸盐熔体的形成

在硅酸盐熔体中最基本的离子是硅、氧、碱金属或碱土金属离子。由于 Si^{4+} 电荷高、半径小、极化力强，根据晶体结构的理论，它有很强的形成硅氧四面体 $[SiO_4]$ 的能力。根据鲍林电负性计算，Si—O 间电负性差值 $\Delta x = 1.7$，所以 Si—O 间的键为既有离子键又有共价键（其中52%为共价键）的混合键，为典型的极性共价键。

从杂化轨道理论来看，Si 原子位于四个 sp^3 杂化轨道构成的四面体中心。当 Si 与 O 结合时，可与氧原子形成 sp^3、sp^2、sp 三种杂化轨道，从而形成 σ 键。同时氧原子充满 p 轨道，可以作为施主原子与 Si 原子全空着的 d 轨道形成 $d_\pi—p_\pi$ 键，这时 π 键叠加在 σ 键上，使 Si—O 键增强，距离缩短。这类 Si—O 键的键合方式，具有高键能、方向性和低配位数等特点。

当石英熔体中引入 R_2O 或 RO 时，熔体中的 R—O 键（R 指碱或碱土金属离子）的键型以离子键为主，由于 R—O 键的键强比 Si—O 键弱得多，Si^{4+} 能把 R—O 上的氧离子拉在自己周围。在熔体中与两个 Si 相连的氧称为桥氧（O_b），与一个 Si 相连的氧称为非桥氧（O_{nb}）。在 SiO_2 熔体中，由于 RO 的加入使桥氧断裂，如图4-3所示，结果使 Si—O 键强、键长、键角都发生了变动。

在熔融 SiO_2 中，O/Si 比为 2:1，$[SiO_4]$ 连接成架状。若加入 Na_2O，则使 O/Si 比例升高，随着加入量增加，O/Si 比可由原来 2:1 逐步升至 4:1，此时 $[SiO_4]$ 连接方式可从架状变为层状、带状、链状、环状直至最后桥氧全部断裂而形成岛状 $[SiO_4]$ 四面体。这种在碱的作用下，使架状的石英断裂的过程称为石英的分化过程。

图 4-4 所示为 Na_2O 在石英形成熔体过程中的分化作用。在石英熔体中，部分石英颗粒表面带有断键，这些断键与空气中水汽作用生成 Si—OH 键。图 4-4（a）所示的是 SiO_2 颗粒的表面层。为了简化，图中只画出 $[SiO_4]$ 中的三个氧离子。当石英与 Na_2O 一起熔融时，在断键处发生离子交换，大部分 Si—OH 键变成 Si—O—Na 键。由于 Na^+ 在硅氧四面体中存在而使 Si—O 键的键强发生变化。在含有一个非桥氧（O_{nb}）的二元硅酸盐中，Si—O 键的共价键成分由原来四个桥氧时的 52% 下降为 47%。因而在有一非桥氧的硅氧四面体中，由于 Si—O_{nb}—Na 的存在，图 4-4（b）中（2）处 O_{nb}—Na 连接较弱，使图 4-4（b）中（1）处 Si—O_{nb} 相对增强，而与 Si 相连的另外三个 Si—O_b 变得相对减弱。在减弱的 Si—O 键处很容易受碱的侵蚀而断裂，结果原来的桥氧变成非桥氧，形成由两个硅氧四面体组成的短链二聚体 $[Si_2O_7]$，并从石英颗粒上脱离下来，如图 4-4（c）所示。与此同时，在断键处形成新的 Si—O_{nb}—Na 键，如图 4-4（d）所示。而邻近的 Si—O_b 又成为新的被侵袭对象。只要有 Na_2O 存在，这种分化过程就会进行下去。分化的结果将产生许多由硅氧四面体短链形成的低聚合物，以及一些没有被分化完全的残留石英骨架，即石英的三维晶格碎片，用 $(SiO_2)_n$ 来表示。

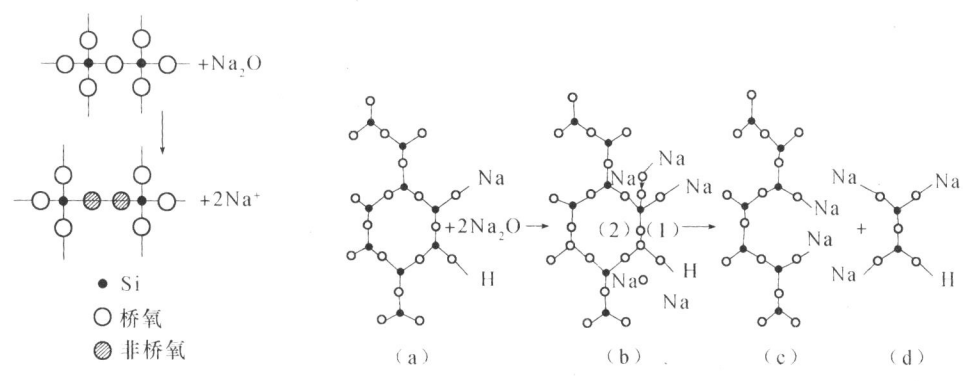

图 4-3 $[SiO_4]$ 桥氧断裂过程示意图

图 4-4 石英熔体四面体网络被碱分化

在熔融过程中随时间延长，温度上升，不同聚合程度的聚合物发生变形。一般链状聚合物易发生围绕 Si—O 轴转动同时弯曲；层状聚合物使层体本身发生褶皱、翘曲；架状 $(SiO_2)_n$ 由于热振动使许多桥氧键断裂（缺陷数目增多），同时 Si—O—Si 键角发生变化。

由石英颗粒分化过程所产生的低聚合物不是固定不变的，它们可以相互作用，由低聚物形成级次较高的聚合物，同时释放部分 Na_2O。这个过程称为缩聚。例如：

$$[SiO_4]Na_4 + [Si_2O_7]Na_6 = [Si_3O_{10}]Na_8 + Na_2O$$
（短链）

$$2[Si_3O_{10}]Na_8 = [SiO_3]_6Na_{12} + 2Na_2O$$
（环）

缩聚过程中释放出来的Na_2O又可以进一步侵蚀石英骨架而使其分化出低聚物，如此循环，直到最后体系分化与缩聚达到平衡为止。这样熔体中就有各种不同聚合程度的负离子团同时并存，有$[SiO_4]^{4-}$（单体）、$[Si_2O_7]^{6-}$（二聚体）、$[Si_3O_{10}]^{8-}$（三聚体）……$[Si_nO_{3n+1}]^{2(n+1)-}$（n聚体，$n=1, 2, 3, \cdots, \infty$）。此外还有三维晶格碎片·$(SiO_2)_n$，其边缘有断键，内部有缺陷。这些硅氧团除$[SiO_4]$是单体外，统称聚硅酸离子或简称聚离子。多种聚合物同时并存而不是一种独存，这就是熔体结构远程无序的实质。这样，在熔体中便存在低聚合物、高聚合物、三维晶格碎片、没有参加反应的氧化物（游离碱）及石英颗粒带入的吸附物等。

硅酸盐熔体中各种不同聚合程度的聚合物浓度受温度和组成两个因素的影响。

当熔体组成不变时，熔体结构内部的各级聚合物的浓度与温度有关。熔体中的聚合物和三维晶格碎片由于温度的变化存在着聚合和解聚的平衡。温度高时，低聚物的数量大且以分立状态存在，当温度降低时，低聚物又不断碰撞聚合成高聚物，或者附着在"三维碎片"上，被碎片表面的断键所固定，形成"毛刺"。如果温度再升高，低聚物又脱离。图4-5表示了某一硼硅酸盐熔体中聚合物分布与温度关系。由图可以看出，随着温度的升高，低聚物的浓度增加较快。

当熔体温度不变时，聚合物的种类、浓度与熔体的组成有关。若用R表示熔体的$\dfrac{O}{Si}$比，R值大说明熔体中碱性氧化物含量高，非桥氧由于分化作用而增加，故低聚物浓度也随之增大。图4-6所示为各种聚合物中$[SiO_4]$含量与R的关系。由图可见，随R增大，1~8聚合体的生成量增多。如$R=2.3$时，1~8聚合体总量仅占4%，其余均为级次大于8的聚合体（图中未表示出级次大于8的聚合体的数量）。而当$R=3$时，1~8聚合体的总量达63%，高于8的高聚物总量约占37%。

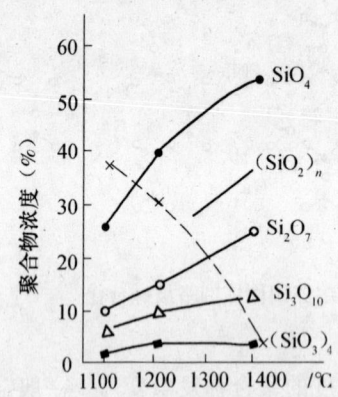

图4-5 某一硼酸盐熔体中聚合物的浓度与温度的关系

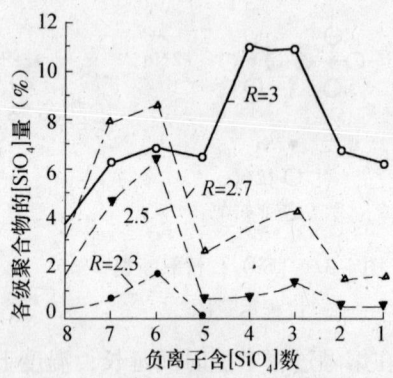

图4-6 $[SiO_4]$四面体在各种聚合物中的分布与R有关系

综上所述，聚合物的形成可分为三个阶段。初期：主要是石英颗粒的分化；中期：缩聚并伴随变形；后期：达到在一定温度下的聚合⇌解聚的平衡。最后得到的熔体是不同聚合程度的各聚合物的混合物。熔体内部的聚合体的种类、大小和数量随熔体的组成和温度而变化。

3. 硅酸盐熔体的结构模型

白尔泰（P. Balta）等运用梅逊（Masson）计算方法，对偏硅酸钠（$Na_2O \cdot SiO_2$，

$N_{SiO_2} = 0.5$,$R = 3$）熔体进行聚合物分布数量的计算，并绘制了偏硅酸钠熔体结构模型，如图4-7所示。绘制该结构模型作了一些简化，环状聚合物只采取 $n=6$ 的一种，略去了 $n=5$、4、3；又将摩尔百分数 mol% < 2（$n>13$）略去。目的是为了使以低聚物为主的结构更为清晰。

该熔体结构模型有助于理解熔体结构中聚合物的多样性和复杂性，从而得出熔体结构特点是近程有序而远程无序的结构，这是由于熔体中存在大量不同类型的聚合物而造成的。从图中还可以看出：大的分子被小分子包围着，小分子起着"润滑剂"的作用，使熔体有着良好的流动性。模型也表示属于不同的分子的—O—Na$^+$ 偶极子相互交错相互作用，随着温度下降，由于这种作用在冷却过程中熔体各组成重新分布使得不同级次的相邻链相互固定下来，从而引起偏硅酸钠迅速有序排列和结晶。

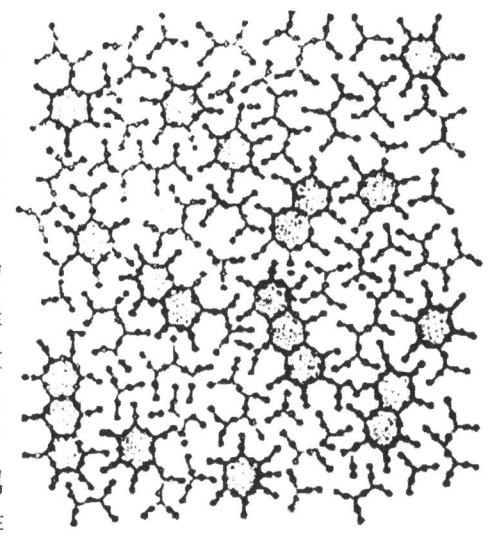

图4-7 偏硅酸钠熔体结构模型
（二维示意图）

4.2 熔体的性质

1. 黏度

黏度是玻璃熔体最重要的性质之一，玻璃制造和加工工艺的选择均与黏度有关；瓷釉和陶瓷坯体中经过煅烧后形成的熔质也在冷却时凝固成玻璃体；耐火材料的使用温度、水泥熟料主要矿物的形成、材料的烧结温度和烧结速率等也和熔体黏度有关。因此熔体的黏度是材料制造过程中需要控制的一个重要工艺参数。

（1）黏度的概念

玻璃熔体类似于流变模型中的简单牛顿型流体（黏性体）。其特点是在切向力的作用下产生剪切速度梯度。

黏度是指在单位接触面内，两平行液层间的摩擦力与速度梯度的比例系数，表示液体流动时，在单位面积和单位速度梯度下两层液体间需克服的内摩擦力 f 的大小。即如下式：

$$f = \eta S \frac{dv}{dx} \tag{4-1}$$

式中，η 为黏度或单位面积的内摩擦力 $\left(\frac{f}{s} = \tau,\text{剪应力}\right)$ 与速度梯度的比例系数。黏度的单位为帕·秒（Pa·s），表示相距1m的两个面积为1m^2 的平行平面相对移动所需的力为1N。因此 1Pa·s = 1N·s/m^2。黏度的倒数称为流动度：$\varphi = \frac{1}{\eta}$。

黏度在材料生产工艺上有很多应用。例如，熔制玻璃时，黏度小，熔体内气泡容易逸出；玻璃制品的加工范围和加工方法的选择也和熔体黏度及其随温度变化的速率密切相关；

黏度还直接影响水泥、陶瓷、耐火材料烧成速度的快慢；此外，熔渣对耐火材料的腐蚀，高炉和锅炉的操作也和黏度有关。

（2）黏度的理论解释

液体流动时会产生黏滞阻力，目前主要有以下几种解释：

1）绝对速度理论

液体的黏滞流动受到的阻碍与它的内部结构有关。熔体中每个质点（离子、离子团或聚合体）都处在相邻质点的键力作用下，只有获得足够的能量才能克服周围质点对它的牵制，它的移动才是有效的，也即每个质点均落在一定大小的位垒之间。因此要使质点流动，就得使它活化，即要有克服位垒（ΔE）的足够能量（活化能）。若这种活化的质点数越多，则流动性就越大；反之则流动性越小。按照玻耳兹曼能量分布定律，活化质点的数目是与 $\exp\left(-\dfrac{\Delta E}{kT}\right)$ 成比例的，即流动度 $\varphi = \varphi_0 \exp\left(-\dfrac{\Delta E}{kT}\right)$。因此黏滞流动的黏度随温度升高而剧烈地下降。

$$\eta = \eta_0 \exp\left(\dfrac{\Delta E}{kT}\right) \tag{4-2}$$

式中，ΔE 为质点移动的活化能；η_0 为与熔体组成有关的常数；k 为玻耳兹曼常数；T 为绝对温度。

式（4-2）表明熔体黏度主要取决于活化能与温度。随温度降低，熔体黏度按指数关系递增。当活化能为常数时，将式（4-2）取对数可得：

$$\lg\eta = A + \dfrac{B}{T} \tag{4-3}$$

式中，$A = \lg\eta_0$；$B = \left(\dfrac{\Delta E}{k}\right)\lg e$，$A$ 和 B 均为常数。以 $\lg\eta$ 为横坐标，$\dfrac{1}{T}$ 为纵坐标作图应得出一条直线，从直线的斜率可算出活化能 $\Delta E = \dfrac{Bk}{\lg e}$。图 4-8 是钠钙硅酸盐玻璃熔体黏度与温度的关系。图中显示 $\lg\eta$-$\dfrac{1}{T}$ 并非成直线，这说明熔体的活化能不是常数。在温度范围不大时，该公式是和实验符合的，在较大的温度范围内和该式有较大偏离。据报道，大多数氧化物熔体的活化能在低温时为高温时的 2～3 倍，说明不能把流动看成像绝对速度理论所假定的那种简单的质点激活过程。活化能不仅与熔体组成有关，还与熔体中 [SiO_4] 的聚合程度有关。当温度高时以低聚物为主，熔体黏滞流动阻力小，导致活化能低，而温度低时高聚物明显增多，负离子团聚合体的缔合程度较大使活化能升高。在高温区或低温区域 $\lg\eta$-$\dfrac{1}{T}$ 关系还可以近似看作为直线。但在玻璃转变温度范围（$T_g \sim T_f$）内，由于熔体内部结构发生突变，也就是熔体中聚合物分布随温度变化而剧烈改变从而导致活化能随温度显著变化。

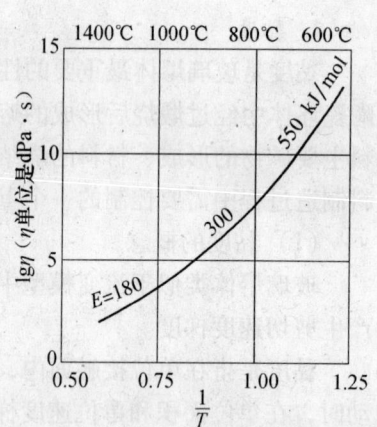

图 4-8　钠钙硅酸盐玻璃的 $\lg\eta$-$\dfrac{1}{T}$ 关系曲线

硅酸盐熔体是由聚合程度不同的多种聚合物交织成的网络，因而增加了质点之间移动的困难，使得硅酸盐熔体的黏度比一般液体高得多，如表 4-1 所示。

表 4-1　一些熔体的黏度

熔　　体	温度/℃	黏度/（Pa·s）
水	20	0.001006
熔融 NaCl	800	0.00149
钠长石	1400	17780
80% 钠长石 + 20% 钙长石	1400	4365
瓷釉	1400	1585

2）自由体积理论

该理论认为，液体要能够流动必须打开一些蕴藏在液体内部的空隙以容许液体分子的运动。也就是说，液体中分布着不规则、大小不等的"空洞"。这些空洞为液体分子运动及流动提供了空间。这些空洞（空隙）是由系统的自由体积（V_f）的再分布形成的。自由体积是指温度为 T 时，液体分子体积 V 减去 T_0 温度时液体分子的有效硬核体积 V_0（紧密堆积的最小体积），即 $V_f = V - V_0$。在 T_0 时液体分子没有自由体积是不运动的。升高温度，液体分子体积膨胀至 V，由此形成自由体积 V_f，为液化分子运动提供了空隙。V_f 越大，液体越易流动，黏度也愈小。由自由体积理论得出黏度表达式为：

$$\eta = B\exp\frac{KV_0}{V_f} \tag{4-4}$$

式中，B 为常数；K 为约等于 1 的常数。

黏度对温度的相依性在此由自由体积与温度的相依性来表示。温度为 T、T_0 时，液体分子体积分别为 V、V_0，则 $V_f = V - V_0 = \alpha(T - T_0)$，代入式 (4-4)，得：

$$\eta = B\exp\frac{KV_0}{\alpha(T - T_0)} = B\exp\left(\frac{A}{T - T_0}\right) \tag{4-5}$$

由这个理论推导的式 (4-5) 即为目前常用的黏度与温度的 VFT（Vogel-Fulcher-Tammann）关系式。式 (4-5) 中 A、B 均为与熔体结构有关的常数，T_0 为温度常数。按照 VFT 式得出的 η-T 曲线与许多玻璃在脆性温度 T_g 以上的黏度数据相符，因此它在实际生产中使用的较为广泛。由于式 (4-5) 中有三个任意参数，即是个三参数方程，它比前述的二参数方程适用面更宽。确定三参数值可以用若干次（三次以上，至少三次）黏度实验的测定结果来求得。图 4-9 是根据 VFT 公式得出的几种熔体的黏度-温度曲线，说明各种组成的熔体黏度对温度的依赖关系差别很大。

如果在玻璃转变点 T_g（熔体⇌玻璃体）附近 V_f 降为某一微小数值，就得到威廉斯-蓝德尔-菲里（WLF，

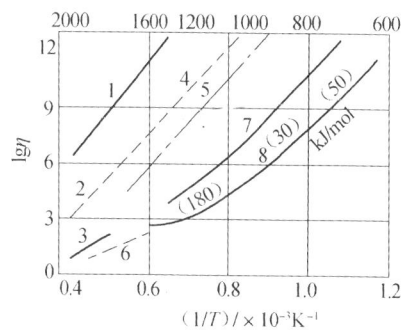

图 4-9　不同组成熔体的黏度与温度关系

1—石英玻璃；2—90% SiO_2 + 10% Al_2O_3；
3—50% SiO_2 + 50% Al_2O_3；
4—钾长石；5—钠长石；6—钙长石；
7—硬质瓷釉；8—钠钙玻璃

Williams-Landel-Fdrry）方程：

$$\eta = B\exp\frac{b}{f_g + \Delta\alpha(T - T_0)} \quad (4-6)$$

式中，f_g 为玻璃转变时的自由体积分数，对大多数材料取 0.025；b 为常数，0~1；$\Delta\alpha$ 为熔体与玻璃的热膨胀系数之差（对许多有机材料为 ~5×10^{-4}/K，氧化物通常很小）。在 T_0 温度时 $V_{fit}=0$，$f_g=0$，式（4-6）也变为 VFT 公式。

3) 过剩熵理论

该理论认为，液体由许多结构单元（离子、原子或质点集团）构成。液体的流动是这些结构单元的再排列过程。结构单元由于能量起伏而获得具有足够克服位垒的活化能时就可以再排列。这些结构单元的大小是温度的函数，并且由结构位形熵 S_0 决定。随着温度下降，液体的位形熵降低，使形变更为困难。黏度与 S_0 关系为：

$$\eta = C\exp\frac{D}{TS_0} \quad (4-7)$$

式中，C 为常数；D 与分子重新排列的位垒成比例，应接近常数；S_0 为位形熵。在接近 T_g 温度范围内，$S_0 = \Delta C_p\frac{(T-T_0)}{T}$，式（4-7）即为：

$$\eta = C\exp\left[\frac{D}{\Delta C_p(T-T_0)}\right] = C\exp\left(\frac{B}{T-T_0}\right) \quad (4-8)$$

上式与式（4-5）相同，这说明用过剩熵理论同样可以推导出 VFT 公式。

自由体积作过剩熵模型的推算可用福格尔-弗尔希（Vogel-Fulcher）经验关系式表示黏度和温度的关系：

$$\eta = E\exp\frac{F}{T-T_0} \quad (4-9)$$

式中，E 和 F 为常数。根据相应常数的大小，此式可与 WLF 关系等价。

以上三种理论都认为熔体黏度与温度成指数性关系，随着温度的改变，黏度剧烈变化。三种理论都是以简单流动过程为基础描述黏度与温度的关系。而实际上黏度与温度关系的复杂性远超出任何标准理论的描述范围，因而上述三种黏度与温度关系都有局限性。黏度与玻璃转变密切相关，因此自由体积和过剩熵理论也应用于玻璃转变本质的研究。

由于温度对玻璃熔体的黏度影响很大，在玻璃成形和退火工艺中，温度稍有变动就造成黏度较大的变化，导致控制上的困难。为此提出了用特定黏度所对应的温度来反映不同玻璃熔体的性质差异，如图 4-10 所示。

从图中可以看出，应变点是指黏度相当于 4×10^{13} Pa·s 的温度，在该温度下黏性流动事实上不存在，玻璃在该温度退火时不能除去应力。退火点是指黏度相当于 10^{12} Pa·s 的温度，也是消除玻璃中应力的上限温度，在此温度时应力在 15min 内除去。软化点是指黏度相当于 4.5×10^6 Pa·s 的温

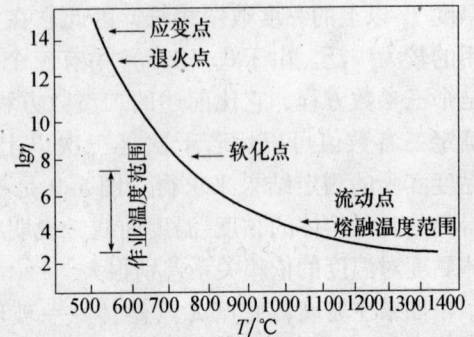

图 4-10 硅酸盐熔体的黏度-温度曲线

度，它是用直径 0.55~0.75mm、长 23cm 的纤维在特制炉中以 5℃/min 速率加热，在自重下达到每分钟伸长 1mm 时的温度。流动点是指黏度相当于 10^4Pa·s 时的温度，也就是玻璃成型的温度。以上这些特性温度都是用标准方法测定的。

玻璃生产中可从成型黏度范围（$\eta = 10^3 \sim 10^7$Pa·s）所对应的温度范围推知玻璃料性的长短。生产中通过调节料性的长短或凝结时间的快慢来适应各种不同的成型方法。

(3) 黏度-组成关系

熔体的组成对黏度有很大影响，大多数无机氧化物的熔体黏度与组成有直接的关系，实际上组成也是通过改变熔体结构而影响黏度的。图 4-9 是几种不同组成熔体的黏度曲线。在硅酸盐熔体中，黏度随碱性氧化物含量增加而急剧降低。引起这种变化的原因是黏度的大小是由熔体中硅氧四面体网络连接程度决定的，即黏度随 O/Si 比值的上升而下降。表 4-2 列出了不同成分的二元系统 $Na_2O\text{-}SiO_2$ 玻璃在 1400℃ 时的黏度值。在石英熔体中硅氧四面体网络结构没有断裂，加入的碱性氧化物提供"游离"氧，使石英熔体产生分化作用，结果非桥氧离子增加，低聚物不断产生，网络断裂程度增加。因此一般当加入 Li_2O、Na_2O、K_2O 和 BaO、PbO 等到熔体中时，随加入量增加，黏度显著下降。但在含碱金属的硅酸盐熔体中，当 $Al_2O_3/Na_2O \leqslant 1$ 时（物质的量之比），用 Al_2O_3 代替 SiO_2，此时 Al_2O_3 以四配位即铝氧四面体 [AlO_4] 形式存在于熔体中，与 [SiO_4] 连成较复杂的铝硅氧负离子团，起到"补网作用"，从而产生提高黏度的效果。一般加入 Al_2O_3、SiO_2、ZrO_2 都有这样的作用。如图 4-11 所示，在硅酸钠熔体中用 Al_2O_3 代替 SiO_2 的示意图。因此决定硅酸盐熔体黏度大小的主要因素是硅氧四面体网络连接程度。

表 4-2 1400℃ 时 $Na_2O\text{-}SiO_2$ 系统玻璃黏度表

分子式	O:Si	[SiO_4] 连接程度	黏度/dPa·s
SiO_2	2:1	骨状	10^{10}
$Na_2O\text{-}2SiO_2$	5:2	层状	280
$Na_2O\text{-}SiO_2$	3:1	链状	16
$2Na_2O\text{-}2SiO_2$	4:1	岛状	<10

一价碱金属氧化物都是降低熔体黏度的。在简单碱金属硅酸盐熔体 $R_2O\text{-}SiO_2$ 中，阳离子 R^+ 对黏度的影响与它本身的含量有关，R_2O 含量较低与较高时对黏度的影响不同，这和熔体的结构有关。当 R_2O 含量较低即 SiO_2 含量较高时，O/Si 比值低，熔体中硅氧负离子团较大，对黏度起主要作用的是 [SiO_4] 四面体之间的 Si—O 键力。此时 R_2O 中随 R^+ 半径减小，R—O 键增强，R^+ 夺取硅氧负离子团中"桥氧"的能力提高，它对 [SiO_4] 间 Si—O 键的削弱能力增大，因而降低黏度的作用提高，熔体黏度按 Li_2O、Na_2O、K_2O 的次序增加。当 R_2O 含量较高时，亦即 O/Si 比值高，此时熔体中硅氧四面体连接方式接近孤岛状结构，四面体间主要依靠 R—O 键力连接，键力最大的 Li^+ 具有最高的黏度，并按 Li_2O、Na_2O、K_2O 的顺序递减。一价碱金属离子含量对熔体黏度影响如图 4-12 所示。

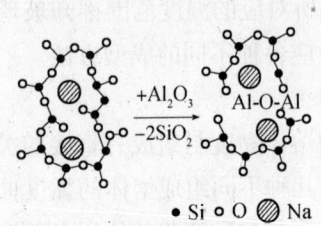

图 4-11 硅酸钠熔体中用 Al_2O_3 代替 SiO_2 结构示意图

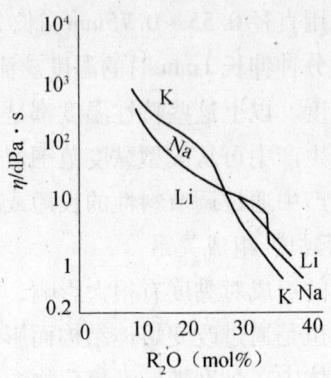

图 4-12 R_2O-SiO_2 熔体在 1400℃ 时黏度随组成的变化

二价金属离子 R^{2+} 在无碱及含碱玻璃熔体中,对黏度的影响有所不同,如图 4-13 所示。在不含碱的 RO-SiO_2 与 RO-Al_2O_3-SiO_2 熔体中,当 O/Si 比值不大时,黏度随离子半径增大而上升,而在含碱熔体中,实验结果表明,随着 R^{2+} 半径增大,黏度反而下降。

离子间的相互极化对黏度也有显著影响。由于极化使离子变形,共价键成分增加,减弱了 Si—O 间的键力。因此最外电子层 18 电子的离子 Zn^{2+}、Cd^{2+}、Pb^{2+} 等的熔体比含 8 电子层碱土金属离子的具有较低的黏度(Ca^{2+} 有些例外)。一般 R^{2+} 对黏度降低次序为 Pb^{2+} > Ba^{2+} > Cd^{2+} > Zn^{2+} > Ca^{2+} > Mg^{2+}。图 4-13 表示出 $74SiO_2$-$10CaO$-$16Na_2O$ 熔体内,用不同的二价氧化物替代 SiO_2 后对黏度的影响。

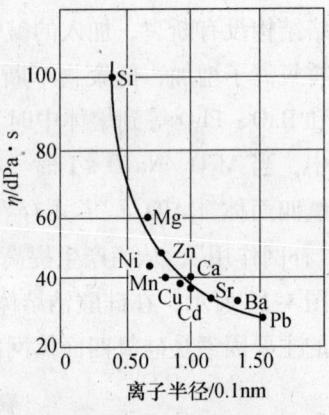

图 4-13 不同二价阳离子对硅酸盐熔体黏度的影响

CaO 在低温时增加熔体的黏度;而在高温下,当含量小于 10%~12% 时,使黏度降低,当含量大于 10%~12% 时,则使黏度增大。

混合碱效应:熔体中引入一种以上的 R_2O 与 RO 时,黏度比等量的一种 R_2O 或 RO 高。

有些氧化物对硅酸盐熔体黏度的影响关系较为复杂。例如 B_2O_3 作用由于硼氧之间连接方式的不同而有不同的影响,即和硼离子的配位状态有密切关系。B_2O_3 含量较少时,硼离子处于 [BO_4] 状态,结构紧密,黏度随其含量增加而升高。当较多量的 B_2O_3 引入时,部分 [BO_4] 会变成 [BO_3] 三角形,使结构趋于疏松,致使黏度下降,与相同条件下的硅酸盐玻璃相比出现异常变化,这称为"硼反常现象"。

又如 Al_2O_3 对熔体黏度的影响是复杂的,因为 Al^{3+} 的配位数可能是 4 或 6。一般在碱金属离子存在下 Al_2O_3 形成四配位 [AlO_4] 与 [SiO_4] 联成较复杂的铝硅氧负离子团而使黏度增加。

加入 CaF_2 会使熔体黏度急剧下降。主要是氟离子和氧离子的离子半径相近,很容易发生取代。氟离子取代氧离子起到"游离"氧作用,使硅氧键断裂,硅氧网络被破坏,黏度就降低了。

总之,玻璃组成的变化会导致结构的改变,从而导致黏度的变化,这种变化关系极为复杂,很难对所有元素在各种熔体中的变化规律作出简单的总结。

2. 表面张力和表面能

将表面增大一个单位面积所需作的功称为表面能,将表面增大一个单位长度所需要的力称为表面张力。液体的表面能和表面张力的数值是相同的,它们的单位分别是 J/m^2 和 N/m。但前者是标量,后者是矢量,在液体中这两个概念常交替使用,不严格区分。

熔体的表面张力对于玻璃的熔制和加工工艺有重要的意义,在硅酸盐材料中熔体表面张力的大小还会影响液、固表面润湿程度和影响陶瓷材料坯、釉结合程度。

硅酸盐熔体的表面张力比一般液体高,它随其组成而变化,一般波动在 $220\sim380\,mN/m$ 之间。一些熔体的表面张力数值列于表4-3。

表4-3 熔体的表面张力 γ （mN/m）

熔体	温度/℃	γ	熔体	温度/℃	γ
H_2O	25	72	SiO_2	1300	290
B_2O_3	900	80		1800	307
P_2O_5	1000	60	FeO	1420	585
PbO	1000	128	钠钙硅熔体	1000	316
Na_2O	1300	290	$Na_2O\text{-}CaO\text{-}SiO_2=16\ 10\ 70$		
Li_2O	1300	450	钠硼酸盐熔体	1000	265
Al_2O_3	2150	550	$Na_2O\text{-}B_2O_3\text{-}SiO_2=20\ 10\ 70$		
	1300	380			
ZrO_2	1300	350	瓷器中玻璃相	1000	320
CeO_2	1150	250	瓷釉	1000	$250\sim280$

化学组成对表面张力的影响多有不同。Al_2O_3、SiO_2、CaO、MgO、Na_2O、Li_2O 等氧化物能够提高表面张力。B_2O_3、P_2O_5、PbO、K_2O、Sb_2O_3 等氧化物加入量较大时能够显著降低熔体表面张力。Cr_2O_3、V_2O_5、MoO_3、WO_3、SO_3、As_2O_5 即使加入量较少也会剧烈降低熔体表面张力。

B_2O_3 是陶瓷釉中降低表面张力首选组分。因为 B_2O_3 熔体本身的表面张力就很小。主要由于硼熔体中硼氧三角体平面可以按平行表面的方向排列,使得熔体内部和表面之间的能量差别较小。而且,平面 $[BO_3]$ 团可以铺展在熔体表面,从而大幅度降低表面张力。PbO 也可以较大幅度的降低表面张力,主要是因为二价铅离子的极化率较高。

熔体内原子(离子或分子)的化学键型对其表面张力有很大影响,其规律是具有金属键的熔体表面张力 > 共价键 > 离子键 > 分子键。硅酸盐熔体中既有共价键合又能有离子键合,因此其表面张力介于典型共价键熔体和离子键熔体之间。

当两种熔体混合时,通常不能单纯将它们各自的表面张力值用加和法计算。因为表面张力小的熔体在混合后会被排挤聚集在熔体的表面上,它加入少量也可以显著降低混合熔体的表面张力。

大多数硅酸盐熔体的表面张力都是随温度升高而降低(负的温度系数)。一般温度每升高 100℃，表面张力减小 1%，近乎成直线关系。这是因为温度升高，质点热运动加剧，化学键松弛，使内部质点能量与表面质点能量相比差别变小。

另外，接触相的性质也可以影响到熔体表面张力。一般还原性气氛下硅酸盐熔体的表面张力比氧化性气氛下约增大 20%。

4.3 玻璃的通性

一般无机玻璃的宏观特征是在常温下能保持一定的外形，硬度较高，脆性较大，破碎时具有贝壳状断面，对可见光具有良好的透光度。其基本性质是相同的，可归纳如下。

1. 各向同性

如果没有机械应力，均质玻璃体内部各个方向的性质，如折射率、硬度、弹性模量、热膨胀系数等性能都是相同的。这与非等轴晶系晶体各向异性的性质有显著的不同，而与液体相似。玻璃的各向同性是其内部质点无序、无规则排列而呈现统计均质结构的外在表现。

2. 介稳性或称亚稳性

当熔体冷却成玻璃体时，其状态并不是处于最低的能量状态。从热力学角度看，它含有过剩内能，按照能量最低原理，玻璃体应是不稳定的，有向低能量的晶态转变的趋势，即有析晶的可能。从动力学观点看，由于低温时玻璃体的黏度很高，质点重新排列非常困难，由玻璃态向晶态转变的速率很小，因而能够在低温下较长时间保留高温时的结构而不变化，所以它又是稳定的。玻璃的这一性质称为介稳性或亚稳性。

熔体冷却过程中物质内能（Q）与体积（V）变化如图 4-14 所示。在结晶情况下，内能与体积随温度变化如折线 ABCD 所示。而过冷却形成玻璃时的情况如折线 ABKFE 所示的过程变化。由图中可见，玻璃态内能大于晶态，由玻璃态向晶态转变的过程有能量释放。

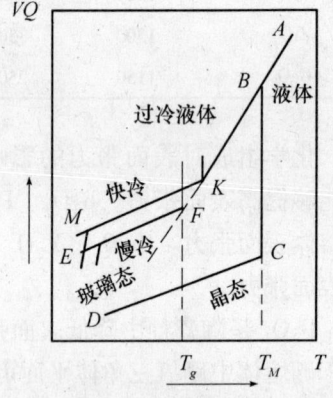

图 4-14 物质不同状态时内能与体积随温度的变化

3. 由熔体向玻璃体转化的可逆性与渐变性

由熔体向玻璃体的转变过程是逐渐进行的，玻璃加热成为熔体的过程也是渐变的。

当熔体向固体转变时，若是析晶过程（如图 4-14 中 ABCD 折线），当温度降至 T_M（熔点）时，随着新相的出现，会同时伴随体积、内能的突然下降与黏度的剧烈上升。若熔体凝固成玻璃的过程，开始时熔体体积和内能曲线以与 T_M 以上大致相同的速率下降直至 F 点（对应温度 T_g），熔体开始固化。T_g 称为玻璃形成温度（或称脆性温度），继续冷却时，体积和内能降低程度较熔体小，因此曲线在 F 点出现转折。当玻璃组成不变时，此转折点与冷却速率有关。冷却速率愈快，T_g 也愈高。例如，曲线 ABKM 由于冷却速度快，K 点比 F 点提前。因此，当玻璃组成一定时，其形成温度 T_g 应该是一个随冷却速率而变化的温度范围而不是一个确定值。低于此温度范围体系呈现如固体的行为称为玻璃（也有人将玻璃看成是过冷的熔体），低于此温度范围它就是熔体。利用这一特点可以将玻璃在一定温度下用拉制、吹制或压制等方法成型。

玻璃无固定的熔点，只有一个熔体⇌玻璃体可逆转变的温度范围，这与晶体的熔融过程和熔体的结晶过程有明显的区别。利用熔体与玻璃体转变的可逆性与渐变性可以在玻璃加工成型的过程中多次加热玻璃，使它反复达到所需要的黏度，以便加工制造形状复杂的制品。

各种玻璃的转变范围有多宽取决于玻璃的组成，它一般波动在几十至几百度之间。如石英玻璃在1150℃左右，而钠硅酸盐玻璃在500~550℃左右。虽然不同组成的玻璃其转变温度相差可达几百度，但不论何种玻璃与T_g温度对应的黏度均为10^{12}~10^{13} dPa·s左右。玻璃形成温度T_g是区分玻璃与其他非晶态固体（如硅胶、树脂、非熔融法制得新型玻璃）的重要特征。一些非传统玻璃往往不存在这种可逆性。它们不像传统玻璃那样是析晶温度T_M高于转变温度T_g，而是$T_g > T_M$。例如，许多用气相沉积等方法制备的Si、Ge等无定形薄膜，其T_M低于T_g，即加热到T_g之前就会产生析晶的相变。虽然它们在结构上也属于玻璃态，但在宏观特性上与传统玻璃有一定的差别。故而习惯上称这类物质为无定形物，以区别于传统玻璃。

4. 熔体向玻璃体转化时物理、化学性质变化的连续性

在由熔体向玻璃体转化或反向的转变过程中，其物理性质、化学性质随温度的变化是连续的。图4-15表示玻璃性质随温度变化的关系。由图可知，玻璃性质随温度的变化可分为三类。第一类性质如玻璃的黏度、电导、比容、热焓等是按Ⅰ曲线变化。第二类性质如热容、热膨胀系数、密度、折射率等是按曲线Ⅱ变化。第三类，性质如导热系数和一些机械性质（弹性常数等），如曲线Ⅲ所示，它们在T_g~T_f转变范围内有极大值的变化。在玻璃性质随温度逐渐变化的曲线上特别要指出两个特征温度T_g与T_f。T_g温度相应于图4-15中低温直线部开始转向弯曲部分的温度（即图中b，b'，b''）；T_f温度相应于曲线弯曲部分开始转向高温直线部分的温度（即图中c，c'，c''）。

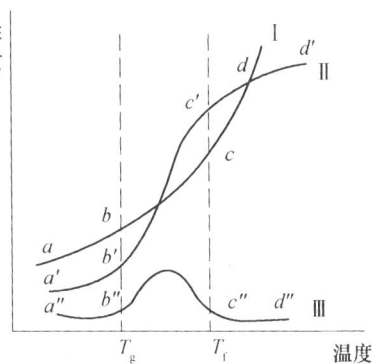

图4-15 玻璃性质随温度的变化

T_g又称脆性温度，它是玻璃出现脆性的最高温度，对应的黏度约为10^{13} Pa·s，低于此温度玻璃具有固体的各种性质。由于在这个温度可以消除玻璃制品因不均匀冷却而产生的内应力，所以也称为退火温度上限。玻璃转变温度T_g不是固定不变的，它决定于玻璃形成过程的冷却速率。冷却速率不同，性能-温度曲线的变化也不同。

T_f又称软化温度，它是玻璃开始出现液体状态典型性质的温度，对应的黏度约为10^9 Pa·s。无论玻璃组成如何，T_f也是玻璃可拉成丝的下限温度。

T_g~T_f之间称转变温度范围（或反常间距），T_f、T_g表示转变温度的上下限，在此温度范围内，玻璃从典型的液体状态的熔体逐渐转变为具有固体各项性质的玻璃体。

由图4-15可知，性质-温度曲线T_g以下的低温段和T_f以上的高温段其变化几乎成直线关系，这是因为前者的玻璃为固体状态，而后者则为熔体状态，它们的结构随温度是逐渐变化的。而在T_g和T_f温度范围内（即转变温度范围或反常间距）是固态玻璃向玻璃熔体转变的区域，结构随温度发生急速的变化，因而性质随之突变。由此可见T_g~T_f对于控制玻璃的性质有着重要的意义。

任何物质不论其化学组成如何，只要具有上述四个特性都称为玻璃。广义的玻璃包括单质玻璃、有机玻璃和无机玻璃。狭义的玻璃仅指无机玻璃。玻璃体广泛存在于各种建筑材料中。陶瓷釉除析晶釉中有少量晶体外大部分为玻璃体，日用陶瓷、水泥熟料和耐火材料制品中也有玻璃体存在。

4.4 玻璃的形成

玻璃态固体是物质的一种聚集状态。学习和掌握哪些物质能够形成玻璃、以及玻璃的形成条件和影响因素，对研究玻璃结构及新型玻璃的合成具有重要意义。本节从热力学、动力学和结晶化学等几个方面分析熔体冷却法中玻璃形成的规律。

1. 玻璃态物质的形成

传统玻璃是把玻璃原料经加热熔融和在常规条件下冷却而形成的，这是目前玻璃工业生产所大量采用的方法。此法的不足之处是冷却速度比较慢。工业生产一般 40~60K/h，实验室样品急冷达 1~10K/s。这种冷却速度是不能使金属、合金或一些离子化合物形成玻璃态的。目前除传统冷却法以外还出现了许多非熔融法，而且冷却法本身在冷却速率上也有很大的突破。这样，使用传统熔融冷却法不能得到玻璃态的物质也可以制备成玻璃。图 4-16 用一组同心圆来归纳总结各种不同聚集状态的物质向玻璃态转变的方法。图中最外圈是原料的聚集状态，最里圈是产物名称。

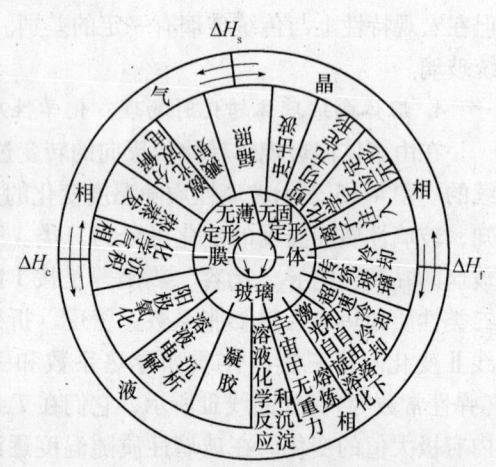

图 4-16 玻璃态固体制备方法归类

习惯上把气相转变所得的玻璃态物质称为无定形薄膜；晶相转变所得的玻璃态物质称为无定形固体，液相转变所得的玻璃态物质称为玻璃固体，它们的差别在于形状和近程有序程度不同。图中原料和产物之间的转变用实箭头表示，而无定形态产物聚合成玻璃固体用虚箭头表示。外圈各聚集状态之间的箭头表示各相变热，即升华热、蒸发热和熔解热。

2. 玻璃形成的热力学条件

熔融体是物质在熔融温度以上存在的一种高能量状态。随着温度降低，熔体释放能量大小不同，可以有三种冷却途径：

（1）结晶化，即有序度不断增加、直到释放全部多余能量而使整个熔体晶化为止。

（2）玻璃化，即过冷熔体在转变温度 T_g 硬化为固态玻璃的过程。

（3）分相，即质点迁移使熔体内某些组成偏聚，从而形成互不混溶而组成不同的两个玻璃相。

玻璃化过程和分相过程均没有释放出全部多余的能量，因此与结晶化相比这两个状态都处于能量的介稳状态。大部分玻璃熔体在过冷时，这三种过程总是程度不等地发生的。

从热力学观点分析，玻璃态物质总有降低内能向晶态转变的趋势。在一定条件下通过析晶或分相放出能量使其处于低能量稳定状态。然而，由于玻璃与晶体的内能差值不大，故析晶动力较小，因此玻璃这种能量的亚稳态在实际上能够长时间稳定存在。表4-4列出了几种硅酸盐晶体和相应组成玻璃体内能的比较。由表可见玻璃体和晶体两种状态的内能差始终很小，以此来判断玻璃形成能力是困难的，所以从热力学上研究形成玻璃的物质与对应的晶体能量上的差异不足以说明玻璃的形成条件，不能对玻璃形成做出重要贡献。就表4-4所列出的几种硅酸盐的高温熔体而言，在冷却过程中由于晶态和玻璃态内能差别小，更容易形成玻璃体，而较难形成晶体。

表4-4 几种硅酸盐晶体和玻璃体的生成热

组成	状态	$-\Delta H_{298}/$（kJ/mol）	组成	状态	$-\Delta H_{298}/$（kJ/mol）
Pb_2SiO_4	晶态	1309	SiO_2	β-方石英	858
	玻璃态	1294		玻璃态	848
SiO_2	β-石英	860	Na_2SiO_3	晶态	1528
	β-鳞石英	854		玻璃态	1507

3. 形成玻璃的动力学条件

玻璃析晶必须克服一定的势垒（析晶活化能）。如果析晶势垒大，当熔体冷却速度较快时，熔体黏度就迅速增加，熔体中质点的扩散迁移就受到限制，来不及进行有规则的排列而形成玻璃。实际上，如果将熔体缓慢冷却，即使是很容易形成玻璃的体系，如SiO_2、B_2O_3，也会析晶；相反，若熔体超快速冷却，使冷却速率大于质点排列成晶体的速率，即使不易玻璃化的物质，如金属合金，也能形成玻璃。因此，讨论玻璃的形成条件，主要就是研究不同组成的熔体以多快速率冷却，可避免产生可探测到的晶体。

玻璃化和结晶化互为矛盾，如果熔体易析晶，就不易形成玻璃，故研究了晶体形成的动力学条件，即确定了不形成晶体的条件，就了解了形成玻璃的动力学条件。

从泰曼（Tamman）温度开始，把物质的结晶过程归纳为两个速率所决定，即晶核生成速率（I_v）和晶核生长速率（u）。而I_v与u均与过冷度（$\Delta T = T_M - T$）有关。如果成核速率与生长速率的极大值所处的温度范围很靠近，如图4-17（a）所示，熔体易析晶而不易形成玻璃。反之，熔体就不易析晶而易形成玻璃，如图4-17（b）所示。如果熔体在玻璃形成温度（T_g）附近黏度很大，这时晶核形成和晶体生长阻力均很大，此类熔体易形成过冷液体而不易析晶。因此熔体是析晶还是形成玻璃与过冷度、黏度、成核速率、生长速率均有关。

近代研究证实如果冷却速率足够快，在各类材料中都发现有玻璃形成体。因而从动力学角度研究各类不同组成的熔体以多快的速度冷却才能避免产生可以探测到的晶体而形成玻璃，这是很有实际意义的研究内容。

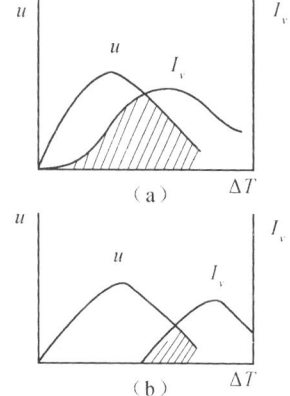

图4-17 成核、生长速率与过冷度关系

（a）析晶；（b）形成玻璃

乌尔曼（Uhlmann）在1969年将冶金工业中使用的连续冷却转变图即3T图（T-T-T：Time-Temperature-Transformation，时间-温度-变化）方法应用于玻璃转变并取得很大成功，目前已成为玻璃形成动力学理论中的重要方法之一。

乌尔曼认为判断一种物质能否形成玻璃，首先要确定玻璃中可以检测到的晶体的最小体积，然后再考虑熔体究竟需要以多快的冷却速率才能防止这一结晶量的产生，从而获得检测合格的玻璃。实验证明，当晶体混乱地分布于熔体中时，晶体的体积分数（或称容积率，指 $\dfrac{晶体体积}{玻璃体体积}$ 即 $\dfrac{V_\beta}{V}$）为 10^{-6}，刚好为仪器可探测出来的浓度。根据相变动力学理论，通过式（4-10）可估计放置一定体积分数的晶体析出所必须采取的最低冷却速率。

$$\frac{V_\beta}{V} = \frac{\pi}{3} I_v u^3 t^4 \tag{4-10}$$

式中，V_β 为析出晶体体积；V 为玻璃体体积；I_v 为成核速率（单位时间、单位体积内所形成的晶核数）；u 为生长速率（界面的单位表面积上固、液界面的扩展速率）；t 为时间。

如果只考虑均匀成核，为避免得到 10^{-6} 体积分数的晶体，可从方程式（4-10）通过绘制 3T 曲线来估算必须采用的冷却速率。绘制这种曲线首先选择一个特定的结晶分数，在一系列温度下计算成核速率 I_v、生长速率 u。把计算得到的 I_v、u 代入式（4-10）求出对应的时间 t。用过冷度（$\Delta T = T_M - T$）为纵坐标，冷却时间为横坐标做出 3T 图。图 4-18 列出了这类图的实例。由于结晶驱动力（过冷度）随温度降低而增加，成核位垒下降，成核速率增大；但随着温度降低，熔体黏度增加，原子迁移率随温度降低而降低，致使成核速率下降。二者的综合作用使成核速率出现最大值，因而造成 3T 曲线弯曲而出现头部突出点。在图中 3T 曲线凸面部分为该熔点的物质在一定过冷度下形成晶体的区域。3T 曲线头部的顶点对应了析出晶体体积分数为 10^{-6} 时的最短时间。

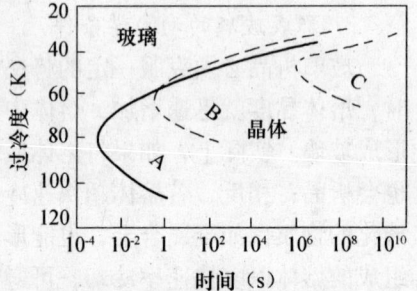

图 4-18　析晶体积分数为 10^{-6} 时具有不同熔点物质的 T-T-T 曲线
A——$T_M = 356.6K$；
B——$T_M = 316.6K$；
C——$T_M = 276.6K$

为避免形成给定的晶体分数，所需要的冷却速率可由下式粗略地计算出来。

$$\left(\frac{dT}{dt}\right)_c = \frac{\Delta T_n}{\tau_n} \tag{4-11}$$

式中，ΔT_n 为过冷度（$\Delta T_n = T_M - T_n$）；T_n 和 τ_n 分别为 3T 曲线头部各点的温度和时间。

对于不同的系统，在同样的晶体体积分数下其曲线位置不同，由式（4-11）计算出的临界冷却速率也不同。因此可以用晶体体积分数为 10^{-6} 时计算得到临界冷却速率来比较不同物质形成玻璃的能力。若临界冷却速率大，则形成玻璃困难而析晶容易。

由方程式（4-10）可以看出，3T 曲线上任何温度下的时间仅仅随 (V_β/V) 的 1/4 次方变化。可见，形成玻璃的临界冷却速率对析晶晶体的体积分数是不甚敏感的。这样有了某熔体的 3T 图，对该熔体求冷却速率才有意义。

形成玻璃的临界冷却速率是随熔体组成而变化的。表 4-5 列举了几种化合物生成玻璃的性能。

表 4-5　几种化合物生成玻璃的性能

性能	化合物									
	SiO_2	GeO_2	B_2O_3	Al_2O_3	As_2O_3	BeF_2	$ZnCl_2$	LiCl	Ni	Se
$T_M/℃$	1710	1115	450	2050	280	540	320	613	1380	225
$\eta(T_M)/(dPa·s)$	10^7	10^5	10^5	0.6	10^5	10^6	30	0.02	0.01	10^3
T_g/T_M	0.74	0.67	0.72	~0.5	0.75	0.67	0.58	0.3	0.3	0.65
$\dfrac{dT}{dt}/(℃/s)$	10^{-6}	10^{-2}	10^{-6}	10^3	10^{-5}	10^{-6}	10^{-1}	10^8	10^7	10^{-3}

由表 4-5 可以看出，凡是在熔点时具有高的黏度，并且黏度随温度降低而剧烈地增高，使析晶位垒升高的这类熔体易于形成玻璃。而一些在熔点附近黏度很小的熔体，如 LiCl、金属 Ni 等易析晶而不易形成玻璃。$ZnCl_2$ 只有在快速冷却条件下才生成玻璃。

从表 4-5 还可以看出，玻璃转变温度 T_g 与熔点 T_M 之间的相关性（T_g/T_M）也是判别能否形成玻璃的标志。转变温度 T_g 是和动力学有关的参数，它由冷却速率和结构调整速率的相对大小确定。对于同一种物质，其转变温度愈高，表明冷却速率愈快，愈有利于生成玻璃。对于不同物质，则应综合考虑 T_g/T_M 值。

图 4-19 示出一些化合物的熔点（T_M）与转变温度（T_g）的关系。图中直线斜率为 $T_g/T_M = \dfrac{2}{3}$。由图可知，易生成玻璃的氧化物位于直线上方，而较难生成玻璃的非氧化物，特别是金属合金位于直线的下方（GeO_2 和 As_2O_3 的直线有些偏离）。当 $T_g/T_M = 0.5$ 时，形成玻璃的临界冷却速率约要 10K/s。

黏度和熔点是生成玻璃的重要标志，冷却速率是形成玻璃的重要条件。但这些毕竟是反映物质内部结构的外部属性。因此从物质内部的化学键特性、质点的排列状况等去探求才能得到本质的解释。

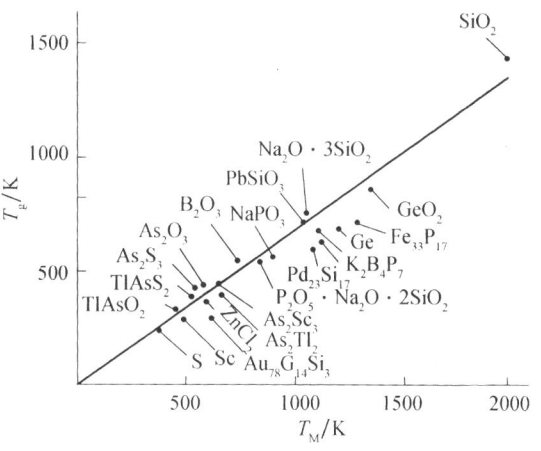

图 4-19　一些化合物的熔点（T_M）和转变温度（T_g）的关系

4. 玻璃形成的结晶化学条件

（1）键强

氧化物的单键强度是决定它能否形成玻璃的重要条件。孙光汉首先于 1947 年提出可以用元素与氧结合的单键能大小来判断氧化物能否生成玻璃。他首先计算出各种化合物的分解能，并认为以该种化合物的配位数除之，得出的商数即为单键能（单键强度 = $\dfrac{氧化物分解能}{阳离子配位数}$）。各种氧化物的单键能数值列于表 4-6 中。根据单键能的大小，可将氧化物分为以下三类：

1）玻璃网络形成体（正离子称为网络形成离子），其单键强度大于335kJ/mol。这类氧化物能单独形成玻璃。

2）网络变性体（或称网络外体，正离子称为网络变性离子），其单键强度小于250kJ/mol。这类氧化物不能形成玻璃，但能改变网络结构，从而使玻璃性质改变。

3）中间体（正离子称为中间离子），其作用介于玻璃形成体和网络变性体两者之间。

表4-6 氧化物的单键能

元素	每个 MO_x 的分解能 E/kJ	配位数	M—O 单键能/kJ	E_{MO}/T_M	所属类型	元素	每个 MO_x 的分解能 E/kJ	配位数	M—O 单键能/kJ	E_{MO}/T_M	所属类型
B	1490	3	498	1.36	网络形成体	Na	502	6	84	—	网络变性体
	—	4	373	—		K	482	9	54	—	
Si	1775	4	444	0.44		Ca	1076	8	134	0.10	
Ge	1805	4	452	0.65		Mg	930	6	155	0.11	
P	1850	4	465~369	0.87		Ba	1089	8	136	0.13	
V	1880	4	469~377	0.79		Zn	603	4	151	—	
As	1461	4	364~293	—		Pb	607	4	151	—	
Sb	1420	4	356~360	—		Li	603	4	151	—	
Zr	2030	6	339	—		Sc	1516	6	253	—	
Zn	603	2	302	0.28	中间体	La	1696	7	242	—	
Pb	607	2	306	—		Y	1670	8	209	—	
Al	1505	6	250	—		Sn	1164	6	193	—	
Be	1047	4	264	—		Ga	1122	6	188	—	
Zr	2031	8	255	—		Rh	482	10	48	—	
Cd	498	2	251	—		Cs	477	12	40	—	

孙光汉提出的键强因素揭示了化学键性质的一个重要方面。由表4-6可见，氧化物熔体中配位多面体能否以负离子团存在而不分解成相应的个别离子，主要与阳离子和氧形成键的键强密切相关。键强愈强的氧化物熔融后负离子团也愈牢固，键的破坏和重新组合也愈困难，成核位垒也愈高，故不易析晶而易形成玻璃。

劳森（Rawson）认为玻璃形成能力不仅与单键能有关，还与破坏原有键使之析晶所需的热能有关，从而进一步发展了孙光汉的理论。劳森提出用单键能除以熔点的值来作为衡量玻璃形成能力的参数。表4-6列出了部分氧化物的这一数值。由表可见，单键能愈高，熔点愈低的碱化物愈易形成玻璃。凡氧化物的 $\frac{单键能}{熔点}$ 大于 0.42kJ/（mol·K）者称为网络形成体；$\frac{单键能}{熔点}$ 小于 0.125kJ/（mol·K）者称为网络变性体，数值介于两者之间称为网络中间体。该判据把物质的结构与其性质综合起来考虑，有其独特之处，同时也使网络形成体与网络变性体之间的差别更为明显地反映出来。劳森用此判据解释 B_2O_3 易形成稳定的玻璃而难以析晶的原因是，B_2O_3 的 $\frac{单键能}{熔点}$ 比值在所有氧化物中最高。劳森的判据有助于我们理解多元系统中组成落在低共熔点或共熔界线附近时，易形成玻璃的原因。

(2) 键型

化学键的特性是决定物质结构的主要因素,因而它对玻璃形成也有重要的影响。其规律是具有极性共价键和半金属共价键的离子化合物才能生成玻璃。

离子键化合物(如 NaCl、CaF_2 等)在熔融状态以正、负离子形式单独存在,流动性很大,在凝固点靠库仑力迅速组成晶格。离子键作用范围大,无方向性,并且一般离子键化合物具有较高的配位数(6、8),离子相遇组成晶格的概率也较高,所以,一般离子键化合物析晶活化能小,在凝固点黏度很低,很难形成玻璃。

金属键物质如单质金属或合金,在熔融时失去联系较弱的电子后,以正离子状态存在,金属键无方向性和饱和性,并在金属晶格内出现晶体最高配位数 12,原子相遇组成晶格的概率最大,难以形成玻璃。

纯粹共价键化合物大部分为分子结构。在分子内部原子以共价键相联系,而作用于分子间的是范德华力。由于范德华力无方向性,一般在冷却过程中质点易进入点阵而构成分子晶格。因此以上三种键型都不易形成玻璃。

当离子键和金属键向共价键过渡时,通过强烈的极化作用,化学键具有方向性和饱和性趋势,在能量上有利于形成一种低配位数(3、4)或一种非等轴式构造,离子键向共价键过渡的混合键称为极性共价键。其特点是有 sp 电子形成杂化轨道,并构成 σ 键和 π 键。这种混合键具有离子键易改变键角、易形成无对称变形的趋势,又具有共价键的方向性和饱和性、不易改变键长和键角的倾向。前者有利于造成玻璃的远程无序,后者则造成玻璃的近程有序。因此,极性共价键的物质比较易形成玻璃态。同样,金属键向共价键过渡的混合键称为金属共价键。在金属中加入半径小电荷高的半金属离子(Si^{4+}、P^{5+}、B^{3+} 等)或加入场强大的过渡金属原子产生强烈的极化作用,从而形成 spd 或 spdf 杂化轨道,形成金属和加入元素组成的原子团。这种原子团类似[SiO_4]四面体,也可形成金属玻璃的近程有序。但金属的无方向性和无饱和性则使这些原子团之间可以自由连接,形成无对称变形的趋势从而产生金属玻璃的远程无序。

综上所述,形成玻璃必须具有极性共价键或金属共价键型。一般地说,阴、阳离子的电负性差 ΔX 约在 1.5~2.5 之间。其中,阳离子具有较强的极化本领,单键强度(M—O)大于 335kJ/mol,成键时 sp 电子形成杂化轨道,这样的键型在能量上有利于形成一种低配位数负离子团构造如[SiO_4]或[BO_3]或结构键[Se—Se—Se]、[S—As—S],它们互成层状、链状和架状,在熔融时黏度很大,冷却时分子团聚集形成无规则的网络,因而形成玻璃倾向很大。

玻璃的形成条件除上述几方面外,结晶相组成的多少对玻璃形成也有一定影响。若在同一温度下有几种组成同时析晶,即不同组成的质点或原子集团要同时组成几种不同的晶格,相互交错影响、干扰,因而组成晶格的几率比单纯排列为一种晶格的小,此时熔体比较容易形成玻璃。因此,实际生产玻璃时,在满足其他工艺条件的前提下,为使玻璃稳定,一般采用多组分配料。

玻璃形成能力是与组成、结构、热力学和动力学条件等均有关的一个复杂因素。近年来,人们正试图从结构化学、量子化学和聚合物理论等方面探讨玻璃的形成规律,今后玻璃形成理论将进一步深入和完善。

4.5 玻璃结构理论

物质的各种物理性质与它的微观结构密切相关。研究玻璃态物质的结构，不仅可以丰富物质结构理论，而且对于探索玻璃态物质的组成、结构、缺陷和性能之间的关系，通过调整化学组成或改变玻璃结构制备预计性能的玻璃，进而指导工业生产实践活动。

玻璃结构是指玻璃中质点在空间的几何配置、有序程度及它们彼此间的结合状态。玻璃结构理论是随着研究物质结构技术的发展而发展的。影响玻璃结构的因素比较多，除了化学组成以外，还有熔体的冷却方式及热处理、化学处理等。与晶体结构相比，玻璃结构理论发展缓慢，远不如对晶体结构的认识那样深入，目前人们还不能应用直接的研究手段对玻璃结构用几何模型准确完整地加以描述。关于玻璃结构的信息是通过特定条件下某种性质的测量而间接得到的。通常来说，用一种研究方法根据一种性质只能从一个方面得到对玻璃结构的局部认识，而且很难把这些局部认识相互联系起来。因此，到目前为止，还没有完全一致的结论可将玻璃结构的本质论述清楚。由于玻璃结构的复杂性，人们虽然运用众多的研究方法试图揭示出玻璃的结构本质，但至今尚未提出一个统一和完善的玻璃结构理论。关于玻璃结构的理论仍处于继续发展和完善中。

有关玻璃结构的学说不下十几种。最早由门捷列夫提出，他认为玻璃是无定形物质，没有固定化学组成与合金类似。塔曼把玻璃看成过冷液体。索克曼（Sockman）等提出玻璃基本结构单元是具有一定化学组成的分子聚合体。蒂尔顿（Tilton）1975年提出玻子理论，玻璃是由20个 $[SiO_4]$ 四面体组成的一个单元。这种在晶体中不可能存在的五角对称是 SiO_2 形成玻璃的原因，他根据这一论点成功地计算出石英玻璃的密度。

此外，还有依肯（Ecuh）提出核前群理论，阿本（Амиeи）提出离子配位假说等。但目前最主要的、较普遍为人们接受的玻璃结构学说是前苏联学者列别捷夫（А. А. Лебедев）在1921年提出的晶子学说和德国学者扎哈里阿森（Zachariasen）在1932年提出的无规则网络学说。

1. 晶子学说

列别捷夫在研究硅酸盐玻璃时发现，无论是加热还是冷却，玻璃的折射率在573℃左右都会发生急剧变化。而573℃正是石英由 α→β 晶型转变的温度。上述现象对硅酸盐玻璃都有一定普遍性，他认为玻璃是高分散晶体（晶子）的集合体。之后又有很多学者借助X射线分析法和其他方法为晶子学说取得了新的实验数据。

瓦连可夫（Н. Н. Ваенков）和波拉依-柯希茨（Е. А. Дорап-Иощду）研究了成分递变的钠硅双组分玻璃的X射线散射强度曲线。他们发现第一峰石英玻璃衍射的主峰与晶体石英的特征峰相符。第二峰是 $Na_2O \cdot SiO_2$ 玻璃的衍射线主峰，与偏硅酸钠晶体的特征峰一致。在钠硅玻璃中上述两个峰均同时出现。随着钠硅玻璃中 SiO_2 含量增加，第一峰愈明显，而第二峰愈模糊。他们认为，钠硅玻璃中同时存在方石英晶子和偏硅酸钠晶子，这是X射线强度曲线上有两个极大值的原因。他们又研究了升温400~800℃再淬火、退火和保温几小时的玻璃，结果表明，玻璃X射线衍射图不仅与成分有关，而且与玻璃制备条件有关。提高温度，延长加热时间，主峰陡度增加，衍射图也愈清晰（图4-20）。他们认为这是晶子长大所致。由实验数据推论,普通石英玻璃中的方石英晶子平均尺寸为1nm。

晶态物质和相应玻璃态物质虽然强度曲线极大值的位置大体相似,但不相一致的地方也是明显的。很多学者认为这是玻璃中晶子点阵图有变形所致,并估计玻璃中方石英晶子的固定点阵比方石英晶体的固定点阵大6.6%。

马托西(G. Matassi)等研究了结晶氧化硅和玻璃态氧化硅在3~26μm的波长范围内的红外反射光谱。结果表明,玻璃态石英和晶态石英的反射光谱在12.4μm处具有同样的最大值。这种现象可以解释为与反射物质的结构相同。

弗洛林斯卡妮的工作表明,在许多情况下观察到玻璃和析晶时,以初晶析出晶体的红外反射和吸收光谱极大值是一致的。这就是说,玻璃中有局部不均匀区,该区原子排列与相应晶体的原子排列大体一致。图4-21比较了Na_2O-SiO_2系统在原始玻璃态和析晶态的红外反射光谱。由研究结果得出结论:结构的不均匀性和有序性是所有硅酸盐玻璃的共性。

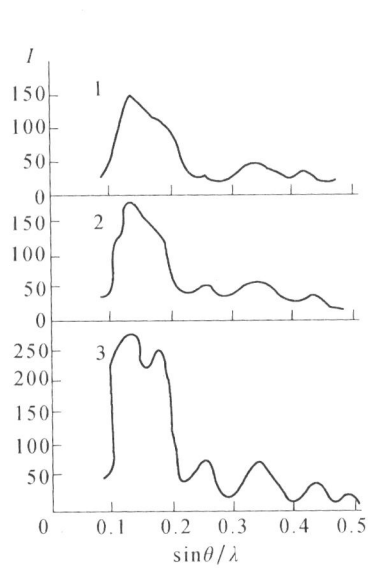

图4-20 $27Na_2O \cdot 73SiO_2$玻璃的X射线散射强度曲线
1—未加热;2—在618℃保温1h;
3—在800℃保温10min和670℃保温20h

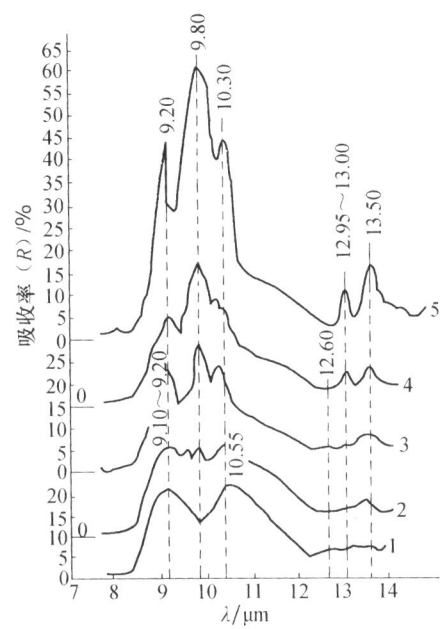

图4-21 $33.3\% Na_2O \cdot 66.7\% SiO_2$玻璃表层部分在620℃处理后的反射光谱
1—原始玻璃;2—保温1h;3—保温3h,有间断薄雾析晶;
4—保温5h,连续薄雾析出;5—保温6h,变成玻璃表层部分

根据很多实验得出的晶子学说要点为:硅酸盐玻璃是由无数"晶子"组成,"晶子"的化学性质取决于玻璃的化学组成。所谓"晶子"不同于一般微晶,而是带有晶格变形的有序区域,在"晶子"中心质点排列较有规律,愈远离中心则变形程度愈大。"晶子"分散在无定形介质中,并从"晶子"部分到无定形部分的过渡是逐步完成的,两者之间无明显界线。

晶子学说的意义是第一次揭示了玻璃结构的微不均匀性及近程有序性,这是晶子学说的成功之处。但是至今晶子学说尚有一系列重要的原则问题未得到解决。晶子理论的首倡者列别捷夫承认,由于有序区尺寸太小,晶格变形严重,采用X射线、电子射线和中子射线衍射法,都未能取得令人信服的结果。除晶子尺寸外,晶子含量、晶子的化学组成等都还未得到合理的确定。

2. 无规则网络学说

无规则网络学说是由德国学者扎哈里阿森根据哥希密特（Goldschmidt）结晶化学观点在1932年提出的，以后逐渐成为玻璃结构理论的一个学派。

无规则网络学说认为：凡是成为玻璃态的物质与相应的晶体结构一样，也是由一个三度空间网络所构成。这种网络是由离子多面体（四面体或三角体）构筑起来的。晶体结构网络是由多面体无数次有规律重复构成，而玻璃中结构多面体的重复没有规律性。

在无机氧化物所组成的玻璃中，网络是由氧离子多面体构筑起来的。多面体中心总是被网络形成离子（Si^{4+}、B^{3+}、P^{5+}）所占有。氧离子有两种类型，凡属两个多面体的称为桥氧离子，凡属一个多面体的称为非桥氧离子。网络中过剩的负电荷则由处于网络间隙中的网络变性离子来补偿。这些离子一般都是低正电荷、半径大的金属离子（如Na^+、K^+、Ca^{2+}等）。无机氧化物玻璃结构的二度空间示意如图4-22所示。显然，多面体的结合程度甚至整个网络结合程度都取决于桥氧离子的百分数，而网络变性离子均匀而无序地分布在四面体骨架空隙中。

扎哈里阿森认为，玻璃和其相应的晶体具有相似的内能，并提出形成氧化物玻璃四条规则：

（1）每个氧离子最多与两个网络形成离子相连。

（2）多面体中阳离子的配位数必须是小的，即为4或更小。

（3）氧多面体相互共角而不共棱或共面。

（4）形成连续的空间结构网要求每个多面体至少有三个角是与相邻多面体公共的。

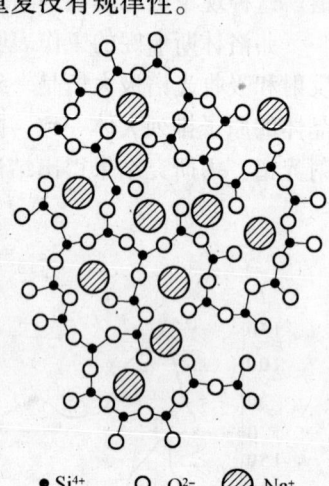

● Si^{4+}　○ O^{2-}　⊘ Na^+

图4-22　钠硅玻璃结构示意图

瓦伦（B. E. Warren）对玻璃的X射线衍射光谱的一系列卓越的研究，使扎哈里阿森的理论获得有力的实验证明。石英玻璃、方石英和硅胶的X射线衍射如图4-23所示。玻璃的衍射线与方石英的特征谱线重合，这使一些学者把石英玻璃联想为含有极小的方石英晶体，同时将漫射归结于晶体的微小尺寸。然而，瓦伦认为这只能说明石英玻璃与方石英中原子间距离大体上是一致的。他按强度-角度曲线半高处的宽度计算出石英玻璃内如有晶体其大小也只有0.77nm，这与石英单位晶胞尺寸0.7nm相似。晶体必须是由晶胞在空间有规则地重复，因此"晶子"的名称在石英玻璃中失去意义。由图4-23还可以看到，硅胶有显著的小角度散射而玻璃中没有。这是由于硅胶是由尺寸为1~10nm的不连续粒子组成，粒子间有间距和空隙，强烈的散射是由于物质具有不均匀性的缘故。但石英玻璃小角度没有散射，这说明玻璃是一种密实体，其中没有不连续的粒子或粒子间没有很大空隙。这结果与晶子学说的微不均匀性又有矛盾。

瓦伦又用傅里叶分析法将实验获得的玻璃衍射强度曲线在傅里叶积分公式基础上换算成围绕某一原子的径向分布曲线。原子径向分布函数的含义是，取固体中任意一个原子中心为原点，离开这个原点距离为rdr的球壳内原子的数目若为C_i，固体中每个原子都可作为原点，对试样中所有原子取平均值即得到$\frac{1}{n}\sum_{i=1}^{n}G_i$。定义$\rho(r)$为距离等于$r$的球壳上原子的平均密度，把$4\pi r^2\rho(r)$称为径向分布函数，其含义是以$i$原子为圆点的体积为$4\pi r^2 dr$球壳

内 i 类原子数目的平均值。径向分布函数可以描述固体中原子排列的有序程度。再利用该物质的晶体结构数据，即可以得到近距离内原子排列的大致图形。在原子径向分布曲线上第一个极大值是该原子与邻近原子间的距离，而极大值曲线下的面积是该原子的配位数。图4-24表示石英玻璃径向原子分布曲线。第一个极大值表示 Si—O 距离为 0.162nm。这与晶体硅酸盐中发现的 Si—O 平均间距（0.160nm）非常符合。

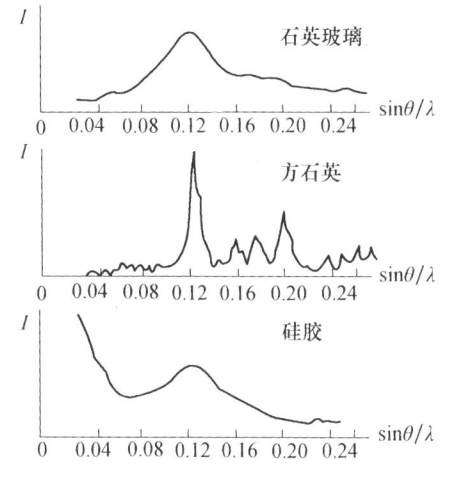

图 4-23 石英等物质的 X 射线衍射图　　图 4-24 石英玻璃的径向分布曲线

按第一个极大值曲线下的面积计算得配位数为 4.3，接近硅原子配位数 4。因此 X 射线分析的结果直接指出在石英玻璃中的每一个硅原子，平均约为四个氧原子以大致 0.162nm 的距离围绕。利用傅里叶法，瓦伦研究 Na_2O-SiO_2、K_2O-SiO_2、Na_2O-B_2O_3 等系统玻璃结构。发现随着原子径向距离增加，分布曲线中极大值逐渐模糊。从瓦伦数据得出，玻璃结构有序部分距离在 1.0~1.2nm 附近，即接近晶胞大小。

综上所述，瓦伦的实验证明：玻璃物质主要部分不可能以方石英晶体的形式存在，而每个原子的周围原子配位，对玻璃和方石英来说都是一样的。

无规则网络学说强调了玻璃中离子多面体相互间排列的均匀性、连续性及无序性等方面。这些结构特征可以在玻璃的各向同性、内部性质的均匀性和随成分改变时玻璃性质变化的连续性等基本特性上得到反映。因此无规则网络学说能解释一系列玻璃性质的变化，长期以来是玻璃结构的主要学派。

近年来，随着实验技术的进展和玻璃结构与性质的深入研究，积累了愈来愈多的关于玻璃内部不均匀的资料。实际上玻璃结构的近程有序性和远程无序性、连续性与不连续性、均匀性与不均匀性不是绝对的。例如首先在硼硅酸盐玻璃中发现分相与不均匀的现象，以后又在光学、氟化物与磷酸盐玻璃中发现有分相现象。即使是肉眼看来均匀一致的玻璃，在高倍电子显微镜下观察发现，是由许多从 0.01~0.1μm 各不相同的微观区域构成的；玻璃经过热处理后的析晶和分相，便可以观察到不均匀性。所以现代玻璃结构理论必须能够反映出玻璃内部结构的另一方面即近程有序和化学组成上不均匀性。

随着研究的日趋深入，这两种学说彼此都有进展并试图克服本身的局限性。无规则网络学说派认为，阳离子在玻璃结构网络中所处的位置不是任意的，而是有一定配位关系。多面体的排列也有一定的规律，并且在玻璃中可能不止存在一种网络（骨架），因而承认了玻璃结构的近程有序和微不均匀性。同时，晶子学派代表者也适当地估计了晶子在玻璃中的大小、数量以及晶子与无序部分的玻璃中的作用，即认为玻璃是具有近程有序（晶子）区域的无定形物质。两种学说的观点正在渐趋接近，二者比较统一的看法是：玻璃是具有近程有序、远程无序结构特点的无定形物质。但是在无序与有序区大小、比例和结构等仍有分歧。

3. 多面体的无规则堆积模型

晶子学说和无规则网络学说都是针对传统氧化物玻璃提出的玻璃结构理论，对于许多与传统氧化物玻璃性质完全不同的玻璃体系，其结构就很难用无规则网络学说或晶子学说加以描述。

当氧化物玻璃中玻璃形成体含量少于50%时，一般称"反常"玻璃（Inversion Glass）或"逆性"玻璃，这类玻璃通常不能形成三度或二度空间的结构网络。其他如快速冷却获得的铝酸盐、钽酸盐和铌酸始等氧化物玻璃，大部分是形成［AlO_6］八面体、［TaO_6］八面体和［NbO_6］八面体等。此外，重金属氟化物玻璃中，ZrF_4、ThF_4、HfF_4等都形成配价数大于六的多面体。这些氧化物和氟化物的单质本身很难形成玻璃，往往需要多元组分才能形成玻璃，这类玻璃的结构与传统氧化物玻璃差异很大，往往不能用无规则网络学说和晶子学说来描述。

Poulain曾用离子堆积模型（Ionic Model）描述重金属氟化物玻璃。这类玻璃的结构中，氟离子和半径大的金属正离子作无序堆积，其他正离子处于无序堆积的空隙中。为形成远程无序，离子堆积要避免形成最紧密堆积，降低负离子的配位数。上述氧化物和氟化物玻璃虽然有较高的离子键成分，但都有电场强度高的类金属和金属离子，它们能集成氧（氟）多面体，故可用多面体的无规则堆积模型来描述这类玻璃，其要点为：

（1）类金属和高电场强度的金属离子组成氧（氟）多面体，如氧八面体［AlO_6］、［TaO_6］、［NbO_6］等和氟多面体［ZrF_7］、［ZrF_8］、［ThF_8］、［YF_6］、［AlF_6］等。多面体之间大部分以顶点相连，也有边相连，组成三度空间的无规则堆积的结构骨架，多面体的堆积在1.0nm以上的范围是无序的，最近邻的多面体间的连接有一定有序性。

（2）碱金属和碱土金属离子位于多面体堆积的骨架间隙中，围绕带负电的多面体。碱金属和碱土金属氧化物或氟化物给出"游离"氧或"游离"氟，使多面体的一、两个顶点形成"非桥氧"或"非桥氟"，这增加了多面体无序连接的自由度，故组成多面体的氧化物Al_2O_3、TiO_2、Ta_2O_5、Nb_2O_5和氟化物ZrF_4、ThF_4、AlF_3本身不形成玻璃，但二元系统如CaO-Al_2O_3、Li_2O-Nb_2O、BaF_2-ZrF_4、CaF_2-AlF_3则易形成玻璃态。

（3）高场强的氧化物或氟化物（组成多面体）与低场强的氧化物或氟化物（在多面体以外）之间有一定匹配，才能使玻璃态结构趋于稳定。多种形式的多面体和多面体外的离子存在，更容易达到一定的匹配条件。故多元系统更趋稳定。

（4）如果玻璃中存在氧四面体［MgO_4］、［AlO_4］、［SiO_4］、［GeO_4］和氟四面体［MgF_4］、［AlF_4］、［BeF_4］等，且间隔于上述多面体的堆积中，使多面体更多的顶点相连而避免边连接，则玻璃更稳定。

玻璃结构的研究还在继续进行，随着实验技术及数据处理方法的进一步提高，为玻璃结构的研究提供了良好的条件，相信在不远的将来会更进一步地揭示玻璃结构的本质。

4.6 常见玻璃实例

玻璃种类繁多，包括传统熔融法制得的传统玻璃和用非熔融法（如气相沉积、真空蒸发和溅射、离子注入和激光等）所获得的新型玻璃。本节仅简要介绍广泛应用和研究的硅酸盐玻璃、硼酸盐玻璃和磷酸盐玻璃。

1. 玻璃基本结构参数

通过桥氧形成网络结构的玻璃称为氧化物玻璃，如无机材料中广泛研究和应用的硅酸盐玻璃和硼酸盐玻璃。为表征硅酸盐及其他氧化物系统玻璃的网络结构特征，考虑玻璃中各原子或离子的相互依存关系，以及便于比较玻璃的各种物理性质，通常可用 4 个玻璃基本结构参数来描述玻璃的网络特性。这 4 个玻璃基本结构参数分别为：

X——每个多面体中非桥氧离子的平均数；

Y——每个多面体中桥氧离子平均数；

Z——每个多面体中氧离子平均总数；

R——玻璃中氧离子总数与网络形成离子总数之比（一般为 $\frac{O}{Si}$ 比）。

这些参数之间存在着两个简单的关系：

$$Z = X + Y \quad 和 \quad R = X + 0.5Y$$

或

$$X = 2R - Z \quad 和 \quad Y = 2Z - 2R$$

每个多面体中的氧离子总数 Z 一般是已知的（在硅酸盐和磷酸盐玻璃中，$Z=4$、硼酸盐玻璃 $Z=3$）。用它来描述硅酸盐玻璃的网络连接特点是很方便的。R 通常可以从组成计算出来，因此确定 X 和 Y 就很简单。举例如下：

（1）石英玻璃：$Z=4$，$R = \frac{O}{Si} = \frac{2}{1} = 2$，求得 $X=0$，$Y=4$。

（2）10mol% Na_2O · 18mol% CaO · 72mol% SiO_2 玻璃：$Z=4$，$R = \frac{1}{72} \times (10 + 18 + 72 \times 2) = 2.39$，$X = 2R - 4 = 2 \times 2.39 - 4 = 0.78$，$Y = 4 - X = 4 - 0.78 = 3.22$。

但是，并不是所有玻璃都能简单地计算四个参数。因为有些玻璃中的离子并不属典型的网络形成离子或网络变性离子，如 Al^{3+}、Pb^{2+} 等属于所谓中间离子，这时就不能准确地确定 R 值。在硅酸盐玻璃中，若组成中 $\frac{(R_2O + RO)}{Al_2O_3} > 1$，则 Al^{3+} 被认为是占据 [AlO_4] 四面体的中心位置，Al^{3+} 作为网络形成离子计算。若 $\frac{(R_2O + RO)}{Al_2O_3} < 1$，则把 Al^{3+} 作为网络变性离子计算。但这样计算出来的 Y 值比真正 Y 值要小。

Y 又称为结构参数，玻璃的很多性质取决于 Y 值。Y 值小于 2 的硅酸盐玻璃就不能构成三维网络。Y 值愈小，网络空间上的聚集愈小，结构也变得较松，并随之出现较大的间隙。结果使网络变性离子的运动，不论在本身位置振动或从一个位置通过网络的网隙跃迁到另一个位置都比较容易。因此随 Y 值递减，出现热膨胀系数增大、电导增加和黏度减小等变化。一些玻璃的结构参数列于表 4-7 中。

表4-7　典型玻璃的结构参数 X, Y, R 值

组成	R	X	Y	组成	R	X	Y
SiO_2	2	0	4	$Na_2O \cdot Al_2O_3 \cdot 2SiO_2$	2	0	4
$Na_2O \cdot 2SiO_2$	2.5	1	3	$Na_2O \cdot SiO_2$	3	2	2
$Na_2O \cdot \frac{1}{3}Al_2O_3 \cdot 2SiO_2$	2.25	0.5	3.5	P_2O_5	2.5	1	3

从表4-8可以看出 Y 对玻璃一些性质的影响。表中每一对玻璃的两种化学组成完全不同，但它们都具有相同的 Y 值，因而具有几乎相同的物理性质。

表4-8　Y 对玻璃性质的影响

组成	Y	熔融温度/℃	膨胀系数 $\alpha \times 10^{-7}$	组成	Y	熔融温度/℃	膨胀系数 $\alpha \times 10^{-7}$
$Na_2O \cdot 2SiO_2$	3	1523	146	$Na_2O \cdot SiO_2$	2	1323	220
P_2O_5	3	1573	140	$Na_2O \cdot P_2O_5$	2	1373	220

2. 硅酸盐玻璃

硅酸盐玻璃由于资源广泛、价格低廉，对常见试剂和气体介质化学稳定性好、硬度高、生产方法简单等优点而成为实用价值最大的一类玻璃。

(1) 石英玻璃结构

石英玻璃是硅酸盐玻璃的基础，研究硅酸盐玻璃应首先了解石英玻璃结构。

石英玻璃是由硅氧四面体 [SiO_4] 以顶角相连而组成的三维架状网络。石英玻璃的径向原子分布曲线如图4-24所示。由第一峰位置指出硅原子与氧原子的距离为0.162nm，第二峰近似为氧与氧距离0.265nm，这两个峰与石英晶体中硅氧距离很接近。石英玻璃与晶体石英在两个硅氧四面体之间键角的差别如图4-25所示。石英玻璃 Si—O—Si 键角分布在 120°~180°的范围内，中心在144°。与石英晶体相比，石英玻璃 Si—O—Si 键角范围比晶体中宽，而 Si—O 和 O—O 的距离在玻璃中的均匀性几乎与在相应的晶体中一样。由于 Si—O—Si 键角变动范围大，使石英玻璃中 [SiO_4] 四面体排列成无规则网络结构，而不像方石英晶体中四面体有良好的对称性。

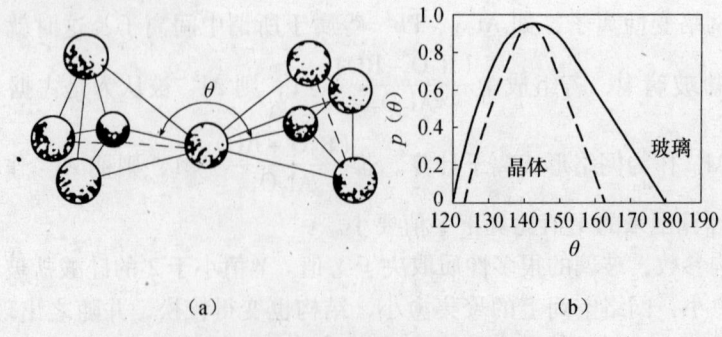

图4-25　Si—O—Si 键角及分布
(a) 硅氧四面体中 Si—O—Si 键角 (θ)，大球为氧，小球为硅；
(b) 石英玻璃和方石英晶体中 Si—O—Si 键角 (θ) 分布曲线

由于石英玻璃的 O/Si 比为 2:1,结构中所有的氧都为桥氧,[SiO₄] 四面体所有顶角都共有。故石英玻璃中的三维无规则网络非常完整。表现在宏观性质上,石英玻璃具有机械强度高、透紫外性能好、热膨胀系数低、化学稳定性好等特点。

（2）硅酸盐玻璃

二氧化硅作为网络形成体是硅酸盐玻璃中的主体氧化物,它在玻璃中的结构状态对硅酸盐玻璃的性质起决定性的影响。当 R_2O 或 RO 等氧化物加入到石英玻璃中,形成二元、三元甚至多元硅酸盐玻璃时,由于增加了 O/Si 比例,使原来 O/Si 为 2 的三维架状结构破坏,随之玻璃性质也发生变化。尤其从连续三维方向发展的硅氧骨架结构向二维方向层状结构变化以及由层状结构向只有一维方向发展的硅氧链结构变化时,性质变化更大。硅酸盐玻璃中 [SiO₄] 四面体的网络结构与加入 R^+ 或 R^{2+}（金属阳离子）的数量有关。在 [SiO₄] 四面体的网络结构单元中的 Si—O 化学键随着 R^+ 极化力增强而减弱,尤其是使用半径小的离子时 S—O 键发生松弛。图 4-26 表明随连接在四面体上 R^+ 离子数增加而使 Si—O_b—Si 桥变弱,同时 Si—O_{nb}（O_b 为桥氧,O_{nb} 为非桥氧）键变得更为松弛（相应距离增加）。

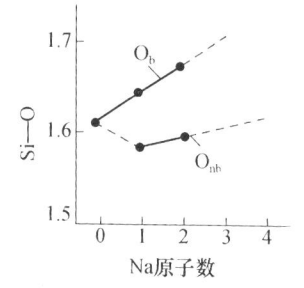

图 4-26　Si—O 距离随连接于四面体的钠离子数目的变化

随着 RO 或 R_2O 加入量增加,连续网状 SiO_2 骨架可以从一个顶角发展到两个直至四个。Si—O—Si 键合状况的变化,明显影响到玻璃黏度和其他性质的变化。在 Na_2O-SiO_2 系统中,当 O/Si 比由 2 增加到 2.5 时,玻璃黏度降低 8 个数量级。

在多种釉和搪瓷中氧和网络形成体之比一般在 2.25~2.75。通常钠钙硅玻璃中 R 约为 2.4。

硅酸盐玻璃与硅酸盐晶体随 O/Si 增加到 4,从结构上看均由三维网络骨架转变为孤岛状四面体。无论是结晶态还是玻璃态,四面体中的 Si^{4+} 都可以被半径相近的离子置换而不破坏骨架,除 Si^{4+} 和 O^{2-} 位置有一定的配位原则。

成分复杂的硅酸盐玻璃在结构上与相应的硅酸盐晶体还是有显著的区别。首先,在晶体中,硅氧骨架按一定的对称规律周期重复排列,在玻璃中则是无序的。晶体是一种结构贯穿到底,玻璃在一定组成范围内往往是几种结构的混合。其次,在晶体中骨架外的 M^+ 或 M^{2+}（金属阳离子）占据了点阵的固定位置,在玻璃中它们统计均匀地分布在骨架的空腔内起着平衡氧负电荷的作用。第三,在晶体中只有当骨架外阳离子半径相近时,才能发生同晶置换,在玻璃中则不论半径如何,只要遵守静电价规则,骨架外阳离子均能发生互相置换。第四,在晶体中（除固溶体外）氧化物之间有固定的化学计量,在玻璃中氧化物可以非化学计量的任意比例混合。由于玻璃的化学组成、结构比晶体有更大的可变动性和宽容度,所以玻璃的性能可以作很多调整,使玻璃品种丰富,有十分广泛的用途。

3. 硼酸盐玻璃

氧化硼是一种很好的网络形成剂,能单独形成氧化硼玻璃,氧化硼玻璃是硼酸盐玻璃的基础。在玻璃工业中,硼酸盐玻璃由于具有某些优异的特性而使它成为不可取代的一种玻璃材料。例如硼酐是唯一能用来制造有效吸收慢中子的氧化物玻璃,硼酸盐玻璃对 X 射线透过率高，用来做 X 射线透过窗口的林德曼玻璃就是利用了这一特性。另外，硼酸盐玻璃电绝缘性能也优于硅酸盐玻璃。

（1）B_2O_3 玻璃

瓦伦测定了 B_2O_3 玻璃的径向分布曲线，其第一峰表示 B—O 间距是 1.37Å，第二峰是 O—O 间距 2.40Å。由第一峰下的面积计算得出相邻于每一个硼原子的氧数目为 3，所以可以确定每个硼原子平均约由三个氧原子以约为 1.37Å 距离所围绕。X 射线衍射和核磁共振研究表明，B_2O_3 玻璃以［BO_3］三角体作为基本结构单元。B_2O_3 玻璃的结构参数为：

$$Z = 3$$
$$R = \frac{3}{2} = 1.5$$
$$X = 2R - 3 = 3 - 3 = 0$$
$$Y = 2Z - 2R = 6 - 3 = 3$$

因此，［BO_3］三角体的三个顶角也是共有的。

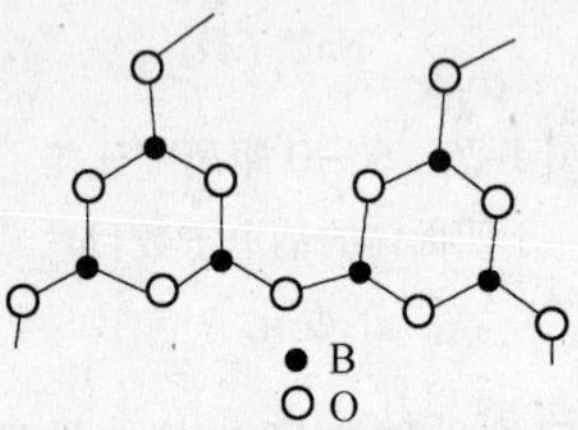

根据核磁共振、红外和拉曼光谱分析以及其他物理性质推出，由 B 和 O 交替排列的平面六角环的 B—O 集团是 B_2O_3 玻璃的重要基元，这些环通过 B—O—B 链连成三维网络，如图 4-27 所示。

根据杂化轨道理论，B—O 之间形成 sp^2 三角形杂化轨道，它形成三个 σ 键还有 π 键成分。X 射线谱证实在 B_2O_3 玻璃中，存在以三角形相互连接的基团。图 4-28 是将 B_2O_3 玻璃的径向分布曲线对硼氧组环中的距离作图。横坐标上竖线的长度正比于散射强度，字母表示相应模型中原子间的距离。在 800℃时这些峰趋于消失或发生变化，证明这种环在高温下是不稳定的。按照无规则网络学说，B_2O_3 玻璃结构可看作是由［BO_3］三角体无序地连接而组成的向二度空间发展的网络。尽管硼氧键能（498kJ）比硅氧键能（444kJ）略大，但因为 B_2O_3 玻璃结构中除了同一层内有较强的 B—O 键外，层与层（或链与链）之间是由较弱的范德华力维系在一起的，所以 B_2O_3 玻璃的一系列性能比 SiO_2 玻璃差很多。例如 B_2O_3 玻璃脆性温度低（约450℃），化学稳定性差（易在空气中潮解）、热膨胀系数高，因而纯 B_2O_3 玻璃实用价值小。它只有与 R_2O、RO 等氧化物组合才能制成具有实用价值的硼酸盐玻璃。

图 4-27 ［BO_3］连接方式

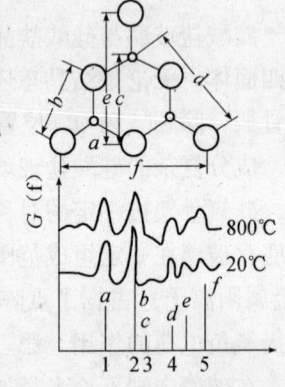

图 4-28 X 射线谱数据证实存在硼氧环

（2）硼酸盐玻璃

瓦伦研究了 Na_2O-B_2O_3 玻璃的径向分布曲线，发现当 Na_2O 摩尔分数由 10.3% 增至 30.8% 时，B—O 间距由 0.137nm 增至 0.148nm。B 原子配位数随 Na_2O 含量增加而由 3 配位数转变为 4 配位数。瓦伦这个观点又得到红外光谱和核磁共振数据的证实。

实验证明当数量不多的碱金属氧化物同 B_2O_3 一起熔融时，碱金属所提供的氧不像熔融 SiO_2 玻璃中作为非桥氧出现在结构中，而是使硼转变为由桥氧组成的硼氧四面体。致使

B_2O_3 玻璃从原来二度空间层状结构部分转变为三度空间的架状结构,从而加强了网络结构,并使玻璃的各种物理性能变好。这与相同条件下的硅酸盐玻璃性能随碱金属或碱土金属加入量的变化规律相反,所以称之为硼反常性。

如图 4-29 所示,含 B_2O_3 的二元玻璃中桥氧数目 O_b、热膨胀系数 α 和软化温度 T_g 随 R_2O 的含量变化。当 Na_2O 含量达到 15%~16% 时出现转折:桥氧又开始减少,热膨胀系数重新上升,其他如黏度、电导率等性质也有类似变化。这说明 Na_2O 含量高于 15%~16% 时结构发生变化。原因就是在 B_2O_3 中开始加 Na_2O 时,一部分 [BO_3] 三角体变成了 [BO_4] 四面体,而另一部分仍为三角体配位。但 [BO_3] 三角体变为 [BO_4] 四面体是有一定限度的,因为 [BO_4] 带负电荷,四面体之间不能直接相连,需通过不带电的 [BO_3] 相连,才能使结构稳定。当 Na_2O 含量超过 15%~16%,若继续加入,此时 Na_2O 提供的氧不是用于形成硼氧四面体,而是以非桥氧形式出现于三角体之中,从而使结构网络连接减弱,导致一系列性能变坏。因此,四配位硼原子的数目不能超过由玻璃组成所决定的某一限度。

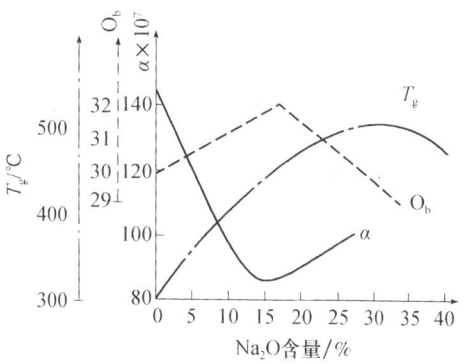

图 4-29 含 B_2O_3 二元玻璃性能随 Na_2O 含量的变化

仅含有 B_2O_3 和 SiO_2 的熔体,由于两者的结构不同(前者为层状结构,后者为架状结构),彼此相容性差,很难形成均匀一致的熔体,是不可混溶的。这样的熔体由高温冷却时,将各自富集成相互独立的体系,形成互不相溶的两个相(分相)。但如果加入 Na_2O,则可形成用途广泛的 Na_2O-B_2O_3-SiO_2 系统玻璃,如高硅氧玻璃和派来克斯玻璃都属于 Na_2O-B_2O_3-SiO_2 系统玻璃。引入 Na_2O 后,[BO_3] 三角体就变为 [BO_4] 四面体,使硼的结构从层状结构向架状结构转变,这样就能使 B_2O_3 与 SiO_2 形成均一的玻璃。在钠硅酸盐玻璃中加入 Na_2O 时,往往会在性质变化曲线中产生极大值或极小值,这种现象也称为硼反常现象。在 Na_2O-B_2O_3-SiO_2 系统玻璃中,当以 B_2O_3 取代 SiO_2 时,玻璃的折射率、密度、硬度、化学稳定性将出现极大值,热膨胀系数出现极小值,而电导、介电损耗、表面张力则不出现硼反常现象。极大值或极小值通常出现在 $\frac{Na_2O}{B_2O_3} = 1$ 的位置。Na_2O-B_2O_3-SiO_2 系统玻璃中出现的硼反常现象也是由于玻璃中 [BO_3] 三角体与 [BO_4] 四面体之间的相对含量的变化导致结构和性质发生逆转现象。

在熔制硼酸盐玻璃时常发生分相现象,一般是分成互不相溶的富硅氧相和富碱硼酸盐相。原因是硼氧三角体的相对数量很大,并进一步富集成一定区域。B_2O_3 含量愈高,分相倾向愈大。通过一定的热处理使分相更加剧烈,甚至可使玻璃发生乳浊。将 Na_2O-B_2O_3-SiO_2 系统玻璃在一定温度下热处理,使之产生分相,然后用无机酸将富钠硼相浸析掉,这样就在原来的玻璃中产生许多微孔,形成多孔玻璃。同时,浸析掉富钠硼相的玻璃中只留下富含 SiO_2 的骨架。如果再将只富含 SiO_2 骨架的多孔玻璃在 1000℃ 左右烧结,使之收缩形成均匀的玻璃,就可制备出热膨胀系数很低的高硅氧玻璃。

氧化硼玻璃的转变温度约 300℃,比 SiO_2 玻璃(1200℃)低得多,利用这一特点,硼玻璃广泛用作玻璃焊接、易熔玻璃和涂层物质的防潮和抗氧化。硼对中子射线的灵敏度高,硼酸盐玻璃作为原子反应堆的窗口对材料起到屏蔽中子射线的作用。

4. 磷酸盐玻璃

磷酸盐晶体和玻璃易溶于水，因此较易通过纸上色层分析法和离子交换法研究构成玻璃的各种分子。在已知的磷氧化合物当中（比如 P_2O_3、P_2O_4、P_2O_5），只有 P_2O_5 才能形成玻璃。已经证实，和晶态 P_2O_5 一样，磷酸盐玻璃的基本结构单元都是磷氧四面体 [PO_4]。

配合使用 X 射线分析，得出 P 与 O 构成的磷氧四面体 [PO_4]$^{3-}$ 是磷酸盐玻璃的基本网络结构单元。图 4-30 是 [PO_4] 结构示意图。磷是五价离子，和 [SiO_4] 四面体不同的是 [PO_4] 四面体的四个键中有一个构成双键，P—O—P 键角约 115°，[PO_4] 四面体以顶角相连成三维网络。与 [SiO_4] 不同的是，双键的一端没有和其他四面体键合。因此，每个四面体只和三个四面体而不是四个四面体连接。这是磷酸盐玻璃软化温度和化学稳定性较低的一个原因。

正磷酸铝（$Al_2O_3 \cdot P_2O_5$）和正磷酸硼（$B_2O_3 \cdot P_2O_5$）中的 [Al(P)O_4] 和 [B(P)O_4] 结构与 [SiO_4] 结构类似。因此，引入一定量的 Al_2O_3 或 B_2O_3，将在磷酸盐玻璃中形成 [Al(P)O_4] 或 [B(P)O_4] 组团，使 P_2O_5 玻璃

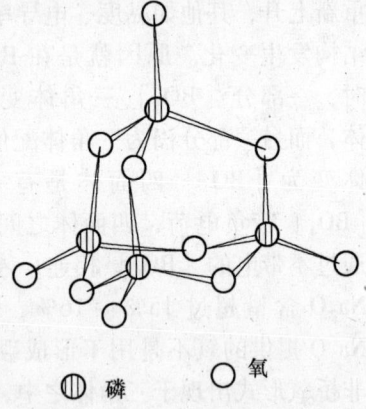

图 4-30　[PO_4] 结构示意图

中原来的层状（或链状）结构转变为架状结构；导致磷酸盐玻璃的一系列性能获得改善。但正磷酸铝和正磷酸硼本身都不能形成玻璃，只有 [$AlPO_4$]-[BPO_4]-SiO_2 系统才能形成玻璃。

尽管磷酸盐玻璃具有析晶倾向大、化学稳定性差、高温挥发性大等缺点，但由磷酸盐系统可制造出折射率高、阿贝数较高的光学玻璃；在折射率相同的情况下，磷酸盐玻璃比硅酸盐玻璃和硼酸盐玻璃有更低的平均色散和相应更高的色散系数。

磷酸盐玻璃常用于制造光学玻璃、透紫外线玻璃、吸热玻璃和耐氟酸玻璃。另外，钡磷酸盐玻璃是良好的半导体材料，其阈值开关性能与硫化物玻璃相媲美。含银的磷酸盐玻璃是重要的辐射发光材料。

习　题

4-1　说明硅酸盐熔体中聚合物形成的过程。

4-2　简述影响熔体黏度的因素。

4-3　名词解释（并比较其异同）

（1）晶子学说和无规则网络学说

（2）单键强度

（3）分化和缩聚

（4）网络形成剂和网络变性剂

（5）近程有序和远程有序

4-4　试用实验方法鉴别晶体 SiO_2、SiO_2 玻璃、硅胶和 SiO_2 熔体。它们的结构有什么不同？

4-5 玻璃的各组分质量分数是 13% Na_2O、13% CaO、74% SiO_2，计算桥氧数及非桥氧百分数。

4-6 有两种不同配比的玻璃其组成如下：

序号	Na_2O/wt%	Al_2O_3/wt%	SiO_2/wt%
1	8	12	80
2	12	8	80

试用玻璃结构参数说明两种玻璃高温下黏度的大小。

4-7 在 SiO_2 中应加入多少 Na_2O，使玻璃的 $\frac{O}{Si}$ 为 2.5，此时析晶能力与石英玻璃比较是增强还是削弱？

4-8 有一种平板玻璃组成为 14% Na_2O·13% CaO·73% SiO_2（质量分数），其密度为 2.5g/cm³，计算玻璃的原子堆积系数（AFP）为多少，该玻璃的结构参数值。

4-9 试比较硅酸盐玻璃与硼酸盐玻璃在结构与性能上的差异。

4-10 解释硼酸盐玻璃的硼反常现象。

第5章 固体的表面与界面

在讨论晶体和玻璃体时,假定物体中任意一个质点(原子、分子或离子)都是处在三维无限延续的空间之中,周围环境是完全相同的,并没有考虑到边界的状态。事实上,物体表面和内部的质点是不同的,表面的质点由于受力不均衡而具有较高的能量,这种情况可看作二维缺陷或偏离理想晶体的状况。这就使物体表面呈现出一系列的特殊性质。如高分散体系和低分散体系相比较,使二者在物理性质(体积密度、熔点、沸点、蒸气压、溶解度、吸附、润湿、烧结)和化学性质(反应活性、催化、固相反应)等方面有很大的差别。

在许多情况下,弄清楚物体表面及界面的结构、组成和性质是十分必要的。因此,对材料表面和界面基本特性的认识,以及对物理化学规律的掌握,将会对材料制备、性能改善和新材料的研发都有着重要的意义。固体表面问题日益受到重视并逐渐发展成为一门独立的表面科学——表面化学和表面物理。

材料表面与界面的结构、性质,在无机非金属材料领域中,有着广泛的作用。例如固相反应、烧结、晶体生长、晶粒生长、玻璃的强化、陶瓷的显微结构、复合材料等都与它密切相关。

5.1 固体的表面

1. 固体表面特征

固体的表面和液体相似,它是属于两相之间的界面行为。通常把一个相和它本身的蒸气(或者真空下)相接触的分界面称为表面,而把一个相与另一个相(结构不同)接触的分界面称为界面。

(1) 固体表面的特点——不均一性

晶格缺陷、空位或位错等原因造成实际晶体的表面的不均一性。同时,暴露在空气中时,由于吸附关系其表面总是被外来物质所污染,被吸附的外来原子可以占据不同的表面位置,使表面的质点形成有序或无序排列,也引起固体表面的不均一性。实际固体的表面,无论怎样加工,从原子尺度衡量都是凹凸不平的。镜面抛光的铝和钢,表面不平整度达 10^4Å;无机玻璃表面比较光滑,但用触针法、多重光束干涉法或扫描电镜等方法,可以直接或间接观察到表面是粗糙不平的。实际固体表面的不均一性,增加了固体表面研究的难度。

(2) 固体表面力场

晶体中每个质点周围都存在着一个力场,晶体内部质点排列是有序和周期重复的,故每个质点的力场都是对称的。但在固体表面,质点排列的周期重复性中断,使处于表面边界上的质点力场对称性破坏,表现出剩余的键力,这就是固体表面力。这种剩余键力是固体表面吸引气体分子、液体分子（如润湿或从溶液中吸附）、固体质点（如黏附）的原因。

固体表面和表面附近的分子或原子之间的作用力与分子间的作用力是不同的。分子间作用力的范围只有几个分子直径的距离，大约0.3~0.5nm，而固体表面上的吸引作用是固体表面力场和被吸引质点的力场相互作用而产生的，作用范围较范德华力大得多，称之为长程力。长程力实际上是两相之间的分子引力，通过某种方式加合和传递产生的，其本质仍属范德华力。

依性质不同，表面力可分为化学力和分子引力两部分。

1）化学力

化学力本质上是静电力。主要来自表面质点的不饱和价键，并可以用表面能的数值来估计。当固体吸附剂利用表面质点的不饱和价键将被吸附物吸附到表面之后，吸附物和吸附剂分子之间发生电子转移而产生化学力，其实质上是形成了表面化合物。对于离子晶体，晶体表面化学力主要取决于晶格能和极化作用。一般而言，表面能与晶格能成正比，而与分子体积成反比。

2）分子引力

分子引力又称范德华力，一般是指固体表面与被吸附质点之间的相互作用力，它是固体表面产生物理吸附和气体凝聚的原因，并与液体的内压、表面张力、蒸气压、蒸发热等性质密切有关。

范德华力主要来源于三种不同的力：

①定向作用力，也称静电力，主要发生在极性分子（离子）之间。每个极性分子（离子）都有一个永久的电偶极矩，相邻两个电偶极矩因极性不同而发生作用的力称为定向作用力。

②诱导作用力，也称诱导力，发生在极性分子与非极性分子之间。诱导是指在极性分子作用下，非极性分子被极化诱导出一个瞬时的电偶极矩，随后与原来的极性分子产生定向作用。诱导作用随极性分子的电偶极矩和非极性分子的极化率的增大而加剧，随分子间距离的增大而减弱。

③分散作用力，也称色散力，主要发生在非极性分子之间。非极性分子是指其核外电子云呈球形对称而不显示永久的电偶极矩的分子。其核外电子在周围出现的几率相等，在某一时间内，电偶极矩平均为零。但在电子在绕核运动的某一瞬间，在空间各个位置上，电子分布并非严格相同，这样就将呈现出瞬间的极化电矩。许多瞬间极化电矩之间以及它对相邻分子的诱导作用都会引起相互作用效应，这称为色散作用力。

应该指出，对于不同物质，上述三种作用力并非均等。例如，对于非极性分子，定向作用力和诱导作用力很小而主要是色散力。但范德华力是普遍存在于分子或原子之间的一种力。范德华力是三种力的合力，它与分子间距离的七次方成反比，这说明分子间引力的作用范围极小，一般约为0.3~0.5nm。而分子间过分靠近时电子层间的斥力约等于$\frac{B}{r_3}$，所以范德华力通常只表现出引力作用。

长程力按作用的原理分为两类：一类是依靠粒子间的电场传播的，如色散力，它可以简单加合；另一类是通过一个分子到一个分子逐个传播而达到长距离的，如诱导力，诱导电偶极矩在传播时的相互作用随层数的增加而以指数衰减，且只与被吸附物质的极化率有关，与固体表面的极化率无关。

2. 固体表面结构

(1) 表面弛豫

晶体有序的结构到达表面时终止，使得表面层结构不同于内部。处于晶体自由表面的原子键合具有更高的能量，系统往往调整表面结构，包括表面弛豫、表面重构、台阶表面和表面偏聚等以达到更稳定的低能量状态。表面结构可从微观质点的排列状态和表面几何状态两方面来描述。前者属于原子尺寸范围的超细结构；后者属于一般的显微结构。

表面力的存在使固体表面处于较高能量状态。由于晶体质点不能自由流动，只能借助表面质点的极化、变形、重排并引起晶格的畸变来降低表面能，这就造成了表面层与内部的结构差异。对于不同结构的物质，其表面力的大小和影响不同，因而表面结构状态也会不同。

有人曾经基于结晶化学原理，研究了晶体表面结构，认为晶体质点间的相互作用、键强是影响表面结构的重要因素。

对于离子晶体（MX 型），其主要作用力是库仑静电力，是一种长程作用力，其表面容易发生弛豫，形成偶极子。离子的极化、重排过程如图 5-1 所示。处于表面层的负离子（X^-）只受到上下和内侧正离子（M^+）的作用，而外侧是不饱和的。由于负离子半径大，容易极化，电子云将被拉向内侧的正离子一方而变形，使该负离子诱导成偶极子，如图 5-1（b）所示，这样就降低了晶体表面的负电场。表面质点通过电子云极化变形来降低表面能的这一过程称为松弛。松弛在瞬间即可完成，其结果改变了表面层的键性。接着，表面层离子开始重排以使之在能量上趋于稳定。从晶格点阵的稳定性考虑，正离子的极化率小、作用力大，处于稳定的晶格位置。为降低表面能，各离子周围作用能应尽量趋于对称，结果易极化的 X^- 受诱导极化偶极子的排斥作用被推向外侧，导致阴离子在表面层前进了，而难以极化的阳离子相对来说后退了，从而形成了表面双电层，如图 5-1（c）所示。这种表面层离子（或原子）间的距离偏离晶格常数，但晶胞结构基本不变的现象叫做弛豫。随着重排过程的进行，表面层中的键性逐渐由离子键性过渡为共价键性。结果，固体表面好像被一层负离子所屏蔽并导致表面层在组成上成为非化学计量的关系。

图 5-2 是维尔威（Verwey）以氯化钠晶体为例所做的计算结果。可以看到，在 NaCl 晶

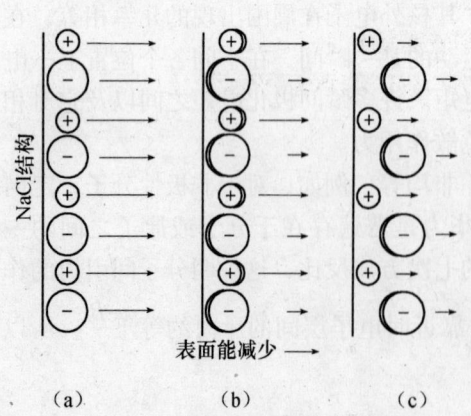

图 5-1 离子晶体表面的电子云变形和离子重排
(a) 理想的表面；(b) 极化后的表面；
(c) 极化后重排的表面

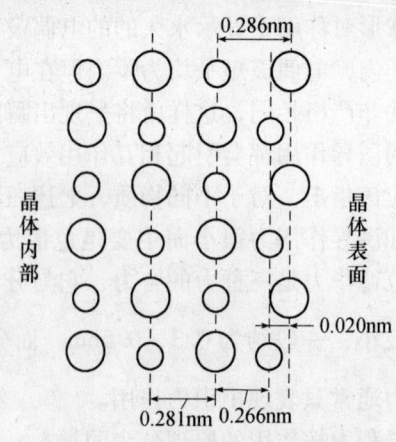

图 5-2 在 NaCl 晶体中，阳离子从 (100) 面缩进去，在表面层形成一个 0.02nm 厚度的双电层

体表面，最外层和次外层质点面网之间 Na^+ 的距离为 0.266nm，而 Cl^- 距离为 0.286nm，因而形成一个厚度为 0.020nm 的表面双电层。这样的表面结构已由表面对 Kr 的吸附和同位素交换所间接证实。此外，真空中分解 $MgCO_3$ 所制得的 MgO 粒子呈现相互排斥现象也是一个例证。可以预见，对于其他由半径大的负离子与半径小的正离子组成的化合物，特别是金属氧化物 Al_2O_3、SiO_2、ZrO_2 也会有相应的效应，就是在这些氧化物的表面，大部分由氧离子组成，正离子则被氧离子所屏蔽，而产生这种变化的程度主要取决于离子极化性能。

对含 Pb^{2+}、Hg^{2+} 等极化性能大的阳离子固体，其表面能降低大；而含极化性能小的 Si^{4+}、Al^{3+} 等的阳离子固体，其表面能下降就小。离子极化性能与表面能及硬度的关系如表 5-1 所示。

表 5-1 某些晶体中极化性能和表面能及硬度的关系

化合物	表面能（$\times 10^{-3}$）/(J/m^2)	硬度	化合物	表面能（$\times 10^{-3}$）/(J/m^2)	硬度
PbI_2	130	1	$BaSO_4$	1250	2.5~3.5
Ag_2CrO_4	575	2	$SrSO_4$	1400	3.0~3.5
PbF_2	900	2	CaF_2	2500	4

由表 5-1 所列数据可见，所列的化合物中，PbI_2 表面能最小，PbF_2 次之，CaF_2 最大。这是因为 Pb^{2+} 与 I^- 都具有大的极化性能，双电层厚度大导致表面能和硬度都降低。当用极化性能较小的 F^- 代替 I^-，表面能增大，即 PbF_2 较 PbI_2 有较大的表面能。进一步用极化性能小的 Ca^{2+} 代替 Pb^{2+}，CaF_2 有更大的表面能，并可以推测相应的表面双电层厚度减小。又如在 $BaSO_4$ 和 $SrSO_4$ 中，Ba^{2+} 的电子层较 Sr^{2+} 多一层，离子半径大，极化性能大，因而 $BaSO_4$ 的表面能小于 $SrSO_4$。表面能大的物质，硬度相应也较大，该类物质溶液的过饱和度也较大。这是因为由过饱和的溶液生成晶体时，伴随着界面的形成需要较大的界面能。界面能越大，形成新相越困难，因而过饱和度越大。如极化性能大的 Hg^{2+} 氯化物、重金属硫化物、溴化物、碘化物不能制得稳定的过饱和溶液。

当晶体表面最外层形成双电层以后，它将对内层发生作用，即层间距弛豫现象发生的范围要超过第二层的深度，并引起内层离子的极化与重排，弛豫的大小随深度近似按指数规律衰减；层间距较小的高密勒指数表面显示出的弛豫现象向内传播更多的原子层，但并不是在距离上更大；深度方向上的弛豫也绝不总是收缩，更普遍的是层间距交替地发生收缩和膨胀。

图 5-2 表明，NaCl 晶体表面最外层与次外层，次外层和第三层之间的离子间距（即晶面间距）是不相等的，说明由于上述极化和重排作用引起了表面层的晶格畸变和晶胞参数的改变。而随着表面层晶格畸变和离子变形又必将引起相邻的内层离子的变形和键力的变化，依此向内层扩展。但这种影响将随着向晶体内部深入而递减，与此相应的正、负离子间的作用键强也沿着从表面向内部方向交替地增强和减弱，离子间距离交替地缩短和变长。因此与晶体内部相比，表面层离子排列的有序程度降低了，键强数值分散了。不难理解，对于一个无限晶格网络的理想晶体，应该具有一个或几个取决于晶格取向的确定键强数值。然而在接近晶体表面的若干原子层内，由于化学成分、配位数和有序程度的变化，其键强数值变得分散，分布在一个较宽的数值范围。

上述晶体表面结构的概念,可以较方便地用以阐明许多与表面有关的性质,如烧结性、表面活性和润湿性等。

(2) 表面重构

表面重构是指表面原子层在水平方向上的周期性不同于体内,但垂直方向的层间距与体内相同。概括地说,重构是表面化学键优化组合的结果,主要作用是降低表面能。

重构有几种形式。一种是位移性重构,此时质点相对于理想晶格点阵位置稍微发生位移,打乱了理想的周期性,从而产生超点阵。在这种形式的重构中,一般没有化学键的断裂或新建,但键长和键角有所变化。

另一种重构是缺行型,典型的例子是 In、Pt、Au 的 (110) 表面,此时整列的原子从理想的衬底点阵切面上消失。在金属表面观察到的另一种重构类型是形成一种密排的最表面层。在这种情况下,最外层的原子面原子间距在平行于表面的方向上收缩几个百分点,这有利于使这层原子崩塌成近似密排六方的密排结构,而不是保持下层原子的立方或完美六方点阵。

半导体材料的化学键的高度方向性,常常在一个或更多的表面层发生键的断裂,这些悬键在能量上处于非常不利的状态。半导体材料表面重构的一个重要驱动机制就是尽量减少这种悬键的数量,结果造成表面晶格的强烈畸变。如图 5-3 所示,Si 的 (100) 表面有两个悬键 (用断开的短线表示),未重构

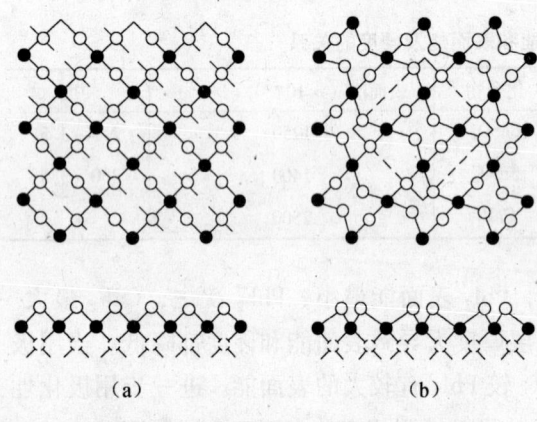

图 5-3 硅 (100) 表面 (2×2) 重构前及重构后表面原子分布及键合状态示意图
(上为顶视图,下为侧视图)
(a) 重构前;(b) 重构后

前每个悬键都有一个未成对电子,重构后表面硅原子一对对相互靠近配对,配对原子间基本转变为电子成对而无悬键的状态,表面能大大降低。

必须指出,表面重构往往伴有表面弛豫而进一步降低能量,只是对于表面结构变化的影响程度而言,表面弛豫比表面重构要小得多。

(3) 台阶表面

台阶表面不是一个平面,而是由规则或不规则的台阶所组成。已经发现经过充分退火的面心立方、体心立方的金属表面上两个相邻平台之间是单原子高度的,这部分是因为对于理想的面心立方和体心立方来讲,接连的台阶在结构上是等同的,而多原子高度的台阶更不利一些。然而,在密排六方的金属表面的台阶也是双原子层的。如图 5-4 所示,Pt 有序原子的台阶表面。

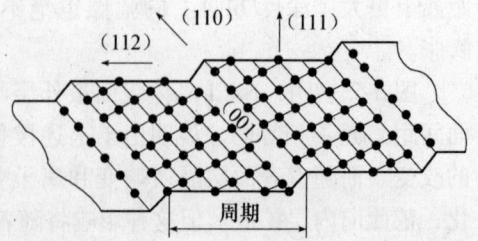

图 5-4 Pt (557) 有序原子台阶表面示意图

(4) 表面偏聚

许多块状化合物,如氧化物、碳化物、硫化物以及半导体,其表面上的成分和块体保持一致。如 NiO (100)、GaAs (110) 等,块体点阵也常常保留下来,但键长和键角有可能改

变。更多的情形则是表面成分偏离块体成分即形成表面偏聚。如 GaAs（111）面，Ga 贫化导致 Ga 空位并引发表面重构。清洁合金和金属间化合物可分为两类：块体合金有序和块体合金无序，前者表面结构一般是有序的，保持块体合金成分；后者表面通常是无序的，且表面偏聚可能十分明显，而且可能跟原子层有关，存在成分随原子层振荡变化的可能性。如 Pt_x-Ni_{1-x} 块体合金的不同晶体学表面显示非常不同的偏聚行为，而且强烈地与原子层有关，比如块体 Pt 含量为 50% 的合金的（111）面第一、第二和第三层的 Pt 含量分别为 88%、9% 和 5%。

3. 粉体表面结构

粉体一般是指微细的固体粒子集合体，它表示物质的一种存在状态。既不同于气体和液体，也不等同于固体。中外不少学者认为粉体是气、液、固三相以外的第四相，具有极大的比表面积。因此表面结构状态对粉体性质有着决定性影响。在制备硅酸盐材料时，通常把原料加工成微细颗粒以利于成型和高温反应的进行。

粉体在制备过程中，由于机械地反复破碎，所以不断形成新的表面。而表面层离子的极化变形和重排使表面晶格畸变，有序性降低。因此，随着粒子的微细化，比表面积增大，表面结构的有序程度受到愈来愈强烈地扰乱并不断向颗粒深部扩展，最后使粉体表面结构趋于无定形化。粒子的微细化虽然增加了粉体活性，但由于双电层结构使表面带电（也可能有其他原因——颗粒间的磁引力、水分的毛细管力或颗粒表面的机械纠缠力等）而容易引起磨细的粉体又重新团聚。因而物质粒度微细化提高表面活性的同时又要防止粉体团聚，将是又一个与表面化学与物理有关的研究课题。

基于 X 射线，热分析和其他物理化学方法对粉体表面结构所做的研究测定，曾提出两种不同的模型。一种认为粉体表面层是无定形结构；另一种认为粉体表面层是粒度极小的微晶结构。

（1）无定形结构模型

对于性质相当稳定的石英（SiO_2）矿物，曾进行过许多研究。例如，把经过粉碎的 SiO_2，用差热分析方法测定其 573℃ 时 β-$SiO_2 \rightleftharpoons \alpha$-$SiO_2$ 相变，发现相应的相变吸热峰面积随 SiO_2 粒度而有明显的变化。当粒度减小到 5～10μm 时，发生相变的石英量显著减少，当粒度约为 1.3μm 时，则仅有一半的石英发生上述的相变。但是如若将上述石英粉末用氢氟酸处理，溶去表面层，然后重复进行差热分析测定，则发现参与上述相变的石英量增加到 100%。这说明石英粉体表面是无定形结构。随着粉体颗粒变细，表面无定形层所占的比例增加，能够参与相转变的石英量减少。据此，按热分析的定量数据估计其表面层厚度约为 0.11～0.15μm。同样，用无定形结构模型也可以阐明 X 射线谱线强度明显减弱的现象。

（2）微晶结构模型

对粉体进行更精确的 X 射线和电子衍射研究发现，其 X 射线谱线不仅强度减弱而且宽度明显变宽。因此认为粉体表面并非无定形态，而是覆盖了一层尺寸极小的微晶体，即表面是呈微晶化状态。由于微晶体的晶格是严重畸变的，晶格常数不同于正常值而且十分分散，这才使其 X 射线谱线明显变宽。此外，对鳞石英粉体表面的易溶层进行的 X 射线测定表明，它并不是无定形质；从润湿热测定中也发现其表面层存在有硅醇基团。

上述两种观点都得到一些实验结果的支持，似有矛盾。但如果把微晶体看做是晶格极度变形了的微小晶体，那么它的结构有序范围显然也很有限。反之，无定形固体也远不像液体那样具有流动性。因此这两个观点与玻璃结构上的网络学说与微晶学说的差别也许相似。这样，两者之间就可能不会是截然对立的。

4. 玻璃表面结构

玻璃也同样存在着表面力场，其作用影响与晶体相类似，使玻璃表面的组成与内部显著不同。而且由于玻璃比同组成的晶体具有更大的内能，表面力场的作用往往更为明显。

从熔体转变为玻璃体是一个连续过程，但却伴随着表面成分的不断变化，使之与内部显著不同。这是因为玻璃中各成分对表面自由焓的贡献不同。为了保持最小表面能，各成分将按其对表面自由焓的贡献能力自发地转移和扩散。在玻璃成型和退火过程中，碱、氟等易挥发组分自表面挥发损失。因此，即使是新鲜的玻璃表面，其化学成分、结构也会不同于内部。这种差异可以从表面折射率、化学稳定性、结晶倾向以及强度等性质的观测结果得到证实。

对于含有较高极化性能的离子如 Pb^{2+}、Sn^{2+}、Sb^{2+}、Cd^{2+} 等的玻璃，其表面结构和性质会明显受到这些离子在表面的排列取向状况的影响。这种作用在本质上也是极化问题。例如，铅玻璃由于铅原子最外层有四个价电子（$6s^2 6p^2$），当形成 Pb^{2+} 时，因最外层尚有两个电子，对接近于它的 O^{2-} 产生斥力，致使 Pb^{2+} 的作用电场不对称，即与 O^{2-} 相斥一方的电子云密度减少，在结构上近似于 Pb^{4+}，而相反一方则因电子云密度增加而近似呈 Pb^0 状态。这可视作为 Pb^{2+} 按 $2Pb^{2+} \rightleftharpoons Pb^{4+} + Pb^0$ 方式被极化变形。在不同条件下，这些极化离子在表面取向不同，则表面结构和性质也不相同。在常温时，表面极化离子的电偶极矩通常是朝内部取向以降低其表面能，因此常温下铅玻璃具有特别低的吸湿性。但随温度升高，热运动破坏了表面极化离子的定向排列，故铅玻璃呈现正的表面张力温度系数。图 5-5 是分别用 0.5mol/L 的 Cu^{2+}、Cd^{2+}、Zn^{2+}、Pb^{2+} 盐溶液处理过的钠钙硅酸盐玻璃粉末，在室温、98% 相对湿度的空气中的吸水速率曲线。可以看到，不同极化性能的离子进入玻璃表面层后，对表面结构和性质的影响。

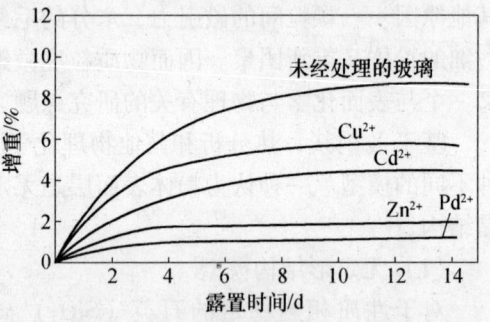

图 5-5　表面处理对钠钙硅玻璃吸水速率的影响

当然，上述各种表面结构状态都是指"清洁的、平坦的"表面而言。因为只有清洁平坦表面才能真实地反映表面的超细结构。这种表面可以用真空加热、镀膜、离子轰击或其他物理和化学方法处理而得到，但是实际的固体表面通常都是被"污染"了的，这时，其表面结构状态和性质则与沾污的吸附层性质密切相关。

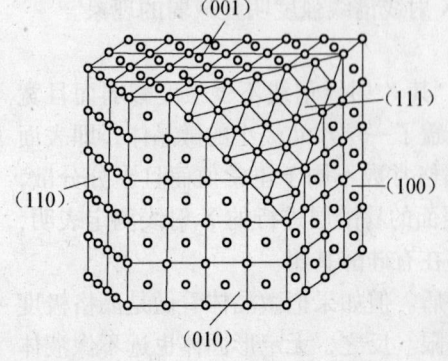

图 5-6　面心立方晶格的低指数面

5. 固体表面的几何结构

（1）晶面原子密度

如图 5-6 所示是一个具有面心立方结构的晶体表面构造，详细描述了（100）、（110）（111）三个低指数面的原子的分布。结晶面、表面原子密度及邻近原子数见表 5-2。可以看到，随着结晶面的不同，表面上原子的密度也不同。（100）、（110）（111）三个晶面上的原子密度存在着很大的差别，这也是不同结晶面上吸附性、晶体生长、溶解度及反应活性不同的原因。

表 5-2 结晶面、表面原子密度及邻近原子数

构造	结晶面	表面原子密度	最邻近原子	次邻近原子
简单立方	(100)	0.785	4	4
	(110)	0.555	2	2
	(111)	0.453	6	6
体心立方	(110)	0.833	4	4
	(100)	0.589	4	4
	(111)	0.340	6	6
面心立方	(111)	0.907	6	6
	(100)	0.785	4	4
	(110)	0.555	2	2

(2) 表面粗糙度

实验观测表明，固体实际表面是不规则和粗糙的，存在着无数台阶、裂缝和凹凸不平的峰谷。应用精密干涉仪检查发现，即使是完整解理的云母表面也存在着从 2~100nm，甚至达到 200nm 的不同高度的台阶。从原子尺度看，这无疑是很粗糙的。这些不同的几何状态必然会对表面性质产生影响，其中最重要的是表面粗糙度和微裂纹。

表面粗糙度会引起表面力场的变化，进而影响其表面结构。从色散力的本质可见，位于凹谷深处的质点，其色散力最大，凹谷面上和平面上的次之，位于峰顶处则最小。反之，对于静电力，则位于孤立峰顶处应最大，凹谷深处最小。这样，表面粗糙度将使表面力场变得不均匀，其活性及其他表面性质也随之发生变化。其次，粗糙度还直接影响固体比表面积，内、外表面积比值以及与之相关的属性，如强度、密度、润湿、孔隙率和孔隙结构、透气性、浸透性等。此外，粗糙度还关系到两种材料间的封接和结合界面间的啮合和结合强度。

表面微裂纹是由于晶体缺陷或外力作用而产生的，微裂纹会同样强烈地影响表面性质，微裂纹对脆性材料的强度尤为重要。计算表面，脆性材料的理论强度约为实际强度的几百倍，这是因为存在于固体表面的微裂纹起着应力倍增器的作用，使位于裂纹尖端的实际应力远远大于所施加的应力。

格里菲斯 (Griffith) 建立了著名的玻璃断裂理论，并推导出了材料实际断裂强度与均微裂纹长度的关系式：

$$\sigma_c = \sqrt{\frac{2E\gamma}{\pi c}} \tag{5-1}$$

式中，σ_c 为断裂强度；E 为弹性模量；γ 是表面能；c 为微裂纹长度。

由式 (5-1) 可以看出：断裂强度与微裂纹长度的平方根成反比，表面裂纹越长，断裂强度越小；弹性模量和表面能越大，裂纹扩展所需能量越大，断裂越困难；高强度材料，E 和 γ 应大而裂纹尺寸应小。

格里菲斯用刚拉制的玻璃棒做试验，弯曲强度为 $6 \times 10^8 \text{N/m}^2$，该棒在空气中放置几小时后强度下降为 $4 \times 10^8 \text{N/m}^2$，强度下降的原因是由于大气腐蚀在玻璃棒表面形成微裂纹所致。由此可见，控制表面裂纹的大小、数目和扩展，就能更充分地利用材料固有的强度。例

如，玻璃的钢化和预应力混凝土制品的增强原理就是通过表面处理而使外层处于压应力状态，从而闭合表面微裂纹。

固体表面几何结构状态可以用光学方法（显微镜，干涉仪）、机械方法（测面仪等）、物理化学方法（吸附等）以及电子显微镜等多种手段加以研究观测。

固体表面的各种性质不是其内部性质的延续，由于表面吸附的缘故，使内外性质相差较大。一般的金属，表面上都被一层氧化膜所覆盖。如铁在570℃以下形成$Fe_2O_3/Fe_3O_4/Fe$的表面结构，表面层氧化物为高价、次价和低价的顺序排列，最里层才是金属。一些非氧化物材料，如SiC、Si_3N_4表面上也有一层氧化物。而氧化铝之类的氧化物表面则被OH^-基所覆盖。为了研究真实晶体表面结构或满足一些高技术材料制备的需要，欲获得洁净的表面，一般可以用真空镀膜、真空劈裂、离子冲击、电解脱离及蒸发或其他物理化学方法来清洁被污染的表面。

6. 固体的表面能

表面能即在温度、压力、组成恒定时，增加单位表面积，对体系做的可逆非膨胀功，或者是每增加单位表面积时，体系自由焓的增量。表面张力即将表面增大一个单位长度所需要的力。单位面积的能量和单位长度的力是等因次的（$J/m^2 = N \cdot m/m^2 = N/m$）。

在液体中，原子（分子）间的相互作用力较弱，它们之间的相对运动较容易，表面不能承受剪应力。拉伸表面时，液体原子间距离不发生改变，附加原子几乎立即迁移到表面，与最初状态相比，表面结构保持不变。因此，液体中产生新的表面的过程实质是内部原子（分子）克服引力转移到表面上成为表面原子（分子）的过程，新形成的液体表面很快达到一种动态的平衡。所以，液体的表面张力和表面能在数值上是相等的。对于液体表面这两个概念常交替使用，只是同一事物从不同角度提出的物理量。在考虑界面性质的热力学问题时，用表面能恰当；而在分析各种界面交接时的相互作用以及它们的平衡关系时，采用表面张力则比较方便。

对于固体表面，仅仅当缓慢的扩散过程引起表面或界面面积发生变化时，如晶粒生长过程中晶界运动时，上述两个量在数值上相等。如果引起表面变形过程比原子迁移率快得多，则表面结构受拉伸或压缩而与正常结构不同，在这种情况下，表面能与表面张力在数值上不相等。

固体的表面张力是通过向表面上增加附加原子，以建立新表面时所作的可逆功来定义的。通常情况下，固体中的原子（分子或离子）彼此间的相对运动比液体中的要困难得多，因而固体的表面能和表面张力表现出以下特点：

①固体在表面原子总数保持不变的条件下，由于弹性形变而使表面积增加。因此，固体的表面能中包含了弹性能，表面张力在数值上已不再等于表面能。

②固体表面上的原子组成和排列的各向异性导致固体的表面张力也是各向异性的，不同晶面的表面能也不相同。若表面不均匀，表面能甚至随表面上不同区域而改变。在固体表面的凸起处和凹陷处的表面能是不相同的。处于凸起部分的分子的作用范围主要包括的是气相，而处于凹陷处底部的分子的作用范围大部分在固相，所以在固体表面的凸起处的表面能与表面张力比凹陷处的大。

③实际固体的表面绝大多数处于非平衡态，决定固体表面形态的主要不是它的表面张力大小，而是形成固体表面时的条件以及它所经历的历史。

④固体的表面能和表面张力的测定非常困难，目前还没有直接测量的可靠方法。可以通

过实验间接测定或理论计算法来确定。较普遍采用的实验方法是将固体熔化测定液态表面张力与温度的关系，作图外推到凝固点以下来估算固体的表面张力，另外也可采用临界表面张力方法测定。理论计算比较复杂，下面介绍两种近似的计算方法。

(1) 共价键晶体表面能

共价键晶体不必考虑长程力的作用。表面能即是破坏单位面积上的全部键所需能量的一半（因为键是属于两个原子的），即：

$$u_s = \frac{1}{2} u_b \tag{5-2}$$

式中，u_b 为破坏化学键所需能量。

以金刚石的表面能计算为例，若解理面平行于（111）面，可计算出 $1m^2$ 上有 1.83×10^{19} 个键，若取键能为 $376.6 kJ/mol$，则可算出表面能为：

$$u_s = \frac{1}{2} \times 1.83 \times 19^{19} \times \frac{376.6 \times 10^3}{6.022 \times 10^{23}} = 5.72 J/m^2$$

(2) 离子晶体的表面能

每一个晶体的自由能都是由两部分组成，体积自由能和一个附加的过剩界面自由能。为了计算固体的表面自由能，我们取真空中绝对零度下一个晶体的表面模型，并计算晶体中一个原子（离子）移到晶体表面时自由能的变化。在0K时，这个变化等于一个原子在这两种状态下的内能之差 $(\Delta U)_{S,V}$。以 u_{ib} 和 u_{is} 分别表示第 i 个原子（离子）在晶体内部与在晶体表面上时，和最临近的原子（离子）的作用能，用 n_{is} 和 n_{ib} 分别表示第 i 个原子在晶体体积内和表面上时，最临近的原子（离子）的数目（配位数）。无论从体积内或从表面上拆除第 i 个原子都必须切断与最临近原子的键。对于晶体中每取走一个原子所需能量为 $\frac{u_{ib} \cdot n_{ib}}{2}$，在晶体表面则为 $\frac{u_{is} \cdot n_{is}}{2}$。这里除以2是因为每一根键是同时属于两个原子的，因为 $n_{ib} > n_{is}$ 而 $u_{ib} \approx u_{is}$ 所以，从晶体内取走一个原子比从晶体表面取走一个原子所需能量大。这表明表面原子具有较高的能量。以 $u_{ib} = u_{is}$ 得到第 i 个原子在体积内和表面上两个不同状态下内能之差为：

$$(\Delta U)_{S,V} = \left(\frac{n_{ib} u_{ib}}{2} - \frac{n_{is} u_{is}}{2} \right) = \frac{n_{ib} u_{ib}}{2} \left(1 - \frac{n_{is}}{n_{ib}} \right) = \frac{U_0}{N} \left(1 - \frac{n_{is}}{n_{ib}} \right) \tag{5-3}$$

式中，U_0 为晶格能；N 为阿伏加德罗常数。如果 L_S 表示 $1m^2$ 表面上的原子数，从式（5-3）得到：

$$\frac{L_S U_0}{N} \left(1 - \frac{n_{is}}{n_{ib}} \right) = (\Delta U)_{S,V} \cdot L_S = \gamma_0 \tag{5-4}$$

式中，γ_0 是0K时的表面能（单位面积的附加自由能）。

在推导方程式（5-4）时，我们没有考虑表面层结构与晶体内部结构相比的变化。为了估计这些因素的作用，我们计算 MgO 的（100）面的 γ_0 并与实验测得的 γ 进行比较。

MgO 晶体 $U_0 = 3.93 \times 10^3 J/mol$，$L_S = 2.26 \times 10^{19}$ 个$/m^2$，$N = 6.023 \times 10^{23} mol^{-1}$，$\frac{n_{is}}{n_{ib}} = \frac{5}{6}$，由此可见，计算值约是实验值的20倍。

实测表面能的值比理想表面能的值低的原因之一，可能是表面层的结构与晶体内部相比发生了改变。包含有大阴离子和小阳离子的 MgO 晶体与 NaCl 类似，Mg^{2+} 从表面向内缩进，表面将由可极化的氧离子所屏蔽，实际上等于减少了表面上的原子数，根据方程式（5-4），从而导致 γ_0 降低。另一个原因可能是自由表面不是理想的平面，而是由许多原子尺度的阶梯构成，这在计算中没有考虑。这样使实验数据中的真实面积实际上比理论计算所考虑的面积大，这也使计算值偏大。

影响表面的因素很多，主要由物质的本性所决定。不同的物质质点间的作用力是不同的，如果质点相互之间作用力较大，则相应的表面能也较大。因此此时质点从内部迁移到表面要克服较大的作用力，所消耗的能量也较多。其次是杂质对表面能的影响，如果在原来的物质中加入少量具有较小表面能的杂质，则这些杂质趋向于富集在表面上，降低表面能，使物质处在更稳定的状态，这种类型的物质称为"表面活性物质"。相反，若加入的杂质具有较高的表面张力，则它趋向于富集在原来物质的内部，而在表面层的浓度很低，对其表面能影响较小。再者，温度对表面的影响也是不容忽视的，一般是温度升高，表面能减小。因为温度升高，质点热运动加剧，增大了质点间距离，使质点间的引力减弱，所以当温度升高时，多数物质的表面能是减少的。但也有少数物质，如 Fe、Cu 及其合金，还有某些硅酸盐物质，其表面能却是随着温度的上升而增大，对这些反常现象的解释目前还说法不一。

一些物质在真空或惰性气体中的表面能见表 5-3 所列。

表 5-3 某些物质在真空或惰性气体中的表面能

物质	温度/℃	表面能 ($\times 10^3$)/(J/m²)	物质	温度/℃	表面能 ($\times 10^3$)/(J/m²)
水	25	72	硅酸钠（液）	1000	250
NaCl（液）	801	114	MgO（固）	25	1000
NaCl（晶）	25	300	TiC（固）	1100	1190
铜（液）	1120	1270	$0.2Na_2O-0.8SiO_2$	1350	380
铜（固）	1080	1430	$0.13Na_2O-0.13CaO-0.76SiO_2$	1350	350
Al_2O_3（液）	2080	700	B_2O_3（液）	900	80
Al_2O_3（固）	1850	905	铅（液）	350	442

表 5-4 某些物质的界面能

物系	Al_2O_3-硅酸盐（固）(液)	Al_2O_3-Ag（固）(液)	SiO_2-硅酸钠（玻璃）(液)	Ag-Na_2SiO_3（固）(液)	MgO-Ag（固）(液)
温度/℃	1000	1000	1000	900	1300
界面能($\times 10^3$)/(J/m²)	<700	1770	225	1040	850

与表面能相似，当形成新界面时所需要的能量即为界面能。界面能永远小于二相各自表面能之和，因为二相间总是存在着一些吸引能。界面能主要由形成界面的两种物质的性质所决定。如果它们之间有强烈的化学吸引力，则它们之间的界面能很小。表 5-4 列出了某些物质的界面能。

5.2 界面行为

固体的表面总是与气相、液相或其他固相接触的,该接触的面称为固体界面。在表面力的作用下,接触界面上将发生一系列物理或化学过程。研究相界面上发生的各种物理化学变化以及给材料带来的各种性质,对于改善工艺条件和开拓新的技术领域,有着重要意义。

1. 弯曲表面效应

(1) 曲面的附加压力

由于液体表面张力的存在,使弯曲表面上产生一个附加压力。如果平面的压力为 P_0,弯曲表面产生的压力差为 ΔP,则弯曲表面的总压力为 $P = P_0 + \Delta P$。如图 5-7 所示,在液面上取一小面积 AB,AB 面上受表面张力的作用,力的方向与表面相切。AB 是平面时,平面沿四周表面张力抵消,$P = P_0$,液体表面内外压力相等;AB 是凸面时,表面张力的合力指向液体内部,与外压力 P_0 方向相同,因此凸面上所受到的压力比外部压力 P_0 大,$P = P_0 + \Delta P$,这个附加压力 ΔP 是正的,它力图将表面层的液体压入液体内部;AB 是凹面时,表面张力的合力指向液体表面的外部,与外压力 P_0 方向相反,这个附加压力 ΔP 是负的,有把液面往外拉的趋势,$P = P_0 + \Delta P$,凹面所受到的压力 P 比平面的 P_0 小。由此可见,弯曲表面的附加压力 ΔP 有正负,总是指向曲面的曲率中心,当曲面为凸面时,ΔP 为正值;为凹面时,ΔP 为负值。

附加压力和表面张力的关系可用如下方法求得:把一根毛细管插入液体中,向毛细管中吹气,在管端形成一个半径为 r 的气泡,如图 5-8 所示。如果管内压力增加,气泡体积增加 dV,相应的表面积增加 dA。假定液体密度是均匀的,并且忽略液体压强作用,那么阻碍气泡体积增加的唯一阻力是由于扩大表面积所需要的总表面能。为了克服表面张力,环境所做的功为 $(P - P_0)dV$,平衡时这个功等于系统表面能的增加,即:

$$(P - P_0)dV = \gamma dA \quad \text{或} \quad \Delta P dV = \gamma dA$$

因为
$$V = \frac{4}{3}\pi r^3, dV = 4\pi r^2 dr; \quad A = 4\pi r^2, dA = 8\pi r dr$$

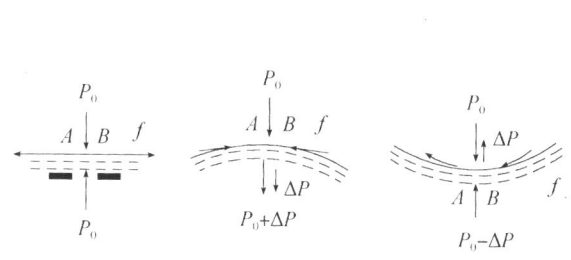

图 5-7 弯曲表面上附加压力的产生
(a) 平面;(b) 凸面;(c) 凹面

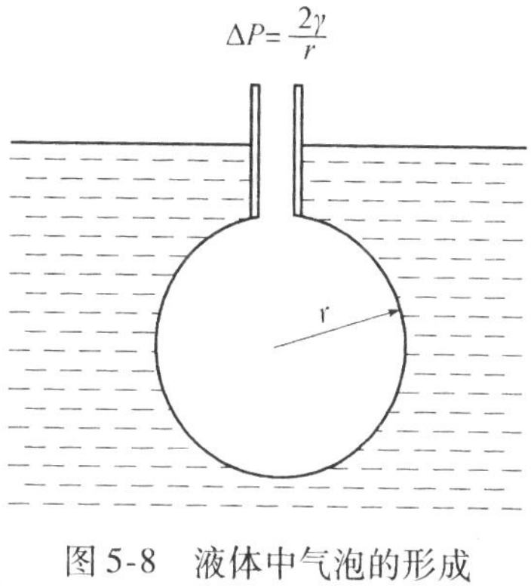

图 5-8 液体中气泡的形成

所以得附加压力和表面张力的关系为:

$$\Delta P = \frac{2\gamma}{r} \tag{5-5}$$

对于非球面的曲面可以导出：
$$\Delta P = \gamma\left(\frac{1}{r_1} + \frac{1}{r_2}\right) \tag{5-6}$$

式中，γ 为液体表面张力；r_1、r_2 分别是曲面的两主曲率半径。对于半径为 r 的球面则有 $r_1 = r_2$，式（5-6）即为式（5-5）。式（5-6）是著名的拉普拉斯（Laplace）公式，此式对固体表面也同样适用。

（2）毛细现象

由于弯曲液面的附加压力导致液体在毛细管中自动上升或下降的行为，叫毛细管现象，此附加压力称之为毛细管力。

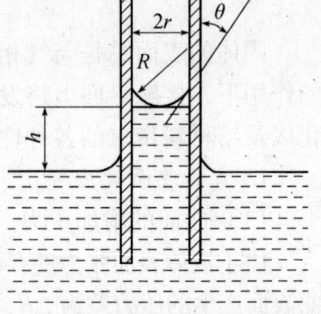

如图 5-9 所示，将一毛细管插入液体中，如果液体能润湿管壁，润湿角 $\theta < 90°$，液面呈凹面。这时 ΔP 为负值，即管内凹液面下液体所受压力小于管外水平液面下液体所受的压力，从而液体被压入管内使液面沿管壁上升。按式（5-5）得到附加压力 ΔP 与被吸入毛细管中的液柱静压 $\rho g h$ 所平衡，并与润湿角 θ 有如下关系：

图 5-9 液体在毛细管中上升示意图

$$\Delta P = \frac{2\gamma}{R} = \frac{2\gamma\cos\theta}{r} = \rho g h \tag{5-7}$$

式中，ρ 为液体密度；g 为重力加速度；h 为液柱上升高度；R 为管中液面的曲率半径；r 为毛细管半径。

由式（5-7）知，液体上升高度与毛细管半径成反比。农民在干旱季节播种时，常采取压磙子方法促使种子发芽，用的就是毛细现象原理。泥土经很重的磙子碾压，土壤颗粒密实，形成的毛细管半径小，可以使土壤深层的水分在毛管力作用下升上来，保证种子发芽的水分需要。

当液体不能润湿管壁时，$\theta > 90°$，管内液面呈凸面，ΔP 为正值，使管内液体所受压力大于管外液体，毛细管内的液面将降到管外水平面以下，并同样满足式（5-7）。

当曲率半径很小时，由于表面张力引起的压力差可达到每平方厘米几十千克的压力。正是这个附加压力造成陶瓷泥料的可塑性，并推动陶瓷坯体烧结过程的进行，具体影响见本书第 11 章液相烧结部分。

一些物质的曲面造成的压力差见表 5-5，由表中可见，附加压力与表面张力成正比，与曲率半径成反比。

表 5-5 弯曲表面的压力差

物质	表面张力/(mN/m)	曲率半径/μm	压力差/MPa	物质	表面张力/(mN/m)	曲率半径/μm	压力差/MPa
石英玻璃	300	0.1	12.3	水（15℃）	72	0.1	2.94
		1.0	1.23			1.0	0.294
		10.0	0.123			10.0	0.0294
液态钴（1550℃）	1935	0.1	7.80	固态 Al_2O_3（1850℃）	905	0.1	7.4
		1.0	0.78			1.0	0.74
		10.0	0.078			10.0	0.074
				硅酸盐熔体	300	100	0.006

（3）曲面上的饱和蒸气压

将一杯液体分散成微小液滴时，液面由平面转为凸面，凸形液面对液滴所施加的附加压力使液体的化学位增加，从而使液滴的饱和蒸气压也增大。所以，液滴的饱和蒸气压必然大于平面同温度下的平面液体的饱和蒸气压。它们之间的关系可以用开尔文（Kelvin）公式描述：

$$\ln \frac{P}{P_0} = \frac{2M\gamma}{\rho RT} \cdot \frac{1}{r} \tag{5-8}$$

或

$$\ln \frac{P}{P_0} = \frac{M\gamma}{\rho RT}\left(\frac{1}{r_1} + \frac{1}{r_2}\right) \tag{5-9}$$

式中，P 为曲面上的饱和蒸气压；P_0 为平面上的饱和蒸气压；r 为球形颗粒的半径；r_1、r_2 为曲面的主曲率半径；ρ 为液体密度；M 为液体的摩尔质量；R 为气体常数。

液体形成弯曲液面的一般规律是液面形成凸面时饱和蒸气压升高，形成凹面时饱和蒸气压降低。开尔文公式的结论是凸面蒸气压＞平面蒸气压＞凹面蒸气压。球形液滴表面蒸气压随半径减小而增大。由表5-5可以看出，当表面曲率在1μm时，由曲率半径差异引起的压差已十分显著。这种蒸气压差在高温下足以引起微细粉体表面上出现由于凸面蒸发而向凹面凝聚的气相传质过程，这是粉体烧结传质的一种方式。再比如，在陶瓷工业中，用喷雾干燥法将泥浆制成干粉料也是利用这一原理，用压缩泵将泥浆喷散成雾状，呈极小的液滴，r很小，其表面水分的饱和蒸气压很高，水分迅速蒸发，很快得到干燥粉料，粉料的粒度很小，对烧结工序也有作用。

开尔文公式也可应用于毛细管内液体的蒸气压变化。如液体对管壁润湿，此时开尔文公式写成：

$$\ln \frac{P}{P_0} = \frac{2M\gamma}{\rho RT} \cdot \frac{1}{r} \cdot \cos\theta \tag{5-10}$$

式中，r 为毛细管半径（有正负）；若 $\theta \approx 0°$，表明液体对毛细管壁完全润湿，液面在毛细管中呈半球形凹面，则

$$\ln \frac{P}{P_0} = \frac{2M\gamma}{\rho RT} \cdot \frac{1}{r} \tag{5-11}$$

式（5-11）小于零，说明凹面上的蒸气压低于平面上的蒸气压。如果在指定温度下，环境蒸气压为 P_0 时（$P_{凹} < P_0 < P_{平}$），则该蒸气压对平面液体未达饱和，但对管内凹面液体已呈过饱和，此蒸气在毛细管内会凝聚成液体，这个现象称为毛细管凝聚。

毛细管凝聚现象在生活和生产中常可遇到。例如，陶瓷生坯中有很多毛细孔，从而有许多毛细管凝聚水，这些水由于蒸气压低而不易被排除，若不预先充分干燥，入窑将易炸裂。又如水泥地面在冬天冻裂也与毛细管凝聚水的存在有关。

固体的升华过程类似液体蒸发过程，开尔文公式同样可用于不同曲率半径下，固体表面上饱和蒸气压的计算，只是此时式（5-10）和式（5-11）中 γ、M、ρ 代表固体的表面张力、摩尔质量和密度三种物理量。

开尔文公式也可应用于曲率半径对固体的分解压力的影响，此时式（5-10）和式（5-11）中 P 和 P_0 分别是半径为 r 和大块固体的分解压力，γ、M、ρ 分别为固体的表面张力、摩尔质量和密度，T 为分解时的热力学温度。

（4）微晶的溶解度和熔点

开尔文公式用于固体的溶解度,可以推导出类似的公式。

$$\ln \frac{C}{C_0} = \frac{2\gamma_{LS}M}{dRT} \cdot \frac{1}{r} \tag{5-12}$$

式中,γ_{LS} 为固液间界面张力;C 和 C_0 为半径为 r 的小晶体和大晶体的溶解度;d 为固体密度。

式(5-12)表明微小晶粒溶解度大于普通颗粒的溶解度。

微晶的表面和内部的缺陷显著增加,使系统具有较高能量、较大活性,破坏晶格所需能量较少,故微晶的熔体下降。晶体的熔点和晶体大小关系由热力学导出:

$$\Delta T = T_0 - T = \frac{2\gamma_{SV}MT_0}{d\Delta H} \cdot \frac{1}{r} \tag{5-13}$$

式中,γ_{SV} 为固体表面张力;T 和 T_0 为半径为 r 的小晶体和大晶体的熔点;ΔH 为晶体熔化热。

(5)曲面的过剩空位浓度

固体中的气孔表面,也是一种弯曲表面,在表面张力的作用下,所产生的附加压力使气孔表面的空位浓度比平面或体积内部的大,存在一个过剩空位浓度。

设晶体中有 N 个格点,其中有 n 个是空位,在平表面没有应力的晶体中的空位浓度 C_0 为:

$$C_0 = \frac{n}{N} = \exp\left(-\frac{\Delta G_f}{kT}\right)$$

式中,ΔG_f 为空位形成能。

如果固体中有一半径为 r 的气孔,则气孔的弯曲表面存在一附加压力 $\Delta P = \dfrac{2\gamma}{r}$,该压力为负压($r<0$),方向指向气孔。在此附加压力的作用下,气孔处物质表面的质点(原子或离子)被拉入气孔中而形成一个空位的体积为 a_0^3(a_0 为晶格常数),在此拉动过程中,附加压力所做的功为:

$$\Delta P = \frac{2\gamma}{r} a_0^3$$

在气孔中,由于附加压力的作用,气孔周围比表面上容易形成空位,即气孔周围的空位浓度 C' 大于平面处的空位浓度 C_0,且相应的空位浓度 C' 为:

$$C' = \exp\left(-\frac{\Delta G_f - \dfrac{2\gamma}{r}a_0^3}{kT}\right)$$

那么,在气孔表面的过剩空位浓度为 $C' - C_0$:

$$C' - C_0 = \Delta C = \exp\left(-\frac{\Delta G_f - \dfrac{2\gamma}{r}a_0^3}{kT}\right) - \exp\left(-\frac{\Delta G_f}{kT}\right)$$

$$= \exp\left(-\frac{\Delta G_f}{kT}\right)\left\{\exp\frac{2\gamma a_0^3}{rkT} - 1\right\}$$

$$= C_0\left\{\exp\frac{2\gamma a_0^3}{rkT} - 1\right\}$$

因为 $\gamma a_0^3 \ll kT$,可以用 $\dfrac{2\gamma a_0^3}{rkT}$ 代替 $\exp\dfrac{2\gamma a_0^3}{rkT} - 1$,得:

$$\Delta C = \frac{2\gamma a_0^3}{rkT} C_0 \qquad (5\text{-}14)$$

式中，γ 为固体表面张力，k 为玻耳兹曼常数，T 为绝对温度。

上式就是柯勃（Coble）推导的常用于烧结的开尔文公式。由此可知，气孔半径越小，ΔC 也就越大，在这个过剩空位浓度的作用下，原子或离子有一个往气孔扩散的趋势，形成扩散烧结的推动力。

综上所述，表面曲率对其蒸气压、溶解度和熔化温度等物理性质有着重要的影响。固体颗粒愈小，表面曲率愈大，则蒸气压和溶解度愈高而熔化温度愈低。弯曲表面的这些效应在以微细粉体作原料的材料加工中，对熔融、固体反应和烧结等动力学过程有着重要的意义，无疑将会影响一系列工艺过程和最终产品的性能。

2. 固液界面的润湿

润湿是固液界面上的重要行为。对于硅酸盐，固液界面比固气界面更为重要。液相物质被吸附于固体表面以降低固体的表面能，这种现象称为润湿。润湿是近代很多工业技术的基础，例如，机械的润滑、注水采油、油漆涂布、金属焊接、陶瓷或搪瓷的坯釉结合，陶瓷与金属的封接等工艺和理论都与润湿作用有密切关系。

固液界面的润湿是指液体在固体表面上的铺展。从能量观点看，液滴在固体表面的平衡状态必然对应于它总的界面能最小的状态，所以润湿的热力学定义为：固体与液体接触后，体系（固体+液体）的吉布斯自由能降低时就称为润湿。

根据润湿程度的不同，把润湿现象分成附着润湿、铺展润湿和浸渍润湿三种，如图5-10所示。

（1）附着润湿

这是指液体和固体接触后，固-液界面代替原来的液-气界面和固-气界面。设这三种界面的面积均为单位值（如1cm^2），比表面吉布斯自由能分别为 γ_{LV}、γ_{SV}、γ_{SL}，在恒温恒压下，则上述过程的吉布斯自由能变化为：

$$\Delta G_1 = \gamma_{SL} - (\gamma_{LV} + \gamma_{SV}) \qquad (5\text{-}15)$$

对此种润湿的逆过程 $\Delta G_2 = \gamma_{LV} + \gamma_{SV} - \gamma_{SL}$，此时外界对体系所做的功为 W，如图 5-11 所示。

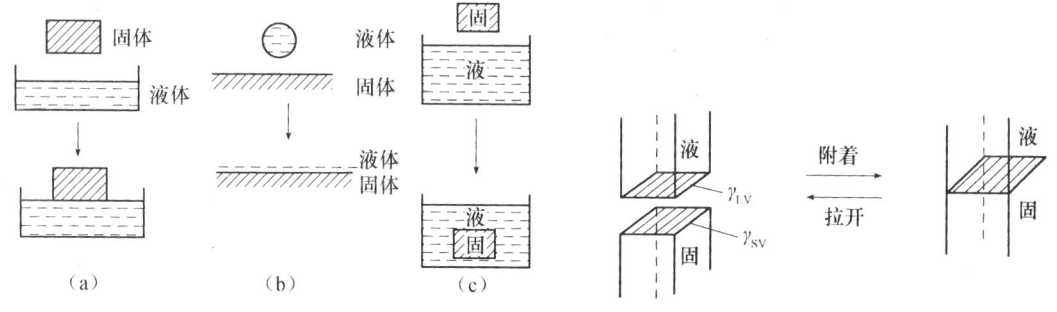

图 5-10　润湿的种类　　　　　　　　　图 5-11　附着功示意图
(a) 附着润湿；(b) 铺展润湿；(c) 浸渍润湿

$$W = \gamma_{LV} + \gamma_{SV} - \gamma_{SL} = -\Delta G_1 \qquad (5\text{-}16)$$

式中，W 称为附着功或黏附功。它表示将单位截面积的液-固界面拉开所做的功。从式(5-16)可以看出，γ_{SL} 越小，则 W 越大，液体越易润湿固体，表示固液界面结合愈牢，也即附着润湿愈强。因为固-液界面张力总是小于液-气和固-气界面张力之和,说明固-液接触时,其黏附功总是大于零,所以不管对什么液体和固体润湿过程总是可自发进行的。

在陶瓷和搪瓷生产中釉和珐琅在坯体上牢固附着是很重要的。一般 γ_{LV} 和 γ_{SV} 均是固定的。在实际生产中为了使液相扩散和达到较高的附着功,一般采用化学性能相近的两相系统,这样可以降低 γ_{SL},由式(5-16)可知这样可以提高黏附功 W。另外,在高温煅烧时两相之间如发生化学反应,会使坯体表面变粗糙,熔质填充在高低不平的表面上,互相啮合增加两相之间的机械附着力。

(2) 铺展润湿

当某清洁平滑的固体表面上滴上一液滴时,忽略液体的重力和黏度影响,这一组物质存在着三个界面及相应的界面张力:固-气界面及相应的界面张力 γ_{SV},固-液界面及相应的界面张力 γ_{SL},液-气界面及相应的界面张力 γ_{LV}。液滴在固体表面上的铺展是由固-气、固-液和液-气三个界面张力所决定,其平衡关系可由图 5-12 和式(5-17)确定:

$$\gamma_{SV} = \gamma_{SL} + \gamma_{LV}\cos\theta \tag{5-17}$$

$$F = \gamma_{LV}\cos\theta = \gamma_{SV} - \gamma_{SL} \tag{5-18}$$

式中,F 是润湿张力,θ 是润湿角,也称接触角,表示固体表面与接触点上切于液体表面之间的夹角,它可以在 0°~180°之间变化,其大小符合能量最低条件。润湿角 θ 与液滴形状关系如图 5-13 所示,把 $\theta=90°$ 作为润湿与不润湿的分界线,当 $\theta>90°$ 时,因润湿张力小而不润湿,液体在毛细管中下降;当 $\theta<90°$ 时,液体在毛细管中上升,为润湿;当 $\theta=0°$ 时,润湿张力 F 最大,可以完全润湿,液体完全铺展在固体表面上。

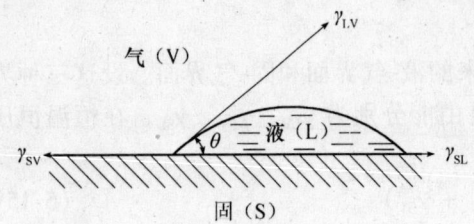

图 5-12 固-液-气三个界面张力关系示意图

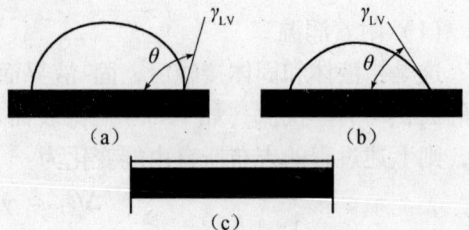

图 5-13 润湿角 θ 与液滴形状间关系
(a) 不润湿,$\theta>90°$;(b) 润湿,$\theta<90°$;
(c) 完全润湿,$\theta=0°$,液体铺展在固体表面

由式(5-18)可得:

$$\cos\theta = \frac{\gamma_{SV} - \gamma_{SL}}{\gamma_{LV}} \tag{5-19}$$

可见液体对固体润湿与否,即 θ 的大小取决于它们的界面能的相对大小。当 $\gamma_{SV}-\gamma_{SL}<0$ 时,则 $\cos\theta<0$,$\theta>90°$,液滴趋向于呈球形,是图 5-13(a)的情况;当 $\gamma_{LV}>\gamma_{SV}-\gamma_{SL}>0$ 时,$\cos\theta>0$,θ 值在 0°~90°之间,即为图 5-13(b)的情况;当 $\gamma_{SV}-\gamma_{SL}=\gamma_{LV}$ 时,$\cos\theta=1$,即 $\theta=0°$,即为图 5-13(c)的情况。

从式(5-19)得出,润湿的先决条件是 $\gamma_{SV}>\gamma_{SL}$,或者是 γ_{SL} 十分微小。当固-液两个的化学组成或化学结合方式很接近时,是可以满足这一要求的。因此,硅酸盐熔体在氧化物的固体上一般会形成小的润湿角,甚至完全将固体润湿,一般硅酸铝制品就是这种情况。而在金属熔体与氧化物之间，由于结构不同，界面能γ_{SL}很大，$\gamma_{SV} < \gamma_{SL}$，$\theta > 90°$，因而固体不被润湿。

从式（5-19）还可以看到γ_{LV}的作用是多方面的，在润湿的系统（$\gamma_{SV} > \gamma_{SL}$）中，$\gamma_{LV}$减小会使$\theta$变小，而在不润湿的系统（$\gamma_{SV} < \gamma_{SL}$）中，$\gamma_{LV}$减小使$\theta$增大。

（3）浸渍润湿

这是指固体浸入液体中的过程。如将陶瓷生坯浸入釉中，在此过程中固-气界面为固-液界面所代替，而液体表面没有变化。一种固体浸渍到液体中的自由能变化可由下式表示：

$$-\Delta G = \gamma_{SV} - \gamma_{SL} = \gamma_{LV}\cos\theta \tag{5-20}$$

若$\gamma_{SV} > \gamma_{SL}$，则$\theta < 90°$，于是浸渍润湿过程将自发进行。倘若$\gamma_{SV} < \gamma_{SL}$，则$\theta > 90°$，要将固体浸于液体之中必须做功。这表明浸渍润湿过程和附着润湿过程不同，不是所有液体和固体均可自发发生浸渍润湿，只有固-气的界面能大于固-液的界面能时浸渍润湿才能自发进行。

综上所述，可以看出三种润湿的共同点是液体将气体从固体表面排挤开，使原有的固-气（或液-气）界面消失，代之以固-液界面。铺展是润湿的最高标准，能铺展则必能附着和浸渍。

（4）影响润湿的因素

下面讨论影响固-液润湿的因素。

1）界面张力及固体表面吸附膜

从式（5-17）~式（5-20）可以知道，润湿性主要取决于γ_{SV}、γ_{SL}和γ_{LV}的大小。改善润湿，一方面可从改变γ_{LV}和γ_{SL}考虑（改变γ_{SV}是不可能的）。在陶瓷生产中，常采用使固-液两相组成尽量接近来降低γ_{SL}和通过在玻璃相中加入B_2O_3和PbO来降低γ_{SL}。又如金属陶瓷中，纯铜与碳化锆（ZrC）之间接触角$\theta = 90°$（1100℃），当铜中加入少量镍（0.25%），θ降为54°，镍的作用是降低γ_{SL}，从而使铜-碳化锆的结合性能得到改善。

另一方面，需要考虑γ_{SV}的影响。说改变γ_{SV}不可能是指固体露置于蒸气或真空中的表面张力而言的，真实固体表面都有吸附膜，吸附膜会降低固体表面能，它与除气后的固体在真空中的表面张力γ_{SO}，其数值等于吸附膜的表面压π，即

$$\pi = \gamma_{SO} - \gamma_{SV} \tag{5-21}$$

式中，γ_{SO}为固体在真空中的表面张力。

将式（5-21）带入到式（5-19）中，得：

$$\cos\theta = \frac{(\gamma_{SO} - \pi) - \gamma_{SL}}{\gamma_{LV}} \tag{5-22}$$

上式表明，吸附膜的存在使接触角增大，起着阻碍液体润湿铺展的作用，如图5-14所示。在陶瓷生坯上釉前和金属与陶瓷封接等工艺中，都要使坯体或工件保持清洁，其目的是去除吸附膜，提高γ_{SV}以改善润湿性。

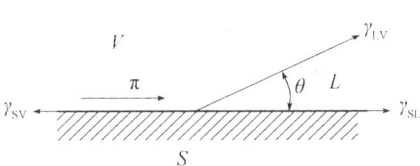

图5-14 吸附膜对接触角的影响

2）固体表面粗糙度的影响

从热力学考虑当系统处于平衡时，界面位置的少许移动所产生的界面能变化量应等于零。于是假设界面在固体表面上从图5-15（a）中的A点推进B点。这时固-液的界面积扩大δ_S，而固体表面相应减少了δ_S，液-气界面积则增加了$\delta_S \cdot \cos\theta$。平衡时则有：

$$\gamma_{SL} \cdot \delta_S + \gamma_{LV}\delta_S \cdot \cos\theta - \gamma_{SV} \cdot \delta_S = 0$$

或
$$\cos\theta = \frac{\gamma_{SV} - \gamma_{SL}}{\gamma_{LV}} \tag{5-23}$$

实际的固体表面具有一定粗糙度，因此真正表面积较表观面积大（设真实表面积是表观表面积的 n 倍）。如图 5-15（b）所示，若界面位置同样从 A' 点推移到 B' 点，使固-液界面的表观面积增大 δ_S，但此时真实表面积却增大了 $n \cdot \delta_S$，固-气界面实际上也减小了 $n \cdot \delta_S$，而液-气界面积则净增大了的 $\delta_S \cdot \cos\theta$。于是

$$\gamma_{SL} \cdot n\delta_S + \gamma_{LV} \cdot \delta_S \cos\theta_n - \gamma_{SV} \cdot n\delta_S = 0$$

$$\cos\theta_n = \frac{n(\gamma_{SV} - \gamma_{SL})}{\gamma_{LV}} = n\cos\theta \tag{5-24}$$

$$\frac{\cos\theta_n}{\cos\theta} = \frac{n\cos\theta}{\cos\theta} = n$$

式中，n 是表面粗糙度系数；θ_n 是粗糙表面的表面接触角。由于 n 值总是大于 1 的，故 θ 和 θ_n 相对关系将按图 5-16 所示的余弦曲线变化。即

$\theta < 90°$ 时，$\theta > \theta_n$；

$\theta = 90°$ 时，$\theta = \theta_n$；

$\theta > 90°$ 时，$\theta < \theta_n$。

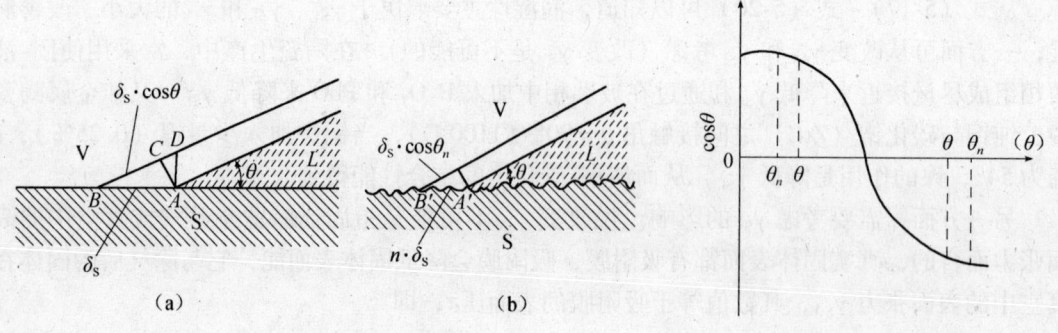

图 5-15 表面粗糙度对润湿的影响　　图 5-16 θ 与 θ_n 的关系

由此得出结论：当真实接触角 θ 小于 90° 时，此时固-液是润湿的，粗糙度愈大，表观接触角愈小，就越容易润湿；当 θ 大于 90°，此时固-液不润湿，则粗糙度愈大，越不利于润湿；θ 等于 90° 时，粗糙度对润湿性没有影响。

粗糙度改善润湿与黏附强度的实例生活中随时可见，如水泥与混凝土之间，表面愈粗糙，润湿性愈好；而陶瓷元件表面披银，必须先将瓷件表面磨平并抛光，才能提高瓷件与银层间的润湿性。润湿现象在生产实践和日常生活中经常遇到。很多工业技术中要求改善固-液界面的润湿性，但也有很多场合要求固-液界面不润湿。如矿物浮选，要求分离出的杂质为水润湿，而有用的矿石则要求不为水润湿。再如防雨布、防水涂层等均要求不润湿。

润湿现象的实际情况比理论分析要复杂得多，有些固相与液相之间在润湿的同时还有溶解现象。这样就造成相组成在润湿过程中逐渐改变，随之出现界面张力的变化，如果固-液之间还发生化学反应，就远超出润湿所讨论的范围。

3. 黏附

黏附是固体表面的剩余力场与其紧密接触的固体或液体的质点之间相互吸引而发生的界面行为，也是黏结和附着的综合表现。其本质是两种物质之间表面力作用的结果。黏附对于薄膜镀层，不同材料间的焊接以及玻璃纤维增强塑料、橡胶、水泥、石膏等复合材料的结合等工艺都有特殊的意义。尽管黏附涉及的因素很多，但本质上是一个表面化学问题。良好的黏附要求黏附的地方完全致密并有高的黏附强度。一般选用液体和易于变形的热塑性固体作为黏附剂，因此，黏附通常发生在固-液界面上。

（1）润湿性

对液相参与的黏附作用，必须考虑固-液之间的润湿性能。在两固体空隙之间，液体的毛细管现象所产生的压力差，有助于固体的相互结合。如液体能在固体表面上铺展，则不仅液体用量少，而且可增大压力差，提高黏附强度；反之，如果液体不能润湿固体，在两相界面上，将会出现气泡、空隙，这样就会降低黏附强度。因此，黏附面充分润湿是保证黏附处致密和强度的前提，润湿愈好黏附也愈好。可用润湿张力 F 作为润湿性的度量，其关系由 $F = \gamma_{LV}\cos\theta = \gamma_{SV} - \gamma_{SL}$ 决定。

（2）黏附功（W）

黏附力的大小与物质的表面性质有关，黏附程度可通过黏附功衡量。黏附功是指分开单位面积黏附界面所需要的功或能。它等于新形成的固-气界面的界面能 γ_{SV} 和液-气界面的界面能 γ_{LV} 以及消失的固-液界面的界面能 γ_{LV} 之差，即

$$W = \gamma_{LV} + \gamma_{SV} - \gamma_{SL} \tag{5-25}$$

与式 $\gamma_{SV} = \gamma_{SL} + \gamma_{LV}\cos\theta$ 合并得：

$$W = \gamma_{LV}(\cos\theta + 1) \tag{5-26}$$

式中，$\gamma_{LV}(\cos\theta + 1)$ 也称黏附张力。

可以看到，当黏附剂给定（即 γ_{LV} 一定）时，W 随 θ 减小而增大。因此，式（5-26）可作为黏附性的度量。黏附功标志着固-液两相铺展结合的牢固程度，黏附功的数值越大，将液体从固体表面拉开要耗费的能量越大，说明固-液两相互相结合的越牢固；相反，黏附功越小，则越容易分离。用耐火泥浆喷补高温炉衬时，喷补初期，为了使泥浆能牢固地黏附于受喷面，希望它们之间有较大的黏附功，相反，为了延长耐火材料的使用寿命，减少高温炉体对其表面的熔蚀，又希望它们之间有较小的黏附功。因此，针对不同情况，可从黏附功数值大小考虑选料。

（3）黏附面的界面张力 γ_{SL}

界面张力的大小反映界面的热力学稳定性。γ_{SL} 越小，黏附界面越稳定，黏附力也越大，同时从式（5-22）可见，γ_{SL} 愈小则 $\cos\theta$ 或润湿张力就大。

（4）相容性或亲和性

润湿不仅与界面张力有关，也与黏附界面上两相的亲和性有关。例如，水和水银两者表面张力分别为 7.2×10^{-2}N/m 和 4.7×10^{-1}N/m，但水却不能在水银表面铺展，说明水和水银是不亲和的。所谓相容或亲和，就是指两者润湿时自由焓变化 $\Delta G < 0$。因此相容性越好，黏附也越好。由于 $\Delta G = \Delta H - T\Delta S$（$\Delta H$ 为润湿热），故相容性的条件应是 $\Delta H \leq T\Delta S$，并可以用润湿热 ΔH 来度量。对于分子间由较强的极性键或氢键结合时，ΔH 一般小于或接近于零。当分子间由较弱的分子力结合时，ΔH 通常是正值。

良好黏附的表面化学条件应有如下几点：

①润湿性要好；

②黏附功要大，以保证牢固黏附。为此应使 $F=\gamma_{LV}\cos\theta=\gamma_{SV}-\gamma_{SL}$；

③黏附面的界面张力 γ_{SL} 要小，以保证黏附界面的热力学稳定；

④黏附剂与被黏附体间相容性要好，以保证黏附界面的良好键合和保持强度，为此润湿热要低。

上述条件是当 $\gamma_{SV}-\gamma_{SL}=\gamma_{LV}$ 的平衡状态时求得的。倘若 $\gamma_{SV}-\gamma_{SL}>\gamma_{LV}$ 时，情况将有其他变化。

另外，黏附性能还与多种因素有关，常见的有以下几个方面：

①固体表面的清洁度。若固体表面吸附有气体（或蒸气）而形成气膜，会明显减弱甚至会完全破坏黏附性能。

②固体分散度。一般说，固体细小时，黏附效应比较明显。提高固体的分散度，可以扩大接触面积，从而提高黏附强度，这也是硅酸盐工业生产中一般使用粉体原料的一个原因。

③固体在外力作用下的变形程度。固体较软或者在外力作用下易于变形，就会引起接触面积的增加，从而提高黏附强度。

4. 吸附与固体表面改性

（1）吸附

吸附是表面的一种重要性质，是一种物质的原子或分子附着在另一物质表面相对聚集的现象。固体表面存在大量的具有不饱和键的原子或离子，使得表面层有超额能量，当气体（或液体）原子、离子或分子碰撞固体表面时，固体表面的过剩力场就会捕获这些质点，使之在固体表面发生相对聚集，从而改变了固体的表面状态，使物系的表面能降低。因此，吸附是固体表面力场与被吸附质点（原子、离子或分子）发出的力场相互作用的结果。

固体表面如未受到特别的处理，其表面总是被吸附膜所覆盖。这是因为新鲜表面具有较强的表面力，能迅速地从空气中吸附气体或其他物质来满足它的结合要求。许多发生在固体表面上的重要行为，如润湿、黏附、摩擦、催化活性等在很大程度上都受到气体吸附膜的影响。

吸附过程可以使系统的表面能降低，所以吸附作用是自发进行的过程。在恒温恒压下，吸附过程的 $\Delta G_{T,P}<0$。

在吸附过程中，被吸附的物质称为吸附物，而产生吸附作用的物质称为吸附剂。根据吸附物和吸附剂之间相互作用力的性质不同，可分为物理吸附和化学吸附两种。

物理吸附是由分子间引力引起的，这时吸附物分子与吸附剂晶格可看作是两个分立的系统。这种吸附所释放出来的能量一般较小，接近液化热。在降低压力或升高温度时，固体对气体的物理吸附迅速降低。物理吸附膜的厚度可以为几个单分子层。

化学吸附是伴随有电子转移的键合过程，这时应把吸附分子与吸附剂晶格作为一个统一的系统来处理。化学吸附有明显的选择性，而且吸附膜通常是单分子或单原子的，结合是化学结合力，吸附时所释放出来的能量较大，接近化学反应热。高温时比低温时更容易发生化学吸附。

图 5-17 中的吸附曲线是以系统的能量（W）对吸附表面与被吸附分子之间的距离（r）

作图的。图 5-17（a）中 q 为吸附热，r_0 为平衡距离。化学吸附的一般特征是 q 值较大，r_0 较小并有明显的选择性，而物理吸附则反之。故可依此作为区别两种吸附的一个判据。如果把两种吸附曲线叠加，则可画成图 5-17（b）的形式。这时曲线呈现两个极小值，它们之间被一个位垒隔开。对应于 $r=r_0'$ 的极小值可视为物理吸附，对应于 $r=r_0''$ 的极小值是化学吸附。当系统从 A 点越过势垒 B 到达 C 点，表示从物理吸附状态转化为化学吸附状态。可见，化学吸附通常是需要活化能的，而且其吸附速度随温度升高而加快，这是区别于物理吸附的另一个判据。

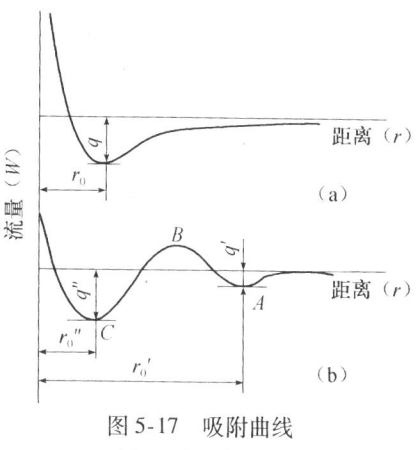

图 5-17　吸附曲线
(a) 理论吸附曲线；
(b) 物理吸附与化学吸附的特征曲线

为了便于区分两类吸附，将其特征列于表 5-6 中。

表 5-6　物理吸附与化学吸附的比较

特　性	物理吸附	化学吸附
吸附力	分子间作用力	化学键力
吸附热	较小，接近液化热	较大，接近化学反应热
选择性	无选择性	有选择性
吸附层	单分子层或多分子层	单分子层
吸附速率	较快，低温易发生	较慢，温度升高速率加快

区别两种吸附是可能的。不过，两种吸附并非是毫不相关或不相容的。例如，氧在金属钨上的吸附就同时有三种情况，即有的氧以原子态被化学吸附，有的以分子态被物理吸附，还有的氧分子被吸附在氧原子上。

(2) 表面改性

由于物理或化学吸附作用，表面往往吸附周围的介质形成吸附膜，导致表面原来的结构和性质发生改变，可以达到表面改性的目的。

表面改性是利用固体表面吸附特性通过各种表面处理改变固体表面的结构和性质，以适应各种预期的要求。例如，在用无机填料制备复合材料时，经过表面改性，使无机填料由原来亲水性改为疏水性和亲油性，这样就可通过提高该物质对有机物质的润湿性和结合强度，从而改善复合材料的各种理化性能。因此，表面改性对材料的制造工艺和材料性能都有着很重要的作用。

表面改性实质上是通过改变固体表面结构状态和官能团来实现的。其中最常用的是有机表面活性物质（表面活性剂）。表面活性物质是能够降低体系的表面（或界面）张力的物质。如润湿剂、乳化剂、分散剂、塑化剂、减水剂、去污剂、消泡剂等都是表面活性剂。

表面活性剂必须指明对象，而不是对任何表面都适用的。如钠皂是水的表面活性剂，对液态铁就不是，硫、碳对液态铁是表面活性剂，对水就不是。一般来说，非特别指明，表面活性剂都对水而言。

从分子结构上看，表面活性剂一般都是线性分子。表面活性剂分子由两部分组成，一端是极性基团，如羟基（—OH）、羧基（—COOH）、磺酸基（—SO_3H）、磺酸钠基（—SO_3Na）、醛基（—CHO）、氨基（—NH_2）等基团；另一端是非极性基团，如烃链、碳环等。极性基团亲极性介质，如对水的吸引力，容易水化；非极性基团亲非极性介质，或称为亲油，是憎水的。憎水基越长，分子量越大，其水溶性越差。

表面活性剂在固体表面发生吸附时，极性基向着极性界面，非极性基向着非极性界面，适当地选择表面活性剂的这两个原子团的比例就可以控制其油溶性和水溶性的程度，制得符合要求的表面活性剂。表面活性剂可以从它的用途、物理性质或化学结构等方面进行分类。最常用的是按化学结构来划分，分为离子型表面活性剂和非离子型表面活性剂两大类。凡在水中能电离生成离子的称为离子型表面活性剂；凡在水中不能电离的则称为非离子型表面活性剂。而离子型表面活性剂又可根据其发生表面活性作用的离子的电性分为阴离子型、阳离子型和两性离子型三大类。这种分类方法便于正确选择表面活性剂，如需要改性的是阳离子型的物质，就不能选用阴离子型表面活性剂，否则会产生沉淀等不良后果。

表面活性剂应用的范围很广。下面举表面活性剂在无机材料工业中应用的实例来简要说明表面改性的原理。在陶瓷工业中经常用表面活性剂来对粉料进行改性，以适应成型工艺的需要。如氧化铝瓷在成型时，Al_2O_3 粉用石蜡做定型剂。Al_2O_3 粉是瘠性料，表面是亲水的（一般硅酸盐和氧化物都是如此），而石蜡是亲油的，为了降低坯体收缩应尽量减少石蜡用量。生产中加入油酸来使 Al_2O_3 粉表面由亲水性变为亲油性。油酸分子为 CH_3—$(CH_2)_7$—CH=CH—$(CH_2)_7$—COOH，其亲水基向着 Al_2O_3 表面，而憎水基团向着石蜡。Al_2O_3 表面改为亲油性可以减少石蜡用量并提高浆料的流动性，使成型性能改善。

用于制造高频电容器瓷的化合物 $CaTiO_3$ 其表面是亲油的。成型工艺需要其与水混合，此时加入烷基苯磺酸钠，使憎水基吸在 $CaTiO_3$ 表面上而亲水基向着水溶液，此时 $CaTiO_3$ 表面由憎水改为亲水。如图 5-18 所示。

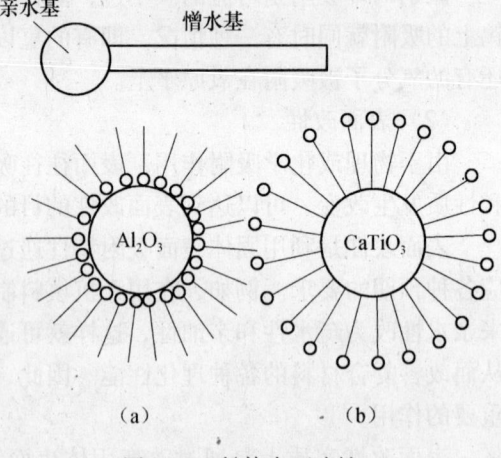

图 5-18 粉体表面改性
(a) 油酸对 Al_2O_3 作用；
(b) 烷基苯磺酸对 $CaTiO_3$ 作用

水泥工业中为提高混凝土的力学性能，在新拌合混凝土中要加入减水剂。目前，常用的减水剂是阴离子型表面活性物质。在水泥加水搅拌及凝结硬化时，由于水化过程中水泥矿物（C_3A、C_4AF、C_3S、C_2S）所带电荷不同，引起静电吸引，或由于水泥颗粒某些边棱角互相碰撞吸附，范德华力作用等会形成絮凝状结构，如图 5-19（a）所示。这些絮凝状结构中包裹着很多拌合水，因而降低了新拌混凝土的和易性。如果再增加用水量来保持所需的和易性，则会使水泥石结构中形成过多的孔隙而降低强度。加入减水剂的作用是将包裹在絮凝物中的水分释放，如图 5-13（b）所示。减水剂憎水基团定向吸附于水泥质点表面，亲水基团指向水溶液，组成单分子吸附膜。由于表面活性剂分子的定向吸附使水泥质点表面上带有相同电荷，在静电斥力作用下，使水泥-水体系处于稳定的悬浮状态，水泥加水初期形成的絮凝结构瓦解，游离水释放，从而达到既减水又保持所需和易性的目的。

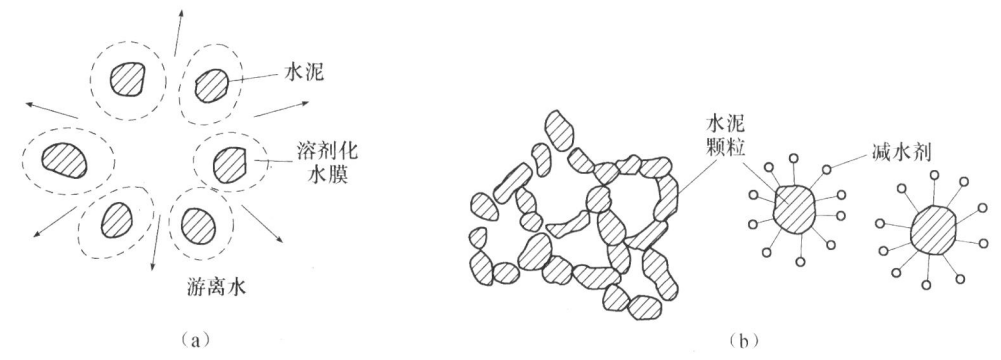

图 5-19 减水剂作用机理
(a) 絮凝状结构；(b) 减水剂作用机理

通过紫外光谱分析及抽滤分析可测得减水剂在与混凝土混合 5min 内，已有 80% 被水泥表面吸附，因此可以认为由于吸附而引起的分散是减水的主要机理。

目前，表面活性剂的应用已很广泛，常用的有油酸、硬脂酸钠等，但选择合理的表面活性剂尚不能从理论上解决，还要通过多次反复试验。

5.3 晶 界

在无机非金属材料中除了单晶和玻璃材料，基本上是由众多晶粒构成的多晶材料。因此，在这些材料中存在着大量的晶粒与晶粒的界面。这些界面结构和组成与晶粒的差异，决定了整个材料的性能。

1. 晶界概念

无机非金属材料是由微细粉料烧结而成的。在烧结时，众多的微细颗粒形成大量的结晶中心，当它们发育成晶粒并逐渐长大到相遇时就形成晶界。凡结构相同而取向不同的晶体相互接触，其接触界面称为晶粒间界，简称晶界。如果相邻晶粒不仅取向不同，而且组成、结构也不相同，即它们代表不同的两个相，则其间界称为相界面或界面。晶界是一种二维缺陷。

无机非金属材料是由形状不规则和取向不同的晶粒构成的多晶体，多晶体的性质不仅由晶粒内部结构和它们的缺陷结构所决定，而且还与晶界结构、数量等因素有关。尤其在高技术领域内，要求材料具有细晶交织的多晶结构以提高机电性能，此时晶界在材料中所起的作用就更为突出。如图 5-20 所示，多晶体中晶粒尺寸与晶界所占晶体中体积百分数的关系。由图可见，当多晶体中晶粒平均尺寸为 $1\mu m$ 时，晶界占晶体总体积的 $1/2$。显然在细晶材料中，晶界对材料的机、电、热、光等性质都有不可忽视的作用。

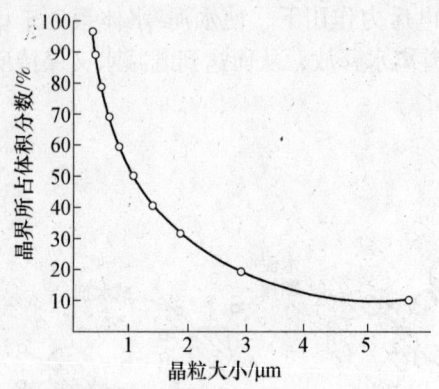
图 5-20　晶粒大小与晶界所占
体积百分数的关系

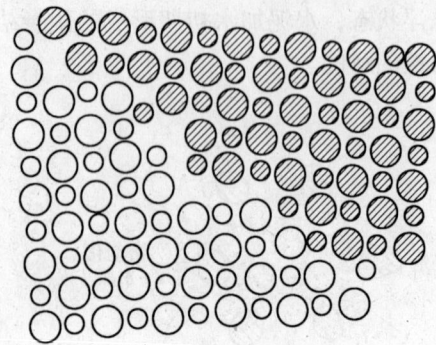
图 5-21　晶界结构示意图
（两晶面彼此相对转 10°）

由于晶界上两个晶粒的质点排列取向有一定的差异，两者都力图使晶界上的质点排列符合于自己的取向，当达到平衡时，晶界的原子就形成某种过渡的排列，其方式如图 5-21 所示。但是多晶体晶界尺度仅在 0.1μm 以下，并非一般显微工具能研究的，而要采用俄歇谱仪及离子探针等。由于晶界上成分复杂，因此对晶界的研究还待深入。

2. 晶界分类

晶界的结构有两种不同的分类方法。一种是根据相邻两个晶粒取向角度偏差的大小分为小角度晶界和大角度晶界；另一种是根据晶界两边原子排列的连贯性分为连贯晶界和半连贯晶界。

(1) 小角度晶界和大角度晶界

1) 小角度晶界

相邻两个晶粒的原子排列取向差异的角度很小，约 2°~3°。两个晶粒间晶界由完全配合部分与失配部分组成，界面处质点排列着一系列棱位错。图 5-22 是小角度晶界的示意图，图中 θ 角是倾斜角。可以看出，小角度晶界可以看作是由一系列刃位错排列而成的。为了填补相邻两个晶粒取向之间的偏差，使原子的排列尽可能接近原来的完整晶格，每隔几行就插入一片原子，这样小角度晶界就成为一系列平行排列的刃位错。如果原子间距为 b，则每隔 $d=b/\theta$，就可以插入一片原子，所以小角度晶界上位错的间距应当是 d，图 5-22(b) 是小角度晶界的另一种可能结构。

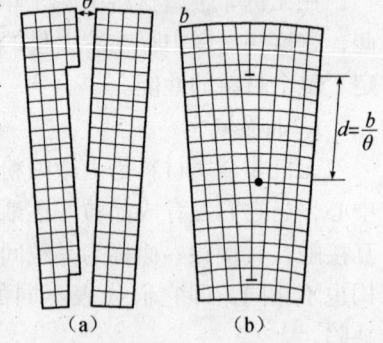

随着倾斜角 θ 增大，位错间距 d 将不断减小，当倾斜角达到 30°时，位错间距已接近原子间距，即各位错核心已靠到一起了。所以这种刃型位错模型不适合于大角度晶界。

图 5-22　小角度晶界
(a) 典型小角度晶界；
(b) 相当于一列刃型位错

另外，根据形成晶界时的操作不同，小角度晶界又分为倾斜晶界和扭转晶界，如图 5-23 所示。当一个晶粒相对于另一个晶粒以平行于晶界的某轴线旋转一定角度所形成的晶界称为倾斜晶界，以垂直于晶界的某轴线旋转一定角度而形成的晶界称为扭转晶界。

2) 大角度晶界

相邻两个晶粒的原子排列错合的角度很大，每个相邻晶粒的位向不同，由晶界把各晶粒分开，晶界是原子排列异常的狭窄区域，一般仅几个原子间距。大角度晶界在多晶体中占多数，这时晶界上质点的排列已接近无序状态。由于晶格畸变，质点的排列总体上看是没有规律的，但也还有些有序的小区域，要对这种结构做准确的描述是比较困难的。图 5-24 是大角度晶界的示意图。

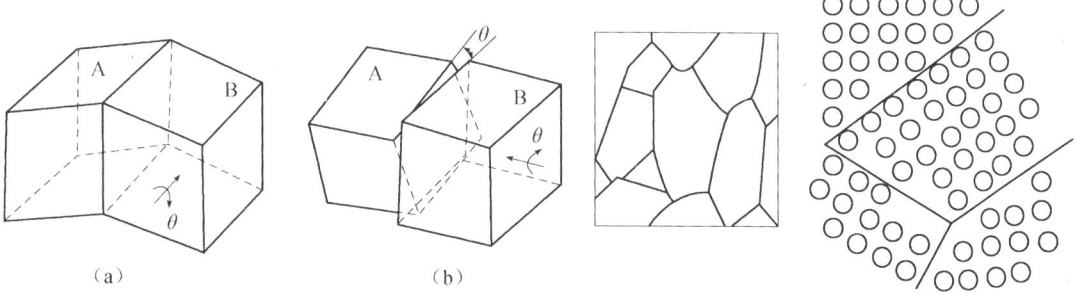

图 5-23 倾斜晶界与扭转晶界
(a) 倾斜晶界；(b) 扭转晶界

图 5-24 大角度晶界示意图

另外一种晶界结构是两相邻晶粒在某种方向上，共有部分晶格位置形成共格晶界。在这种共格晶界两边的原子，做镜像对称排列，实际上是一种孪晶。当金属镁在空气中燃烧生成氧化镁时，就会出现这种孪晶。对于 MgO 和 NaCl 这样的离子晶体，可能的共格晶界倾斜度为 36.8°（310）孪晶。图 5-25 是这种晶界的结构。

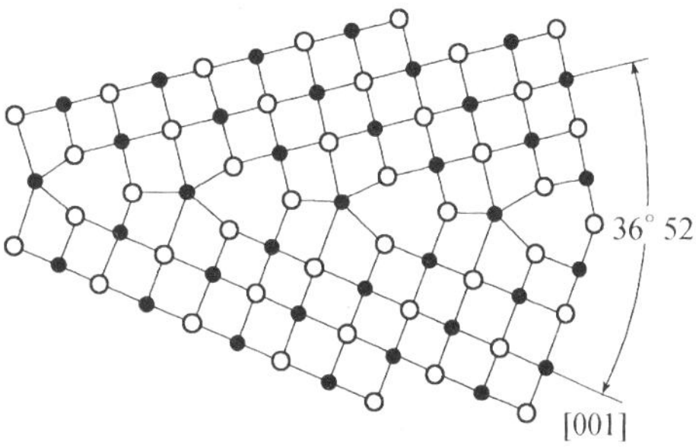

图 5-25 MgO（或 NaCl）中可能的 36.8°倾斜晶界（310）孪晶

(2) 连贯晶界和半连贯晶界
1) 连贯晶界

界面两侧的晶体结构非常相似，方向也接近，两个晶粒的原子在界面上连续地相接，具有一定的连贯性。

例如，氢氧化镁加热分解成氧化镁 [$Mg(OH)_2 \longrightarrow MgO + H_2O$]，就形成这样的晶界。MgO 的氧离子密堆平面是通过类似堆积的氢氧化物的平面脱氢而直接得到，如图 5-26 所示。$Mg(OH)_2$ 结构内有部分转变为 MgO 结构的畴出现时，则阴离子面是连续相接的。

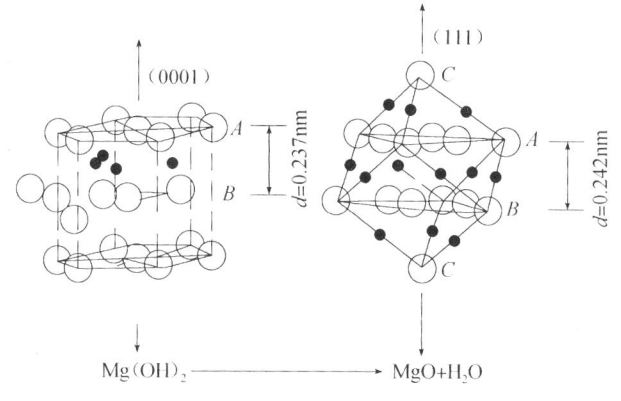

图 5-26 MgO 和 $Mg(OH)_2$ 之间的结晶学关系

然而，两种结构的晶面间距 c_1 和 c_2 彼此不同，$\dfrac{(c_2-c_1)}{c_1}=\delta$ 被定义为晶面间距的失配度。MgO 结构和 Mg(OH)$_2$ 结构的晶面间距不同，为了保持晶面的连续性，必须有其中的一个相或两个相发生弹性应变，或通过引入位错达到。这样两个相的相邻区域的尺寸大小才能变得一致。失配度 δ 是弹性应变的一个量度，称为弹性应变。由于弹性应变的存在，使系统的能量增大，系统能量与 $C\delta^2$ 成正比，C 为常数，系统能量与失配度 δ 的关系如图 5-27 所示。

2）半连贯晶界

晶界有位错存在，两个晶粒的原子在界面上部分相接，部分无法相接，因此称为半连贯晶界。

半连贯晶界如图 5-28 所示。在这种结构中，晶面间距 c_1 比较小的一个相发生应变。弹性应变由于引入半个原子晶面进入半连贯晶界而使弹性应变下降，这样就生成所谓界面位错。位错的引入，使在位错线附近发生局部的晶格畸变，显然晶体的能量也增加。其能量 W 根据布鲁克理论（Brooks）可用下式表示：

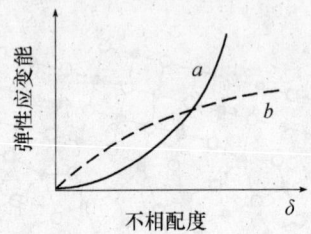

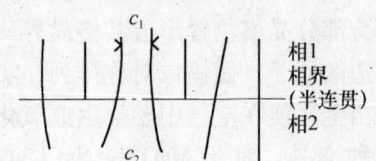

图 5-27 贮藏的应变能 W 与失配度 δ 的关系
a—连贯边界；b—含有界面位错的半连贯边界

图 5-28 半连续晶界的相界位错模型

$$W = \frac{G\vec{b}\delta}{4\pi(1-\mu)}[A_0 - \ln r_0] \qquad (5-27)$$

式中，δ 为失配度；$\vec{b}$ 为柏氏矢量；G 是剪切模量；μ 是泊松比，$A_0 = 1 + \ln\left(\dfrac{\vec{b}}{2r_0}\right)$；$r_0$ 是与位错线有关的一个长度。

根据式（5-27）计算的晶界能与 δ 的关系如图 5-27 中的虚线 b 所示。由图可见，当形成连贯晶界所产生的 δ 增加到一定程度（图 5-27 中 a 与 b 的交点），如再继续以连贯晶界相连，所产生的弹性应变能将大于引入界面位错所引起的能量增加，这时以半连贯晶界相连比连贯晶界相连在能量上更趋于稳定。

但是，上述界面位借的数目不能无限制地增加。在图 5-28 中，晶体上部，每单位长度需要的附加半晶面数 $\rho = \dfrac{1}{c_1} - \dfrac{1}{c_2}$，位错间的距离 $d = \dfrac{1}{\rho}$，故 $d = \dfrac{c_1 c_2}{c_2 - c_1}$，因此

$$d = \frac{c_2}{\delta} \qquad (5-28)$$

如果 $\delta = 0.04$，则每隔 $d = 25c_2$ 就必须插入一个附加半晶面，才能消除应变。当 $\delta = 0.1$ 时，每 10 个晶面就要插一个附加半晶面。在这样或有更大失配度的情况下，界面位错数大大超过了在典型陶瓷晶体中观察到的位错密度。

3）非连贯晶界

结构上相差很大的固相间的界面不能成为连贯晶界，因而与相邻晶体间必有畸变的原子

排列。这样的晶界称为非连贯晶界。

通过烧结得到的多晶体，绝大多数为非连贯晶界。在烧结过程中，有相同成分和相同结构的晶粒彼此取向不同。在这种情况下，所呈现的晶粒间界如图 5-29 所示。由于这种晶界的"非晶态"特性，很难估算它们的能量。

如果假设相邻晶粒的原子（离子）彼此无作用，那么每单位面积晶界的晶界能将等于两晶粒的表面能之和。但是实际上两个相邻晶粒的表面层上的原子间的相互作用是很强的，并且可以认为在每个表面上的原子（离子）周围形成了一个完全的配位球，其差别在于此处的配位多面体是变了形的，且在某种程度上，这种配位多面体周围情况与内部结构是不相同的。由于变形和环境的变化，晶界上的原子与晶体内部相同类型的原子相比有较高的能量，但一般来说，单位面积

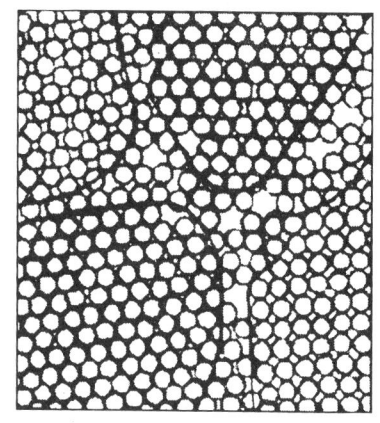

图 5-29 非连贯晶界示意图
（粗线包围的区域相当于多晶粒的范围）

的晶界能比两个相临晶粒表面能之和低。例如 NaCl 和 LiF 表面能分别是 $0.3J/m^2$ 和 $0.34J/m^2$，而 NaCl/NaCl 的晶界能是 $0.27J/m^2$，LiF/LiF 的晶界能是 $0.4J/m^2$，NaCl/LiF 的晶界能是 $0.3J/m^2$。

由于杂质原子（离子）容易聚集在晶界上，因而晶界能的大小是可以发生变化的。在晶体内杂质原子周围形成一个很强的弹性应变场，所以化学势较高；而晶界处结构疏松，应变场较弱，故化学势较低。当温度升高时，原子迁移率增加，使杂质原子从晶体内部自发向晶界扩散。

3. 晶界特征

晶界上的原子排列偏离了理想点阵，原子排列的不规则造成了晶界的结构不同于晶粒内部，使晶界具有一系列不同于晶内的特征：

①由于晶界能的存在，当晶体中存在能降低界面能的异类原子时，这些原子将向晶界偏聚，这种现象叫内吸附。同时也使晶界处熔点低于晶粒。

②晶界上原子具有较高的能量，且存在较多的如空位、位错和键的变形等晶体缺陷，其原子的扩散速率比晶体内部快得多。

③常温下，晶界对位错运动起阻碍作用，故固体材料的晶粒越细小，则单位体积的晶界面积越大，其强度、硬度越高。

④晶界上原子排列较晶粒内疏松，因而晶界受腐蚀（热侵蚀、化学腐蚀）后很易显露出来。晶界比晶粒内更易氧化和优先腐蚀。

⑤大角度晶界面能最高，故其晶界迁移速率最大，晶粒的生长及晶界平直化可减少晶界总面积，使晶界能总量下降，故晶粒生长是能量降低过程。由于晶界迁移靠原子扩散，所以只有在较高温度下才能进行。

⑥晶界处于应力畸变状态，能阶较高，固态相变时优先在母相晶界上成核。

利用晶界的一系列特性，通过控制晶界组成、结构和相态等来制造新型无机材料是材料科学工作者很感兴趣的研究领域。

4. 晶界构形

在硅酸盐材料中，多晶体的组织变化发生在晶粒接触处即晶界上，晶界形状是由表面张力的相互关系决定的。晶界在多晶体中的形状、构造和分布称为晶界构形。为讨论方便，在

假定晶界能是各向同性的条件下，分析二维的多晶界面。

（1）固-固-气界面

如果两个颗粒间的界面在高温下经过充分的时间使原子迁移或气相传质而达到平衡，形成了固-固-气界面，如图5-30（a）所示，根据界面张力平衡关系，可得

$$\gamma_{SS} = 2\gamma_{SV}\cos\frac{\psi}{2} \tag{5-29}$$

式中，γ_{SS}，γ_{SV}为固-固界面张力和固体的表面张力；ψ为槽角（或称热腐蚀角）。

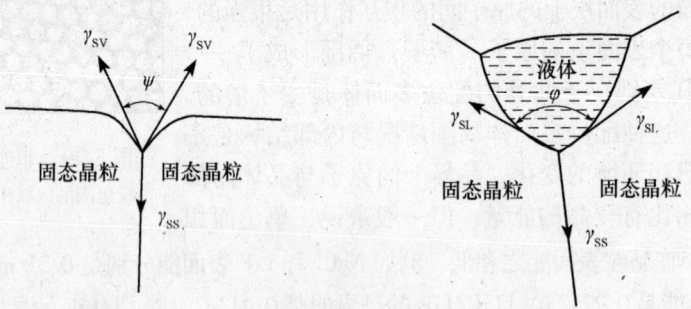

图 5-30 固-固-液界面
(a) 热腐蚀角（槽角）；(b) 固-固-液平衡的二面角

这种类型的沟槽通常是多晶制品在高温下加热时形成的，而且在许多体系中能观察到热腐蚀现象，经过测量热腐蚀角可以确定晶界能与表面能之比。经过抛光的陶瓷表面在高温下进行热处理，在界面能的作用下，就符合式5-29的平衡关系。

（2）固-固-液界面

由液相烧结所得的多晶体普遍形成的是固-固-液系统，如传统长石质瓷、镁质瓷等，这时晶界构形可以用图5-30（b）表示。此时界面张力平衡可以写成：

$$\cos\frac{\varphi}{2} = \frac{1}{2} \cdot \frac{\gamma_{SS}}{\gamma_{SL}} \tag{5-30}$$

式中，γ_{SS}，γ_{SL}为固-固界面张力和固-液界面张力；φ为二面角。

由式（5-30），二面角φ取决于固-固界面张力γ_{SS}和固-液界面张力γ_{SL}的相对大小。

当$\gamma_{SS}/\gamma_{SL} \geq 2$，则$\varphi = 0$，液相穿过晶界，此时晶粒完全被液相浸润，相分布如图5-31（a）和图5-32（d）所示。当$\gamma_{SL} > \gamma_{SS}$，则$\varphi > 120°$，此时三晶粒围成孤岛状液滴，如图5-31（d）所示。$\gamma_{SS}/\gamma_{SL} > \sqrt{3}$，$\varphi < 60°$，液相沿晶界渗开，如图5-32（b）所示。$\gamma_{SS}/\gamma_{SL}$比值与二面角$\varphi$关系见表5-7。

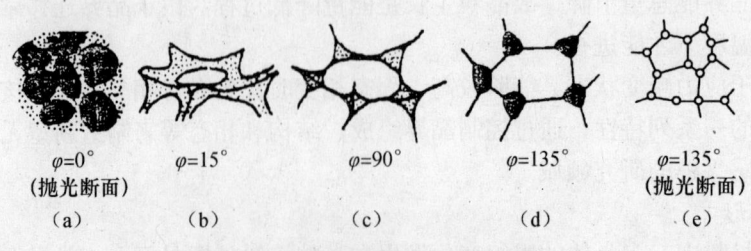

$\varphi=0°$ $\varphi=15°$ $\varphi=90°$ $\varphi=135°$ $\varphi=135°$
（抛光断面）   （抛光断面）
(a)   (b)   (c)   (d)   (e)

图 5-31 不同二面角时的第二相分布

表 5-7 二面角 φ 与润湿关系

$\dfrac{\gamma_{SS}}{\gamma_{SL}}$	$\cos\varphi$	φ	润湿性	相分布（图 5-32）	$\dfrac{\gamma_{SS}}{\gamma_{SL}}$	$\cos\varphi$	φ	润湿性	相分布（图 5-32）
<1	$<\dfrac{1}{2}$	$>120°$	不	(a) 孤立液滴	$>\sqrt{3}$	$>\dfrac{\sqrt{3}}{2}$	$<60°$	润湿	(c) 在晶界渗开
$1\sim\sqrt{3}$	$\dfrac{1}{2}\sim\dfrac{\sqrt{3}}{2}$	$60°\sim120°$	局部	(b) 开始渗透晶界	>2	1	$0°$	完全润湿	(d) 浸湿整个材料

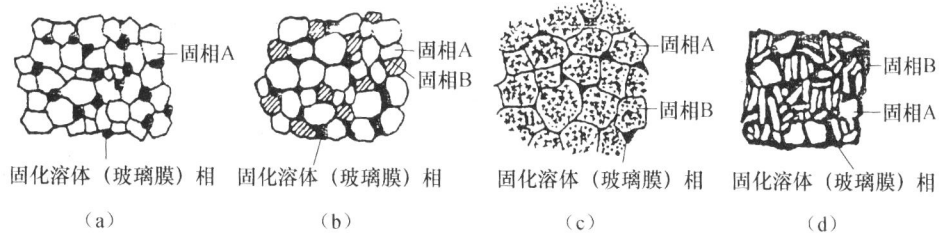

图 5-32 热处理时形成的多相材料组织
(a) 一般熔体；(b) 共熔体；(c) 析出结构；(d) 结晶

硅酸盐制品在烧结后，是多相的多晶材料，当气孔未从晶体中排除时，即使由单组分的晶粒组成的最简单的多晶体（如 Al_2O_3 瓷）也是多相材料。在许多由化学组成上不均匀的原料制备的无机材料中，除了不同相的晶粒和气孔外，当含 SiO_2 的高黏度的液态熔体冷却时，还形成数量不等的玻璃相。在实际材料烧结时，晶界的构形不仅与 γ_{SS}/γ_{SL} 之比有关，高温下固-液相之间还可能发生溶解过程和化学反应，固-固相之间也可能发生固相反应。溶解的反应过程改变了固-液相比例和固-液相间的界面张力，因此，多晶体组织的形成是一个很复杂的过程。图 5-32 示出了由于这些因素影响而形成的多相组织的复杂性。一般硅酸盐熔体对硅酸盐晶体或氧化物晶粒的润湿性很好，玻璃相伸展到整个材料中 [图 5-32 (a)]。如图 5-32 (b) 表示，两个不同组成和结构的固相与硅质玻璃共存，这两种固相（相 A-白色区域和相 B 斜线部分）是由固相反应形成的（例如由原来化合物热分解形成的），而硅质玻璃相是在较高温度下由 A、B 相生成的液态低共熔体。在很多玻璃相含量少的陶瓷材料中都有这样的结构，如镁质瓷和高铝瓷。图 5-32 (c) 示出由于固体或熔体过饱和而导致第二相析出时的结构，晶粒是由主晶相 A 及在其中析出的 B 晶相所组成，例如 FeO 固溶在 MgO 中，通过 $MgFe_2O_4$ 的析出其晶粒就形成这种组织形态。在许多陶瓷中，次级晶相 B 的形成是从过饱和富硅熔体中结晶的结果，如图 5-32 (d) 所示，如传统长石质瓷中次级晶相 B 是针状莫来石晶体。

(3) 固-固-固界面

在多晶体中，三个晶粒（分别用 1、2、3 表示）间夹角由界面张力的数值决定，有：

$$\frac{\gamma_{23}}{\sin\varphi_1} = \frac{\gamma_{31}}{\sin\varphi_2} = \frac{\gamma_{12}}{\sin\varphi_3} \tag{5-31}$$

式中，γ_{23}，γ_{31} 和 γ_{12} 为每两晶粒间的界面张力；φ_1，φ_2 和 φ_3 为相应两晶面间的二面角。

多晶体中，晶粒的形态主要满足两个基本条件，一是充塞空间条件，二是自由能极小条件。根据这两个条件，多晶材料的二维截面上两个晶粒相交或三个以上的晶粒相交于一点的情况是不稳定的，经常出现的是三个晶粒交于一点，其二面角的关系由式（5-31）决定。当晶界交角为120°，晶粒的截面都是六边形，这时晶界是平直的。但实际晶粒并非都是正六边形的，会出现弯曲界面。从界面能量考虑，弯曲晶界是不稳定的，如果温度足够高，多晶体会发生传质过程，这时弯曲的晶界会沿着曲率运动，使界面减小，以降低系统的自由能，这个过程要通过消耗周围的小晶粒来使多边形晶体长大。二次再结晶中的少数晶粒异常长大就是吞并周围小晶粒的传质过程。

5. 晶界应力

在多晶材料中，如果热膨胀系数不同的两种晶相，在高温烧结时，这两个相之间完全密合接触处于一种无应力状态，但当它们冷却时，由于热膨胀系数不同，收缩不同，晶界中就会存在应力。晶界中的应力足够大则可能在晶界上出现裂纹，甚至使多晶体破裂，小则保持在晶界内。

对于单相材料，例如石英、氧化铝、TiO_2、石墨等，由于不同结晶方向上的热膨胀系数不同，也会产生类似的现象。石英岩是制玻璃的原料，为了易于粉碎，先将其高温煅烧，利用相变及热膨胀产生的晶界应力，使其晶粒之间裂开而便于粉碎。在大晶粒的氧化铝中，晶界应力可以产生裂纹或晶界分离。显然，晶粒应力的存在，对于多晶材料的力学性能、光学性质及电学性质等都会产生强烈的影响。

用一个由两种热膨胀系数不同的材料组成的复合体来说明晶界应力的产生。设两种材料的膨胀系数为 α_1 和 α_2；弹性模量为 E_1 和 E_2；泊松比为 μ_1 和 μ_2，按图 5-33 模型组合。

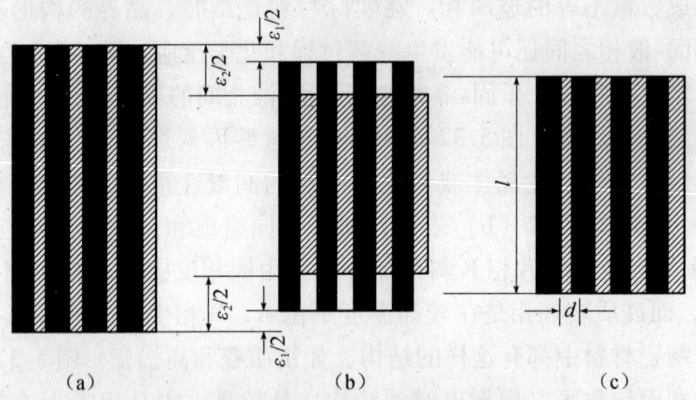

图 5-33 层状复合体中晶界应力的形成
(a) 高温下；(b) 冷却后无应力状态；
(c) 冷却后有应力但层与层仍然结合在一起

图 5-33 (a) 表示在高温下的一种状态，两种材料密合接触，两个相长短相同。假设此时是一种无应力状态。冷却后，有两种情况：图 5-33 (b) 表示在低于 T_0 的某一温度下，两个相自由收缩到各自平衡状态。因为是一个无应力状态，这种状态相当于晶界发生完全分离。图 5-33 (c) 表示同样在低于 T_0 的某一温度下，两个相都发生收缩，但晶界应力不足以使晶界发生分离，晶界处于有应力的平衡状态。当温度由 T_0 变到 T_1 时，温度差 $\Delta T = T - T_0$，第一种材料在此温度下膨胀变形 $\varepsilon_1 = \alpha_1 \Delta T$，第二种材料膨胀变形 $\varepsilon_2 = \alpha_2 \Delta T$，而 $\varepsilon_1 \neq$

ε_2。因此，如果不发生分离，即处于（c）图状态，复合体必然取一个中间膨胀的数值。在复合体中一种材料的净压力等于另一种材料的净拉力，二者平衡。设 σ_1 和 σ_2 为两个相的线膨胀引起的应力，x_1 和 x_2 为体积分数（等于截面积分数）。如果 $E_1 = E_2$，$\mu_1 = \mu_2$，且 $\Delta\alpha = \alpha_1 - \alpha_2$，则两种材料的热应变差为

$$\varepsilon_2 - \varepsilon_1 = \Delta\alpha \cdot \Delta T \tag{5-32}$$

第一相的应力
$$\sigma_1 = \left(\frac{E}{1-\mu}\right) x_2 \Delta\alpha \Delta T \tag{5-33}$$

此应力是令合力（等于每相应力乘以每相的截面积之和）等于零而计算得到的。因为，在个别材料中正力和负力是平衡的。这种力可经过晶界传给一个单层的力，即 $\sigma_1 \cdot A_1 = -\sigma_2 A_2$，式中 A_1，A_2 分别为第一、二相的晶界面积。$\sigma_1 A_1$ 和 $\sigma_2 A_2$ 产生一个平均晶界剪应力 $\tau_{平均}$。

$$\tau_{平均} = \frac{(\sigma_1 A_1)_{平均}}{S}$$

式中，S 为局部的晶界面积。

对于层状复合体的晶界面积与 $\frac{V}{d}$ 成正比，d 为箔片的厚度，V 为箔片的体积，层状复合体的剪切应力为：

$$\tau \approx \frac{\dfrac{x_1 E_1}{1-\mu_1} \times \dfrac{V_2 E_2}{1-\mu_2}}{\dfrac{E_1 V_1}{1-\mu_1} \times \dfrac{E_2 x_2}{1-\mu_2}} \Delta\alpha \Delta T \frac{d}{L} \tag{5-34}$$

因为对于具体系统，E、μ、V 是一定的，上式可改写为：

$$\tau = \frac{K \Delta\alpha \Delta T d}{L} \tag{5-35}$$

式中，L 为层状物的长度；d 为薄片的厚度；K 为系数。

从式（5-35）可以看到，晶界应力与热膨胀系数差、温度变化及厚度成正比。如果晶体热膨胀是各向同性的，则 $\Delta\alpha = 0$，晶界应力不会发生。如果产生晶界应力，则复合层厚度越大，应力也愈大。所以在多晶材料中，晶粒越粗大，材料强度与抗冲击性越差，反之，则强度与抗冲击性好，这与晶界应力的存在有关。

在三维的等轴晶粒结构中，晶界的剪应力的分数比层状物中的要小，这是因为晶界正应力的作用也开始重要起来。对于一个球形粒子处于无限的基体中这样的简单情况，该球受到均匀的等静压力。

上述晶界应力对决定多晶陶瓷的许多性质是重要的。通常发现，对于像细瓷这种具有不同热膨胀系数的组分的试样，或者像氧化铝那样具有各向异性膨胀的单晶试样，其应力之大足以导致裂纹产生并可使晶粒分离。虽然应力与晶粒尺寸无关，见式（5-35），但自发的裂纹主要发生于大晶粒的试样中，因为内应变能的降低与晶粒尺寸的立方成比例，而由断裂引起的表面能增加却与颗粒尺寸的平方成比例。这些晶界的分离意味着大晶粒制品由于大的晶界应力而变得脆弱，通常其物理性能也较差。

复合材料是目前很有发展前途的一种多相材料，其性能优于其中任一组元材料的单独性能。复合材料可以有弥散强化和纤维增强两种。弥散强化的复合材料结构是由基体和在基体中均匀分布的直径在 $0.01 \sim 0.1\mu m$、含量从 $1\% \sim 15\%$ 很细的等径颗粒组成，如图

5-34（a）所示，ZrO_2 增韧 Al_2O_3 就属此类。弥散强化复合材料也可以是细小的陶瓷颗粒分散于金属相基体中（如 Al_2O_3 细微粒分散在金属中）；或者反之，用陶瓷做基体，金属细微粉分散于其中。纤维增强复合材料中的纤维，其最短长度和最大直径之比等于或大于 10∶1（即式 5-35 中 $\frac{L}{d}\approx 10\colon 1$），纤维的直径一般在不到 $1\mu m$ 和数百微米之间波动。如图 5-34 所示，纤维增强复合材料有平行取向（b）和紊乱取向（c）两种。复合材料基体通常用高分子材料或金属；常用的纤维为石墨、Al_2O_3、ZrO_2、SiC、Si_3N_4 和玻璃，这些材料具有很好的力学性能，它们接合到复合材料中还能充分保持其原有性能。

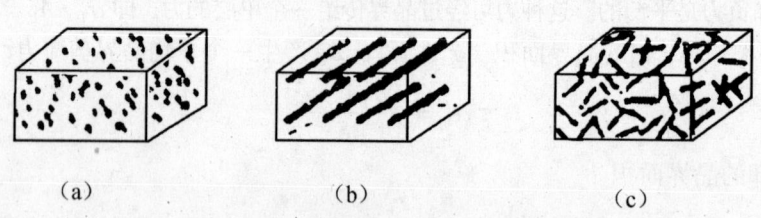

图 5-34　多相复合材料的几种类型
(a) 弥散强化；(b) 纤维增强（平行取向）；(c) 纤维增强（紊乱取向）

6. 晶界在材料工业中的应用

晶界对无机材料，尤其是陶瓷材料性能的影响很大。例如，要想获得机械强度高，机电性能好的制品，就必须研究和控制晶粒的大小，而晶粒大小的问题实际上是晶界在材料中所占比例的问题。因为多晶材料的破坏一般是沿着晶界断裂的，对于细晶材料来说，晶界比例大，当沿晶界破坏时，裂纹的扩散要走迂回曲折的途径，晶粒越细，路程越长，裂纹扩散所需要的能量越多；此外，多晶材料初始裂纹尺寸与晶粒尺寸相当，故晶粒越细，初始裂纹尺寸就越小，于是便提高了材料的机械强度。

在材料的生产中，还常常利用晶界易于偏聚杂质的性质，有意识的加入一些杂质，使其集中分布在晶界上，以达到改善材料性能的目的。例如，在陶瓷生产中，为了严格控制烧成制度外，还常常通过掺杂来控制晶粒长大，特别是二次再结晶，因为杂质富集在晶界上可以阻止晶界过快地移动。

晶界应力的存在会降低材料的机械强度和介电性能。但晶界应力这一特性也可以被利用，如前面举到的石英岩煅烧后破碎的例子。

习　题

5-1　分析说明焊接、烧结、黏附接合和玻璃-金属封接的作用原理。

5-2　MgO-Al_2O_3-SiO_2 系统的低共熔场放在 Si_3N_4 陶瓷片上，在低共熔温度下液相的表面张力为 $900\times 10^{-3} N/m$，液体与固体的界面能为 $600\times 10^{-3} N/m$，测得接触角为 $70.52°$。

（1）求 Si_3N_4 的表面张力。

（2）把 Si_3N_4 在低共熔温度下进行热处理，测试其热腐蚀的槽角为 $60°$，求 Si_3N_4 的晶界能。

5-3 氧化铝瓷件中需要被银覆盖，已知1000℃时 $\gamma_{(Al_2O_3 \cdot S)} = 1.0 \times 10^{-3} N/m$，$\gamma_{(Ag \cdot L)} = 0.92 \times 10^{-3} N/m$，$\dfrac{\gamma_{(Ag \cdot L)}}{\gamma_{(Al_2O_3 \cdot S)}} = 1.77 \times 10^{-3} N/m$，问液态银能否润湿氧化铝瓷件表面？可以用什么方法改善它们之间的润湿性。

5-4 影响润湿的因素有哪些？

5-5 说明吸附的本质。

5-6 什么是晶界结构？

5-7 试说明晶粒之间晶界应力的大小对晶体性能的影响。

第6章 黏土-水系统胶体化学

胶体化学是物理化学的一个重要分支。它所研究的领域是化学、物理学、材料科学、生物化学等学科的交叉与重叠,已成为这些学科的重要理论基础。在无机材料科学领域中,常常涉及胶体体系和表面化学问题。例如,在陶瓷制造过程中,为适应成型工艺的需要,将高度分散的原料加水或加黏结剂制成流动的泥浆或可塑的泥团;在水泥砂浆中,使用减水剂促进水泥的分散等。

传统陶瓷工业中的泥浆系统,是以黏土(高岭石、蒙脱石、伊利石等)粒子为分散相,水为分散介质构成的分散体系。黏土矿物颗粒很细,一般约在 0.1~1μm 范围内,它具有很大的比表面积,高岭石的比表面积约 $20m^2/g$,蒙脱石则高达 $100m^2/g$,因而它们表现出一系列表面化学的性质。黏土具有荷电与水化等性质,黏土粒子分散在水介质中形成的泥浆系统是介于溶胶-悬浮液-粗分散体系之间的一种特殊状态。泥浆在适量电解质的作用下具有溶胶稳定的特性。而泥浆粒度分布范围宽,细分散粒子有聚集降低表面能的趋势和粗颗粒有重力沉降作用。因此,聚集不稳定性(聚沉)是泥浆存放后的必然结果。分散和聚沉这两方面除了与黏土的本性有关外,还与电解质的种类和数量、温度、泥浆浓度等因素有关,这就构成了黏土-水系统胶体化学性质的复杂性,这些性质是无机材料制备工艺的重要理论基础。

在特种陶瓷生产中,为保证制品的性能,往往采用氧化物、非氧化物(如氮化物、碳化物)等瘠性料粉末,解决瘠性料的悬浮与塑化是获得性能优异的材料的重要方面。

研究浆体的流动性、稳定性、触变性、可塑性等,对于制备无机材料具有重要意义。本章重点讨论黏土-水系统所形成的泥浆和非黏土的固体颗粒形成的泥浆体的胶体行为。

6.1 胶体概念和流变学基础

1. 胶体的基本概念

(1) 分散系统

胶体化学研究的主要对象是高度分散的多相系统。把一种或几种物质分散在另一种物质中所形成的系统称为分散系统。被分散的物质称为分散质或溶质,而呈连续分布的物质,称为分散介质或溶剂。例如,水泥粉分散于水中形成的料浆系统中,水泥粉为分散相,而水则为分散介质。

(2) 分散系统分类

分散系统通常有两种分类方法,一种是按分散相与分散介质聚集状态分类,另一种是按分散相粒子的大小分类。

1) 按聚集状态 该方法将分散系统分为八类,并常以分散介质的相态命名,见表6-1。需要注意的是,气相作为分散介质时,分散相只有液相和固相两种情况。因为气体之间混合时,它们是原子或分子尺度的混合,无相界面存在,是均相系统。

表 6-1 分散系统按聚集状态分类

分散介质	分散相	名称	实例
气	液	气溶胶	雾、油烟
	固		烟、粉尘
液	气	泡沫	肥皂泡沫、啤酒泡沫
	液	乳状液	含水原油、牛奶
	固	液溶胶和悬浮液	泥浆、油墨、金溶胶、AgI 溶胶
固	气		泡沫玻璃、泡沫塑料、浮石
	液	固溶胶	珍珠
	固		某些合金、染色塑料、有色金属

2）按分散相粒子的大小　若分散相粒子线度小于 1nm（10^{-9}m），溶液中的溶质和溶剂之间无相界面，为均相系，常称其为真溶液；如分散相粒子在某个方向的线度在 1~100nm（即 10^{-9} ~ 10^{-7}m）之间，这种分散系统称为胶体分散系统，简称胶体。在胶体范围内，分散相粒子是大量的原子、分子或离子聚集体，它们与分散介质之间存在明显的相界面；如分散相粒子在某个方向的线度大于 100nm（10^{-7}m），则称为粗分散系统。例如悬浮液、乳浊液、泡沫等皆为粗分散系统，由于它们与胶体有许多共同的特性，也可作为胶体化学研究的对象。

真溶液、胶体和粗分散系统之间没有绝对显著的界限，相互之间的过渡均是连续的。物质被分散的程度称为分散度，常用分散相的比表面积（单位质量或单位体积物质所具有的表面积）来表示，比表面积越大，其分散度越高。

另外，表 6-1 中的溶胶类又可按照分散相和分散介质之间亲和力的大小分为两类。一类为亲液溶胶，指分散相和分散介质之间亲和力很强的溶胶。一般指高分子化合物溶胶，如明胶、蛋白质、淀粉的水溶液。此类溶胶很容易自动形成，而且其分散作用是可逆的。如明胶溶胶脱水可制得干明胶，明胶加水又能直接形成溶胶。另一类为憎液溶胶，也称疏液溶胶，指分散相和分散介质之间很小或没有亲和力的溶胶。如金、银和硅酸盐类的水溶胶。这类溶胶的分散相不能在分散介质中自动分散形成，而需要采取特殊的方法制备。

（3）胶体特点

在胶体溶液中，作为分散相的微小物质粒子是构成胶团的核心，简称为胶核。胶核是高度分散的微小物质粒子，具有很大的比表面积，有自动聚集成大颗粒，缩小表面积的趋势，因此是热力学不稳定系统。但胶核可选择性的吸附某种离子而带电，使胶核表面的不饱和力场得到一定程度的补偿，加上溶剂化作用（水为分散介质时，构成胶团双电层结构的全部离子都是水化的，在分散相粒子周围形成一个弹性水化外壳。布朗运动使胶团靠近时，水化外壳因受到挤压而变形，每个胶团都力图恢复其原来的形状而又被弹开，即水化外壳的存在势必增加溶胶聚合的机械阻力而有利于溶胶的稳定性）和布朗运动（克服重力场影响而不下沉），而达到相对稳定的状态。所以，高度分散的多相性和热力学不稳定性是胶体分散系统的主要特点，更是产生其他现象的依据。

2. 流变学基础

流变学是研究物体流动或变形的一门学科。对于不同类型的物体其流变学方程各不相同,流动曲线也不同。常见的流动类型有如下几种。

(1) 理想流动(或牛顿型流体)

在第四章阐明熔体黏度时曾提到黏度公式 $\sigma = \eta \dfrac{dv}{dx}$,此式表示在切向力作用下流体产生剪切速度 $\dfrac{dv}{dx}$ 与剪切应力 σ 成正比,比例系数 η 为黏度。凡符合这个规律的物质称为理想流体或牛顿型流体。用剪切应力与速度梯度作图,如图6-1(a)所示,当在物体上加以剪切应力,则物体即开始流动,剪切速度与剪应力成正比。当应力消除后,变形不再复原。属于此类流动的物质有水、甘油、低分子量化合物溶液。

(2) 宾汉流动

这类流体流动特点是剪应力必须大于流动极限值 f 后才开始流动,一旦流动后,又与牛顿型相同。即当应力不超过某一极限值以前,物体是刚性的。此流动极限值 f 称流动极限或屈服值。流动曲线形式如图6-1(a)所示。这种流动可写成:

$$F - f = \eta \frac{dv}{dx} \tag{6-1}$$

若 $D = \dfrac{dv}{dx}$,上式写成:

$$\frac{F}{D} = \eta + \frac{f}{D}$$

$$\eta_\alpha = \eta + \frac{f}{D} \tag{6-2}$$

当 $D \to \infty$、$\dfrac{f}{D} \to 0$ 时,$\eta_\alpha = \eta$,η_α 称为宾汉流动黏度,通常又称为表现黏度。新拌混凝土接近于宾汉流动,这类流动是塑性变形的简例。

(3) 塑性流动

这类流动的特点是施加的剪应力必须超过某一最低值——屈服值以后才开始流动,随剪切应力的增加,物料由紊流变为层流,直至剪应力达到一定值,物料也发生牛顿流动,流动曲线如图6-1(b)所示。属于这类流动的物体有泥浆、油漆、油墨。硅酸盐材料在高温烧结时,晶粒界面间的滑移也属于这类流动。黏土泥浆的流动只有较小的屈服值,而可塑泥团屈服值较大,它是黏土坯体保持形状的重要因素。

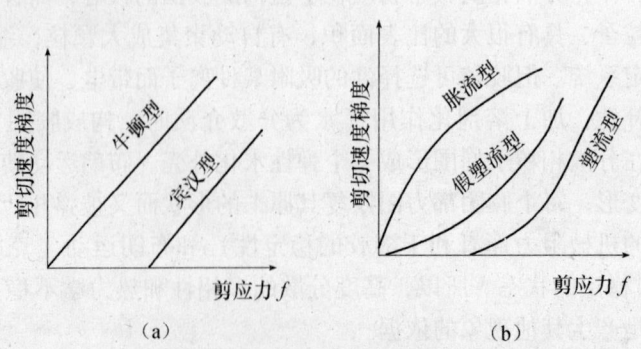

图6-1 不同类型的流动曲线

黏土粒子分散在水介质中所形成的泥浆系统具有塑性流动的特点。

(4) 假塑性流动

这一类型的流动曲线类似于塑性流动,但它没有屈服值。也即曲线通过原点并凸向应力轴,如图6-1(b)所示。它的流动特点是表现黏度随切变速率增加而降低。属于这一类流动的主要有高聚合物的溶液、乳浊液、淀粉、甲基纤维素等。

(5) 膨胀流动

这一类型的流动曲线是假塑性的相反过程。流动曲线通过原点并凹向剪应力轴,如图6-1(b)所示。这些高浓度的细粒悬浮液在搅动时好像变得比较黏稠,而停止搅动后又恢复原来的流动状态,它的特点是黏度随切变速率增加而增加。属于这一类流动的一般是非塑性原料,如氧化铝、石英粉的浆料等。

6.2 黏土的离子吸附与交换

1. 黏土的荷电性

1809年卢斯发现分散在水中的黏土粒子在电流的作用下向阳极移动,可见黏土颗粒带有负电荷。研究证明,黏土颗粒荷电性质与其带电原因有关,且所带电荷的80%以上集中在小于2μm的胶体晶质黏土矿物中。除此以外,黏土表面的有机质也带有一部分电荷。

(1) 负电荷

黏土所带的负电荷,主要是由于黏土晶格内离子的同晶置换(类质同晶)造成电价不平衡使之板面(垂直于c轴的面)上带负电荷。如果硅氧四面体中四价的硅被三价铝所置换,或者铝氧八面体中三价的铝被二价的镁、铁等取代,就产生了过剩的负电荷,这种电荷的数量取决于晶格内同晶置换的多少。

不同种类黏土的晶格结构不同,其同晶置换的情况也不相同。例如,蒙脱石晶体是2∶1型结构,即两层硅氧四面体中间夹一层铝氧八面体的组合构成的复网层。各复网层之间靠分子键结合,作用力微弱,结构很不稳定。铝氧八面体中Al^{3+}易被Mg^{2+}等二价阳离子取代,导致晶格内出现大量过剩负电荷,这是蒙脱石荷负电性的主要原因;除此以外,还有总负电荷的5%是由Al^{3+}置换硅氧四面体中的Si^{4+}而产生的。蒙脱石的负电荷除部分由内部补偿外(包括其他层片中所产生的置换以及八面体中O原子被OH基的取代),每单位晶胞还约有0.66个剩余负电荷。

伊利石结构与蒙脱石相似,也是三层结构,并且存在离子置换现象。与蒙脱石不同的是,伊利石主要是由于硅氧四面体中大约1/6的Si^{4+}被Al^{3+}所取代,使单位晶胞中约有1.3~1.5个剩余负电荷。为平衡多余的负电荷,结构中将近有1~1.5个K^+进入结构单位层间。K^+处于上下两个硅氧四面体六节环的中心,相当于结合成配位数为12的K—O配位多面体,因此,层间的约束力较牢固,阳离子不易被交换。这些负电荷大部分被层间非交换性的K^+和部分Ca^{2+}、H^+等所平衡,只有少部分负电荷对外表现出来。

高岭石晶体是1∶1型单网层结构,即一层硅氧四面体和铝氧八面体相连。单网层间靠氢键结合，作用力较强，故结构稳定，晶格中离子的取代现象几乎不存在。根据化学组成推算其构造式，其晶胞内电荷是平衡的。一般认为，高岭石内不存在类质同晶置换。但近来根据化学分析、X射线分析和阳离子交换量测定等综合分析结果，证明高岭石中存在少量Al^{3+}对Si^{4+}的同晶置换现象，其量约为每100g土有2mmol。

黏土内由同晶置换所产生的负电荷大部分分布在层状硅酸盐的板面上。因此在黏土的板面上可以依靠静电引力吸引一些介质中的阳离子以平衡其负电荷。

黏土的负电荷还可以由吸附在黏土表面的腐殖质离解而产生。这主要是由于腐殖质的羧基、酚羧基和羟基的H^+解离而引起的。这部分负电荷的数量随介质的pH值而改变，在碱性介质中有利H^+离解而产生更多的负电荷。

(2) 两性电荷

1942年西奈（Thiessen）在电子显微镜中看到带负电荷的胶体金粒被片状高岭石的棱边所吸引，证明黏土也能带正电。近年来，不少学者应用物理或化学的方法证实高岭石的边面（平行于c轴的面）在酸性条件下，由于从介质中接受质子而使边面带正电荷。

如图6-2所示为不同pH值介质中高岭石边面所带电荷情况示意图。由于边棱价键破裂产生电价不饱和，高岭石边面上与一个Al^{3+}相连的OH基带1/2个负电荷；与一个Al^{3+}和Si^{4+}相连的O带1/2个负电荷；而仅与一个Si^{4+}相连的O带1个负电荷，边面显示两个单位的负电荷。在酸性条件下，如图6-2（a）所示，介质中H^+浓度很大，高岭石边棱上的一个OH和两个O均各吸附一个H^+，正、负电荷中和后，其结果使边面（$0.33nm^2$）共带1个正电荷。在中性或弱碱性条件下，如图6-2（b）所示，介质中H^+浓度和OH^-浓度几乎相等，高岭石边棱上仅有两个O各吸附一个H^+，结果使边面不带电。在强碱性条件下，如图6-2（c）所示，介质中H^+浓度很小，高岭石边棱上的一个OH和两个O均不吸附H^+，结果使边面共带2个负电荷。

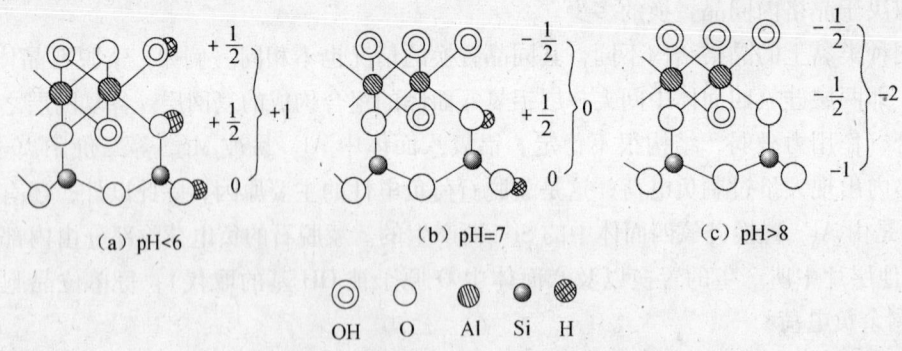

图6-2 高岭石边面上的荷电示意图

以上的电荷分析要用到鲍林第二规则，即静电价规则。以图6-2（b）边棱中部的O和H基团对外显示电荷为例说明。O与Al构成铝氢氧八面体，Al的配位数为6，故Al—O键的静电强度为3/6=1/2，同时，该O与Si相连形成硅氧四面体[SiO_4]，Si—O键的静电强度为4/4=1，O带有2个负电荷，H带有1个正电荷，所以O和H基团对外显示带有1/2正电荷，其余类推。

以上表明高岭石的荷电性可随介质 pH 值而变化。由于高岭石中同晶置换现象较少，因此高岭石结晶构造破裂而呈现的活性边表面上的破键是高岭石带电的主要原因。同样，蒙脱石和伊利石的边面也可能由于价键破裂而在不同介质中出现边面正电荷或负电荷，但非主要的带电原因，尤其对于蒙脱石而言，由于边棱价键破裂所带的电量在其总电量中仅占很少部分。

（3）净电荷

综上所述，黏土的带电原因较复杂，主要是黏土晶格内离子的同晶置换（类质同晶）、黏土表面的腐殖质离解和颗粒边棱的破裂等原因。黏土矿物种类不同，带电多少也有区别，蒙脱石带电多，高岭石带电少；带电原因不同，电荷分布位置也不一样；介质酸碱度不同，所带电荷性质不同。

黏土的正电荷和负电荷的代数和就是黏土的净电荷。由于黏土的负电荷一般都远大于正电荷，而且黏土泥浆一般呈碱性，因此总的来说黏土是带有负电荷的。

黏土胶粒的电荷是黏土-水系统具有一系列胶体化学性质的主要原因之一。

2. 黏土的阳离子吸附与交换

黏土颗粒由于破键、晶格内类质同晶置换和吸附在黏土表面腐殖质离解等原因而带负电，因此，它必然要吸附介质中的阳离子来中和其所带的负电荷，被吸附的阳离子又能被溶液中其他浓度大、价数高的阳离子所交换。这就是黏土的阳离子交换性质。

黏土的阳离子交换反应具有同号离子相互交换、离子以等当量交换、交换和吸附是可逆的过程以及离子交换并不影响黏土本身结构的特点。

吸附与交换既有联系又有区别，吸附是黏土颗粒与介质中离子之间的相互作用，而离子交换是同性离子之间以黏土为载体的相互作用。可以说，离子吸附是交换的前提，而交换是不同种同性离子间作用的结果。例如一个交换反应如下：

$$\begin{matrix}Na\\Na\end{matrix} > 黏土 + Ca^{2+} \rightleftharpoons Ca\text{-}黏土 + 2Na^+$$

在这个反应中，黏土吸附两个 Na^+ 以满足黏土与离子之间的电中性，当 2Na—黏土与 Ca^{2+} 相互作用时，一个 Ca^{2+} 交换两个 Na^+。对 Ca^{2+} 而言是由溶液转移到胶体上，这是离子的吸附过程。但对被黏土吸附的 Na^+ 转入溶液而言，则是解吸过程。吸附和解吸的结果，使钙、钠离子相互换位即进行交换。由此可见，离子的吸附与交换是一个反应中同时进行的两个不同过程。

利用黏土的阳离子交换性质可以提纯黏土及制备吸附单一离子黏土。例如将带有各种阳离子的黏土通过一个带有一种离子的交换树脂发生如下反应：

$$X\text{-}树脂 + Y\text{-}黏土 \rightleftharpoons Y\text{-}树脂 + X\text{-}黏土$$

X 为单一离子，Y 为各种阳离子混合。因为任何一个树脂的交换容量都很高（250～500mmol/100g 土），在溶液中 X 离子浓度远大于 Y，因此能保证交换反应完全，得到吸附单一阳离子的黏土。

黏土阳离子的交换容量（Cation exchange Capacity，简称 C.e.C）是用 100g 干黏土所吸附离子的毫摩尔（mmol）数来表示。

黏土的阳离子交换容量除与矿物组成有关外,还与黏土的细度、有机质含量、溶液的 pH 值、离子浓度、结晶度和介质的温度等很多影响因素有关。

1) 黏土矿物组成　不同类型的黏土其阳离子交换容量相差很大。蒙脱石中同晶置换发生的较多(约占 80%),晶格层间作用力较弱导致层间结合疏松,遇水易膨胀而分裂成碎片,交换容量大。在伊利石中,层状晶胞间结合很牢固,遇水不易膨胀,晶格中同晶置换只有 Al^{3+} 取代 Si^{4+},结构中 K^+ 位于破裂面时,才能成为可交换阳离子的一部分,所以其交换容量比蒙脱石小。高岭石中同晶置换极少,只有破键是吸附交换阳离子的主要原因,因此其交换容量最小。几种黏土矿物的阳离子交换容量列于表 6-2 中。

表 6-2　黏土的阳离子交换容量

矿　物	高岭石	多水高岭石	伊利石	蒙脱石	蛭石
阳离子交换容量/ (mmol/100g 土)	3~15	20~40	10~40	75~150	100~150

同一种矿物组成的黏土其交换容量不是固定在一个数值,而是在一定范围内波动。黏土的阳离子交换容量通常代表黏土在一定 pH 值条件下的净的负电荷数。由于各种黏土矿物的交换容量数值差距较大,因此测定黏土的阳离子交换容量也是鉴定黏土矿物组成的方法之一。

2) 黏土细度　当黏土矿物组成相同时,其阳离子的交换容量随其细度的增加而增大,特别是高岭石受此因素的影响更明显,如表 6-3 所示。蒙脱石破键引起的阳离子交换所占比例很小,因而受细度的影响不大。

表 6-3　高岭石的阳离子交换容量与颗粒大小的关系

平均粒径/ μm	比表面积/ (m²/g)	阳离子交换容量/ (NaOH mmol/100g 土)	平均粒径/ μm	比表面积/ (m²/g)	阳离子交换容量/ (NaOH mmol/100g 土)
10.0	1.1	0.4	1.2	11.7	2.3
4.4	2.5	0.6	0.56	21.4	4.4
1.8	4.5	1.0	0.29	39.8	8.1

3) 溶液的 pH 值　同一种矿物,当其他条件相同时,在碱性溶液中阳离子交换容量大,如表 6-4 所示。

表 6-4　pH 值对黏土矿物阳离子交换容量的影响

阳离子交换容量/	pH 值		阳离子交换容量/	pH 值	
(mmol/100g 土)	2.5~6	>7	(mmol/100g 土)	2.5~6	>7
高岭石	4	10	蒙脱石	95	100

4) 有机质含量　黏土所含的有机质常以腐殖酸的形式存在。随有机质含量增加,使黏土颗粒所带负电荷数增加,其阳离子交换容量越大。表 6-5 为黏土除去有机质前后阳离子交换容量的变化。

表6-5　有机质含量对黏土阳离子交换容量的影响

黏　土	有机质含量（%）	阳离子交换容量/（mmol/100g土）		阳离子交换容量的减少值/（mmol/100g土）
		原土	除去有机质后	
唐山紫木节	1.53	25.23	17.60	7.63
英国球土1	1.30	12.67	8.17	4.50
英国球土2	4.18	17.60	8.65	8.95

5）介质温度　温度对离子交换容量影响表现在吸附速率和吸附强度上。温度升高，离子运动加剧，单位时间内碰撞黏土颗粒的次数增加，则离子交换容量增大。但是随着温度增高，离子动能增大，黏土对离子的吸附强度下降，所以从这方面看，温度升高反而导致交换容量降低。

阳离子在水中常常吸附极化的水分子，从而形成水化阳离子，黏土在溶液中吸附的都是水化阳离子。水化阳离子的电荷数及其水化半径都直接影响黏土与离子间作用力的大小。当环境条件相同时，阳离子价数愈高则与黏土之间吸力愈强。黏土对不同价阳离子的吸附能力次序为 $M^{3+} > M^{2+} > M^+$（M为阳离子）。如果 M^{3+} 被黏土吸附则在相同浓度下 M^+、M^{2+} 不能将它交换下来，而 M^{3+} 能把已被黏土吸附的 M^+、M^{2+} 交换出来。但 H^+ 是特殊的，由于它的容积小，电荷密度高，黏土对它吸力最强。

离子水化膜的厚度与离子半径大小有关，见表6-6所列。对于同价阳离子，离子半径越小，对水分子偶极子所表现的电场强度越大，则水化膜越厚，水化半径越大。如一价离子水化膜厚度 $Li^+ > Na^+ > K^+$。水化半径较大的离子与黏土表面的距离较大，因而根据库仑定律它们之间的吸力就越小。例如在条件相同下，黏土对一价水化阳离子 Li^+、Na^+、K^+ 的吸力次序为 $K^+ > Na^+ > Li^+$。对于不同价离子，情况就较复杂。一般高价离子的水化分子数大于低价离子，但由于高价离子具有较高的表面电荷密度，它的电场强度将比低价离子大，此时高价离子与黏土颗粒表面的静电引力的影响可以超过水化膜厚度的影响。

表6-6　离子半径与水化离子半径

离子	正常半径/nm	水化分子数	水化半径/nm	离子	正常半径/nm	水化分子数	水化半径/nm	离子	正常半径/nm	水化分子数	水化半径/nm
Li^+	0.078	14	0.73	NH_4^+	0.143	3	—	Mg^{2+}	0.078	22	1.08
Na^+	0.098	10	0.56	Rb^+	0.149		0.36	Ca^{2+}	0.106	20	0.96
K^+	0.133	6	0.38	Cs^+	0.156	0.2	0.36	Ba^{2+}	0.143	19	0.88

根据离子价效应及离子水化半径，可将黏土的阳离子交换序排列如下：

$$H^+ > Al^{3+} > Ba^{2+} > Sr^{2+} > Ca^{2+} > Mg^{2+} > NH_4^+ > K^+ > Na^+ > Li^+$$

氢离子由于离子半径小，电荷密度大，占据交换吸附序首位。在离子浓度相等的水溶液里，位于序列前面的离子能交换出序列后面的离子。

3. 黏土的阴离子吸附与交换

由于黏土边面带两性电荷，因此必然会在黏土微粒的棱边上发生阴离子的吸附与交换。但是黏土的阴离子交换一直不如阳离子交换那样受到重视，对阴离子吸附与交换机理不像阳离子研究的深入。

阴离子的吸附与交换具有下列特点：

①黏土对阴离子的吸附量随介质的 pH 值升高而降低，这是由于黏土边面的正电荷数量随介质 pH 值升高而降低的原因；

②阴离子的吸附与交换发生在黏土颗粒的边面（棱面）上；

③阴离子的形状与黏土边面结构单位的几何情况相适应或阴离子与黏土上 OH^- 几何大小相同，则这些阴离子吸附是牢固的。汉德列克斯（Hendrieks）提出：有些阴离子如磷酸根、砷酸根、硼酸根等具有与硅氧四面体相似的形状和几何尺寸，可以被硅氧四面体的边面所吸附，而硫酸根、氯离子、硝酸根形状和尺寸不等而不能被吸附。

黏土阴离子的交换容量的大小也与黏土矿物组成有关。高岭石的阳离子交换主要是由破键引起的，所以阳离子的交换量和阴离子的交换量基本相等。在蒙脱石和蛭石类矿物里，阳离子交换主要由于晶格内离子的同晶置换，阴离子的交换容量只是阳离子交换容量的很小一部分。在伊利石类矿物里，阴离子交换容量应比阳离子交换容量稍低。

关于阴离子的交换容量的测定目前缺少可靠的定量数据。表 6-7 为黏土矿物上 OH^- 被 F^- 所交换的阴离子容量数值。

表 6-7　黏土的阴离子交换容量

矿　物	高岭石	多水高岭石	伊利石	蒙脱石	蛭石
阴离子交换容量/（mmol/100g 土）	7～20	—	—	20～30	—

按照黏土边面正电荷与阴离子间静电引力大小次序，将阴离子与黏土表面吸附牢固程度排列如下：

$$OH^- > CO_3^{2-} > P_2O_7^{4-} > I^- > Br^- > Cl^- > NO_3^- > F^- > SO_4^{2-}$$

在离子浓度相等的情况下，位于序列前面的阴离子能把后面的阴离子从黏土表面交换出来。但由于阴离子交换的特点，还必须考虑离子几何形状及尺寸因素，故以上序列也不是一成不变的。

6.3　黏土粒子的水化

黏土粒子通常是片状的，其层厚的尺寸往往符合胶体粒子范围，即使另外两个方向的尺度很大，但整体上仍可视为胶体。例如，蒙脱石膨胀后，其单位晶胞厚度可劈裂成 1nm 左右的小片，分散于水中即成为胶体。

除了分散尺寸外，分散相与分散介质的界面结构对胶体同样是重要的。一般认为，即使系统仅含 1.5% 以下的胶体粒子，整体上其界面就可能很大，并表现出胶体性质。许多黏土虽然几乎不含 $0.1\mu m$ 以下的粒子，但仍是呈现胶体性质。这显然应从界面化学角度去理解。

黏土中的水可分为吸附水和结构水两种。前者是吸附在黏土矿物层间，在约 100～200℃ 的较低温度下可以脱去；后者是以 OH 基形式存在于黏土晶格中，其脱水温度随黏土种类不同而异，约波动在 400～600℃ 之间。对于黏土-水系统性质而言，吸附水往往是更为重要的。

黏土晶格的表面，是由 OH^- 和 O^{2-} 排列成层状的六元环状。吸附水彼此联结成如图 6-3 所示那样的六角形网层，即六角形的每边相当于羟键。一个水分子的氢键直指邻近分子的负电荷，但水分子中有一半氢原子没有参加网内结合，它们由于黏土晶格的表面氧层间的吸引作用而联结在黏土矿物的表面上。第二个水网层同样由未参加网内结合的氢原子，通过氢键与第一网层相联结。依此重叠

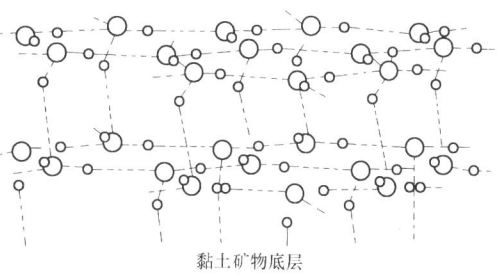

图 6-3 直接连接到黏土矿物底面上的吸附水的位形

直到水分子的热运动足以克服上述键力作用时，逐渐过渡到不规则排列。

从这样的结构模型出发，黏土吸附水可分为三种。即牢固结合水，它是接近于黏土表面的有规则排列的水层，有人测得其厚度约 3~10 个水分子厚度，而且性质也不同于普通水，其相对密度为 1.28~1.48，冰点较低，也称非液态吸附水；疏松结合水系指从规则排列过渡到不规则排列水层；自由水即最外面的普通水层，也称流动水层。

不同结合状态的吸附水对黏土-水系统的陶瓷工艺性质有重要影响。例如，塑性泥料要求其含水达到松结合状态，而流动泥浆则要求有自由水存在。但是，不同黏土矿物的吸附水和结合水并不尽相同，这主要取决于黏土结构、分散度和离子交换能力。

1. 黏土与水的作用

黏土与水的作用是下述几个原因造成的：黏土晶粒表面上氧与氢氧基可以与靠近表面的水分子通过氢键而结合；黏土颗粒表面的负电荷在黏土附近存在一个静电场，使极性水分子发生定向排列；黏土颗粒表面吸附着水化阳离子。由于以上原因使黏土表面吸附着一层层定向排列的水分子层，极性分子依次重叠，直至水分子的热运动足以克服上述引力作用时，水分子逐渐过渡到不规则的排列。

水在黏土颗粒周围随着距离增大、结合力的减弱而分成牢固结合水、疏松结合水和自由水。黏土颗粒（又称胶核）吸附着完全定向排列的水分子层和水化阳离子，这部分水与胶核形成一个整体，作用力较强，能够一起在介质中移动（称为胶粒），其中的水称为牢固结合水（又称吸附水膜或水化膜），其厚度约为 3~10 个水分子厚。在牢固结合水周围一部分定向程度较差的水称为疏松结合水（又称扩散水膜），由于离开黏土颗粒较远，它们之间的结合力较小。在疏松结合水以外的水为自由水。黏土吸附水的情况如图 6-4 所示。

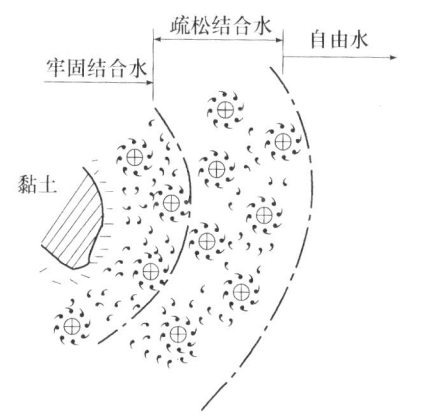

⊕ 阳离子 -'+ 水分子

图 6-4 黏土吸附水的情况示意图

结合水（包括牢固结合水与疏松结合水）的密度大、热容小、介电常数小、冰点低，其物理性质与自由水是不相同的。黏土与水结合的数量可以用测量润湿热来判断。黏土与这三种水结合的状态与数量将会影响黏土-水系统的工艺性能。在黏土含水量一定的情况下，若结合水减少，则自由水就增多，此时黏土颗粒的体积减小，移动容易，因而泥浆黏度小，流动性

好；当结合水量多时，水膜厚，有利于黏土颗粒间的滑动，则可塑性好。

影响黏土结合水量的因素有黏土矿物组成、黏土分散度、黏土吸附阳离子种类等。

黏土的结合水量一般与黏土阳离子交换量成正比。对于含同一种交换性阳离子的黏土，蒙脱石的结合水量要比高岭石大。高岭石结合水量随粒度减小而增高，而蒙脱石与蛭石的结合水量与颗粒细度无关。

不同价的阳离子被黏土吸附后的结合水量通过实验证明（表6-8），黏土与一价阳离子结合水量 > 与二价阳离子结合的水量 > 与三价阳离子结合的水量。同价离子与黏土结合水量随着离子半径增大而减少（不是水化离子），如 Li-黏土结合水量 > Na-黏土结合水量 > K-黏土结合水量。

表 6-8 被黏土吸附的 Na 和 Ca 的水化值

黏 土	吸附容量		结合水量/ (g/100g 土)	每个阳离子水化分子数	Na 与 Ca 的水化值比
	Ca	Na			
Na-黏土	—	23.7	75	175	23
Ca-黏土	18.0		24.5	76.2	

2. 黏土胶体的电动性质

带电荷的黏土胶体分散在水中时，在胶体颗粒和液相的界面上会有扩散双电层出现。在电场或其他力场作用下，带电黏土与双电层的运动部分之间发生剪切运动而表现出来的电学性质称为电动性质。

黏土胶粒分散在水中时，黏土颗粒对水化阳离子的吸附随着黏土与阳离子之间距离增大而减弱，又由于水化阳离子本身的热运动，因此黏土表面阳离子的吸附不可能整齐地排列在一个面上，而是随着与黏土表面距离增大，阳离子分布由多到少，如图6-5所示。到达 P 点平衡了黏土表面全部负电荷，P 点与黏土质点距离的大小则决定于介质中离子的浓度、离子电价及离子热运动的强弱等。

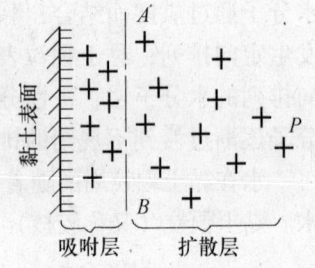

图 6-5 黏土表面的吸附层与扩散层

在外电场作用下，黏土质点与一部分吸附牢固的水化阳离子（图 6-5AB 面以内）随黏土质点向正极移动，这一层称为吸附层。另一部分水化阳离子不随黏土质点移动，却向负极移动，这一层称为扩散层（图 6-5AB 面至 P 点）。

由于吸附层与扩散层各带有相反的电荷，所以相对移动时两者之间就存在着电位差，这个电位差称电动电位或 ζ-电位。黏土质点表面与扩散层之间的总电位差称为热力学电位差（用 φ 表示），ζ-电位则是吸附层与扩散层之间的电位差，显然 $\varphi > \zeta$（图 6-6）。

ζ-电位的高低与阳离子的电价和浓度有关。如图 6-6 所示，ζ-电位随扩散层增厚而增高，如 $d_1 > d_2$，$\zeta_1 > \zeta_2$。这是由于溶液中离子浓度较低，阳离子容易扩散而使扩散层增厚。当离子浓度增加，致使扩散层压缩，即 P 点向黏土表面靠近，

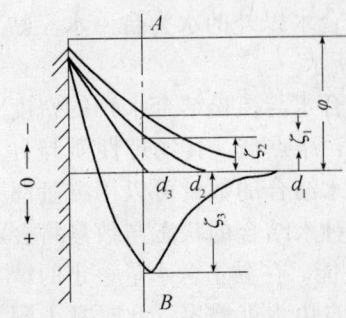

图 6-6 黏土的电动电位

ζ-电位也随之下降。当阳离子浓度进一步增加直至扩散层中的阳离子全部压缩至吸附层内,此时 P 点 AB 面重合,ζ-电位等于零也即等电点。如果阳离子浓度进一步增加,甚至可能改变 ζ-电位符号,如图 6-6 中的 ζ_3 与 ζ_1、ζ_2 符号相反。一般有高价阳离子或某些大的有机离子存在时,往往会出现 ζ-电位符号发生改变的现象。

根据静电学基本原理可以推导出电动电位的公式如下:

$$\zeta = \frac{4\pi\sigma d}{D} \tag{6-3}$$

式中,ζ 为电动电位;σ 为表面电荷密度;d 为双电层厚度;D 为介质的介电常数。

从式(6-3)可见,ζ-电位与黏土表面的电荷密度、双电层厚度成正比,与介质介电常数成反比。黏土胶体的 ζ-电位受到黏土的静电荷和电动电荷的控制,因此凡是影响黏土这些带电性能的因素都会对电动电位产生作用。

黏土吸附了不同阳离子后对 ζ-电位的影响可由图 6-7 看出,由不同阳离子所饱和的黏土,其 ζ-电位值与阳离子半径、阳离子电价有关。用不同价阳离子饱和的黏土其 ζ-电位次序为:M^+-黏土 > M^{2+}-黏土 > M^{3+}-黏土(其中吸附 H_3O^+ 为例外)。而同价离子饱和的黏土其 ζ-电位次序随着离子半径增大,ζ-电位降低。这些规律主要与离子水化度及离子同黏土吸引力强弱有关。当加入电解质相同时,ζ-电位随电解质浓度而变化,并呈现出极值点,这是由于阳离子浓度过大时,将被挤入吸附层使扩散层压缩,ζ-电位降低。这种效应对于高价阳离子尤其显著,其一般规律示意如图 6-8 所示。曲线的极值点随电解质中阳离子电价增高而移向低浓度一侧。

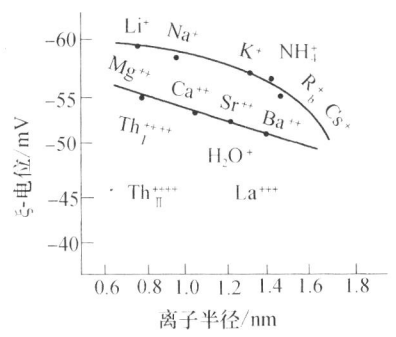

图 6-7 由不同阳离子所饱和的黏土的 ζ-电位值　　图 6-8 电解质对黏土 ζ-电位的影响

瓦格雷(W. E. Worrall)测定了各种阳离子所饱和的高岭石的 ζ-电位值,如表 6-9 所示。同时他还指出一个稳定的泥浆悬浮液,黏土胶粒的 ζ-电位值必须在 -50 mV 以上。

表 6-9　各种阳离子饱和的高岭土的 ζ-电位值

黏土性质	ζ-电位/mV	黏土性质	ζ-电位/mV
Ca-黏土	-10	天然黏土	-30
H-黏土	-20	用($NaPO_3)_6$ 饱和的黏土	-135
Na-黏土	-80	Mg-黏土	-40

由于一般黏土内腐殖质都带有大量负电荷,因此它起到了加强黏土胶粒表面净负电荷的

作用，显然黏土内有机质对黏土 ζ-电位有影响。如果黏土内有机质含量增加，则导致黏土 ζ-电位升高。例如，河北唐山紫木节土含有机质 1.53%，测定原土的 ζ-电位为 -53.75mV。用适当的方法去除其有机质后测得 ζ-电位为 -47.30mV。

影响黏土 ζ-电位值的因素还有黏土矿物组成、电解质阴离子作用、黏土胶粒形状和大小、表面光滑程度等。

ζ-电位值对黏土泥浆的稳定性有重要的作用。ζ-电位值较高，黏土粒子间斥力作用强，能保持一定距离，削弱和抵消了范德华引力，从而提高泥浆的稳定性。反之，当ζ-电位值降低，胶粒间斥力减小并相互靠近，当进入范德华引力作用范围内，泥浆就会失去稳定性，黏土粒子很快聚集沉降并分离出溶液，泥浆的悬浮性被破坏，从而产生絮凝或聚沉现象。

3. 黏土胶团结构

黏土的胶核、胶粒、胶团是有区别的。如图 6-9 所示，在黏土胶团内，黏土颗粒本身称为"胶核"。胶核带有负电荷，因此紧靠胶核周围吸附着一些定向的偶极水分子和一些水化阳离子，这部分构成了围绕胶核的吸附层，它们随胶核一起在介质中移动。胶核和吸附层构成胶粒。

吸附层内的阳离子电荷数不足以"中和"胶核所带的净负电荷，因此扩散层内也分布着阳离子。只是随着离胶核距离越远，阳离子数目越少，形成了一个阳离子浓度和黏土负电荷逐渐递减的扩散层。胶粒加上扩散层总称为胶团。

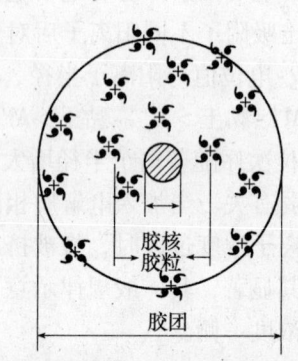

+ 正电荷　⊘ 黏土，⋆被吸附的水分子

图 6-9 黏土颗粒胶团结构示意图

在接近胶核表面处，由于胶核与阳离子静电引力较强，空隙较小，因此在胶粒内的阳离子的水化程度受到限制。随着离胶核越远静电引力越小，离子数量越少，阳离子所带的水分子数增加。但与溶液中自由离子相比水化度仍要差些。被吸附的水化离子与溶液内的自由离子之间是动态平衡着的。

6.4 黏土-水系统胶体性质

1. 泥浆的流动性和稳定性

流体黏性的大小是用黏度（η）表征，而流动难易程度用流动度（Φ）来表示，它们之间的关系是 $\Phi = 1/\eta$，可见流体的流动性是受黏度支配的，黏度越大，流动性越差。

泥浆的流动性是指泥浆含水量低、黏度小而流动度大的性质。泥浆的稳定性是指泥浆不随时间变化而聚沉，长时间保持初始的流动度。

在无机材料制造过程中，为了适应工艺的需要，希望获得含水量低，同时具有良好的流动性、稳定性的泥浆（如黏土加水、水泥拌水）。如陶瓷生产中注浆成型是常用的方法之一，为了缩短浇注时间，增加模型周转率，提高生产效率，要求泥浆含水量低而流动性好。为达到此要求，一般都在泥浆中加入适量的稀释剂（或称减水剂，即含有低价阳离子的电解质），如水玻璃、纯碱、纸浆废液、木质素磺酸钠等。图6-10和图6-11为泥浆加入减水剂后的流变曲线和泥浆稀释曲线。这是生产与科研中经常用于表示泥浆流动性变化的曲线。

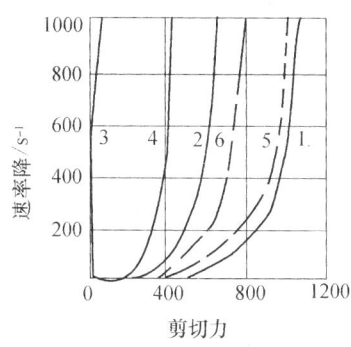 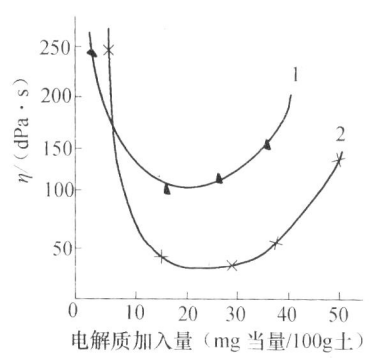

图6-10　H-高岭土的流变曲线

（200g土在500mL溶液中）

1—未加碱；2—0.002molNaOH；

3—0.02molNaOH；4—0.2molNaOH；

5—0.002molCa(OH)$_2$；6—0.02molCa(OH)$_2$

图6-11　黏土泥浆稀释曲线

1—高岭土加NaOH；

2—高岭土加Na$_2$SiO$_3$

图6-10通过改变剪切应力时，剪切速度的变化来描述泥浆流动状况。泥浆未加碱（曲线1）显示高的屈服值。随着碱加入量增加，流动曲线平行于曲线1向着屈服值降低方向移动得到曲线2、3。同时泥浆黏度下降，尤其以曲线3为最低。当在泥浆中加入Ca(OH)$_2$时，曲线又向着屈服值增加方向移动（曲线5、6）。

图6-11是表示黏土在加水量相同时，随电解质加入量增加而引起的泥浆黏度变化。从图可见，当电解质加入量在0.015~0.025mol/100g土范围内，泥浆黏度显著下降，黏土在水介质中充分分散，这种现象称为泥浆的胶溶或泥浆稀释。继续增加电解质，泥浆内黏土粒子相互聚集黏度增加，此时称为泥浆的絮凝或泥浆增稠。

从流变学观点看，要制备流动性好的泥浆必须拆开黏土泥浆内原有的一切结构。由于片状黏土颗粒表面是带静电荷的，黏土的边面随介质pH值的变化而既能带负电又能带正电，而黏土板面上始终带负电，因此片状黏土颗粒在介质中，由于板面、边面带同号或异号电荷而必然产生如图6-12所示的几种结合方式。

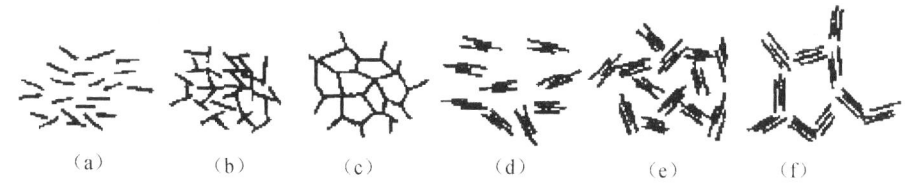

图6-12　黏土颗粒在介质中的聚集方式

(a)，(b)，(c)分别表示在低浓度泥浆内面-面分散、边-面结合、边-边结合；

(d)，(e)，(f)分别表示在高浓度泥浆内面-面分散、边-面结合、边-边结合这几种结合方式只有面-面排列能使泥浆黏度降低，而边-面或边-边结合方式在泥浆内形成一定结构使流动阻力增加，屈服值提高。所以，泥浆胶溶过程实际上是拆开泥浆的内部结构，使边-边、边-面结合转变成面-面排列的过程。这种转变进行得愈彻底，黏度降低也愈彻底。从拆开泥浆内部结构来考虑，泥浆胶溶必须具备以下几个条件：

1）介质呈碱性　欲使黏土泥浆内边-面、边-边结构拆开必须首先消除边-面、边-边结合的力。黏土在酸性介质中边面带正电，因而引起黏土边面与带负电的板面之间强烈的静电吸引而结合成边-面或边-边结构。黏土在自然条件下或多或少带少量边面正电荷，尤其高岭土在酸性介质中成矿，断键又是高岭土带电的主要原因。因此在高岭土中边-面或边-边吸引更为显著。

在碱性介质中，黏土边面和板面均带负电，这样就消除边-面或边-边的静电引力。同时增加了黏土表面净负电荷，使黏土颗粒间静电斥力增加，为泥浆胶溶创造了条件。

2）必须有一价碱金属阳离子交换黏土原来吸附的离子　黏土胶粒在介质中充分分散必须使黏土颗粒间有足够的静电斥力及溶剂化膜。这种排斥力由爱托（Eiter）公式给出：

$$f \propto \frac{\zeta^2}{K} \tag{6-4}$$

式中，f 为黏土胶粒间的斥力；ζ 为电动电位；K 为扩散层厚度。

天然黏土一般都吸附大量 Ca^{2+}、Mg^{2+}、H^+ 等阳离子，也就是自然界黏土以 Ca 黏土、Mg 黏土或 H 黏土形式存在。这类黏土的 ζ-电位较一价阳离子的低。一价阳离子的稀释能力顺序为 $Li^+ > Na^+ > K^+$，但钠盐比较容易获得，因此用 Na^+ 交换 Ca^{2+}、Mg^{2+} 等使之转变为 ζ-电位高及扩散层厚的 Na-黏土，这样 Na-黏土具备了溶胶稳定的条件。但 Na 盐加入量必须适当，当原土中的 Ca^{2+}、Mg^{2+} 完全被 Na^+ 交换时，ζ-电位最高，此时泥浆充分胶溶，黏度也最低。过多或过少的电解质加入量都能导致 ζ-电位的降低和黏度的升高。

3）阴离子在稀释中的作用　不同阴离子的 Na 盐电解质对黏土胶溶效果是不相同的。阴离子的作用概括起来有两方面：

①阴离子与原土上吸附的 Ca^{2+}、Mg^{2+} 形成不可溶物或形成稳定的络合物，因此促进 Na^+ 对 Ca^{2+}、Mg^{2+} 等的交换反应更趋完全。

从阳离子交换顺序可以知道在相同浓度下 Na^+ 无法交换出 Ca^{2+}、Mg^{2+}，用过量的钠盐虽然交换反应能够进行，但同时会引起泥浆絮凝。钠盐中阴离子与 Ca^{2+} 形成的盐溶解度愈小或形成的络合物愈稳定，就愈能促进 Na^+ 对 Ca^{2+}、Mg^{2+} 交换反应的进行。例如，NaOH、Na_2SiO_3 与 Ca 黏土交换反应如下：

$$Ca\text{-黏土} + 2NaOH \longrightarrow 2Na\text{-黏土} + Ca(OH)_2$$

$$Ca\text{-黏土} + Na_2SiO_3 \longrightarrow 2Na\text{-黏土} + CaSiO_3 \downarrow$$

由于 $CaSiO_3$ 的溶解度比 $Ca(OH)_2$ 低得多，因此，后一个反应比前一个反应更容易进行。

②聚合阴离子在胶溶过程中的特殊作用。选用 10 种钠盐电解质（其中阴离子都能与 Ca^{2+}、Mg^{2+} 形成不同程度的沉淀或络合物），将其适量加入苏州高岭土，并测得其对应的 ζ-电位值，见表 6-10 所列。由表中可见，仅 4 种含有聚合阴离子的钠盐能使苏州土的 ζ-电位值升至 $-60mV$ 以上。近来很多学者用实验证实硅酸盐、磷酸盐和有机阴离子在水中发生聚合。这些聚合阴离子由于几何位置上与黏土边表面相适应，因此被牢固地吸附在边面上或吸附在 OH 面上。当黏土边面带正电时，它能有效地中和边面正电荷；当黏土边面不带电，它能够物理吸附在边面上，建立新的负电荷位置。这些吸附和交换的结果导致原来黏土颗粒间边-面、边-边结合转变为面-面排列，原来颗粒间面-面排列进一步增加颗粒间的斥力，因此泥浆得到充分的胶溶。

表 6-10 苏州高岭土加入 10 种电解质后的 ζ-电位值

编号	电解质	ζ-电位/mV	编号	电解质	ζ-电位/mV
0	原土	-39.41	6	NaCl	-50.40
1	NaOH	-55.00	7	NaF	-45.50
2	Na_2SiO_3	-60.60	8	丹宁酸钠盐	-87.60
3	Na_2CO_3	-50.40	9	蛋白质钠盐	-73.90
4	$(NaPO_3)_6$	-79.70	10	CH_3COONa	-43.00
5	$Na_2C_2O_4$	-48.30			

目前根据这些原理在硅酸盐工业中除采用硅酸钠、丹宁酸钠盐等作为胶溶剂外，还广泛采用多种有机或无机-有机复合胶溶剂等以取得泥浆胶溶的良好效果。如采用木质素磺酸钠、聚丙烯酸酯、芳香醛磺酸盐等。

胶溶剂种类的选择和数量的控制对泥浆胶溶有重要的作用。黏土是天然原料，胶溶过程与黏土本性（矿物组成、颗粒形状尺寸、结晶完整程度）有关，还与环境因素和操作条件（温度、湿度、模型、陈腐时间）等有关，因此泥浆胶溶是受多种因素影响的复杂过程。所以胶溶剂（稀释剂）种类和数量的确定往往不能单凭理论推测，而应根据具体原料和操作条件通过试验来决定。

值得注意的是，在实际生产中，并不一定要求黏土泥浆具有最高的悬浮性和流动性，因为这样的泥浆形成的坯体滤水性差，吸浆速率慢而影响生产效率。所以还必须提高流动性的同时提高滤水性。

2. 泥浆的滤水性

泥浆的滤水性，是指用石膏模型注浆成型时，泥浆形成的固化泥层透过水的能力。透水能力强，坯体形成速率快，反之，坯体形成速率慢。坯体形成过程的实质是泥浆沉积脱水固化过程，所以泥浆的滤水性又称为吸浆性能。滤水性来源于石膏模型和固化泥层中毛细管及由此产生的毛细管力。当毛细管和液体接触时，若液体润湿毛细管，则液体沿毛细管上升一定高度，这种使液体沿毛细管上升的力叫毛细管力。毛细管力和液柱上升高度之间关系为 $h = \dfrac{2\gamma\cos\theta}{r\rho g}$。对于水来说，在一定温度下 ρ、γ、θ 是定值，所以 h 和 r 成反比。即毛细管半径越小，毛细管力越大，液柱上升越高。毛细管既存在于石膏模型中，又存在于固化泥层中。

在注浆成型时，泥浆注入模型中，水对模型是润湿的，因此与模壁接触的泥浆中的水分，首先在模型毛细管力的作用下，沿毛细管进入模内，而在模型内表面形成一层固化泥层，在此基础上泥浆继续脱水固化，则水分要先通过泥层再到模型中。可见，此时泥层的滤水性是影响泥浆继续固化的关键。在模型质量一定时，若泥浆的悬浮性和流动性处于最佳状态，颗粒间以面-面结合，在形成固化泥层时，颗粒之间必然紧密排列，水分透过阻力大，而坯体形成速率慢。若有部分颗粒呈边-面结合或边-边结合，泥浆中便有一些网架结构，在形成固化泥层时，颗粒间的排列比较疏松，里面有相当数量的毛细管，水分透过泥层时阻力小，故坯体形成速率快。但无论哪种情况，脱水阻力均随泥层厚度增大而增大。

在实际生产中，为获得适当的吸浆性能，通常不要求泥浆具有最好的悬浮性和流动性，往往采用使稀释剂加入量比最佳用量稍有"不足"或"过量"，或引入适量易于聚沉的阳离子，以调节滤水性。

影响滤水性的因素除稀释剂的种类和加入量外，还与泥浆中塑性料和瘠性料的配比、原料加工的细度等有关。一般在不影响工艺性能和瓷体性质的前提下，适当减少塑性料，增加瘠性料，对滤水性有利。颗粒越细滤水性越差，所以在浇注大件制品时，颗粒尺寸应适当增大。

3. 泥浆的触变性

泥浆从稀释的流动状态到稠化的聚集状态之间往往还有一个介于二者之间的中间状态，就是触变状态。所谓触变性就是泥浆静止不动时似凝固体，一经扰动或摇动，凝固的泥浆黏度会降低又重新获得流动性。如再静止又重新凝固，这样可以重复无数次。此外，泥浆放置一段时间后，泥浆从流动状态过渡到触变状态是逐渐的、非突变的，并伴随着黏度的增高。

在胶体化学中，固态胶质称为凝胶体，胶质悬浮液称为溶胶体。触变就是一种凝胶体与溶胶体之间的可逆转化过程。

泥浆具有触变性与泥浆胶体的结构有关。图 6-13 是高岭石触变结构示意，这种结构称为"纸牌结构"或"卡片结构"。

触变状态是介于分散和凝聚之间的中间状态。在不完全胶溶的黏土片状颗粒的活性边面上，尚残留少量正电荷未被完全中和或边面负电荷还不足以排斥板面负电荷，以致形成局部边-面或边-边结合，组成三维网状架构，直至充满整个容器，并将大量自由水包裹在网状空隙中，形成疏松而不活动的空间架构。由于结构仅存在部分边-面吸引，又有另一部分仍保持边-面相斥的情况，因此这种结构是很不稳定的。只要稍加剪切应力就能破坏这种结构，而使包裹的大量自由水释放，泥浆流动性又恢复。但由于存在部分边-面吸引，一旦静止三维网状架构又重新建立。

图 6-13 高岭石触变结构示意图

黏土泥浆只有在一定条件下才表现出触变性，影响黏土泥浆触变性的因素有以下几点：

1) 黏土泥浆含水量　含水量愈高，泥浆愈稀，黏土胶粒间距离愈远，边-面静电引力小，胶粒定向性弱，不易形成触变结构。

2) 黏土矿物组成　黏土触变效应与矿物结构遇水膨胀有关。水化膨胀有两种方式，一种是溶剂分子渗入颗粒间，另一种是溶剂分子渗入单位晶格之间。高岭石和伊利石仅有第一种水化，蒙脱石与拜来石两种水化方式都存在，因此蒙脱石比高岭石易具有触变性。

3) 黏土胶粒大小与形状　黏土颗粒愈细，活性边表面愈多，愈易形成触变结构。黏土颗粒越不对称，如呈平板状、条状等形成"卡片结构"所需要的胶粒数目愈小，也即形成触变结构浓度愈小。

4) 电解质种类与效量　触变效应与吸附的阳离子及吸附离子的水化密切相关。黏土吸附阳离子价数愈小，或价数相同而离子半径愈小者，ζ-电位愈高，触变效应愈小。如前所述，加入适量电解质可以使泥浆稳定，加入过量电解质又能使泥浆聚沉，而在泥浆稳定到聚沉之间有一个过渡区域，在此区域内触变性由小增大。当电解质的加入量使黏土的 ζ-电位稍高于临界值时，泥浆表现出最大触变性。

5) 温度的影响　湿度升高，质点热运动剧烈，颗粒间联系力减弱，触变不易建立。

黏土泥料的触变性在测定时以厚化度（或稠化度）来表示，即以泥料的黏度变化之比或剪切应力变化的百分数来表示。

泥浆的稠化度是泥浆放置 30min 和 30s 后其相对黏度之比：

$$泥浆稠化度 = \frac{t_{30min}}{t_{30s}} \qquad (6-5)$$

式中，t_{30min} 为 100mL 泥浆放置 30min 后，由恩氏黏度计测出的流动时间；t_{30s} 为 100mL 泥浆放置 30s 后，由恩氏黏度计测出的流动时间。

可塑泥团的稠化度为放置一定时间后，球体或圆锥压入泥团达一定深度时剪强度增加的百分数，即：

$$泥团稠化度 = \frac{(F_n - F_0)}{F_0} \times 100\% \qquad (6-6)$$

式中，F_0 为泥团开始承受的负荷，单位为 N；F_n 为经过一定时间后，球体或锥体压入相同深度时泥团承受的负荷，N。

泥浆的触变性在生产中对泥料的输送和成型加工有较大影响。生产中一般希望泥浆有一定触变性，泥浆触变性过小时，成型后生坯缺乏足够的强度，影响脱坯与修坯的品质。而触变性过大的泥浆在输送过程中会带来不便，成型后生坯也易变形。影响控制泥浆的触变性，对满足生产需要，提高生产效率和产品质量有重要意义。一般瓷器泥浆的稠化度要求在 1.8~2.2 之间，精陶泥浆在 1.5~2.6 范围内。

4. 泥浆的膨胀性

膨胀性是与触变性相反的现象。当搅拌时，泥浆变稠而凝固，而静止后又恢复流动性，也就是泥浆黏度随剪切速率增加而增大。

产生膨胀性的原因是由于除重力外，在没有其他外力干扰的条件下，片状黏土粒子趋于定向平行排列，相邻颗粒间隙由粒子间斥力决定，如图 6-14（a）所示。当流速慢而无干扰时，反映出符合牛顿型流体特性。但当受到扰动后，颗粒平行取向被破坏，部分形成架状结构，故泥浆黏度增大甚至出现凝固状态，如图 6-14（b）所示。

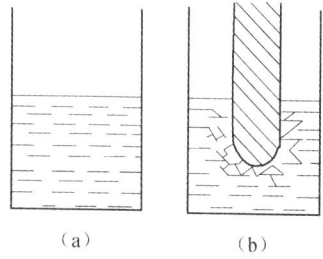

图 6-14 黏土膨胀性示意图
(a) 平行排列；(b) 出现凝固状态

5. 黏土的可塑性

黏土的可塑性是指黏土与适量的水混合均匀制成泥团，该泥团受到高于某一个数值剪切应力作用后，可以塑造成任何形状而不开裂，当外力去除后泥团能保持其形状的性质。

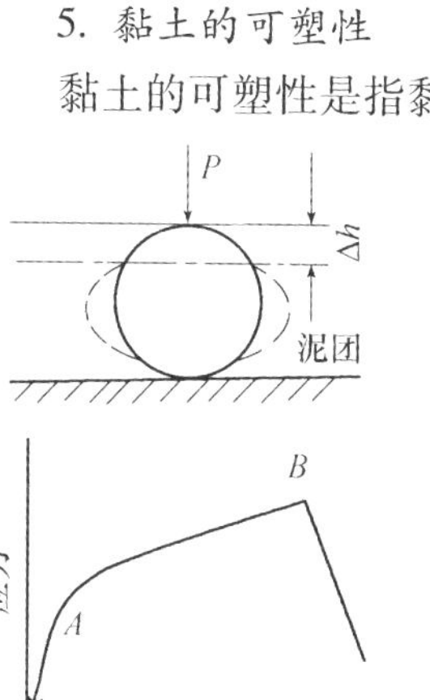

塑性泥团在加压过程中的变化如图 6-15 所示。当开始在泥团上施加小于 A 点应力时，泥团仅发生微小变形，外力撤除后泥团能够恢复原状。这时变形属于弹性变形，泥团服从虎克定律。当应力超过 A 点以后直至 B 点，泥团发生明显变形，当应力超过 B 点，泥团出现裂纹。A 点处的应力即为泥团开始塑性形变的最低应力，称为屈服应力。

图 6-15 塑性泥料的应力-应变图

可塑性是黏土的主要工业技术指标，是黏土能够制成各种陶瓷制品的成型基础。黏土达到可塑性状态时，属于固体分散相和液体分散介质所组成的多相系统。黏土可塑泥团与黏土泥浆的差别在于固液之间比例不同，由此而引起黏土颗粒之间、颗粒与介质之间作用力的变化。据分析，黏土颗粒之间存在如下两种力：

（1）引力 主要有范德华力、局部边-面静电引力和毛细管力。引力作用范围约离表面2nm。毛细管力是塑性泥团中颗粒之间的主要引力。在塑性泥团含水量合适时，堆聚的粒子表面形成一层水膜，在水的表面张力作用下紧紧吸引。

（2）斥力 指黏土颗粒表面同号离子间和胶粒间引起的静电斥力。在水介质中这种作用范围约距离黏土表面20nm左右。天然黏土吸附的Ca^{2+}、Mg^{2+}等离子，扩散层很薄，ζ-电位很低，所以颗粒间斥力很小。

随着黏土中含水量的高低，黏土颗粒之间表现出这两种力的作用不同。当含水量高时，颗粒间距离较远，毛细管被破坏，毛细管力不存在，颗粒间以斥力为主，成为流动的泥浆；含水量较少，则颗粒靠近，并构成大量毛细管，毛细管力明显表现出来，颗粒间以引力为主，此时形成塑性泥团。

塑性泥料中黏土颗粒处于引力与斥力的平衡之中。引力主要是毛细管力，颗粒间毛细管力越大，相对位移或泥团变形所需施加的应力也愈大，即泥团的屈服值越高。

毛细管力大小（ΔP）与介质表面张力（γ）、毛细管半径（r）和润湿角θ之间关系见公式（5-7）。毛细管力大小与毛细管半径成反比，毛细管半径与毛细管力数值关系见表6-11。

表6-11 毛细管力与毛细管半径

毛细管半径/μm	0.125	0.25	0.5	1.0	2.0	4.0
毛细管力/（N/m²）	0.420	0.210	0.105	0.052	0.026	0.013

当塑性泥团受到外力作用时，颗粒间发生相对滑移，并使颗粒更靠近而导致引力和斥力同时升高，但其合力还是引力升高。由于颗粒间有适当厚度的连续水化膜，便有较大的毛细管力存在，颗粒移动后，就靠毛细管力在新的位置上达到新的平衡，所以当外力去除后，泥团能保持变形后的形状不变。若加水量过少，颗粒间不能形成连续性水膜，在外力作用下，颗粒移动到新的位置，由于水膜中断，导致毛细管力下降，引力减小，斥力越强，此时破坏了力的平衡，使泥团出现裂纹而破坏。如果加水量过多，水膜过厚，致使颗粒间距离增大，毛细管直径增大，引力减小，塑性降低甚至出现流动状态。由此可见，泥料显示塑性是有一定条件的，即有连续性水膜存在的情况下，颗粒间距离仅在一定范围内才显示出引力而使泥料呈现可塑性。

诺顿（Norton）曾测定了H-黏土与Na-黏土颗粒间水膜厚度与压力的关系，如图6-16所示。以此说明水膜厚度与作用力的关系：水膜越薄，粒子间作用力越强。无论H-黏土还是Na-黏土作用力线都交于横轴，表明水膜厚度增至一定值，粒子间作用力等于零，毛细管力随黏土颗粒间距离增大而显著减弱直至为零。H-黏土水膜厚度在0.025μm时截断于力轴零处，计算可得此时H-高岭土颗粒间水膜厚度为80水分子层。Na-高岭土截断于力轴零处水膜厚度0.014μm，约为48水分子层。从图6-16还可得出，在相同水膜厚度时，

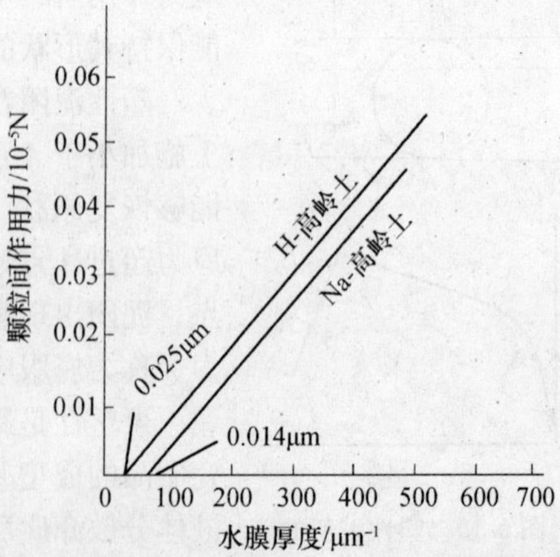

图6-16 颗粒间作用力与水膜厚度的关系

H-黏土颗粒间引力大于 Na-黏土。因为 H-黏土颗粒间相对位移必须施加的力也大于 Na-黏土，结果 H-黏土屈服值高，可塑性强。如果 H-黏土与 Na-黏土颗粒间作用力相等，那么 Na-黏土水膜厚度小于 H-黏土，也就是说，达到相同程度的可塑性，需要加入的水量是 H-黏土高于 Na-黏土。

泥料的可塑性是发生在黏土-水界面上的一种行为，黏土的种类、含水量、颗粒的大小、分布和形状、电解质的种类和浓度等都会影响可塑性。现就几个方面讨论如下：

1) 矿物组成　黏土的矿物组成不同，比表面积相差很大。高岭石结构单位层间靠氢键结合，蒙脱石单位层间靠范德华力结合，高岭石的层间结合比蒙脱石更牢固，因而高岭石遇水不膨胀，蒙脱石遇水膨胀；蒙脱石分散度高，其比表面积为 $810m^2/g$，而高岭石的分散度低，比表面积仅有 $7\sim30m^2/g$，。比表面积的不同反映毛细管力的不同，蒙脱石的比表面积大则毛细管力也大，颗粒间引力强因而塑性高。表 6-12 中不同矿物所形成的毛细管力不同，表现出可塑性各异。

表 6-12　四种矿物毛细管力的比较

原料名称	石英	长石	高岭石	球土
毛细管力/(N/m^2)	3.43×10^4	6.86×10^4	1.81×10^4	6.08×10^4

2) 吸附的阳离子种类　吸附不同阳离子的黏土塑性变化主要是由黏土颗粒之间引力和黏土颗粒间水膜厚度的改变而引起的。黏土吸附阳离子的电价越高，ζ-电位越低，颗粒间引力越大，可塑性越好。所以吸附三价阳离子的可塑性高于吸附二价离子的，吸附一价离子的可塑性最差。但是 H^+ 除外，H-黏土可塑性最强。吸附不同阳离子的黏土颗粒之间引力的大小顺序与黏土阳离子交换序相同，其屈服值和塑性强弱次序也与阳离子交换序相同。

吸附不同阳离子的黏土颗粒之间引力的强弱决定了它们之间水膜的厚度。黏土颗粒表面阳离子浓度越大，吸附水也越牢固。黏土吸附离子半径小、价数高的阳离子（如 Ca^{2+}、H^+）与吸附半径大、价数低的阳离子黏土相比，前者水膜厚而后者薄。这是由在一定含水量下颗粒间引力所允许的最大间距所决定的。这与胶溶状态含水量时，吸附离子的黏土颗粒间水膜情况是不同的。据测定，在相同含水量下，Na-黏土屈服值约 70kPa，Ca-黏土约 490kPa，Ca-黏土屈服值高于 Na-黏土，这是与以上两种塑性泥团中内部结构有关。

3) 颗粒大小和形状　可塑性与颗粒间接触点的数目和类型有关。颗粒越细，比表面积越大，接触点也越多，变形后形成新的接触点的机会也多，可塑性提高。此外，颗粒越小，离子交换量提高也会改善可塑性。

颗粒形状直接影响粒子间相互接触的状况，对可塑性也是一样。如板状和柱状颗粒因具有定向沉积的特性，可以在较大范围内滑动而不致相互失去联结，因而和粒状颗粒相比常有较高的可塑性。同时，板状和柱状颗粒的比表面积也大，这类颗粒接触面积大，毛细管力大，故可塑性高。

4) 含水量　可塑性只发生在某一适宜含水量范围，水分过多或过少可塑性都差。当呈现最大可塑性时，包围黏土颗粒的水膜厚度估计能有 10nm，约 30 个水分子层。

不同种类的黏土泥料的含水量和屈服值之间的关系曲线见图6-17,可用以下实验公式表达：

$$f = \frac{K}{(W-a)^m} - b \qquad (6-7)$$

式中,W为含水量,a为平行于纵坐标的渐近线的距离,b为平行于横坐标的渐近线的距离,f为泥料的屈服值,m为曲线形状系数,K为常数。

由图6-17可见,泥料屈服值随含水量增加而降低,而且当$f = \infty$时,$W = a$,即在此含水量时泥料呈刚性。当$f = 0$时,$W = \left(\dfrac{K}{b}\right)^{\frac{1}{m}} + a$。以曲线2为例,当$f = 0$时,$W = 46.24\%$,说明在这一含水量时,泥料从可塑状态过渡到黏性流动状态。

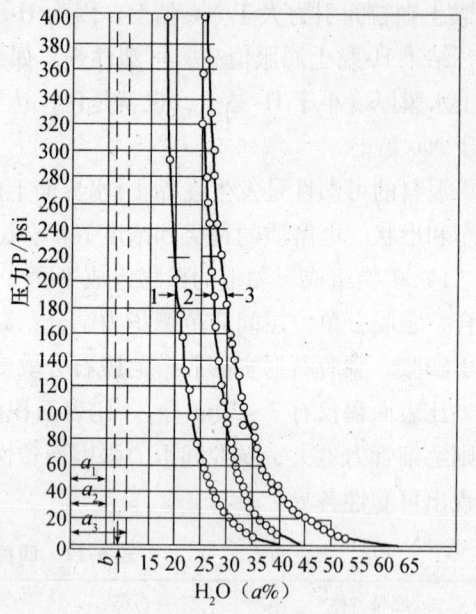

图6-17 三种不同黏土泥料的含水量与屈服值的关系

5）泥料处理工艺 泥料经过真空练泥可以排除泥料中残留气体,提高泥料致密度,可以提高塑性,并使泥料组织均匀,改善成型性能。泥料经过一定时间的陈腐,使黏土颗粒与水分趋于均匀,可以有效的提高可塑性。

6）腐殖质含量及添加塑化剂的影响 腐殖质含量和性质对可塑性的影响也较大,一般来说适宜的腐殖质含量会提高可塑性。添加塑化剂是人工提高可塑性的一种手段,常常应用于瘠性物料的塑化。

测定黏土可塑性的方法较多,目前我国常用的方法有可塑性指数法与可塑性指标法两种。

从黏土与水的相对关系来看,塑限含水量表示黏土被水润湿后,形成水化膜,使黏土颗粒能相对滑动而出现可塑性的水量；若继续加入水分,泥团的可塑性会逐渐提高,直至泥团能自行流动变形,此时的含水量称液限含水量。可塑性指数是指黏土的液限含水量和塑限含水量之差。

可塑性指标系指在工作水分下,黏土泥团受外力作用最初出现裂纹时应力与应变的乘积,同时还应测定泥团的相应含水率。

黏土的可塑性能根据可塑性指数或可塑性指标分为强塑性黏土、中塑性黏土、弱塑性黏土和非塑性黏土等几类,详见表6-13。

表6-13 黏土按可塑性分类

分类	强塑性	中塑性	弱塑性	非塑性
可塑性指数	>15	7~15	1~7	<1
可塑性指标	>3.6	2.5~3.6	<2.5	—

6.5 瘠性料的悬浮与塑化

黏土是天然原料,由于其能在水介质中荷电和水化以及有可塑性,因此它具有使无机材料可以塑造成各种所需要的形状的良好性能。但天然原料成分波动大,影响材料的性能。因而使用一些瘠性料如氧化物或其他化学试剂来制备材料是提高材料的机、电、热、光性能的必由之路,而解决瘠性料的悬浮与塑化又是获得性能优异的材料的重要方面。

1. 瘠性料的悬浮

无机材料生产中常遇到的瘠性料有氧化物、氯化物粉末、水泥、混凝土浆体等。由于瘠性料种类繁多,性质各异,因此要区别对待。一般常用两种方法使瘠性料泥浆悬浮。一种是控制料浆的 pH 值;另一种是通过有机表面活性物质的吸附,使粉料悬浮。

采用控制料浆 pH 值使泥浆悬浮方法时,制备料浆所用的粉料一般都属两性氧化物,如氧化铝、氧化铬、氧化铁等。它们在酸性或碱性介质中均能胶溶,而在中性时反而絮凝。两性氧化物在酸性或碱性介质中,发生以下的离解过程:

$$MOH \longrightarrow M^- + OH^- \quad (酸性介质中)$$
$$MOH \longrightarrow MO^- + H^+ \quad (碱性介质中)$$

离解程度决定于介质的 pH。介质 pH 变化的同时引起胶粒 ζ-电位的增减甚至变号,而 ζ-电位的变化又引起胶粒表面吸力与斥力平衡的改变,以致使这些氧化物泥浆胶溶或絮凝。

以 Al_2O_3 料浆为例,从图 6-18 可见,当 pH 从 1～15 时,料浆 ζ-电位出现两次最大值。pH = 3 时,ζ-电位 = +183mV;pH = 12 时,ζ-电位 = -70.4mV。对应于 ζ-电位最大值时,料浆黏度最低,而且在酸性介质中料浆黏度更低。例如一个比重为 2.8 的 Al_2O_3 浇注泥浆,当介质 pH 从 4.5 变至 6.5 时,料浆黏度从 65dPa·s 急增至 300dPa·s。

在酸性介质中,反应式如下:

$$Al_2O_3 + 6HCl \longrightarrow 2AlCl_3 + 3H_2O$$
$$AlCl_3 + H_2O \longrightarrow AlCl_2OH + HCl$$
$$AlCl_2OH + H_2O \longrightarrow AlCl(OH)_2 + HCl$$

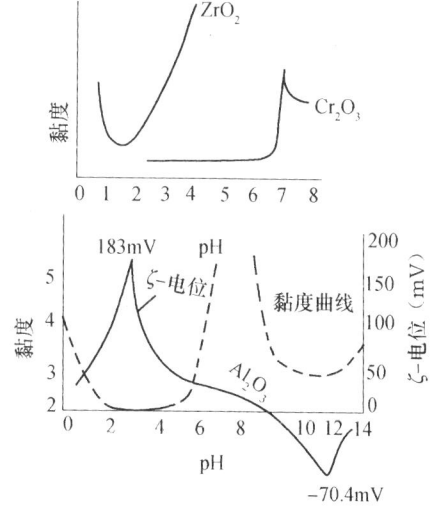

图 6-18 Al_2O_3 料浆黏度和 ζ-电位与 pH 值关系

由于 $AlCl_3$ 是水溶性的,在酸性介质中生成 $AlCl_2^+$、$AlCl^{2+}$ 和 OH^- 离子,Al_2O_3 胶粒优先吸附含铝的 $AlCl_2^+$ 和 $AlCl^{2+}$,使 Al_2O_3 成为一个带正电的胶粒,然后吸附 OH^- 而形成一个庞大的胶团,如图 6-19 (a) 所示。当 pH 值较低时,即 HCl 浓度增加,液体中 Cl^- 增多而逐渐进入吸附层取代 OH^-,由于 Cl^- 的水化能力比 OH^- 强,Cl^- 水化膜厚,因此 Cl^- 进入吸附层的个数减少而留在扩散层的数量增加,致使胶粒正电荷升高和扩散层增厚,结果导致胶粒 ζ-电位升高,料浆黏度降低。如果介质 pH 再降低,出于大量 Cl^- 压入吸附层，致使胶粒正电荷降低和扩散层变薄，ζ-电位随之下降，料浆黏度升高。

在碱性介质中例如加入 NaOH，Al_2O_3 呈酸性，其反应如下：

$$Al_2O_3 + 2NaOH \longrightarrow 2NaAlO_2 + H_2O$$
$$NaAlO_2 \longrightarrow Na^+ + AlO_2^-$$

这时 Al_2O_3 胶粒优先吸附 AlO_2^- 使胶粒带负电，如图 6-19（b）所示，然后吸附 Na^+ 形成一个胶团，这个胶团同样随介质 pH 变化而有 ζ-电位的升高或降低，导致料浆黏度的降低和增高。

生产中应用此原理来调节 Al_2O_3 料浆的 pH，使之悬浮或聚沉。其他氧化物注浆时最适宜的 pH 值见表 6-14 所列。

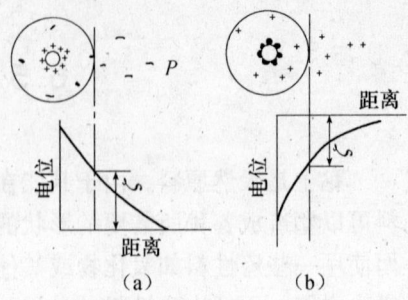

图 6-19 Al_2O_3 胶粒在酸性和碱性介质中双电层结构
(a) ⊙Al_2O_3 胶核 (b) ●Al_2O_3 胶核
+ $AlCl^{2+}$ $AlCl_2^+$ — AlO_2^-
— OH^- + Na^+

表 6-14 各种料浆注浆时 pH 值范围

原料	pH 值	原料	pH 值	原料	pH 值
氧化铝	3~4	氧化铍	4	氧化钍	3.5 以下
氧化铬	2~3	氧化铀	3.5	氧化锆	2.3

有机胶体和表面活性物质，如阿拉伯树胶、明胶、羧甲基纤维素等常用来作为瘠性料的悬浮剂。仍以 Al_2O_3 料浆为例，在酸洗时常加入 0.21%~0.23% 的阿拉伯胶以促使酸洗液中 Al_2O_3 粒子快速沉降，而在浇注成型时又常加入 1.0%~1.5% 的阿拉伯胶以提高 Al_2O_3 料浆的影响如图 6-20 所示。

同一种物质，在不同用量时却起相反的作用，这是因为阿拉伯树胶是高分子化合物，呈卷曲链状，长度在 400~800μm，而一般胶体粒子是 0.1~1μm，相对高分子长链而言是极短小的。当阿拉伯树胶用量少

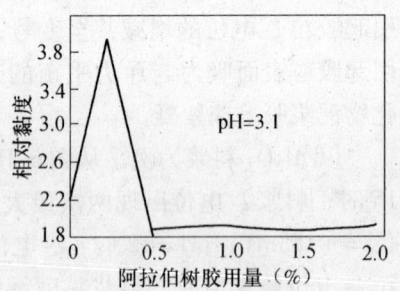

图 6-20 阿拉伯树胶对 Al_2O_3 料浆（PH=3.1 黏度的影响）

时，分散在水中的 Al_2O_3 胶粒黏附在高分子树胶的某些链节上。如图 6-21（a）所示，由于树胶量少，在一个树胶长链上粘着较多的胶粒 Al_2O_3 引起重力沉降而聚沉。如果增加树胶加入量，由于高分子树脂数量增多，其线型分子层在水溶液中形成网络结构，使 Al_2O_3 胶粒表面形成一层有机亲水保护膜，Al_2O_3 胶粒要碰撞聚沉就很困难，从而提高料浆的稳定性，如图 6-21（b）所示。

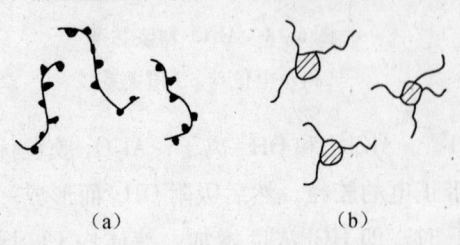

图 6-21 阿拉伯树胶对 Al_2O_3 胶体的聚沉和悬浮的作用
(a) 聚沉；(b) 悬浮

表面活性物质被广泛地应用在陶瓷、水泥工业中作为瘠性料的悬浮剂、减水剂或塑化剂。例如水泥工业中，为提高混凝土的力学性能在新拌混凝土中要加入减水剂。目前常用的减水剂是阴离子型表

面活性剂。减水剂本身不与水泥产生化学反应,因此不会产生新的水化产物,它只起表面物理化学作用。

2. 瘠性料的塑化

使瘠性料塑化有两种方法,加入无机黏土类矿物或加入有机高分子化合物作为塑化剂。

黏土是廉价的天然塑化剂,但含较多杂质,在制品性能要求不太高时广泛采用它为塑化剂。黏土中一般用塑性高的膨润土。膨润土颗粒细,水化能力大,遇水后又能分散成很多粒径约零点几微米的胶体颗粒。这样细小胶体颗粒水化后使胶粒周围带有一层黏稠的水化膜,水化膜外围是松结合水。瘠性料与膨润土构成不连续相,均匀分散在连续介质的水中,同时也均匀分散在黏稠的膨润土胶粒之间。在外力作用下,粒子之间沿连续水膜滑移,当外力去除后,细小膨润土颗粒间的作用力仍能使它维持原状。这时泥团也就呈现可塑性,如图6-22所示。

有机塑化剂也广泛用于瘠性料塑化。常用的有聚乙烯醇(PVA)、羧甲基纤维素(CMC)、聚乙酸乙烯酯(PVAC)等。塑化机理主要是表面物理化学吸附。

图6-22 含膨润土的可塑性料浆结构示意图

习 题

6-1 常见的流动类型有几种,各有何特点?

6-2 试述黏土带电原因及黏土电荷对黏土-水系统工艺性质的影响。

6-3 试说明黏土结构水、结合水(牢固结合水、松结合水)、自由水的区别,分析后两种水在胶团中的作用范围及其对工艺性能的影响。

6-4 什么是电动电位,它是怎样产生的,有什么作用?

6-5 黏土的很多性能与吸附阳离子种类有关,指出黏土吸附下列不同阳离子后的性能变化规律(以箭头→表示大小)。①离子置换能力;②黏土的ζ-电位;③泥浆的流动性;④泥浆的稳定性;⑤黏土的结合水。

$$H^+、Al^{3+}、Ba^{2+}、Sr^{2+}、Ca^{2+}、Mg^{2+}、NH_4^+、K^+、Na^+、Li^+$$

6-6 解释泥浆的流动性和触变性。

6-7 用Na_2CO_3和Na_2SiO_3分别稀释同一种黏土(以高岭石矿物为主)泥浆,试比较电解质加入量相同时,两种泥浆的流动性、注浆速率、触变性和坯体致密度有何差别。

6-8 影响黏土可塑性的因素有哪些?生产上可以采用什么措施来提高或降低黏土的可塑性以满足成型工艺的需要?

6-9 解释黏土带电的原因。

6-10 为什么非黏土瘠性料要塑化?常用的塑化剂有哪些?

第7章 相平衡

在一定条件下,物质从一个相转移到另一个相的过程称为相变过程。例如液体气化成为气体,物质就由液相转移到气相;熔体析晶,物质就由液相转移到固相;固体升华,物质就由固相转移到气相;晶型发生转变,物质就由一种固相迁移到另一种固相等。在相变过程中,新相不断地生成,旧相不断地消失。在一个多相系统中,在一定条件下,当每一个相的生成速率与它的消失速率相等时,宏观上没有任何物质在相间传递,系统中每一个相的数量不随时间而变化,这时系统达到了相平衡。与化学平衡一样,相平衡也是一种动态平衡。

相平衡是研究多组分(或单组分)多相系统中相的平衡问题,即多相系统的状态(相的个数、每相的组成、各相的相对含量等)如何随着影响平衡的因素(温度、压力、组分的浓度、电场、磁场等)变化而改变的规律。这种研究方法的一个很大优点是不需要把系统中的化学物质或相加以分离来分别单独研究,而是综合考察系统中组分间及相间所发生的各种物理的、化学的或物理化学的变化,更接近自然界或人类生产活动中所遇到的真实情况,因而具有极大的普遍意义和实用价值。

根据多相平衡的实验结果,以温度、压力、组分浓度等因素作坐标,绘制几何图形来描述这些平衡状态下的变化关系,这种图形称为相平衡图,或叫相图或状态图。相图是相平衡的直接表现,其原理属于热力学范畴,相图能有效和方便地解决某一组成的系统,在指定条件下达到平衡时,系统中存在相的数目、组成及相对数量问题。

相图对科研和生产实践都具有重要的指导意义。例如,玻璃、陶瓷、水泥、耐火材料等无机材料的形成过程等都是在多相系统中实现的,都是将一定配比的原料经过煅烧而形成的,并且要经历多次相变过程。通过相平衡的研究就能了解在不同条件下,系统所处的状态,并能通过一定的工艺处理控制这些变化过程,制备出预期性能的制品。又比如无机新材料的开发,一般都是根据所要求的性能确定其矿物组成。若根据所需要的矿物组成由相图来确定其配料范围,可以大大缩小实验范围,节约时间和节省人力、物力、财力。

无机材料的性质除了与化学组成有关外,还取决于其显微结构,即其中所包含的每一相(晶相、玻璃相及气孔)的组成、数量和分布。相平衡为我们从热力学平衡角度研究材料显微结构的形成,提供了十分有用的工具。需要注意的是,实际生产过程与相图所表示的平衡是有差别的,使用相图时要注意这些偏差。尽管如此,相图所反映的规律对于实际生产中正确选择配料方案、确定工艺制度、预计产品性能、合理分析生产过程中质量问题的产生及研制新材料等都具有理论指导意义。

对于一个无机材料工作者,掌握相平衡的基本原理,能够熟练地判读相图,是一项必须具备的基本功。

7.1 相平衡的基本概念及研究方法

1. 相平衡的基本概念

（1）相

系统中具有相同物理性质和化学性质的完全均匀部分的总和称为相。相和相之间有分界面，可以用机械的办法把它们分离开，从宏观的角度来看，越过界面时性质发生突变。如水和水蒸气共存时，其组成虽同为 H_2O，但具有完全不同的物理性质，所以是两个不同的相。

一个相在物理性质和化学性质上是均匀的，这种"均匀"是一种微观尺度的均匀但不一定只含一种物质。例如乙醇和水混合形成的溶液，由于乙醇和水能以任意比例互溶，混合后成为各部分物理性质、化学性质都相同，而且完全均匀的系统，尽管它含有两种物质，但整个系统只是一个液相。而油和水混合时，由于不互溶，二者之间存在明显的界面，油和水保持着各自的物理性质和化学性质，因此这是一个二相系统。

一种物质可以有几个相。例如水有固相（冰）、液相（水）和气相（水蒸气）。相与物质的数量多少没有关系，与物质是否连续也没有关系。如水中的许多冰块，所有冰块的总和为一相（固相）。

对于系统中的气体，因其能够以分子形式按任何比例互相混合均匀，所以如果所指的平衡不是在高压下的话，则无论有多少种气体都只能有一个气相。如空气中，含有氧气、氮气、二氧化碳和水汽等多种气体，但只是一个相。

对于系统中的液体，纯液体是一个相。至于混合液体需视其混合程度而定，能完全互溶形成真溶液的，即为一相；若出现液相分层便不止一个相。如 NaCl 溶于水中形成 NaCl 水溶液，虽然此溶液中含有 NaCl 和水两种物质，但它是真溶液，整个系统仍然是一个相。硅酸盐组分在高温下熔融所形成的熔体，即硅酸盐系统中的液相，一般表现为单相，如发生液相分层，则在熔体中有两个相。如 $CaO-SiO_2$ 系统中，若含 CaO 的质量分数在 0.6%~28% 之间，在 1705℃ 时，这个浓度超过了该温度时 CaO 在 SiO_2 中的溶解度及 SiO_2 在 CaO 中的溶解度，于是此系统便分成两个液相：一个是 CaO 溶于 SiO_2 中的液相（含 CaO 质量分数 0.6%）；另一个是 SiO_2 溶于 CaO 中的液相（含 SiO_2 质量分数 72%）。

对于系统中的固体，有以下几种情况：

1）形成机械混合物　几种物质形成的机械混合物，不管其粉磨得多细，都不可能达到相所要求的微观均匀，因而都不能视为单相，有几种物质就有几个相。例如水泥生料是将石灰石、黏土、铁粉等按照一定比例粉磨得到的，无论料磨的多细，混合的多均匀，但各种原料仍保持着自己本身的物理和化学性质，相互间存在着界面，可以用机械的方法把它们分开，因此水泥生料不是一个相，而是多相的。其他如玻璃的配合料、制备好的陶瓷坯、釉料均属于这种情况。

在硅酸盐系统中，在低共熔温度下具有低共熔组成的液相中析出的低共熔混合物是几种晶体的机械混合物。因而，从液相中析出几种晶体，即产生几种新相。

2）生成化合物　组分间每生成一个新的化合物，即形成一种新相。

3）形成固溶体　由于在固溶体晶格上各组分的化学质点是随机均匀分布的，其物理性质和化学性质符合相的均匀性要求，因而几个组分间形成的固溶体为一个相。

4）同质多晶现象　在硅酸盐物系中，这是极为普遍的现象。同一物质的不同晶型（变体）虽具有相同化学组成，但由于其晶体结构和物理性质不同，因而分别各自成相。有几种变体即有几个相。

5）介稳变体　介稳变体是一种热力学非平衡态，一般不出现于相图。鉴于在硅酸盐系统中，介稳变体实际上经常产生。为了实用上的方便，在某些一元、二元系统中，也可能将介稳变体及由此而产生的介稳平衡的界线标示于相图上。这种界线一般用虚线表示，以示与热力学平衡态相区别。若有介稳变体出现，每一个变体为一个相。

总之，气体只能一个相，不论多少种气体混合在一起都形成一个气相。液体可以是一个相，也可以是两个相（有限互溶时）。固体间如果形成连续固溶体则为一相，其他情况下，一种固体物质是一个相。

一个系统中所含相的数目称为相数，用符号 P 表示。按照相数的不同，系统可分为单相系统（$P=1$）、二相系统（$P=2$）、三相系统（$P=3$）等。含有两相以上的系统称为多相系统。

(2) 独立组分（独立组元）

组分（或组元）是指系统中每一个可以单独分离出来，并能独立存在的化学纯物质。组分的数目叫组分数。例如，在盐水溶液中，$NaCl$ 和 H_2O 都是组元，因为它们都能分离出来并独立存在，而 Na^+、Cl^-、H^+、OH^- 等离子不是组元，因为它们不能单独存在。

独立组分（或独立组元）是指能够把平衡系统中各相组成表示出来的最少数目的化学纯物质，它的数目称为独立组分数，用符号 C 表示。通常把具有 n 个独立组分的系统称为 n 元系统。按照独立组分数目的不同，可以把系统分为单元系统（$C=1$）、二元系统（$C=2$）、三元系统（$C=3$）等。

只有在特殊情况下，独立组分和组分的含义才是相同的。在系统中如果不发生化学反应，则独立组分数=组分数。例如砂糖和砂子混在一起，不发生反应，组分数和独立组分数均为 2；盐水溶液也不发生化学反应，组分数和独立组分数也均为 2。

如果系统中存在化学反应，则每一个独立的化学反应都要建立一个化学反应平衡关系式，就对应一个化学反应平衡常数 K。当体系中有 n 个组分，并存在一个化学平衡，于是 $(n-1)$ 个组分的组成可以任意指定，剩下一个组分的组成可以由化学平衡常数 K 来确定，不能任意改变了。所以，在一个体系中若发生一个独立的化学反应，则独立组分数就比组分数减少一个，用通式表示：

独立组分数 = 组分数 - 独立化学平衡关系式数

例如 $CaCO_3$ 加热分解，存在反应：

$$CaCO_3(s) \xrightarrow{加热} CaO(s) + CO_2(g) \uparrow$$

三种物质在一定温度、压力条件下建立平衡关系，有一个化学反应关系式，有一个独立的化学反应平衡常数，此时虽然有三个组分，但独立组分数只有两个，只要确定其中任意两个组分的量，另一个组分的量根据化学平衡就自然确定了。

如果一个系统中，同一相内存在一定的浓度关系，则独立组分数为：

独立组分数 = 组分数 - 独立化学平衡关系式数 - 独立的浓度关系数

例如 $NH_4Cl(s)$ 分解为 $NH_3(g)$ 与 $HCl(g)$ 达到平衡的系统中，因为气相 $NH_3(g)$ 与 $HCl(g)$ 存在相等的浓度关系（物质的量之比为1:1）。所以独立组分数 = 3 - 1 - 1 = 1。必须注意只考虑同一相中的这种浓度关系。

硅酸盐物质可视为金属碱性氧化物与酸性氧化物 SiO_2 化合而成的。生产上也经常采用氧化物（或高温下分解成氧化物的盐类）作为原料。因此，在硅酸盐系统中经常采用氧化物（或某种化合物）作为系统的组分，如 SiO_2 一元系统，Al_2O_3-SiO_2 二元系统，CaO-Al_2O_3-SiO_2 三元系统等。值得注意的是，硅酸盐物质的化学式习惯上往往以氧化物形式表达，如硅酸二钙写成 $2CaO·SiO_2(C_2S)$。在研究 C_2S 的晶型转变时，切不能把它视为二元系统。因为 $2CaO·SiO_2$ 这种化学式的习惯表示方法仅表示出它是 CaO-SiO_2 二元系统中两个组分之间所生成的一个化合物，表示出其中所包含的各种离子的数量关系，而绝不是表示其中含有 CaO 和 SiO_2。C_2S 是一种新的化学物质，而不是 CaO 和 SiO_2 的简单混合物，具有自己的化学组成和晶体结构，因而具有自己的化学性质和物理物质。根据相平衡中组分的概念，对它单独加以研究时，它应该属于一元系统。同理 $K_2O·Al_2O_3·4SiO_2$-SiO_2 系统是一个二元系统，而不是三元系统。另外，虽然硅酸盐系统往往以氧化物作为系统组分，但不是非要以氧化物不可，根据实际应用的需要，直接以某一种硅酸盐物质作为系统组分也是完全可以的。

（3）自由度

在相平衡系统中，在不引起系统中相的数目和相的状态发生变化的条件下，在一定范围内可以任意改变而不引起旧相消失或新相产生的独立变量（如温度、压力或组分的浓度等）称为系统的自由度。这些变量的数目叫自由度数，以符号 F 表示。一个系统中有几个独立变量就有几个自由度。

对于给定的相平衡系统，在保持系统中相的数目和相的状态不发生变化的情况下，并不是温度、压力、组分浓度等所有变量都可以任意改变。例如由水构成的单元系统，影响系统状态的变量有温度和压力。实验表明，如果要保持系统中冰、水、水蒸气三相共存，温度只能保持 0.0098℃，压力必须保持 610.48Pa。这时系统中温度和压力都不能改变，否则必然引起某一相消失而不能保持三相平衡共存，所以该系统的自由度数 $F=0$。同样由水构成的系统，如果要保持系统中水和水蒸气两相平衡，温度和压力两个变量之间就存在着依赖关系。这表明要保持系统中水和水蒸气两相平衡，温度和压力这两个变量中只有一个是可以独立改变的，另一个必须随着相应变化，而不能任意改变，所以该系统的自由度数 $F=1$。如果要保持系统中只有一个液相，则温度和压力都可以在一定范围内任意改变，而不会引起新相产生或旧相消失，所以系统的自由度数 $F=2$。

按照自由度数可对系统进行分类为无变量系统（$F=0$）、单变量系统（$F=1$）、双变量系统（$F=2$）等。

（4）外界影响因素

影响系统平衡状态的外界因素包括温度、压力、电场、磁场、重力场等。外界影响因素的数目称为影响因素数，用符号 n 表示。因为在不同情况下，影响系统平衡状态的因素数目不同，所以 n 值要视具体条件而定。一般情况下只考虑温度和压力对系统平衡状态的影响，即 $n=2$。

没有气相或虽有气相但可以忽略的系统称为凝聚系统。合金和硅酸盐系统均为凝聚系统，因为这些系统在一定条件下并不具有足以觉察的蒸气压，主要是液相或固相参加相平衡。系统本身没有或只有很少的气相，而外界压力实际是保持一定的，即在相变过程中压力保持常数,这样就可以不考虑压力对相平衡的影响。因此,对于凝聚系统,影响系统平衡状态的外界因素主要是温度,即 $n=1$。需要指出的是,压力对陶瓷系统中相平衡的影响并不总是可以忽略不计的,在非常高的温度或加压下研究系统时,压力必须做为变量予以考虑。

2. 相律

1876 年吉布斯(W. Gibbs)根据前人的实验素材,用严谨的热力学为工具,推导出了多相平衡系统的普遍规律——相律。经过长期实践的检验,相律被证明是自然界最普遍的规律之一。相律确定了多相平衡系统中自由度数(F)、独立组分数(C)、相数(P)和对系统平衡状态能够发生影响的外界影响因素数(n)之间的关系。相律的数学表达式为:

$$F = C - P + n \tag{7-1}$$

一般情况下,外界影响因素数只考虑温度、压力对系统的平衡状态的影响,即 $n=2$,则相律表达式为:

$$F = C - P + 2 \tag{7-2}$$

对于凝聚系统,仅需考虑温度的影响,即 $n=1$,此时相律的数学表达式为:

$$F = C - P + 1 \tag{7-3}$$

由相律可知,系统中组分数 C 越多,则自由度数 F 就越大;相数 P 越多,自由度数 F 就越小;自由度为零时,相数最多;相数最少时,自由度最大。

本章在讨论二元以上系统时均采用式(7-3)的相律表达式,此时虽然相图中没有特别标明,应理解为是在外压为一个大气压下的等压图。并且即使外压变化,只要变化不是太大,对系统的平衡不会有太大影响,此相图图形仍然适用。对于单元凝聚系统,为了能充分反映纯物质的各种聚集状态(包括超低压的气相和超高压可能出现的新晶型),我们并不把压力恒定,而是仍取为变量,这是需要引起注意的。

3. 相平衡的研究方法

相图是在实验的基础上制作的,所以测量方法、测试的精度等都直接影响相图的准确性和可靠性。另一方面,对于新实验技术不断出现,实验精度逐步提高,对原有的相图应加以补充和修正。因此对原有相图要用发展的观点来看待,对不同作者发表的相图所存在的差异要进行科学的分析。

系统在发生相变时,由于结构发生了变化,必然要引起能量或物理化学性质的变化。研究凝聚系统相平衡,其研究方法的实质是通过测量系统发生相变时物理化学性质或能量的变化,用各种实验方法准确地测出相变时的温度,例如,对应于液相线和固相线的温度,以及多晶转变、化合物的分解和形成温度的。下面介绍凝聚系统相平衡两种基本的研究方法。

(1)动态法

最普遍的动态法就是热分析法。这种方法主要是观察系统中的物质在加热或冷却过程中所发生的热效应。当系统以一定速率加热或冷却时,如系统发生某种相变,则必然伴随着吸热或放热的能量效应。测定此热效应产生的温度,即为相变发生的温度。热分析法中最常用的是加热或冷却(步冷)曲线法及差热分析法等。

1)加热或冷却(步冷)曲线法

这种方法是将一定组成的体系,均匀加热至完全熔融或完全熔解后,使之均匀冷却,测定体系在每一时刻下的温度。作出时间-温度曲线,这样的曲线称为加热曲线或步冷曲线。如果系统在均匀加热或冷却过程中不发生相变化,则温度的变化是均匀的,曲线是圆滑的;

反之，若有相变化发生，则因有热效应产生，在曲线上必有突变和转折。曲线的转折程度和热效应的大小有关。相变时热效应小，曲线出现一个小的转折点；相变时热效应大，曲线上便出现一个平台。

对于单一的化合物而言，转折处的温度就是它的熔点凝固点，或者是其分解反应点。对于混合物来说，加热时的情况较复杂，可能是某一化合物的熔点，也可能是同别的化合物发生反应的反应点，因此用步冷曲线法较为合适。因为当系统从熔融状态冷却时，析出的晶相是有次序的，结晶能力大的先析出。因此，在相平衡的研究中，步冷曲线是重要的研究方法。但是有些硅酸盐系统的过冷却现象很显著，反而不如加热曲线所得的结果好，所以应根据具体情况而选用不同的方法。

图 7-1 为不同组成熔体的步冷曲线。纯物质的熔体冷却时，若无相变或其他反应发生，则步冷曲线是一条光滑曲线，但如果纯物质熔体在冷却过程中出现相变，则有热效应，热效应阻碍熔体进一步冷却。例如当熔体冷却到某温度时开始析晶，由于析晶而放出的热正好补偿体系向外散失的热量，因此熔体温度保持恒定，结果步冷曲线发生转折出现水平阶段，如图 7-1 曲线 1 的 ab 线段。只有析晶结束，熔体全部转变为固相后，体系才能继续降温。如果是 A-B 二元系统，那么在冷却曲线中会产生两个转折：当温度下降到某温度下，首先析出 A 晶体，曲线出现第一个转折；而后体系温度继续下降，只是下降速率变慢。因为相变（放热）可以部分补偿系统散失的热量，如图 7-1 中曲线 2 的 cd 线段。当温度下降到另一值时，A 和 B 两种晶体同时析出，曲线出现第二个转折。这时体系析晶放热正好补偿了其散失的热量使体系温度保持恒定，曲线出现水平线段，如图中曲线 2 的 de 阶段。在 A 和 B 两种晶体完全析出后系统的温度才能继续下降。若 A-B 二元系统形成固溶体，冷却曲线不会出现水平阶段，只是出现两个转折点，如图 7-1 中曲线 3 的 f、g 点。

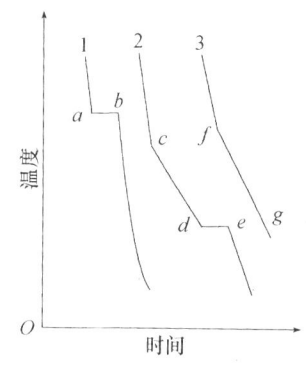

图 7-1 不同组成熔体的步冷曲线
1—纯物质熔体；2—二元组成熔体；
3—二元固溶体

图 7-2 所示为生成一个不一致熔融化合物的二元相图是如何用冷却曲线法测定的，即根据系统中某些组成的配料从高温液态逐步冷却时得到的步冷曲线。以温度为纵坐标，以组成为横坐标，将各组成的步冷曲线上的结晶开始温度、转熔温度和结晶终了温度分别连接起来，就得到该系统的相图。

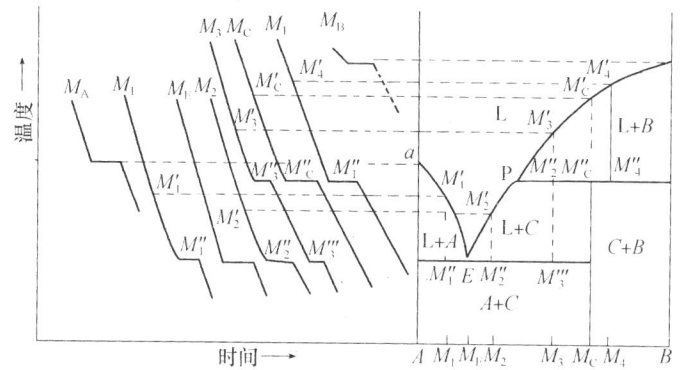

图 7-2 用冷却曲线法测定一个具有不一致熔融化合物的二元系统相图

181

如果实验的组成点增加,可以提高相图的精度。采用加热曲线也可以获得同样的结果。有时加热曲线和冷却曲线配合使用,可提高实验结果的可靠性。

加热或冷却曲线方法简单,测定速度较快。但要求试样均匀,测温要快而准,对于相变迟缓系统的测定,则准确性较差。尤其对相变时产生的热效应很小(例如多晶转变)的系统,在加热或冷却曲线上不易观察出来。为了准确地测出这种相变过程的微小热效应,通常采用差热分析法。

2) 差热分析(DTA)法

差热分析法的特点是灵敏度较高,能把系统中热效应很小、用普通热电偶难已察觉的物理化学变化感觉出来。由于差热分析法对于加热过程中物质的脱水、分解、相变、氧化、还原、升华、熔融、晶格破坏及重建等物理化学现象都能精确地测定和记录,所以被广泛地应用于材料、地质、化工、冶金等各个部门的研究及生产过程之中。

差热分析装置的基本原理如图7-3所示。首先在DTA中用的是差热电偶,这种热电偶是由两根普通热偶的冷端相互对接构成。其中冷端的两条铂丝(或镍铬丝)和检流计相连,而中间两条铂铑丝(或镍铬丝)则自相连接。a 和 b 是差热电偶的两个热端,分别插入被测试样和标准试样内,A 和 B 是放在加热器中的用来盛装被测试样和标准试样的容器。作为标准试样的物料,应是在所测定的温度范围内不发生任何热效应的物质。对于硅酸盐物质的分析,常常采用高温煅烧过的 Al_2O_3 作标准试样。

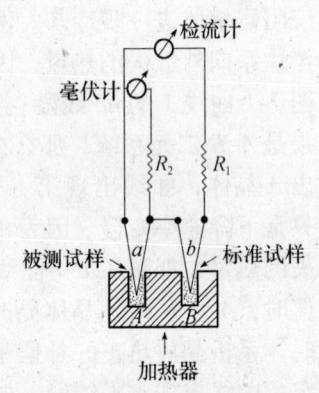

图7-3 差热分析装置示意图

当加热器(电炉)均匀升温时,若检测试样无热效应产生,则试样和中性体升高的温度相同,于是两对差热电偶所产生的热电势相等,但因方向相反而抵消,检流计指针不发生偏转。当试样发生相变时,由于产生了热效应,试样和中性体之间的温度差破坏了热电势的平衡,使差热电偶中产生电流,此电流用光点检流计量得,检流计指针发生偏转,偏转的程度与热效应的大小相对应。显然,放热和吸热效应使检流计的偏转方向不同,相应地将出现放热峰和吸热峰。毫伏计则用于记录系统的温度。

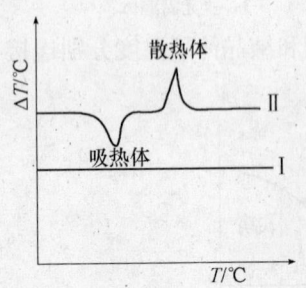

图7-4 差热分析(DTA)曲线
Ⅰ—无热效应时的 DTA 曲线;
Ⅱ—有热效应(吸热和放热)的 DTA 曲线

以系统的温度为横坐标,检流计读数(实际表示出了温差 ΔT 的大小)为纵坐标,可以作出差热曲线(DTA曲线)。在试样没有热效应时,$\Delta T=0$,曲线是平直形状,如图7-4中的曲线Ⅰ;在有热效应时,曲线上则有谷(吸热峰)和峰(放热峰)出现,图7-4中的曲线Ⅱ上有一个吸热峰和放热峰。根据差热曲线上峰或谷的位置,可以判断试样中相变发生的温度。

当用差热分析法测定热效应时,加热升温速率要掌握适当,以保证结果的准确性。此外还应当注意试样的形状和质量、粉料的颗粒度等。

差热分析不仅可以用来准确地测出物质的相变温度,而且还可以用来鉴定未知矿物,因为每一种矿物都具有一定的差热分析特征曲线。在研究相图过程中如果采用差热分析、X射线分析、显微镜分析等几种技术配合,将会获得更好的效果。

差热分析法正好与静态法相反，适用于相变速度快的体系，而不适用于相变缓慢，容易过冷过热的系统。差热分析法的最大优点是简便，不像淬冷法那样费时费力，缺点则由于本质上是一种动态法，不像静态法那样更符合相平衡的热力学要求，所测得的相变温度实际上是近似值。此外，热分析法只能测出相变温度，不能确定相变前后的物相，要确定物相，仍需要其他方法的配合。

（2）静态法（淬冷法）

在相变速率很慢或有相变滞后现象产生时，应用动态法常不易准确测定出真实的相变温度，而产生严重的误差。在这种情况下，用静态法（淬冷法）则可以有效地克服这种困难。

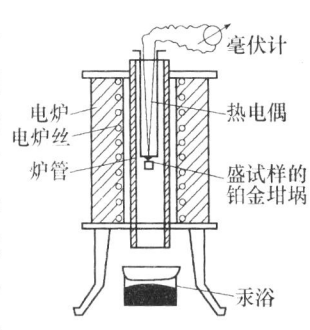

图 7-5 淬冷法装置示意图

淬冷法是测定凝聚系统相图中用得最广泛的一种方法。淬冷法的基本出发点是在室温下研究高温相平衡状态。淬冷法装置如图 7-5 所示，其原理是将选定的具有不同组成的试样在一系列的不同温度下长时间加热、保温，使它们达到该温度和组成条件下的热力学平衡状态，然后用大电流熔断悬丝，将试样迅速掉入炉子下部的淬冷容器中淬冷（水浴、油浴或汞浴），由于相变来不及进行，便把高温的平衡状态在低温下保存下来。把所得的淬冷试样进行显微镜或 X 射线物相分析，就可以确定相的数目及其性质随组成、淬冷温度而改变的关系。将测定结果记入图中的对应位置上，即可绘制出相图。

图 7-6 所示为淬冷法测定 A-B 二元系统相图。在温度-组成图中有若干小圆圈，每个小圆圈都代表某种状态的平衡试样。对这些平衡试样进行物相分析，其结果有如下几种情况：系统状态点处于液相线 aE、bE 以上的所有试样，经淬冷处理后，试样全部为玻璃相（图中用"○"表示），说明试样全部熔融为液相（淬冷后成为玻璃相）；而在低共熔温度以下恒温的所有淬冷试样，试样全部是 A 和 B 晶体（图中用"●"表示），但没有玻璃体，则这些试样对应的温度-组成点应在固相区（即 $A+B$ 相区）内；系统状态点处于液相线和固相线之间的两相区的所有淬冷试样，可以观察到 A 晶体（或 B 晶体）与玻璃体（试样有玻璃相也有晶相，图中用"⊙"表示）。因此通过对各试样的分析研究，确定相态、相种类和数量，然后就可以制出相图。

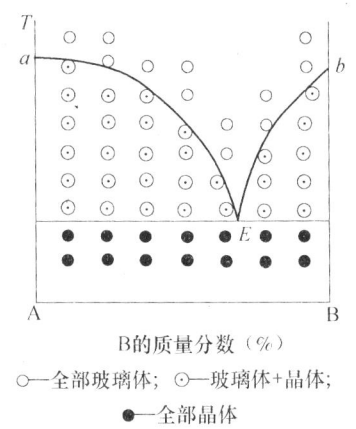

图 7-6 淬冷法测定相图示意图

淬冷法对试样要求很严格，原料纯度及试样的均匀性都直接影响试样准确性，因此原料越纯越好。

按设计配方要求准确配料，混合均匀后获得合乎要求的混合料。有时采用混合后熔化，然后冷却再磨细来制备混合料。为了确保混合料的均匀性，可多次重复操作，最后获得理想的均一混合料。制备试样时取少量制备好的混合料 0.01~0.1g（试样少，易淬冷），放置在坩埚内（最好用铂金坩埚）。在炉内加热达到设计温度，恒温使试样达到平衡状态，然后淬冷就可得到相分析用的试样。

用淬冷法测定相图的关键有两个。一是确保恒温的时间足以使系统达到该温度下的平衡状态。另一个则是确保冷却速度足够快，使高温下已达到的平衡状态可以完全保存下来。

在制备分析试样时，主要问题是如何判断试样已达到平衡。硅酸盐材料因具有一定黏度，达到平衡是很困难的，有时要持续相当长的时间才能达到平衡。一般采用相对平衡法来缩短研究周期。具体方法是将第一次相分析的试样磨细再进行第二次相同条件下的试验，只要延长保温时间即可。若延长保温时间的第二次试验，其相态没有发生进一步变化，就认为第一次试验条件下的试样已达到平衡状态；若第二次试验结果相态发生变化，则需进一步延长保温时间，重复试验，直到相邻两次试验的相态不发生变化为止。

淬冷试样的物相分析鉴定通常采用显微镜或 X 射线分析法或两者配合使用。显微镜分析鉴别相态是有效而方便的方法，但要求试验者有熟练的技能和经验才能获得满意的结果。必要的时候可以采用 X 射线衍射实验配合显微镜进行晶相的定性和定量分析，确定晶相的种类和数量，并进一步确定相区的范围和界限。

淬冷法研究相平衡简单、直观，淬冷后在室温下可对试样中平衡共存的相数、各相的组成、形态和数量直接进行测定。对黏度较大的材料，如硅酸盐材料的相平衡研究，一般采用淬冷法。用淬冷法测定相变温度的准确程度相当高，但必须经过一系列的试验。先从温度间隔范围较宽试验做起，然后逐步把间隔缩小，从而得到精确的结果。此外，除了以同一组成的物质在不同温度下做试验，还应该选取不同组成的物质在同一温度下做试验。因此该方法的工作量相当大，而且对于某些相变速率特别快的系统，淬冷有时也难以阻止降温过程中发生新的相变，此方法就不能适用。

在淬冷过程中能否很好地保存高温下的状态往往成为试验是否成功的关键。近年来，由于实验技术的迅速发展，已经能用高温 X 射线衍射仪、高温显微镜及其他高温技术直接研究高温下的相平衡关系。这大大促进了相平衡的研究，提高了相图的准确和可靠性。

4. 应用相图时需要注意的问题

由于相图所指示的平衡状态表示了一定条件下系统所进行的物理化学变化的本质、方向和限度，因而它对于从事材料科学研究以及解决实际问题，如实际生产中确定配料范围、选择工艺制度、预计生产性能等具有重要的理论指导意义。

应当注意的是，实际生产过程和相图所表示的平衡过程是有差别的。造成这种差别的原因是：

1) 相图所反映的都是热力学平衡状态，即一个不再随时间而发生变化的状态。系统在一定热力学条件下从原先非平衡态变化到该条件下的平衡态，需要相与相之间的物质传递，因而需要一定的时间。但这个时间的长短依系统的性质而定。从 0℃ 的水中结晶出冰，显然比从高温 SiO_2 熔体中结晶出方石英要快得多。这是由相变过程的动力学因素所决定的。然而，这种动力学因素在相图中完全不能反映，相图仅指出在一定条件下体系所处的平衡状态（即其中所包含的相数，各相的形态、组成和数量），而不管达到这个平衡状态所需要的时间。硅酸盐是一种固体材料，与气体、液体相比，固体中的化学质点由于受近邻粒子的强烈束缚，其活动能力要小得多。即使处于高温熔融状态，由于硅酸盐熔体的黏度很大，其扩散能力仍然是有限的。就是说，硅酸盐系统的高温物理化学过程要达到一定条件下的热力学平衡状态，所需要的时间往往比较长。而工业生产要考虑经济核算，保证一定的劳动生产率，其生产周期是受到限制的。因此，生产上实际进行的过程不一定达到相图上所指示的平衡状态。

至于距平衡状态的远近，则要视系统的动力学性质及过程所经历时间这两方面因素综合判断。因此，由于上述的动力学原因，热力学非平衡态，即介稳态，经常出现于硅酸盐系统中。如方石英从高温冷却时，只要冷却速率不是足够慢，由于多晶转变的困难，往往不是转变为低温下稳定的 α-鳞石英、α-石英和 β-石英，而是转变为介稳态的 β-方石英。α-鳞石英也有类似现象，冷却时往往直接转变为介稳态的 β-鳞石英和 γ-鳞石英，而不是热力学稳定态的 α-石英和 β-石英。

鉴于相图的绘制是以热力学平衡态为依据的，介稳态的频繁出现，在利用硅酸盐相图分析实际问题时，必须加以充分注意。需要说明的是，介稳态的出现并不一定都是不利的。由于某些介稳态具有研究时所需要的性质，人们有时还创造条件（快速冷却、掺加杂质）有意把它保存下来。如水泥中的 β-C_2S，陶瓷中介稳的四方氧化锆，耐火材料硅砖中的鳞石英以及所有的玻璃材料，都是在创造动力学条件时有意保存下来的介稳态。这些介稳态在热力学上是不稳定的，处于较高的能量状态，始终存在着向室温下稳定态转变的趋势，但由于其转变速率极其缓慢，因而使它们实际上可以长期存在下去，即从动力学来讲，在一定程度上又是稳定的，所以称为介稳态而非不稳定。

2）相图是根据实验结果绘制出来的，但实验时多采用将系统升至高温再平衡冷却的方法，而实际生产中则是由低温到高温的过程。

3）相图是用纯组分做实验，而实际生产中所用的原料都含有杂质。

因此，在使用相图时，必须坚持对具体事物做具体分析，而不能用教条主义的态度看待相图。同时，也不能因为介稳态的普遍存在而低估相图的普遍意义。

7.2　单元系统

单元系统中只有一种组分，不存在浓度问题，影响系统的平衡因素只有温度和压力，因此单元系统相图是用温度和压力两个坐标表示的。

单元系统中 $C=1$，根据相律：

$$F = C - P + 2 = 3 - P$$

系统中的相数不可能少于一个，当 $P_{min}=1$ 时，$F_{max}=2$，这两个自由度即温度和压力；自由度最小为零，当 $F_{min}=0$ 时，$P_{max}=3$，不可能出现四相平衡或五相平衡状态。

在单元系统中，系统的平衡状态取决于温度和压力，只要这两个参变量确定，则系统中平衡共存的相数及各相的形态，便可根据其相图确定。因此相图上的任意一点都表示了系统的一定平衡状态，我们称之为"状态点"。

1. 水的相图

图 7-7 是水的相图，整个图面被三条曲线划分为三个相区 cob、coa 及 boa，分别代表冰、水、水蒸气的单相区。在这三个单相区内，显然温度和压力都可以在相区范围内独立改变而不会造成旧相消失或新相产生，因而自由度为 2。我们称这时的系统是双变量系统，或说系统是双变量的。

把三个单相区划分开来的三条界线代表了系统中的两相平衡状态：oa 代表水气两相平衡共存，因而 oa 线实际上是水的饱和蒸气

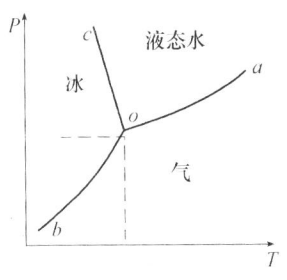

图 7-7　水的相图

压曲线（蒸发曲线）；ob 代表冰气两相的平衡共存，因而 ob 线实际上是冰的饱和蒸气压曲线（升华曲线）；oc 则代表冰水两相平衡共存，因而 oc 线是冰的熔融曲线。在这三条界线上，显然在温度和压力中只有一个是独立变量，当一个参数独立变化时，另一参量必须沿着曲线指示的数值变化，而不能任意改变，才能维持原有的两相平衡，否则必然造成某一相的消失。因而此时系统的自由度为1，是单变量系统。

三个单相区，三条界线会聚于 o 点，o 点是一个三相点，反映了系统中冰、水、汽的三相平衡共存状态。独立可变量为0，即自由度数 $F=0$，其意义是三相点的温度和压力是恒定的。要想保持系统的这种三相平衡状态，系统的温度和压力都不能有任何改变，否则系统的状态点必然要离开三相点，进入单相区或界线，从三相平衡状态变为单相或两相平衡状态，即从系统中消失一个或两个旧相。因此，此时系统的自由度为零，处于无变量状态。

水的相图是一个生动的例子，说明相图如何用几何语言把一个系统所处的平衡状态直观而形象化地表示出来。只要知道了系统的温度、压力，即只要确定了系统的状态点在相图上的位置，我们便可以立即根据相图判断出此时系统所处的平衡状态，有几个相平衡共存，是哪几个相。

在水的相图上值得一提的是冰的熔点曲线 oc 向左倾斜，斜率为负值，这意味着压力增大，冰的熔点下降。这是由于冰融化成水时体积收缩而造成的。oc 的斜率可以根据克拉普隆—克劳修斯（Clapeyron-Clausius）方程计算：$\dfrac{dp}{dT}=\dfrac{\Delta H}{T\Delta V}$。冰融化成水时吸热 $\Delta H>0$，而体积收缩 $\Delta V<0$，因而造成 $\dfrac{dp}{dT}<0$。像冰这样熔融时体积收缩的物质并不多，统称为水型物质。铋、镓、锗、三氯化铁等少数物质属于水型物质。大多数物质熔融时体积膨胀，相图上的熔点曲线向右倾斜，压力增加，熔点升高，这类物质统称之为硫型物质。

2. 具有同质多晶转变的单元系统相图

图 7-8 是具有同质多晶转变的单元系统相图的一般形式。图上的实线把相图划分为四个单相区：ABF 是低温稳定的晶型 I 的单相区，FBCE 是高温稳定的晶型 II 的单相区；ECD 是液相（熔体）区；低压部分的 ABCD 是气相区。把两个单相区划分开来的曲线代表了系统两相平衡状态：AB、BC 分别是晶型 I 和晶型 II 的升华曲线；CD 是熔体的蒸气压曲线；BF 是晶型 I 和晶型 II 之间的晶型转变线；CE 是晶型 II 的熔融曲线。代表系统中三相平衡的三相点有两个：B 点代表晶型 I、晶型 II 和气相的三相平衡；C 点表示晶型 II、熔体和气相的三相平衡。

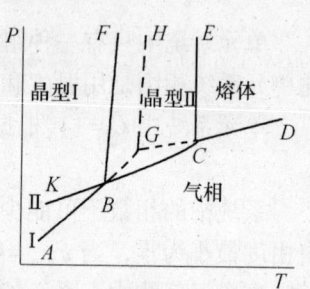

图 7-8 具有同质多晶转变的单元系统相图

图上的虚线表示系统中可能出现的各种介稳平衡状态（在一个具体单元系统中，是否出现介稳状态，出现何种形式的介稳状态，依组分的性质而定）。FBGH 是过热晶型 I 的单相区，HGCE 是过冷熔体的介稳单相区，BGC 和 ABK 是过冷蒸气的介稳单相区，KBF 是过冷晶型 II 的介稳单相区。把两个介稳单相区划分开的虚线代表了相应的介稳两相平衡状态：BG 和 GH 分别是过热晶型 I 的升华曲线和熔融曲线；GC 是过冷熔体的蒸气压曲线；KB 是过冷晶型 II 的蒸气压曲线。三个介稳单相区会聚的 G 点代表过热晶型 I、过冷熔体和气相之间的三相介稳平衡状态，是一个介稳三相点。

上述这些过热晶体或过冷液体都是介稳相。当系统处于能从一相转变为另一相的条件下,由于某种原因(比例快速加热或快速冷却)这种转变并不发生而出现了延滞转变的现象,从而使某一相在它稳定存在的范围之外并不转变成新的条件下的稳定相而继续保持了原有状态,这样的相称为介稳相。这里介稳包含了两方面的含义:一方面在新条件下的介稳相只要适当控制条件可以长时间存在而不发生相变;另一方面,介稳相与相应条件下的稳定相相比含有较高的能量,因此,它存在着自发转变成稳定相的趋势,而且这种转变是不可逆的。

通过对以上各条线、各个点的分析可以看出,在单元系统相图中,有如下规律:

(1) 晶体的升华曲线(或延长线)与液体的蒸发曲线(或延长线)的交点是该晶体的熔点。如 C 点是晶型Ⅱ的熔点,G 点是晶型Ⅰ的熔点。

(2) 两种晶型的升华曲线交点是两种晶型的多晶转变点。如 B 点晶型Ⅰ和晶型Ⅱ的晶型转变点。

(3) 在同一温度下,蒸气压低的相比较稳定。如在同一温度下表示介稳平衡的虚线在表示稳定平衡的实线上方,因其蒸气压高而有向蒸气压的稳定相转变的趋势。

3. 可逆(双向)多晶转变与不可逆(单向)多晶转变

从热力学观点来看,多晶转变根据其进行的方向是否可逆,分为可逆(双向)多晶转变与不可逆(单向)多晶转变两种类型。图7-9所示的单元系统中,晶型Ⅰ和晶型Ⅱ的转变就是可逆多晶转变。因为晶型Ⅰ加热到转变温度会转变成晶型Ⅱ;而高温稳定的晶型Ⅱ冷却到转变温度又会转变成为晶型Ⅰ。为便于分析,将这种类型的相图表示于图7-10中。

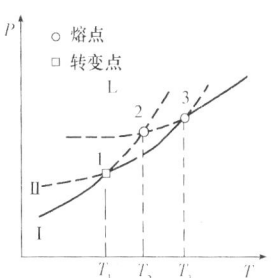

图7-9 具有可逆多晶转变物质的单元系统相图

图7-9中点2是过热晶型Ⅰ的升华曲线与过冷液体蒸气压曲线的交点,因此点2是晶型Ⅰ的熔点,对应的温度为 T_2。点3为晶型Ⅱ的熔点,其温度为 T_3。点1为晶型Ⅰ和晶型Ⅱ的转变点,其温度为 T_1。忽略压力对熔点和转变点的影响,将晶型Ⅰ加热到温度 T_1 时,即转变为晶型Ⅱ;从高温冷却时,晶型Ⅱ又可在 T_1 温度转变为晶型Ⅰ。若晶型Ⅰ转变为晶型Ⅱ后再继续升高温度到 T_3 以上时,晶相将消失而变为液相。其转变关系可用下式表示:

$$\text{晶型 Ⅰ} \rightleftharpoons \text{晶型 Ⅱ} \rightleftharpoons \text{熔体}$$

这是由于在低于 T_1 温度时,晶型Ⅰ是稳定的,晶型Ⅱ是介稳的;而当温度高于 T_1 时,晶型Ⅱ是稳定的,晶型Ⅰ是介稳的。根据热力学定律可知介稳的晶型要自发地转变成稳定的晶型。因此,晶型Ⅰ和晶型Ⅱ之间的转变是可逆的(双向的)。

可逆多晶转变的特点是,晶型Ⅰ和晶型Ⅱ均有自己稳定存在的温度范围。从图中可以看出,蒸气压比较小(相图中实线)的相是稳定相,而蒸气压较大(相图中虚线)的相是介稳相。另一显著特点是,晶型转变的温度低于两种晶型的熔点。SiO_2 的各种变体之间的转变大部分属于这种类型。

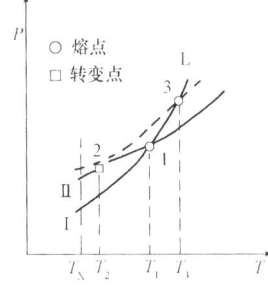

图7-10 具有不可逆多晶转变物质的单元系统相图

图7-10是具有不可逆(单向)多晶转变的单元系统相图。在相应的不同压力条件下,点1是晶型Ⅰ的熔点,点2是晶型Ⅱ的熔点,点3是多晶转变点。然而,这个三相点实际上是得不到的,因为晶体不可能过热而超过其熔点。

由于晶型Ⅱ的蒸气压在整个温度范围内高于晶型Ⅰ，因此晶型Ⅱ处于介稳状态，随时都有转变为晶型Ⅰ的倾向。加热晶型Ⅰ到 T_1 温度，晶相熔融成为熔体，熔体冷却到 T_1 温度又结晶成为晶型Ⅰ，但要获得晶型Ⅱ，必须得先将晶型Ⅰ熔融，然后使它过冷，而不能直接加热晶型Ⅰ来得到。其转变关系表达如下：

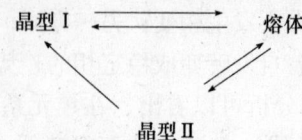

即晶型Ⅰ和晶型Ⅱ之间的转变是不可逆的（单向的），晶型Ⅰ和熔体之间以及晶型Ⅱ和熔体之间的转变才是可逆的。

不可逆多晶转变的特点，一是晶型Ⅱ没有自己稳定存在的温度范围，二是多晶转变的温度高于两种晶型的熔点。

虽然系统处于介稳状态时具有的能量比较高，有自发降低自身能量向稳定态转变的倾向，但实践证明，这种转变过程有时不是直接完成的，它先要依次经过中间的介稳状态，最后才变成该温度下的稳定状态。例如在图 7-10 任选一个温度 T_X，在此温度时，真正稳定的应该是蒸气压最小的晶型Ⅰ，但是，在 T_X 温度结晶时，并不是从过冷熔体中直接结晶出晶型Ⅰ，而是先结晶出介稳态的晶型Ⅱ，然后在相同温度下由晶型Ⅱ转变为晶型Ⅰ。如果晶型Ⅱ与晶型Ⅰ结构差异大，转变速度很慢，则往往会出现晶型Ⅱ来不及在冷却速度很快的过程中转变为晶型Ⅰ而被过冷，并在常温下保持介稳状态。这就是硅砖中常含有鳞石英等介稳相，在硅酸盐水泥熟料中含有 β-C_2S 介稳相的原因。

4. 专业单元系统相图

(1) SiO_2 系统相图

SiO_2 的一个重要的性质就是其多晶性。实验证明，在常压和有矿化剂（或杂质）存在时，SiO_2 有七种晶型，可分为三个系列，即石英、鳞石英和方石英系列。每个系列中又有高温型变体和低温型变体。近年来，随着高压实验技术的进步又相继发现了新的 SiO_2 变体。如杰石英、柯石英和超石英，它们是以发现者的名字来命名的，在一定的温度和压力下可以互相转变。因此，SiO_2 系统是具有复杂多晶转变的单元系统。SiO_2 变体之间的转变关系如下：

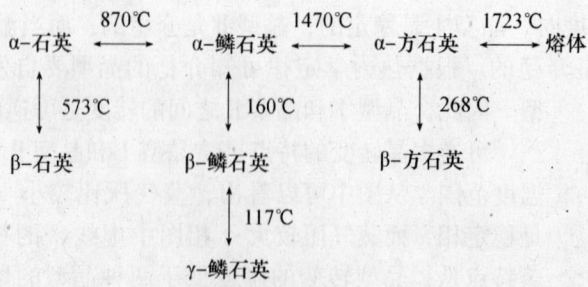

根据多晶转变速度和转变时晶体结构发生变化的不同，可以将 SiO_2 变体之间的转变分成以下两类：

1) 一级变体间的转变 也称重建型转变，不同系列如石英、鳞石英、方石英和熔体之间的相互转变，这种转变是各高温型态的相互转变。由于变体之间结构差异大，转变时要打开原有化学键，重新形成新结构，所以转变速度很慢。通常这种转变由晶体的表面开始逐渐向内部进行。因此，必须在转变温度下保持相当长的时间才能实现这种转变。要使转变加快，必须加入矿化剂。由于这种原因，高温型的SiO_2变体经常以介稳状态在常温下存在，而不发生转变。

2) 二级转变　即位移型转变。如同系列中α、β、γ形态之间的转变，也称高低温型转变。各变体间结构差别不大，转变时不需打开原有化学键，只是原子发生位移和Si—O—Si键角稍有变化，即发生位移性转变，转变速度迅速而且是可逆转变，且是在一个确定的温度下在全部晶体内部发生。

如图7-11所示为重建型转变和位移型转变。必须指出，根据精确的测定表明，位移型转变的突变点并不存在，观察到的常是一种持续的转变，而且是在较低的温度下已开始转化。加热时和冷却时的转变情况也有差别，存在滞后现象，即加热时的转变结束温度比冷却时的转变开始温度稍高些。这种情况是因为晶体结构中存在缺陷而造成的。每一转变，先变形成晶核，缺陷对形成晶核是有利的，它降低了转变温度。由于低温到高温和高温到低温两种转变的晶核形成情况有差别，所以才形成滞后现象。晶体原有缺陷程度较大时，晶核形成的阻力较小，因而上述滞后宽度的差别也较小。转化温度范围则是由粉末中不同颗粒的转变情况不同而引起，因此，随着结构完整程度的提高，转变温度也提高，转变温度范围缩小，但滞后宽度增大。

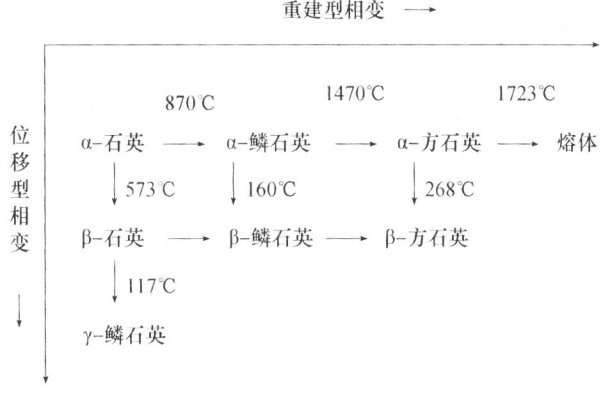

图7-11　石英的重建型转变和位移型转变

物质在发生多晶转变时，由于其内部结构发生了变化，所以必然伴随着体积的变化。对于SiO_2这种效应尤其明显，这在硅酸盐材料制造过程中需特别注意。表7-1列出了SiO_2多晶转变体积变化的理论值，"+"表示膨胀，"-"表示收缩。从表7-1可以看出，一级变体之间的转变以α-石英→α-鳞石英时体积变化最大；二级变体之间的转变以方石英的体积变化最大，而鳞石英的体积变化最小。必须指出，重建型转变虽然体积变化大，但由于转变速度慢、时间长，所以在此实际生产中正常加热或冷却条件下，体系温度变化速度快于多晶转变速度，多晶转变往往来不及发生就偏离转变温度，致使体积效应的矛盾并不突出，对工业生产影响不大。而位移型转变虽然体积变化小，但由于转变速度快，多晶转变体积效应突出，对制品产生破坏作用。例如升温和降温过程中控制不当，往往使制品开裂，成为影响制品质量和影响窑炉寿命的重要因素。

表 7-1 SiO₂ 多晶转变时体积的变化

一级变体间的转变	计算采取温度/℃	在该温度下转变时体积效应（%）	二级变体间的转变	计算采取温度/℃	在该温度下转变时体积效应（%）
α-石英→α-鳞石英	1000	+16.0	β-石英→α-石英	573	+0.82
α-石英→α-方石英	1000	+15.4	γ-鳞石英→β-鳞石英	117	+0.2
α-石英→石英玻璃	1000	+15.4	β-鳞石英→α-鳞石英	163	+0.2
石英玻璃→α-方石英	1000	−0.9	β-方石英→α-方石英	150	+2.8

下面介绍常压下有矿化剂存在时 SiO₂ 系统的相平衡。SiO₂ 相图（图 7-12）表示出了各变体的稳定范围以及它们之间的晶型转化关系。SiO₂ 各变体及熔体的饱和蒸气压极小（2000K 时仅为 10^{-7} MPa），相图上的纵坐标是特意放大的，以便表示各界线上的压力随温度的变化趋势。此相图的实线部分把全图划分成六个单相区，分别代表了 β-石英，α-石英，α-鳞石英，α-方石英，SiO₂ 高温熔体及 SiO₂ 蒸气 6 个热力学稳定态存在的相区。每两个相区之间的界线代表了系统中的两相平衡状态。如 LM 代表了 β-石英与 SiO₂ 蒸气之间的两相平衡，因而实际上是 β-石英的饱和蒸气压曲线。OC 代表了 SiO₂ 熔体与 SiO₂ 蒸气之间的两相平衡，因而实际上是 SiO₂ 高温熔体的饱和蒸气压曲线。MR、NS、DT 是晶型转变线，反映了相应的两种变体之间的平衡共存。如 MR 线表示出了 β-石英与 α-石英之间相互转变的温度随压力的变化。OU 线则是 α-方石英的熔融曲线，表示了 α-方石英与 SiO₂ 熔体之间的两相平衡，每三个相区会聚的一点都是三相点。图中有 4 个三相点，如 M 点是代表 β-石英、α-石英与 SiO₂ 蒸气三相平衡共存的三相点；N 点是代表 α-石英、α-鳞石英与 SiO₂ 蒸气三相平衡共存的三相点；D 点是代表 α-鳞石英、α-方石英和 SiO₂ 蒸气三相平衡共存的三相点；O 点则是 α-方石英、SiO₂ 熔体与 SiO₂ 蒸气的三相点。

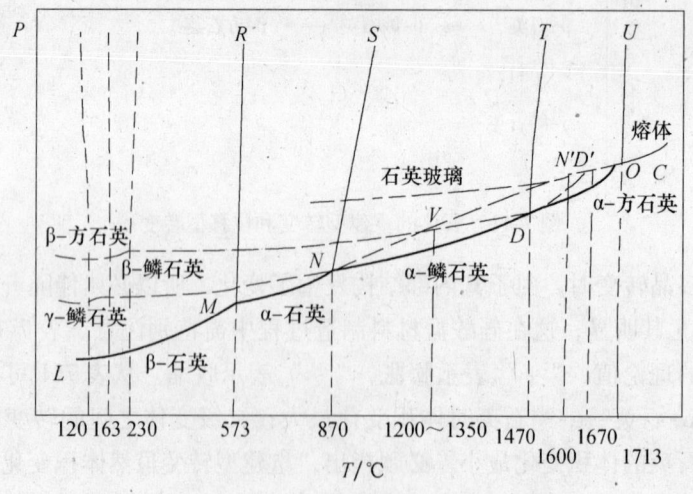

图 7-12 SiO₂ 相图

由于晶体结构上差异较大，α-石英、α-鳞石英与 α-方石英之间的晶型转变困难，而石英、鳞石英与方石英的高低温型，即 α、β、γ 型之间的转变则速度很快。只要不是非常缓慢的平衡加热或冷却，则往往会产生一系列介稳状态。这些可能发生的介稳态都用虚线表示在相图上。如 α-石英加热到 870℃ 时应转变为 α-鳞石英，但如加热速度不是足够慢，则可能成为 α-石英的过热晶体，这种处于介稳态的 α-石英可能一直保持到 1600℃（N' 点）直接熔融为过冷的 SiO_2 熔体，因此 NN' 实际上是过热 α-石英的饱和蒸气压曲线，反映了过热 α-石英与 SiO_2 蒸气两相之间的介稳平衡状态。DD' 则是过热 α-鳞石英的饱和蒸气压曲线，这种过热的 α-鳞石英可以保持到 1670℃（D' 点）直接熔融为 SiO_2 过冷熔体。在不平衡冷却中，高温 SiO_2 熔体可能不在 1713℃ 结晶出 α-方石英，而成为过冷熔体。虚线 ON' 在 CO 的延长线上，是过冷 SiO_2 熔体的饱和蒸气压曲线，反映了过冷 SiO_2 熔体与 SiO_2 蒸气二相之间的介稳平衡。

α-方石英冷却到 1470℃ 时应转变为 α-鳞石英，实际上却往往过冷到 230℃ 转变成与 α-方石英结构相近的 β-方石英。α-鳞石英则往往不在 870℃ 转变成 α-石英，而是过冷到 163℃ 转变为 β-鳞石英，β-鳞石英在 120℃ 下又转变成 γ-鳞石英。β-方石英、β-鳞石英与 γ-鳞石英虽然都是低温下的热力学不稳定态，但由于它们转变为热力学稳定态的速度极慢，实际上可以长期保持自己的形态。α-石英与 β-石英在 573℃ 下相互转变，由于彼此间结构相近，转变速度很快，一般不会出现过热过冷现象。由于各种介稳状态的出现，相图上不但出现了这些介稳态的饱和蒸气压曲线及介稳晶型转变线，而且出现了相应的介稳单相区以及介稳三相点（如 N', D'）从而使相图呈现出复杂的形态。

对 SiO_2 相图稍加分析，不难发现，SiO_2 所有处于介稳状态的变体（或熔体）的饱和蒸气压都比相同温度范围内处于热力学稳定态的变体的饱和蒸气压高。在一元系统中，这是一条普通规律。这表明，介稳态处于一种较高的能量状态，有自发转变为热力学稳定态的趋势，而处于较低能量状态的热力学稳定态则不可能自发转变为介稳态。理论和实践都证明：在给定温度范围，具有最小蒸气压的相一定是最稳定的相，而两个相如果处于平衡状态，其蒸气压必定相等。

石英是硅酸盐工业上应用十分广泛的一种原料，因而 SiO_2 相图在生产和科学研究中有重要价值。现举耐火材料硅砖的生产和使用作为一个例子。硅砖系用天然石英（β-石英）作原料经高温煅烧而成。如上所述，由于介稳状态的出现，石英在高温煅烧冷却过程中实际发生的晶体转变是很复杂的。β-石英加热至 573℃ 很快转变为 α-石英，而 α-石英加热到 870℃ 时并不是按相图指示的那样转变为鳞石英。

在生产的条件下，它往往过热到 1200~1350℃（过热 α-石英饱和蒸气压曲线与过冷 α-方石英饱和蒸气压曲线的交点 V，此点表示了这两个介稳相之间的介稳平衡状态）时直接转变为方石英的中间介稳状态——偏方石英。特别是在不加矿化剂时，α-石英先转化为偏方石英，接着变为 α-方石英。只有在矿化剂存在时，进一步加热至 1400~1470℃ 时，介稳的方石英才转变为 α-鳞石英，然后在 1470℃ 以上，再转变为 α-方石英。

这种实际转变过程并不是我们所希望的，我们希望硅砖制品中鳞石英含量越多越好，而方石英含量越少越好。这是因为在石英、鳞石英、方石英三种变体的高低温型转变中（即 α、β、γ 二级变体之间的转变），方石英体积变化最大（2.8%），石英次之（0.82%），而鳞石英最小（0.2%），具有良好的热稳定性。如果制品中方石英含量高，则在冷却到低温时由于 α-方石英转变成 β-方石英伴随着较大的体积收缩而难以获得致密的硅砖制品。

那么，如何促使介稳的 α-方石英转变为稳定态的 α-鳞石英呢？生产上一般是加入少量氧化铁和氧化钙作为矿化剂。这些氧化物在 1000℃ 左右可以产生一定量的液相，α-石英和

α-方石英在此液相中的溶解度大，而 α-鳞石英在其中的溶解度小，因而，α-石英和 α-方石英不断溶入液相，而 α-鳞石英则不断从液相析出。一定量液相的生成，还可以缓解由于 α-石英转化为介稳态的 α-方石英时巨大的体积膨胀在坯体内所产生的应力（见表 7-1）。

虽然在硅砖生产中加入矿化剂，创造了有利的动力学条件，促成大部分介稳的 α-方石英转变成 α-鳞石英，但事实上最后必定还会有一部分未转变的方石英残留于制品中。因此，在硅砖使用时，必须根据 SiO_2 相图制定合理的升温制度，防止残留的方石英发生多晶转变时将窑炉砌砖炸裂。另外，生产硅砖时，根据 SiO_2 相图可以确定合理的烧成温度和烧成制度。例如为了防止制品"爆裂"，在接近 β-石英转变为 α-石英的温度范围（573℃）和 α-石英转变为介稳的偏方石英的温度范围（1200~1350℃）等，必须谨慎控制升温和降温速度。

(2) ZrO_2 系统相图

ZrO_2 相图（图 7-13）比 SiO_2 相图要简单得多。这是由于 ZrO_2 系统中出现的多晶现象和介稳状态不像 SiO_2 系统那样复杂。ZrO_2 有三种晶型，常温下稳定的单斜 ZrO_2、四方 ZrO_2 和高温下稳定的立方 ZrO_2。它们之间具有如下的转变关系：

$$\text{单斜 } ZrO_2 \underset{\approx 1000℃}{\overset{\approx 1200℃}{\rightleftharpoons}} \text{四方 } ZrO_2 \overset{\approx 2470℃}{\rightleftharpoons} \text{立方 } ZrO_2$$

单斜 ZrO_2 加热到 1200℃ 时转变为四方 ZrO_2，这个转变速度很快，并伴随 7%~9% 的体积收缩。但在冷却

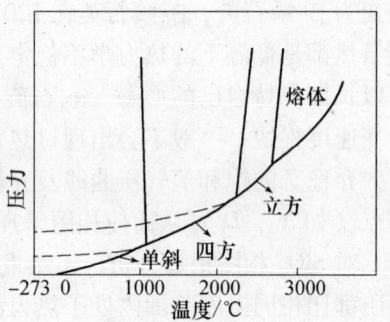

图 7-13 ZrO_2 相图

过程中，四方 ZrO_2 往往不在 1200℃ 转变成单斜 ZrO_2，而在 1000℃ 左右转变，见 DTA 曲线（图 7-14），虚线表示的为介稳的四方 ZrO_2，实线表示的为稳定的单斜 ZrO_2（图 7-14），这种滞后现象在多晶转变中是经常可以观察到的。

ZrO_2 是特种陶瓷的重要原料，其热膨胀曲线如图 7-15 所示。由于其单斜型与四方型之间的晶型转变伴有显著的体积变化，造成 ZrO_2 制品在烧成过程中容易开裂，这样就限制了直接使用 ZrO_2 的范围。为了抑制其晶型转化，生产上需采取稳定措施，通常是加入适量 CaO 或 Y_2O_3。在 1500℃ 以上四方 ZrO_2 可以与这些稳定剂形成立方晶型的固溶体，不再出现单斜 ZrO_2。在冷却过程中，这种固溶体不会发生晶型转变，没有体积效应，因而可以避免 ZrO_2 制品的开裂。这种经稳定处理的 ZrO_2 称为稳定化立方 ZrO_2。

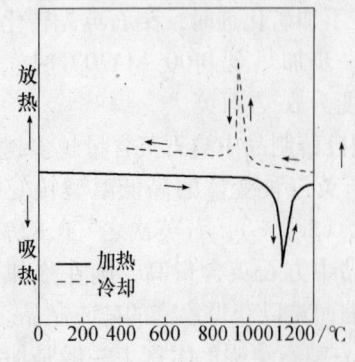

图 7-14 ZrO_2 的 DTA 曲线

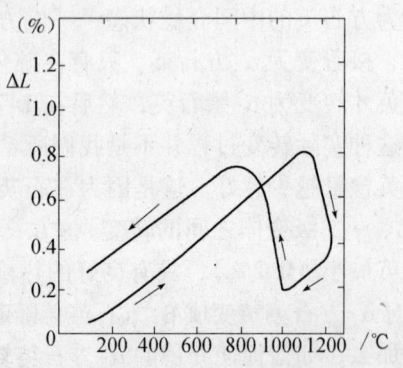

图 7-15 ZrO_2 的热膨胀曲线

ZrO_2 的熔点很高（2680℃），具有良好的热化学稳定性，可作超高温耐火材料，用来制作、熔炼某些金属（钾、钠、铝、铁等）的坩埚；氧化锆又是一种高温固体电解质，利用其导氧、导电的性能可以制备氧敏传感器元件，利用其高温导电性能还可作高温发热元件；利用 ZrO_2 作原料，可以生产无线电陶瓷；在高温结构陶瓷中，利用 ZrO_2 发生晶型转变时的体积效应可对陶瓷材料进行相变增韧。

（3）C_2S 系统相图

硅酸二钙（$2CaO·SiO_2$，缩写为 C_2S）是硅酸盐水泥熟料中重要的矿物组成之一，同时在碱性矿渣及石灰质耐火材料中都含有大量的 C_2S。过去认为 C_2S 有 α、α′、β、γ 四种晶型，后来发现 α′-C_2S 有高温（α′$_H$-C_2S）和低温（α′$_L$-C_2S）两种晶型，其相互转变温度约为1160℃，故 C_2S 有五种晶型（图7-16）。

常温下的稳定相是 γ-C_2S，介稳相是 β-C_2S。C_2S 各种晶型之间的转变关系如下：

$$\gamma\text{-}C_2S \xrightleftharpoons{725℃} \alpha'_L\text{-}C_2S \xrightleftharpoons{1160℃} \alpha'_H\text{-}C_2S \xrightleftharpoons{1420℃} \alpha\text{-}C_2S \xrightleftharpoons{2130℃} 熔体$$

525℃ ↘ ↙ 670℃
β-C_2S

C_2S 系统相图如图7-17所示，图中 α′-C_2S 未分高、低温型。常温下稳定的 γ-C_2S 加热到725℃转变为 α′-C_2S，α′-C_2S 则在1420℃转变为高温稳定的 α-C_2S。但在冷却过程中，α′-C_2S 往往不转变为 γ-C_2S，而是过冷到670℃左右转变为介稳态的 β-C_2S，β-C_2S 则在525℃再转变为稳定态 γ-C_2S。由于 β-C_2S 是一种热力学非平衡态，没有能稳定存在的温度区间，因而在相图上没有出现 β-C_2S 的相区。

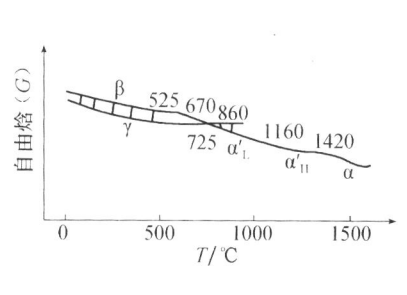

图7-16 C_2S 的多晶转变

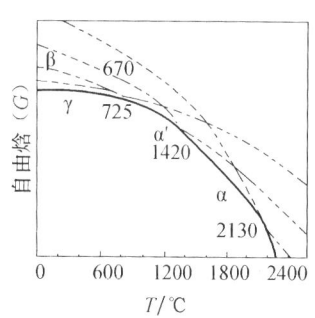

图7-17 C_2S 系统相图

在水泥熟料中希望 C_2S 是以 β 晶型存在的，而且要防止介稳的 β-C_2S 向稳定的 γ-C_2S 转化。这是因为 β-C_2S 具有胶凝性质，而 γ-C_2S 没有胶凝性。另外，β-C_2S 向 γ-C_2S 的晶型转变伴随大约9%的体积膨胀，使 C_2S 晶体粉碎，可以造成水泥熟料的粉化，水泥熟料中如果发生这一转变，水泥质量就会下降。这了防止这种转变，在烧制硅酸盐水泥时，必须采用急冷，使 β-C_2S 来不及转变为 γ-C_2S，以 β-C_2S 型过冷的介稳状态保存下来。还可以采用加入少量稳定剂（如 P_2O_5、Cr_2O_3、V_2O_5、BaO、Mn_2O_3 等）的方法，使其与 β-C_2S 形成固溶体。稳定剂能溶入 β-C_2S 的晶格内，使其晶格稳定，防止 β-C_2S 转变成 γ-C_2S，并在常温下长期存在。

7.3 二元系统

二元系统是含有两个组元（$C=2$）的系统，由于这两种组分之间可能存在各种不同的物理作用和化学作用，因而二元系统相图的类型比一元相图要多得多。对于二元相图，重要的是必须弄清如何通过不同几何要素（点、线、面）来表达系统的不同平衡状态。在本节中，仅讨论无机非金属材料所涉及的凝聚系统。对于二元凝聚系统，相律为：

$$F = C - P + 1 = 3 - P$$

当 $F_{min}=0$，$P_{max}=3$，即二元凝聚系统中可能存在的平衡共存的相数最多为三个。当 $P_{min}=1$，$F_{max}=2$，即系统的最大自由度数为 2。由于凝聚系统不考虑压力的影响，这两个自由度显然指温度（T）和两组元中任一组元的浓度（X）。

二元凝聚系统相图是以温度为纵坐标，任一组分浓度为横坐标来绘制的平面图，即以温度-组成图表示。组成可以用质量分数表示，也可以用摩尔分数表示，其图形有明显差别，应加以注意。二元凝聚系统中温度和组成一定，系统的状态就确定了，所以相图中的每一点都和系统的一个状态相对应，即为状态点。

1. 二元凝聚系统相图的基本类型

（1）具有一个低共熔点的简单二元系统相图

这类体系的特点是两个组分在液态时能以任意比例互溶，形成单相溶液，但在固态时则完全不互溶，两个组分各自从液相中分别析晶。组分间无化学作用，不生成新的化合物。

这类相图具有最简单的形式（图 7-18），但却是学习其他类型二元系统相图的重要基础。因此，对这张相图要详尽地予以讨论。

1）相图分析

图 7-18 中的 a 点是纯组分 A 的熔点，b 点是纯组分 B 的熔点。aE 线、bE 线都称为液相线，分别表示不同温度下的晶相 A、B 和相应的液相之间的平衡，也可以理解为由于第二组元加入而使熔点（或凝固点）变化的曲线。aE 线是组成不同的高温熔体在冷却过程中开始析出 A 晶相的连线，

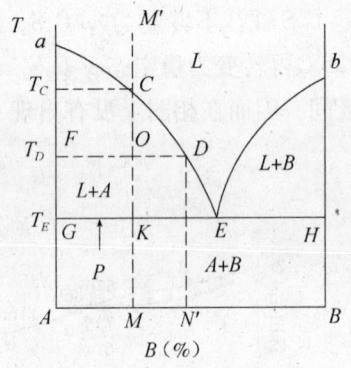

图 7-18 具有一个低共熔点的简单二元系统相图

在这条线上液相和 A 晶相两相平衡共存；bE 线是组成不同的高温熔体在冷却过程中开始析出 B 晶相的连线，在这条线上液相和 B 晶相两相平衡共存。根据相律，在液相线上，$P=2$，$F=1$。通过 E 点的水平线 GH 称为固相线，是不同组成的熔体结晶结束温度的连线。液相线 aE、bE 和固相线 GH 把整个相图划分成四个相区：液相线以上的区域是液相的单相区，用 L 表示，在单相区内，$P=1$，$F=2$；液相线和固相线之间的两个相区 aEG 和 bEH 分别为晶相 A 和液相平衡共存（$L+A$）以及晶相 B 和液相平衡共存（$L+B$）的二相区；固相线 GH 以下的区域是 A 晶相和 B 晶相共存（$A+B$）的相区。在两相平衡共存的相区内，$P=2$，$F=1$。两条液相线与固相线的交点 E 点是组分 A 和组分 B 的二元低共熔点，在这点上，组成为 E 的液相与 A 晶相和 B 晶相三相平衡共存，其平衡关系为 $L_E \rightleftharpoons A+B$。就是说，冷却时液相在 E 点，按 E 点的 A、B 比例同时析出 A 晶相和 B 晶相；加热时按 E 点的 A、B 比例，

A 晶相和 B 晶相共同熔融成为液相。这是系统加热时熔融成液相的最低温度，称为低共熔点，在该点析出的固体混合物称为低共熔混合物。在 E 点处 $P=3$，$F=0$，表示系统的温度和液线的组成都不能变，故 E 点是二元无变量点。在此点，当系统被加热或冷却时，只是引起液相对固相的比例量在改变，温度和组成没有变化。

2）熔体的冷却析晶过程

所谓熔体的冷却析晶过程，是指将一定组成的二元混合物加热熔化后再将其平衡冷却而析晶的过程。通过对平衡冷却析晶过程的分析来说明系统的平衡状态如何随温度而变化。

现以组成为 M 的熔体的平衡冷却析晶过程为例。将组成为 M 的配料加热成为高温熔体后处于液相区的 M' 点，因 M' 处于 L 相区，表明系统中只有单相的高温熔体（液相）存在。在温度下降到 T_c 以前，系统为双变量，说明在系统组成已确定的情况下，改变系统的温度不会导致新相的出现。故系统的状态点只能沿着等组成线（MM'）变化。将此高温熔体冷却到 T_c 温度，液相开始对组分 A 饱和，从液相中析出第一粒 A 晶体，系统从单相平衡状态进入两相平衡状态。根据相律，$F=1$，即为了保持这种两相平衡状态，在温度和液相组成二者之间只有一个是独立变量。由于析出的是纯 A，所以固相的状态点应在 a 点。同时因 A 的析出，液相的组成发生变化，随着温度的下降，液相组成沿着 aE 线由 C 点向 E 点变化，而不能任意改变。也就是说，向液相中组分 B 含量增加的方向变化。在这个过程中，$P=2$，$F=1$。系统冷却到低共熔温度 T_E 时，液相组成到达低共熔点 E，固相的状态点由 a 到达 G。此时液相不仅对晶相 A 饱和而且对晶相 B 也达到饱和，从液相中按 E 点组成同时析出 A 晶体和 B 晶体，系统从两相平衡状态进入三相平衡状态。按照相律，此时系统的 $F=0$，系统是无变量的，即只要系统中维持着这种三相平衡关系，系统的温度就只能保持在低共熔温度 T_E 不变，液相组成也只能保持在 E 点的低共熔组成不变。但随着析晶过程的进行，液相量在不断地减少。由于有 B 晶相析出，固相的组成不再停在 G 点，而由 G 点向 K 点变化。当最后一滴低共熔组成的液相析出 A 晶体和 B 晶体后，固体组成到达 K 点，与系统的状态点重合，液相消失，析晶过程结束，系统从三相平衡状态回到两相平衡状态，即系统中只有析晶产物 A 和 B 两个晶相，$P=2$，$F=1$，因而系统温度又可继续下降。整个析晶过程发生的相变化可用冷却曲线表示于图 7-19 中。

上述析晶过程中固、液相点的变化途径用文字叙述比较繁琐，常用下列式子表示：

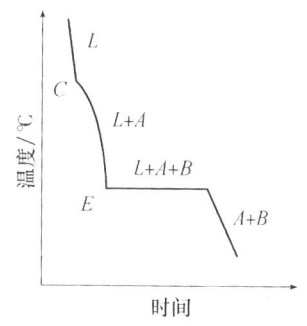

图 7-19 M 配料的冷却曲线

液相点 $\quad M' \xrightarrow[F=2]{L} C \xrightarrow[F=1]{L \to A} E \left(\begin{array}{c} L_E \to A+B \\ F=0 \end{array} \right)$

固相点 $\quad a \xrightarrow{A} G \xrightarrow{A+B} K$

平衡加热熔融过程恰是上述平衡冷却析晶过程的逆过程。若将组分 A 和组分 B 的配料 M 加热，则该晶体混合物在 T_E 温度下低共熔形成 E 组成的液相。因 $P=3$，$F=0$，系统为无变量，系统温度保持在 T_E 不变。随着低共熔过程的进行，A、B 晶相量不断减少，E 点液相量不断增加。当固相点从 K 点到达 G 点，意味着 B 晶相已全部熔完，系统进入两相平衡状态，$F=1$，成为单变量，温度又可继续上升。随着 A 晶体继续熔入液相，液相点沿着液相线从 E 点向 C 点变化。加热到 T_c 温度，液相点到达 C 点，与系统点重合，意味着最后一粒

A 晶体在 a 点消失，A 晶体和 B 晶体全部从固相转入液相，系统全部成为熔体，因而液相组成回到原始配料组成。

3）用杠杆规则计算冷却析晶过程中各相含量

通过相图不仅可以分析平衡系统在冷却（或加热）过程中状态的变化，同时，还要以运用杠杆规则计算在一定状态下，系统中平衡各相间的数量关系。杠杆规则是相图分析中一个重要规则。

假设由 A 和 B 组成的原始混合物（或熔体）的组成为 M，在某一温度下，此混合物成为两个新相，两相的组成分别为 M_1 和 M_2，如图 7-20 所示。若组成为 M 的原始混合物含 B 为 $b\%$，总质量为 G；新相 M_1 含 B 为 $b_1\%$，质量为 G_1；新相 M_2 含 B 为 $b_2\%$，质量为 G_2。因变化前、后的总质量不变，由物料平衡有

$$G = G_1 + G_2 \tag{7-4}$$

原始混合物中 B 的质量为 $Gb\%$，新相 M_1 中 B 的质量为 $G_1 b_1\%$，新相 M_2 中 B 的质量为 $G_2 b_2\%$。所以

$$Gb\% = G_1 b_1\% + G_2 b_2\% \tag{7-5}$$

将式（7-4）代入，得

$$(G_1 + G_2)b\% = G_1 b_1\% + G_2 b_2\%$$
$$G_1(b - b_1) = G_2(b_2 - b)$$
$$\frac{G_1}{G_2} = \frac{b_2 - b}{b - b_1} \tag{7-6}$$

由图 7-20 可知
$$b_2 - b = MM_2$$
$$b - b_1 = MM_1$$

所以
$$\frac{G_1}{G_2} = \frac{MM_2}{MM_1} \tag{7-7}$$

两个新相 M_1 和 M_2 在系统中的含量分别为

$$\frac{G_1}{G} = \frac{MM_2}{M_1 M_2} \tag{7-8}$$

$$\frac{G_2}{G} = \frac{MM_1}{M_1 M_2} \tag{7-9}$$

式（7-7）表明，如果一个相分解为两个相，则生成的两个相的数量与原始相的组成点到两个新生相的组成点之间线段成反比。此关系式与力学上的杠杆很相似，如图 7-21 所示，M 点相当于杠杆的支点，M_1 和 M_2 分别相当于两个力点，因此称为杠杆规则。可以看出，系统中平衡共存两相的含量与两相状态点到系统总状态点的距离成反比。即含量越多的相，其状态点到系统总状态点的距离越近。运用杠杆规则的关键是要分清系统的状态点，成平衡的两相的状态点，找准在某一温度下，它们各自在相图中的位置。

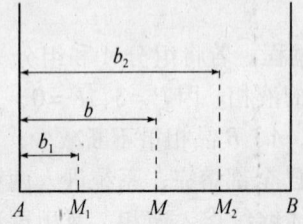

图 7-20 杠杆规则示意图

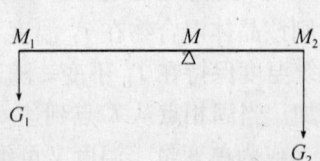

图 7-21 杠杆示意图

在图 7-18 给出的最简单的二元系统相图中，M' 熔体冷却到 T_D 时，系统中平衡共存的两相是 A 晶相和液相。这时，系统的总状态点在 O 点，A 晶相的状态点在 F 点，液相在 D 点，根据杠杆规则

$$\frac{固相量}{液相量} = \frac{OD}{OF}$$

系统中

$$A\% = \frac{OD}{FD} \times 100\%$$

$$L\% = \frac{OF}{FD} \times 100\%$$

冷却过程中，当液相的状态点刚到 E 点时，固相的状态点为 G 点，由于 B 晶相尚未析出，系统仍然是 A 晶相和液相的两相平衡共存，此时，根据杠杆规则

$$A\% = \frac{KE}{GE} \times 100\%$$

$$L\% = \frac{KG}{GE} \times 100\%$$

当液相在 E 点而固相点在 P 点时，系统是三相平衡共存，即固相是 A 晶相和 B 晶相的混合物。这时，根据杠杆规则

$$\frac{固相量}{液相量} = \frac{KE}{PK}$$

$$\frac{固相 A}{固相 B} = \frac{PH}{GP}$$

系统中

$$A\% = \frac{KE}{PE} \times \frac{PH}{AB} \times 100\%$$

$$B\% = \frac{KE}{PE} \times \frac{GP}{AB} \times 100\%$$

$$L\% = \frac{KP}{PE} \times 100\%$$

当液相在 E 点消失后，系统中共存 A 晶相和 B 晶相，这两相的含量分别为

$$A\% = \frac{MB}{AB} \times 100\%$$

$$B\% = \frac{MA}{AB} \times 100\%$$

杠杆规则不仅适用于一相分为两相的情况，同样也适用于两相合为一相的情况。甚至在任何多相系统中，都可以利用杠杆规则，根据已知条件计算平衡共存的各相的相对数量及百分含量。

（2）生成化合物的二元系统相图

1）生成一个一致熔融化合物的二元系统相图

一致熔融化合物是一种稳定的化合物。它与正常的纯物质一样具有固定的熔点，熔化

时，所产生的液相与化合物组成一致，故称一致熔融。这类系统的典型相图如图7-22所示。组分 A 与组分 B 生成一个一致熔融化合物 A_mB_n，M 点是该化合物的熔点。曲线 aE_1 是组分 A 的液相线，bE_2 是组分 B 的液相线，E_1ME_2 则是化合物 A_mB_n 的液相线。一致熔融化合物在相图上的特点是化合物的组成点位于其液相线的组成范围内，即表示化合物晶相的等组成线 A_mB_n-M 直接与其液相线相交，交点 M（化合物熔点）是液相线上的温度最高点。因此，A_mB_n-M 线将此相图划分成两个简单分二元系统。E_1 是 A-A_mB_n 分二元系统的低共熔点，在这点上进行的过程是 $L \rightleftharpoons A + A_mB_n$，凡是组成在 A-A_mB_n 范围内的原始熔体都在 E_1 点结束析晶，结晶产物为 A 和 A_mB_n 两种晶相；E_2 是 A_mB_n-B 分二元系统的低共熔点，在这点上进行的过程是 $L \rightleftharpoons B + A_mB_n$，凡是组成在 B-A_mB_n 范围内的原始熔体都在 E_2 点结束析晶，结晶产物为 B 和 A_mB_n 两种晶相。

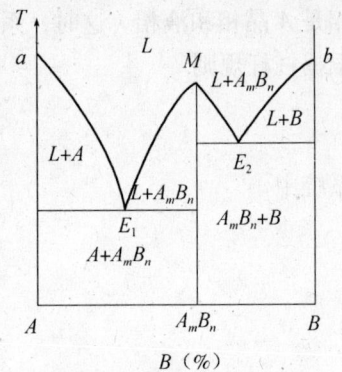

图7-22　生成一个一致熔融化合物的二元系统相图

当复杂二元系统相图中存在 n 个一致熔融化合物时，只要以一致熔融化合物的等组成线为分界线，便能将该复杂相图分成 $n+1$ 个简单系统，则问题的讨论就显得简单而容易了。

讨论任一配料的结晶路程与上述讨论的简单二元系统的结晶路程完全相同。需要注意的是 M 点，以二元系统的相律式计算，$F = 3 - P = 3 - 2 = 1$，具单变量性质。事实上，M 点是一致熔融化合物 A_mB_n 的熔点，在压力作为恒量的凝聚系统中，应具有温度和组成均不改变的无变量性质。在一致熔（同成分）熔点 M 处，固相与液相组成是相同的，实质上，系统的性质已是"特殊"的单元系统，二元系统的自由度减少了一个，故在 M 点，虽是两相平衡，其自由度为零，称为呆性点（中性点）。

硅灰石（$CaO \cdot SiO_2$）和镁橄榄石（Mg_2SiO_4）都是一致熔化合物。

2) 生成一个不一致熔融化合物的二元系统相图

不一致熔融化合物（或称异成分熔融）是一种不稳定的化合物。加热这种化合物到某一温度便发生分解，分解产物是一种液相和一种晶相，二者组成与化合物组成皆不相同，故称不一致熔融。图7-23是此类二元系统的典型相图。加热化合物 C（A_mB_n）到分解温度 T_P，化合物 C 分解为 P 点组成的液相和组分 B 的晶体。在分解过程中，系统处于三相平衡的无变量状态（$F=0$），因而 P 点也是一个无变量点，称为转熔点（又称回吸点、反应点）。

图中曲线 aE 是与晶相 A 平衡的液相线，bP 是与晶相 B 平衡的液相线，PE 是与化合物 C（A_mB_n）平衡的液相线。无变量点 E 是低共熔点，在 E 点发生的相变化为 $L_E \rightleftharpoons$

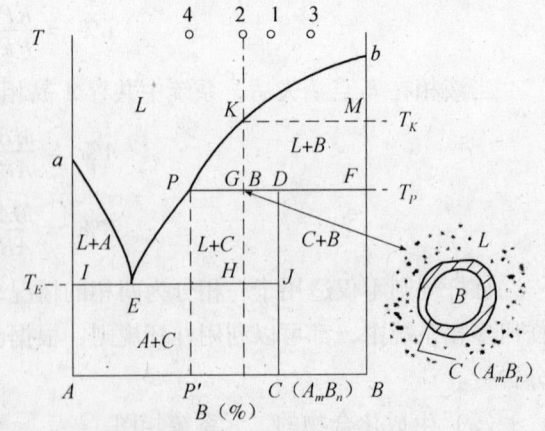

图7-23　生成一个不一致熔融化合物的二元系统相图

$A+C$。另一个无变量点 P 是转熔点,在 P 点发生的相变化是 $L_P+B \rightleftharpoons C$。就是说,冷却时组成为 P 的液相要回吸 B 晶相(B 溶解于液相),结晶析出 C 晶相;加热时化合物 C 要分解为液相 L_P 和 B 晶相。需要注意,转熔点 P 位于与 P 点液相平衡的两个晶相 C 和 B 的组成点 D、F 的同一侧,这是与低共熔点 E 位于与 E 点液相平衡的两个晶相 A 和 C 的组成点 I、J 中间的情况是不同的。运用杠杆规则不难理解这种差别。不一致熔融化合物在相图上的特点是,化合物 C 的组成点位于其液相线 PE 的组成范围以外,即化合物的等组成线 CD 偏在液相线 PE 的一边,而不与其直接相交,且被转熔温度 T_P 的等温线截断。因此,表示化合物的 CD 线不能将整个相图划分为两个分二元系统。

该相图由于转熔点的存在而变得比较特殊,现将图 7-23 中标出的 2、3 熔体的析晶路程分析如下:

将熔体 2 冷却到 T_K 温度,熔体对 B 晶相达到饱和,从液相中析出第一粒晶体 B,析出的 B 晶相的状态点在 M 点。随后液相点沿着液相线 KP 向 P 点变化,固相点则从 M 向 F 点变化。达到转熔温度 T_P,发生 $L_P+B \rightleftharpoons C$ 的转熔过程,即原先析出的 B 晶体重又熔入 L_P 液相(或者说被液相回吸,本质是与液相起反应)而结晶出化合物 C。在转熔过程中,系统温度保持不变,液相组成保持在 P 点不变,但液相量和 B 晶相量不断减少,C 晶相量不断增加,因而固相的状态点离开 F 点向 D 点移动。当固相点到达 D 时,表明 B 晶相已被回吸完,转熔过程结束。由于 B 晶相消失,系统中只剩下组成为 L_P 的液相和 C 晶相,其数量可根据液相点 P、系统点 G 和固相点 D 的相对位置用杠杆规则确定。在 B 晶体耗尽以后,系统从三相平衡状态回到两相平衡状态,温度又可继续下降,液相点离开 P 点沿着与 C 晶体平衡的液相线 PE 向 E 点变化,从液相中不断地析出 C 晶体。由于只有 C 晶相,固相点沿着化合物 C 的等组成线由 D 向 J 点移动。到达低共熔温度 T_E,从 E 点液相中将同时析出 A 晶体和 C 晶体。在从液相中析出 A 晶体和 C 晶体的过程中,由于是三相平衡共存,所以系统的自由度为零,析晶温度和液相的组成都不变,但液相量在减少,固相量在增加,即液相的状态点不变,固相点从 J 点向 H 点变化。当最后一滴液相在 E 点消失时,固相点移动到 H 点,与系统点重合。此时全部析晶过程结束,所获得的析晶产物是 A 晶相 C 晶相,两相的量可由 I、H、J 三点的相对位置用杠杆规则计算。

上述析晶过程可用下式表示:

液相点 $\quad 2 \xrightarrow[F=2]{L} K \xrightarrow[F=1]{L \to B} P \begin{pmatrix} L_P+B \to C \\ F=0 \end{pmatrix}$

固相点 $\quad M \xrightarrow{B} F \xrightarrow{B+C} D \xrightarrow{C} J \xrightarrow{C+A} H$

熔体 3 冷却到析晶温度也是首先析出 B 晶相,然后液相沿着液相线向 P 点变化,固相沿着纯 B 的组成轴向 F 点变化。液相到达 P 点后,进行转熔过程,液相回吸先前析出的 B 晶相,析出 C 晶相。由于有 C 晶相析出,固相沿着 FP 线向 C 晶相增多的方向移动。当最后一滴液相在 P 点消失时,固相的状态点与系统的状态点重合。熔体 3 在 P 点结束析晶,析晶产物是 B、C 两种晶相。

熔体 1 与 4 的析晶过程由读者自行分析。以上四个熔体析晶路程,具有一定的规律性,现将其总结于表 7-2 中。

表7-2 不同组成熔体的析晶规律

组成	析晶终点	析晶产物	在 P 点的反应
组成在 PD 之间	E	$A+C$	$L_P+B \rightarrow C$（B 先消失）
组成在 DF 之间	P	$B+C$	$L_P+B \rightarrow C$（L_P 先消失）
组成在 D 点	P	C	$L_P+B \rightarrow C$（B 和 L_P 同时消失）
组成在 P 点	E	$A+B$	在 P 点不停留

3）固相中有化合物生成与分解的二元系统相图

图 7-24 所示为在固相中有化合物生成与分解的二元系统相图。化合物 A_mB_n 不能从二元熔体中结晶析出，从液相中只能析出 A 晶相和 B 晶相。A 和 B 通过固相反应形成化合物 A_mB_n，这类化合物只能存在于某一温度范围内［如图 7-24（a）中 $T_1 \sim T_2$ 所示］，超出这个温度范围，化合物 A_mB_n 便分解为 A 晶相和晶相 B。不同组成的一元系统在 T_1（或 T_2）温度下发生固相反应时可能有三种不同的结果：（1）组成在 $A \sim A_mB_n$ 范围内的二元系统，由于 A 组分的含量比较高，冷却到 T_1（或加热到 T_2）温度时，固相反应的结果是 B 晶相消失，系统中含有反应剩余的 A 晶相和新生成的化合物 A_mB_n；（2）组成在 $A_mB_n \sim B$ 范围内的二元系统，冷却到 T_1（或加热到 T_2）温度时，固相反应的结果是 A 晶相消失，系统中含有反应剩余的 B 晶相和新生成的化合物 A_mB_n；（3）组成刚好在 A_mB_n 的二元系统，冷却到 T_1（或加热到 T_2）温度时，固相反应的结果是 A、B 全部生成化合物 A_mB_n。实际上，由于固相反应的速率很慢，因而达到平衡状态所需要的时间很长。尤其是在低温下，上述平衡状态是很难达到的，系统往往处于 A、B、A_mB_n 三种晶体同时存在的非平衡状态。相消失，系统中含有反应剩余的 B 晶相和新生成的化合物 A_mB_n。

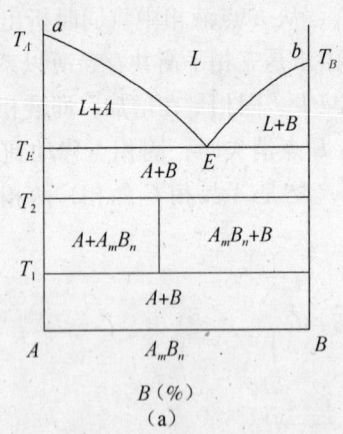 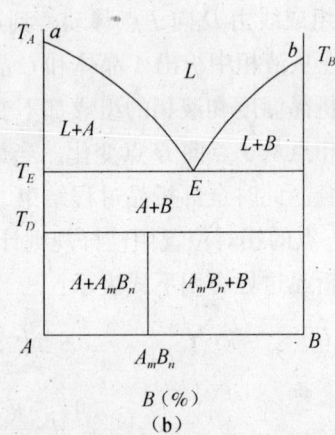

(a) (b)

图 7-24 生成在固相分解的化合物的二元系统相图
(a) 在低共熔点以下有化合物生成的二元系统相图；
(b) 在低共熔点以下有化合物生成和分解的二元系统相图

水泥熟料中的 C_3S（$3CaO \cdot SiO_2$）就是在 1250～2150℃ 范围内稳定存在的化合物，只不过是这种化合物在 2150℃ 时发生不一致熔融，分解为液相和 CaO 固体。

若化合物 A_mB_n 在低共熔温度以下只是在 T_D 以上发生分解，而在低温时是稳定的，其相图见图 7-24（b）。

（3）具有多晶转变的二元系统相图

同质多晶现象在无机非金属材料中十分普遍。二元系统中某组分或化合物具有多晶转变时，相图上该组分或化合物所对应的相区内便会出现一些新的界线，把同一种物质的不同晶型稳定存在的范围划分出来，使该物质的每一种稳定晶型都有其存在的相区。

根据晶型转变温度（T_P）与低共熔温度（T_E）的相对高低，此类相图又分为两种类型：

1）$T_P > T_E$

多晶转变温度高于低共熔温度，说明多晶转变是在有液相（液相组成为P）存在时发生的。图7-25（a）为此种类型的相图。图中A有α和β两种晶型，其中α晶型在T_P以上温度稳定，而β晶型在T_P以下温度稳定，发生晶型转变的温度为T_P。P点称为多晶转变等温点，在这个点上进行的平衡过程为$A_\alpha \xleftrightarrow{L} A_\beta$。系统中三相平衡共存，自由度$F=0$，所以多晶转变点也是三元无变量点。通过多晶转变点$P$的水平线$DP$，称为晶型转变等温线，它把$A_\alpha$与$A_\beta$稳定存在的相区划分开来。

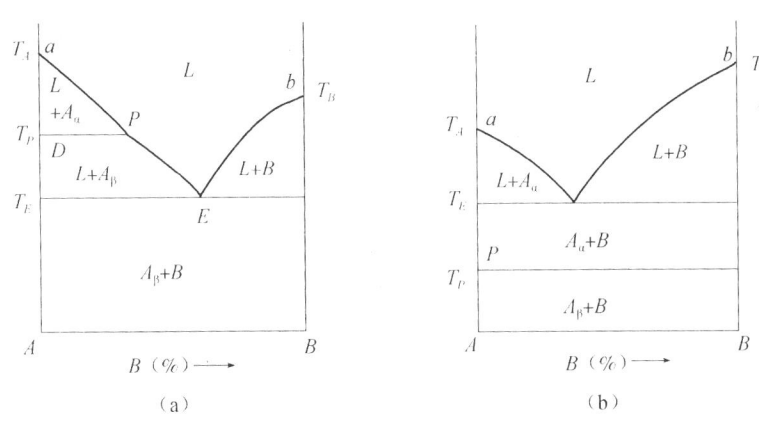

图7-25 具有多晶转变的二元系统相图
(a) 在低共熔点以上发生多晶转变的二元系统相图；
(b) 在低共熔点以下发生多晶转变的二元系统相图

2）$T_P < T_E$

多晶转变温度低于低共熔温度，说明多晶转变是在固相中发生的。图7-25（b）为此种类型的相图。图中P点为组分A的多晶转变点，显然在A-B二元系统中纯A晶体在T_P温度时都会发生这一转变。因此P点发展成为一条晶型转变等温线。在此线以上的区域，A晶体以α形态存在，此线以下的相区，则以β形态存在。

（4）形成固溶体的二元系统相图

1）形成连续固溶体的二元系统相图

这类系统的相图形式如图7-26所示。由于组分A和B在固态和液态下都能以任意比例互溶而不生成化合物，在相图中没有低共熔点也没有最高点，因而固相线和液相线都是平滑连续曲

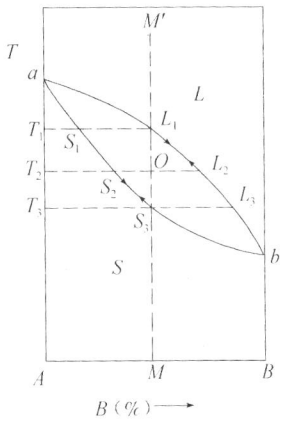

图7-26 形成连续固溶体的二元系统相图

线。A 和 B 形成的连续固溶体用 S 表示。整个相图分为三个相区：液相线 aL_2b 以上的相区是高温熔体单相区，固相线 aS_3b 以下的相区是固溶体单相区，处于液相线与固相线之间的相区则是液相与固溶体平衡的固液两相区。固液两相区内的结线 L_1S_1，L_2S_2，L_3S_3 分别表示不同温度下互相平衡的固液两相的组成。在单相区内，$F=2$，在两相区内，$F=1$。由于此系统只有液相和固溶体两相，不可能出现三相平衡状态，因此这类相图的最大特点是没有一般二元相图上常出现的二元无变量点。

高温熔体 M' 冷却到 T_1 温度时，开始析出组成为 S_1 的固溶体，随后液相组成沿液相线向 L_3 变化，固相组成则沿固相线向 S_3 变化。冷却到 T_2 温度时，液相点到达 L_2，固相点到达 S_2，系统点为 O 点。根据杠杆规则，此时液相量∶固相量 $= OS_2 : OL_2$。冷却到 T_3 温度，固相点 S_3 与系统点重合，意味着最后一滴液相在 L_3 消失，析晶过程结束。原始配料中 A、B 组分从高温熔体转入低温的单相固溶体。

在液相从 L_1 到 L_3 的析晶过程中，固溶体组成需从原先析出的 S_1 相应变化到最终与 L_3 平衡的 S_3，即在析晶过程中固溶体需时时调整组成以与液相保持平衡。固溶体是晶体，原子的扩散迁移速率很慢，不像液态溶液那样容易调节组成，可以想象，只要冷却过程不是足够缓慢，很容易发生不平衡析晶，即产生偏析现象。

在连续固溶体相图中还有两种特殊情况，即有最高熔点和最低熔点的系统，如图 7-27 所示。这两种相图可以看成是由两个简单连续固溶体二元系统构成的。体系中的平衡关系可由分相图来分析，也可以把相图中的最高熔点［图 7-27（a）中的 C 点］和最低熔点［图 7-27（b）中的 M 点］看成是同成分熔点。

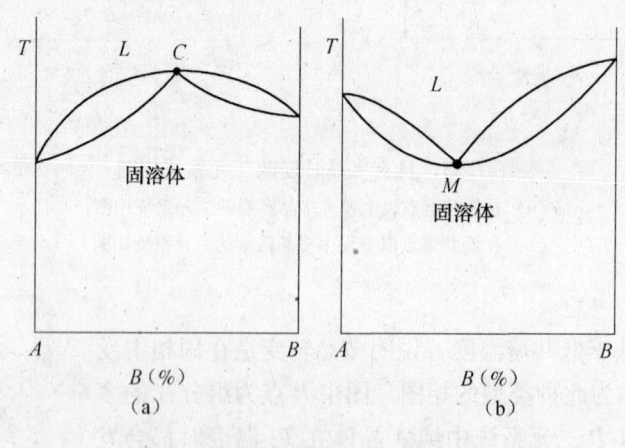

图 7-27
(a) 具有最高熔点的二元连续固溶体相图；
(b) 具有最低熔点的二元连续固溶体相图

2) 形成有限固溶体的二元系统相图

组分 A、B 间可以形成固溶体，但固溶度是有限的，不能以任意比例互溶。以 $S_{A(B)}$ 表示 B 组分溶解在 A 晶体中所形成的固溶体，$S_{B(A)}$ 表示 A 组分溶解在 B 晶体中所形成的固溶体。根据无变量点性质的不同，这类相图又能分成具有低共熔点的和具有转熔点的两种类型。

① 具有低共熔点的有限固溶体的二元系统相图

如图7-28所示，图中 aE 线是与 $S_{A(B)}$ 固溶体平衡的液相线，bE 是与 $S_{B(A)}$ 固溶体平衡的液相线。从液相中析出的固溶体组成可以通过等温结线在相应的固相线 aC 和 bD 上找到，如结线 L_1S_1 表示从 L_1 液相中析出的 $S_{B(A)}$ 固溶体的组成是 S_1。E 点是低共熔点，从 E 点液相中将同时析出组成为 C 的 $S_{A(B)}$ 和组成为 D 的 $S_{B(A)}$ 固溶体。C 点表示了组分 B 在组分 A 中的最大固溶度，D 点则表示了组分 A 在组分 B 中的最大固溶度。CF 是固溶体 $S_{A(B)}$ 的溶解度曲线，DG 则是固溶体 $S_{B(A)}$ 的溶解度曲线。根据这两条溶解度曲线的走向，A、B 两个组分在固态互溶的溶解度是随温度下降而下降的。相图上六个相区里有三个单相区和三个两相区，其平衡各项已在相图上标注出。

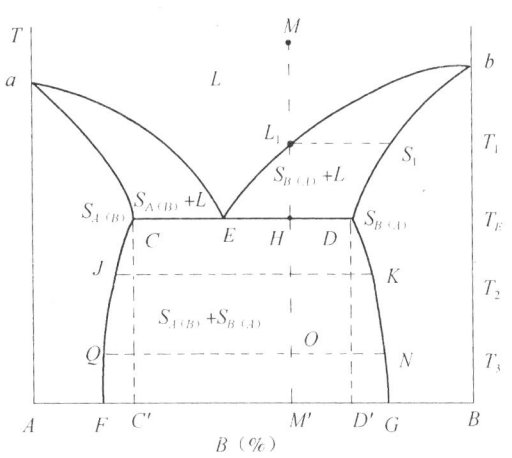

图7-28 具有低共熔点的有限固溶体的二元系统相图

将 M 高温熔体冷却到 T_1 温度，液相对 $S_{B(A)}$ 固溶体饱和，从 L_1 液相中析出组成为 S_1 的固溶体 $S_{B(A)}$，随后液相点沿着液相线向 E 点变化，固相点沿着固相线向 E 点变化。到达低共熔温度 T_E，进行低共熔过程，从 E 点液相中同时析出组成为 C 的固溶体 $S_{A(B)}$ 和组成为 D 的固溶体 $S_{B(A)}$，系统进入三相平衡状态，$F=0$，系统温度保持不变，液相的组成也保持不变，但随着析晶过程的进行，液相量在不断减少，$S_{A(B)}$ 和 $S_{B(A)}$ 的量在不断增加。由于 $S_{A(B)}$ 析出，固相总组成点从 D 点向 H 点移动。当固相组成到达 H 点与系统点重合时，最后一滴液相在 E 点消失，析晶结束。最后的结晶产物是 $S_{A(B)}$ 和 $S_{B(A)}$ 两种固溶体。温度继续下降时，$S_{A(B)}$ 的组成沿 CF 线变化，$S_{B(A)}$ 的组成沿 DG 线变化，如在 T_3 温度，具有 Q 组成的 $S_{A(B)}$ 和具有 N 组成的 $S_{B(A)}$ 两相平衡共存。M 熔体的结晶路程可用固、液相点的变化来表示：

液相点　$M \xrightarrow[F=2]{L} L_1 \xrightarrow[F=1]{L \to S_{B(A)}} E \begin{pmatrix} L_E \to S_{A(B)} + S_{B(A)} \\ F=0 \end{pmatrix}$

固相点　$S_1 \xrightarrow{S_{B(A)}} D \xrightarrow{S_{B(A)} + S_{A(B)}} H$

在这类型的二元系统相图中，并不是所有的高温熔体都在 E 点结束析晶。有一部分高温熔体，如组成在 C' 点以左和组成在 D' 点以右的系统，其冷却析晶过程类似于连续固溶体，是在液相线上某一点结束析晶，且析晶结束时系统的自由度数 $F=1$。具体的结晶结束点与原始熔体的组成有关。

② 具有转熔点的有限固溶体的二元系统相图

图7-29是形成转熔型的不连续固溶体的二元相图。固溶体 $S_{A(B)}$ 和 $S_{B(A)}$ 之间没有低共熔点，而有一个转熔点 P。冷却时，当温度降到 T_P 时，液相组成变化到 P 点，将发

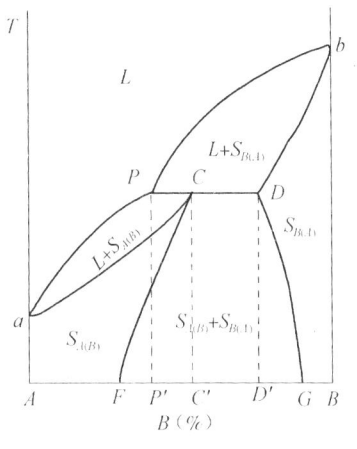

图7-29 具有转熔点的有限固溶体的二元系统相图

生转熔过程：$L_P + S_{B(A)} \rightleftharpoons S_{A(B)}$。

在这种相图中，组成在 $P' \sim D'$ 范围内的原始熔体冷却到 T_P 温度时将发生上述转熔过程，但是只有组成在 $C' \sim D'$ 范围内的熔体在 P 点液相消失，结晶结束。组成在 $P' \sim C'$ 范围内是熔体是 $S_{B(A)}$ 先消失，转熔过程结束，但结晶并没有结束，它们和组成在 $A \sim P'$ 范围的熔体都是在与 $S_{A(B)}$ 平衡的液相线上的某一点处结束析晶。组成在 $D' \sim B$ 范围的原始熔体则在与 $S_{B(A)}$ 平衡的液相线上的某一点结束析晶。

（5）具有液相分层的二元系统相图

前面所讨论的各类二元系统中两个组分在液相都是完全互溶的。但在某些实际系统中，两个组分在液态并不完全互溶，只能有限互溶，这时就会出现液相分层现象。两层液相中，一层可视为组分 B 在组分 A 中的饱和溶液（L_1），另一层则可视为组分 A 在组分 B 中的饱和溶液（L_2）。这种现象在硅酸盐系统中相当普遍，二价金属氧化物，如碱土金属氧化物与二氧化硅构成的二元系统（如 $CaO \cdot SiO_2$ 系统、$MgO \cdot SiO_2$ 系统、$FeO \cdot SiO_2$ 系统等）均表现出不同程度的液相分层现象。

图 7-30 是这类相图的一般形式，图中的 CKD 帽形区即是一个液相分层区。这类相图可以看作是具有低共熔点的相图上插入一个液体分相的区域。等温结线 $L_1'L_2'$、$L_1''L_2''$ 表示不同温度下互相平衡的两个液相的组成。温度升高，两层液相的溶解度都增大，因而其组成越来越接近，到达帽形区最高点 K，两层液相的组成已完全一致，分层现象消失，故 K 点是一个临界点，K 点温度叫临界温度。在 CKD 帽形区以外的其他液相区域，均不发生液相分层现象，为单相区。曲线 aC、DE 均为与 A 晶相平衡的液相线，bE 是与 B 晶相平衡的液相线。除低共熔点 E 外，系统中还有另一个无变量点 D。在 D 点发生的相变化为 $L_C \rightleftharpoons L_D + A$，即冷却时从 C 组成的液相中析出晶体 A，而 L_C 液相转变为 A 含量低的 L_D 液相。

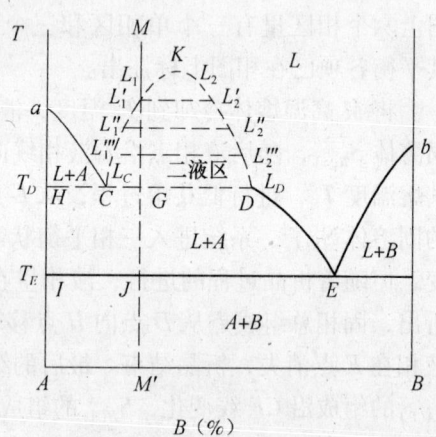

图 7-30 具有液相分层的二元系统相图

把组成为 M' 的高温熔体从 M 冷却到 L_1' 温度，液相开始分层，第一滴组成为 L_2' 的液相出现，随后 L_1 液相沿 KC 线向 C 点变化，L_2 液相沿 KD 线向 D 点变化。冷却到 T_D 温度，L_1 液相到达 C 点，L_2 液相到达 D 点，L_C 液相不断分解为 L_D 液相和 A 晶体，系统中三相平衡，$F = 0$。系统的温度和两液相的组成维持恒定，直到 L_C 液相消失后，系统温度又可继续下降，液相组成从 D 点沿着液相线 DE 到达 E 点，并在 E 点结束析晶过程，结晶产物是晶相 A 和晶相 B。上述结晶过程可用固、液相点的变化表示：

液相点 $\quad M \xrightarrow[F=2]{L} L_1' \xrightarrow[F=1]{L \to L_1 + L_2} G \xrightarrow[F=0]{L_C \to L_D + A} D$

固相点 $\quad\quad\quad\quad\quad\quad H \xrightarrow{A} I \xrightarrow{A+B} J$

二液区内相互平衡的两个液相的含量也可通过杠杆规则来计算。例如，熔体刚冷却到 T_D 温度时，A 晶相尚未析出，系统中只有 L_C 和 L_D 两种液相，成平衡的两液相的相对含量为 $L_C : L_D = GD : GC$；当 L_C 液相消失，液相即将离开 D 点时，系统中 A 晶相与 L_D 液相平衡共存，此时两相的相对含量 $L_D : A = HG : GD$。

2. 专业二元系统相图

无机材料专业的相图一般都比较复杂，在分析时，可以把它分解为几个简单的分系统，这些简单的分系统都不会超出前面所介绍的各种类型。对复杂的二元相图可按下述步骤进行分析：

①首先了解系统中是否有化合物，化合物是一致熔、不一致熔，还是在固相中生成或分解，以及系统中有没有固溶体形成，物质是否有多晶转变等。总之，先要了解系统中各种物质的性质。

②以一致熔二元化合物的等组成线为分界线，把复杂系统分解为若干个简单的分二元系统。

③分析各分二元系统中点、线、区所表达的相平衡关系。

④分析熔体的冷却析晶过程或混合物的加热过程。分析过程中应用杠杆规则计算系统中成平衡的两相相对数量或百分含量。

（1）$CaO\text{-}SiO_2$ 系统相图

$CaO\text{-}SiO_2$ 系统中一些化合物是硅酸盐水泥的重要矿物成分，在高炉矿渣、石灰质耐火材料中也含有本系统的某些化合物。因此，本系统涉及的范围比较广泛，其相图对硅酸盐水泥的生产、高炉矿渣的利用、石灰质耐火材料以及含 CaO 高的玻璃的生产都有指导意义。图 7-31 所示为 $CaO\text{-}SiO_2$ 系统相图。

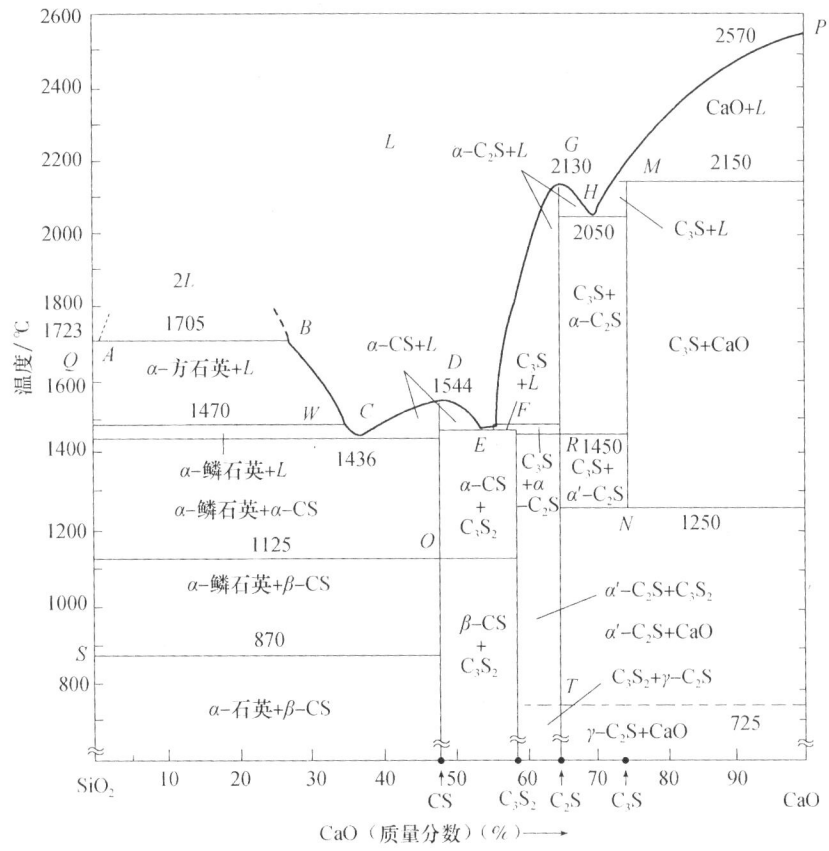

图 7-31 $CaO\text{-}SiO_2$ 系统相图

根据相图上的竖线可知 CaO-SiO$_2$ 二元系统中共生成四个化合物：其中 CS(CaO·SiO$_2$，硅灰石) 和 C$_2$S(2CaO·SiO$_2$，硅酸二钙) 是一致熔融化合物，C$_3$S$_2$(3CaO·2SiO$_2$，硅钙石) 和 C$_3$S(3CaO·SiO$_2$，硅酸三钙) 是不一致熔融化合物。

从图 7-31 中可以看出 SiO$_2$、CS 和 C$_2$S 都有多晶转变，故有一些代表晶型转变等温线的横线，线上的温度是多晶转变的温度。另外还有一个二液区，当 SiO$_2$ 含量较高时，其液相区有液相分层现象。

因此，以一致熔化合物 CS 和 C$_2$S 为分界线，CaO-SiO$_2$ 系统可以划分成 SiO$_2$-CS、CS-C$_2$S、C$_2$S-SiO$_2$ 三个分二元系统。对这三个分二元系统逐一分析各液相线、相区，特别是无变点的性质，判明各无变量点所代表的具体相平衡关系，具体见表 7-3。相图上的每一条横线都是一根三相线，当系统的状态点到达这些线上时，系统都处于三相平衡的无变量状态。其中有低共熔线、转熔线、化合物分解或液相分层线以及多晶转变线。晶型转变线上所发生的具体晶型转变，需要根据此线紧邻的上下两个相区所标示的平衡相加以判断。如 1125℃ 的晶型转变，线上相区的平衡相为 α-鳞石英和 α-CS，而线下相区则为 α-鳞石英和 β-CS，此线必为 α-CS 和 β-CS 的晶型转变线。

表 7-3 CaO-SiO$_2$ 系统中的无变量点与相平衡关系

无变量点	相平衡	平衡性质	组成/wt%		温度/℃
			CaO	SiO$_2$	
P	CaO ⇌ 熔体	熔化	100	0	2570
Q	SiO$_2$ ⇌ 熔体	熔化	0	100	1723
A	α-方石英 + 液体 B ⇌ 熔体 A	分解	0.6	99.4	1705
B	α-方石英 + 液体 B ⇌ 熔体 A	分解	28	72	1705
C	α-CS + α-鳞石英 ⇌ 熔体	低共熔	37	63	1436
D	α-CS ⇌ 熔体	熔化	48.2	51.8	1544
E	α-CS + C$_3$S$_2$ ⇌ 熔体	低共熔	54.5	45.5	1460
F	C$_3$S$_2$ ⇌ α-C$_2$S + 熔体	转熔	55.5	44.5	1464
G	α-C$_2$S ⇌ 熔体	熔化	65	35	2130
H	α-C$_2$S + C$_3$S ⇌ 熔体	低共熔	67.5	32.5	2050
M	C$_3$S ⇌ CaO + 熔体	转熔	73.6	26.4	2150
N	α'-C$_2$S + CaO ⇌ C$_3$S	固相反应	73.6	26.4	1250
O	β-CS ⇌ α-CS	多晶转变	48.2	51.8	1125
R	α'-C$_2$S ⇌ α-C$_2$S	多晶转变	65	35	1450
T	γ-C$_2$S ⇌ α'-C$_2$S	多晶转变	65	35	725

1) SiO$_2$-CS 分二元系统　在此分二元系统的富 SiO$_2$ 的一边，当 CaO 含量在 0.6% ~

28%（质量分数）的组成范围内，温度在1705℃以上液相部分有一个液相分层区。两层液相中一层为CaO溶于SiO_2形成的富硅液相，另一层为SiO_2溶于CaO中形成的富钙液相。当温度升高时，两液相相互溶解度增加，曲线靠近，当温度升高到一定程度时，两液相合并为一相，使液相分层现象消失。C点是此分二元系统的低共熔点，温度1436℃，组成中含CaO质量分数37%。

由于SiO_2有复杂的多晶转变，故此分二元系统中存在多条晶型转变等温线。如870℃的多晶转变等温线上是α-石英和α-鳞石英的相互转变；1470℃的多晶转变等温线上是α-鳞石英和α-方石英的转变。

由于在与方石英平衡的液相线上插入了2L分液区，使C点位置偏向CS一侧，而距SiO_2较远，液相线CB也因而较为陡峭。这一相图上的特点常被用来解释为何在硅砖生产中可以采取CaO作矿化剂而不会严重影响其耐火度。用杠杆规则计算，如向SiO_2中加入1% CaO，在低共熔温度1436℃下所产生的液相量为1:37=2.7%。这个液相量是不大的，并且由于液相线CB较陡峭，温度继续升高时，液相量的增加也不会很多，这就保证了硅砖的高耐火度。

2) $CS-C_2S$分二元系统　这个分二元系统中有一个不一致熔融化合物C_3S_2，它在自然界中以硅钙石的形式存在，并常出现在高炉矿渣中。E点是CS与C_3S_2的低共熔点。F点是转熔点。CS具有α和β两种晶型，晶型转变的温度为1125℃。

3) 最右侧的C_2S-CaO分二元系统　这个分二元系统中含有硅酸盐水泥的重要矿物C_3S和C_2S。C_2S是一致熔融化合物，它有复杂的多晶转变，已在前面的单元系统专业相图进行了详细介绍，这里不再赘述。在相图中一般只表示稳定晶型的转变情况，故相图中没有表示β-C_2S，只表示α-C_2S、α′-C_2S和γ-C_2S区域。C_3S是一个不一致熔融化合物，仅能稳定存在于1250~2150℃的温度区间，在2150℃则分解为M组成的液相和CaO。在1250℃分解为α′-C_2S和CaO，但这时的分解只在靠近1250℃温度的小范围内才会很快地进行，在较低温度时的分解几乎可以忽略不计，所以C_3S能在很长的时间内以介稳状态存在于常温下。从热力学观点看，这种介稳的C_3S具有较高的内能，就是C_3S活性大，有高度水化能力的原因之一。因此，在硅酸盐水泥中，C_3S是保证水泥具有高度水硬活性的重要矿物成分。为此，在生产中应采取急冷措施，将C_3S和β-C_2S迅速越过分解温度或晶型转变温度，在低温下介稳态保存下来。

H点是这个分二元系统的低共熔点，温度是2050℃。在水泥熟料烧成时需要有20%~30%的液相，尽管此分二元系统可以提供水泥中最重要的矿物和C_3S和C_2S，但在生产上不能采用CaO和SiO_2二组分配料，需加入Al_2O_3、Fe_2O_3等组分，以降低液相出现的温度，有利于烧成。

(2) $Al_2O_3-SiO_2$系统相图

$Al_2O_3-SiO_2$系统相图与许多常用的耐火材料的制造和使用有着密切关系，在陶瓷工业中也得到广泛应用。因此，该系统相图是研究无机材料的基本相图之一。

在$Al_2O_3-SiO_2$系统相图中，只生成一个化合物A_3S_2（$3Al_2O_3·2SiO_2$，莫来石），其质

量组成是 72% Al_2O_3 和 28% SiO_2，物质的量组成是 60% Al_2O_3 和 40% SiO_2。莫来石是普通陶瓷及黏土质耐火材料的重要矿物。

本系统的液相线温度都比较高，由于高温实验技术的困难，在整个研究历史中先后发表了多种不同形式的相图。这些相图的主要分歧是对莫来石的性质的认识不同。有的认为莫来石是一致熔融的，有的认为是不一致熔融的；有人认为莫来石是化合物，有人认为是固溶体。这种现象在硅酸盐体系的相平衡研究中屡见不鲜。进一步的实验证实，当试样中含有少量碱金属等杂质，或相平衡实验是在非密封条件下进行的，A_3S_2 均为不一致熔融；当使用高纯原料试样并在密封条件下进行相平衡实验，A_3S_2 则是一致熔融化合物。这是由于 SiO_2 具有高温挥发性，在非密封条件下受长时间高温作用，会引起 SiO_2 挥发，从而导致莫来石熔融前后的成分不一。在工业生产和一般实验中，很难使用高纯原料和严格密闭条件，所以在一般硅酸盐材料中，A_3S_2 多以不一致熔状态存在，在加热或冷却过程的相平衡关系为 $A_3S_2 \rightleftharpoons Al_2O_3 + L$，其中刚玉（$Al_2O_3$）析晶能力很强，有利于 A_3S_2 的熔融分解，这更加剧了 A_3S_2 的不一致熔融。所以在分析实际生产问题时，把 A_3S_2 视为不一致熔融较为合适。关于莫来石是否生成固溶体，目前已经肯定，莫来石和刚玉间能形成固溶体，但对固溶体的组成范围尚未完全统一，一般认为含 Al_2O_3 摩尔分数在 60%~63% 之间。

图 7-32 (a) 给出 A_3S_2 为一致熔融时的 Al_2O_3-SiO_2 系统相图，(b) 给出 A_3S_2 为不一致熔融时的 Al_2O_3-SiO_2 系统相图。

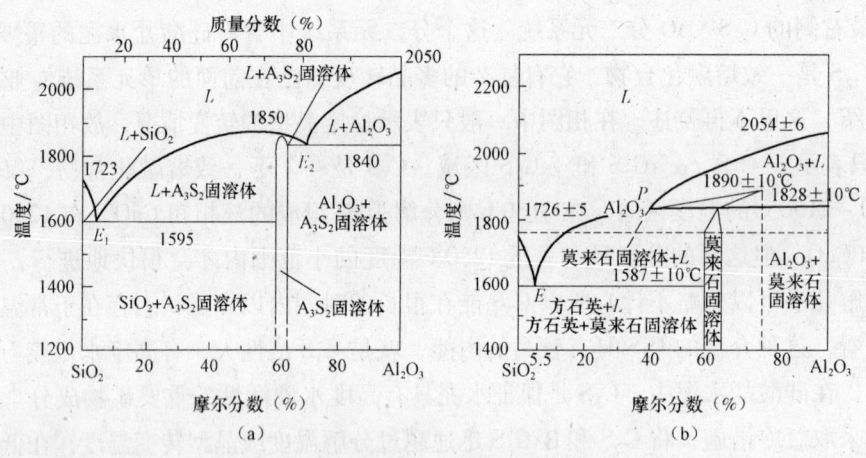

图 7-32　Al_2O_3-SiO_2 系统相图

(a) A_3S_2 为一致熔融；(b) A_3S_2 为不一致熔融

由图 7-32 (a) 可以看出，一致熔融的莫来石，熔点为 1850℃，E_1 点为 SiO_2 和 A_3S_2 的低共熔点，相平衡关系为 $L_{E1} \rightleftharpoons SiO_2 + A_3S_2$，温度为 1595℃。$E_2$ 点是 A_3S_2 和 Al_2O_3 的低共熔点，相平衡关系为 $L_{E2} \rightleftharpoons A_3S_2 + Al_2O_3$，温度为 1840℃。

由图 7-32 (b) 可以看出，不一致熔融的莫来石在 1828℃ 分解为液相 L_P 和 Al_2O_3。P 点为转熔点，在 P 点进行的过程是 $L_P + Al_2O_3 \rightleftharpoons A_3S_2$。莫来石与方石英的低共熔温度为 1587℃。

由于本系统所有液相线的温度都比较高，因此，本系统的许多制品都具有耐高温的特性。这就形成一系列的铝硅质耐火材料，包括硅砖、黏土砖、高铝砖、莫来石砖和刚玉砖等。铝硅质耐火材料通常按含 Al_2O_3 含量（wt%）不同分类，各类耐火材料的 Al_2O_3 含量如下：

硅砖：<1% Al_2O_3

半硅砖：15%~30% Al_2O_3

黏土砖：30%~48% Al_2O_3

高铝砖：48%~90% Al_2O_3

莫来石砖：70%~72% Al_2O_3

刚玉砖：>90% Al_2O_3

在本系统相图中 SiO_2 一端，含 Al_2O_3 <1% 是硅砖制品的范围。硅砖具有在高温（1620~1660℃）下长期使用不变形的优点，广泛应用于炉顶砌筑，如玻璃池窑的窑顶。由相图可以看出，SiO_2 的熔点为1723℃，它的液相线很陡，表明在 SiO_2 中加入少量 Al_2O_3 后，SiO_2 的熔点会剧烈降低。E_1 点处 Al_2O_3 含量为5.5%，在 SiO_2 中加入1% Al_2O_3，在低共熔温度下会产生 $\frac{1}{5.5}=18.2\%$ 的液相，这样会大大降低硅砖的耐火度。因此，对硅砖来说，Al_2O_3 是十分有害的杂质。要制造高质量的硅砖，必须对原料进行特殊的选择和处理，尽量降低原料中 Al_2O_3 的含量；在硅砖的使用中应避免与黏土砖、高铝砖等含 Al_2O_3 的材料混用，以免造成硅砖耐火性能急剧下降。在 E_1 点附近的组成（含 Al_2O_3 10%~15%）不宜选作耐火材料的配方。

当 Al_2O_3>5.5%时，Al_2O_3 从有害组分逐渐转变为能提高熔融温度的有益组分，尤其当 Al_2O_3 含量超过15%以后，随 Al_2O_3 含量的增加，材料的耐火性能逐步得到改善。这是由于 Al_2O_3 含量的增加使液相线温度不断提高和耐高温的莫来石晶相的含量的不断提高的缘故。从而可知高铝砖的质量要比黏土砖要好。当 Al_2O_3 含量达到70%~72%时，便可得到全部由莫来石晶相组成的莫来石砖，这种砖具有很高的耐火度和优良的抗腐蚀性。当 Al_2O_3 含量>72%时，主要组成矿物为莫来石和刚玉两个高温相，使系统的低共熔温度从1595℃提高到1840℃，材料的耐火性能也随之提高。刚玉砖中 Al_2O_3 的含量更高，是本系统中最耐高温的耐火材料。

系统中液相量随温度的变化取决于液相线的形状。由相图可以看到，莫来石的液相线左边靠近低共熔点的一段比较陡，而靠近莫来石的一段很平坦，这说明当温度变化时，液相量变化有两种不同的情况。在液相线陡的区间，随温度升高，液相量变化不大；在液相线平坦的区域，随温度升高，系统的液相量会迅速增加。根据杠杆规则很容易理解这种变化。这就是黏土砖在1700℃以下使用比较安全，温度超过1700℃以后就会软化而不能安全使用的原因。

（3）$MgO\text{-}SiO_2$ 系统相图

$MgO\text{-}SiO_2$ 系统对镁质耐火材料（如方镁石砖、镁橄榄石砖）及镁质陶瓷的生产有密切关系。

图7-33为 $MgO\text{-}SiO_2$ 系统相图。本系统中有一个一致熔融化合物 M_2S（Mg_2SiO_4，镁橄榄石）和一个不一致熔融化合物 MS（$MgSiO_3$，顽火辉石）。M_2S 的熔点很高，达1890℃。MS 则在1557℃分解为 M_2S 和 D 组成的液相。本系统各无变量点的性质列于表7-4中。

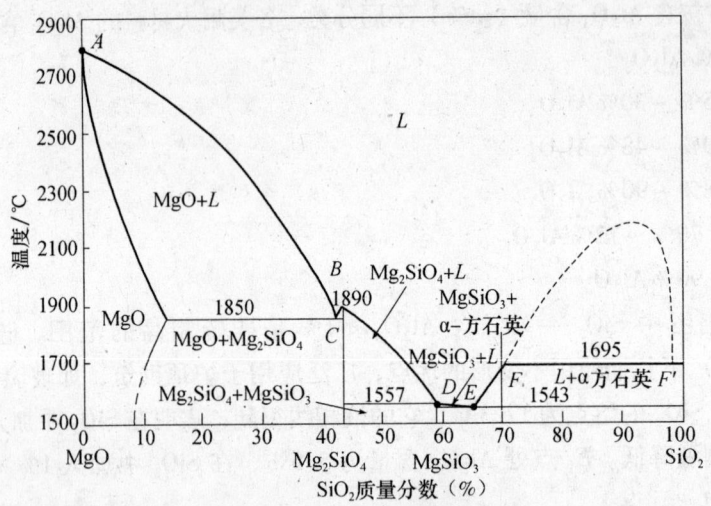

图 7-33　MgO-SiO₂ 系统相图

表 7-4　MgO-SiO₂ 系统中的无变量点

无变量点	相平衡	平衡性质	组成/wt%		温度/℃
			MgO	SiO₂	
A	MgO ⇌ 熔体	熔化	100	0	2800
B	M₂S ⇌ 熔体	熔化	57.2	42.8	1890
C	MgO + M₂S ⇌ 熔体	低共熔	≈57.7	≈42.3	1850
D	M₂S + 熔体 ⇌ MS	转熔	≈38.5	≈61.5	1557
E	MS + α-方石英 ⇌ 熔体	低共熔	≈35.5	≈64.5	1543
F	熔体 F + α-方石英 ⇌ 熔体 F′	分解	≈30	≈70	1695
F′	熔体 F + α-方石英 ⇌ 熔体 F′	分解	≈0.8	≈99.2	1695

在 MgO-Mg₂SiO₄ 这个分二元系统中，有一个溶有少量 SiO₂ 的 MgO 有限固溶体单相区以及此固溶体与 Mg₂SiO₄ 形成的低共熔点 C，低共熔温度是 1850℃。

在 Mg₂SiO₄-SiO₂ 分二元系统中，有一个低共熔点 E 和一个转熔点 D，在富硅的液相部分出现液相分层。这种在富硅液相发生分液的现象，不但在 MgO-SiO₂、CaO-SiO₂ 系统，而且在其他碱金属和碱土金属氧化物与 SiO₂ 形成的二元系统中也是普遍存在的。MS 有几种结构相近的晶型：MS 在低温下的稳定晶型是顽火辉石，在 1260℃ 转变为高温稳定的原顽火辉石。但在冷却时，原顽火辉石不易转变为顽火辉石，而以介稳态保持下来，或在 700℃ 以下转变为另一介稳态——斜顽火辉石，伴随 2.6% 的体积收缩。原顽火辉石是滑石瓷中的主要晶相，如果制品中发生向斜顽火辉石的晶型转变，将会导致制品气孔率增加，机械强度下降，因而在生产上要采取稳定措施防止这种晶型转变。研究证明，若瓷体中有玻璃相存在，或者加入不同添加剂使高温晶型形成固溶体，都可以使原顽火辉石在低温下长期以介稳态存在。

可以看出，在 MgO-Mg_2SiO_4 这个分系统中的液相线温度很高（在低共熔温度 1850℃ 以上）而在 Mg_2SiO_4-SiO_2 分系统中液相线温度要低得多，因此，镁质耐火材料配料中 MgO 含量应大于 Mg_2SiO_4 中的 MgO 含量，否则配料点落入 Mg_2SiO_4-SiO_2 分系统，开始出现液相温度及全熔温度急剧下降，造成耐火度大大下降。据此可以推测不能将镁砖和硅砖混用。

（4）Na_2O-SiO_2 系统相图

Na_2O-SiO_2 系统相图如图 7-34 所示。Na_2O 和 SiO_2 是硅酸盐玻璃的主要成分，也是制造可溶性水玻璃的主要成分。Na_2O-SiO_2 系统与玻璃的生产密切相关。

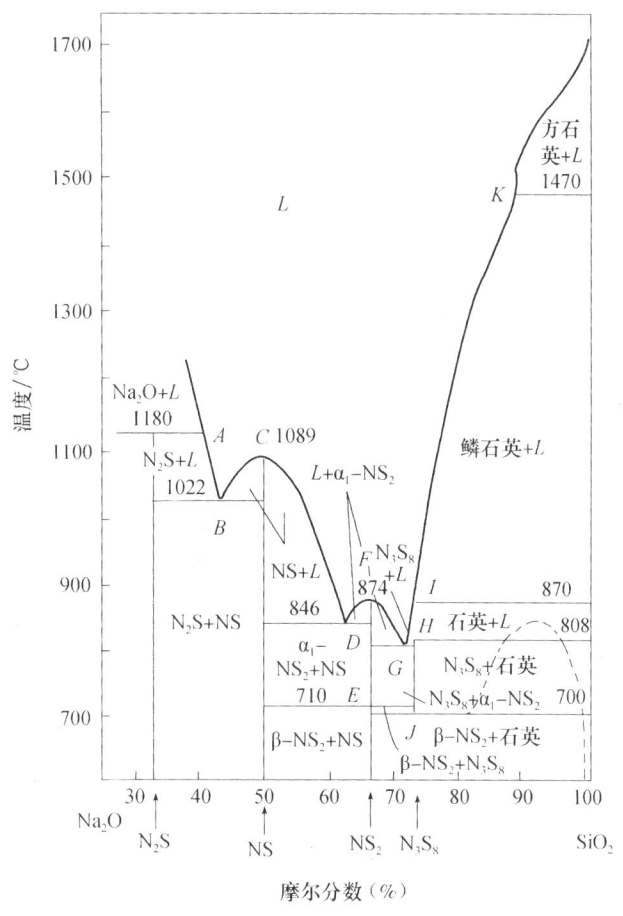

图 7-34 Na_2O-SiO_2 系统相图

由于 Na_2O 含量高时熔融碱的挥发，以及熔融物的腐蚀性很强给实验带来很大的困难，所以，在实验中 Na_2O 的摩尔分数只取 0~67%。这样，该相图中缺少 Na_2O 含量高于 67% 的部分。

在 Na_2O·SiO_2 系统的相图中存在四种化合物：正硅酸钠 N_2S（$2Na_2O·SiO_2$）、偏硅酸钠 NS（$Na_2O·SiO_2$）、二硅酸钠 NS_2（$Na_2O·2SiO_2$）和 N_3S_8（$3Na_2O·8SiO_2$）。N_2S 在 1180℃ 时不一致熔融，NS 为一致熔融化合物，熔点为 1089℃。NS_2 也为一致熔融化合物，熔点为 874℃，N_3S_8 在 808℃ 时不一致熔融。相图中各无变量点的性质列于表 7-5 中。

表 7-5 Na_2O-SiO_2 系统中的无变量点

无变量点	相平衡	平衡性质	组成/mol% Na_2O	组成/mol% SiO_2	温度/℃
A	$N_2S \rightleftharpoons$ 熔体 + Na_2O	转熔	58	42	1180
B	$N_2S + NS \rightleftharpoons$ 熔体	低共熔	56	44	1022
C	$NS \rightleftharpoons$ 熔体	熔化	50.8	49.2	1089
D	$NS + \alpha_1\text{-}NS_2 \rightleftharpoons$ 熔体	低共熔	37.9	62.1	846
E	$\beta\text{-}NS_2 \rightleftharpoons \alpha_1\text{-}NS_2$	多晶转变	34.0	66.0	710
F	$\alpha_1\text{-}NS_2 \rightleftharpoons$ 熔体	熔化	34.0	66.0	874
G	$\alpha_1\text{-}NS_2 + N_3S_8 \rightleftharpoons$ 熔体	低共熔	≈28.6	≈71.4	799
H	$N_3S_8 \rightleftharpoons$ 熔体 + SiO_2	转熔	28.1	71.9	808
I	α-石英 $\rightleftharpoons$ α-鳞石英	多晶转变	27.2	72.8	870
K	α-鳞石英 $\rightleftharpoons$ α-方石英	多晶转变	≈11	≈89	1470
J	$NS_2 + SiO_2 \rightleftharpoons N_3S_8$	固相反应	28.1	71.9	700

以一致熔融化合物 NS 和 N_2S 的等组成线为分界线,将 $Na_2O \cdot SiO_2$ 系统的相图分为三个分二元系统。

1) Na_2O-NS 分二元系统 N_2S 在 1180℃ 时不一致熔融,分解为组成为 A 的液相和 Na_2O。A 点为转熔点,在 A 点上进行的过程为 $L_A + Na_2O \rightleftharpoons N_2S$。B 点为低共熔点,相平衡关系为 $L_B \rightleftharpoons NS + N_2S$,温度为 1022℃。$N_2S$ 在 960℃ 发生多晶转变,因为在实用上关系不大,所以图中未予表示。

2) NS-NS_2 分二元系统 NS_2 为一致熔化合物,该化合物有两种变体,分别为 α_1 型和 β 型,转变温度为 710℃,晶型转变点为 E 点,由于晶型转变温度低于低共熔温度,因此这种多晶转变发生在固相中。D 点为此分二元系统的低共熔点,在 D 点发生的相平衡关系为 $L_D \rightleftharpoons \alpha_1\text{-}NS_2 + NS$。

3) NS_2-SiO_2 分二元系统 有一个不一致熔化合物 N_3S_8,它稳定存在于 700~808℃ 之间,加热到 808℃,N_3S_8 分解为 α-石英和熔液。H 点为转熔点,在该点上进行的过程为 $L_H + SiO_2 \rightleftharpoons N_3S_8$。冷却到 700℃ 时,$N_3S_8$ 分解为 $\beta\text{-}NS_2$ 和 α-石英,J 点为进行这种固相反应的无变量点。G 点为此分二元系统的低共熔点,其平衡关系为 $L_G \rightleftharpoons \alpha_1\text{-}NS_2 + N_3S_8$,温度为 799℃。

从图中还可以看出 SiO_2 的多晶转变关系,α-石英与 α-鳞石英的转变温度为 870℃,晶型转变点为 I 点;α-鳞石英与 α-方石英转变温度为 1470℃,晶型转变点为 K 点。这两个晶型转变过程都是在有液相存在的情况下。在 SiO_2 含量 80%~98%(摩尔分数)的区间,固相区内有一个用虚线标出的介稳分相区,组成在这个范围内的透明玻璃加热到 580~750℃ 时,由于发生分相,玻璃就会失去透明变为乳浊。

这个系统的熔融物,经过冷却粉碎后,倒入水中,加热压搅拌,就得到水玻璃。水玻璃

的成分为 $Na_2O \cdot nSiO_2$，n 为水玻璃模数，表示 SiO_2 和 Na_2O 的摩尔比，通常为 2.0~3.5。水玻璃是一种矿物胶，也是陶瓷工业中为增加泥浆流动性而常用的一种泥浆解凝剂。

7.4 三元系统

二元系统是含有三个组分（$C=3$）的系统，比二元系统要复杂得多。对于三元凝聚系统，相律为：

$$F = C - P + 1 = 4 - P$$

当 $F_{min}=0$，$P_{max}=4$，即三元凝聚系统中可能存在的平衡共存的相数最多为四个。当 $P_{min}=1$，$F_{max}=3$，即系统的最大自由度数为 3。这三个独立变量是温度和三组分中任意两个组元的浓度。

由于有三个变量，用平面图形已无法表示，所以三元系统相图采用空间中的三方棱柱体来表示。三棱柱体的底面三角形表示三元系统的组成，三棱柱的高表示温度变量。但这样的立体图不便于应用，我们实际使用的是它的平面投影图。

1. 三元系统组成表示法

三元系统的组成与二元系统一样，可以用质量百分数，也可以用摩尔百分数。由于增加了一个组分，其组成已不能用直线表示。通常是使用一个每条边被均分为一百等分的等边三角形（浓度三角形）来表示三元系统的组成，如图 7-35 所示。浓度三角形的三个顶点表示三个纯组分 A、B、C；三条边表示三个二元系统 A-B、B-C 和 C-A 的组成，其组成表示方法与二元系统相同；而在三角形内的任意一点都表示一个含有 A、B、C 三个组分的三元系统的组成。

设一个三元系统的组成在 M（图 7-35）点，其组成可以用下面的方法求得：过 M 点作 BC 边的平行线，在 AB、AC 边上得到截距 $a = A\% = 50\%$；过 M 点作 AC 边的平行线，在 BC、AB 边上得到截距 $b = B\% = 30\%$；过 M 点作 AB 边的平行线，在 AC、BC 边上得到截距 $c = C\% = 20\%$。根据等边三角形的几何性质，不难证明：

$$a + b + c = BD + AE + ED = AB = BC = CA = 100\%$$

所以也可以用 $C\% = 100\% - B\% - A\% = 20\%$ 来求得。

事实上，M 点的组成可以用双线法，即过 M 点引三角形两条边的平行线，根据它们在第三条边上的交点来确定，如图 7-36 所示。反之，若一个三元系统的组成已知，也可用双线法确定其组成点在浓度三角形内的位置。

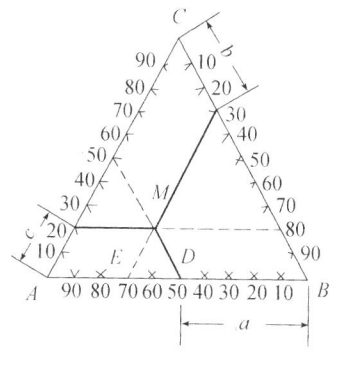

图 7-35 浓度三角形

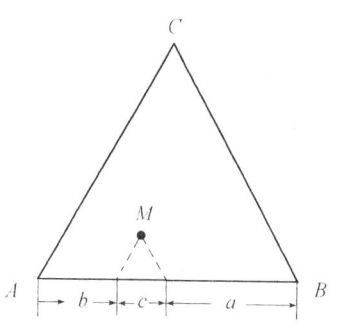

图 7-36 双线法确定三元组成

根据浓度三角形的这种表示组成的方法，不难看出一个三元组成点愈靠近某一角顶，该角顶所代表的组分含量必定愈高。

2. 三元系统相图的规则

在浓度三角形内，下面的几条规则是分析三元系统相图的基础。

（1）等含量规则

在浓度三角形中，平行于浓度三角形某一边的直线上的各点表示其对顶点的组分的含量相等（等浓度线）。图 7-37 中 $MN \parallel AB$，则 MN 线上任一点的 C 含量相等，变化的只是 A、B 的含量。

（2）定比例规则

从浓度三角形某角顶向对边引出的射线上各点，其他二个组分含量的比例不变。图 7-37 中 CD 线上各点 A、B、C 三组分的含量皆不同，但 A 与 B 含量的比值是不变的，都等于 $BD:AD$。

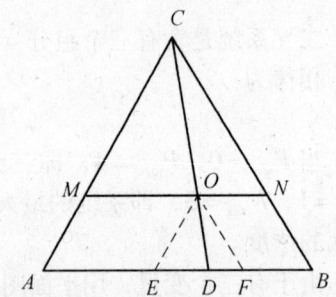

图 7-37　等含量和定比例规则的证明

此规则不难证明。在 CD 线上任取一点 O，用双线法确定 A 含量为 BF，B 含量为 AE，则 $BF:AE = NO:MO = BD:AD$。

上述两规则对不等边浓度三角形也是适用的。不等边浓度三角形表示三元组成的方法与等边三角形相同，只是各边需按本身边长均分为一百等分。

（3）背向规则

在浓度三角形中，一个三元组成点愈靠近某个顶点，该顶点所代表的组分含量就越高；反之，组成点越远离某个顶点，系统中该顶点组分的点含量就越少。由定比例规则可以推断，在浓度三角形中若有一熔体在冷却时析出某一顶点所代表的组分，则该液相中该顶点组分的含量不断减少，而其他两个组分的含量之比保持不变，这时液相组成点必定沿着该顶点与熔体组成点的连线向背离该顶点的方向移动，这一推论称为背向规则。如图 7-37 所示，若从组成为 O 的熔体中析出 C 晶相，则液相中 C 组分的含量不断减少，而 A、B 的量的比例保持不变，液相必定沿着 CO 线向背离 C 的方向移动。这个规则对于分析冷却析晶过程中液相的变化途径非常重要。

（4）杠杆规则

这是讨论三元相图十分重要的一条规则，它包括两层含义：①在三元系统内，由两个相（或混合物）合成一个新相时（或新的混合物），新相的组成点必在原来两相组成点的连线上，且位于两点之间；②新相组成点与原来两相组成点的距离和两相的量成反比。

在三元系统的相平衡中，应用杠杆规则可以解决两个方面的问题：即当两个相的组成和质量已知的三元系统，混合成一个新混合物（或相）时，如何求出新混合物的组成；若已知组成的某三元混合物（或相），分解成两个具有确定组成的新混合物（或相）时，如何求出二个新混合物（或相）的相对数量关系。

设 m 千克 M 组成的相与 n 千克 N 组成的相合成为一个 $(m+n)$ 千克的新相 P

（图 7-38）。按杠杆规则，新相的组成点 P 必在 MN 连线上，并且 $MP:PN = n:m$。

上述关系可以证明如下：过 M 点作 AB 边平行线 MR，过 M、P、N 点分别作 BC 边平行线，在 AB 边上所得截距 a_1、x、a_2 分别表示 M、P、N 各相中 A 的百分含量。两相混合前与混合后的 A 量应该相等，即 $a_1 m + a_2 n = x(m+n)$，因而：

$$\frac{n}{m} = \frac{a_1 - x}{x - a_2} = \frac{MQ}{QR} = \frac{MP}{PN}$$

新混合物的质量为 $(m+n)$，则：

$$\frac{m}{P} = \frac{PN}{MN}, \qquad \frac{n}{P} = \frac{MP}{MN}$$

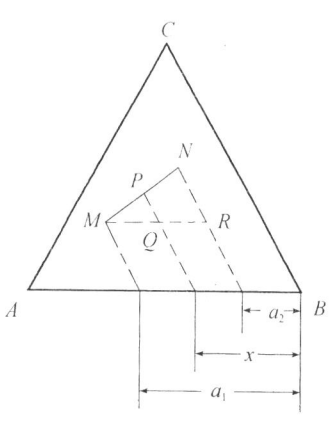

图 7-38　杠杆规则的证明

根据上述杠杆规则可以推论，由一相分解为两相时，这两相的组成点必分布于原来的相点的两侧，且三点成一直线。

（5）重心原理

三元系统中的最大平衡相数是四。处理四相平衡问题时，重心规则十分有用。处于平衡的四相组成设为 M、N、P、Q，这四个相点的相对位置可能存在下列三种配置方式（图 7-39）。

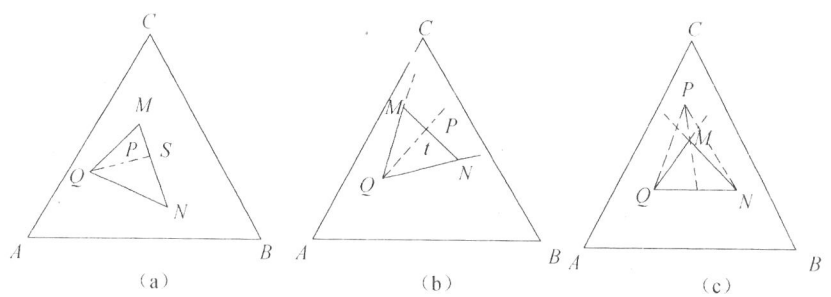

图 7-39　重心原理
(a) 重心位；(b) 交叉位；(c) 共轭位

1）P 点处在 $\triangle MNQ$ 内部，如图 7-39（a）所示。根据杠杆规则，M 与 N 可以合成 S 相，而 S 相与 Q 相可以合成 P 相，即 $M + N = S$，$S + Q = P$，因而：

$$M + N + Q = P$$

表明 P 相可以通过 M、N、Q 三相合成而成。反之，从 P 相可以分解出 M、N、Q 三相。P 点所处的这种位置，叫做重心位。

2）P 点处于 $\triangle MNQ$ 某条边（如 MN）的外侧，且在另两条边（QM、QN）的延长线范围内，如图 7-39（b）所示。根据杠杆规则，$P + Q = t$，$M + N = t$，因而：

$$P + Q = M + N$$

即从 P 和 Q 两相可以合成 M 和 N 相。反之，从 M、N 相可以合成 P、Q 相。P 点所处

215

的这种位置，叫做交叉位。

3) P 点处于 $\triangle MNQ$ 某一角顶（如 M）的外侧，且在形成此角顶的两条边（QM、NM）的延长线范围内，如图 7-39（c）所示。此时，运用两次杠杆规则可以得到：

$$P + Q + N = M$$

即从 P、Q、N 三相可以合成 M 相，按一定比例同时消耗 P、Q、N 三相可以得到 M 相。P 点所处的这种位置，叫做共轭位。

3. 三元系统相图基本类型

学习三元系统相图的平面投影方法，了解和掌握各种基本类型相图，是判读具体系统的相图的基础。

(1) 具有一个低共熔点的三元立体相图及平面投影图

系统内的三个组分分别析晶，不形成固溶体，不生成化合物，液相无分层现象，因而是一个最简单的三元系统。

1) 立体状态图 图 7-40（a）是这一系统的立体状态图。它是一个以浓度三角形为底，以垂直于浓度三角形平面的纵坐标表示温度的三方棱柱体。三条棱边 AA'、BB'、CC' 分别表示 A、B、C 三个单元系统，A'、B'、C' 是三个组分的熔点，即单元系统中的无变量点；三个侧面分别表示三个简单二元系统 A-B、B-C、C-A 的状态图，E_1、E_2、E_3 为相应的二元低共熔点。

二元系统中的液相线在三元立体相图中发展为液相面，如 $A'E_1E'E_3$ 液相面是从 A-B 二元中的液相线 $A'E_1$ 和 C-A 二元中的液相线 $E'E_3$ 发展而来。$A'E_1E'E_3$ 本质是一个饱和曲面，任何富 A 的三元高温熔体冷却到该液相面上的温度，即开始析出 A 晶体。所以液相面代表了两相平衡状态。$B'E_2E'E_1$，$C'E_3E'E_2$ 分别是 B、C 二组分的液相面。在三个液相面的上部空间则是熔体的单相区。

三个液相面彼此相交得到三条空间曲线 E_1E'、E_2E' 及 E_3E'，称为界线。在界线上的液相同时饱和着两种晶相，如 E_1E' 上任一点的液相对 A 和 B 同时饱和，冷却时同时析出 A 晶体和 B 晶体，因此界线代表了系统的三相平衡状态，$F = 4 - P = 1$。三个液相面、三条界线相交于 E' 点，E' 点的液相同时对三个组分饱和，冷却时将同时析出 A 晶体、B 晶体和 C 晶体。因此，E' 点是系统的三元低共熔点。在 E' 点系统处于四相平衡状态，自由度 $F = 0$，因而是一个三元无变量点。

在整个立体状态图中，液线面以上的空间是液相存在的单相区；固相面以下是三种晶相平衡共存的相区；在液线面和固相面之间的空间内是液相和一种晶相平衡共存的两相区或液相两种晶相平衡共存的三相区。

2) 平面投影图 三元系统的立体状态图不便于实际应用，解决该问题的方法是将立体图向浓度三角形底面投影成平面图，如图 7-40（b）所示。在平面投影图上，立体图上的空间曲面（液相面）投影为初晶区 Ⓐ、Ⓑ、Ⓒ，空间界线投影为平面界线 e_1E、e_2E、e_3E。e_1、e_2、e_3 分别是三个二元低共熔点 E_1、E_2、E_3 在平面上的投影，E 是三元低共熔点 E' 的投影。投影图上各点、线、区中平衡共存的相数与自由度数和立体图上对应的点、线、面上相同。

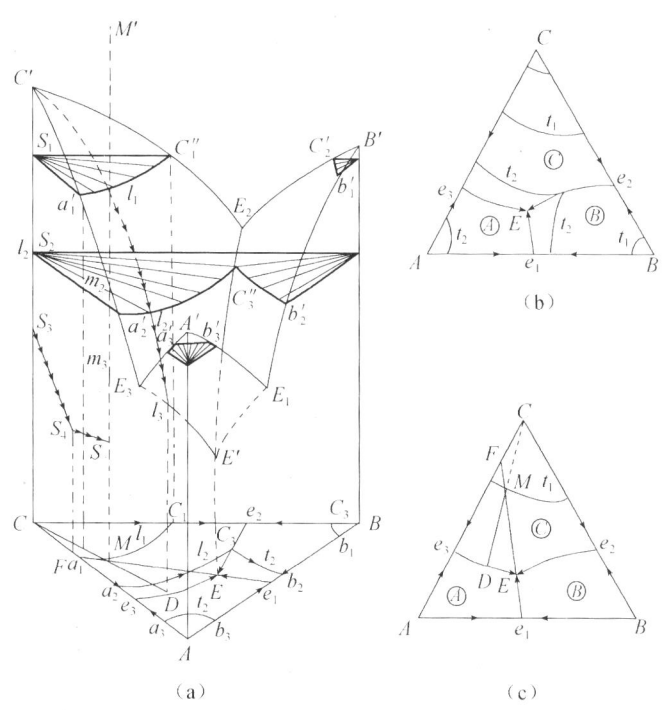

图 7-40 具有一个低共熔点的三元系统相图
(a) 立体状态图；(b) 平面投影图；(c) 结晶路程

在平面投影图上表示温度，有以下几种办法：

① 对于一些固定点，如纯组分及化合物的熔点，二元或三元无变量点的温度直接在图上标注或另列表注明。

② 在界线上（包括三角形的边线）用箭头表示二元液相线和三元界线的温度下降方向。如图 7-40 (b) 所示。

③ 在初晶区内，采取等温线表示，如图 7-40 (b) 所示。在立体图上每隔一定温度间隔通过温度轴做平行于浓度三角形底面的等温截面，如图 7-40 (a) 中 t_1、t_2 等温面所示，这些等温截面与液相面相交即得到许多等温线，如图 7-40 (a) 中 t_1、t_2 等温面截得的 $a_1'c_1'$、$a_2'c_2'$ 所示，然后将其投影到底面即得到投影图初晶区内的等温线，并在投影线上标上相应的温度值。很明显，液相面愈陡，投影平面图上的等温线愈密集。因此，投影图上等温线的疏密可以反映出液相面的倾斜程度。由于等温线使相图图面变得复杂，有些三元相图上并不画出等温线。

④ 可根据分析析晶路程来判断点、线、面上温度的相对高低方向。这需要运用后面将要学习的连线规则加以判断。

3）析晶路程　由于实际应用的主要是投影图而不是立体状态图，所以三元熔体的析晶过程的讨论以投影图为主。现以图 7-40 (c) 投影图中的熔体 M 为例，结合图 7-40 (a) 立体图分析简单三元系统的析晶路程。

将组成为 M 的高温熔体 M' 冷却，此时由于系统中只有一个液相，液相点与系统点重

217

合，二者同时沿 $M'M$ 线向下移动。到达与 C 晶体平衡的液相面 $C'E_2E'E_3$ 上的 l_1 点（l_1 点温度为 t_1，其位于 $a_1'c_1'$ 等温线上），液相开始析出 C 的第一粒晶体，因为固相中只有 C 晶体，固相点的位置处于 CC' 上的 S_1 点。液相点随后将随着温度下降沿着此液相面变化，但液相面上的温度下降方向有许多路线，实际上只能有一条。根据定比例规则（或杠杆规则），当从液相只析出 C 晶体时，留在液相中的 A、B 两组分含量的比例不会改变，所以液相组成必沿着平面投影图上 [图 7-40（c）] CM 连线延长线的方向变化（或根据杠杆规则，析出的晶相 C、系统总组成与液相组成必在一条直线上）。在空间图上，就是沿着 l_1l_3 变化。当系统冷却到 t_2 温度时，系统点达到 m_2，液相点达 l_2，固相点则到达 S_2。根据杠杆规则，系统中的固相量随温度下降不断增加（虽然组成未变，仍为纯 C）。当冷却过程中系统点达到 m_3 时，液相点到达 E_3E' 界线上的 l_3 点（投影图上的 D 点），由于此界线是组分 A 和 C 的液相面的交线，液相同时对 A 和 C 饱和，因此从 l_3 液相中将同时析出 A 和 C 晶体，而液相组成必沿着 E_3E' 界线，向三元低共熔点 E' 的方向变化（在投影图上沿平面界线 e_3E 向温度下降的 E 点变化）。在此析晶过程中，固相除了 C 晶相外，还增加了 A 晶体，因而固相点将离开 CC' 轴上的 S_3 沿着 $C'CAA'$ 二元侧面 S_4 点移动（在投影图上离开 C 点向 F 点移动）。当系统冷却到低共熔温度 T_E 时，系统点到达 S 点，液相点到达 E' 点，固相点到达 S_4 点（投影图上的 F 点）。按杠杆规则，这三点必在同一条等温的直线上。此时，从液相中开始同时析出 C、A、B 三种晶体，系统进入四相平衡状态，$F=0$，因而系统温度保持不变（系统点停留在 S 点不动），液相点保持在 E'（投影图上的 E 点）。在这个等温析晶过程中，固相中除了 C、A 晶体又增加了 B 晶体，固相点必离开 S_4 点向三棱柱内部运动。按照杠杆规则，固相点必定沿着 $E'SS_4$ 直线向 S 点推进投影图上离开 F 点沿 FE 线向三角形内的 M 点运动）。当固相点回到系统点 S（投影图上固相点回到原始配料组成点 M），意味着最后一滴液相在 E' 消失，结束结晶。此时系统重新获得一个自由度，系统温度又可继续下降。最后获得的结晶产物为晶相 A、B 和 C。

M' 熔体的冷却析晶过程可用图 7-41 的冷却曲线表示，图上的 M、D、E 与投影图上相应的点对应。

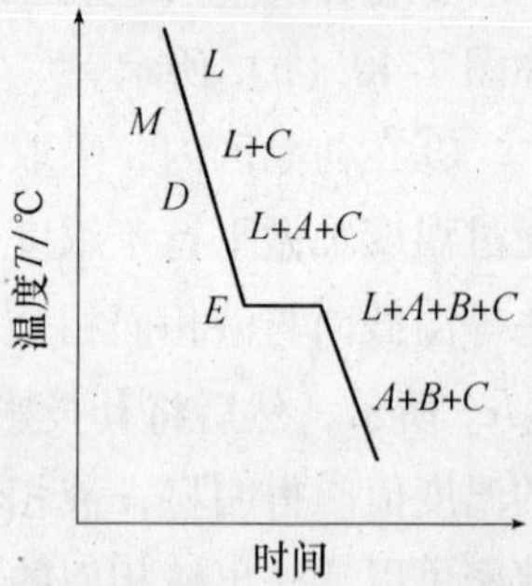

上面讨论的 M' 熔体的结晶路程用文字表达冗繁，我们常用析晶过程中平面投影图上固相、液相点位置的变化简明地加以表述。M' 熔体的结晶路程可以表示为：

液相点　　$M \xrightarrow[F=2]{L \to C} D \xrightarrow[F=1]{L \to C+A} E \ (L_E \to C+A+B)$

固相点　　$C \xrightarrow{C+A} F \xrightarrow{C+A+B} M$

图 7-41　M' 熔体的冷却曲线

从上述结晶路程分析可以看出，杠杆规则在三元系统相图中的应用极为重要。尽管在析晶过程中，不断发生固、液相之间的相变化，液相组成和固相组成不断改变，但系统的总组成（原始配料组成）是不变的，按照杠杆规则，液相点、固相点、总组成点，这三点在任何时刻必须处于一条直线上。这就使我们能够在析晶的不同阶段，根据液相点或固相点的位置反推另一相组成点的位置，也可以利用杠杆规则计算某一温度下系统中的液相量和固相量。如液相到达 D 点时，如图 7-40（c）所示：

$$\frac{液相量}{固相量} = \frac{CM}{MD}$$

$$\frac{液相量}{液固总量(配料量)} = \frac{CM}{CD}$$

$$\frac{固相量}{液固总量(配料量)} = \frac{MD}{CD}$$

(2) 生成一个一致熔融二元化合物的三元系统相图

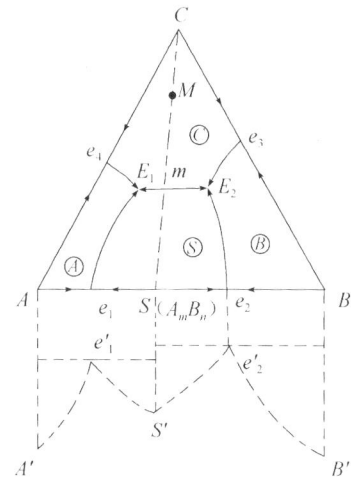

图 7-42 生成一个一致熔融二元化合物的三元系统相图

三元系统中某两个组分间生成的化合物叫二元化合物，其组成点必处于浓度三角形的某一条边上。设在 A、B 两组分间生成一个一致熔融化合物 S（图 7-42），其熔点为 S'（A_mB_n），S 与 A 的低共熔点为 e_1'，S 与 B 的低共熔点为 e_2'，图 7-45 下部用虚线表示的就是在三元立体状态图上 A-B 二元侧面上的二元相图。在 A-B 二元相图上的 $e_1'S'e_2'$ 是化合物 S 的液相线，这条液相线在三元相图上必然会发展出一个 S 的液相面，其在底面上的投影即 Ⓢ 初晶区。这个液相面与 A、B、C 的液相面在空间相交，共得五条界线，两个三元低共熔点 E_1 和 E_2。在平面图上 E_1 位于 Ⓐ、Ⓢ、Ⓒ 三个初晶区的交汇点，与 E_1 点液相平衡的晶相是 A、S、C。E_2 位于 Ⓢ、Ⓑ、Ⓒ 三个初晶区的交汇点，与 E_2 点液相平衡的是 S、B、C 晶相。

一致熔融化合物 S 的组成点位于其初晶区 Ⓢ 内，这是所有一致熔融二元或一致熔融三元化合物在相图上的特点。由于 S 是一个稳定化合物，它可以与组分 C 形成新的二元系统，从而将 A-B-C 三元系统划分为两个三元分系统 ASC 和 BSC。这两个三元分系统的相图形式与简单三元系统完全相同。显然，如果原始配料点落在△ASC 内，液相必在 E_1 点结束析晶，析晶产物为 A、S、C 晶体；如落在△SBC 内，则液相在 E_2 点结束析晶，析晶产物为 S、B、C 晶体。

如同 e_4 是 A-C 二元低共熔点一样，连线 CS 上的 m 点必定是 C-S 二元系统中的低共熔点（凡是组成在 CS 连线上的熔体析晶路程都只在 CS 连线上，而且析晶结束点都在 m 点）。而在分三元 A-S-C 的界线 mE_1 上，m 必定是整条 E_1E_2 界线上的温度最高点。同时 m 点又是 SC 连线（S-C 二元系统）上的温度最低点。因此，m 点通常形象地叫"马鞍点"或叫范雷恩点（图 7-43）。

(3) 生成一个不一致熔融二元化合物的三元系统相图

1) 相图介绍 图 7-44 是生成一个不一致熔融二元化合物的三元系统相图。A、B 组分间生成一个不一致熔融化合物 S。在 A-B 二元相图中，$e_1'p'$ 是与 S 的平衡液相线，而化合物 S 的组成点不在 $e_1'p'$ 的组成范围内。液相线 $e_1'p'$ 在三元相图

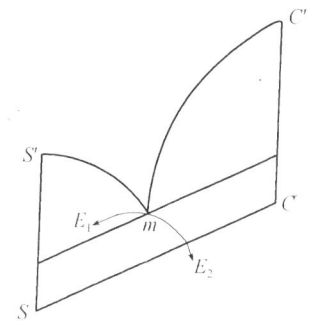

图 7-43 马鞍点示意图

中发展为液相面，即 Ⓢ 初晶区。显然，在三元相图中不一致熔融二元化合物 S 的组成点仍然不在其初晶区范围内。这是所有不一致熔融二元或三元化合物在相图上的特点。

由于 S 是一个高温分解的不稳定化合物，在 A-B 二元系统中，它不能和组分 A、组分 B 形成分二元系统。在 A-B-C 三元系统中，它也不能和组分 C 构成二元系统。因此，连线 CS 与图7-43中的连线 CS 不同，它不代表一个真正的二元系统，它不能把 A-B-C 三元划分成两个分三元系统。

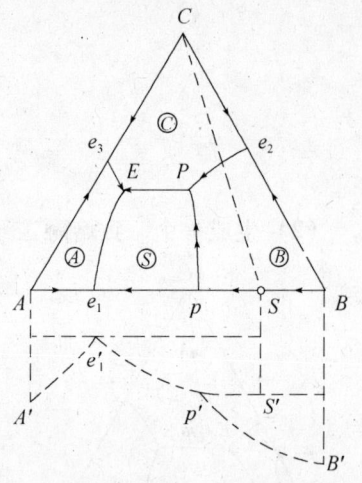

图7-44 具有一个不一致熔融二元化合物的三元系统相图

划分初晶区 Ⓐ、Ⓢ 的界线 e_1E 系从二元低共熔点 e_1（立体图上 e_1' 在底面上的投影）发展而来，冷却时从此界线上的液相将同时析出 A 和 S 晶相，是一条共熔线。划分初晶区 Ⓢ、Ⓑ 的界线 pP 系从二元转熔点 p（立体图上 p_1' 在底面上的投影）发展而来，冷却时此界线上的液相将回吸 B 晶体而析出 S 晶体，是一条转熔线。因此，如同二元系统中有共熔点和转熔点两种不同的无变量点一样，三元系统中的界线也有共熔和转熔两种不同性质的界线。

无变量点 E 位于三初晶区 Ⓐ、Ⓢ、Ⓒ 的交汇处，与 E 点液相平衡的晶相是 A，S，C。E 点位于这三个晶相组成点所连成的 $\triangle SBC$ 的重心位置，E 点是一个低共熔点。无变量 P 位于初晶区 Ⓢ、Ⓑ、Ⓒ 的交汇处，处于 $\triangle SBC$ 的交叉位，根据重心原理，在 P 点发生的相变化为 $L_P + B \rightleftharpoons C + S$，即 B 晶体被回吸，析出 C 和 S 晶体。因此，P 点与 E 点不同，是一个转熔点（只因有一种晶相被转熔，称为单转熔点。另有一种转熔点，两上晶相被回吸，析出第三种晶相，称为双转熔点）。所以，三元系统中的无变量点也有共熔和转熔之分。

2) 判读三元相图的几条重要规则 一个复杂的三元相图上往往有许多界线和无变点，只有首先判明这些界线和无交点的性质，才有可能讨论系统中任一配料在加热和冷却过程中发生的相变化。所以，在分析三元相图析晶路程以前，我们首先学习几条十分重要的规则。

①连线规则

连线规则是用来判断界线温度变化方向的。其表述为：

"将一界线（或其延长线）与相应的连线（或其延长线）相交，其交点是该界线上的温度最高点，界线上的温度是随着离开上述交点而下降的"。所谓"相应的连线"，是指与界线上液相平衡的两晶相组成点的连接直线。连线与界线相交有三种情况，如图7-45所示，SC 为连线，E_1E_2 为相应界线，箭头表示温度下降方向。图7-45（a）界线与相应的连线直接相交；(b) 连线与相应的界线的延长线相交；(c) 连线的延长线与相应的界线相交。对于 (a) 的情况，出现在有一致熔融化合物的相图中；而不一致熔融化合物的相图中会出现 (b) 和 (c) 的情况。图7-44中，与 e_2P 界线上的液相平衡的晶相是 B 晶体与 C 晶体，与其组成点连线是 BC，e_2P 界线与连线 BC 交于 e_2 点，则 e_2 点是界线上的温度最高点，表示温度下降方向的箭头应指向 P 点。界线 EP 与其相应连线 CS 不直接相交，此时需延长界线使其相交，交点在 P 点右侧，因此，温降箭头应从 P 点指向 E 点。

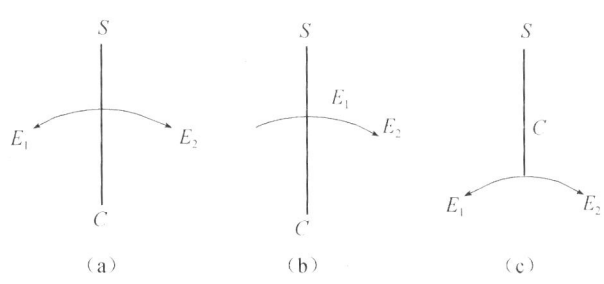

图 7-45 连线规则示意图

② 切线规则：切线规则用于判断三元相图上界线的性质。

"将界线上某一点所做的切线与相应的连线相交，如交点在连线上，则表示界线上该处具有共熔性质；如交点在连线的延长线上，则表示界线上该处具有转熔性质，远离交点的晶相被回吸"。

图 7-44 上的界线 e_1E 上任一点切线都交于相应连线 AS 上，所以是共熔线。Pp 上任一点切线都交于相应连线 BS 的延长线上，所以是一条转熔界线，冷却时远离交点的 B 晶体被回吸，析出 S 晶体。另外，界线的性质也可以发生变化，可由共熔变为转熔，或从转熔变为共熔。图 7-50（a）上的界线 E_2P 上任一点切线与相应的连线 AS 相交有两种情况：在 E_2F 段，交点在连线上，E_2F 段界线具有共熔性质，冷却时从液相中同时析出 A、S 晶体；而在 FP 段，交点在 AS 的延长线上，FP 段具有转熔性质，冷却时远离交点的 A 晶体被回吸，析出 S 晶体。F 点是界线上的一个转折点，从 E_2 到 P，界线从共熔变成转熔。又如图 7-57 中，CaO 和 C_3S 初晶区的 SZ 界线在 Z 点发生转折，从转熔界线变为共熔界线。

为了区别这两类界线，在三元相图上共熔界线的温度下降方向规定用单箭头表示，而转熔界线的温度下降方向则用双箭头表示。

切线规则可以理解为界线上任一点的切线与相应连线的交点实际上表示了该点液相的瞬时析晶组成（瞬时析晶组成指液相冷却到该点温度从该点组成的液相中所析出的晶相组成，与系统固相的总组成是不同的。固相总组成不仅包括了该点液相析出的晶体，而且还包括了冷却到该点温度以前从液相中所析出的所有晶体），如交点在连线上，根据杠杆规则，从瞬时析晶组成中可以分解出这两种晶体，即从该点液相中发生了共析晶。如在连线的延长线上，则意味着从该点液相中不可能同时析出这两种晶体，根据杠杆规则，只可能是液相回吸远离交点的晶相，生成靠近交点的晶相。

③ 重心规则：重心规则用于判断无量变点的性质。

"如无量变点处于其相应副三角形的重心位，则该无变点为低共熔点；如无变点处于其相应副三角形的交叉位，则该无变点为单转熔点；如无交点处于其相应副三角形的共轭位，则该无交点为双转熔点。"

所谓相应的副三角形，指与该无变点液相平衡的三个晶相组成点达成的三角形。图 7-50 (a) 无变点 E_1 处于相应副三角形 $\triangle SBC$ 的重心位，因而是低共熔点。无变量点 P 处于其相应副三角形 $\triangle ABS$ 的交叉位，因此 P 点是一个单转熔点，回吸的晶相是远离 P 点的 A 晶相，析出的晶相是 S 和 B。在 P 点发生下列相变化：$L_P + A \rightleftharpoons S + B$。图 7-50（b）中无变量点 R 处于相应的副三角形 $\triangle ABS$ 的共轭位，因而 R 是一个双转熔点。根据重心原理、被回吸的两种晶相是 A 和 B，析出的则是晶相 S。在 R 点发生下列相变化：$L_R + A + B \rightleftharpoons S$。

判断无变点的性质，除了上述重心规则，还可以根据界线的温降方向。凡属低共熔点，则三条界线的温降箭头一定都指向它。凡属单转熔点，两条界线的温降箭头指向它，另一条界线的温降箭头则背向它。被回吸的晶相是温降箭头指向它的两条界线所包围的初晶区的晶相（如图7-44中的P点，回吸的是晶相B）。因为从该无变点出发有两个温度升高的方向，所以单转熔点又称"双升点"。凡属双转熔点，只有一条界线的温降箭头指向它，另两条界线的温降箭头则背向它，所析出的晶体是温降箭头背向它的两条界线所包围的初晶区的晶相［如图7-50（b）的R点，回吸的是A、B晶体，析出的是S晶体］。因为从该无变点出发，有两个温度下降的方向，所以双转熔点又称"双降点"。

④三角形规则：三角形规则用于确定结晶产物和结晶终点。

"原始熔体组成点所在三角形的三个顶点表示的物质即为其结晶产物；与这三个物质相应的初晶区所包围的三元无变量点是其结晶结束点"。

根据此规则，凡组成点落在图7-44上$\triangle SBC$内的配料，其高温熔体析晶过程完成以后所获得的结晶产物是S、B、C，而液相在P点消失。凡组成点落在$\triangle ASC$内的配料，其高温熔体析晶过程完成以后所获得的析晶产物为A、S、C，液相则在E点消失。运用这一规律，我们可以验证对结晶过程的分析是否正确。

3）冷却析晶过程

图7-46是图7-47中富B部分的放大图。图上共列出四个配料点，其析晶路程具有代表性。我们分别讨论1、2、3的冷却析晶过程和配料4的平衡加热过程。

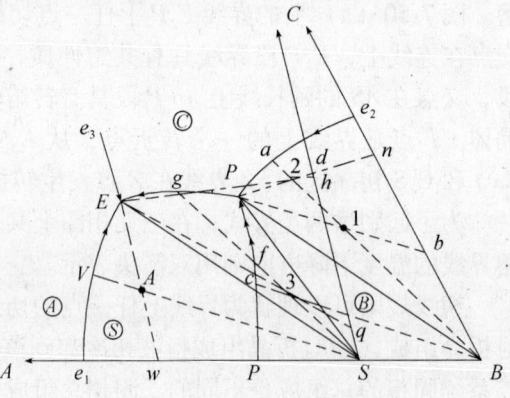

图7-46　图7-47的富B部分

熔体1的析晶路程：

配料1位于$\triangle BSC$内，它的高温熔体根据三角形规则就在P点结束析晶，结晶产物是B、S、C三种晶体。

熔体1位于B的初晶区内，冷却到析晶温度，首先析出B晶体，此时固相组成点在B点。此时$P=2$，$F=2$。液相组成则沿着$B1$射线向背离B的方向移动，在这个过程中不断地析出B晶体。当液相组成到达低共熔界线e_2P上的a点时，液相对C晶体也达到饱和，从液相中同时析出B、C两种晶体，此时$P=3$，$F=1$。系统的温度可以继续下降，液相组成将沿着e_2P线逐渐向e_2P变化，相应的固相组成则离开B点沿着BC线向C点方向移动。当液相组成到达P点时，固相组成在BC边上到达b点。液相在P点进行单转熔过程，液相回吸原先析出的B晶相，析出S、C晶体，即在P点进行的平衡过程为$L_P+B\rightarrow S+C$，这时$P=4,F=0$。系统的温度、液相组成都恒定，但液相量在不断减少，固相量在逐渐增多。由于固相中增加了S晶相，所以固相组成点必沿着$b1$线向$\triangle BSC$内的1点变化。当固相组成到达1时，与原始熔体的组成点重合，P点的液相消失，转熔过程结束，结晶亦结束。最后的析晶产物为B、S、C三种晶相。

熔体1的析晶路程可用下述表达式表示：

$$\text{液相点}\quad 1\xrightarrow[F=2]{L\rightarrow B}a\xrightarrow[F=1]{L\rightarrow B+C}P\left(\begin{array}{c}L_P+B\rightarrow S+C\\F=0,\text{液相消失}\end{array}\right)$$

$$\text{固相点} \quad B \xrightarrow{B+C} b \xrightarrow{B+C+S} 1$$

熔体 2 的析晶路程：

配料 2 位于 △ASC 内，它的高温熔体将在 E 点结束析晶，结晶产物为 A、S、C 三种晶体。

熔体 2 也位于 B 的初晶区内，冷却到析晶温度同样首先析出 B 晶体。液相组成随温度下降沿 B2 线向背离 B 的方向移动。到达 a 点时，从液相中同时析出 B、C 两种晶相，相应的固相组成点也离开 B 点，进入 BC 边。此时系统中三相平衡共存，$F=1$。液相将沿 e_2P 界线变化。当液相到达 P 点时，固相达到 BC 边的 n 点。然后在 P 点发生 $L_P+B \rightarrow S+C$ 的转熔过程，此时 $F=0$。温度恒定，液相组成维持在 P 点不变，但液相量在减少，固相组成沿 n2 线向三角形内部移动。当固相点到达 △BSC 的 SC 边上的 d 点时，B 晶相全部被液相回吸完，而组成为 P 的液相尚有剩余（液相量：固相量 = d2∶P2），系统为三相平衡共存，$F=1$。转熔过程结束，但析晶过程没有结束。温度继续下降，液相点将离开 P 点沿 PE 线向 E 点变化。PE 是共熔界线，从液相中不断地析出 S 晶相和 C 晶相，相应的固相点在 SC 连线上移动。当液相点到达 E 点时，固相点从 d 点到达 h 点。随后在 E 点发生 $L_E \rightarrow S+A+C$ 的低共熔过程，系统四相平衡，$F=0$。温度保持不变，液相组成不变，但固相组成中因增加了 A 晶相，固相点要离开 SC 连线沿 h2 向三角形内变化。当液相在 E 点消失时，固相点到达 2 点，与原始熔体的状态点重合，析晶过程结束。最后的析晶产物为为 A、S 和 C 三种晶相。

上述析晶路程可用下述式子表达：

$$\text{液相点} \quad 2 \xrightarrow[F=2]{L \rightarrow B} a \xrightarrow[F=1]{L \rightarrow B+C} P \begin{pmatrix} L_P+B \rightarrow S+C, \ F=0 \\ B \text{ 消失，转熔结束} \end{pmatrix} \xrightarrow[F=1]{L \rightarrow S+C} E \begin{pmatrix} L \rightarrow S+C+A \\ F=0, \text{ 液相消失} \end{pmatrix}$$

$$\text{固相点} \quad B \xrightarrow{B} B \xrightarrow{B+C} n \xrightarrow{S+B+C} d \xrightarrow{S+C} h \xrightarrow{S+A+C} 2$$

熔体 3 的析晶路程：

配料 3 也在 △ASC 内，它的高温熔体也应在 E 点结束析晶，产物为为 A、S、C 三种晶体。

熔体 3 也位于 B 的初晶区内，冷却到析晶温度时，首先析出 B 晶体。然后液相线沿 B3 射线背离 B 而移动，到达界线 pP 上的 e 点，pP 界线是条转熔性质的界线，液相将回吸已析出的 B 晶相，生成 S 晶相，相应的固相点也离开 B 点。当液相点沿 pP 界线变化到 f 点时，固相点沿 BS 边变化到 S 点，这意味着固相中的 B 晶相已被回吸完，固相中只剩下 B 晶相。此时系统中只有液相与 B 晶体两相平衡，$F=2$。液相不能再继续沿着三相平衡共存的界线变化，而进入液相与 S 平衡共存的初晶区 S。即液相要沿着 S3 射线，离开 f 点，在 S 初晶区内向背离 S 的方向移动，产生穿相区现象。在整个穿相区过中，从液相中不断析出 S 晶体，固相组成点在 S 点不动，但 S 的晶相量在增加。当液相点穿过 S 初晶区到达界线 EP 上的 g 点时，液相开始同时析出 S 晶相和 C 晶相，并沿着界线由 g 点向 E 点变化，固相点则离开 S 点沿 SC 连线向 S 方向变化。当液相点到达 E 时，固相点到达 q 点。在低共熔温度下，从液相中不断析出 S、C、A 三种晶体，固相点则离开 q 点沿 q3 线向 3 点移动。当固相点到达 3 点与系统的组成点重合时，最后一滴液相在 E 点消失，析晶过程结束，最后的析晶产物是 A、S、C 三种晶体。

熔体3的析晶路程可用下式表示：

$$\text{液相点} \quad 3 \xrightarrow[F=2]{L \to B} e \xrightarrow[F=1]{L+B \to S} f \xrightarrow[F=2]{L \to S} g \xrightarrow[F=1]{L \to S+C} E \begin{pmatrix} L \to A+S+C \\ F=0, \text{液相消失} \end{pmatrix}$$

$$\text{固相点} \quad B \xrightarrow{B} B \xrightarrow{B+S} S \xrightarrow{S} S \xrightarrow{S+C} q \xrightarrow{S+A+C} 3$$

从以上三个熔体的冷却析晶过程可以看出以下几个规律：

①熔体的结晶过程，一定是在与熔体组成点所在副三角形相应的无变量点处结束析晶，而与此无变量点是否在该三角形内无关。

②在转熔线上的析晶过程，有时会出现液相点离开界线进入初晶区的现象，称之为"穿相区"。"穿相区"现象一定发生在界线转熔的过程中。当被回吸的晶相被回吸完时，系统中只剩下液相和一种晶相两个平衡共存，系统自由度由 1 变为 2 时，才可能发生。对图 7-46 而言，凡组成在 pPS 范围内的熔体冷却时都会发生穿相区现象。

③双升点 P 上的相平衡关系是 $L_P + B \to S + C$。冷却时，在 P 点上的析晶过程可能有三种结果：一是液相先消失，B 晶相有剩余，析晶过程在 P 点结束，析晶产物是 S、B、C 三种晶相。凡是组成在 $\triangle BSC$ 内的熔体都属这种情况，如熔体 1。二是晶相 B 先消失，液相有剩余，转熔过程结束，结晶未结束，液相组成要继续沿着界线降低温度，析出晶体。凡是组成在 $\triangle PSC$ 内的熔体都属这种情况，如熔体 2。三是液相与 B 晶相同时消失，结晶结束，结晶产物为 S、C 二种晶相。凡组成在 SC 连线上的熔体都属这种情况。所以转熔点可以是析晶结束点，也可以不是。

将以上析晶规律性，总结在表 7-6 中。

表 7-6 不同组成熔体的析晶规律

组成位置	无变量点的相平衡	析晶终点	析晶产物
$\triangle ASC$ 内	$L_E \rightleftharpoons A+S+C$，$B$ 先消失	E	$A+S+C$
$\triangle BSC$ 内	$L_P + B \rightleftharpoons S+C$，$L_P$ 先消失	P	$B+S+C$
SC 连线上	$L_P + B \rightleftharpoons S+C$，$L_P$ 和 B 同时消失	P	$S+C$
pPS 扇形区	$L_E \rightleftharpoons A+S+C$，穿相区，不经过 P 点	E	$A+S+C$
PS 连线上	$L_E \rightleftharpoons A+S+C$，在 P 点不停留	E	$A+S+C$

上面讨论的都是平衡析晶过程，平衡加热过程应是上述平衡析晶过程的逆过程。从高温熔体平衡冷却和从低温将配料平衡加热到同一温度，系统所处的状态应是完全一样的。在分析了平衡析晶以后，我们再以配料 4 为例说明平衡加热过程。配料 4 处于 $\triangle ASC$ 内，其高温熔体平衡析晶终点是 E 点，因而配料中开始出现液相的温度应是 T_E，此时，$A+S+C \to L_E$（注意：原始配料用的是 A、B、C 三组分，但按热力学平衡状态的要求，在低温下 A、B 已通过固相反应生成化合物 S，B 已耗尽。由于固相反应速度很慢，实际过程往往并非如此。这里讨论的前提是平衡加热），即在 T_E 温度下 A、S、C 晶体不断低共熔生成 E 组成的熔体。由于四相平衡，液相点保持在 E 点不变，固相点则沿 $E4$ 连线延长线方向变化，当固相点到达 AB 边上的 W 点，表明固相中的 C 晶体已溶完，系统温度可以继续上升。由于系统中此时残留的晶相是 A 和 S，因而液相点不可能沿其他界线变化，只能沿与 A、S 晶相平衡的 e_1E

界线向温升方向的 e_1 点运动。e_1E 是一条共熔界线，升温时发生共熔过程 $A+S \rightarrow L$，A 和 S 晶体继续溶入熔体。当液相点到达 V 点，固相组成从 ω 点沿 AS 线变化到 S 点，表明固相中的 A 晶体已全部熔完。系统进入液相与 S 晶体的两相平衡状态。液相点随后将随温度升高，沿 S 的液相面从 V 点向 4 点接近。温度升到液相面上的 4 点温度，液相点与系统点（原始配料点）重合，最后一粒 S 晶体熔完，系统进入高温熔体的单相平衡状态。不难看出，此平衡加热过程是配料 4 熔体的平衡冷却析晶过程的逆过程。

(4) 具有一个低温稳定、高温分解的二元化合物的三元系统相图

图 7-47 为有一个低温稳定、高温分解的二元化合物的三元系统相图。A、B 二组分间生成一个固相分解的化合物 S，其组成点在 AB 边上。从虚线所示 A-B 二元系统相图可以看出这个化合物在 T_R 温度以下才能稳定存在，高于 T_R 则分解为 A、B 两种晶相。由于 S 的分解温度低于 A、B 二组分的低共熔温度，因而不可能从 A、B 二元的液相线 ae_3' 及 be_3' 直接析出 S 晶体。但从二元发展到三元时，液相面温度是下降的，如果降到化合物 S 的分解温度 T_R 以下，则有可能从液相中直接析出 S。图中 ⑤ 即为二元化合物 S 在三元中的初晶区。

该相图的一个异常特点是系统具有三个无变量点 P、E、R，但只能划出与 P、E 点相应的两个副三角形。应用重心原理判断 P、E 与相应副三角形的相对位置，或者根据 P、E 周围界线的温度走向，可以确定 P 为单转熔点，E 为低共熔点。与 R 点液相平衡的三晶相 A、S、B 组成点处于同一直线上，不能形成一个相应的副三角形。根据三角

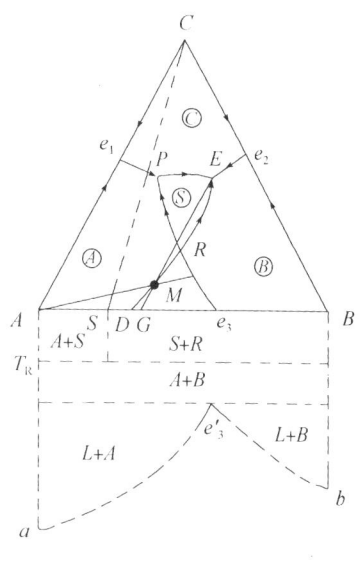

图 7-47 具有一个低温稳定、高温分解的二元化合物的三元系统相图

形规则，在此系统内任一三元配料只可能在 P 点或 E 点结束结晶，而不能在 R 点结束结晶。根据三条界线温降方向判断，R 点是一个双转熔点，在 R 点发生转熔过程 $L_R+A+B \xrightleftharpoons{L} S$，为四相平衡共存，$F=0$。如果分析 M 点结晶路程，可以发现，在 R 点进行上述转熔过程时，实际上液相量并未减少，所发生的变化仅仅是 A 和 B 生成化合物 S（液相起介质作用），R 点因此当然不可能成为析晶终点。像 R 这样的无变点常被称为过渡点。

图 7-47 中 M 熔体在冷却过程中的析晶路程如下：

液相点 $M \xrightarrow[F=2]{L \rightarrow A} a \xrightarrow[F=1]{L \rightarrow A+B} R \begin{pmatrix} mA+nB \xrightarrow{L} S \\ F=0, A\text{ 消失} \end{pmatrix} \xrightarrow[F=1]{L \rightarrow S+B} E \begin{pmatrix} L \rightarrow B+S+C \\ F=0, \text{液相消失} \end{pmatrix}$

固相点 $A \xrightarrow{A} A \xrightarrow{A+B} D \xrightarrow{A+B+S} D \xrightarrow{S+B} G \xrightarrow{S+B+C} M$

液相刚到 R 点时，固相组成在 D 点，这时的固相由 A、B 两种晶相组成。根据杠杆规则，系统中的液相量为：

$$L\% = \frac{DM}{DR} \times 100\%$$

$$\frac{A \text{ 晶相量}}{B \text{ 晶相量}} = \frac{BG}{AG}$$

当 A 晶相消失时，液相组成要离开 R 点，固相组成仍在 D 点，但这时的固相是由 B、S 两种晶相组成，系统中的液相量仍为：

$$L\% = \frac{DM}{DR} \times 100\%$$

$$\frac{S \text{ 晶相量}}{B \text{ 晶相量}} = \frac{GB}{SG}$$

(5) 具有一个高温稳定、低温分解的二元化合物的三元系统相图

图 7-48 是有一个高温稳定、低温分解的二元化合物的三元系统相图。这个化合物在高于 T_P 温度时是稳定的，它有自己的初晶区，也可以由二元熔体直接析晶得到，但在低于 T_P 温度时不稳定，要分解为 A、B 两种晶相。P 点同样没有对应的副三角形，P 点周围三个初晶区所对应的晶相组成点 A、S、B 在一条直线上，因此 P 点也是个过渡点。由于它形似双升点，称之为"双升点形式的过渡点"。

在 P 点的相平衡关系为 $S(A_mB_n) \xrightleftharpoons{L} mA + nB$，为四相平衡共存，$F = 0$。在此过程进行时，液相只起介质作用。

结合具有一个低温稳定、高温分解的二元化合物的三元系统相图和具有一个高温稳定、低温分解的二元化合物的三元系统相图，如果无变量点周围三个初晶区所对应的晶相组成点在一条直线上，无变量点没有对应的副三角形，该无变量点就是过渡点。这是判断过渡点的方法。

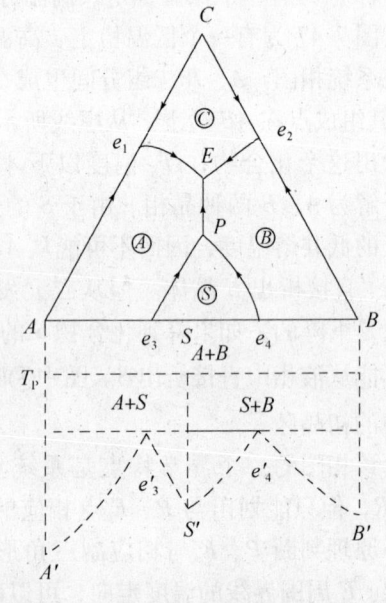

图 7-48 具有一个高温稳定、低温分解的二元化合物的三元系统相图

(6) 具有一个一致熔融三元化合物的三元系统相图

图 7-49 中的化合物 S 的组成点在 A-B-C 三元系统内部，因而是三元化合物；化合物的组成点处于其初晶区 $\widehat{S}$ 内，因而是一个一致熔融三元化合物。由于生成的化合物是一个稳定化合物，连线 SA、SB、SC 都代表一个独立的二元系统，m_1、m_2、m_3 分别是其二元低共熔点。整个系统被三根连线划分成三个简单三元 A-B-S，B-S-C 及 A-S-C，E_1、E_2、E_3 分别是它们的低共熔点。

(7) 具有一个不一致熔融三元化合物的三元系统相图

图 7-50（a）及图 7-50（b）中三元化合物 S 的组成点位于其初晶区 $\widehat{S}$ 以外，因而是一个不一致熔融化合物。在划分成副三角形后，根据重心规则判断，图 7-50（a）中的 P 点是单转熔点，在 P 点发生转熔过程 $L_P + A \rightleftharpoons B + S$。图 7-50（b）中的 R 点是一个双转熔点，在 R 点发生的相变化是 $L_R + A + B \rightleftharpoons S$。按照切线规则判断界线性质时，发现图 7-50（a）上的 E_2P 线及图 7-50

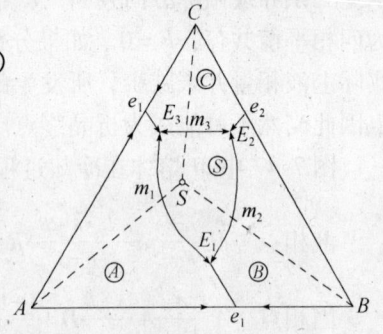

图 7-49 具有一个一致熔融三元化合物的三元系统相图

(b)中的 RE_1 具有从共熔性质变为转熔性质的转折点,因而在同一条界线上既有单箭头又有双箭头。

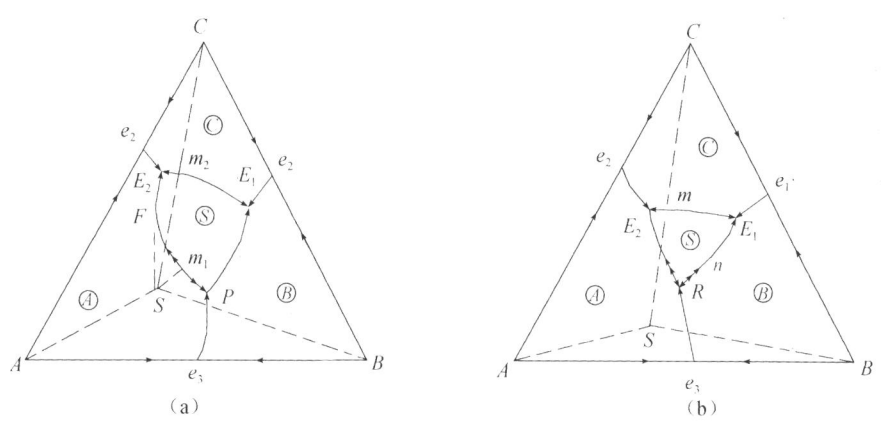

图 7-50 具有一个不一致熔融三元化合物的三元系统相图
(a) 具有单转熔点的;(b) 具有双转熔点的

本系统熔体的结晶路程可因配料点位置不同而出现多种变化,特别在转熔点的附近区域。下面以熔体 M_1 和 M_2 的冷却析晶过程为例,分析本系统中熔体的冷却析晶过程。

图 7-51 是图 7-50(b)富 A 部分的放大图。熔体 M_1 和 M_2 都在副三角形 $\triangle BSC$ 中,且都在 A 的初晶区内,所以冷却过程中都是先析出 A 晶相,最后都在 E_1 点结束析晶,析晶产物都是 B、S 和 C 晶相。但它们的析晶路程并不相同。从下面的表达式可以看出区别:

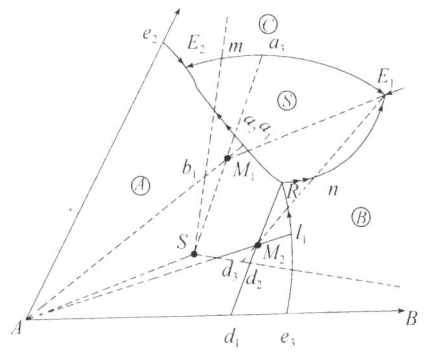

图 7-51 图 7-50(b)的富 A 部分放大图

熔体 M_1:

液相点 $M_1 \xrightarrow[F=2]{L \to A} a_1 \xrightarrow{L+A \to S} a_2 (A\text{消失}) \xrightarrow[F=2,\text{穿相区}]{L \to S} a_3 \xrightarrow[F=1]{L \to S+C} \begin{pmatrix} L \to B+S+C \\ F=0,\text{液相消失} \end{pmatrix}$

固相点 $A \xrightarrow{A} A \xrightarrow{A+S} S \xrightarrow{S} S \xrightarrow{S+C} b_1 \xrightarrow{B+S+C} M_1$

熔体 M_2 的析晶路程:

液相点 $M_2 \xrightarrow[F=2]{L \to A} l_1 \xrightarrow[F=1]{L \to A+B} R \begin{pmatrix} L+A+B \to S \\ F=0, A\text{消失} \end{pmatrix} \xrightarrow[F=1]{L+B \to S} n \xrightarrow[F=1]{L \to S+B} E_1 \begin{pmatrix} L \to S+B+C \\ F=0,\text{液相消失} \end{pmatrix}$

固相点 $A \xrightarrow{A} A \xrightarrow{A+B} d_1 \xrightarrow{A+B+S} d_2 \xrightarrow{S+B} d_3 \xrightarrow{S+B+C} M_2$

(8) 具有多晶转变的三元系统相图

根据多晶转变温度与二元低共熔点的相对高低,该类相图分类三种类型:多晶转变温度高于两个二元低共熔温度的,多晶转变温度高于一个低共熔温度但低于另一个二元低共熔温度的,以及多晶转变温度低于两个二元低共熔温度的。如图 7-52 所示。图中的三元都是最简单的二元系统,其中 A 组分发生多晶转变,并假定其高温型为 A_α,低温型为 A_β。

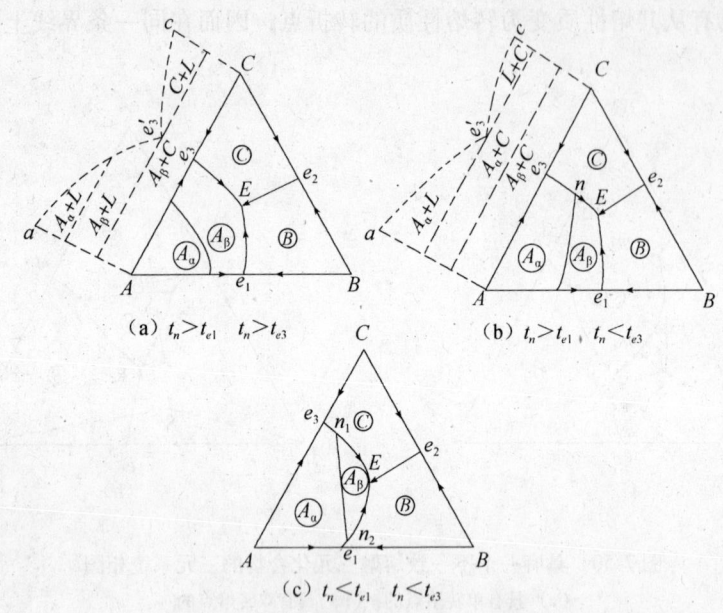

图 7-52 具有多晶转变的三元系统相图

在图 7-52（a）中，多晶转变温度 t_n 既高于 A-B 二元系统的低共熔温度 t_{e1}，又高于 A-C 二元系统的低共熔温度 t_{e3}。多晶转变的等温线把 A 的初晶区分为 A_α 和 A_β 两个相区。高于 t_n 温度时，稳定存在的是 A_α 相，低于 t_n 温度时，稳定存在的是 A_β 相。在晶型转变的等温线上，发生 $A_\alpha \overset{L}{\rightleftharpoons} A_\beta$ 的过程。熔体冷却时，若经过这条线，只有当 A_α 全部转化为 A_β 后，液相组成点才能离开此线进入的 A_β 相区。要注意多晶转变等温线与界线的区别，在多晶转变等温线的两侧一定有同组分的不同晶型存在，而且在多晶转变等温线上不标箭头。另外，物质的不同晶型在相图上具有相同的组成点，因此用杠杆规则无法判断晶型转化的多少。

图 7-52（b）三元系统中，多晶转变温度 t_n 高于低共熔温度 t_{e1}，但低于 t_{e3}。这样，多晶转变的等温线与界线 e_3E 就有一个交点 n。n 是三元系统内的多晶转变点，其平衡关系为 $A_\alpha \overset{L,C}{\rightleftharpoons} A_\beta$，即在有液相和 C 晶相存在的条件下，$A_\alpha$ 和 A_β 两种晶型的转变。这时系统中四相平衡共存，$F=0$。所以，三元多晶转变点也是无变量点。熔体冷却过程中经过 n 点时，温度不变，液相点也不变，直至 A_α 全部转化为 A_β 为止。n 点周围的三个初晶区 A_α、A_β 和 C，A_α 和 A_β 虽因晶型不同，属于两相，但其化学组成相同，组成点都在 A 点，所以连接 n 点周围三个初晶区所对应的晶相组成点得不到副三角形，就是说，多晶转变点没有副三角形。

由于在 n 点，不仅液相组成不变，液相量也不变，所以液相在多晶转变过程中，只起介质作用。晶型转变点一定不是析晶结束点。

图 7-52（c）中，多晶转变温度 t_n 既低于低共熔温度 t_{e1}，也低于 t_{e3}。这时多晶转变的等温线与界线 e_3E 交于 n_1 点，与界线 e_1E 交于 n_2 点，形成两个三元多晶转变点。在 n_1 点上进行的相平衡关系为 $A_\alpha \overset{L,C}{\rightleftharpoons} A_\beta$，在 n_2 点上进行的相平衡关系为 $A_\alpha \overset{L,B}{\rightleftharpoons} A_\beta$。

（9）形成一个二元连续固溶体的三元系统相图

这类系统的相图示于图 7-53 中。由立体图可以清楚看出 A、B 两组分形成连续固溶体，而 A-C，B-C 则为两个最简单的二元系统。在平面投影图中有一个 C 的初晶区，一个 S_{AB} 固溶体的初晶区。它们的交线为界线 E_1E_2，表示从界线液相中同时析出 C 晶体和 $S_{A(B)}$ 固溶体。投影图中的结线 L_1S_1，L_2S_2，…，L_nS_n 表示与界线上不同组成液相相平衡的 S_{AB} 固溶体的不同组成。由于此相图上只有两个初晶区和一条界线，不可能出现四相平衡，所以相图上没有三元无变点。

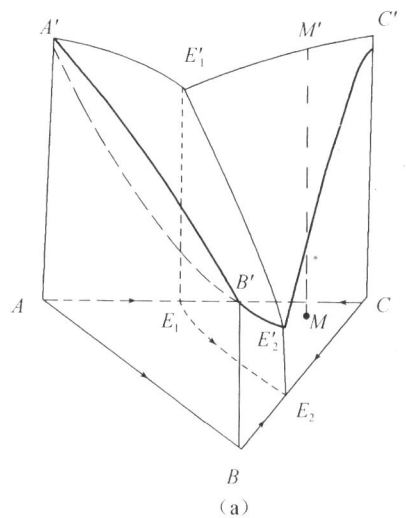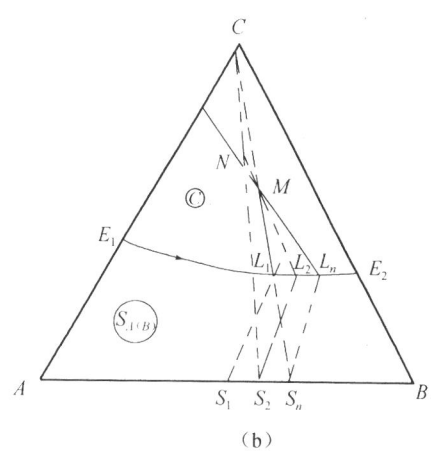

图 7-53　形成一个二元连续固溶体的三元系统相图
(a) 立体状态图；(b) 平面投影图

下面以组成为 M 的熔体为例说明这类相图中熔体的冷却析晶过程。组成为 M 的熔体冷却时首先析出 C 晶体，固相点在 C 上，液相组成则根据背向规则沿 CM 射线向背离 C 的方向移动，液相中不断地析出 C 晶体，系统中 $P=2$，$F=2$。当液相点到达界线 E_1E_2 上的 L_1 时，从液相中同时析出 C 晶体和 S_1 组成的固溶体，$P=3$，$F=1$。当液相点随温度下降沿界线变化到 L_2 点时，固溶体组成到达 S_2 点，固相总组成点在 L_2M 的延长线与 CS_2 连线的交点 N。当固溶体组成到达 S_n 点，C、M、S_n 三点成一直线时，液相必在 L_n 消失，析晶过程结束。

(10) 具有液相分层的三元系统相图

如图 7-54 所示，在 A-B-C 三元系统中，A-B 二元系统具有液相分层（见图中虚线所示），A-C，B-C 均为简单二元系统。两液区的边界线为 $I'G'J'$，G' 是临界点。在三元系统中，由于 C 组分的加入，二元相图中的两液区边界曲线在空间扩展成曲面，在投影图上为两液区 IKJ。其中 K 点是曲面上温度最低的临界点，它是液相分层的温度最低点，温度低于 K 点，液相分层将不存在。使分液范围逐渐缩小，最后在 K 点消失。在分液区内，两个相互平衡的液相组成，由一系列结线表示，如图中的结线，L_1L_1'、L_2L_2'。

凡在冷却析晶过程中液相组成经过两液相的熔体都将发生液相分层现象，分为 L 和 L' 两种组成的液相，同时析出晶相 A。随着 A 晶相的不断析出，液相中 A 的量在减少，也就是富 A 的液相要转变为富 B 的 L' 液相。当 L 液相完全

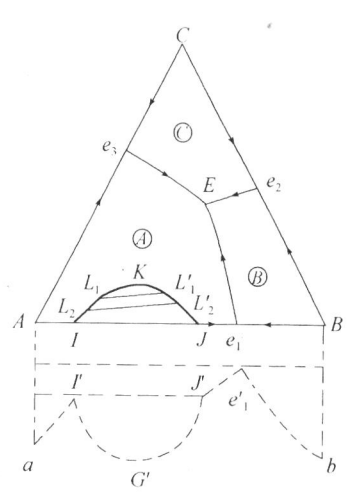

图 7-54　具有液相分层的
三元系统相图

转变为 L' 液相时，液相分层现象结束。

4. 专业三元系统相图

以上介绍了三元系统相图的基本类型及分析三元相图时需要的重要规则，这些是分析复杂专业三元系统相图的基础。三元系统的专业相图经常包含多种化合物，使相图上化合物的初晶区、界线和无变量点大大增多，相图变得复杂。但只要掌握了分析相图的基本规则和方法，便能达到读懂和应用专业相图的目的。下面简要说明分析复杂三元相图的主要步骤。

1）判断化合物的性质 遇到一个复杂的相图，首先要了解系统中有哪些化合物，其组成点和初晶区的位置，然后根据化合物的组成点是否在初晶区内，判断化合物的性质。

2）划分副三角形 根据划分副三角形的原则和方法，把复杂的三元相图划分为若干个分三元系统，使复杂相图简化。

3）判断界线的温度走向 根据连线规则判断各条界线的温度下降方向，并用箭头标出。

4）判断界线性质 应用切线规则判断界线是共熔性质还是转熔性质；确定相平衡关系。共熔界线用单箭头标出，转熔界线上用双箭头标出温度下降方向以示界线性质不同。

5）确定三元无变量点的性质 根据三元无变量点与对应的副三角形的位置关系或根据交汇于三元无变量点的三条界线的温度下降方向来判断无变量点是低共熔的、单转熔的还是双转熔的。确定三元无变量点上的相平衡关系。

以上步骤中，在判断界线性质时，如果先画出了与各界线相应的连线，则与无变点相应的副三角形已经自然形成；如果先画出与各无变点相应的副三角形，则与各界线相应的连线也会自然形成。

需要注意的是，不能随意在两个组成点间连线或在三个组成点间连副三角形。只有毗邻的两个初晶区才会有连线，副三角形对应的无变量点必定都处于三个初晶区、三条界线的交点，而不可能出现其他的形式，否则是违反相律的。

6）分析平衡冷却析晶过程或平衡加热过程，用杠杆规则计算冷却或加热过程中各相含量。在分析冷却析晶时要注意下述两种情况：

①系统组成点恰好位于界线上时。首先判断界线的性质，界线是共熔线，则熔体析出界线对应的两种晶体。可用切线规则计算初晶相的瞬时组成；若界线是转熔的，则熔体析晶时由于没有晶体可转熔，而是析出单一晶体，液相组成点直接进入单相区（即某一晶体的初晶区），并按背向规则变化。

②系统组成点恰好位于无变量点上时，应根据无变量点的性质判断。若无变量点是低共熔点，则熔体析晶是共同析出三组元的固相；若无变量点是单转熔点，则其因为没有晶体可转熔，在无变量点并不发生四相无变量过程，液相组成点沿某一界线变化析晶，具体析晶性质由①判断；若无变量点是双转熔点，则其熔体析晶时在无变量点既不发生四相无变量过程，也不沿界线变化，而是析出单一晶体。这时液相组成点进入单相区并按背向规则变化。

下面就参考上面的相图分析步骤介绍相关的专业三元系统相图。

(1) $CaO\text{-}Al_2O_3\text{-}SiO_2$ 系统

$CaO\text{-}Al_2O_3\text{-}SiO_2$ 系统的三元相图图形比较复杂（图7-55），是无机非金属材料的重要系统，包括许多硅酸盐制品、高炉矿渣和某些矿物岩石。各种材料的组成范围用图7-55表示。

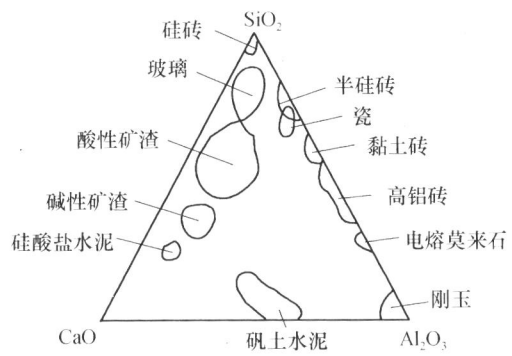

图7-55　$CaO\text{-}Al_2O_3\text{-}SiO_2$ 系统中重要硅酸盐制品的组成范畴

1）相图分析

图7-56是 $CaO\text{-}Al_2O_3\text{-}SiO_2$ 系统的相图。本系统共有15个化合物，其中有3个纯组分，即 CaO、Al_2O_3 和 SiO_2。另外有10个二元化合物，其中4个是一致熔融化合物：CS、C_2S、$C_{12}A_7$、A_3S_2，6个不一致熔融化合物：C_3S_2、C_3S、C_3A、CA、CA_2、CA_6。另外有2个三元化合物 CAS_2（钙长石）及 C_2AS（铝方柱石）都是一致熔融的。这些化合物的熔点或分解温度都标在相图上各自的组成点附近，并将性质列于表7-7中。

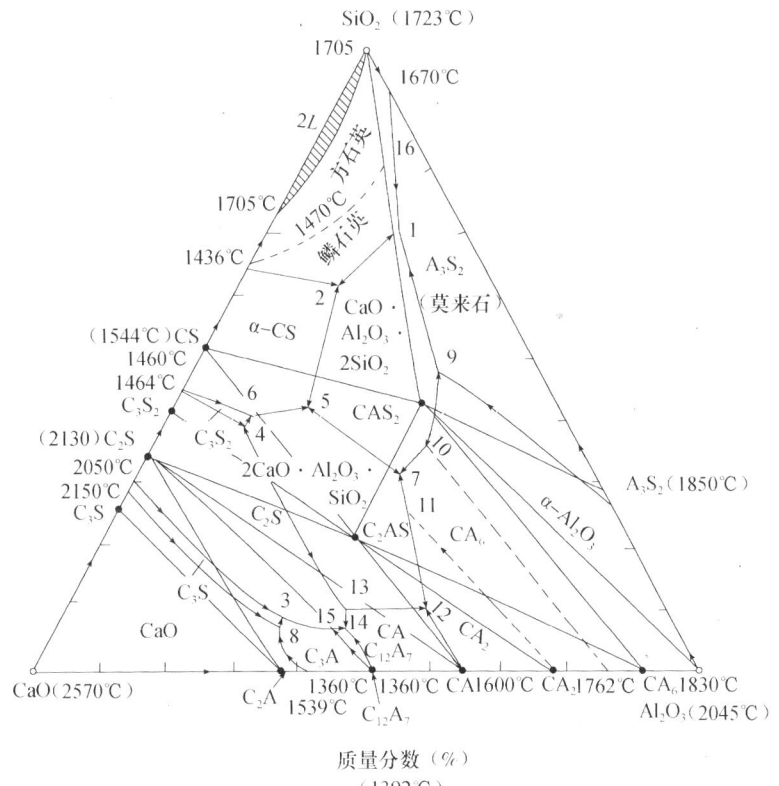

图7-56　$CaO\text{-}Al_2O_3\text{-}SiO_2$ 系统相图

表 7-7 CaO-Al_2O_3-SiO_2 系统中各化合物的性质

化合物	性质	熔点/℃	化合物	性质	熔点/℃
CaO·SiO_2	一致熔	1544	3CaO·2SiO_2	不一致熔	1464
2CaO·SiO_2	一致熔	2130	3CaO·Al_2O_3	不一致熔	1539
12CaO·7Al_2O_3	一致熔	1392	CaO·Al_2O_3	不一致熔	1600
3Al_2O_3·2CaO	一致熔	1850	CaO·2Al_2O_3	不一致熔	1762
CaO·Al_2O_3·2SiO_2	一致熔	1553	CaO·6Al_2O_3	不一致熔	1830
2CaO·Al_2O_3·SiO_2	一致熔	1584	3CaO·SiO_2	不一致熔	2150

15 个化合物都有自己对应的初晶区，SiO_2 的初晶区被 1470℃ 的多晶转变等温线分为方石英和鳞石英两个相区，而且在靠近 SiO_2 处还有一个液相分层的两液区。

一般情况下，有多少个无变点，就可以将系统划分成多少相应的副三角形（有时副三角形的数目可能少于无变点数目，如有过渡点或存在晶型转变无变点时）。本系统共有 16 个三元无变点，除去晶型转变点（图 7-56 中，SiO_2 初晶区内方石英和鳞石英多晶转变等温线和 A_3S_2-SiO_2 界线的交点，其平衡关系为方石英 $\underset{L,\ A_3S_2}{\rightleftharpoons}$ 鳞石英），整个相图可以划分成 15 个副三角形。与此对应的 15 个无变量点的性质列于表 7-8 中。

表 7-8 CaO-Al_2O_3-SiO_2 系统中无变量点

图上标号	相间平衡	平衡性质	组成/wt% CaO	Al_2O_3	SiO_2	平衡温度/℃
1	液 $\rightleftharpoons$ 鳞石英 + CAS_2 + A_3S_2	低共熔点	9.8	19.8	70.4	1345
2	液 $\rightleftharpoons$ 鳞石英 + CAS_2 + α-CS	低共熔点	23.3	14.7	62.0	1170
3	C_3S + 液 $\rightleftharpoons$ C_3A + α-C_2S	双升点	58.3	33.0	8.7	1455
4	α'-CS + 液 $\rightleftharpoons$ C_3S_2 + C_2AS	双升点	48.2	11.9	39.9	1315
5	液 $\rightleftharpoons$ CAS_2 + C_2AS + α-CS	低共熔点	38.0	20.0	42.0	1265
6	液 $\rightleftharpoons$ C_2AS + C_3S_2 + α-CS	低共熔点	47.2	11.8	41.0	1310
7	液 $\rightleftharpoons$ CAS_2 + C_2AS + CA_6	低共熔点	29.2	39.0	31.8	1380
8	CaO + 液 $\rightleftharpoons$ C_3S + C_3A	双升点	59.7	32.8	7.5	1470
9	Al_2O_3 + 液 $\rightleftharpoons$ CAS_2 + A_3S_2	双升点	15.6	36.5	47.9	1512
10	Al_2O_3 + 液 $\rightleftharpoons$ CA_6 + CAS_2	双升点	23.0	41.0	36.0	1495
11	CA_2 + 液 $\rightleftharpoons$ C_2AS + CA_6	双升点	31.2	44.5	24.3	1475
12	液 $\rightleftharpoons$ C_2AS + CA + CA_2	低共熔点	37.5	53.2	9.3	1500
13	C_2AS + 液 $\rightleftharpoons$ α'-CS + CA	双升点	48.3	42.0	9.7	1380
14	液 $\rightleftharpoons$ α'-C_2S + CA + $C_{12}A_{17}$	低共熔点	49.5	43.7	6.8	1335
15	液 $\rightleftharpoons$ α'-C_2S + C_3A + $C_{12}A_{17}$	低共熔点	52.0	41.2	6.8	1335

界线的温度方向和界线的性质已按连线规则和切线规则标于图中。

2）相图中的高钙区分析

CaO-Al_2O_3-SiO_2 系统与许多硅酸盐产品有关，其富钙部分相图与硅酸盐水泥生产关系密切。下面主要讨论高钙区的情况。

在这一部分相图上（图7-57），硅酸盐水泥中的主要矿物C_2S、C_3S、C_3A都在此系统中。按照副三角形的划分方法，有$\triangle CaO-C_3A-C_3S$，$\triangle C_3S-C_3A-C_2S$，$\triangle C_2S-C_3A-C_{12}A_7$三个副三角形。它们对应的三个无变点分别为$h$、$k$、$F$（表7-7和图7-56中的8、3、15点）。$h$、$k$是单转熔点，$F$是低共熔点。界线性质用切线规则判断，CaO与$C_3S$初晶区的界线在$Z$点从转熔界线变为共熔界线，两段的相平衡关系分别为$L+CaO \rightleftharpoons C_3S$和$L \rightleftharpoons C_3S + CaO$。而$C_3S$与$C_2S$初晶区的界线则在$Y$点从共熔性质变为转熔性质，两段的相平衡关系分别为$L \rightleftharpoons C_2S+C_3S$和$L+C_2S \rightleftharpoons C_3S$。这两条界线的性质比较复杂。CaO和$C_3A$界线是转熔的，相平衡关系为$L+CaO \rightleftharpoons C_3A$，其余的界线都是共熔性质。

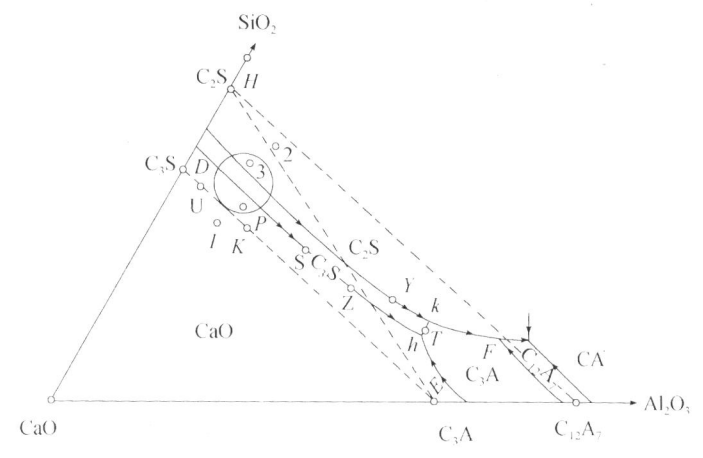

图7-57　$CaO-Al_2O_3-SiO_2$系统的富钙部分相图

我们以硅酸盐水泥熟料的典型配料图上的点3为例，分析一下结晶路程。将配料3加热到高温完全熔融（约2000℃），然后平衡冷却析晶，熔体在C_2S的初晶区，从熔体中首先析出C_2S，液相组成沿C_2S-3连线的延长线移动到C_2S-C_3S界线时，开始从液相中同时析出C_2S与C_3S。液相点随温度下降沿界线变化到Y点时，共析晶过程结束，转熔过程开始，C_2S被回吸，析出C_3S。当系统冷却到K点温度（1455℃），液相点沿Yk界线到达k点，系统进入无变量状态，L_k液相与C_3S晶体不断反应生成C_2S与C_3A。由于配料点处于三角形C_3S-C_2S-C_3A内，最后L_k首先耗尽，结晶过程在K点结束。获得的结晶产物是C_3S、C_2S、C_3A。

3）$CaO-C_2S-C_{12}A_7$-系统相图应用

$CaO-C_2S-C_{12}A_7$-系统相图在硅酸盐水泥配料的选择、产品性能的估计及生产工艺的控制等方面均有重要的指导意义。下面我们就硅酸盐水泥生产中的配料、烧成及冷却，结合相图加以讨论，以提高利用相图分析实际问题的能力。

①硅酸盐水泥的配料　硅酸盐水泥熟料中含有C_3S、C_2S、C_3A、C_4AF 4种矿物，相应的组成氧化物为CaO、SiO_2、Al_2O_3、Fe_2O_3。因为Fe_2O_3含量较低（2%~5%），可以并入Al_2O_3考虑，C_4AF则相应计入C_3A，这样可以用$CaO-Al_2O_3-SiO_2$三元系统来表示硅酸盐水泥的配料组成。

根据三角形规则，配料点落在哪一个副三角形，最后析品产物便是这个副三角形三个角顶所表示的三种晶相。图中 1 点配料处于三角形 $CaO-C_3A-C_3S$ 中，平衡析晶产物中将有游离 CaO。2 点配料处于三角形 $C_2S-C_3A-C_{12}A_7$ 内，平衡析晶产物中将有 $C_{12}A_7$，而没有 C_3S。$C_{12}A_7$ 的水硬活性很差，而后者是水泥中最重要的水硬矿物。因此，这两种配料都不符合硅酸盐水泥熟料矿物组成的要求。硅酸盐水泥生产中熟料的实际组成是含 62%～67% CaO，20%～24% SiO_2，6.5%～13%（$Al_2O_3+Fe_2O_3$），即在三角形 $C_3S-C_3A-C_2S$ 内的小圆圈内波动。从相平衡的观点看这个配料是合理的，因为最后析晶产物都是水硬性能良好的胶凝矿物。以 $C_3S-C_2S-C_3A$ 作为一个浓度三角形，根据配料点在此三角形中的位置，可以读出平衡析晶时水泥熟料中各矿物的含量。

② 烧成　工艺上不可能将配料加热到 2000℃ 左右完全熔融，然后平衡冷却析晶。实际上是采用部分熔融的烧结法生产熟料。因此，水泥熟料矿物的形成并非完全来自液相析晶，固态组分之间的固相反应起着更为重要的作用。为了加速组分间的固相反应，液相开始出现的温度及液相量至关重要。如果是非常缓慢的平衡加热，则加热熔融过程应是缓慢冷却平衡析晶的逆过程，且在同一温度下，应具有完全相同的平衡状态。以配料 3 为例，其结晶终点是 k 点，则平衡加热时应在 k 点出现与 C_3S、C_2S、C_3A 平衡的 L_k 液相。但 C_3S 很难通过纯固相反应生成（如果很容易，水泥就不需要在 1450℃ 的高温下烧成了），在 1200℃ 以下组分间通过固相反应生成的是反应速度较快的 $C_{12}A_7$、C_3A、C_2S。因此，液相开始出现的温度并不是 k 点的 1445℃，而是与这 3 个晶相平衡的 F 点温度 1335℃（事实上，由于工艺配料中含有 Na_2O、K_2O、MgO 等其他氧化物，液相开始出现的温度还要低（约 1250℃）。F 点是一个低共熔点，加热时 $C_2S+C_3A+C_{12}A_7\to L_F$。即 C_2S、C_3A、$C_{12}A_7$ 低共熔形成 F 点液相。当 $C_{12}A_7$ 熔完后，液相组成将沿 Fk 界线变化，升温过程中 C_2S 与 C_3A 继续熔入液相，液相量随温度升高不断增加。系统中一旦形成液相，生成 C_3S 的固相反应 $C_2S+CaO\to C_3S$ 的反应速度即大大增加。从某种意义上说，水泥烧成的核心问题是如何创造良好的动力条件促成熟料中的主要矿物 C_3S 大量生成。$C_{12}A_7$ 是在非平衡加热过程中在系统中出现的一个非平衡相，但它的出现降低了液相开始形成温度，对促进热力学平衡相 C_3S 的大量生成是有帮助的。

③ 冷却　水泥配料达到烧成温度时所获得的液相量约 20%～30%。在随后降温过程中，为了防止 C_3S 分解及 $\beta-C_2S$ 发生晶型转化，工艺上采取快速冷却措施，因而冷却过程也是不平衡的。这种不平衡的冷却过程可以用下面两种模式加以讨论。

　　a. 急冷　此时冷却速度超过熔体的临界冷却速度，液相完全失去析晶能力，全部转变为低温下的玻璃体。

　　b. 液相独立析晶　如果冷却速度不是快到使液相完全失去析晶能力，但也不是慢到足以使它能够和系统中其他晶相保持原有相平衡关系，此时液相犹如一个原始配料高温熔体那样独自析晶，重新建立一个新的平衡体系，不受系统中已存在的其他晶相的制约。这种现象特别容易发生在转熔点上的液相，譬如说 k 点，$L_k+C_3S\to C_2S+C_3A$，生成的 C_2S 和 C_3A 往往包裹在 C_3S 表面，阻止了 L_k 与 C_3S 的进一步反应，此时液相将作为一个原始熔体开始独立析晶，沿 kF 界线析出 C_2S 和 C_3A，到 F 点后又有 $C_{12}A_7$ 析出。因为 k 点在三角形 $C_2S-C_3A-C_{12}A_7$ 内，独立析晶的析晶终点必在与其相应的无变点 F。因此，在发生液相独立析晶时，尽管原始配料点处在三角形 $C_3S-C_3A-C_2S$ 内，其最终获得的产物中可能有四个晶相，除了 C_3S、C_2S、C_3A 外，还可能有 $C_{12}A_7$，这是由过程的非平衡性质造成的。由于冷却时在 k

点发生 $L_k + C_3S \rightarrow C_2S + C_3A$ 的转熔过程，C_3S 要消耗，如在 k 点发生液相独立析晶或急冷成玻璃体，可以阻止这一转熔过程。因此，对某些硅酸盐水泥配料，快速冷却反而可以增加熟料中 C_3S 含量。

必须指出，所谓急冷成玻璃体或发生液相独立析晶，这不过是非平衡冷却过程的两种理想化了的模式，实际过程很可能比这两种理想模式更复杂，或者二者兼而有之。

(2) $K_2O\text{-}Al_2O_3\text{-}SiO_2$ 系统

$K_2O\text{-}Al_2O_3\text{-}SiO_2$ 系统相图（图 7-58）不仅对长石质陶瓷生产有特别重要的意义，而且是釉料、玻璃制造、选择耐火材料结合剂及研究 K_2O 对 $Al_2O_3\text{-}SiO_2$ 系统耐火材料的作用等不可缺少的相图。K_2O 高温下易于挥发引起实验上的困难，本系统的相图不是完整的，仅给出了 K_2O 含量在 50% 以下部分的相图。

本系统有 5 个二元化合物及 4 个三元化合物。在这 4 个三元化合物的组成中，K_2O 含量与 Al_2O_3 含量的比值是相等的，因而它们排列在 SiO_2 与二元化合物 $K_2O \cdot Al_2O_3$ 的连线上。三元化合物钾长石 KAS_6（图中的 W 点）是一个不一致熔融化合物，其分解温度较低，在 1150℃ 即分解为 KAS_4 和富硅酸相（液相量约 50%），因而是一种熔剂性矿物。白榴石 KAS_4（图中的 X 点）是一致熔融化合物，熔点 1686℃。钾霞石 KAS_2（图中的 Y 点）也是一个一致熔融化合物，熔点 1800℃。化合物 KAS（图中的 Z 点）的性质迄今未明，其初晶区范围尚未能予以确定。

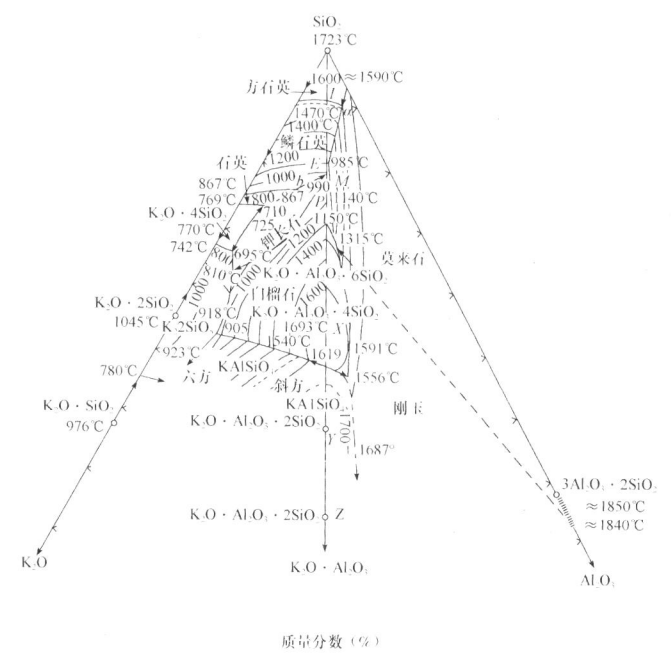

图 7-58 $K_2O\text{-}Al_2O_3\text{-}SiO_2$ 系统相图

图中的 M 点和 E 点是两个不同的无变点。M 点处于莫来石、鳞石英和钾长石 3 个初晶区的交点，是一个三元无变量点，按照重心规则，它是一个低共熔点（985℃）。M 点左侧的 E 点是鳞石英和钾长石初晶区界线与相应连线 $SiO_2\text{-}W$ 的交点，是该界线上的温度最高点，也是鳞石英与钾长石的低共熔点（990℃）。

本系统与日用陶瓷及普通电瓷生产密切相关。日用陶瓷及普通电瓷一般用黏土（高岭土）、长石和石英配料。高岭土的主要矿物组成是高岭石 $Al_2O_3 \cdot 2SiO_2 \cdot 2H_2O$，煅烧脱水后的化学组成为 $Al_2O_3 \cdot 2SiO_2$，称为烧高岭。图7-59上的 D 点即为烧高岭的组成点，D 点不是相图上固有的一个二元化合物组成点，而是一个附加的辅助点，用以表示配料中的一种原料的组成。根据重心原理，用高岭土、长石、石英三种原料配制的陶瓷坯料组成点必处于辅助三角形 QWD（常被称为配料三角形）内，而在相图则是处于副三角形 $\triangle QWm$（常被称为产物三角形）内。这就是说，配料经过平衡析晶（或平衡加热）后在制品中获得的晶相应为莫来石、石英和长石。

在配料三角形 QWD 中，1～8线平行于 QW 边。根据等含量规则，所有处于该线上的配料中烧高岭的含量是相等的。而在产物三角形 QWm 中，1～8线平行于 QW 边，意味着在平衡析晶（或平衡加热）时从1～8线上各配料所获得的产品中莫来石量是相等的。这就是说，产品中莫来石的量取决于配料中的黏土量。莫来石是日用陶瓷中的重要晶相。

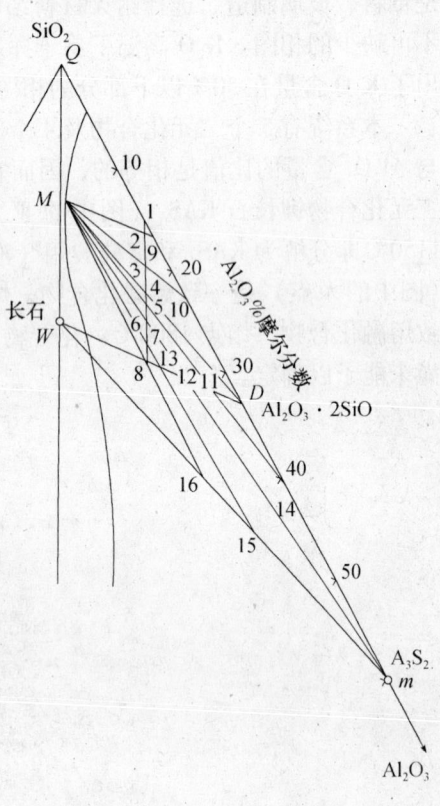

图7-59 配料三角形与产物三角形

如将配料3加热到高温完全熔融，平衡析晶时首先析出莫来石，液相点沿 A_3S_2-3 连线延长线方向变化到石英与莫来石初晶区的界线后（参阅图7-59），从液相中同时析出莫来石与石英，液相沿此界线到达985℃的低共熔点 M 后，同时析出莫来石、石英与长石，析晶过程在 M 点结束。当将配料3平衡加热，长石、石英及通过固相反应生成的莫来石将在985℃下低共熔生成 M 组成的液相，即 $A_3S_2 + KAS_6 + S \rightarrow L_M$。此时系统处于四相平衡，$F=0$，液相点保持在 M 点不变，固相点则从 M 点沿 M-3 连线延长线方向变化，当固相点到达 Qm 边上的点10，意味着固相中的 KAS_6 已首先熔完，固相中保留下来的晶相是莫来石和石英。因消失了一个晶相，系统可继续升温，液相将沿与莫来石和石英平衡的界线向温度升高方向移动，莫来石与石英继续熔入液相，固相点则相应从点10沿 Qm 边向 A_3S_2 移动。由于 M 点附近界线上的等温线很紧密，说明此阶段液相组成及液相量随温度升高变化并不急剧，日用瓷的烧成温度大致处于这一区间。当固相点到达 A_3S_2，意味着固相中的石英已完全熔入液相。此后液相组成将离开莫来石与石英平衡的界线，沿 A_3S_2-3 连线的延长线进入莫来石初晶区，当液相点回到配料点3，最后一粒莫来石晶体熔完。可以看出，上述平衡加热熔融过程是平衡冷却析晶过程的逆过程。

配料在985℃下低共熔过程结束时首先消失的晶相取决于配料点的位置。如配料7，因 M-7 连线的延长线交于 Wm 边的点15，表明首先熔完的晶相是石英，固相中保留的是莫来石和长石。而在低共熔温度下所获得的最大液相量，根据杠杆规则，应为线段7-15与线段 M-15 之比。

日用瓷的实际烧成湿度在1250～1450℃，系统中要求形成适宜数量的液相，以保证坯体的良好烧结，液相量不能过少，也不能太多。由于 M 点附近等温线密集，液相量随温度变化不很敏感，使这类瓷的烧成温度范围较宽，工艺上较易掌握。此外，因 M 点及邻近界线均接近 SiO_2 角顶，熔体中的 SiO_2 含量很高，液相黏度大，结晶困难，在冷却时系统中的液相往往形成玻璃相，从而使瓷质呈半透明状。

实际工艺配料中不可避免地会含有其他杂质组分，实际生产中的加热和冷却过程不可能是平衡过程，也会出现种种不平衡现象，因此，开始出现液相的温度，液相量以及固液相组成的变化事实上都不会与相图指示的热力学平衡态完全相同。但相图指出了过程变化的方向及限度，对我们分析问题仍然是很有帮助的。譬如，根据配料点的位置，我们有可能大体估计烧成时液相量的多少以及烧成后所获得的制品中的相组成。在图 7-62 上列出的从点 1 到点 8 的 8 个配料中，只要工艺过程离平衡过程不是太远，则可以预测，配料 1~5 的制品中可能以莫来石、石英和玻璃相为主，配料 6 则以莫来石和玻璃相为主，而配料 7~8 则很可能以莫来石、长石及玻璃相为主。

（3）$MgO\text{-}Al_2O_3\text{-}SiO_2$ 系统

图 7-60 是 $MgO\text{-}Al_2O_3\text{-}SiO_2$ 系统相图。本系统共有 4 个二元化合物 MS、M_2S、MA、A_3S_2 和 2 个三元化合物 $M_2A_2S_5$（堇青石）、$M_4A_5S_2$（假蓝宝石）。堇青石和假蓝宝石都是不一致熔融化合物。堇青石在 1465℃ 分解为莫来石和液相，假蓝宝石则在 1482℃ 分解为尖晶石、莫来石和液相（液相组成即无变量点 8 的组成）。

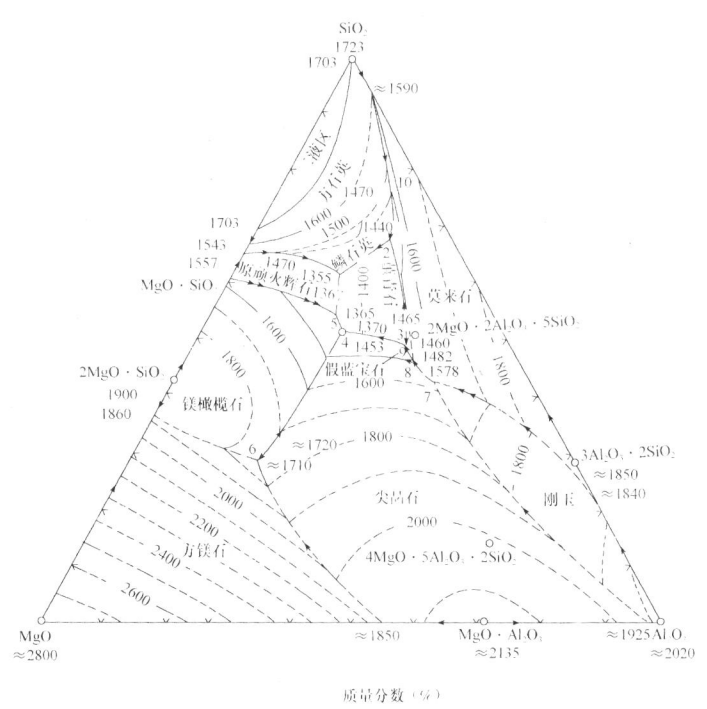

图 7-60　$MgO\text{-}Al_2O_3\text{-}SiO_2$ 系统相图

相图上共有 9 个无变点（表 7-9）。相应地，可将相图划分成 9 个副三角形。

表 7-9 MgO-Al$_2$O$_3$-SiO$_2$ 系统中无变量点

图上标号	相间平衡	平衡性质	组成/wt% MgO	Al$_2$O$_3$	SiO$_2$	平衡温度/℃
1	液 ⇌ MS + S + M$_2$A$_2$S$_5$	低共熔点	20.5	17.5	62.0	1355
2	A$_3$S$_2$ + 液 ⇌ M$_2$A$_2$S$_5$ + S	双升点	9.5	22.5	68.0	1440
3	A$_3$S$_2$ + 液 ⇌ M$_2$A$_2$S$_5$ + M$_4$A$_5$S$_2$	双升点	16.5	34.5	49.0	1460
4	MA + 液 ⇌ M$_2$A$_2$S$_5$ + M$_2$S	双升点	26	23	51.0	1370
5	液 ⇌ M$_2$S + MS + M$_2$A$_2$S$_5$	低共熔点	25	21	54.0	1365
6	液 ⇌ M$_2$S + MA + M	低共熔点	51.5	20	28.5	≈1710
7	A + 液 ⇌ MA + A$_3$S$_2$	双升点	15	42	43.0	1578
8	MA + A$_3$S$_2$ + 液 ⇌ M$_4$A$_5$S$_2$	双降点	17	37	46.0	1482
9	M$_4$A$_5$S$_2$ + 液 ⇌ M$_2$A$_2$S$_5$ + MA	双升点	17.5	33.5	49.0	1453

本系统内各组分氧化物及多数二元化合物熔点都很高，可制成优质耐火材料，但是三元无变点的温度大大下降。因此，不同二元系列的耐火材料不应混合使用，否则会降低液相出现的温度和材料耐火度。

副三角形 SiO$_2$-MS-M$_2$A$_2$S$_5$ 与镁质陶瓷生产密切相关。镁质陶瓷是一种用于无线电工业的高频瓷料，其介电损耗低。镁质陶瓷以滑石和黏土配料。图 7-61 上画出了经煅烧脱水后的偏高岭土（烧高岭）及偏滑石（烧滑石）的组成点的位置，镁质瓷配料点大致在这两点连线上或其附近区域。L、M、N 各配料以滑石为主，仅加入少量黏土故称为滑石瓷。其配料点接近 MS 角顶，因而制品中的主要晶相是顽火辉石。如果在配料中增加黏土含量，即把配料点拉向靠近 M$_2$A$_2$S$_5$ 一侧（有时在配料中还另加 Al$_2$O$_3$ 粉），则瓷坯中将以堇青石为主晶相，这种瓷叫堇青石瓷。在滑石瓷配料中加入 MgO，把配料点移向接近顽火辉石和镁橄榄石初晶区的界线（如图中的 P 点），可以改善瓷料电学性能，制成低损耗滑石瓷。如果加入的 MgO 量足够使坯料组成点到达 M$_2$S 组成点附近，则将制得以镁橄榄石为主晶相的镁橄榄石瓷。

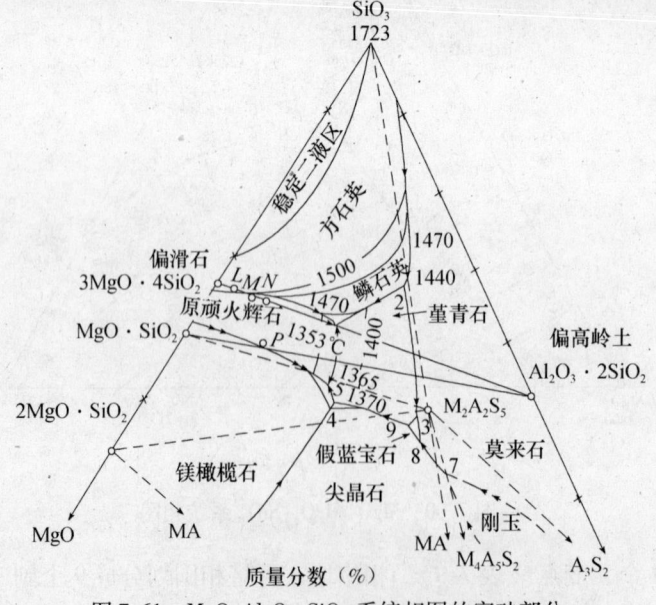

图 7-61 MgO-Al$_2$O$_3$-SiO$_2$ 系统相图的富硅部分

滑石瓷的烧成温度范围狭窄，这可从相图上得到解释。滑石瓷配料点处于三角形 SiO_2-MS-$M_2A_2S_5$ 内，与此副三角形相应的无变点是点 1，点 1 是一个低共熔点。因此，在平衡加热时，滑石瓷坯料将在点 1 的 1355℃ 出现液相。根据配料点位置（L、M 等）可以判断，低共熔过程结束时消失的晶相是 $M_2A_2S_5$，其后液相组成将离开点 1 沿与石英和顽火辉石平衡的界线向温度升高的方向变化，相应的固相组成点则可在 SiO_2-MS 边上找到。运用杠杆规则，可以计算出任一温度下系统中出现的液相量。在石英与顽火辉石初晶区的界线上画出了 1400℃、1470℃、1500℃ 三条等温线，这些等温线分布宽疏，意味着温度升高时，液相点位置变化迅速，液相量将随温度升高而迅速增加。滑石瓷瓷坯在液相量 35% 时可以充分烧结，但液相量 45% 时则已过烧变形。根据相图进行的计算表明，L、M 配料（分别含烧高岭 5%、10%）的烧成温度范围仅 30~40℃，而 N 配料（含烧高岭 15%）则在低共熔点 1355℃ 已出现 45% 的液相。因此，在滑石瓷中一般限制黏土用量在 10% 以下。在低损耗滑石瓷及堇青石瓷配料中用类似方法计算其液相量随温度的变化，发现它们的烧成温度范围都很窄，工艺上常需加入助烧结剂以改善其烧结性能。

在本系统中熔制的玻璃，配料组成位于接近低共熔点 1 及邻近界线区域，因而熔制温度约在 1355℃。由于这种玻璃的析晶倾向大，加入适当促进熔体结晶的成核剂可以制得以堇青石为主要晶相的低热膨胀系数的微晶玻璃材料。

（4）Na_2O-CaO-SiO_2 系统

本系统的富硅部分与 Na_2O-CaO-SiO_2 硅酸盐玻璃的生产密切相关。图 7-62 是 SiO_2 含量在 50% 以上的富硅部分相图。

Na_2O-CaO-SiO_2 系统富硅部分共有 4 个一元化合物 NS、NS_2、N_3S_8、CS 及 4 个三元化合物 N_2CS_3、$N_1C_2S_3$、$N_1C_3S_6$、N_1CS_5。这些化合物的性质和熔点（或分解温度）见表 7-10 所列。

表 7-10　Na_2O-CaO-SiO_2 系统富硅部分的化合物性质

化合物	性质	熔点/℃	化合物	性质	熔点/℃
$Na_2O \cdot SiO_2$（NS）	一致熔	1088	$2Na_2O \cdot CaO \cdot 3SiO_2$（$N_2CS_3$）	不一致熔	1141
$Na_2O \cdot 2SiO_2$（NS_2）	一致熔	874	$Na_2O \cdot 3CaO \cdot 6SiO_2$（$NC_3S_6$）	不一致熔	1047
$CaO \cdot SiO_2$（CS）	一致熔	1540	$3Na_2O \cdot 8SiO_2$（N_3S_8）	不一致熔	793
$Na_2O \cdot 2CaO \cdot 3SiO_2$（$NC_2S_3$）	一致熔	1284	$Na_2O \cdot CaO \cdot 5SiO_2$（$NCS_5$）	不一致熔	827

玻璃是一种非晶态的均质体。玻璃中如出现析晶，将会破坏玻璃的均一性，造成玻璃的一种严重缺陷，称为失透。玻璃中的析晶不仅会影响玻璃的透光性，还会影响其机械强度和热稳定性。因此，在选择玻璃的配料方案时，析晶性能是必须加以考虑的一个重要因素。而相图可以帮助我们选择不易析晶的玻璃组成。大量试验结果表明，组成位于低共熔点的熔体比组成位于界线上的熔体析晶能力小，而组成位于界线上的熔体又比组成位于初晶区内的熔体析晶能力小。这是由于组成位于低共熔点或界线上的熔体有几种晶体同时析出的趋势，而不同晶体结构之间的相互干扰，降低了每种晶体的析晶能力。除了析晶能力较小，这些组成的配料熔化温度一般也比较低，这对玻璃的熔制也是有利的。

当然，在选择玻璃组成时，除了析晶性能外，还必须综合考虑到玻璃的其他工艺性能和使用性能。各种实用的 Na_2O-CaO-SiO_2 硅酸盐玻璃的化学组成一般波动于下列范围内：12%~18% Na_2O，6%~16% CaO，68%~82% SiO_2，即其组成点位于图 7-62 上用虚线画出的平行四边形区域内，而并不在低共熔点 6。这是由于尽管点 6 组成的玻璃析晶能力最小，但其中的氧化钠含量太高（22%），其化学稳定性和强度不能满足使用要求。

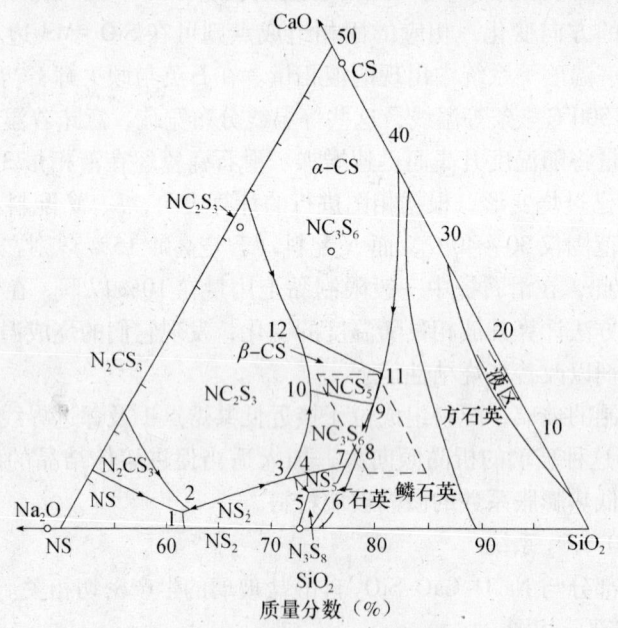

图 7-62 Na_2O-CaO-SiO_2 系统的富硅部分相图

相图还可以帮助我们分析玻璃生产中产生失透现象的原因。对上述成分的玻璃的析晶能力进行的研究表明，析晶能力最小的玻璃是 Na_2O 与以 CaO 含量之和等于 26%，SiO_2 含量 74% 的那些玻璃，即配料组成位于 8-9 界线附近的玻璃。这与我们在上面所讨论的玻璃析晶能力的一般规律是一致的。配料中 SiO_2 含量增加，组成点离开界线进入 SiO_2 初晶区，则从熔体中析出鳞石英或方石英的可能性增加；配料中 CaO 含量增加，容易出现硅灰石（CS）析晶；Na_2O 含量增加时，则容易析出失透石（NC_3S_6）晶体。这是由于组成点离开界线进入初晶区造成的。玻璃析晶（失透）所析出的晶体称为玻璃失透结石。因此，根据对玻璃中失透结石的矿物鉴定，结合相图可以为分析其产生原因及为提出改进措施提供一定的理论依据。

表 7-11 Na_2O-CaO-SiO_2 系统富硅部分的无变量点

图上标号	相间平衡	平衡性质	组成/wt%			平衡温度/℃
			Na_2O	CaO	SiO_2	
1	液 $\rightleftharpoons$ NS + NS_2 + N_2CS_3	低共熔点	37.5	1.8	60.7	821
2	液 + NC_2S_3 $\rightleftharpoons$ NS_2 + N_2CS_3	双升点	36.6	2.0	61.4	827
3	液 + NC_2S_3 $\rightleftharpoons$ NS_2 + NC_3S_6	双升点	25.4	5.4	69.2	785
4	液 + NC_3S_6 $\rightleftharpoons$ NS_2 + NCS_5	双升点	25.0	5.4	69.6	785
5	液 $\rightleftharpoons$ NS_2 + N_3S_8 + NCS_5	低共熔点	24.4	3.6	72.0	755

续表

图上标号	相间平衡	平衡性质	组成/wt% Na$_2$O	组成/wt% CaO	组成/wt% SiO$_2$	平衡温度/℃
6	液 $\rightleftharpoons$ N$_3$S$_8$ + NCS$_5$ + S（石英）	低共熔点	22.0	3.8	74.2	755
7	液 + S（石英）+ NC$_3$S$_6$ $\rightleftharpoons$ NCS$_5$	双降点	19.0	6.8	74.2	827
8	α-石英 $\rightleftharpoons$ α-鳞石英（存在液相及NC$_3$S$_6$）	晶型转变	18.7	7.0	74.3	870
9	液 + β-CS $\rightleftharpoons$ NC$_3$S$_6$ + S（石英）	双升点	13.7	12.9	73.4	1035
10	液 + β-CS $\rightleftharpoons$ NC$_2$S$_3$ + NC$_3$S$_6$	双升点	19.0	14.5	66.5	1035
11	α-CS $\rightleftharpoons$ β-CS（存在液相及α-鳞石英）	晶型转变	14.4	15.6	73.0	1110
12	α-CS $\rightleftharpoons$ β-CS（存在液相及NC$_2$S$_3$）	晶型转变	17.7	16.5	62.8	1110

熔制玻璃时，除了参照相图选择不易析晶而又符合性能要求的配料组成，严格控制工艺条件也是十分重要的。高温熔体在析晶温度范围停留时间过长，或混料不匀而使局部熔体组成偏离配料组成，都容易造成玻璃的析晶。

此外，往玻璃中加入一些新的氧化物，在一般情况下，都会降低玻璃的析晶能力。因此，生产中常在钠钙硅酸盐玻璃组成中加入少量 Al$_2$O$_3$ 和 MgO，以改善工艺和使用性能。

5. 多元系统转换为三元系统方法

在上述有关专业相图分析和应用的例子中，都是把各组分当成纯组分，如将石英、高岭土、长石和滑石等看成是纯材料。而实际生产中，一方面，所用的原材料都不是很纯，往往含有各种杂质；另一方面，为了改善陶瓷的性质，常在配方中加入某些改性添加剂。这样所研究的系统就可能变为复杂多元系统了。为了利用三元系统相图的基本原理来指导生产，可以采用把次要成分折算成主要成分的方法，把四元、五元或更多元系统简化为三元系统。这种方法实际上扩大了三元系统的应用范围。

杂质的折算首先用于估计黏土耐火度，通过研究总结出近似计算方法——不同氧化物作用相当法则。例如，以质量计算，40 份 MgO 对制品耐火度的影响与 56 份 CaO 或 94 份 K$_2$O 的作用相当。80 份 Fe$_2$O$_3$ 与 102 份 Al$_2$O$_3$ 与作用相当。表 7-12 列出了一些氧化物之间的换算关系和相应的折算系数。

表 7-12 某些氧化物的折算系数

系统与区域名称		折算系数 CaO	MgO	K$_2$O	Na$_2$O	Fe$_2$O$_3$
CaO-Al$_2$O$_3$-SiO$_2$	莫来石与刚玉	折算为CaO				折算为Al$_2$O$_3$
		—	1.4	0.7	0.9	0.9
	氧化钙、氧化硅、硅酸钙	—	1.4	0.7	0.9	0.9
MgO-Al$_2$O$_3$-SiO$_2$	氧化硅、斜顽辉石、镁橄榄石、方镁石、尖晶石等	折算为MgO				折算为Al$_2$O$_3$
		0.7	—	0.7	0.9	0.6
K$_2$O-Al$_2$O$_3$-SiO$_2$	莫来石	折算为K$_2$O				折算为Al$_2$O$_3$
		1.7	2.5	—	1.4	0.9

习 题

7-1 解释下列名词：凝聚系统，介稳平衡，低共熔点，双升点，双降点，马鞍点，连线规则，切线规则，三角形规则，重心规则。

7-2 从 SiO_2 的多晶转变现象说明硅酸盐制品中为什么经常出现介稳态晶相。

7-3 SiO_2 具有很高的熔点，硅酸盐玻璃的熔制温度也很高。现要选择一种氧化物与 SiO_2 在 800℃ 低温下形成均一的氧化物玻璃。请问，选何种氧化物？加入量是多少？

7-4 具有不一致熔融二元化合物的二元相图（图 7-23）在低共熔点 E 发生如下析晶过程，$L \rightarrow A + C$。已知 E 点的 B 含量为 20%，化合物 C 的 B 含量为 64%。今有 C_1、C_2 两种配料，已知 C_1 中 B 含量是 C_2 中 B 含量的 1.5 倍，且在高温熔融冷却析晶时，从该两配料中析出的初相（即达到低共熔温度前析出的第一种晶体）含量相等。请计算 C_1，C_2 的组成。

7-5 已知 A、B 两组分构成具有低共熔点的低共熔的有限固溶体二元相图（图 7-28）。试根据下列实验数据绘制相图的大致形状。A 的熔点为 1000℃，B 的熔点为 700℃。含 B 为 0.25mol 的试样在 500℃ 完全凝固，其中含 0.733mol 初相 $S_{A(B)}$ 和 0.267mol $(S_{A(B)} + S_{B(A)})$ 共生体。含 B 为 0.5mol 的试样在同一温度下完全凝固，其中含 0.4mol 初相 $S_{A(B)}$ 和 0.6mol $(S_{A(B)} + S_{B(A)})$ 共生体，而 $S_{A(B)}$ 相总量占晶相总量的 50%。实验数据均在达到平衡状态时测定。

7-6 在三元系统的浓度三角形上画出下列配料的组成点，并注意其变化规律：
(1) $C(A) = 10\%$，$C(B) = 70\%$，$C(C) = 20\%$；（质量分数，下同）
(2) $C(A) = 10\%$，$C(B) = 20\%$，$C(C) = 70\%$；
(3) $C(A) = 70\%$，$C(B) = 20\%$，$C(C) = 10\%$。

今有配料①3kg，配料②2kg，配料③5kg。若将此三配料混合加热至完全熔融，试根据杠杆规则用作图法求熔体的组成。

7-7 在图 7-63 中，划分副三角形；用箭头标出界线上温度下降的方向及界线的性质；判断化合物 S 的性质；写出各无变量点的性质及反应式；分析 M 点的析晶路程，写出刚到达析晶终点时各晶相的含量。

7-8 分析相图（图 7-64）中点 1、2 熔体的析晶路程（注：S、1、E_3 在一条直线上）。

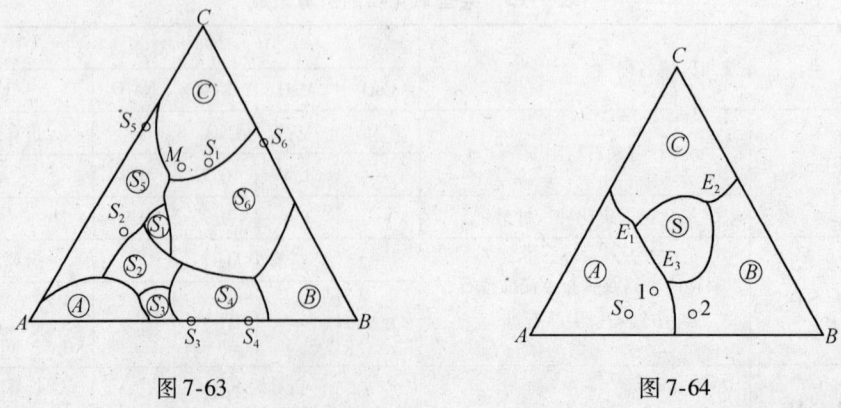

图 7-63   图 7-64

7-9 在 Na_2O-CaO-SiO_2 相图（图 7-62）中，划分出全部的副三角形，判断界线的温度变化方向及界线的性质；写出无变量点的平衡关系式；分析并写出 M 点的析晶路程（M 点在 CS 与 NC_3S_6 连线的延长线上，注意穿相区的情况）。

7-10 一个陶瓷配方，含长石（$K_2O \cdot Al_2O_3 \cdot 6SiO_2$）39%，脱水高岭土（$Al_2O_3 \cdot 2SiO_2$）61%。在1200℃烧成。问：①瓷体中存在哪几相？②所含各相的质量分数是多少？

第8章 扩　　散

　　物质的迁移可通过对流和扩散两种方式进行。在气体和液体中物质的迁移一般是通过对流和扩散来实现的。但在固体中不发生对流，扩散是唯一的物质迁移方式，其原子或分子由于热运动不断地从一个位置迁移到另一个位置。扩散是固体材料中的一个重要现象，诸如陶瓷或粉末冶金的烧结、材料的固态相变、高温蠕变、以及各种表面处理等，都与扩散密切相关。要深入地了解和控制这些过程，就必须先掌握有关扩散的基本规律。

　　凝聚相内发生微观结构变化或进行各种形式的化学反应，不可缺少的要素是晶态或非晶态固体中质点的移动。晶体中质点（原子或离子）在热起伏过程中随机地获得能量，加剧振动，脱离结点位置到一新位置的现象，称为晶格中原子或离子的扩散。

　　当在物质内部有组分、应力、化学梯度存在的条件下，原子或离子的这种扩散迁移成为定向，宏观上表现为物质的传输，所以扩散是固体中的重要传质过程。

　　固体材料涉及金属、陶瓷和高分子化合物三类：金属中的原子结合是以金属键方式；陶瓷中的原子键结合主要是以离子键结合方式为主；而高分子化合物中的原子结合方式是共价键或氢键结合，并形成长链结构，这就导致了三种类型固体中原子或分子扩散的方式不同。

　　固体材料中发生的许多物理、化学变化及硅酸盐材料高温烧结的基本要素都与扩散有密切的联系。因此，对扩散规律、扩散现象与特点、扩散与缺陷间的关系及扩散系数的认识十分必要和重要。

8.1　扩散现象

　　扩散是物质中原子（分子或离子）的迁移现象，是物质传输的一种方式。气态和液态的扩散是人们在生活中熟知的现象，例如在花园中漫步，会感到扑鼻花香；又如，在一杯净水中滴入一滴墨汁，不久杯中原本清亮的水就会变得墨黑。这种气味和颜色的均匀化过程，不是由于物质的搅动或对流造成的，而是由于物质粒子（分子、原子或离子）的扩散造成的。扩散会造成物质的迁移，会使浓度均匀化，而且温度越高，扩散进行得越快。

　　固态扩散不像气态和液态扩散那样直观和明显，速度也非常慢，但是固态金属中确实同样存在着扩散现象。固体中的扩散现象是法拉第在研究铁-铂合金时首先发现的。固体和流体的扩散是质点迁移的一种较为普遍的现象。例如，将两块表面磨平抛光的铜和锌紧密接触，在493K放置1小时后，就可以发现接触面上形成约 3×10^{-4} m 厚的扩散层。许多金属加工过程都与固态扩散有关，例如，钢的化学热处理，高熔点金属的扩散焊接等，又如钢制件表面的渗碳，半导体器件制造过程中的 p-n 结的形成，都是利用固体中物质的扩散作用。

因此，研究固体扩散具有重要的意义。凝聚相内发生微观结构变化或进行各种形式的化学反应，不可缺少的要素是晶态或非晶态固体中质点的移动。晶体中质点（原子或离子）在热起伏过程中随机地获得能量，加剧振动，脱离结点位置，经过一系列的无规则运动，停留在一新位置的现象，称为晶格中原子或离子的扩散（图8-1）。扩散对于固相反应、烧结、析晶、分相以及其他相变等动力学过程十分重要，而且与材料的性质密切相关。当在物质内部有组分、应力、化学梯度存在的条件下，原子或离子的这种扩散迁移成为定向，宏观上表现为物质的传输，所以扩散是固体中的重要传质过程。

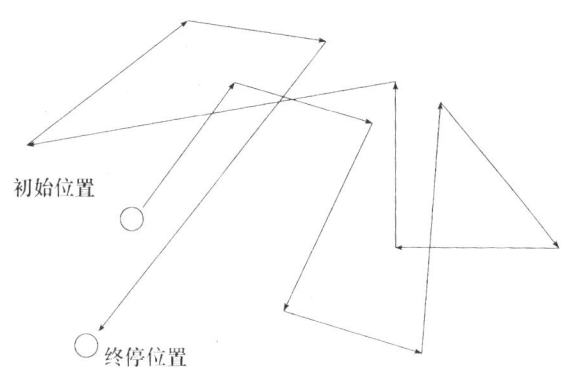

图8-1 扩散的过程

固体中的扩散有与气体和液体不同的特点：首先，固体粒子的扩散是在远低于熔点的温度下在凝聚体内发生的。其次，固态凝聚体有一定的结构，粒子间内聚力很大，粒子迁移必须克服较大的势垒，因此固体的扩散过程进行得极为缓慢。

研究扩散一般有两种方法：①表象理论——根据所测量的参数描述物质传输的速率和数量等；②原子理论——扩散过程中原子是如何迁移的。本章主要讨论固体材料中扩散的一般规律、扩散的影响因素和扩散机制等内容。表象理论是一种宏观的研究方法，它把扩散系统看成是连续介质，而不考虑具体的原子的跃迁过程。这样，扩散问题就变成了如何建立和求解一个适当的微分方程的问题。从这个微分方程的解，可以得出在一定温度下扩散物质的分布和时间的关系，求出扩散系数，以定量地讨论固相中的各种反应过程，如固体的烧结、固相反应、相变以及金属与合金的热处理等。另一种原子理论是微观的方法，它从原子在晶格中的跃迁出发，建立起某些扩散机理的模型，说明扩散系数的实质，从微观方面来理解晶体缺陷及其运动及质点的扩散行为。

固体材料中的扩散过程是非常复杂的过程，在不同的条件下会有不同的扩散过程，下面简单的将扩散过程按照以下的条件进行分类：

（1）按固体中扩散质点的浓度均匀程度可以分成互扩散和自扩散。

扩散质点有浓度差存在的空间扩散称为互扩散。互扩散在实际研究和考查固相反应时，常涉及多种组分体系，互扩散更具有意义。扩散质点没有浓度差的扩散叫自扩散。

（2）按扩散方向分为顺扩散和逆扩散。

扩散质点由高浓度区向低浓度区的扩散叫顺扩散，又称下坡扩散；扩散质点由低浓度区向高浓度区的扩散叫逆扩散，又称上坡扩散。

(3) 按原子的扩散方向分为以下几种：

在晶粒内部进行的扩散称为体扩散；在表面进行的扩散称为表面扩散；沿晶界进行的扩散称为晶界扩散。表面扩散和晶界扩散的扩散速度比体扩散要快得多，一般称前两种情况为短路扩散。此外还有沿位错线的扩散，沿层错面的扩散等。

固体材料中发生许多物理、化学变化及硅酸盐材料制备工艺中高温下实现烧结的基本要素都与扩散有密切的联系。因此，对扩散规律、扩散现象与特点，扩散与缺陷间的关系及扩散系数的认识十分必要和重要。

8.2 菲克定律

在系统地研究扩散现象的过程中，我们引入了特定的扩散方程来描述了每个扩散时间的宏观状态。扩散方程是定量地描述在外场（浓度场、应力场、温度场、电场等）作用下，物质沿外场方向迁移和传递的规律。

1. 固体扩散的特点

质点在固体中的迁移远不如流体那样显著。受其结构所限，固体中的扩散具有自身的特点：①构成固体的所有质点均束缚于三维周期性势场中，依靠质点间较强的作用维系着它的结构。因此，质点的每一步迁移必须从热起伏中获取足够的能量，固体中明显的质点扩散常开始于略低于固体熔点的温度。②始态和终态间势垒的存在使固体质点的迁移扩散过程十分缓慢。图 8-2 显示出一个原子发生迁移时，系统能量的变化过程。③晶体原子或离子依一定方式堆积成的结构将以一定的对称性和周期性限制着质点每一步迁移的方向和行程。如图 8-3 所示，处于平面点阵内间隙位的原子，只可能存在四个等同的迁移方向，每一迁移的发生均需获取高于势场 ΔG 的能量，迁移自由行程相当于晶格常数的大小。所以晶体中质点的扩散往往是各向同性的。

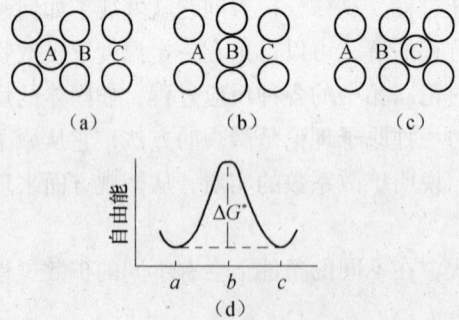

图 8-2 原子从 A—B—C 迁移时整个晶格自由能的变化
(a) 迁移前；(b) 迁移中；(c) 迁移后；(d) 迁移过程中能量变化曲线

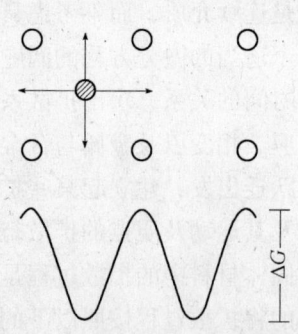

图 8-3 间隙原子扩散势场示意图

为了方便进行扩散方程的建立，人为地将扩散分成了稳态扩散和非稳态扩散。

稳态扩散具有恒定的速率，即一旦稳态过程开始，通过特定面的原子（或者分子）的数量（通量）不随时间变化。这意味着在整个系统中 $\dfrac{dc}{dx}$ = 常数，并且 $\dfrac{dc}{dt} = 0$。

非稳态扩散是一个与时间有关的过程，在这个过程中扩散速率是一个关于时间的函数。因此 $\dfrac{dc}{dx}$ 随时间变化并且 $\dfrac{dc}{dt} \neq 0$。

两种扩散都可用菲克定律量化描述。第一定律与稳态扩散有关，而第二定律则解释非稳态扩散。

2. 菲克第一定律

虽然在微观上流体或固体介质中，由于其本身结构的不同而使质点的扩散行为彼此存在较大的差异。但从宏观统计的角度看，介质中质点的扩散行为都遵循相同的统计规律。

若有一根均匀的合金长棒，沿其长度方向存在着某溶质的浓度梯度（图 8-4）。在棒中取垂直 x 方向，厚度为 Δx 的薄层，其两侧浓度分别为 C_2、C_1，并 $C_2 > C_1$，则薄层中的浓度梯度 $\dfrac{dc}{dx} = \dfrac{C_2 - C_1}{\Delta t}$。在此浓度梯度推动下，溶质原子沿 x 方向通过薄层自左向右扩散迁移，溶质浓度 C 随位置而变化，在一维情况下可记作 $C = C(x)$。

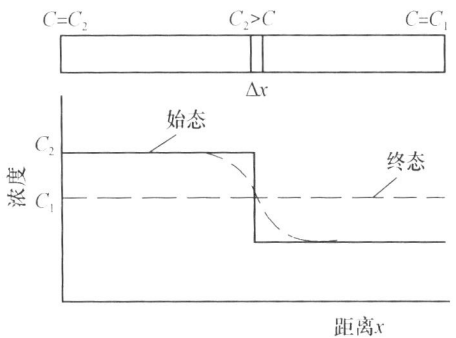

图 8-4　扩散对溶质原子分布的影响

1855 年德国物理学家 A. 菲克（Adolf Fick）于大量扩散现象的研究基础之上，参照了傅里叶（Fourier）于 1822 年建立的导热方程，首先对这种质点扩散过程作出了定量描述，并提出了浓度场下物质扩散的动力学方程——菲克第一定律。

菲克第一定律认为：在扩散体系中，参与扩散质点的浓度因位置而异，且可随时间而变化。即浓度 c 是位置坐标 x、y、x 和时间 t 的函数。在扩散过程中，单位时间内通过单位横截面的质点数目（或称扩散流量密度）J 正比于扩散质点的浓度梯度 ∇C：

$$\vec{J} = -D \nabla C = -D \left(\vec{i} \dfrac{\partial c}{\partial x} + \vec{j} \dfrac{\partial c}{\partial y} + \vec{k} \dfrac{\partial c}{\partial z} \right) \tag{8-1}$$

式中，D 为扩散系数，其量纲为 $L^2 T^{-1}$（在 SI 和 CGS 单位制中分别为 m^2/s 和 cm^2/s）；负号表示粒子从浓度高处向浓度低处扩散，即逆浓度梯度的方向扩散。

当 $dt = 1$ 时，$D = dC$，此时扩散系数 D 表示单位浓度梯度时，扩散通过单位截面积的扩散速率。一般固体当温度在 $20 \sim 1500\,℃$ 范围内，D 值约波动在 $10^{-20} \sim 10^{-4}\,cm^2/s$ 范围内。

若质点在晶体中扩散，其行为还依赖于晶体的具体结构，对于一般非立方对称结构晶体，扩散系数 D 为二阶张量，上式可写为：

$$\left. \begin{aligned} J_x &= -D_{xx} \dfrac{\partial c}{\partial x} - D_{xy} \dfrac{\partial c}{\partial y} - D_{xz} \dfrac{\partial c}{\partial z} \\ J_y &= -D_{yx} \dfrac{\partial c}{\partial x} - D_{yy} \dfrac{\partial c}{\partial y} - D_{yz} \dfrac{\partial c}{\partial z} \\ J_z &= -D_{zx} \dfrac{\partial c}{\partial x} - D_{zy} \dfrac{\partial c}{\partial y} - D_{zz} \dfrac{\partial c}{\partial z} \end{aligned} \right\} \tag{8-2}$$

式中，J_x 为沿 x 方向的扩散流量密度；J_y 为沿 y 方向的扩散流量密度；J_z 为沿 z 方向的扩散流量密度；D_{ij} 为 j 方向的浓度梯度，引起沿 i 方向的扩散的扩散系数（i，j 代表 x，y，z 中的任意一个）。

菲克第一定律另一种文字叙述为：原子的扩散通量与浓度梯度成正比（图8-5）。

菲克第一定律是质点扩散定量描述的基本方程。它可以直接用于求解扩散质点浓度分布不随时间变化的稳定扩散问题，但同时又是不稳定扩散（质点浓度分布随时变化）动力学方程建立的基础。

菲克第一定律仅适用于稳态扩散，但实际上稳态扩散的情况是很少的，大部分属于非稳态扩散。这就要应用菲克第二定律。

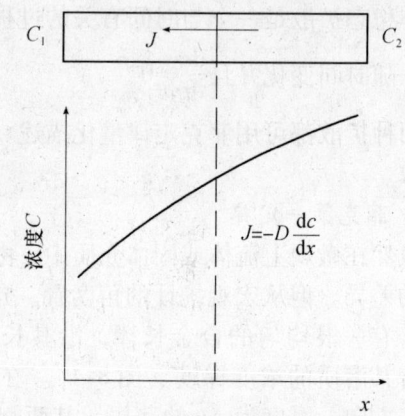

图8-5 原子的扩散通量与浓度梯度成正比

3. 菲克第二定律

实际上，大多数重要的扩散是非稳态的，在扩散过程中扩散物质的浓度随时间而变化，即 $\frac{dc}{dt} \neq 0$。为了研究这种情况，根据扩散物质的质量平衡，在菲克第一定律的基础上推导出了菲克第二定律，用以分析非稳态扩散。

通过测定给定单位时间内体积单元中扩散物质流进和流出的流量差，可以确定扩散过程中任一点的浓度随时间的变化。考虑两个相距为上的单位平面如图8-6所示，通过第一平面的流量为：

$$J_1 = -D\frac{\partial c}{\partial x} \tag{8-3}$$

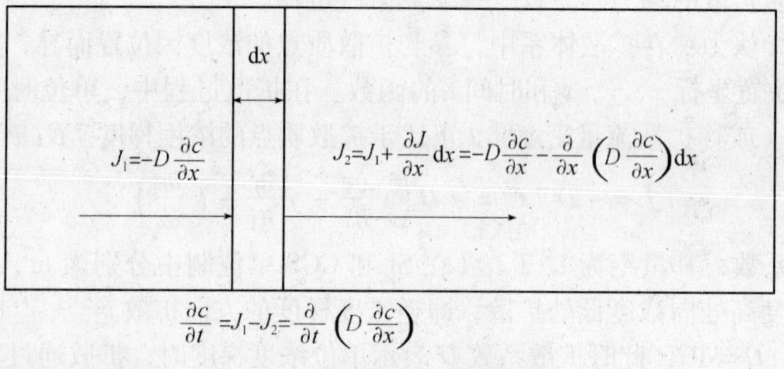

图8-6 菲克第二定律的推导

通过第二平面的流量为：

$$J_2 = J_1 + \frac{\partial J}{\partial x}dx = -D\frac{\partial c}{\partial x} - \frac{\partial}{\partial x}\left(D\frac{\partial c}{\partial x}\right)dx \tag{8-4}$$

J_1 与 J_2 相减得：

$$\frac{\partial J}{\partial x} = \frac{\partial}{\partial x}\left(D\frac{\partial c}{\partial x}\right) \tag{8-5}$$

因为流量随距离发生的变化 $\frac{\partial J}{\partial x}$ 等于在两平面之内扩散物质浓度随时间的变化 $\frac{\partial c}{\partial t}$，由此得到菲克第二定律。在一维情况下，菲克第二定律的表示为：

$$\frac{\partial c}{\partial t} = D\frac{\partial^2 c}{\partial x^2} \tag{8-6}$$

式中，c 为扩散物质的体积浓度（atoms/m³ 或 kg/m³）；t 为扩散时间（s）；x 为扩散距离（m）。式（8-6）给出 $c=f(t, x)$ 的函数关系，又称为扩散第二方程。由扩散过程的初始条件和边界条件可求出式（8-6）的通解。利用通解可解决包括非稳态扩散的具体扩散问题。

菲克第二定律的三维形式：

$$\frac{\partial c}{\partial t} = D\left(\frac{\partial^2 c}{\partial x^2} + \frac{\partial^2 c}{\partial y^2} + \frac{\partial^2 c}{\partial z^2}\right) \tag{8-7}$$

如果半径为 r 的球对称扩散，式（8-7）变换为极坐标表达式：

$$\frac{\partial c}{\partial t} = D\left(\frac{\partial^2 c}{\partial x^2} + \frac{2}{r}\frac{\partial c}{\partial r}\right) \tag{8-8}$$

式（8-1）、式（8-2）和式（8-6）、式（8-7）、式（8-8）分别为菲克第一定律和第二定律的基本数学表示式。第一定律是描述在稳定扩散条件下物质迁移的规律，第二定律则是描述在不稳定扩散条件下，在介质中各点作为时间函数的扩散物质聚集的过程。从形式上看，某点浓度随时间的变化率与浓度分布曲线在该点的二阶导数成正比。如图 8-7 所示，若浓度与位置的关系曲线为凹形，即 $\frac{\partial^2 c}{\partial x^2}$ 大于 0，则该点浓度会随时间增加而增加，即 $\frac{\partial c}{\partial t}$ 大于 0；若曲线为凸形，即 $\frac{\partial^2 c}{\partial x^2}$ 小于 0，则该点浓度会随时间增加而降低，即 $\frac{\partial c}{\partial t}$ 小于 0。菲克第一定律表示扩散方向与浓度降低的方向一致。从上述意义来讲，菲克第一定律和第二定律本质上是一个定律，均表明扩散的结果是使不均匀体系均匀化，由非平衡逐渐达到平衡。

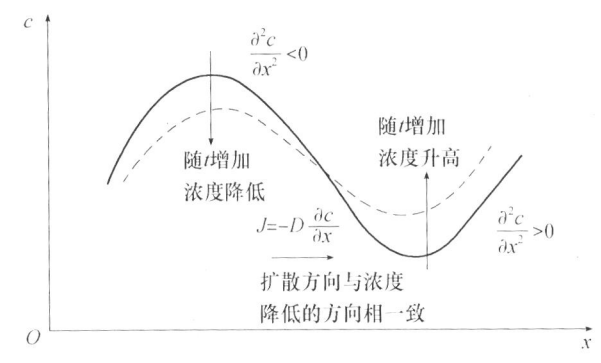

图 8-7 菲克第一定律与菲克第二定律之间的关系

4. 菲克定律的应用

在实际固体材料的研制生产过程中，经常会遇到众多与原子或离子扩散有关的实际问题。因此，求解不同边界条件的扩散动力学方程式往往是解决这类问题的基本途径。一般情况下，所有的扩散问题可归结成稳定扩散与不稳定扩散两大类。所谓稳定扩散是指那些在所研究的扩散过程中，扩散物质的浓度分布不随时间变化而变化的扩散过程。这类问题可直接使用菲克第一定律而得到解决。不稳定扩散是指扩散物质浓度分布随时间变化的一类扩散，这类问题的解决应借助于菲克第二定律。

（1）稳定扩散

以一高压氧气球罐的氧气泄漏问题为例，我们来讲解一下稳定扩散数学过程。设氧气球

罐内外直径分别为 r_1 和 r_2，罐中氧气压力为 p_1，罐外氧气压力为大气中氧分压为 p_2（图8-8）。由于氧气泄漏量极微，故可认为 p_1 不随时间变化。因此当达到稳定状态时氧气将以一恒定速率泄漏。由扩散第一定律可知，单位时间内氧气泄漏量为：

$$\frac{dG}{dt} = -4\pi r^2 D \frac{dc}{dr} \quad (8\text{-}9)$$

式中，D 和 $\frac{dc}{dr}$ 为氧分子在钢罐壁内的扩散系数和浓度梯度。

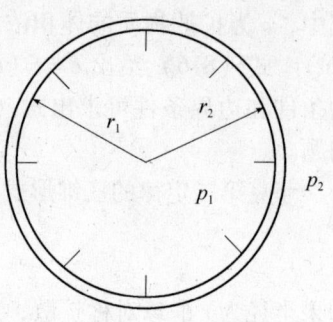

图 8-8　氧气通过球罐壁扩散泄漏示意图

对式（8-9）积分得：

$$\frac{dG}{dt} = -4\pi D \frac{c_2 - c_1}{\frac{1}{r_1} - \frac{1}{r_2}} = -4\pi D r_1 r_2 \frac{c_2 - c_1}{r_2 - r_1} \quad (8\text{-}10)$$

式中，c_2，c_1 分别为氧气分子在球罐外壁和内壁表面的溶解浓度。根据西弗尔特（Sievert）定律：双原子分子气体在固体中的溶解度通常与压力的平方根成正比 $c = K\sqrt{p}$，得单位时间内氧气泄漏量：

$$\frac{dG}{dt} = -4\pi D r_1 r_2 K \frac{\sqrt{p_2} - \sqrt{p_1}}{r_2 - r_1} \quad (8\text{-}11)$$

（2）半导体硅片的掺杂

半导体纯硅片的电导率不易控制，它对温度很敏感，温度稍许改变其电导率差别就可能很大，因此在制造半导体器件时常在硅表面渗入一定杂质如 B 或 P 等元素，这个过程叫掺杂。掺杂的步骤如图8-9所示。首先在硅表面上形成一个 SiO_2 表面屏蔽层，它起绝缘作用，然后在一定的位置上腐蚀掉 SiO_2 层，形成所谓"窗口"，继而在"窗口"位置利用含有硼的气源如 BCl_3 或 B_2O_3，使硼渗入硅表面。在渗硼时通常分两步进行：第一步形成强的沉积层 [图8-9（b）]，这一渗层很薄，因为有强大的扩散源可以保证表面渗层的浓度一直维持不变。

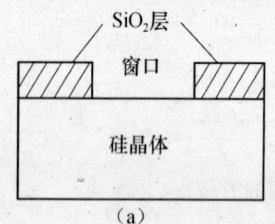 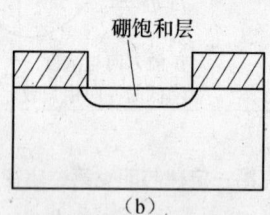 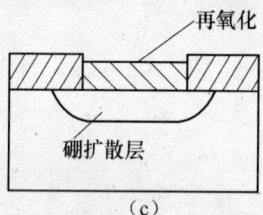

图 8-9　硅片掺杂渗硼过程

(a) 在 SiO_2 层上形成"窗口"，准备渗硼；(b) 首先形成被硼饱和的薄层；(c) 继而深层扩散，含硼量不变扩散机制

在工艺上如控制温度（1100℃）调整 B_2O_3 的分压（≈2Pa），在很短时间内（7~8min）就可达到硼在硅中的最大溶解度。在短时形成表面饱和硼的沉积层之后，第二步就进行长时间的扩散，以降低表面浓度和增加层深 [图8-9（c）]。为什么扩散要分两步进行呢？先产生沉积层的目的是要准确控制在硅表面的含硼量 M，即

$$M = \int_0^\infty C dx = 2C_s \left(\frac{Dt}{\pi}\right)^{\frac{1}{2}} \quad (8\text{-}12)$$

式中 C_s 为表面硼浓度,即硼在硅中最大溶解度约 3×10^{26} 原子数·m^{-3}。随后的扩散过程是在含硼量 M 不变的情况下进行的,随着时间的增加,表面的浓度也在不断降低,而不是维持不变了,这时,假定硼的浓度按正态分布(高斯分布),可参照图8-10。当 $t=0$ 时,扩散物质全部集中在 $x=0$ 的表面附近;当 $t>0$ 时,扩散物质的浓度随时间而改变,但扩散物质的总量 M 维持不变,这种条件下扩散第二定律的解为

$$C = \frac{M}{2(\pi Dt)^{\frac{1}{2}}} \exp(-\frac{x^2}{4Dt}) \tag{8-13}$$

而对应于上述硼的扩散,求得的浓度均应乘以2,因为硼在图8-9中是向一侧扩散,图8-10中扩散物质是向两端扩散。公式(8-13)通常称为薄膜解。

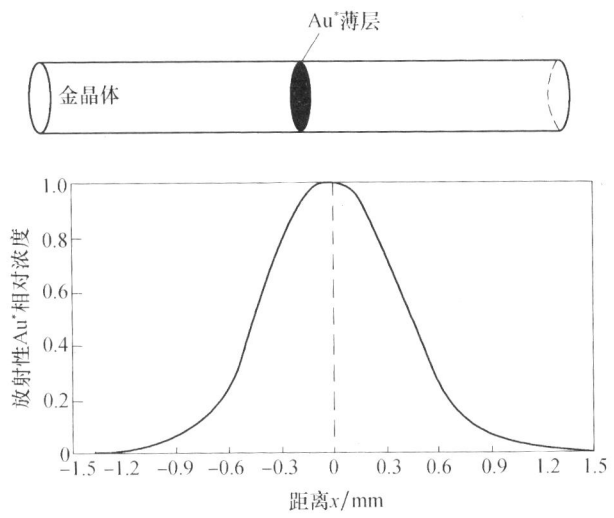

图8-10 薄膜Au向晶体两端扩散溶质浓度按正态分布

5. 扩散系数

菲克第一、第二定律定量地描述了质点扩散的宏观行为,在人们认识和掌握扩散规律过程中起了重要的作用。菲克定律仅仅是一种现象的描述,他将除浓度以外的一切影响扩散的因素都包括在扩散系数中,又没有赋予其明确的物理意义。爱因斯坦在大量研究质点做无规则布朗运动的过程中,用统计的方法得到了扩散方程:

$$\frac{\partial c}{\partial t} = \frac{1}{6}fr^2 \left(\frac{\partial^2 c}{\partial x^2} + \frac{\partial^2 c}{\partial y^2} + \frac{\partial^2 c}{\partial z^2} \right) \tag{8-14}$$

式中,f 表示原子的有效跃迁频率,r 表示原子迁移的自由程。通过式(8-14)与菲克第二定律式(8-7)对照,可以得到扩散系数 D 的数学表达式

$$D = \frac{1}{6}fr^2 \tag{8-15}$$

由此可见,在固体介质中做无规则布朗运动的大量质点的扩散系数决定于质点的有效跃迁频率 f 和迁移自由程 r 平方的乘积。显然对于不同的晶体结构和不同的扩散机构,质点的有效跃迁频率 f 和迁移自由程 r 将具有不同的数值。因此扩散系数既是反应扩散介质微观结构,又是反映质点扩散机构的一个物性参数。

8.3 扩散的机制

由于固体（晶体）中质点均束缚于三维周期势场中，固体质点的迁移方式（又称为扩散的微观机构或扩散机制）受到晶体结构对称性和周期性的限制。一般迁移均会依靠不同载体来完成。当以空位和间隙作为载体时，构成空位机制和间隙机制，这也是到目前为止已为人们所认识的晶体原子或离子迁移的主要机制。目前被普遍接受的扩散机制有间隙机制、填隙机制和空位机制三种。

（1）间隙机制（直接间隙机制）

在间隙固溶体中，溶质原子可以从一个间隙位置跳动到相邻间隙位置（图8-11），图中1表示溶质原子的原始位置，2表示跳动后的位置。在跳动时，必须把阵点上的原子3、4及其上下列相邻阵点的原子挤开，使晶格发生局部的瞬时畸变，这部分畸变能便是溶质原子跳动时所必须克服的势垒。

（2）填隙机制（间接间隙机制）

在填隙机制中，有两个原子同时易位运动，其中一个是间隙原子，另一个是处于点阵上的原子，间隙原子将点阵上的原子挤到间隙位置上去，自己进入点阵位置。由于点阵所施加的约束力不同，在填隙机制中又分为如图8-12所示的沿 ABC 移动的共线跳动和沿 ABD 移动的非共线跳动。填隙机制经常在离子材料中出现，如氟石结构中的阴离子就是通过填隙机制来移动的。

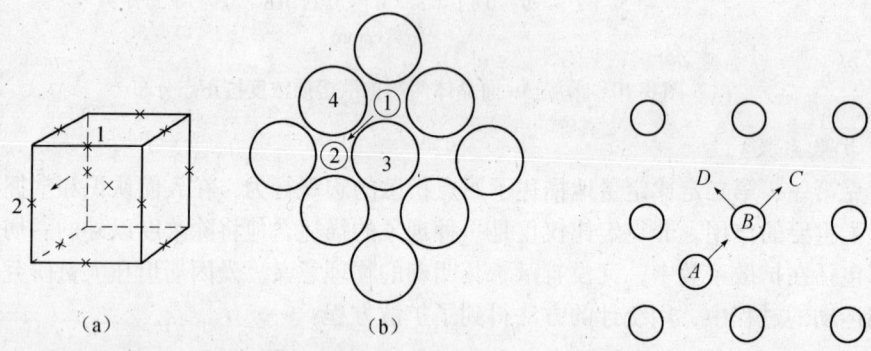

图8-11 间隙机制
（a）fcc晶体的八面体间隙；（b）(100)晶面

图8-12 填隙机制

（3）空位机制

在置换固溶体中，一个处于点阵上的原子通过与空位交换位置而迁移。这个过程相当于空位向相反方向移动，故亦称为空位扩散（图8-13），溶质原子从位置3移动到空位4时，画影线的4个原子需偏离平衡位置而产生局部瞬时畸变。空位扩散的速率取决于临近空位的原子是否具有越过势垒的自由焓，同时也取决于

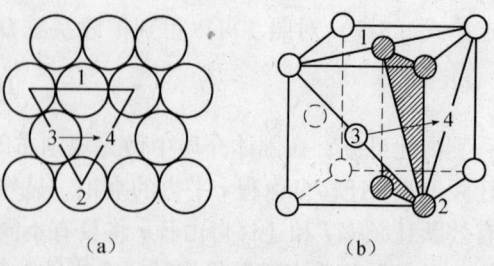

图8-13 fcc晶体的空位扩散机制
（a）(111)晶面；（b）晶格模型

空位浓度。无论金属体系或离子化合物体系，空位机制是固体材料中质点扩散的主要方式。在一般情况下，离子晶体可由离子半径不同的阴、阳离子构成晶格，而较大离子的扩散多半是通过空位机制进行的。

(4) 其他机制

在直接换位机制中，两个邻近原子直接交换位置（图8-14），这会引起很大的点阵瞬时畸变，需克服很高的势垒，只能在一些非晶态合金中出现。环形换位机制（图8-15）肯定具有较低的势垒，不过这需要原子之间有大量的合作运动，似乎也不容易实现。

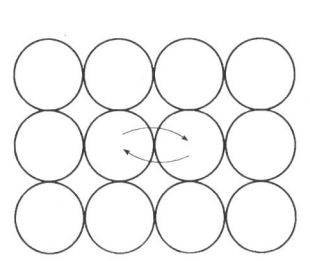
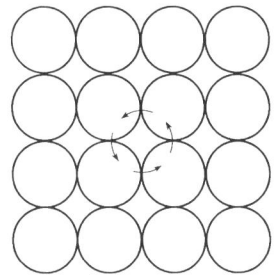

图 8-14　直接换位机制　　　　图 8-15　环形换位机制

原子从一个阵点跳动到另一个阵点，都要越过势垒，跳动方式必然选择势垒最低的途径，因此不同类型的固溶体中溶质原子将以不同方式跳动，不同类型的晶体中扩散原子跳动方式也将有所不同。换句话说，它们将以不同的机制进行扩散。

上述扩散机制表明，即使在不存在外场时，晶体中的质点也会因热起伏而引起无规则的迁移。而当存在外场作用，比如浓度场作用时，这种质点的迁移就会形成定向的扩散，也即形成定向扩散流需要有定向推动力。这推动力一般情况下即是扩散物质的浓度梯度。但应指出的是，在更普遍的情况下，宏观扩散的推动力应该是系统中存在的化学位梯度。

8.4　扩散的本质

固态物质中的原子在其平衡位置并不是静止不动的，而是不停地以其结点为中心以极高的频率进行着热振动。原子振动的能量大小与温度有关，温度越高，则原子的热振动越激烈。当温度不变时，尽管原子的平均能量是一定的，但每个原子的热振动还是有差异的，有的振动能量可能高些，有的可能低些，这种现象称为能量起伏。而在固态金属中，原子按一定的规律呈周期性地重复排列着，其所处的晶格间的位能也呈周期性规律变化着的。原子的每个平衡位置都对应着一个势能谷，在相邻的平衡位置之间都隔着一个势垒（energy barrier），原子要由一个位置跳到另一个位置，必须越过中间的势垒才行，而原子的平均能量总是低于势垒，所以原子在晶格中要改变位置是非常困难的。但是，由于原子的热振动存在着能量起伏，所以总会有部分原子具有足够高的能量，能够跨越势垒 Q，从原来的平衡位置跃迁到相邻的平衡位置上去。原子克服势垒所必需的能量称为激活能（activation energy），它在数值上等于势垒高度 Q。因此，固态扩散是原子热激活的过程。

1. 扩散的一般推动力

扩散动力学方程式建立在大量扩散质点做无规则布朗运动的统计基础之上，形象地描述了扩散过程中扩散质点所遵循的基本规律。但是在扩散动力学方程式中并没有明确地指出扩散的推动力是什么，而仅仅表明了扩散体系中出现定向宏观物质流是存在浓度梯度条件下大量扩散质点做无规则布朗运动（非质点定向运动）的必然结果。显然，经验告诉人们，即使体系不存在浓度梯度而当扩散质点受到某一力场的作用时也将出现定向物质流，因此浓度梯度显然不能作为扩散推动力的确切表征。根据广泛适用的热力学理论，扩散过程的发生与否将与体系中化学位有根本的关系。物质从高化学位流向低化学位是一普遍规律。因此表征扩散推动力的应是化学位梯度。一切影响扩散的外场（电场、磁场、应力场等）可统一于化学位梯度之中，且仅当化学位梯度为零，系统扩散方可达到平衡。下面将以化学位梯度概念建立扩散系数的热力学关系。

设一多组分体系中，i 组分的质点沿 x 方向扩散所受到的力应等于该组分化学位（μ_i）在 x 方向上梯度的负值：

$$F_i = -\frac{\partial \mu_i}{\partial x} \tag{8-16}$$

相应的质点运动平均速度 V_i 正比于作用力 F_i：

$$V_i = B_i F_i = -B_i \frac{\partial \mu_i}{\partial x} \tag{8-17}$$

式中比例系数 B_i 为单位力作用下，组分 i 质点的平均速率。显然此时组分 i 的扩散通量 J_i 等于单位体积中该组成质点数 C_i 和质点移动平均速度的乘积：

$$J_i = C_i V_i \tag{8-18}$$

将式（8-17）代入式（8-18），便可得用化学位梯度概念描述扩散的一般方程式：

$$J_i = -C_i B_i \frac{\partial \mu_i}{\partial x} \tag{8-19}$$

若所研究体系不受外场作用，化学位为系统组成活度和温度的函数，则式（8-19）可写成：

$$J_i = -C_i B_i \frac{\partial \mu_i}{\partial c_i} \cdot \frac{\partial c_i}{\partial x} \tag{8-20}$$

将上式与菲克第一定律比较得扩散系数 D_i：

$$D_i = C_i B_i \frac{\partial \mu_i}{\partial c_i} = B_i \frac{\partial \mu_i}{\partial \ln C_i} \tag{8-21}$$

由于 i 组分在总系统中的摩尔分数 $N_i = \frac{C_i}{C}$，其中 C 是总系统的质点数，对 $N_i = \frac{C_i}{C}$ 两边先求对数再求导可得 $d\ln C_i - d\ln C = d\ln N_i$，对于一定体积的物质，$C$ 是一个常数，因此 $d\ln C = 0$，于是可得 $d\ln C_i = d\ln N_i$，

故有

$$D_i = B_i \frac{\partial \mu_i}{\partial \ln N_i} \tag{8-22}$$

又因物理化学中化学位 μ_i 与标准化学位 $\mu_i^0 (T, P)$ 有如下关系：

$$\mu_i = \mu_i^0(T,P) + RT\ln a_i$$

其中 a_i 代表 i 组分的活度，在混合体系中 $a_i = \gamma_i \cdot N_i$，其中 γ_i 表示 i 组分的活度系数，因此

$$\mu_i = \mu_i^0 + RT(\ln N_i + \ln \gamma_i)$$

则

$$\frac{\partial \mu_i}{\partial \ln N_i} = RT\left(1 + \frac{\partial \ln \gamma_i}{\partial \ln N_i}\right) \tag{8-23}$$

将式（8-23）代入式（8-21）得：

$$D_i = RTB_i \left(1 + \frac{\partial \ln \gamma_i}{\partial \ln N_i}\right) \tag{8-24}$$

上式便是扩散系数的一般热力学关系。式中 $\left(1 + \frac{\partial \ln \gamma_i}{\partial \ln N_i}\right)$ 称为扩散系数的热力学因子。对于理想混合体系活度系数 $\gamma_i = 1$，此时 $D_i = D_i^* = RTB_i$，通常称 D_i^* 为自扩散系数，而 D_i 为本征扩散系数。所谓自扩散是指原子（或离子）以热振动为推动力通过由该种原子或离子所构成的晶体，向着特定方向所进行的迁移过程。与自扩散效应相对应的扩散系数叫自扩散系数。对于非理想混合体系存在两种情况：①当 $\left(1 + \frac{\partial \ln \gamma_i}{\partial \ln N_i}\right) > 0$ 此时 $D_i > 0$ 称为正常扩散，在这种情况下物质流将由高浓度处流向低浓度处，扩散的结果使物质趋于均匀化；②当 $\left(1 + \frac{\partial \ln \gamma_i}{\partial \ln N_i}\right) < 0$ 此时 $D_i < 0$，称为反常扩散或逆扩散。与上述情况相反，扩散结果使溶质偏聚或分相，逆扩散在无机非金属材料领域中也是时而可见的。如固溶体中有序无序相变、玻璃在旋节区（Spinodal Range）分相以及晶界上选择性吸附过程、某些质点通过扩散而富集于晶界上等现象都与质点的逆扩散相关。

2. 扩散系数

在空位扩散形式中，质点向空位的有效跃迁必须具备两个条件：邻近质点处有空位供质点跃迁和质点本身具有能够成功越过能垒的能量。则上式中的有效迁移到空位的频率应有质点成功跃迁的频率 γ 和质点周围出现空位的几率 p 的乘积所决定，关系式为：

$$f = Ap\gamma \tag{8-25}$$

上式中质点周围出现空位的几率 p 等于该温度下晶体内的体积空位分数，A 为比例常数。若空位是由晶体中本征热缺陷产生，p 可由下式求得：

$$p = \exp\left(-\frac{\Delta G_f}{2kT}\right) \tag{8-26}$$

式中，ΔG_f 为空位形成能。

质点成功跃迁的频率 γ 可由绝对反应速度理论即质点克服能垒的活化能求得：

$$\gamma = \gamma_0 \exp\left(-\frac{\Delta G_m}{RT}\right) \tag{8-27}$$

式中，γ_0 为质点在晶格平衡位置上的振动频率；ΔG_m 为扩散能垒。

将以上结论代入式（8-15）中，可得空位扩散系数为：

$$D = \frac{Ar^2}{6\gamma_0} \exp\left(-\frac{\Delta G_f}{2kT}\right) \cdot \exp\left(-\frac{\Delta G_m}{RT}\right) \tag{8-28}$$

式中，r 为空位与邻近结点上质点的距离；$\frac{A \cdot r^2}{6}$ 的值取决于晶体结构，常称为几何因子。

在间隙扩散形式中，由于晶体中间隙原子浓度往往很小，所以实际上间隙原子所有邻近间隙位置都是空的。因此，可供间隙原子跃迁位置几率可近似地看成为1。这样可导出间隙机构的扩散系数为：

$$D = \frac{Ar^2}{6\gamma_0} \exp\left(-\frac{\Delta G_m}{RT}\right) \tag{8-29}$$

比较式（8-28）和式（8-29）可以看出，它们均具有相同的形式。为方便起见，习惯上将各种晶体结构中空位或间隙扩散系数统一于如下表达式：

$$D = D_0 \exp\left(-\frac{Q}{RT}\right) \quad (8\text{-}30)$$

式中，D_0 称为频率因子，Q 称为扩散活化能。

空位扩散活化能是由空位形成能和空位迁移能两部分组成；而间隙扩散活化能只包括间隙质点的迁移能，无形成能。

通过式（8-30）与化学反应中的"阿累尼乌斯"公式相对比，可见与化学反应类似，扩散也是一个热驱动的过程，并且扩散系数的变化直接取决与系统的温度变化。

3. 固体氧化物中的扩散

（1）化学计量氧化物中的扩散

化学计量组成的氧化物，可以具有某一种主要热缺陷，肖特基缺陷或弗仑克尔缺陷，由这类缺陷引起的扩散是本征扩散；除此之外那种由于杂质缺陷引起的扩散则是非本征扩散。各类扩散相应的扩散系数与各自的缺陷特征密切相关。

大多数晶体材料中的扩散是按空位机制进行的，实际晶体材料结构中空位的来源，除由热缺陷提供的以外，还往往包括杂质离子固溶所引入的空位。以 KCl 晶体中引入微量 $CaCl_2$ 为例，将发生如下的取代关系：

$$CaCl_2 \xrightarrow{KCl} Ca_K^{\cdot} + V_K' + 2Cl_{Cl}$$

因此，空位机构扩散系数中应考虑晶体结构中总空位浓度 $N_v = N_{v'} + N_i$。其中，$N_{v'}$ 和 N_i 分别为本征空位浓度和杂质空位浓度。此时扩散系数应由下式表达：

$$D = \gamma a_0^2 v_0 (N_{v'} + N_i) \exp\left(\frac{\Delta S}{R}\right) \exp\left(-\frac{\Delta H}{RT}\right) \quad (8\text{-}31)$$

在温度足够高的情况下，结构中来自于本征缺陷的空位浓度 $N_{v'}$ 可远大于 N_i，此时扩散为本征缺陷所控制，扩散活化能 Q 和频率因子 D_0 分别等于

$$Q = \frac{\Delta H_f}{2} + \Delta H_m$$

$$D_0 = \gamma a_0^2 v_0 N_{v'} \exp\left(\frac{\frac{\Delta S_f}{2} + \Delta S_m}{R}\right)$$

当温度足够低时，结构中本征缺陷提供的空位浓度 $N_{v'}$ 可远小于 N_i，从而式（8-31）变为：

$$D_0 = \gamma a_0^2 v_0 N_i \exp\left(\frac{\Delta S_m}{R}\right) \exp\left(-\frac{\Delta H_m}{RT}\right) \quad (8\text{-}32)$$

因扩散受固溶引入的杂质离子的电价和浓度等外界因素所控制，故称为非本征扩散。相应的 D 则称为非本征扩散系数，此时扩散活化能 Q 和频率因子 D_0 为：

$$Q = \Delta H_m$$

$$D_0 = \gamma a_0^2 v_0 N_i \exp\left(\frac{\Delta S_m}{R}\right)$$

图 8-16 表示了含微量 $CaCl_2$ 的 NaCl 晶体中，Na^+ 的自扩散系数 D 与温度 T 的关系。在高温区活化能较

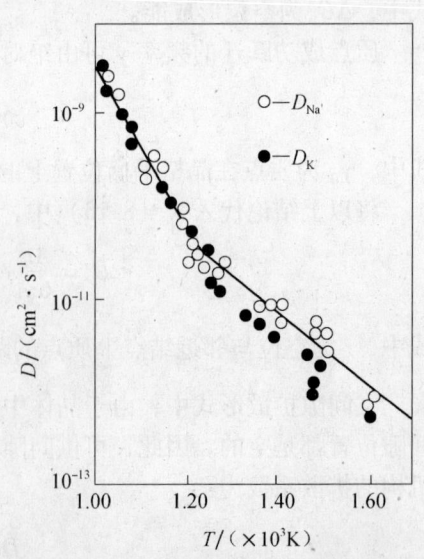

图 8-16　NaCl 单晶中 Na^+ 的自扩散系数

大，对应于本征扩散；在低温区活化能较小，则对应于非本征扩散。Patterson 等人测量了单晶 Na^+ 和 Cl^- 两者的本征扩散系数，并得到了活化能数据，见表 8-1。

表 8-1 NaCl 单晶中自扩散活化能

离子	活化能 Q/（kJ/mol）			离子	活化能 Q/（kJ/mol）		
	$\Delta H_m + \dfrac{\Delta H_f}{2}$	ΔH_m	ΔH_f		$\Delta H_m + \dfrac{\Delta H_f}{2}$	ΔH_m	ΔH_f
Na^+	174	74	199	Cl^-	261	161	199

（2）非化学剂量氧化物中的扩散

有相当多的氧化物属于非化学计量组成。质点在这类物质中的扩散会十分敏感地受到温度、气氛及其压力与杂质等的影响，改变扩散过程，这是一类极其重要的扩散。当计量氧化物由于不同原因产生各类缺陷，成为非计量化合物后，扩散过程常受到缺陷主导，使扩散变得复杂。例如，过渡金属氧化物中金属离子的价态随环境变化，引起结构中出现不同类型的空位，导致扩散系数对于气氛的依赖和在数值上的差异。

下面按不同空位类型，对其扩散加以讨论。

1）金属离子空位型 造成这种非化学计量空位的原因往往是环境中氧分压升高迫使部分亚铁离子、镍离子还有锰离子等二价过渡金属离子变成三价金属离子：

$$2M_M + \frac{1}{2}O_2(g) \longrightarrow O_O + V''_M + 2M_M^{\cdot}$$

当缺陷反应平衡时，平衡常数 K_P 由反应自由焓 ΔG_0 控制：

$$K_P = \frac{[V''_M][M_M^{\cdot}]^2}{p_{O_2}^{\frac{1}{2}}} = \exp\left(-\frac{\Delta G_0}{RT}\right) \tag{8-33}$$

考虑到平衡时，$[M_M^{\cdot}] = 2[V''_M]$，因此非化学计量空位浓度 $[V''_M]$：

$$[V''_M] = \left(\frac{1}{4}\right)^{\frac{1}{3}} p_{O_2}^{\frac{1}{6}} \exp\left(-\frac{\Delta G_0}{3RT}\right) \tag{8-34}$$

将式（8-34）代入式（8-31）的空位浓度项，则得非化学计量空位对金属离子空位扩散系数的贡献。

$$D_M = \left(\frac{1}{4}\right)^{\frac{1}{3}} \gamma a_0^2 v_0 p_{O_2}^{\frac{1}{6}} \exp\left(\frac{\Delta S_m + \dfrac{\Delta S_0}{3}}{R}\right) \exp\left(-\frac{\Delta H_m + \dfrac{\Delta H_0}{3}}{RT}\right) \tag{8-35}$$

显然若温度不变，根据式（8-35），用 $\ln D - \ln p_{O_2}$ 作图所得直线斜率为 $\dfrac{1}{6}$，若氧分压 p_{O_2} 不变，$\ln D - \dfrac{1}{T}$ 图直线斜率负值为 $\dfrac{\Delta H_m + \dfrac{\Delta H_0}{3}}{R}$。

图 8-17 为实验检测的氧分压对钴离子空位扩散系数的影响关系。其直线斜率为

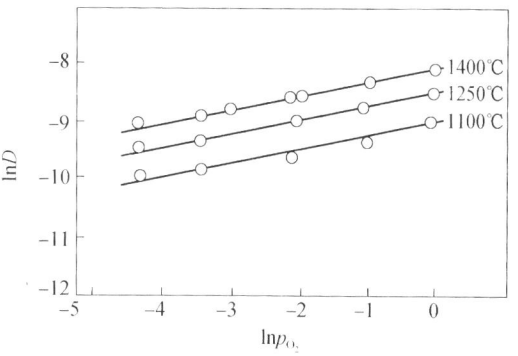

图 8-17 氧分压对 CoO 中 Co^{2+} 扩散系数的影响

$\frac{1}{6}$，因而理论分析与实验结果是一致的。

2）氧离子空位型　氧离子缺位氧化物是另一类非化学计量氧化物，例如 CdO、TiO_2、ZrO_2、CeO_2、Nb_2O_5 等。它们在高温下会产生氧空位，并作为载体进行扩散。

以 ZrO_2 为例，高温下氧分压的降低将导致如下缺陷反应发生：

$$O_O \longrightarrow \frac{1}{2}O_2(g) + V_O'' + 2e' \tag{8-36}$$

反应平衡常数为：

$$K_P = p_{O_2}^{\frac{1}{2}}[V_O''][e']^2 = \exp\left(-\frac{\Delta G_0}{RT}\right) \tag{8-37}$$

考虑到平衡时，$[e'] = 2[V_O'']$，即

$$[V_O''] = \left(\frac{1}{4}\right)^{-\frac{1}{3}} p_{O_2}^{-\frac{1}{6}} \exp\left(\frac{\Delta G_0}{3RT}\right) \tag{8-38}$$

于是非化学计量空位对氧离子的空位扩散系数贡献为：

$$D_O = \left(\frac{1}{4}\right)^{-\frac{1}{3}} \gamma a_0^2 v_0 p_{O_2}^{-\frac{1}{6}} \exp\left(\frac{\Delta S_m + \frac{\Delta S_0}{3}}{R}\right) \exp\left(-\frac{\Delta H_m + \frac{\Delta H_0}{3}}{RT}\right) \tag{8-39}$$

比较式（8-39）和式（8-35），可以看出，对过渡金属非化学计量氧化物，氧化分压 p_{O_2} 的增加将有利于金属离子的扩散而不利于氧离子的扩散。

研究表明，无论是金属离子或是氧离子，其扩散系数的温度依赖关系在 $\ln D$-$\frac{1}{T}$ 关系图中均有相同的斜率负值表达式 $\frac{\Delta H_m + \frac{\Delta H_0}{3}}{R}$。倘若在非化学计量氧化物中同时考虑本征缺陷空位、杂质缺陷空位以及由于气氛改变所引起的非化学计量空位对扩散系数的贡献，可以用 $\ln D$-$\frac{1}{T}$ 图分析。图形由两个转折点的直线段构成，高温和低温段分别为本征空位和非化学计量空位所致。图 8-18 示意地给出了这一关系的图像。

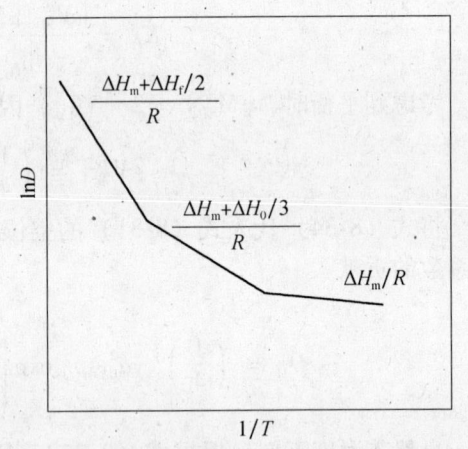

图 8-18　缺氧型氧化物中扩散系数与温度的关系

8.5　影响扩散的因素

扩散系数是决定扩散速度的重要参量。讨论影响扩散系数因素的基础是基于式 $D = D_0 \exp\left(-\frac{Q}{RT}\right)$，由式表明，扩散系数主要决定于温度和活化能。而扩散活化能还受到扩散物质和扩散介质性质以及杂质和温度等的影响。

1. 扩散介质结构与性质的影响

通常，扩散介质结构越紧密，扩散越困难，反之亦然。例如在一定温度下，锌在具有体心立方点阵结构（单位晶胞中含2个原子）的β-黄铜中的扩散系数大于具有在面心立方点阵结构（单位晶胞中含4个原子）时α-黄铜中的扩散系数。

对于形成固溶体系统，则固溶体结构类型对扩散有着显著影响。例如，间隙型固溶体比置换型固溶体容易扩散。一般说来，扩散相与扩散介质性质差异越大，扩散系数也越大。这是因为当扩散介质原子附近的应力场发生畸变时，就较易形成空位和降低扩散活化能而有利于扩散。故扩散原子与介质原子间性质差异越大，引起应力场的畸变也愈烈，扩散系数也就愈大。

2. 结构缺陷的影响

实验表明，在金属材料和离子晶体中，原子或离子在晶界上扩散远比在晶粒内部扩散来得快。有实验表明，某些氧化物晶体材料的晶界对离子的扩散有选择性的增加作用，例如在Fe_2O_3、CoO、$SrTiO_3$等材料中晶界或位错有增加O^{2-}离子的扩散作用，而在BeO、UO_2、Cu_2O和$(Zr, Ca)O_2$等材料中则无此效应。

3. 温度与杂质的影响

图8-19给出了一些常见氧化物中参与构成氧化物的阳离子或阴离子的扩散系数随温度的变化关系。

应该指出，对于大多数实用晶体材料，由于其或多或少地含有一定量的杂质以及具有一定的热过程，因而温度对其扩散系数的影响往往不完全像图8-19所示的那样，$\ln D - \frac{1}{T}$间均成直线关系，而可能出现曲线或者不同温度区间出现不同斜率的直线段，这一差别主要是由于活化能随温度变化所引起的改变。

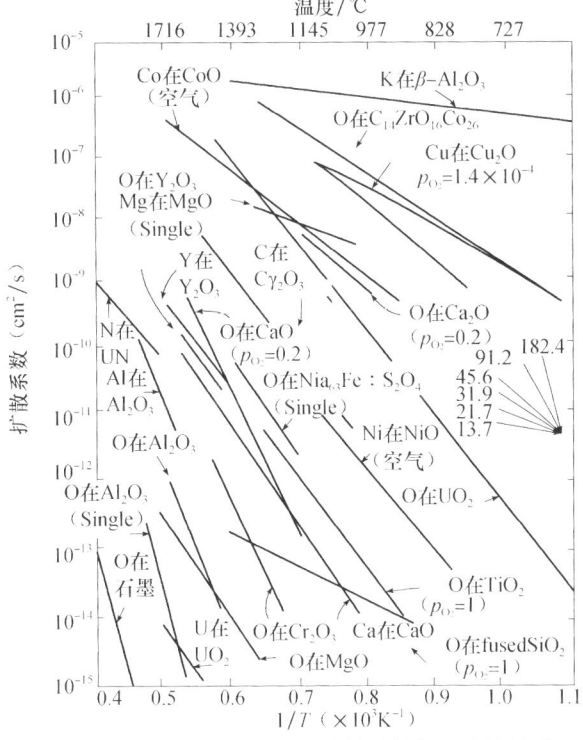

图8-19 一些氧化物中离子扩散系数与温度的关系

温度和热过程对扩散影响的另一种方式是通过改变物质结构来完成的。例如在硅酸盐玻璃中网络变性离子 Na^+、K^+、Ca^{2+} 等在玻璃中的扩散系数,随玻璃的热过程有明显差别。在急冷的玻璃中的扩散系数一般高于同组成充分退火的玻璃中的扩散系数。两者可相差一个数量级或更多,这可能与玻璃中网络结构疏密程度有关。图 8-20 给出硅酸盐玻璃中 Na^+ 的扩散系数随温度升高而变化的规律。中间的转折应与玻璃在反常区间结构变化相关。对于晶体材料,温度和热过程对扩散也可以引起类似的影响。如晶体从高温急冷时,高温时所出现的高浓度 Schottky 空位将在低温时保留下来,并在较低温度范围内显示出本征扩散。

利用杂质对扩散的影响是人们改善扩散的主要途径。一般而言,高价阳离子的引入可造成晶格中出现阳离子空位和造成晶格畸变,从而使阳离子扩散系数增大。且当杂质含量增加,非本征扩散与本征扩散温度转折点升高。

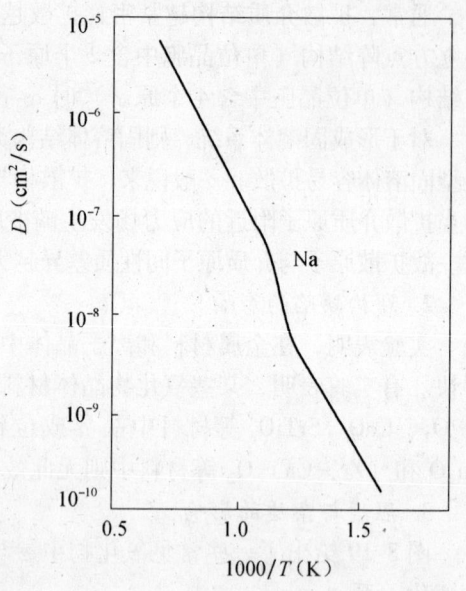

图 8-20 硅酸盐玻璃中阳离子的扩散系数

反之,若杂质原子与结构中部分空位发生缔合,往往会使结构中总空位增加而有利于扩散。

习 题

8-1 基本概念:扩散、稳定扩散、不稳定扩散、自扩散、本征扩散、扩散系数。

8-2 扩散的主要机制有哪几个?

8-3 已知 MgO 多晶材料中 Mg^{2+} 离子本征扩散系数 D_{in} 和非本征扩散系数 D_{ex} 由下式给出。

$$D_{in} = 0.249\exp\left(-\frac{486000}{RT}\right) cm^2/s$$

$$D_{ex} = 1.2 \times 10^{-5}\exp\left(-\frac{254500}{RT}\right) cm^2/s$$

试求由本征扩散转变为非本征扩散的转折点温度。

8-4 烧结 ZnS 时,在 563℃,测得 Zn^{2+} 扩散系数为 $3 \times 10^{-4} cm^2/s$,在 450℃ 测得 Zn^{2+} 扩散系数为 $1.0 \times 10^{-4} cm^2/s$,求 Zn^{2+} 在扩散中的 D_0 和扩散活化能。

8-5 在制造硅半导体器件中,常使硼扩散到硅单晶中,若在 1600K 温度下,保持硼在硅单晶表面的浓度恒定(恒定源半无限扩散),要求距表面 $10^{-3}cm$ 深度处,硼的浓度是表面浓度的一半,问需要多长时间?

(已知 $D_{1600℃} = 8 \times 10^{-12} cm^2/s$;当 $\exp\left(\dfrac{x}{2\sqrt{Dt}}\right) = 0.5$ 时,$\dfrac{x}{2\sqrt{Dt}} \approx 0.5$)

8-6 试举例说明物质从低浓度向高浓度的扩散,并说明扩散的推动力。

8-7 分析影响扩散的因素和在实际中的应用。

8-8 试讨论从室温到熔融温度范围内,氯化锌添加剂(10^{-4} mol%)对 NaCl 单晶中所有离子(Zn^{2+}、Na^+ 和 Cl^-)的扩散能力的影响。

第9章 固相反应

由于固体的反应能力比气体和液体的低得多,在较长时间内,人们对它的了解和认识甚少。尽管像铁的渗碳这样的固相反应过程早就为人们所了解并加以利用,但系统的研究工作直到20世纪30年代才开始。在这方面,泰曼及其学派在合金系统方面、杨德(Jander)等人在非合金系统方面的工作占有重要的地位。

现在,固相反应是一系列合金、传统硅酸盐材料以及新型无机功能材料生产过程中的基础反应。众所周知,它直接影响这些材料的生产过程和产品质量。与一般气相、液相反应相比,固相反应要复杂得多,在反应机理、动力学和研究方法上都有其特点,故本章重点讨论固相反应的机理和动力学关系。

9.1 固相反应概述

1. 固相反应的特征

固相反应与一般的气相、液相反应相比,在反应机理、动力学和研究方法等方面都具有特殊性。而早期对固态物质间的反应之认识是由泰曼等人建立的。他们对这类反应下了这样的定义:结晶质的反应颗粒在无任何液相或者气相参与下相互间直接作用进行的反应称为固相反应。泰曼的观点可归纳为以下三点:

1) 固体间可以直接反应,气体或液体没有或不起重要作用。
2) 固相反应开始温度常远低于反应物的熔点或系统低共熔点温度;此温度与反应物内部开始呈现明显扩散作用的温度一致,称为泰曼温度或烧结开始温度。
3) 当反应物之一有晶型转变时,则转变温度通常是反应开始明显的温度。

随着研究的深入,发现许多固相反应的实际速率比泰曼理论计算的结果快,有些反应,如 MoO_3 与 $CaCO_3$ 等,即使反应物间不直接接触,也仍可能较强烈地进行。因此,金斯特林格等人提出:固相反应中反应物可转为气相或液相,然后通过颗粒外部扩散到另一固相的非接触表面上进行反应,并指出气相或液相也可能对固相反应过程起重要的作用。

综合近年来对于固相反应的研究结果,可以认为固相反应是固相直接参与的化学反应,除固体间的反应外,也包括有气相或液相参与。同时,在固相反应的过程中,至少在固体内部或外部的一个过程,对整个固相反应速率起关键的控制作用。这个控制速率的过程不仅仅限于化学反应,还包括物质的迁移扩散过程、传热过程、能量的输送过程以及新相晶格缺陷的调整速率、晶粒生长速率等过程。

固相反应的特点概括起来主要有以下几个方面:

(1) 对于不同类型的物质,泰曼温度与它的熔点 T_M 之间有一定的关系:金属为 $0.3T_M \sim 0.4T_M$;盐类和硅酸盐类则分别为 $0.57T_M$ 和 $0.8T_M \sim 0.9T_M$。若反应物存在多晶转变,此温度也往往是反应开始变得明显的温度,这一规律称为海德华定律。

(2) 固相反应属于多相反应,固相反应中反应物的混合程度与均相反应不同。均相反应是在原子或分子水平混合,反应是原子或分子碰撞造成的,描述反应速率的方程只与时间和浓度有关,而与空间坐标无关。固相反应中反应物只能以固相的粒度混合,不能以原子程度混合,反应物尺度远远大于原子尺度,反应必须在固相界面上进行。所以,参与反应的固相相互接触是反应物间发生化学作用和物质传输的先决条件,反应时除了固体化学键的断裂和重新形成外,还需要固态物质彼此的扩散和渗透,所以空间坐标成为控制因素。因此浓度因素对固相反应并不十分重要,晶体的形状、结构、表面及内部缺陷等因素对固相反应却十分重要。

(3) 均相反应的速率一般只由化学反应速率决定,固相反应过程由化学和物理过程共同构成,包括扩散传质、升华、晶核形成和增长等物理过程以及化学反应过程,总的反应速率由其中最慢的过程控制。因此固相反应中往往出现同一反应在初期和后期的反应机理和反应速率方程式不相同的现象。

(4) 固相反应动力学方程具有复杂性和多相性。对应于固相反应的不同控制过程有不同的动力学方程,若两个以上的过程同时控制着一个固相反应,则难以用一个动力学方程式表示。

(5) 固相反应通常需在高温下进行,但开始温度常远低于反应物的熔点或系统的低共熔温度。在低温时,固体在化学上一般是不活泼的,因而固相反应通常需在高温下进行。

2. 固相反应的分类

固相反应的分类方法一般有三种,按参加反应的物质状态分、按反应的机理分、按反应的性质分(图9-1)。

图 9-1　固相反应的主要分类

(1) 按参加反应的物质状态分

1) 纯固相反应

纯固相反应的反应物和产物都是固态，反应过程中可以有液态中间产物出现。化学反应式可以写为：

$$A(s) + B(s) \longrightarrow AB(s)$$

2) 有液相参与的反应

包括反应物中有液相和产物中有液相两种类型。反应式可写为：

$$A(s) + B(s) \longrightarrow AB(l)$$
$$A(s) + B(l) \longrightarrow AB(s)$$

3) 有气相参与的反应

包括固态物质分解放出气体的反应和固态物质与气体的反应。反应式可以写为：

$$AB(s) \longrightarrow A(s) + B(g)$$
$$AB(s) + C(g) \longrightarrow AC(s) + B(g)$$

有气相或液相参与的反应经常出现，即使是纯固相反应，有时也伴有液相或气相出现。例如，当晶体内部有少量具有较大能量的结构基元时，会发生局部反应，放出热量，同时使物料局部加热，该处因温度迅速上升，有可能达到该体系的低共熔点出现液相。气体则由于物质在一定温度下有一定的饱和蒸气压，所有物质在环境中都存在气相。

(2) 按反应机理分

按照反应机理，固相反应可分为扩散控制过程、相界面化学反应速率控制过程、晶核形成和晶核增长控制过程及升华控制过程等，这种分类方法在研究固相反应动力学问题时十分有用。

(3) 按反应的性质分

按照反应的性质，固相反应可分为氧化反应、还原反应、加成反应、置换反应和分解反应（表 9-1）。

表 9-1 固相反应按反应的性质分类

名称	编号	反应式	例子
氧化反应	1	$A(s) + B(g) \longrightarrow AB(s)$	$Zn(s) + \frac{1}{2}O_2(g) \longrightarrow ZnO(s)$
还原反应	2	$AB(s) + C(g) \longrightarrow A(s) + BC(s)$	$Cr_2O_3 + 3H_2(g) \longrightarrow 2Cr(s) + 3H_2O(s)$
加成反应	3	$A(s) + B(s) \longrightarrow AB(s)$	$MgO + Al_2O_3 \longrightarrow MgAl_2O_4$
置换反应	4	$A(s) + BC(s) \longrightarrow AC(s) + B(s)$	$Cu(s) + AgCl(s) \longrightarrow CuCl(s) + Ag(s)$
置换反应	5	$AC(s) + BD(s) \longrightarrow AD(s) + BC(s)$	$AgCl(s) + NaI(s) \longrightarrow AgI(s) + NaCl(s)$
置换反应	6	$ABX(s) + CX(s) \longrightarrow ACX(s) + BX(g)$	$TiO_2(s) + SrCO_3 \longrightarrow SrTiO_3(s) + CO_x(g)$
分解反应	7	$AB(s) \longrightarrow A(s) + B(g)$	$MgCO_3(s) \longrightarrow MgO(s) + CO_2(g)$

显然，分类的研究方法往往是强调了问题的某一个方面，以寻找其内部规律性。而实际上不同性质的反应其反应机理可以相同也可以不相同，即使是同一系统，外部条件的变化也可能会导致反应机理的改变。因此，要真正了解固相反应所遵循的规律，在分类研究的基础

上还必须对过程作进一步的综合分析。

9.2 固相反应的一般进程

1. 固相反应的机理

在典型的固相反应中，一般有三个步骤：①扩散传质——反应物扩散迁移到相界面上；②相界面反应——反应物在相界面处接触并发生化学反应生成产物；③晶核形成及增长——刚生成的产物是无定形的，通过结构基元的位移和重排而形成产物晶体。因此固相反应机理应按以上三个步骤讨论。

（1）扩散传质机理

要发生固相反应，反应物分子必须相互接触，而扩散正好可以提供这样一个机会。例如，A、B两种粉末颗粒接触，若A物质的扩散系数远大于B物质的，则被迁移的A物质通过颗粒之间的接触点沿着B颗粒表面进行表面扩散，把B颗粒表面覆盖并发生化学反应，生成产物AB。然后，A物质继续沿着表面进行扩散，再通过产物层AB向B颗粒扩散，此时发生体积扩散。如果两反应物都具有较大的扩散能力，也可相互扩散。

扩散能够进行必须有两个要素。一个是参与反应的晶体中有可供扩散进行的通道，即晶体中存在各种缺陷，如点缺陷、位错、界面等；另一个是有扩散进行所需的化学位梯度，如浓度梯度和温度。温度对原子获得跃过迁移势垒所需的能量至关重要，因此固相反应常常需要一定的高温。

固相反应的性质不同，反应界面和参与扩散的原子或离子都有所不同，这在下面将详细论述。

（2）相界面反应机理

相界面发生的化学反应机理像均相反应那样包括旧化学键的断裂和新化学键的形成，可以用均相反应的理论来处理。

（3）晶核形成及增长机理

在固相反应中反应物分子经接触、反应而生成产物分子。产物分子经位移、重排而形成晶核，晶核增长而发展成为新晶相。晶核的形成和增长都与温度有关，且随温度变化有一个最大速率。形核速率最大值出现在低温处，生长速率最大处出现在高温处，高温对晶体生长有利，低温对形核有利。当晶核的形成和增长速率很慢时就成为固相反应的控制步骤。

2. 固相反应的微观过程

一般固相反应历程一开始是反应物颗粒之间的机械混合接触，并在表面发生化学反应形成细薄且含大量结构缺陷的新相；随后发生产物新相的结构调整和晶体生长；当在两反应颗粒间形成的产物层达到一定厚度后，进一步的反应将依赖于一种或几种反应物通过产物层的扩散而得以进行，这种物质的输运过程可以通过晶体的晶格内部、表面、晶界、位错或由于反应物和产物体积不同引起的晶体裂纹进行扩散。图9-2是ZnO和Fe_2O_3反应生成$ZnFe_2O_4$尖晶石的固相反应过程中所表现出的物理和化学性质的变化。这些变化十分具体地反映出了系统在加热过程中发生的物理化学的变化，即先是通过较低温度时的表面扩散进行表面反应，因为新生成的产物相结构极不完整，所以催化活性增大；然后表面产物层得到巩固。

此情况在图 9-2 中对应于约 500℃体系催化活性的降低；再接下来是反应物扩散到另一反应物内部进行反应和产物晶体的生长，此时可能因为新旧相的体积不同而产生裂纹等原因，使催化活性重新增加；最后是晶格调整和缺陷的校正和消除，从而催化活性又趋降低。

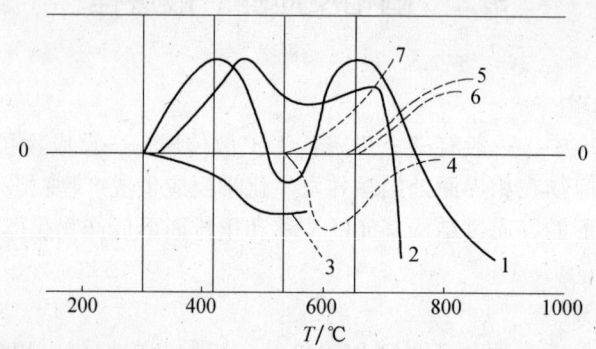

图 9-2　ZnO + Fe$_2$O$_3$ ——→ZnFe$_2$O$_4$ 反应过程中系统的性质变化
1—对 2CO + O$_2$ ——→2CO$_2$ 反应的催化活性；2—对 2N$_2$O ——→2N$_2$ + O$_2$ 反应的催化活性；
3—对色剂的吸附性能；4—密度；5—ZnFe$_2$O$_4$

对于不同的固相反应系统，也许各有其许多不同的特性，但以上的物理化学过程应该说是相当具有共性的。当然对于广义的固相反应而言，由于存在气相或液相，反应所需的传质过程往往可能通过气相或液相进行，此时气相与液相对固相反应具有重要作用。从这里也可以看到，固相反应的历程是复杂的，是由许多方面的过程组成的，一般至少在固体内部或外部有一个或两个过程（环节）起着控制整个固相反应速度的作用，它可能是化学反应，也可能是扩散，还可能是新相的生长速率或体系内的能量传输速率等。

概括起来，固相反应一般可以用以下几个步骤来表示：

第一步，开始相互作用期。反应物混合以后即使在较低的温度下也发生相互作用。明显表现出表面吸附中心的数目增加。当反应混合物轻微加热，反应物表面彼此变得紧密接触，导致比表面积减少、密度增加。如图 9-3（b）所示。

第二步，表面分子的形成——第一活化期。在较低温度下，反应物 A 或 B 的表面分子就能充分移动而离开原来的晶格位置，扩散到另一反应物表面上并发生化学反应，生成表面分子 AB。它是在 A、B 晶界面上形成的一种疏松结构。此时反应混合物具有相当大的催化活性。如图 9-3（c）所示。

第三步，表面分子的致密化——第一脱活期。随着温度升高，生成物 AB 的数量也增加。当增加到一定程度时，它就会在表面上形成致密薄层。这在一定程度上阻碍反应物的进一步扩散。而且随着薄层厚度的增加，这一阻碍增大，从而使反应混合物活性下降。如图 9-3（d）所示。

以上三步仅仅是由具有过剩能量的表面分子的移动所引起的。生成产物 AB 的量也无法用化学分析或 X 射线分析法来确定。

第四步，扩散到内部形成产物分子——第二活化期。由于温度升高，使反应物分子有更大的能量。不仅表面层的分子可以扩散，而且可以通过产物薄层扩散到晶体的内部并发生反应，生成产物。这时的产物具有很多缺陷，结构疏松，密度降低，活性增大。用 X 射线谱可以证明，锌铁尖晶石的晶核已经形成。如图 9-3（e）所示。

第五步，正常晶体的形成——第二脱活期。新形成的产物晶体还存在着相当数量的结构缺陷。由于温度升高，晶体内的结构基元继续迁移，校正了晶体内的各种缺陷，使体系的能量降低，达到了热力学稳定态。另一方面，温度升高使原来生成的较小晶体发生聚集再结晶，从而生成较大的完整晶体。呈现出催化活性减少，密度增大，X 射线谱的线条逐渐锐和具有标准的衍射谱图。如图 9-3（f）所示。

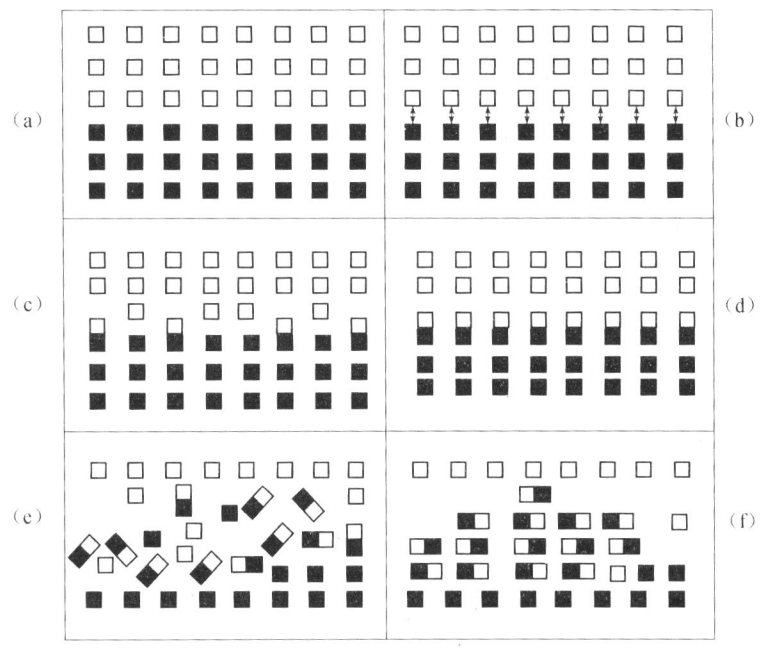

图 9-3　ZnO + Fe_2O_3 形成尖晶石的中间步骤

(a) 反应物 A 和 B 混合；(b) 最初的相互作用；(c) 产物分子在表面开始形成；
(d) 表面分子致密层的形成；(e) 产物分子在内部开始形成；(f) 产物正常晶体的形成

反应所经历的不同步骤通常以温度区间来划分。以上述反应为例，温度在 300℃ 以下为第一步骤；温度在 300～400℃ 为第一活化期；在 400～500℃ 为第一脱活期；在 500～620℃ 为第二活化期；温度在 620℃ 以上为第二脱活期。当然不同的反应划分的温度区间是不同的，另外，也不是所有的反应都有这 5 个步骤。例如，MnO + Fe_2O_3 的固相反应就没有第二步。事实上，固相反应的温度远低于新晶相形成的温度，例如，ZnO + Fe_2O_3 固相反应在 300℃ 时已经开始，而新晶相 $ZnFe_2O_4$ 的形成却在 500～620℃ 才开始。此时才能用 X 射线分析锌铁尖晶石的存在。

9.3　固相反应动力学

固相反应动力学是在通过反应机理的研究提供有关反应体系的反应随时间变化的规律性信息。对于实际生产过程中的反应来讲，往往更关心固相反应的速度，因为它直接影响着实际生产的效率。由于固相反应的机理可以是多样的，对于不同的反应，乃至同一反应的不同阶段，其动力关系也往往不同。因此，在实际研究中应注意加以判断与区别。

有固相参与的反应是比较复杂的反应。如前所述，典型的固相反应有三个步骤：扩散传质，相界面化学反应和晶核的形成及增长。反应的每一步都对应有一个活化能，如图9-4所示。

1. 固相反应一般的动力学关系

固相反应通常是由几个简单的物理化学过程，如化学反应、扩散、结晶、熔融、升华等步骤构成。因此，整个反应的速率将受到其所涉及的各个动力学阶段所进行速率的影响。显然所有环节中速率最慢的一环，将对整体反应速率有着决定性的影响。

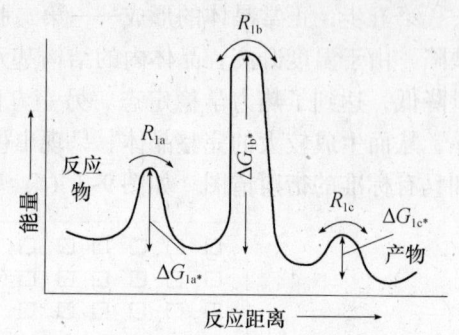

图9-4 固相反应多步骤过程

现以金属氧化过程为例，建立整体反应速度与各阶段反应速度间的定量关系。设反应依图9-5所示模式进行，其反应方程式为：

$$M(s) + \frac{1}{2}O_2(g) \rightarrow MO(s) \quad (9\text{-}1)$$

反应 t 时间后，金属 M 表面已形成厚度为 δ 的产物层 MO。进一步的反应将由氧气 O_2 通过产物层 MO 扩散到 M-MO 界面和金属氧化两个过程所组成。

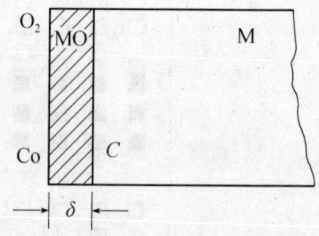

图9-5 金属 M 表面氧化反应模型

根据化学反应动力学一般原理和扩散第一定律，单位面积界面上金属氧化速度 V_R 和氧气扩散速度 V_D，分别有如下关系：

$$V_R = KC$$
$$V_D = D\frac{dC}{dx}\bigg|_{x=\delta} \quad (9\text{-}2)$$

式中，K 为化学反应速率常数；C 为界面处氧气浓度；D 为氧气在产物层中的扩散系数。

显然，当整个反应过程达到稳定时，整体反应速率 V 为：

$$V = V_R = V_D \quad (9\text{-}3)$$

由 $KC = D\dfrac{dC}{dx}\bigg|_{x=\delta} = D\dfrac{C_0 - C}{\delta}$ 得界面氧浓度：

$$C = \frac{C_0}{1 + \dfrac{K\delta}{D}}$$

故

$$\frac{1}{V} = \frac{1}{KC_0} + \frac{1}{\dfrac{DC_0}{\delta}} \quad (9\text{-}4)$$

由此可见，由扩散和化学反应构成的固相反应历程其整体反应速度的倒数为扩散最大速率倒数和化学反应最大速率倒数之和。若将反应速率的倒数理解成反应的阻力，则式(9-4)将具有为大家所熟悉的并联电路欧姆定律所完全类同的内容：反应的总阻力等于各环节分阻力之和。反应过程与电路的这一类同对于研究复杂反应过程有着很大的方便。例如当固相反应不仅包括化学反应物质扩散还包括结晶、熔融、升华等物理化学过程，而这些过程以串联模式依次进行时，那么容易写出固相反应总速度：

$$V = \cfrac{1}{\cfrac{1}{V_{1max}} + \cfrac{1}{V_{2max}} + \cfrac{1}{V_{3max}} + \cdots + \cfrac{1}{V_{nmax}}} \qquad (9\text{-}5)$$

式中，V_{1max}，V_{2max}，$\cdots$，V_{nmax} 代表构成反应过程各环节的最大可能速率。

因此，为了确定过程总的动力学速率，确定整个过程中各个基本步骤的具体动力学关系是应首先予以解决的问题。但是在固相反应的实际研究中，由于各环节具体动力学关系的复杂性，抓住问题的主要矛盾往往可使问题比较容易地得到解决。例如，当固相反应各环节中物质扩散速度较其他各环节都慢得多，则由式（9-5）可以看出，反应阻力主要来源于扩散，此时若其他各项反应阻力较扩散项是一小量并可忽略，则反应速率将完全受控于扩散速率。对于其他情况也可以依此类推。

2. 化学反应驱动力

以反应物 A、B 构成的系统，可能有两个、三个甚至更多的反应进行。应用热力学的基本原理，能估计混合晶态物质在某种条件下能否发生化学反应，按怎样的反应类型进行变化，此外，如果反应达到平衡，可利用热力学计算平衡时物质的数量。

固相反应绝大多数是在等温等压下进行的，故可用 ΔG 来判断反应的方向及限度。如果可能发生的几个反应，生成几个变体 A_1，A_2，A_3，A_4……相应的自由焓变化分别为 ΔG_1、ΔG_2、ΔG_3、ΔG_4……当自由焓变化值大小的顺序为 $\Delta G_1 < \Delta G_2 < \Delta G_3 < \Delta G_4 < \cdots$ 则最终的产物是 ΔG 最小的变体，即 A_1 相。但当 ΔG_2、ΔG_3……都是负值时，则生成这些相的反应均可进行，而且生成这些相的实际顺序并不完全由 ΔG 值的相对大小决定，而是和动力学（反应速率）有关，反应速率越大，在这种条件下，反应进行的可能性也越大。

纯固相反应，其反应的熵变 ΔS 小到可以忽略不计，则 $T\Delta S \to 0$，因此 $\Delta G \approx \Delta H$。所以，没有液相或气相参与的固相反应，只有当 $\Delta H < 0$ 时，即放热反应才能进行，这称为范特荷浦规则。

对于放热的纯固相反应，反应总是向放热方向进行的，一直到反应物之一耗完为止，出现平衡的可能性很小，只有在特定的条件下才有可能。这种固相反应要达到平衡，就要使 ΔG 趋于零，只有下列情况有可能达到这一条件：

①反应产物的生成热很小，ΔH 值很小，使得差值（$\Delta H - T\Delta S$）$\to 0$；

②当反应物和生成物的总热容差很大时，熵变就变得很大，因为 $T\Delta S = \int_0^T \dfrac{\Delta c_p}{T} dT$；

③各相能相互溶解，生成混合晶体或固溶体、玻璃体时。因为能使 ΔS 增大，促使 $\Delta G \to 0$；

④当反应中有液相或气相参加时，ΔS 可能达到一个相当大的值，特别在高温时。因为 $T\Delta S$ 项增大，使得 $T\Delta S \to \Delta H$，即（$\Delta H - T\Delta S$）$\to 0$。

在后面两种可能性中，反应不是纯固相反应，范特荷浦规则不适用。因为当有液相或气相参与反应时，系统处于更加无序的状态，它的熵 ΔS 必然很大，在温度上升时，熵项 $T\Delta S$ 总是促使反应向着增大产生的液相或气体数量的方向进行。例如，在高温下，碳的燃烧优先向如下反应方向进行，$2C + O_2 = 2CO$，虽然在任何温度下，都存在着 $C + O_2 = CO_2$ 的反应，而且反应热比前者大得多。在高于700~750℃下的反应$C + CO_2 = 2CO$，虽然伴随着很大的吸热效应，反应还是能自动地往右边进行，这是因为当系统中气态分子增多时，熵增大，以至于$T\Delta S$的乘积超过反应的吸热效应值，吸热反应也能进行。

一般认为，为了在固相之间进行反应，放出的热大于4.184kJ/mol就够了，在晶体中许多反应的产物生成热相当大，大多数硅酸盐反应测得的反应热为每摩尔几十到几百千焦。因此，从热力学观点看，没有气相或液相参加的固相反应，会随着放热反应而进行到底。实际上，由于固体之间反应主要是通过扩散反应进行的，由于接触不良，反应不能进行到底，也就是受到动力学因素限制的缘故。

3. 扩散控制过程

固相反应动力学的任务是研究固相反应的速率、机理和影响反应速率的因素。虽然和均相反应一样，固相反应可以用热力学的基本理论计算过程的各热力学函数变量，判断过程的方向和限度，若反应达到平衡，可以确定其平衡时各种物质的数量，但在动力学方面它们有很大的不同，均相反应的一般动力学理论不能直接用到固相反应中。

如前所述，固相反应包含有扩散传质、相界面反应和晶核形成及增长三个基本步骤，总反应速率由这三步的速率共同决定。但不同的反应物、不同的反应条件、不同的反应时间，这三个基本步骤的贡献是不同的，整个反应的速率由其中最慢的一步速率决定。若反应中扩散速率最慢，控制了整个固相反应，称为扩散控制过程，此时扩散速率即为固相反应速率。依此类推，还有相界面反应控制过程和晶核的形成及增长控制过程。

固相反应一般都伴随着物质的扩散迁移，由于在固相反应中的扩散速率通常较慢，因而在大多数情况下，扩散速率起控制作用。根据反应截面积的变化情况，扩散控制的反应动力学方程也将不同，在众多的反应动力学方程中，基于平板模型和球体模型所导出的杨德方程和金斯特林格方程具有一定的代表性。

1) 杨德方程

抛物线型速率方程从平板扩散模型导出。如图9-6所示，设平板状物质A与B相互接触和扩散生成了厚度为x的AB化合物。随后A质点通过AB层扩散到r界面继续反应，若化学反应速率远大于扩散速率，A物质质量为dm，平板间接触面积为S，浓度为$\dfrac{dc}{dx}$，按菲克定律：

$$\frac{dm}{dt} = -DS\frac{dc}{dx} \tag{9-6}$$

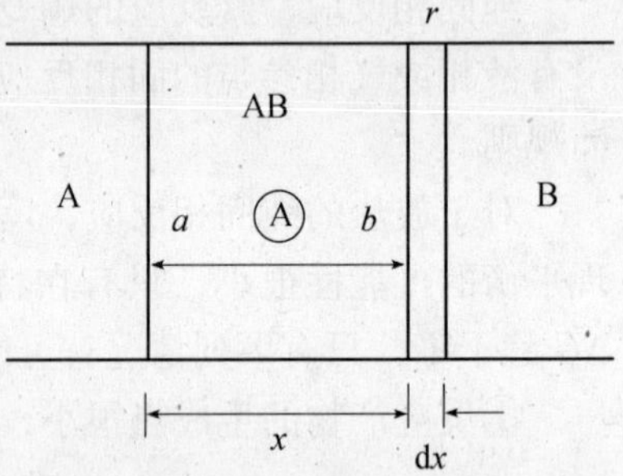

图9-6 平板扩散模型

如图所示，A物质在a、b两点处的浓度为100%和0，式（9-6）可改写成：

$$\frac{dm}{dt} = DS\frac{1}{x} \tag{9-7}$$

假设扩散系数D和扩散截面积在扩散过程中保持不变，由于A物质迁移量dm与Sdx成正比，$dm = \rho S dx$（ρ为扩散物的密度），代入式（9-7）得：

$$\frac{dx}{dt} = \frac{D}{\rho x} \tag{9-8}$$

积分得

$$x^2 = 2\frac{D}{\rho}t = k_p t \tag{9-9}$$

上式即为抛物线型速率方程的积分式。式(9-9)中，k_p 为抛物线型速率常数。式(9-9)说明反应产物层厚度与时间的平方根成比例这是一个重要的基本关系，可以描述各种物理或化学的扩散控制过程并有一定的精确度。图9-7的金属镍氧化时的增重曲线就是一个例证。但是，在实际的固相反应中，反应物常是具有一定细度的粉末，采用的平板模型，忽略了反应物间的接触面积随时间变化的因素，使方程的准确性和适用性都受到限制。

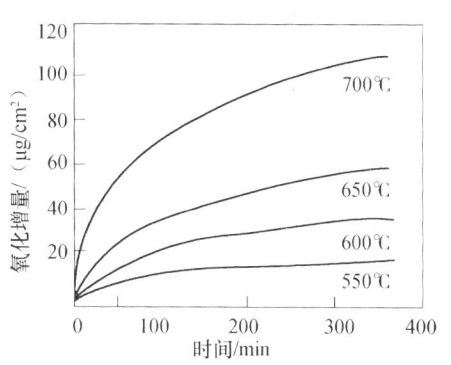

图 9-7　金属镍的氧化增重曲线

在硅酸盐材料生产中，通常用粉状物料作为原料，这时，在反应过程中，颗粒间的接触面积是不断变化的，所以用简单的方法来测定大量粉状颗粒上的反应产物层厚度是困难的。为此，杨德在抛物线型速率方程的基础上采用了"球体模型"（图9-8），导出了扩散控制的动力学关系。

如图 9-8 所示，杨德对固相反应的几何模型做了如下假设：

①固相反应为加成反应 A(s) + B(s) → AB(s)。
②发生体积扩散时连续的表面产物层已形成。
③固相反应为体积扩散控制过程。
④反应物 B 完全被反应物 A 覆盖，即 $\frac{R_B}{R_A} \gg 1$，组分数远大于 A 组分。
⑤体积扩散是无方向性的。
⑥反应产物不与任一反应物混溶。
⑦所有反应物的固体颗粒都为均一半径球粒。
⑧反应物与产物密度相同，即反应过程并未引起体积变化。
⑨反应产物层厚度的增加服从抛物线型速率方程。
⑩迁移物的扩散系数为常数，不随反应时间而发生变化。
⑪反应界面两侧的反应物浓度为常数。

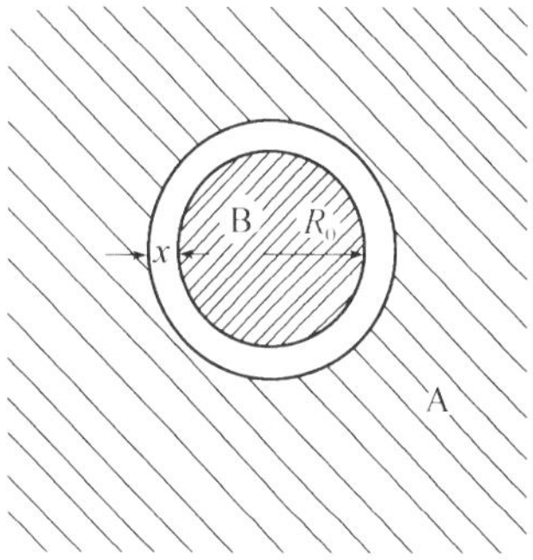

图 9-8　杨德模型

设反应物 B 为半径 R_0 的等径球粒，经时间 t 反应以后，生成物层的厚度为 x，则有：

反应物颗粒初始体积　　　　　　　　$V_0 = \frac{4}{3}\pi R_0^3$ 　　　　　　　　(9-10)

未反应部分的体积　　　　　　　　　$V_t = \frac{4}{3}\pi(R_0 - x)^3$ 　　　　　　(9-11)

产物的体积　　　　　　　　　　　　$V_0 = \frac{4}{3}\pi\left[R_0^3 - (R_0 - x)^3\right]$ 　　(9-12)

以 B 物质为基准的转化程度 G（表示反应某一瞬间反应产物量占反应物总量的体积分

数）为：

$$G = \frac{V}{V_0} = \frac{R_0^3 - (R_0 - x)^3}{R_0^3} = 1 - \left(1 - \frac{x}{R_0}\right)^3 \tag{9-13}$$

$$\frac{x}{R_0} = 1 - (1 - G)^{\frac{1}{3}} \tag{9-14}$$

代入抛物线型速率方程式（9-9）得：

$$x^2 = R_0^2 \left[1 - (1 - G)^{\frac{1}{3}}\right]^2 = k_p t \tag{9-15}$$

$$F_3 = \left[1 - (1 - G)^{\frac{1}{3}}\right]^2 = \frac{k_p}{R_0^2} t = k_J t \tag{9-16}$$

这就是杨德方程式，微分得：

$$\frac{dG}{dt} = k_J \frac{(1-G)^{\frac{2}{3}}}{1-(1-G)^{\frac{1}{3}}} \tag{9-17}$$

2）金斯特林格方程

虽然不少固态反应可以用杨德方程来描述反应速率，但却只限于反应的早期阶段，此时 $\frac{R_B}{R_A} \gg 1$，球面可看做平面，符合杨德假设，适用抛物线型方程。随着反应的进行，未起反应的 B 颗粒越来越小，曲率越来越大，不能将球面近似看做平面，故反应后期杨德方程不适用。

1950 年，前苏联学者 Ginsting 和 Brounshteirs 指出抛物线型速率方程是以扩散横截面维持恒定为基础，即扩散是稳定的，适用菲克第一定律。但随着反应的进行，B 颗粒球面的面积越来越小，此时扩散是不稳定的，要用菲克第二定律来处理。

如图 9-9 所示，设反应物 A 是扩散相，且 B 是平均半径为 R_0 的球状颗粒，反应沿整个球表面进行，首先 A 和 B 合成产物 AB，其厚度 x 随反应进行不断增厚，若 A 扩散到 A-AB 界面的阻力远小于通过 AB 层的扩散阻力，则 A-AB 界面上 A 的浓度可看做不变，即等于 C_0，因过程是扩散控制，故 A 在 B-AB 界面上的浓度为零。

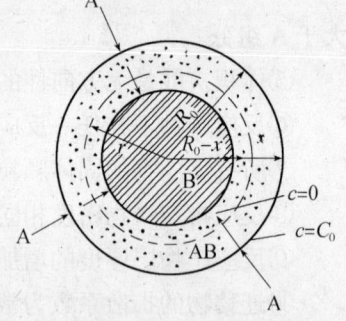

图 9-9 金斯特林格模型

由于粒子是球形的，产物两侧界面上 A 的浓度不变，故随产物层增厚，A 在层内的浓度分布是 r 和时间 t 的函数，即过程是一个不稳定的扩散过程，可以用球面坐标情况下的菲克扩散方程求解。由于过程过于复杂，为了简化求解，可以近似地把不稳定的球形扩散问题的解，归结为一个等效的稳定扩散问题的解，即 AB 层厚度为 x 时，单位时间内通过该层的 A 物质量 $M(x)$ 不随时间变化，而仅仅和 x 有关。设经过时间 t，未起反应的 B 球半径为 $R_0 - x$，体积为 V_t。此时 V_t 随时间的变化速率可用球壳的稳态扩散方程描述：

$$\frac{dV_t}{dt} = \frac{-4\pi kDR_0(R_0-x)}{x} \tag{9-18}$$

式中，D 为迁移物质 A 的扩散系数；k 为速率常数。在时间 t 内未起反应的 A 物质体积 V_t 可表示为：

$$V_t = \frac{4}{3}\pi(R-x)^3 \tag{9-19}$$

或

$$V_t = \frac{4}{3}\pi R_0^3(1-G) \tag{9-20}$$

联合上面两式得

$$x = R_0\left[1-(1-G)^{\frac{1}{3}}\right] \tag{9-21}$$

将式（9-19）对 t 微分，可得 V_t 的消耗速率：

$$\frac{dV_t}{dt} = -4\pi(R_0-x)^2\frac{dx}{dt} \tag{9-22}$$

由式（9-18）和式（9-22）相等可得：

$$xR_0 dx - x^2 dx = kDR_0 dt \tag{9-23}$$

$$\frac{dx}{dt} = \frac{kDR_0}{x(R_0-x)} = k_G\frac{R_0}{x(R_0-x)} \tag{9-24}$$

由边界条件 $t=0$ 时，$x=0$，对式（9-23）积分得：

$$\frac{x^3}{R_0} + \frac{x^2}{2} - 2x = -3kDt \tag{9-25}$$

将式（9-21）代入上式，并整理得：

$$D_4 = 1 - \frac{2}{3}G - (1-G)^{\frac{2}{3}} = k_G t \tag{9-26}$$

$$\frac{dG}{dt} = k_G\frac{(1-G)^{\frac{1}{3}}}{1-(1-G)^{\frac{1}{3}}} \tag{9-27}$$

式（9-26）是金斯特林格方程的积分式，式（9-27）是它的微分式，$k_G = \frac{2kD}{R_0^2}$ 为金斯特林格速率常数。

对于半径为 R_0 的圆柱形颗粒，当反应物沿圆柱表面形成的产物层扩散的过程起控制作用时，其动力学方程为：

$$F(G) = (1-G)\ln(1-G) + G = Kt \tag{9-28}$$

4. 晶核形成和增长控制过程

反应生成的产物分子向活性点聚集形成晶核，当它达到临界晶核大小时，便发生增长而形成产物晶体。如果这些步骤是最慢的，则它控制整个固相反应的速率。可以将相变的形核生长模型扩展应用到固相反应中去，解决晶核形成和增长控制的固相反应问题。

假设反应为加成反应，产物晶体是从反应物 B 中混乱分布的晶核生长而获得的，此过程的几何模型如图 9-10 所示。产物的晶体生长速率是各向异性的，但假设产物各相同性生长，产物呈球状，有不少实际反应接近这种假设。晶体生长受两种不同机理控制，一是扩散控制机理，另一是相界面控制机理。

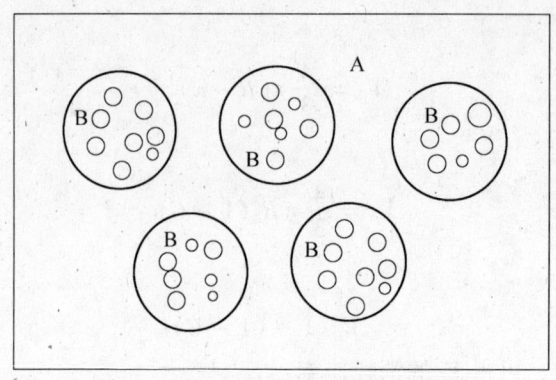

图 9-10　固相反应的晶核生长几何模型

晶核生长控制过程的通式为：

$$-\ln(1-G) = kt^m \tag{9-29}$$

式中，m 为晶核增长速率参数，它取决于反应机理、形成晶核的速率和晶核的几何形状。

如晶核形成速率恒定，生长受扩散控制，晶核在三维方向生长，则 m 取 2.5；二维方向生长，m 取 2.0；一维方向生长，则取 3；生长受相界面控制，晶核在三维生长，m 取 4。若全部晶核早已存在且不增减，生长受扩散控制，晶核在三维方向生长，则 m 取 1.5；二维方向生长，m 取 1.0；一维方向生长，m 取 0.5；生长受相界面控制，晶核在三维方向生长，m 取 3。

如果固态反应可以用晶核增长模型来描述的话，则根据方程式 (9-29)，以 $\ln[-\ln(1-G)]$ 作图可得直线。从该直线的截距可以求得增长速率常数 k，从斜率可求得 m 值。如果它们不成直线，则说明晶核增长模型不适用。

9.4　影响固相反应的因素

由于固相反应过程主要包括相内部的物质传递、界面的化学反应、晶核的形成和增长三个步骤，因此，除了反应物的化学组成、特征和结构状态以及温度、压力等因素外，凡是可能活化晶格，促进物质的内、外扩散作用的因素都会对反应有影响。

1. 反应物化学组成、比例及矿化剂

化学组成是影响固相反应的内因，是决定反应方向和速率的重要条件。从热力学角度看，在一定的温度、压力条件下，反应可能进行的方向是吉布斯自由能减少的过程，而且，ΔG 的负值越大，该过程的推动力也越大，沿该方向反应的概率也大；从结构角度看，反应物中质点间的作用键强越大，则可动性和反应能力越小，反之亦然。

在同一反应系统中，固相反应速率还与各反应物间的比例有关，如果颗粒相同的 A 和 B 反应形成 AB，若改变 A 和 B 的比例会改变产物层厚度、反应物表面积和扩散截面面积的大小，从而影响反应速率。例如，增加反应混合物中"遮盖物"的含量，则产物层厚度变薄，相应的反应速率也增加。

例如，在 $SiO_2 + Na_2CO_3$ 固态反应中，反应温度为 820℃，颗粒半径 0.036mm，但两者比例分别为 1 和 2 的两个反应所得速率常数 k 截然不同。图 9-11 是其动力学曲线，图中显示，用金斯特林格方程对 t 作图呈直线，为扩散控制过程。但两条直线斜率不同，k 值不同，增加扩散组分 Na_2CO_3 有利于增大反应速率。

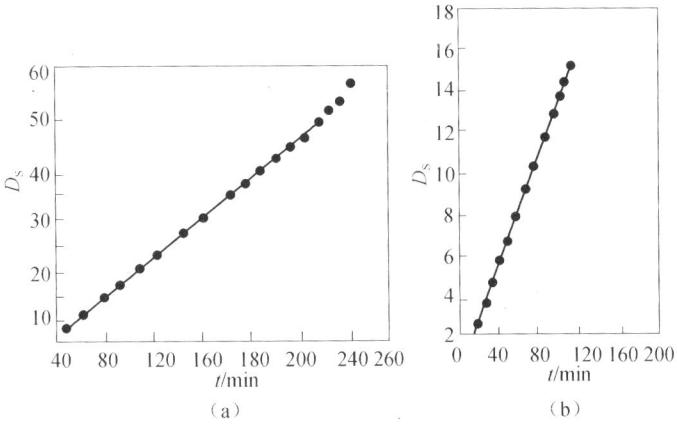

图 9-11 $SiO_2 + Na_2CO_3$ 反应动力学曲线

(a) $T = 820℃$，$r = 0.036mm$，$[SiO_2]:[Na_2CO_3] = 1$；
(b) $T = 820℃$，$r = 0.036mm$，$[SiO_2]:[Na_2CO_3] = 2$

反应物比例的改变有时会导致整个反应机理改变。图 9-12 是 $CaCO_3 + MoO_3$ 反应的动力学曲线，图（a）、图（b）分别为 $[CaCO_3]:[MoO_3]$ 为 1 和 15 的图形。前者为扩散控制，可用杨德方程描述；后者为升华控制。虽然其中有温度和颗粒大小因素影响，但就差别而言，反应物比例的改变是主要原因。由于 MoO_3 是挥发性的，含量多，升华也多，生成的产物层较厚，所以反应速率取决于 MoO_3 通过产物层的扩散速率。当 MoO_3 含量少时，升华少，产物层薄，扩散快，反应速率取决于 MoO_3 的升华速率。

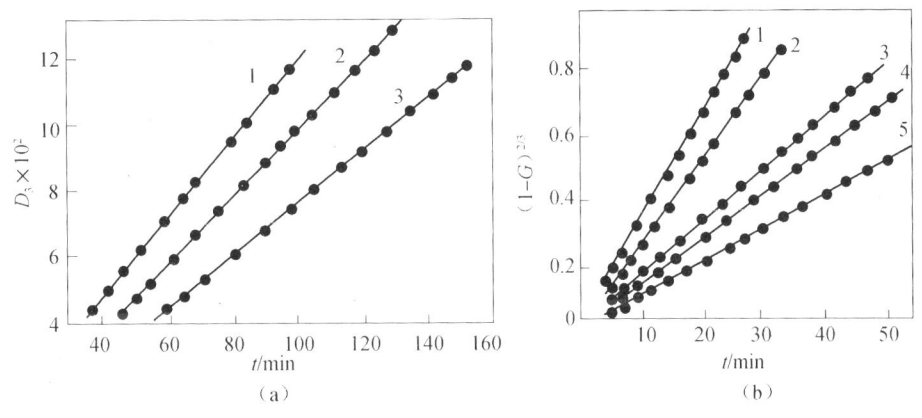

图 9-12 $CaCO_3 + MoO_3$ 反应动力学曲线

(a) $[CaCO_3]:[MoO_3] = 1$，$r_{MoO_3} = 0.036mm$；

1—$r_{CaCO_3} = 0.13mm$，$T = 600℃$；2—$r_{CaCO_3} = 0.153mm$，$T = 620℃$；3—$r_{CaCO_3} = 0.13mm$，$T = 580℃$

(b) $[CaCO_3]:[MoO_3] = 15$，$r_{CaCO_3} < 0.03mm$，$T = 620℃$：

1—$r_{MoO_3} = 0.052mm$；2—$r_{MoO_3} = 0.064mm$；3—$r_{MoO_3} = 0.119mm$；4—$r_{MoO_3} = 0.130mm$；5—$r_{MoO_3} = 0.0153mm$

当反应混合物中加入少量矿化剂（也可能是因为存在于原料中的杂质引起的）时，则会对反应产生特殊的作用。表9-2列出少量NaCl对Na_2CO_3与Fe_2O_3反应的加速作用。数据表明，在一定温度下，添加少量NaCl可以使不同尺寸的Na_2CO_3颗粒的转化率提高0.5~0.6倍，而且，颗粒越大，作用越明显。矿化剂的作用机理则是复杂和多样的，一般认为它可以通过与反应物形成固溶体而使晶格活化，反应能力增强；或是与反应物形成低共熔物，使系统在较低温度下出现液相，加速扩散和对固相的溶解作用；或是与反应物形成某种活性中间体而处于活化状态；或是通过矿化剂离子对反应物离子的极化作用，促使其晶格产生畸变和活化等。但应认为，矿化剂总是以某方式参与到固相反应中去的。

表9-2 NaCl对Na_2CO_3+Fe_2O_3反应的作用

NaCl添加量（相对于Na_2CO_3的含量）（%）	不同颗粒尺寸的Na_2CO_3转化率（%）		
	0.06~0.088mm	0.27~0.35mm	0.6~2mm
0	53.2	18.9	9.2
0.8	88.6	36.8	22.5
2.2	88.6	73.8	60.1

2. 反应物颗粒形状、大小及均匀性的影响

固相反应是在远大于原子、分子尺寸的颗粒间进行的，颗粒形状、大小及均匀性是影响反应速率的主要因素。若颗粒形状是针状或细棒状，其反应过程是一维空间过程；颗粒为平盘状或片状，则过程是二维空间过程；颗粒是球状，则为三维空间过程。不同形状颗粒的同一过程，速率方程不同。

颗粒尺寸主要是通过以下途径对固相反应产生影响的：首先，物料颗粒尺寸越小，比表面积越大，反应界面和扩散截面增加，反应产物层厚度减少，使反应速率增大，同时，按威尔表面学说，随粒度减少，键强分布曲线变平，弱键比率增加，反应和扩散能力增强。因此，粒径越小，反应速率越快。反之亦然。此外颗粒尺寸的影响也直接反映在各动力学方程中的速率常数项k，因为k值反比于颗粒半径R_0^2。图9-13表示不同颗粒尺寸的MgO和Al_2O_3在1300℃时反应的动力学影响，明显看到小颗粒比大颗粒反应速率快。

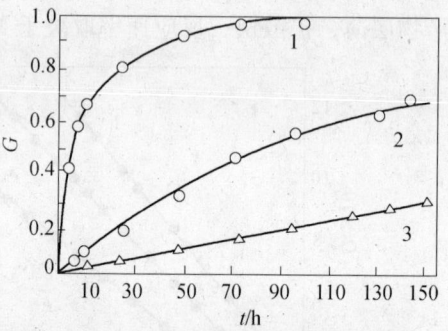

图9-13 MgO+Al_2O_3反应动力学曲线
1—$T=1300℃$，$r_0\approx 1\mu m$；2—$T=1300℃$，$r_0=45~53\mu m$；3—$T=1300℃$，$r_0=90~105\mu m$

其次，同一反应物系由于物料颗粒尺寸不同，反应速率可能会属于不同动力学范围控制。例如，$CaCO_3$与MoO_3反应，当取等分子比成分并在较高温度（600℃）下反应时，若$CaCO_3$颗粒大于MoO_3，反应由扩散控制，反应速率主要随$CaCO_3$颗粒度减小而加速。倘若$CaCO_3$与MoO_3比值较大，$CaCO_3$颗粒小于MoO_3时，由于产物层厚度减薄，扩散阻力很小，则反应将由MoO_3的升华过程控制，并随MoO_3粒径减小而加剧。

最后应该指出，在实际生产中往往不可能控制均等的物料粒径，这时反应物料的颗粒级配对反应速率同样是重要的，因为物料颗粒大小对反应速率的影响是平方关系，于是，即使少量较大尺寸的颗粒存在，都可能显著的延缓反应过程的完成。故生产上宜使物料颗粒分布控制在较窄的范围内。

3. 反应温度的影响

温度是影响固相反应速率的重要外部条件，一般随温度升高，质点热运动动能增大，反应能力和扩散能力增强，对于化学反应，因其速率常数服从阿累乌斯公式

$$k = A\exp\left(-\frac{Q}{RT}\right) \tag{9-30}$$

式中，碰撞系数 A 是概率因子 P 和反应物质点碰撞数目 Z_0 的乘积，Q 是反应活化能。显然，随温度升高，质点动能增加，Q 值下降，P 和 Z_0 增加，于是 k 值迅速增大。对于扩散过程，因扩散系数

$$D = D_0\left(-\frac{u}{RT}\right)$$

式中，$D_0 = \alpha \nu a_0^2$，决定于质点在晶格位置上的本征振动频率 ν 和质点间平均距离 a_0。而随温度升高，a_0、ν 增大，扩散活化能减少，故扩散系数 D 增大，说明温度对化学反应和扩散两过程有着类似的影响，但由于 D 值通常比 Q 值小，因此温度对化学反应的加速作用一般也远比对扩散过程为大。

4. 压力和气氛的影响

压力对固相反应的影响可以分两个方面。

第一，气相压力对固相反应的影响。对不同固相反应类型，压力的影响是不一样的。纯固相反应，增大压力有助于颗粒的接触，增大接触面积，加速物质传递过程，使反应速率增加。但有液、气相参与的反应，扩散过程主要不是通过固体粒子的直接接触实现的，因此提高压力有时并不出现积极作用，甚至会适得其反。例如，$CuSO_4 + PbO$ 反应，其反应机理是反应物通过 PbO 升华进行传质，升华速率为控制因素，增加压力会使反应速率下降。

第二，成型压力对固相反应的影响。成型压力的影响与气相压力的影响有同样的效果，如图 9-14 所示。今井久和保坂仁研究了 Th + C、ThO_2 + C 两个反应，反应式如下：

$$Th + C \Longrightarrow ThC \quad ①$$
$$ThO_2 + 4C \Longrightarrow ThC + 2CO \quad ②$$

随着成型压力的增大，表观密度增大，对纯固相反应①，反应产物增加，但不成正比，成型压力提高 10 倍，密度提高 82%，产物仅增加 22%。这是因为成型压力提高，有助于缩短颗粒间距，增大接触面积，加速物质传递过程，使反应速率增大；对反应②，成型压力增加，反应速率下降。因为反应②伴有气相 CO 生成，虽然表观密度增加有利于固相反应，但却使 CO 排出困难，阻碍反应进行。

除压力外，气氛对固相反应也有重要影响，它可以通过改变固体吸附特征而影响其表面的反应活性，对于一系列能形成非化学计量的化合物，如 ZnO、Cu 等，气氛可直接影响晶体表面缺陷的浓度和扩散机构与速率。

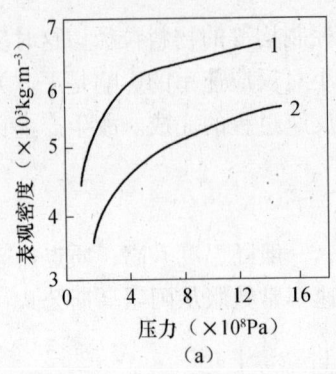
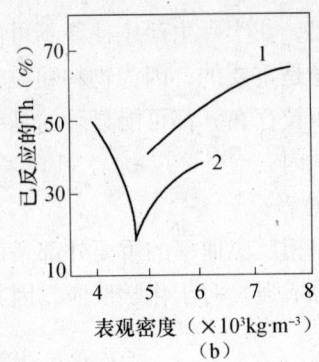

图 9-14 表观密度的影响因素

(a) 成型压力与试片表观密度的关系：1—Th + C（直径 12.5cm 圆片）；2—ThO₂ + C（直径 12.5cm 圆片）
(b) 已反应 Th（%）与试片表观密度的关系：1—Th + C（1100℃，20min）；2—ThO₂ + C（1100℃，1h）

以上从物理化学角度对影响固相反应速率的诸因素进行了分析讨论，但必须指出，实际生产科研过程中遇到的各种影响因素可能会更多更复杂。对于工业性的固相反应除了有物理化学因素外，还有工程方面的因素。例如，水泥工业中的碳酸钙分解速率，一方面受到物理化学基本规律的影响，另一方面与工程上的换热传质效率有关。在同温度下，普通旋窑中的分解率要低于窑外分解炉中的，这是因为在分解炉中处于悬浮状态的碳酸钙颗粒在传质换热条件上比普通旋窑中好得多。因此从反应工程的角度考虑传质传热效率对固相反应的影响具有同样的重要性，尤其是硅酸盐材料生产通常都要求高温条件，此时传热速率对反应进行的影响极为显著。例如，把石英砂压成直径为 50mm 的球，以约 8℃/min 的速度进行加热使之进行 β-α 相变，约需 75min 完成。而在同样加热速度下，用相同直径的石英单晶球作实验，则相变所需时间仅为 13min。产生这种差异的原因除两者的传热系数不同外 [单晶体约为 5.23W/($m^2 \cdot K$)，而石英砂球约为 0.58W/($m^2 \cdot K$)]，还由于石英单晶是透辐射的，其传热方式不同于石英砂球，即不是传导机构连续传热而是可以直接进行透射传热。因此相变反应不是在依序向球中心推进的界面上进行，而是在具有一定厚度范围内以至于在整个体积内同时进行，从而大大加速了相变反应的速率。

习　题

9-1　若由 MgO 和 Al_2O_3 球形颗粒之间的反应生成 $MgAl_2O_4$ 是通过产物层的扩散进行的：

（1）画出其反应的几何图形并推导出反应初期的速度方程。

（2）若 1300℃ 时 $D_{Al^{3+}} > D_{Mg^{2+}}$，$O^{2-}$ 基本不动，那么哪一种离子的扩散控制着 $MgAl_2O_4$ 的生成？为什么？

9-2　镍（Ni）在 0.1 大气压的氧气中氧化，测得其重量增量（μg/cm²）如下表：

温度/℃	时间（h）				温度/℃	时间（h）			
	1	2	3	4		1	2	3	4
550	9	13	15	20	650	29	41	50	65
600	17	23	29	36	700	56	75	88	106

（1）导出合适的反应速度方程；
（2）计算其活化能。

9-3　由 Al_2O_3 和 SiO_2 粉末反应生成莫来石，过程由扩散控制，扩散活化能为 50kcal/mol，1400℃下，1h 完成 10%，求 1500℃下，1h 和 4h 各完成多少？（应用杨德方程计算）

9-4　粒径为 1μm 球状 Al_2O_3 由过量的 MgO 微粒包围，观察尖晶石的形成，在恒定温度下，第一个小时有 20% 的 Al_2O_3 发生反应，计算完全反应的时间。
（1）用杨德方程计算；
（2）用金斯特林格方程计算；
（3）比较杨德方程、金斯特林格方程优缺点及适用条件。

9-5　当测量氧化铝-水化物的分解速率时，发现在等温反应期间，质量损失随时间线性增加到 50% 左右。超过 50% 时质量损失的速率就小于线性规律。线性等温速率随温度指数增加而增大，这是一个由扩散控制的反应还是由界面一级控制的反应？当温度从 451℃ 增至 493℃ 时，速率增大到 10 倍，计算此过程的活化能。

9-6　由 Al_2O_3 和 SiO_2 粉末形成莫来石反应，由扩散控制并符合杨德方程，实验在温度保持不变的条件下，当反应进行 1 小时的时候，测知已有 15% 的反应物起反应而作用掉了。
（1）将在多少时间内全部反应物都生成产物？
（2）为了加速莫来石的生产应采取什么有效措施？

9-7　试分析影响固相反应的主要因素；如果要合成镁铝尖晶石，可供选择的原料为 $MgCO_3$、$Mg(OH)_2$、MgO、$Al_2O_3 \cdot 3H_2O$、γ-Al_2O_3、α-Al_2O_3。从提高反应速率的角度出发，选择什么原料较好？请说明原因。

第 10 章 相变过程

10.1 相变概述

水在摄氏零度的时候会结成冰，这么简单的事情里包含着一个深奥的问题：为什么这么巨量的分子，会"集体地"、"不约而同地"从一个状态转变到另外一个新的状态。新的状态在旧的状态当中又是如何孕育、如何形成的？这是一个值得研究的课题。

在千姿百态、变化多端的物质世界中，一切物质都是由大量微观粒子组成的。它们在特定温度和压力下相互集聚，构成相对的稳定结构，这就是物质的一种状态，简称物态或相。在一定条件下，物质的各种聚集状态可以相互转化。物态相与相之间的转变叫相变。相变（phase transition）是物质从一种物态转变为另一种物态的过程。

物质最简单的状态是气态，任何气体或气体混合物只有一个物态，即气相。液体通常只有一个物态即液相，但正常液氦与超流动性液氦分属两种液相。对于固体，不同点阵结构的物理性质不同，分属不同的物态，故同一固体可以有多种不同的相。由单一物质构成的多相系统称为单元复相系，如冰水混合物和由不同固相构成的合金等。由多种不同物质构成的系统称为多元系，如水和酒精的混合物是二元系，空气是多元系。多元系可以是单相的，也可以是多相的。

同一物质可以存在于不同的相中，任何一种物质在不同温度、压力以及外场（如引力场、电场、磁场等）影响下将呈现不同的物态。只要加热到足够的程度，液体都会变成气体，也就是从液相转变为气相。在正常的气压下，水加温到摄氏一百度就变成了蒸气，相当于理想的气体。气体比较稀薄，分子相互之间几乎没有作用。在体积和压力的关系上是抛物线图形。有时一种物质在某种温度、压力下可能有几种不同状态同时存在。如果改变压强或温度参数，物质也会发生从某一相到另一相的转变，大部分材料达到一定的温度会熔化，永久磁体达到一定温度会失去磁性。这些变化的本质都与相变有关。

物理学中相变的研究经历了很长的时间，对很多系统进行过系统的研究。19 世纪末、20 世纪初就开始对某些特殊系统的临界行为，例如液气之间的相变作过定性描述。前苏联物理学家朗道在 1937 年就发表了关于相变的普遍理论，建立了各种相变模型，对相变热力学特性进行了深入的讨论。

相变的特点往往是某些物理特性的数值发生突变，也有一些情况是变化比较平稳。这些平稳的相变在临界点附近往往会出现一些典型的反常性。当接近临界温度时，有些量会超过极限值。这些反常性通常称为临界现象。1971 年威尔逊认识到，当足够趋近临界点时，临界现象基本上决定于系统的尺度和所谓的量级参数。临界现象与物理学绝大多数其他现象不同的地方在于在相当大的尺度上与物质系统中的涨落有关。

相变是有序和无序两种倾向相互竞争的结果。相互作用是有序的起因，热运动是无序的来源。在缓慢降温的过程中，每当温度降低到一定程度，以至热运动不再能破坏某种特定相互作用造成的有序时，就可能出现新相。

在相的状态图中，以系统的状态参量为变量建立坐标系，其中的点代表系统的一个平衡状态，叫做相点，图10-1是常用的与热现象有关的 P-T 相图。相图中给出了温度和压力的变化界线，图中曲线由相平衡点连接而成，相平衡线将 P-T 图划分为不同的相区：OA 是气固平衡线，AB 是液固平衡线，AC 是气液平衡线。AC 线一边是液体，一边是气体，从液态加热，到了相变线上，温度不继续上升，这时有一个蒸发的潜热，当全部液体蒸发后，温度继续上升。在三条相平衡线的交点三相点（A）处，气、液、相变是随自由能变化而发生的相的结构的变化。相变过程是物质从一个相转变为另一个相的过程。一般相变前后相的化学组成不变。狭义上讲，相变仅限于同组成的两相之间的结构变化：

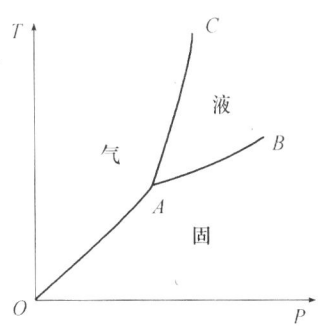

图10-1　物质的 P-T 相图

$$物质 A(结构 X) \longrightarrow 物质 A(结构 Y)$$

广义上讲，相变应包括过程前后相组成发生变化的情况。相变包括许多种类，例如凝聚、蒸发、升华、结晶、熔融、晶型转变、有序-无序转变、分相等。

相变在硅酸盐工业中十分重要。例如，陶瓷、耐火材料的烧成和重结晶，或引入矿化剂来控制其晶型转化；玻璃中防止失透或控制结晶来制造种种微晶玻璃；单晶、多晶和晶须中采用的液相或气相外延生长；瓷釉、搪瓷和各种复合材料的熔融和析晶；以及新型新铁电材料中由自发极化产生的压电、热释电、电光效应等都可归之为相变过程。相变过程中涉及的基本理论对获得特定性能的材料和制定合理的工艺过程是极为重要的。

由于相变物质在其物相变化过程（熔化或凝固）中，可以从环境吸收或放出大量热量，同时保持温度不变，可以多次重复使用等优点，将其应用于建筑节能领域不但可以提高墙体的保温能力，节省采暖能耗，而且可以减小墙体自重，使墙体变薄，增加房屋的有效使用面积，因而具有广阔的应用前景。

10.2　相变的分类

热力学体系具有相态的多样性，物质在不同的宏观约束条件下，能够呈现为不同的相态，既可以是单相形态，也可以是多相平衡共存的态。各个相具有显著不同的宏观行为，具有不同的对称性。首先介绍相变的热力学分类理论。

1. 按热力学分类

热力学平衡理论表明，PVT 系统在相变点时，各相的温度 T、压力 P 以及每一组元在各

相的化学势 μ 必须彼此相等。这就是说,在相变点 T、P、μ 是连续变化的。但是,热力学对化学势的导数在相变点却无限制。根据热力学的基本原理,在相变过程中物质在各相中的化学势相等。相变是一个不连续的质变过程,而不是连续的量变过程,这是相平衡的普遍规律。

热力学的基本函数主要为吉布斯自由能(Gibbs): $G = H - TS = U - TS + PV$;亥姆霍兹(Helmhotz)自由能:$F = U - TS$。热力学势可以利用吉布斯自由能或者亥姆霍兹自由能进行表述;吉布斯自由能和亥姆霍兹自由能的区别在于压力的影响是否被考虑。

应用热力学理论解决实际问题时,常根据需要进行热力学函数间的转换,在材料科学中应用的主要关系式有:

$$\left. \begin{aligned} dU &= TdS - PdV \\ dH &= TdS + VdP \\ dF &= -SdT - PdV \\ dG &= -SdT + VdP \end{aligned} \right\} \tag{10-1}$$

由于自由能函数 F 和 G 可以看做是任意两个热力学参量的状态函数,对它们全微分,有:

$$\left. \begin{aligned} dF &= \left(\frac{\partial F}{\partial T}\right)_V dT + \left(\frac{\partial F}{\partial T}\right)_T dV \\ dG &= \left(\frac{\partial G}{\partial T}\right)_P dT + \left(\frac{\partial G}{\partial P}\right)_T dP \end{aligned} \right\} \tag{10-2}$$

根据式(10-1)和式(10-2),经计算得到如下关系式:

$$\left. \begin{aligned} \left(\frac{\partial F}{\partial T}\right)_V &= -S \\ \left(\frac{\partial F}{\partial V}\right)_T &= -P \\ \left(\frac{\partial G}{\partial T}\right)_P &= -S \\ \left(\frac{\partial G}{\partial P}\right)_T &= V \end{aligned} \right\} \tag{10-3}$$

在多组元组成的系统中,系统除了受温度、压力等因素影响外,还与各组元的摩尔数有关。设组元 i 的摩尔数是 n_i,则化学势或称偏摩尔吉布斯自由能定义为:

$$\mu_i = \left(\frac{\partial G}{\partial n_i}\right)_{T,P,n_j} \tag{10-4}$$

化学势的意义为:当温度、压力及其他组元含量不变时(假设其他各组元的量足够多),仅增加一摩尔 i 组元所引起的系统自由能的变化。因此,系统自由能变化应表达为:

$$dG = -SdT + VdP + \sum_{i=1}^{n} \mu_i dn_i \tag{10-5}$$

由式(10-5),在恒温恒压条件下,合金系统的自由能判据为:

$$dG = \sum_{i=1}^{n} \mu_i dn_i \leq 0 \tag{10-6}$$

主要的热力学响应函数,如比热、压缩率和膨胀率等,都可以通过对热力学函数的参量

（如温度和压力等）求导数获得。在相变过程中（如气相、液相和固相间的转变、蒸发、熔化、升华等），有相变热（也称相变潜热）和比容的突变，$\Delta V \neq 0$，$\Delta S \neq 0$，即化学势的一级偏微商不等于零。由于在相变过程中 $\Delta H = T\Delta S$，因 $\Delta H \neq 0$，所以 $\Delta S \neq 0$，现在列出有关化学势 μ 对于 T，P 的一、二阶导数公式，表示如下：

$$\left. \begin{aligned} S_m &= -\left(\frac{\partial \mu}{\partial T}\right)_P \\ V_m &= \left(\frac{\partial \mu}{\partial P}\right)_T \\ C_{P,m} &= T\left(\frac{\partial S_m}{\partial T}\right)_P = -T\left(\frac{\partial^2 \mu}{\partial T^2}\right)_P \\ \alpha &= \frac{1}{V_m}\left(\frac{\partial V_m}{\partial P}\right)_T = \frac{1}{V_m}\frac{\partial^2 \mu}{\partial T \partial P} \\ \kappa &= -\frac{1}{V_m}\left(\frac{\partial V_m}{\partial P}\right)_T = -\frac{1}{V_m}\left(\frac{\partial^2 \mu}{\partial P^2}\right)_T \end{aligned} \right\} \qquad (10\text{-}7)$$

它们分别代表熵、体积、热容、膨胀系数和压缩系数。依据这些关系式并结合前述各类相变的特点不难看出，化学势在相变点的各阶导数对于不同类型的相变具有显著不同的行为。

按照相变的热力学特征，相变是通过热力学势的各阶导数连续性的特点来分类的。这里热力学势的导数包括熵、体积和比热等。1933 年，埃伦菲斯（Ehrenfest）根据这一点提出了一个相变的热力学分类方法：在相变点，化学势对 T，P 的一阶导数不连续者称为一级相变。依此类推，化学势以及直到化学势对 T，P 的 $n-1$ 阶导数在相变点连续，而 n 阶导数不连续者则称为 n 级相变。按热力学特征划分，相变分为一级相变、二级相变和高级相变。

（1）一级相变（first order phase transition）

一级相变是一种不连续的突变现象，表现出在确定的强度变量值时发生，同时体积、熵、焓等热力学量发生不连续的但有限的突变。我们通常所见的气、液、固态的相变都属于这一类相变。这一类相变体系由一相变为另一相时，两相的化学势相等，但化学势的一级偏微商（一级导数）不相等，即：

$$\left. \begin{aligned} \mu_1 &= \mu_2 \\ \left(\frac{\partial \mu_1}{\partial T}\right) &\neq \left(\frac{\partial \mu_2}{\partial T}\right)_P \\ \left(\frac{\partial \mu_1}{\partial P}\right) &\neq \left(\frac{\partial \mu_2}{\partial P}\right)_T \end{aligned} \right\} \qquad (10\text{-}8)$$

这类相变过程中压力与温度的关系可由克拉贝龙方程式表示，即：

$$\frac{\mathrm{d}P}{\mathrm{d}T} = \frac{\Delta H}{T\Delta V} \qquad (10\text{-}9)$$

由于 $\left(\frac{\partial \mu}{\partial T}\right) = -S$；$\left(\frac{\partial \mu}{\partial P}\right) = V$。故：$S_1 \neq S_2$；$V_1 \neq V_2$。因此在一级相变时，系统的化学势有连续变化，而熵（S）和体积（V）却有不连续变化。即相变时有相变潜热，并伴随有体积改变，如图 10-2 所示。

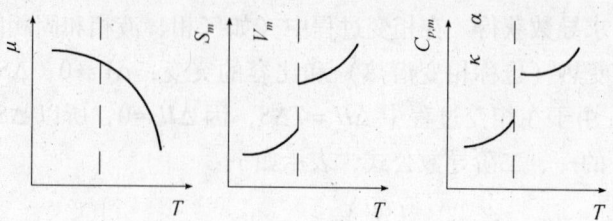

图10-2 一级相变时化学势、熵、体积和热容等变化

一级相变的特点是，如果改变体系的独立强度变量（例如 PVT 系统的 t, p, x_1, x_2, $\cdots$, x_r），一旦这些变量或其中之一达到相变能发生的值时，从宏观上看相变将突然发生。晶体熔化、升华，液体的凝固、气化，气体的凝聚以及晶体中大多数晶型转变都属于一级相变。

(2) 二级相变（second order phase transition）

二级相变的特点是热力学量的变化是连续的。相变是在强度变量的某一定范围内发生（不是在确定值时发生），而且相变并不表现出体积、熵、焓等的改变，即它们在相变时是连续的。但 C_p, α, κ 在相变点附近则迅速变化，出现一个极大峰。

此外，还有在相变点体积、熵、焓连续，而 C_p, α, κ 不连续但为有限的突变。二级相变时两相化学势相等，其一级偏微商也相等，但二级偏微商不等，即：

$$\left.\begin{array}{c}\mu_1 = \mu_2, \\ \left(\dfrac{\partial \mu_1}{\partial T}\right) = \left(\dfrac{\partial \mu_2}{\partial T}\right)_P \left(\dfrac{\partial \mu_1}{\partial P}\right) = \left(\dfrac{\partial \mu_2}{\partial P}\right) \\ \left(\dfrac{\partial^2 \mu_1}{\partial T^2}\right) \neq \left(\dfrac{\partial^2 \mu_2}{\partial T^2}\right)_P \left(\dfrac{\partial^2 \mu_1}{\partial P^2}\right) \neq \left(\dfrac{\partial^2 \mu_2}{\partial P^2}\right) \\ \left(\dfrac{\partial^2 \mu_1}{\partial T \partial P}\right) \neq \left(\dfrac{\partial^2 \mu_2}{\partial T \partial P}\right)\end{array}\right\} \quad (10\text{-}10)$$

也就是说，化学势的二级偏微商所代表的性质发生了突变。为区别于前一类相变因而称这类相变为二级相变。

由于

$$\left(\dfrac{\partial^2 \mu}{\partial T^2}\right) = -\dfrac{C_P}{T}, \quad \left(\dfrac{\partial^2 \mu}{\partial P^2}\right) = -\kappa V, \quad \left(\dfrac{\partial^2 \mu}{\partial T \partial P}\right) = \alpha V$$

故二级相变的特点可具体为：

$$\mu_1 = \mu_2; \quad S_1 = S_2; \quad V_1 = V_2; \quad C_{P1} \neq C_{P2}; \quad \kappa_1 \neq \kappa_2; \quad \alpha_1 \neq \alpha_2 \quad (10\text{-}11)$$

式中，κ 和 α 分别为等温压缩系数和等压膨胀系数。

属于这类相变的典型例子有 He（Ⅰ）向 He（Ⅱ）的转变，正常状态与超导状态的转变，铁磁体与顺磁体的转变以及合金的有序与无序的转变等。在顺磁体中，各个分子的磁矩方向完全是无规则的，所以总磁矩等于零。在铁磁体中则分为很多小的被称为磁畴的区域，在小磁畴内，分子磁矩有相同的方向，对于不同的磁畴，则磁矩的方向不同。当外磁场不存在时，铁磁体的总磁矩也等于零。顺磁体和铁磁体的区别在于后者有磁畴存在，当铁磁体的温度升高到某一温度，磁畴被破坏，铁磁体转变为顺磁体。这一转变是二级相变，由于这类相变中热容随温度的变化在相变温度 T_0 时趋于无穷大，因此可根据 $C_{P\text{-}T}$ 曲线具有λ形状而称二级相变为λ相变，其相变点转变温度可称为λ点或居里点 T_Φ。

在二级相变过程中，$\Delta H = 0$，$\Delta V = 0$，克拉贝龙方程式失去意义。在这种相变过程中压力和温度的关系可从二级相变的现象出发，即从 $V_1 = V_2$，$S_1 = S_2$ 出发来讨论。

当两相在 P 和 T 的情况下达到平衡时，此时比容 $V_1 = V_2 = V$，而在 $P = \mathrm{d}P$ 和 $T = \mathrm{d}T$ 情况下达平衡时应有 $V_1 + \mathrm{d}V_1 = V_2 + \mathrm{d}V_2$。由于 V 是 T，P 的函数：

$$\left. \begin{array}{l} \mathrm{d}V_1 = \left(\dfrac{\partial V_1}{\partial T}\right)_P \mathrm{d}T + \left(\dfrac{\partial V_1}{\partial P}\right)_T \mathrm{d}P = \alpha_1 V_1 \mathrm{d}T - \kappa_1 V_1 \mathrm{d}P \\ \mathrm{d}V_2 = \left(\dfrac{\partial V_2}{\partial T}\right)_P \mathrm{d}T + \left(\dfrac{\partial V_2}{\partial P}\right)_T \mathrm{d}P = \alpha_2 V_2 \mathrm{d}T - \kappa_2 V_2 \mathrm{d}P \end{array} \right\} \quad (10\text{-}12)$$

因为 $\mathrm{d}V_1 + \mathrm{d}V_2$，所以等式右边相等，整理后可得

$$\dfrac{\mathrm{d}P}{\mathrm{d}T} = \dfrac{\alpha_2 - \alpha_1}{\kappa_2 - \kappa_1} \quad (10\text{-}13)$$

同样，当两相平衡时，$\mathrm{d}S_1 = \mathrm{d}S_2$，因为 S 是 P，T 的函数：

$$\left. \begin{array}{l} \mathrm{d}S_1 = \left(\dfrac{\partial S_1}{\partial T}\right)_P \mathrm{d}T + \left(\dfrac{\partial S_1}{\partial P}\right)_T \mathrm{d}P = \dfrac{C_{P,1}}{T} \mathrm{d}T - \alpha_1 V_1 \mathrm{d}P \\ \mathrm{d}S_2 = \left(\dfrac{\partial S_2}{\partial T}\right)_P \mathrm{d}T + \left(\dfrac{\partial S_2}{\partial P}\right)_T \mathrm{d}P = \dfrac{C_{P,2}}{T} \mathrm{d}T - \alpha_2 V_2 \mathrm{d}P \end{array} \right\} \quad (10\text{-}14)$$

上两式等式右方相等，整理后得：

$$\dfrac{\mathrm{d}P}{\mathrm{d}T} = \dfrac{C_{P,2} - C_{P,1}}{TV(\alpha_2 - \alpha_1)} \quad (10\text{-}15)$$

式（10-13）和式（10-15）称为埃伦菲斯方程式，是二级相变的基本方程式。它表明二级相变时两相化学势、熵和体积相等，但热容、热膨胀系数、压缩系数却不相等，即无相变潜热，没有体积的不连续变化，而只有热容量、热膨胀系数和压缩系数的不连续变化，如图 10-3 所示。

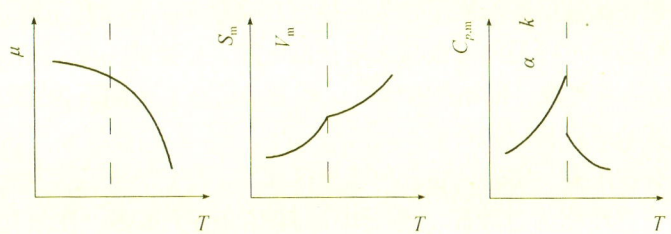

图 10-3 二级相变时化学势、熵、体积和热容等变化

由于在结晶点阵中，原子的相互排列位置的改变，可导致有序和无序的相变。例如黄铜（Cu、Zn 的等物质的量的合金）是体心立方点阵，在低温时，铜原子位于晶胞的体中心，锌原子位于晶胞的角顶。当温度逐渐升高时，这种有规则的排列局部受到破坏，到达某一温度 t 时，规则的排列完全被破坏，铜原子和锌原子出现在体中心和角顶的机会一样，合金由有序变为无序，这种相变也属于二级相变。在许多一级相变中都重叠有二级相变的特征，因此有些相变实际上是混合型的。

（3）高级相变

自然界中可以观察到的相变主要是一级相变，一级相变为不连续相变。相变级数大于一级的往往被称为连续性相变，根据埃伦菲斯的分类方法：n 级相变被定义为在相变点系统的

热力学势的第 $n-1$ 阶导数保持连续,而其 n 阶导数是不连续的。根据这种分类方法,在临界温度、临界压力时,一阶、二阶偏导数相等,而三阶偏导数不相等的相变成为三级相变。依此类推,自由焓的 $n-1$ 阶偏导连续,n 阶偏导不连续时称为高级相变。二级以上的相变称为高级相变,一般高级相变很少,大多数相变为低级相变。原子系统的玻色-爱因斯坦凝结现象为三级相变。

2. 按结构变化分类

相变的热力学分类过于一般化,对于相变机理的阐述比较匮乏,也不能对具体的相变提出图像化的解释。因此按照结构变化进行分类,主要是从晶体学的观点来阐明相变的特点。相变的突变性说明在相变点物质表现出所有分子的临界不稳定性,此时旧结构顷刻瓦解而形成新的结构。相变涉及物质的全部分子,所以是一种合作现象,这表明物质中的分子是长程关联的。

热力学分类并不能概括所有的相变类型,它对 C_p,α,κ(即化学势的二阶导数)在相变点迅速增为无穷大的相变是不适用的。因此,现在人们也采用这样的分类,如果化学势的一阶导数在相变点不连续,称为成核-长大型相变。如果化学势的一阶相变点连续,而更高阶导数不连续,则称为连续相变。

(1) 成核-长大型相变

由程度大、但范围小的浓度起伏开始发生相变,并形成新相核心称为成核-长大型相变。成核-长大型相变是重建型相变,必须经过原子扩散的过程,形成自由能较低的新相的晶核。在晶核超过临界尺度后,表面能不再成为抑制新相成长的因素,晶粒发育长大,旧相逐渐消失。因此,如果不在略低(或略高)于相变点的温度下保持足够长的时间,必将出现过冷(或过热)的滞后现象。在过于低的温度下,热扰动能量显著地低于扩散的激活能,因而过冷态不能产生相变。

过冷态晶体一般在足够低的温度下作为亚稳态长期存在,有时甚至可长达地质年代,即对于人类说来,亚稳态的过冷晶体可维持无限长的时间。按照热力学的相律:一元系一般只有一个平衡相(稳态)。例如,在常温常压下,石墨是稳态,金刚石为亚稳态,但人们从不担心珍藏的金刚石有朝一日转化为石墨。

亚稳相晶体也有在压力一定时,在任何温度区间都不稳定,而仅是暂时存在并即转变为另一相的情况。这种情形称为过渡相。合金中过渡相的例子很多。在氧化物晶体中,例如 LiIO 的 $\alpha^2 \rightarrow \gamma \rightarrow \beta$ 相变系列里,已证实 γ 是过渡相。

应力会引起滞后效应。两相的比容相差较大时,新相晶核的出现将引起较大的应力,因而抑制了相变的实现。最突出的也是最早发现的例子是,灰锡和白锡间的相变。白锡是四方结构的金属而灰锡为金刚石型的半导体,二者的比容相差18%,它们的热力学相平衡温度由电化学方法测出,在常压下为292K。但是,在冰点或更冷的环境中,并不出现白锡→灰锡的相变。高度清洁的实验室中,白锡能在很低的温度(如液氮)下不变形。然而一经与灰锡的粉末接触或适当诱导,在极短暂的时间内白锡即完全转变为灰锡。这里,微量稳态物质与其亚稳态接触,产生了提供晶核的效果,促使相变过程迅速完成,这一现象被称为自催化。非金属晶体也有类似的例子。

使用高压技术,可获得在常压下改变温度所观察不到的结构相变。例如,金属铋在常温加压下,出现多个结构不同的异构体。使用高温高压可能发现固态物质的一些新相和合成新的化学成分的固相，其中少数在常温常压下以亚稳态存在。人们也希望从丰富的相变数据理解固态的键合机理，和用这种方法制备有实用价值的材料，如合成金刚石和其他人工晶体。

（2）连续型相变

由程度小、范围广的浓度起伏连续地长大形成新相，称为连续型相变。超导、超流、铁磁居里点及气-液临界点都属于连续型相变。有时我们称它们为"临界现象"。描述相变要引入"序参量"，液体和气体的密度差，或者铁磁体的自发磁化强度，就是序参量。在成核-长大型相变过程中，点序参量有跃变，而在连续相变点它是连续变化的。

3. 按动力学特征分类

固态相变的三种基本变化都必须通过原子迁移来完成，因此可以按照原子迁移的动力学，即原子迁移方式对相变进行分类。根据相变过程中质点运动的情况，可以将相变分为扩散型相变、非扩散型相变以及介于二者之间的过渡型（或称半扩散型）相变。

（1）扩散型

扩散型相变的特点是在相变过程中，存在着原子（或离子）的扩散运动。发生扩散型相变时，形核和长大都要依靠原子的长距离扩散，相界面进行扩散性移动。因此，即使在形核初期相界面是共格的，但是在晶核生长过程中，共格界面也会转变为非共格界面，否则会阻碍晶体生长。

在扩散型相变中，扩散是相变的主要控制因素。多数在较高温度下发生的相变均属于扩散型相变。相变是依靠原子（或离子）的扩散来进行的。如晶型转变、熔体中析晶、气-固、液-固相相变和有序-无序转变。扩散型相变是通过热激活原子运动而产生的，要求温度足够高，原子活动能力足够强。

有序-无序转变是固体相变的一种特殊机理。在理想晶体中，原子周期性的排列在规则的位置上，这种情况称为完全有序。然而固体除了在0 K的温度下可能完全有序外，在高于0 K的温度下，质点热振动使其位置与方向均发生变化，从而产生位置与方向的无序性。在许多固溶体中，高温时原子排列呈无序状态，而在低温时则呈有序状态，这种随温度升降而出现低温有序和高温无序的可逆转变过程称为有序无序转变。一般用有序参数 ξ 来表示材料中有序无序的程度，完全有序时 $\xi=1$，完全无序时 $\xi=0$。

$$\xi = \frac{R-w}{R+w} \tag{10-16}$$

式中，R 为原子占据应该占据的位置；w 为原子占据不应该占据的位置；$R+w$ 为该原子的总数。有序参数分为远程有序参数和近程有序参数，如为后者时，将 w 理解为原子A最近程原子B的位置被错占的位置数即可。

（2）非扩散型

非扩散型相变也叫做位移型相变。在相变时，新相长大不是通过原子扩散，而是通过类似于塑性变形的滑移或者孪生那样的切变和转动进行的。通过这种方式，母相中的原子有组织地、协调一致地循序转入新相中。此时，相界面是共格的，转变前后两相的化学成分不变，两相的位向关系不变。

非扩散型相变则在相变过程中不存在原子（或离子）的扩散运动。无扩散型相变的特点是相变中原子不发生扩散，原子作有规则的近程迁移，以使点阵改组；相变中参加转变的原子运动是协调一致的，相邻原子的相互位置不变，因此也被称为"协同性"转变。低温下进行的纯金属（锆、钛、钴等）同素异构转变以及马氏体（Martensite）转变属于无扩散型相变。

马氏体相变的特征是相变时新相和母相之间具有严格的取向关系，靠切变维持共格晶界，并存在一个习性平面，在相变前后保持既不扭曲变形也不旋转的状态。马氏体相变无扩散性而且速度很高，有时可达声速。相变时没有特定的温度而是在一个温度范围内进行。马氏体相变开始温度为 M_s，相变完成的温度为 M_f。

马氏体相变不仅发生在金属中，在无机非金属材料中也有出现，例如 ZrO_2 中都存在这种相变。目前广泛应用 ZrO_2 由四方晶系转变为单斜晶系的马氏体相变过程进行无机高温结构材料的相变增韧。

（3）过渡型

已发现有两种过渡型相变，一种叫做块状转变，它更接近于扩散型相变，相界面是非共格的，相界面移动也是通过原子扩散进行的，但是原子扩散只限于跨越相界面的短距离扩散，没有长距离扩散，因此相变时成分不发生或者很少发生变化，形成非层状组织，其中一相靠扩散长大，类似于扩散型相变；另一相靠切变长大，又类似于非扩散型相变。在相变中，扩散型长大和非扩散型长大相互制约。

10.3 相变热力学

材料系统所处的状态及其变化趋势决定了系统的热力学性质，而系统的状态及其变化是由一系列热力学函数所确定，热力学函数的意义及其相互关系是解决相变问题的基本理论。

1. 热力学相关知识

（1）热力学第二定律

为了描述材料系统自发变化的方向和限度，引入状态函数熵的概念，用来度量孤立系统中自发过程的不可逆程度，其定义为：

$$dS = \frac{\delta Q}{T} \tag{10-17}$$

式中，δQ 为可逆过程的热效应。在恒压条件下，上式改写为：

$$dS = \frac{\delta Q_p}{T} = \frac{C_p}{T}dT \tag{10-18}$$

由热力学推导，对于孤立系统或绝热的不可逆过程，熵的变化满足如下关系：

$$dS \geqslant 0 \tag{10-19}$$

式（10-19）为热力学第二定律的数学表达式，其意义为：在孤立系统中发生的自发不可逆过程，熵值总是增加的，直到最大达到平衡状态。

（2）最小自由能原理

熵判据只适合于孤立系统。对于实际热力学系统，总熵变 dS 应该包括系统熵变 dS_s 和环境熵变 dS_e，因此熵判据应扩充为：

$$dS = dS_s + dS_e \geqslant 0 \tag{10-20}$$

2. 相变过程的不平衡状态及亚稳定

从热力学平衡的观点看，将物体冷却（或者加热）到相转变温度，则会发生相转变而产生新相。从图 10-4 的单元系统 T-P 相图中可以看到，OX 线为气-液相平衡线（界线）；OY 线为液-固相平衡线；OZ 线为气-固相平衡线。

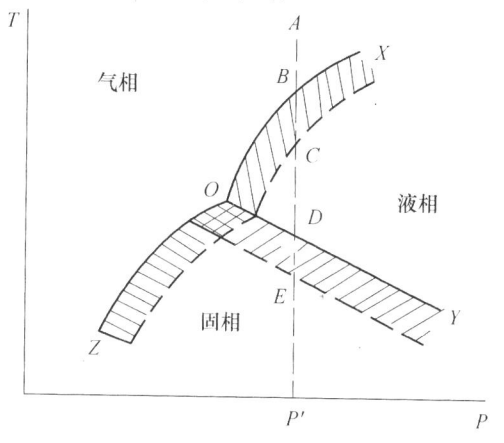

图 10-4 相变亚稳区

当处于 A 状态的气相在恒压 P' 下冷却到 B 点时，达到气-液平衡温度，开始出现液相，直到全部气相转变为液相为止，然后离开 B 点进入 BD 段液相区。继续冷却到 D 点达到液固反应温度，开始出现固相，直至全部转变为固相，温度才能下降离开 D 点进入 DP' 段的固相区。

但是实际上，当温度冷到 B 或 D 的相变温度时，系统并不会自发产生相变，也不会有新相产生。而要冷却到比相变温度更低的某一温度例如 C（气-液）和 E（液-固）点时才能发生相变，也不会有新相产生。即凝结出液相或析出固相。

根据这种理论，应发生相变而实际上不能发生相转变的区域（如图 10-4 所示的阴影区）称为亚稳区，在亚稳区内，旧相能以亚稳态存在，而新相还不能生成。这是由于当一个新相形成时，它是以一微小液滴或微小晶粒出现，由于颗粒很小，因此其饱和蒸气压和溶解度却远高于平面状态的蒸气压和溶解度，在相平衡温度下，这些微粒还未达到饱和而重新蒸发和溶解。由此得出：

（1）亚稳区具有不平衡状态的特征，是物相在理论上不能稳定存在，而实际上却能稳定存在的区域；

（2）在亚稳区内，物系不能自发产生新相，要产生新相，必然要越过亚稳区，这就是需要过冷却的原因；

（3）在亚稳区内虽然不能自发产生新相，但是当有外来杂质存在时，或在外界能量影响下，也有可能在亚稳区内形成新相，此时使亚稳区缩小。

3. 相变过程推动力

定义恒温恒容条件下的亥姆霍兹自由能 F 和恒温恒压条件下的吉布斯自由能 G（或称自由焓）分别为：

$$\left.\begin{array}{l} F = U - TS \\ G = H - TS \end{array}\right\} \quad (10\text{-}21)$$

得到恒温恒容条件下及恒温恒压条件下的热力学判据分别为：

$$\left.\begin{array}{l} \mathrm{d}F \leqslant 0 \\ \mathrm{d}G \leqslant 0 \end{array}\right\} \quad (10\text{-}22)$$

这两个判据在材料科学中都有广泛的应用，在解决与界面曲率有关的材料学问题时经常采用第一个自由能判据，而对于绝大多数材料学问题则经常采用第二自由能判据。根据自由能判据，相变过程的推动力是相变过程前后自由焓的差值：

$$\left.\begin{array}{ll} \Delta G_{T,P} < 0 & \text{过程自发进行} \\ \Delta G_{T,P} = 0 & \text{过程自发达到平衡} \\ \Delta G_{T,P} > 0 & \text{过程不能自发进行} \end{array}\right\} \tag{10-23}$$

以上表述的意义为，在恒温恒容条件下或者在恒温恒压条件下，系统总是向自由能降低的方向进行，平衡状态时，自由能达到极小，称为最小自由能原理。

4. 外界条件对相变推动力的影响

（1）相变过程的温度条件

由热力学可知，在等温等压下有：

$$\Delta G = \Delta H - T\Delta S \tag{10-24}$$

在平衡条件下 $\Delta G = 0$，则有：

$$\Delta H - T_0 \Delta S = 0, \qquad \Delta S = \frac{\Delta H}{T_0} \tag{10-25}$$

式中，T_0 为相变的平衡温度；ΔH 为相变热。

若在任意一温度 T 的不平衡条件下，则有：

$$\Delta G = \Delta H - T\Delta S \neq 0 \tag{10-26}$$

若 ΔH 与 ΔS 不随温度而变化，将 $\Delta S = \frac{\Delta H}{T_0}$ 代入上式得：

$$\Delta G = \frac{\Delta H - T\Delta H}{T_0} = \frac{\Delta H(T_0 - T)}{T_0} = \Delta H \cdot \frac{\Delta T}{T_0} \tag{10-27}$$

从上式可见，相变过程要自发进行，必须有 $\Delta G < 0$，则 $\Delta H \cdot \Delta T_0 < 0$。若相变过程放热（如凝聚过程、结晶过程等），$\Delta H < 0$，要使 $\Delta G < 0$，必须有 $\Delta T > 0$，$\Delta T = T_0 - T > 0$，即 $T_0 > T$，这表明在该过程中系统必须"过冷却"，或者说系统实际温度比理论相变温度还要低，才能使相变过程自发进行。

若相变过程吸热（如蒸发、熔融等），$\Delta H > 0$，要满足 $\Delta G < 0$，这一条件则必须 $\Delta T < 0$，即 $T_0 < T$，这表明系统要发生相变过程必须"过热"。由此得出结论：相变驱动力可以表示为过冷度（过热度）的函数，因此相平衡理论温度与系统实际温度之差即为该相变过程的推动力。

对于一级相变，随着温度升高，恒压热容 C_p 单调增大，焓 H 单调增大，自由能 G 则单调下降。如果平衡两相是 α 和 β，由于它们的恒压热容 C_p 不同，两相的自由能-温度曲线必然在某一临界温度 T_0 处相交，T_0 是两相自由能相等的温度，即相平衡温度。

当 $T < T_0$ 时，$\Delta T = T_0 - T$ 称为过冷度，将发生 $\alpha \rightarrow \beta$ 转变，相变驱动力为 $\Delta G_V^{\alpha \rightarrow \beta} = G_V^\beta - G_V^\alpha$；当 $T > T_0$ 时，$\Delta T_1 = T - T_0$ 称为过热度，将发生 $\beta \rightarrow \alpha$ 转变，相变驱动力为 $\Delta G_V^{\beta \rightarrow \alpha} = G_V^\alpha - G_V^\beta$。

在降温时，$\alpha \rightarrow \beta$ 转变的驱动力与过冷度的关系如下。在恒温恒压条件下，T 温度时：

$$\Delta G_V^{\alpha \rightarrow \beta}(T) = \Delta H_V^{\alpha \rightarrow \beta}(T) - T\Delta S_V^{\alpha \rightarrow \beta}(T) \tag{10-28}$$

当 $T = T_0$ 时：

$$\Delta G_V^{\alpha \rightarrow \beta}(T_0) = \Delta H_V^{\alpha \rightarrow \beta}(T_0) - T_0 \Delta S_V^{\alpha \rightarrow \beta}(T_0) = 0 \tag{10-29}$$

由此式得：

$$\Delta S_V^{\alpha \to \beta}(T_0) = \frac{\Delta H_V^{\alpha \to \beta}(T_0)}{T_0} \tag{10-30}$$

如果过冷度不大，采取如下近似：

$$\Delta H_V^{\alpha \to \beta}(T) \approx \Delta H_V^{\alpha \to \beta}(T_0), \quad \Delta S_V^{\alpha \to \beta}(T) \approx \Delta S_V^{\alpha \to \beta}(T_0) \tag{10-31}$$

将以上二式代入式（10-28），得：

$$\Delta G_V^{\alpha \to \beta}(T) \approx \frac{\Delta H_V^{\alpha \to \beta}(T_0)\Delta T}{T_0} \tag{10-32}$$

式（10-32）中，$\Delta H_V^{\alpha \to \beta}(T_0)$ 为相变潜热。

可以看出，相变驱动力与过冷度成正比，温度越低，过冷度越大，驱动力越大。温度越低，晶核的临界半径、临界体积和形核功均减小，形核越容易（图10-5）。

对于二级相变，恒压热容 C_p 并非随温度升高而单调增加，升温时，无磁性转变的 C_p 随温度变化如图10-6中虚线、有磁性转变的 C_p 随温度变化如图10-6中实线所示。当由低温铁磁性转变为高温顺磁性时，C_p 在居里点附近急剧增大，表明有额外的能量吸收，这部分额外能量被消耗于加热时的磁有序结构的消失。因此，有磁性转变的金属或合金的 C_p 包含与结构转变有关的热容和与磁性转变有关的热容两部分。热容的异常变化将使自由能-温度曲线发生变化，影响到相的自由能大小及相的状态。计算结果表明，在居里点以下，铁磁状态比顺磁状态具有更低的自由能，稳定性更高，这一点将影响到铁磁性金属或合金的相变驱动力。

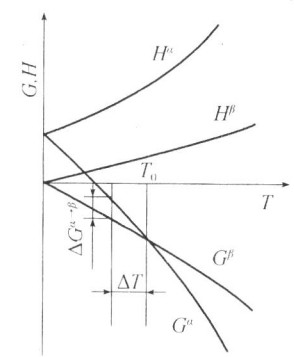

图10-5 两相自由焓和焓随温度的变化

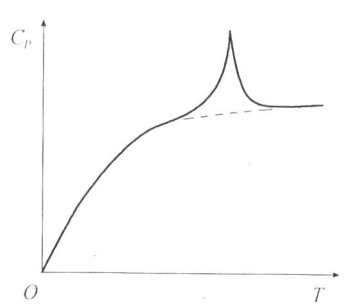

图10-6 二级相变居里点附近的热容变化

（2）相变过程的压力条件

从热力学可知，在恒温可逆不做有用功时：

$$dG = VdP \tag{10-33}$$

对理想气体而言，在压强由 P_1 到 P_2 过程中：

$$\Delta G = \int VdP = \int \frac{RT}{P}dP = \frac{RT\ln P_2}{P_1} \tag{10-34}$$

当过饱和蒸气压力为 P 的气相凝聚成液相或固相（其平衡蒸气压力为 P_0）时，有：

$$\Delta G = \frac{RT\ln P_0}{P} \tag{10-35}$$

要使相变能自发进行，必须 $\Delta G < 0$，即 $P > P_0$，也即要使凝聚相变自发进行，系统的饱和蒸气压应大于平衡蒸气压 P_0。这种过饱和蒸气压差为凝聚相变过程推动力。

(3) 相变过程的浓度条件

在压力一定时,单元系的自由能只是温度的函数,而系统的自由能除了与温度有关外,还与成分有关。对溶液而言,可以用浓度 c 代替压力 P,式 $\Delta G = \dfrac{RT\ln P_0}{P}$ 写成 $\Delta G = \dfrac{RT\ln c_0}{c}$。若是电解质溶液还要考虑电离度 α,即一个摩尔能离解出 α 个离子:

$$\Delta G = \alpha RT \ln \frac{c_0}{c} = \alpha RT \left(1 + \frac{\Delta c}{c}\right) \approx \alpha RT \cdot \frac{\Delta c}{c} \tag{10-36}$$

式中,c_0 为饱和溶液浓度;c 为过饱和溶液浓度。

要使相变过程自发进行,应使 $\Delta G < 0$,式(10-36)右边 α、R、T、c 都为正值,要满足这一条件必须 $\Delta c < 0$,即 $c > c_0$,液相要有过饱和浓度,它们之间的差值 $c - c_0$,即为这一相变过程的推动力。

假定由 A、B 组成二元系统,设 G_i^0 为组元 i 在一个大气压下的摩尔自由能,x_i 为组元 i 的摩尔分数,则体系的摩尔自由能可表达为:

$$G_s = G_A^0 + (G_B^0 - G_A^0)x_B + \Delta G_m \tag{10-37}$$

ΔG_m 为两组元间的混合自由能,其表达式为:

$$\Delta G_m = \Delta H_m - T\Delta S_m \tag{10-38}$$

ΔH_m 为混合焓,其意义为微观上为溶体形成前后原子间结合能的变化,宏观上为形成溶体的热效应,经过推导,得:

$$\Delta H_m = \Omega x_A x_B \tag{10-39}$$

Ω 为原子间相互作用参数。

式(10-38)中的 ΔS_m 为混合熵,微观上为形成溶体所引起的原子混乱度的度量,其值大于零,若按理想溶体处理,则:

$$\Delta S_m = -R(x_1 \ln x_1 + x_2 \ln x_2) \tag{10-40}$$

下面将体系自由能随成分的变化规律归纳如下:

①理想体系由于溶质原子、溶剂原子以及溶质与溶剂原子之间的结合能相同,混合焓 $\Delta H_m = 0$,原子呈无序分布,得:

$$\Delta G_m = \Delta H_m - T\Delta S_m = -T\Delta S_m < 0 \tag{10-41}$$

说明形成理想溶体的自由能比纯组元的自由能低,G_s 与成分的关系如图 10-7 所示。

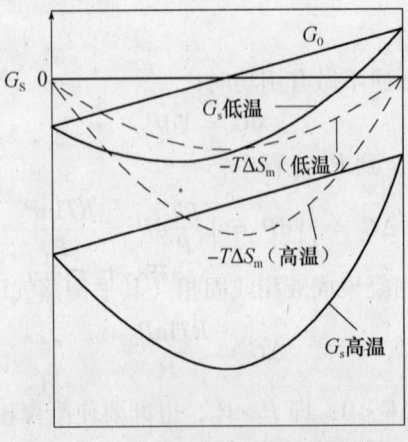

图 10-7 无序体系的自由能-成分曲线

②非理想体系 ΔS_m 仍按理想溶体处理，即忽略了振动熵变化和溶体有序及偏聚引起的熵的变化，而 $\Delta H_m \neq 0$。若形成溶体时放热，则 $\Delta H_m < 0$，原子呈有序分布，溶体自由能更低，G_s 与成分的关系如图 10-8 所示；若形成溶体时吸热，则 $\Delta H_m > 0$，原子呈偏聚分布，溶体自由能升高，当 ΔH_m 足够大时，溶体将在一定成分范围内分解为两相，出现了溶解度间隙，G_s 与成分的关系如图 10-9 所示。

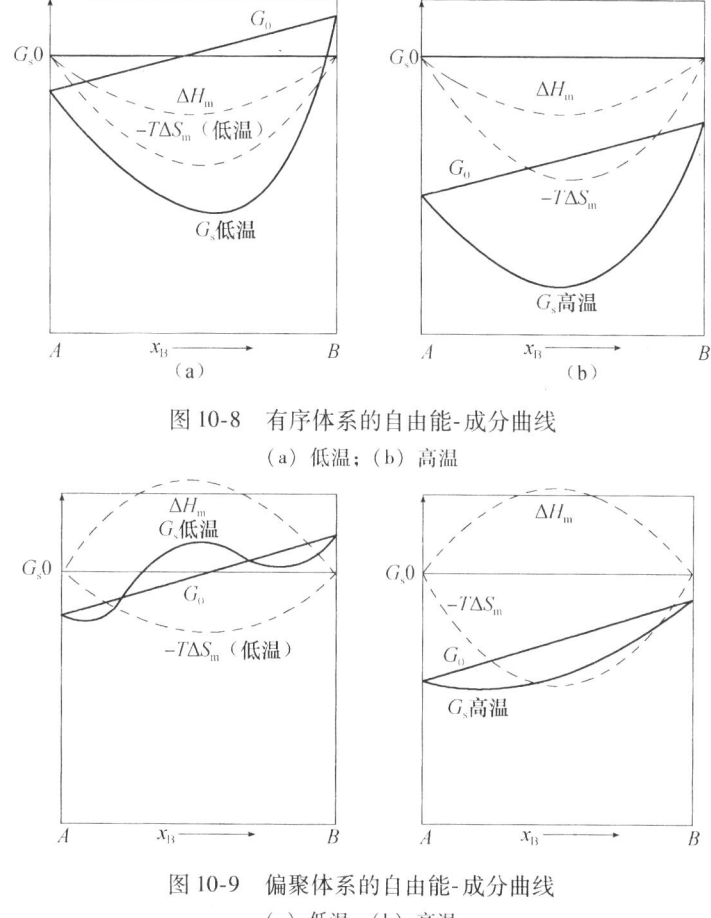

图 10-8　有序体系的自由能-成分曲线
(a) 低温；(b) 高温

图 10-9　偏聚体系的自由能-成分曲线
(a) 低温；(b) 高温

从上面分析看出，在一定温度和压力下，体系中各相自由能是其成分的函数，作出各相在一定温度下的自由能-成分曲线，这种曲线对研究相变非常有用。

综上所述，相变过程的推动力应为过冷度、过饱和浓度、过饱和蒸气压即系统温度、浓度和压力与相平衡时温度、浓度和压力之差值。

10.4　相变过程动力学

经典相变都要经历形核与晶核长大过程，析晶过程包括两个过程：形成稳定晶核的成核过程和晶核成长为晶体的晶体长大过程。晶核形成过程是析晶第一步，按形核是否对时间敏感的特征，形核可以将其分为两种类型，均匀成核和非均匀成核。均匀成核是指晶核从均匀的单相熔体中产生的几率处处是相同的过程。非均匀成核是指借助于表面、界面、微粒裂纹、器壁以及各种催化位置等而形成晶核的过程。

①热激活形核是通过原子热运动使晶胚达到临界尺寸，其特点是不仅温度对形核有影响，而且时间对形核也有影响，晶核可以在等温过程中形成。一般扩散型相变发生在较高温度范围，故为热激活形核。在过冷度较小时，驱动力较小，晶核往往在缺陷处形成，属于非均匀形核；在过冷度很大时，驱动力增大，也可能发生均匀形核。

②非热激活形核不是通过原子扩散使晶胚达到临界尺寸，而是通过快速冷却在变温过程中形成的，故也称为变温形核。这种形核对时间不敏感，晶核一般不会在等温过程中形成。非热激活形核大都为非均匀形核，需要较大的过冷度，形核率极高。

1. 晶核形成的动力学条件

(1) 均匀成核动力学

均匀单相并处于稳定条件下的熔体或溶液，一旦进入过冷却或过饱和状态，系统就具有结晶的趋向，但此时所形成的新相的晶胚十分微小，其溶解度很大，很容易溶入母相溶液（熔体）中。只有当新相的晶核形成足够大时，它才不会消失而继续长大形成新相。

当一个熔体（溶液）冷却发生相变时，则系统由一相变成两相，这就使体系在能量上出现两个变化，一是系统中一部分原子（离子）从高自由焓状态（如液态）转变为低自由焓的另一状态（如晶态），使系统的自由焓减少（ΔG_1）；另一是由于产生新相，形成了新的界面（例如固-液界面），这就需要做功，从而使系统的自由焓增加（ΔG_2）。因此系统在整个相变过程中自由焓的变化（ΔG）应为此两项的代数和，即：

$$\Delta G = \Delta G_1 + \Delta G_2 = V\Delta G_V + A\gamma \tag{10-42}$$

式中，V 为新相的体积；ΔG_V 为单位体积中旧相和新相之间的自由焓之差（$G_{液} - G_{固}$）；A 为新相总表面积；γ 为新相界面能。

若假设生成的新相晶胚呈球形则上式写做：

$$\Delta G = \frac{4}{3}\pi r^3 n \Delta G_V + 4\pi r^2 n\gamma \tag{10-43}$$

式中，r 为球形晶胚半径；n 为单位体积中半径为 r 的晶胚数。

将 $\Delta G = \Delta H \cdot \dfrac{\Delta T}{T_0}$ 代入上式得：

$$\Delta G = \frac{4}{3}\pi r^3 n \frac{\Delta H \Delta T}{T_0} + 4\pi r^2 n\gamma \tag{10-44}$$

由上式可见，ΔG 是晶胚半径 r 和过冷度 ΔT 的函数。系统自由焓 ΔG 是由两项之和决定的。ΔG_1 为负值，它表示由液态转变为晶态时，自由焓是降低的。ΔG_2 表示新相形成的界面自由焓，它为正值。当新相晶胚十分小（r 很小）和 ΔT 也很小时，也即系统温度接近 T_0（相变温度）时，$\Delta G_1 < \Delta G_2$。

图 10-10 给出了均匀成核动力学条件。T_3 温度时，ΔG 随 r 而增加并始终为正值。当温度远离 T_0 时，即温度下降，晶胚半径逐渐增大，ΔG 开始随 r 而增加，接着随 r 增加而降低，此时 $\Delta G - r$ 曲线出现峰值，如图中 r_k 处。在这条曲线峰值的左侧，ΔG 随 r 增长而增

加,即 $d\Delta G > 0$,此时系统内产生的新相是不稳定的。

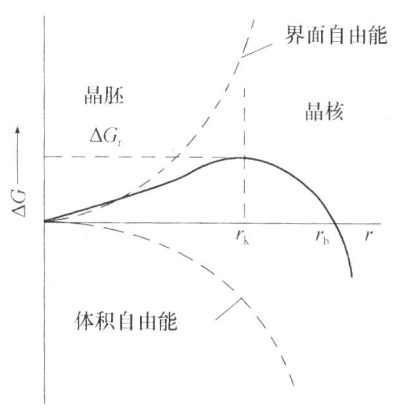

图 10-10 均匀成核动力学条件

在 ΔG 曲线峰值的右侧,ΔG 随新相晶胚的长大而减少,即 $d\Delta G < 0$,此时晶胚在母相中能稳定存在,并且能够继续长大。显然,相对于 ΔG 曲线峰值的晶胚半径 r_k 是划分这两个不同过程的界限,故称 r_k 为新相晶胚成核的临界半径。

在低于熔点的温度下 r_k 才能存在而且温度越低 r_k 值越小。r_k 值可以通过求曲线的极值来确定:

$$\frac{d(\Delta G)}{dr} = 4\pi n \frac{\Delta H \Delta T}{T_0}, \qquad r^2 + 8\pi\gamma nr = 0$$

$$r_k = -\frac{2\gamma T_0}{\Delta H \Delta T} = -\frac{2\gamma}{\Delta G_V} \tag{10-45}$$

从上式可得出:

1)r_k 是新相可以长大而不消失的最小晶胚半径,r_k 值愈小,则新相愈易形成,r_k 与温度的关系是系统温度接近相变温度时 $\Delta T \to 0$,则 $r_k \to \infty$。这表示析晶相变在熔融温度时,要求 r_k 无限大,显然析晶还不可能发生。ΔT 愈大则 r_k 愈小,相变愈易进行。

2)在相变过程中,γ 和 T_0 均为正值,析晶相变系放热过程,则 $\Delta H < 0$,若要上式成立(r_k 永远为正值),则 $\Delta T > 0$,也即 $T_0 > T$,这表明系统要发生相变必须过冷,而且过冷度愈大,则 r_k 值愈小。例如铁,当 $\Delta T = 10℃$ 时,$r_k = 0.04\mu m$,临界核胚由 1700 万个晶胞所组成。而当 $\Delta T = 100℃$ 时,$r_k = 0.004\mu m$,即由 17000 个晶胞就可以构成一个临界核胚。从熔体中析晶,一般 r_k 值在 $10 \sim 100\mu m$ 的范围内。

3)影响 r_k 因素有物系本身的性质(如 γ 和 ΔH)与外界条件(如 ΔT)两类。晶核的界面能降低和相变热 ΔH 增加均可使 r_k 变小;有利于新相形成。

对应于临界半径 r_k 时系统中单位体积的自由焓变化可计算如下:

$$\Delta G_k = -\frac{32}{3}\frac{\pi n r^3}{\Delta G_V^2} + 16\frac{\pi n r^3}{\Delta G_V^2} = \frac{1}{3}\left(\frac{\pi n r^3}{\Delta G_V^2}\right) \tag{10-46}$$

设所形成的临界晶核的总面积为 A_k:

$$A_k = 4\pi r_k^2 \cdot n = 16\frac{\pi n \gamma^2}{\Delta G_V^2} \tag{10-47}$$

因此可得：

$$\Delta G_k = \frac{1}{3} A_k \gamma \tag{10-48}$$

由方程可见，要形成临界半径大小的新相，则需要对系统做功，其值等于新相界面能的三分之一。这个能量（ΔG_k）称为成核位垒。这一数值越低，相变过程越容易进行。液-固相之间的自由焓差值只能供给形成临界晶核所需表面能的三分之二，而另外的三分之一（ΔG_k），对于均匀成核而言，则需依靠系统内部存在的能量起伏来补足。通常我们描述系统的能量均位平均值，但从微观角度看，系统内不同部位由于质点运动的不均衡性，而存在能量的起伏，动能低的质点偶尔较为集中，即引起系统局部温度的降低，为临界晶核产生创造了必要条件。

均匀形核时除了产生界面能外，还产生弹性应变能（在有些固态相变中，也会产生较大的塑性应变能，这时应变能应包括弹性应变能和塑性应变能），二者构成了相变阻力。正因如此，固态相变的形核阻力比液体结晶大得多。根据经典形核理论，在固体中形成一个新相晶核时的自由能变化可表达为：

$$\Delta G = V \Delta G_V + S\sigma + V\omega \tag{10-49}$$

式中，V 为晶核体积；S 为晶核表面积；$\Delta G_V = G_N - G_P$ 为单位体积新旧两相化学自由能差，当 $\Delta G_V < 0$ 时，为相变驱动力；σ 为单位面积界面能；ω 为单位体积弹性应变能。

假定晶核为半径为 r 的球体，上式变为：

$$\Delta G = \frac{4}{3} \pi r^3 \Delta G_V + 4\pi r^2 \sigma + \frac{4}{3} \pi r^3 \omega \tag{10-50}$$

在式（10-50）中，令 $\partial \Delta G / \partial \gamma = 0$，求出晶核的临界半径、临界体积和形核功分别为：

$$\left. \begin{array}{l} r_c = -\dfrac{2\sigma}{\Delta G_V + \omega} \\[2mm] V_c = -\dfrac{32\pi\sigma^3}{3(\Delta G_V + \omega)^3} \\[2mm] \Delta G_c = \dfrac{16\pi\sigma^3}{3(\Delta G_V + \omega)^2} \end{array} \right\} \tag{10-51}$$

可以看出，临界半径（或临界体积）越大，系统具有临界尺寸的晶核数就越少；形核功越大，系统的自由能增加就越多，所以临界半径和形核功越大，形核就越难。与液态结晶相比，在其他条件相同的情况下，由于固态相变增加了应变能阻力，使临界半径和形核功增大，表明在相变驱动力一定时，固态相变比液态结晶需要更大的过冷度。

形核功靠系统的能量起伏提供，能量起伏水平达到 ΔG_c 的几率应该与因子 $\exp\left(-\dfrac{\Delta G_c}{kT}\right)$ 成正比，故单位体积中出现临界晶核的数量也应该与此因子成正比。临界晶核长大和熔化的几率相同，其中只有二分之一的晶核能够成为有效晶核。有效晶核至少需要补充一个以上的原子才能稳定长大，因此原子跨越相界面扩散至晶核表面并使其长大，同样也是一个几率问题。令 Q 为原子扩散激活能，则临界晶核转变为稳定晶核的几率应该与因子 $\exp\left(-\dfrac{Q}{kT}\right)$ 成正比。据此得到固态相变的形核率表达式：

$$N = K\exp\left[-\frac{16\pi\sigma^3}{3kT(\Delta G_V + \omega)^2}\right] \cdot \exp\left(-\frac{Q}{kT}\right) \quad (10\text{-}52)$$

式中，k 为 Boltzmann 常数，K 为比例常数。

当母相中产生临界核胚以后必须从母相中有原子或分子一个个逐步加到核胚上，使其生成稳定的晶核。因此成核速率除了取决于单位体积母相中核胚的数目以外，还取决于母相中原子或分子加到核胚上的速率，可以表示为：

$$I_v = vn_in_k \quad (10\text{-}53)$$

式中，I_v 为成核速率，指单位体积中所生成的晶核数目，其单位通常是晶核个数/(秒·立方厘米)；v 为单个原子或分子同临界晶核碰撞的频率；n_i 为临界晶核周界上的原子或分子数。

碰撞频率 v 表示为：

$$v = \nu_0 \exp\left(-\frac{\Delta G_m}{RT}\right) \quad (10\text{-}54)$$

式中，ν_0 为原子或分子的跃迁频率；ΔG_m 为原子或分子跃迁新旧界面的迁移活化能。

因此成核速率可以写成：

$$\begin{aligned}I_v &= \nu_0 n_i \exp\left(-\frac{\Delta G_k}{RT}\right)\exp\left(-\frac{\Delta G_m}{RT}\right)\\ &= B\exp\left(-\frac{\Delta G_k}{RT}\right)\exp\left(-\frac{\Delta G_m}{RT}\right) = P \cdot D \end{aligned} \quad (10\text{-}55)$$

式中，P 为受核化位垒影响的成核率因子；D 为受原子扩散影响的成核率因子；B 为临界跃迁常数。

上式表示成核速率随温度变化的关系。当温度降低，过冷度增大，由于 $\Delta G_k \propto \frac{1}{\Delta T^2}$ [将式 $\Delta G = \Delta H \cdot \frac{\Delta T}{T_0}$ 代入 $\Delta G_k = \frac{1}{3}\left(\frac{\pi nr^3}{\Delta G_V^2}\right)$ 可得]，因而成核位垒下降，成核速率增大，直至达到最大值。若温度继续下降，液相黏度增加，原子或分子扩散速率下降，ΔG_m 增大，使 D 因子剧烈下降，致使 I_v 降低，成核率 I_v 与温度的关系应是曲线 P 和 D 的综合结果。在温度低时，D 项因子抑制了 I_v 的增长。温度高时，P 项因子抑制 I_v 的增长，只有在合适的过冷度下，P 与 D 因子的综合结果使 I_v 有最大值。

固态相变时，由于应变能的存在使形核功增大，以及固态原子的扩散激活能比液态大得多，导致固态相变的形核率比相同条件下的结晶的形核率要小得多，这就说明为什么快速冷却能抑制固态相变。

即使对固态相变本身来说，由于相变驱动力不同以及弹性应变能和扩散系数的差异，不同固态相变的难易程度也存在差异，有的甚至差异很大。应变能与材料的弹性模量成正比，与弹性应变的平方成正比，因此固体的刚性越大，相变引起的应变能越大，越不利于相变。

由于应变能与弹性应变的平方成正比，故弹性应变的作用更为强烈。由此看出，固态相变时两相的比容差对相变有重要作用。有些固态相变从热力学看是可能进行的，但是由于两相的比容差过大或者温度过低，实际上很难进行，母相甚至可以长期存在。

（2）非均匀成核过程动力学

熔体过冷或液体过饱和后不能立即成核的主要障碍是晶核要形成液-固相界面需要能量。

如果晶核依附于已有的界面上（如容器壁，杂质粒子，结构缺陷，气泡等）形成，则高能量的晶核与液体的界面被低能量的晶核与成核基体之间的界面所取代。显然这种界面的代换比界面的创生所需要的能量要少。因此，成核基体的存在可降低成核位垒，使非均匀成核能在较小的过冷度下进行。

非均匀成核的临界位垒 ΔG_k^* 在很大程度上取决于接触角 θ 的大小。当新相的晶核与平面成核基体接触时，形成接触角 θ，如图 10-11 所示。晶核形成一个具有临界大小的球冠粒子，这时成核位垒为：

$$\Delta G_k^* = \Delta G_k \cdot f(\theta) \tag{10-56}$$

式中，ΔG_k^* 为非均匀成核时自由焓变化（临界成核位垒）；ΔG_k 为均匀成核时自由焓变化；$f(\theta)$ 为与接触角有关的几何因子。

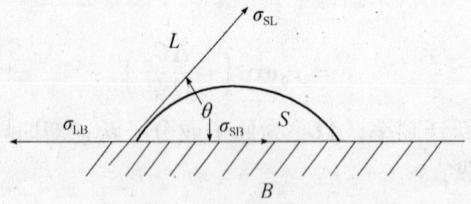

图 10-11 非均匀成核示意图

可由图 10-11 球冠模型的简单几何关系求得：

$$f(\theta) = \frac{(2 + \cos\theta)(1 - \cos\theta)^2}{4} \tag{10-57}$$

由式（10-56）可见，在成核基体上形成晶核时，成核位垒应随着接触角 θ 的减少而下降。若 $\theta = 180°$，则 $\Delta G_k^* = \Delta G_k$；若 $\theta = 0°$，则 $\Delta G_k^* = 0$。表 10-1 示出 θ 角对 ΔG_k^* 的影响。

表 10-1 接触角对非均匀成核自由焓变化的影响

润湿 \ 数值	θ	$\cos\theta$	$f(\theta)$	ΔG_k^*
润湿	0 ~ 90°	1 ~ 0	$0 \sim \frac{1}{2}$	$\left(0 \sim \frac{1}{2}\right)\Delta G_k$
不润湿	90° ~ 180°	0 ~ (-1)	$\frac{1}{2} \sim 1$	$\left(\frac{1}{2} \sim 1\right)\Delta G_k$

由表 10-1 可见，由于 $f(\theta) \leqslant 1$，所以非均匀成核比均匀成核的位垒低，析晶过程容易进行，而润湿的非均匀成核又比不润湿的位垒更低，更易形成晶核。因此在生产实际中，为了在制品中获得晶体，往往选定某种成核基体加入到熔体中去。例如在铸石生产中，一般用铬铁砂作为成核晶体。在陶瓷结晶釉中，常加入硅酸锌和氧化锌作为核化剂。非均匀晶体形成速率为：

$$I_S = B_s \exp\left(-\frac{\Delta G_k^* + \Delta G_m}{RT}\right) \tag{10-58}$$

式中，ΔG_k^* 为非均匀成核位垒，B_s 为常数。I_S 与均匀成核速率（I_v）公式极为相似，只是以 ΔG_k^* 代替 ΔG_k，用 B_s 代替 B 而已。

2. 晶体生长过程动力学

（1）晶体生长

当稳定晶核形成后，在一定的温度和过饱和度条件下，晶体按一定速度生长。晶体生长速度主要取决于熔体过冷却程度和过饱和条件，当然也与晶体—熔体之间的界面情形有关。系统内能形成 r_k 大小的粒子数 n_k 可用下式描述：

$$\frac{n_k}{n} = \exp\left(-\frac{\Delta G_k}{RT}\right) \tag{10-59}$$

式中，$\frac{n_k}{n}$ 表示半径大于和等于 r_k 粒子的分数。

由式（10-59）可见，ΔG_k 愈小具有临界半径 r_k 的粒子数愈多。在稳定的晶核形成后，母相中的质点按照晶体格子构造不断地堆积到晶核上去，使晶体得以生长。晶体生长速率 μ 受温度（过冷度）和浓度（过饱和度）等条件的控制。它可以用物质扩散到晶核表面的速度和物质由液态转变为晶体结构的速度来确定，图 10-12 中，q 为液相质点通过相界面迁移到固相的扩散活化能。ΔG 为液体与固相自由焓之差，即析晶过程自由焓的变化；$\Delta G + q$ 为质点从固相迁移到液相所需的活化能；λ 为界面层厚度。质点由液相向固相迁移的速率应等于界面的质点数目 n 乘以跃迁频率，并应符合玻耳兹曼能量分布定律，即：$Q_{L\to S} = n\nu_0 \exp\left(-\frac{q}{RT}\right)$，从固相到液相的迁移速率为：

$$Q_{L\to S} = n\nu_0 \exp\left[-\left(\frac{\Delta G + q}{RT}\right)\right] \tag{10-60}$$

所以粒子从液相到固相的净速率为：

$$Q = Q_{L\to S} - Q_{S\to L} = n\nu_0 \exp\left(-\frac{q}{RT}\right)\left[1 - \exp\left(-\frac{\Delta G}{RT}\right)\right] \tag{10-61}$$

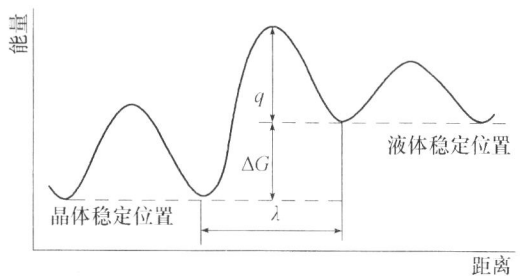

图 10-12　界面能势垒示意图

晶体生长速率是以单位时间内晶体长大的线性长度来表示的，因此也称为线性生长速率，用 μ 来表示：

$$\mu = Q\lambda = n\nu_0 \lambda \exp\left(-\frac{q}{RT}\right)\left[1 - \exp\left(-\frac{\Delta G}{RT}\right)\right] \tag{10-62}$$

式中，λ 为界面层厚度，约为分子直径大小。又因为 $\Delta G = \Delta H \cdot \frac{\Delta T}{T_0}$，$T_0$ 为晶界熔点。$\nu_0 \exp\left(-\frac{q}{RT}\right)$ 为液-晶相界面迁移的频率因子，可用 v 来表示。$B = n\lambda$，则：

$$\mu = Bv\left[1 - \exp\left(-\frac{\Delta H \Delta T}{RTT_0}\right)\right] \tag{10-63}$$

当过程离平衡态很小时，即 $T \to T_0$，$\Delta G \ll RT$，则上式可写成：

$$\mu \approx Bv \left(\frac{\Delta H \Delta T}{RTT_0}\right) \approx Bv \frac{\Delta H}{RT_0^2}\Delta T \tag{10-64}$$

这就是说，此时晶体生长速率与过冷度 ΔT 成线性关系。当过程离平衡态很远，即 $T \ll T_0$，则 $\Delta G \gg RT$，上式可以写为 $\mu \approx Bv(1-0) \approx Bv$。亦即此时晶体生长速率达到了极限值，大约在 10^{-5}cm/s 的范围内。

晶体生长类似扩散过程。然后粒子从液相迁移到固相，从而使晶粒长大。晶体的生长过程类似于扩散过程，它取决于分子或原子从液相中分离向界面扩散和其反方向扩散之差。

因此，质点从液相向晶相迁移速率：

$$\frac{dn_{L \to S}}{dt} = f\lambda v_0 \exp\left(\frac{\Delta G_a}{KT}\right) \tag{10-65}$$

从晶相到液相反方向的迁移速率为：

$$\frac{dn_{S \to L}}{dt} = f\lambda v_0 \exp\left(\frac{\Delta G_a}{KT}\right) \tag{10-66}$$

式中，f 是附加因子，是指当晶体界面的所有位置不能都有效地附上质点时，能够附上质点的位置所占的分数。f 值的大小随生长机构的不同而异。

1) 当 f 过冷度很大时，热力学推动力大，二维空间晶核的临界尺寸很小，晶体表面的任何位置都能生长，f 因子之值近于 1；

2) 当 f 很小时，f 是 T 的函数，并随着生长的机构而变，f 因子和温度的关系，可用螺型位错生长的机构来解释。

因此，从液相到晶相迁移的净速率为：

$$\frac{dn}{dt} = \left(\frac{dn_{L \to S}}{dt} - \frac{dn_{S \to L}}{dt}\right) = f\lambda v_0 \left[\exp\left(-\frac{\Delta G_a}{KT}\right) - \exp\left(-\frac{\Delta G_a - \Delta G}{KT}\right)\right]$$

$$= f\lambda v_0 \exp\left(-\frac{\Delta G_a}{KT}\right)\left[1 - \exp\left(-\frac{\Delta G}{KT}\right)\right] \tag{10-67}$$

进一步简化得：

$$\mu = -f\lambda v_0 \exp\left(-\frac{\Delta G_a}{KT}\right)\frac{\Delta S \Delta T}{KT} \tag{10-68}$$

这就是晶体生长速率方程。引入扩散系数 D 的表示公式，简化得：

$$\mu = -\frac{f}{\lambda} \times D \times \frac{\Delta S \Delta T}{KT} = -AD\frac{\Delta G}{KT} \tag{10-69}$$

结论：生长速率 μ 与扩散有关。

1) 温度越低，扩散系数越小，生长速率也就越小，并趋于零。所以当过冷度大，温度远低于平衡温度 T_m 时，生长速率是由扩散控制的。

2) 当温度接近于 T_m 时，扩散系数变大，这时，μ 值主要决定于两相的自由焓差 ΔG。当 $T = T_m$ 时，$\Delta G = 0$，$\mu = 0$。因此，生长速率在低于 T_m 的某个温度，会出现极大值。不过，这个温度总是高于具有最大成核速率的温度。

（2）总结晶速率

总的结晶速率常用结晶过程中已经结晶出的晶体体积占原母液体积的分数（x）和结晶时间（t）的关系表示。

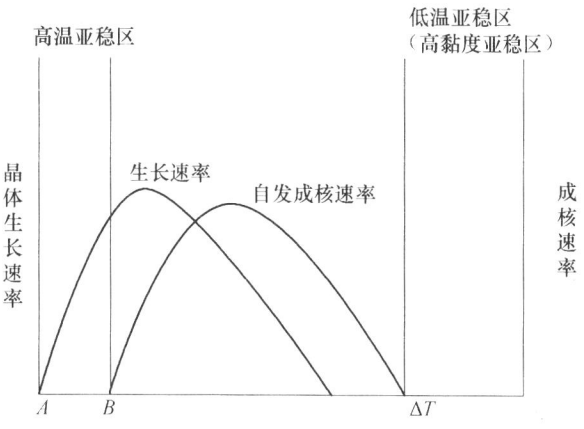

图 10-13　总结晶速率 dx/dt 随温度的变化

设一个体积为 V 的液体很快达到出现新相的温度，并在此温度下保温时间 τ，如果用 V_S 表示结晶出的晶体体积，V_L 表示残留未结晶出的液体体积。在 $d\tau$ 时间内形成新相结晶颗粒的数目：

$$N_\tau = IV_L d\tau \tag{10-70}$$

式中，I 为成核率；若 μ 是单个晶粒界面的晶体生长速度，并假定 μ 是不随时间而变化的常数，而且沿晶体各向生长速度相同，这样形成的新相为球状。因此，经时间 τ 后开始晶体生长，在时间 t（$t>\tau$）内结晶出的一个晶体的体积是 V_τ^s：

$$V_\tau^s = \frac{4\pi}{3}\mu^3(t-\tau)^3 \tag{10-71}$$

在结晶初期，晶粒很小，晶粒间干扰也少，而且 $V_L \approx V$。因此在时间 t 时，由 τ 和 $\tau+d\tau$ 时间内结晶出的晶体体积 dV_S 为：

$$dV_S = N_\tau V_\tau S = \frac{4\pi}{3} \cdot VI\mu^3(t-\tau)^3 dt \tag{10-72}$$

因此，结晶体积分数可写为：

$$x = \frac{V_S}{V} = \frac{4\pi}{3}\int_0^t I\mu^3(t-\tau)^3 dt \tag{10-73}$$

当 τ 很小时，$\tau = 0$，则

$$x = \frac{4\pi}{3}\int_0^t I\mu^3(t-\tau)^3 dt \tag{10-74}$$

进行微分，得：

$$dx = \frac{4\pi}{3} \cdot I\mu^3(t-\tau)^3 dt \tag{10-75}$$

当成核速率与晶体生成速度和时间无关，并且 $t \gg \tau$ 时，对上式积分得到：

$$x = 1 - \exp\left(-\frac{1}{3}\pi I\mu^3 t^4\right) \tag{10-76}$$

称为 Johnson-Mchl 动力学方程式；若考虑成核速率和生长速度随时间的变化，则需应用 Avrami 方程，它的一般形式表示为：

$$x = 1 - \exp(-K \cdot t^n) \tag{10-77}$$

3. 影响结晶速率的因素

（1）熔体组成

从降低熔制温度和防止析晶的角度出发，玻璃的组分应考虑多组分并且其组成应尽量选择在相界线或共熔点附近。

（2）熔体的结构

从熔体结构分析，还应考虑熔体中不同质点间的排列状态及其相互作用的化学键强度和性质。干福熹认为熔体的析晶能力主要决定于两方面因素：

①熔体结构网络的断裂程度。网络断裂愈多，熔体愈易析晶。在碱金属氧化物含量相同时，阳离子对熔体结构网络的断裂作用大小决定于其离子半径。

②熔体中所含网络变性体及中间体氧化物的作用。电场强度较大的网络变性体离子由于对硅氧四面体的配位要求，使近程有序范围增加，容易产生局部积聚现象，因此含有电场强度较大的网络变性离子（如 Li^+、Mg^{2+}、La^{3+}、Zr^{4+} 等）的熔体皆易析晶。

（3）界面情况

虽然晶态比玻璃态更稳定，具有更低的自由焓。但由过冷熔体变为晶态的相变过程却不会自发进行。如要使这过程得以进行，必须消耗一定的能量以克服由亚稳的玻璃态转变为稳定的晶态所须越过的势垒。从这个观点看，各相的分界面对析晶最有利，在它上面较易形成晶核。所以存在相分界面是熔体析晶的必要条件。

（4）外加剂

微量外加剂或杂质会促进晶体的生长，因为外加剂在晶体表面上引起的不规则性犹如晶核的作用。熔体中杂质还会增加界面处的流动度，使晶格更快地定向。

4. 玻璃的析晶

玻璃中出现析晶是玻璃生产中常见的一种缺陷。它将使玻璃的一系列性能变坏，如透光性及光学均匀性、机械强度等。因此，一般的玻璃制品中力求避免析晶。但利用玻璃的析晶又可制得结晶陶瓷釉和微晶玻璃、光敏玻璃及光色玻璃等具有优异性能的新型玻璃。

玻璃析晶的相变过程在高黏度的玻璃态中进行时，不能完全符合在黏度较小的液相中的析晶规律。但其析晶速率的变化规律与液相中析晶相同，析晶速率先随温度升高而增大，达到最大值后，又随温度升高而降低。一般在含有成核剂的玻璃析晶过程中，成核速率较快，所以通过晶体生长速度来控制析晶。如果成型好的玻璃迅速越过晶核生成最大速率温度区，而在晶体生长温度区保温较长时间，则可得到较大的微晶（几个微米）。反之，如果在晶核生长速率较大而晶体生长速率较小的温度区进行热处理，则有利于形成细小均匀的微晶。

虽然物质的晶态比玻璃态具有更低的能量而更稳定，但由玻璃态向晶态的相变过程却不能自发进行。必须消耗一定的能量以克服相变过程的能垒，相变过程方能进行。从这个观点看，玻璃中存在相界面对析晶是有利的。因为相界面上比均质玻璃具有更高的能量，在其上较易形成晶核。

从相平衡的观点出发，当玻璃组成位于化合物的初晶区时，化合物组成的质点形成晶格的几率较大，玻璃易析晶。当玻璃组成位于相界线或共熔点时，由于要同时析出两种或两种以上的晶体，在初期形成晶核时相互干扰，从而降低玻璃的析晶能力，故较难析晶。

从结构观点出发，玻璃中不同质点的排列方式及其相互作用的化学键强度和性质均对玻璃的析晶有重要影响。玻璃的结构网络断裂程度愈大，玻璃愈容易析晶。对此可以通过调整玻璃的组成来改变其析晶能力。玻璃在高黏度时，由成核剂诱导的析晶过程和熔体在高温平衡下的析晶情况是不同的，所析出的晶相不一定是该系统在相应相图上的初晶相，而主要决定于玻璃内质点在空间的几何排列，即首先析出和玻璃结构中近程有序部分排列相似的晶体。

因此，当玻璃的组成确定以后，析晶的种类、大小、数量和均匀性主要由热处理条件和相变动力过程来控制。

10.5 液-液分相的相变过程

液-液分相是指一个均匀的液相（或玻璃）在一定的温度范围内分成两个互不溶解或部分溶解的两液相（或玻璃）并相互共存的现象（或称液相不混溶现象）。液-液分相包括在液相线以上的液-液稳定分相和在液相线以下的亚稳定分相。

1. 液-液分相的基本原理

二元硅酸盐系统存在两种分相类型：一种是发生在液相线以上的分相，如 MgO-SiO$_2$ 系统中液相线以上出现的分相现象，如图 10-14 所示。在 T_1 温度时，任何组成的熔体是均匀的一相。而在 T_2 时，原始组成为 C_0 的熔体分为组成为 C_α 和 C_β 的两个熔体相。这种分相常给玻璃生产带来困难，使玻璃产生分层或强烈乳浊现象。

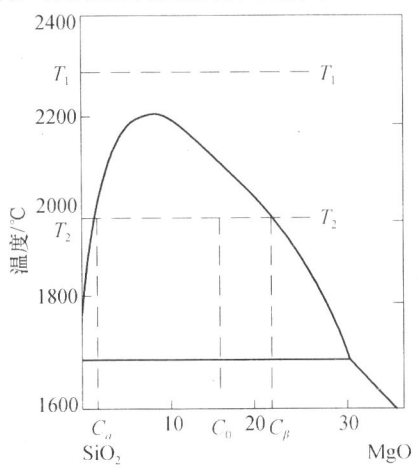

图 10-14 MgO-SiO$_2$ 系统中的分相区

另一种是在液相线以下发生的玻璃分相，如在 Na$_2$O-SiO$_2$ 系统和 Li$_2$O-SiO$_2$ 系统中。图 10-15（b）为二元系统中液相线以下的分相区。在 T_k 温度以上任何组成都是均匀的单一液相。在 T_k 温度以下将产生分相。这类分相对玻璃有着重要的实际意义。

亚稳定区（成核-生长区）与不稳区（旋节-分解区）的划分

1) 吉布斯自由能（G）-组成（C）曲线

在液相线以下的分相区内存在两个分相机理不同的部分，一部分为亚稳定区，其分解机理为成核-生长；另一部分为不稳区，其分解机理为旋节-分解（Spinodaln）。这两个区域的划分是由二元系统所对应的吉布斯自由能（G）-组成（C）曲线确定的。

已知吉布斯自由能-组成曲线受温度的影响。如图 10-15（a）所示，在 T' 温度（$T' > T_k$）时，曲线呈凹状的 U 字形。根据吉布斯自由能-组成曲线建立相图的两条基本原理：

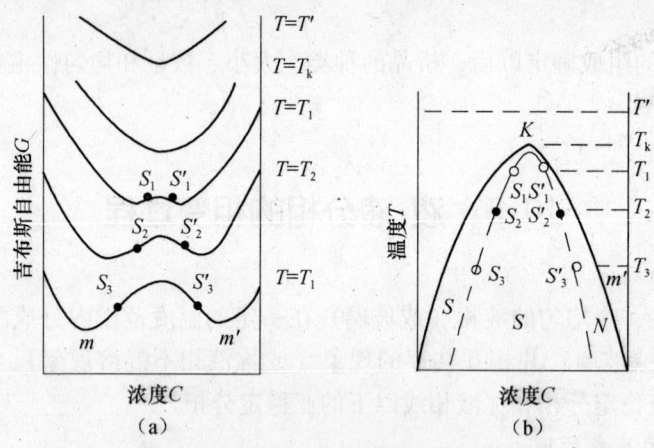

图 10-15　液相线以下发生分相的二元系统
(a) G-C 曲线；(b) T-C 曲线

① 在温度、压力和组成不变的条件下，具有最小吉布斯自由能的状态是最稳定的。

② 当两相平衡时，两相的吉布斯自由能-组成曲线上具有公切线，切线上的切点分别表示两平衡相的成分。

由此可知，在 T' 温度时，曲线上只有一个极小值，熔体成为均匀的单一液相是稳定的，即系统不分相。当温度降至某一临界度 T_k 时，对应的吉布斯自由能-组成曲线出现中心区域平坦的形状，此曲线所对应的温度是由单相向分相过渡的分界温度。当温度降至 T_k 以下的 T_1 温度时，对应的曲线出现驼峰状。

通过曲线上两个上凹部分可作一公切线，说明曲线上两个公切点对应的两个组分的化学势相等，均等于切线的斜率。因此，在 T_1 温度曲线上对应两个公切点的两个组成的液相平衡共存，即系统出现分相。凡是低于临界温度 T_k 温度下的吉布斯自由能-组成曲线都出现驼峰状，只是两个公切点的距离随温度的下降而逐渐增大。

2）亚稳定区与不稳区的划分

在低于 T_k 温度的吉布斯自由能-组成的驼峰状曲线上，有两个上凹部分和一个下凹部分。由上凹部分到下凹部分的转折处为拐点。每条曲线上有两个拐点。各温度下曲线上驼峰的拐点在相图上对应的轨迹连线称为亚稳曲线，如图 10-15 中的 S_3-S_2-S_1-S_1'-S_2'-S_3' 曲线，此曲线为亚稳定区和不稳区的分界线。各温度下吉布斯自由能-组成曲线上公切点在相图上对应的轨迹连线为不混溶区界线，如图中实线所表示的。亚稳曲线与不混溶界线之间的区域（N 区）为亚稳定区（成核-生长区）；亚稳曲线所围成的区域（S 区）为不稳定区。不混溶区界限顶端对应的温度 T_k 为该系统产生分相的临界温度。

在驼峰状吉布斯自由能-组成曲线上：拐点处 $\left(\dfrac{\partial^2 G}{\partial C^2}\right) = 0$，在上凹部分的区域（成核-生长区）$\left(\dfrac{\partial^2 G}{\partial C^2}\right) > 0$，在下凹部分的区域 $\left(\dfrac{\partial^2 G}{\partial C^2}\right) < 0$。

2. 亚稳定区与不稳区的分相机理

$\left(\dfrac{\partial^2 G}{\partial^2 C}\right)_{T,P}$ 可以作为一种依据来判断由于过冷液相（熔融体）的分相是亚稳的还是不稳的。当 $\left(\dfrac{\partial^2 G}{\partial^2 C}\right)_{T,P} > 0$ 时，系统单相液相对微小的组成起伏是亚稳的，分相如同析晶中的成核-生长，需要克服一定的成核能垒才能形成稳定的核，而后新相继续扩大。如果系统不足以提供此能垒，系统将不分相而呈亚稳态。当 $\left(\dfrac{\partial^2 G}{\partial^2 C}\right)_{T,P} < 0$ 时，系统单相液相对微小的组成起伏是不稳定的，组成起伏由小逐渐增大，初期新界面弥散，因而不需克服任何能垒，分相是必然发生的。

亚稳定区与不稳区的两种分相机理浓度变化特征不同。如图 10-16 所示为两种分相浓度剖面示意图。图（a）表示不稳区分相时第二相浓度的变化，相变开始时浓度波动程度很小，但空间范围很大，随着相变的进行，浓度波动程度愈大，浓度随时间持续变化，直到最终分相。图（b）表示亚稳区分相时第二相成核-生长的浓度变化。这种分相浓度变化的特点是，开始相变成核时浓度变化程度大，而核所涉及的空间范围小，分相自始至终第二相成分不随时间变化。分相形成的第二相始终有明显的界面，但它是玻璃而不是晶体。

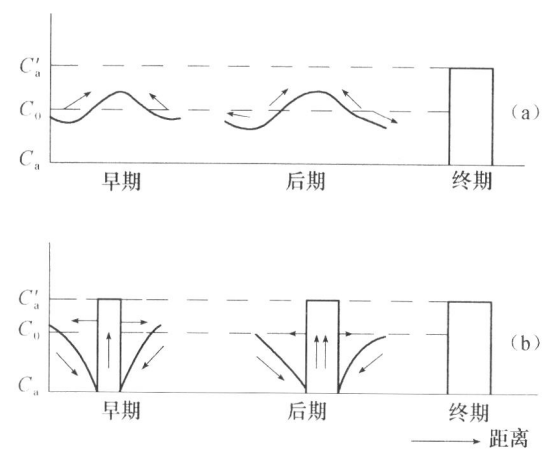

图 10-16 两种分相浓度剖面示意图
(a) 不稳定区分相；(b) 亚稳定区分相

3. 玻璃的分相作用

玻璃的分相对玻璃的形成有重要意义。如果系统的分相区在液相线以上，在形成玻璃时，要避免使用此范围内的配料组成。否则在熔体冷却过程中难免发生两种互不相溶液相的严重分离，形成两个组成不同的非均匀相，使玻璃的透明度等性质恶化。如果系统的分相区在倒 S 形液相线以下，由于这种分相是在较低温度下发生的，因此若适当选择配料组成并将熔体快速冷却仍可得到均匀的玻璃。但若将玻璃在分相区温度范围内的较高温度下进行热处理并控制保温时间，便可使玻璃发生分相。利用分相可以制得具有某种特殊性能的玻璃，但在普通玻璃的生产中，则必须严格控制退火制度，以保证产品质量的稳定。

玻璃的性质与玻璃的分相有着密切的关系。实践表明，凡是与质点的迁移性能有关的性质，如黏度、电导、化学稳定性等都与玻璃的分相以及分相后的形貌有很大关系，一些研究表明，玻璃的分相可以促使玻璃析晶。玻璃的分相增加了相之间的界面，而成核总是优先产生于相的界面上。利用玻璃分相可以改变玻璃的某些性能。一些微晶玻璃的成核剂是通过促进玻璃强烈分相而促使玻璃析晶的，制备新品种玻璃，也可制得五彩缤纷的陶瓷釉。因此，玻璃分相的研究有重要的工程意义。

习 题

10-1 名词解释：
一级相变与二级相变
玻璃析晶与玻璃分相
均匀成核与非均匀成核
马氏体相变

10-2 什么叫相变？按照机理来划分，可分为哪些机理？

10-3 为什么在成核-生成机理相变中，要有一点过冷或过热才能发生相变？什么情况下需过冷，什么情况下需过热？

10-4 何谓均匀成核？何谓不均匀成核？晶核剂对熔体结晶过程的临界晶核半径 r^* 有何影响？

10-5 在不均匀成核的情况下，相变活化能与表面张力有关，试讨论不均匀成核的活化能 ΔG_h^* 与接触角 θ 的关系，并证明当 $\theta = 90°$ 时，G_h^* 是均匀成核活化能的一半。

10-6 熔体析晶过程在1000℃时，单位体积自由焓变化 $\Delta G_V = 100 \text{cal/cm}^3$；在900℃时是 500cal/cm^3。设固-液界面能 γ_{SL} 为 500erg/cm^2，求：
(1) 在900℃和1000℃时临界晶核半径；
(2) 在900℃和1000℃时进行相变所需的能量。

10-7 什么是亚稳分解和旋节分解？并从热力学、动力学、形貌等比较这两种分相过程。

10-8 试用图例说明过冷度对核化、晶化速率、析晶范围、析晶数量和晶粒尺寸等的影响。

第11章 烧　　结

烧结是一门古老的工艺，早在公元前七千年前，我国劳动人民就用烧结来制造陶器，在公元前三千年，埃及人就掌握了粉末冶金技术，而烧结过程是粉末冶金技术的一道重要工序。虽然人类早就掌握了烧结这门技术，但对烧结过程的理论研究只是近几十年的事。现在，烧结过程在许多工业部门得到广泛应用，如陶瓷、耐火材料、水泥、粉末冶金、超高温材料等生产过程中都含有烧结过程。

烧结是粉末冶金、陶瓷、耐火材料、超高温材料等部门的一个重要工序。烧结的目的是把粉状物料转变为致密体。这种烧结致密体是一种多晶材料，其显微结构由晶体、玻璃相和气孔组成，烧结过程直接影响显微结构中晶粒尺寸和分布，气孔尺寸和分布以及晶界体积分数。烧结过程可以通过控制晶界移动而抑制晶粒的异常生长或通过控制表面扩散、晶界扩散和晶格扩散而充填气孔，用改变显微结构方法使材料性能改善。因此，当配方、原料粒度、成型等工序完成以后，烧结是使材料获得预期的显微结构以使材料性能充分发挥的关键工序。

目前对烧结的基本原理和各种传质机理的高温动力学的研究已经比较成熟，但是烧结是一个复杂的物理过程，完全定量的描述复杂多变的烧结还有一定的不足。烧结理论的继续完善还有待于科学的发展和研究的深入。

本章重点讨论粉末烧结过程的现象和机理，介绍烧结的各种因素对控制和改进材料性能的影响。

11.1 基本概念

1. 烧结概念

烧结过程包含着一系列的物理化学变化，是一个复杂的过程，要想全面的了解烧结的内涵，我们需要从宏观和微观两个角度来考察。宏观上讲，烧结过程包含以下内容：一种或多种固体（金属、氧化物、氮化物等）粉末经过成型，在加热到一定温度后开始收缩，在低于熔点温度下变成致密、坚硬的烧结体。而在微观上，烧结过程可以描述为：由于固态中分子（或原子）的相互吸引，通过加热，使粉末体产生颗粒粘结，经过物质迁移使粉末体产生强度并导致致密化和再结晶。

烧结开始时先产生颗粒间的釉合和重排，颗粒因此而相互靠拢，这时大空隙逐渐消失，气孔的总体积迅速减少，但颗粒之间仍以点接触为主，总表面积并未减少，如图11-1（a）所示。而从图11-1（a）至（b）阶段开始有明显的传质过程，颗粒间由点接触逐渐扩大为面接触，粒界的面积增加，而固-气表面积则相应地减少，但空隙仍然是连通的，如图11-1

(b) 所示。从图 11-1（b）至（c）显示出粒界进一步扩大，气孔则变小而成为孤立状的封闭气孔，同时粒界开始移动，晶粒发育长大而数目减少。通常当气孔体积小到一定的数目（约 <5%）时，密度不再增加，烧结过程也就结束了，如图 11-1（d）所示。所以，基于以上分析，整个烧结过程可以分为初期（a）至（b）、中期（b）至（c）和后期（c）至（d）三个阶段。由于烧结体宏观上出现体积收缩、致密度提高和强度增加，因此烧结程度可以用坯体收缩率、气孔率、吸水率或烧结体密度与理论密度之比（相对密度）等指标来衡量。

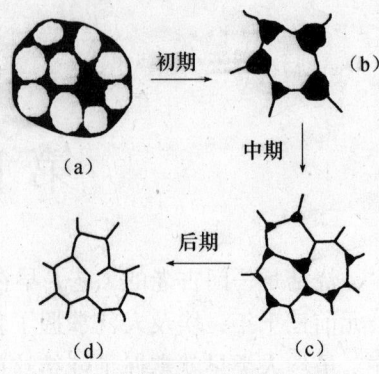

图 11-1 粉状颗粒成型体的烧结进程示意图

为了得出烧结的具体概念，下面对比介绍几个与烧结有关的概念：

(1) 烧结与烧成（Firing）

烧成包括多种物理和化学变化，例如脱水、坯体内气体分解、多相反应和熔融、溶解、烧结等。而烧结仅仅指粉料经加热而致密化的简单物理过程，烧结仅仅是烧成过程的一个重要部分。

(2) 烧结和熔融（Melt）

烧结是在远低于固态物质的熔融温度下进行的。泰曼发现烧结温度（T_S）和熔融温度（T_M）的关系有一定规律：金属粉末的烧结温度与熔融温度之间的关系可以用 $T_S = (0.3 \sim 0.4) T_M$ 来表示；盐类的可以表示为 $T_S = 0.57 T_M$；硅酸盐表示为 $T_S = (0.8 \sim 0.9) T_M$。烧结和熔融这两个过程都是由原子热振动而引起的，但熔融时全部组元都为液相，而烧结时至少有一组元是处于固态。

(3) 烧结与固相反应

两个过程均是在低于材料熔点或熔融温度之下进行的，并且在过程的自始至终都至少有一相是固态。两个过程的不同之处是固相反应必须至少有两组元 A 和 B 参加，并发生化学反应，最后生成化合物 AB。AB 结构与性能不同于 A 和 B。而烧结可以只有单组元，或者两组元参加，但两组元并不发生化学反应，仅仅是在表面能驱动下，由粉体变成致密体。从结晶化学观点看，烧结体除可见的收缩外，微观晶相组成并未变化，仅仅是晶相显微组织上排列致密和结晶程度更完善。但在实际生产中，纯的烧结是很难见到的。

综合以上的比较，我们给出烧结的定义：

宏观定义 粉体原料经过成型、加热到低于熔点的温度，发生固结、气孔率下降、收缩加大、致密度提高、晶粒增大，变成坚硬的烧结体，这个现象称为烧结。

微观定义 固态中分子（或原子）间存在相互吸引，通过加热使质点获得足够的能量进行迁移，使粉末体颗粒粘结，产生强度并导致致密化和再结晶的过程称为烧结。

2. 烧结过程推动力

烧结中的致密化过程是依靠物质的定向迁移实现的，因此在系统中必须存在能使物质发生定向迁移的推动力。这个推动力就是构成坯体的原料粉体具有很大的比表面积而使系统具行很高的表面能。根据最小能量原理，系统具有自发地向低能量状态变化的趋势。当高温下质点具有足够的可动性时，这个变化的趋势就会变成颗粒之间通过形成点接触并发展成为粒界从而使颗粒的两个表面被一个界面所代替的实际过程，系统的能量得到降低，密度与强度得以提高，坯体达到烧结的目的。如原料粉体的表面能为高的表面能，而界面能为低的表面能，因此表面被界面所替代在能量上是有利的。

但是共价键化合物的高的表面能等由于原子之间成键时具有饱和性和强烈的方向性，使得界面能比较高，与表面能之间差值减小。这也是共价键化合物比离子键化合物难以烧结的基本原因之一。

粉末状物料经压制成型后，颗粒之间仅仅是点接触，可以不通过化学反应而紧密结合成坚硬的物体，这一过程必然有一推动力在起作用。

粉料在粉碎与研磨过程中消耗的机械能以表面能形式贮存在粉体中，又由于粉碎引起晶格缺陷，据测定，MgO 通过振动磨 120min 后，内能增加 10kJ/mol。一般粉末体表面积在 $1 \sim 10 m^2/g$，由于表面积大而使粉体具有较高的活性，粉末体与烧结体相比是处在能量不稳定状态。任何系统降低能量都是一种自发趋势。根据近代烧结理论的研究认为：粉状物料的表面能大于多晶烧结体的晶界能，这就是烧结的推动力。粉体经烧结后，晶界能取代了表面能，这是多晶材料稳定存在的原因。

粒度为 $1 \mu m$ 的材料烧结时所发生的自由能降低约 $8.3 J/g$。而 α-石英转变为 β-石英时能量变化为 $1.7 kJ/mol$，一般化学反应前后能量变化超过 $200 kJ/mol$。因此烧结推动力与相变和化学反应的能量相比还是极小的。烧结不能自发进行，必须对粉体加以高温，才能促使粉末体转变为烧结体。

目前常用粉体烧结后的晶界能 γ_{GB} 和烧结前的表面能 γ_{SV} 之比值来衡量烧结的难易，γ_{GB}/γ_{SV} 愈大愈容易烧结，反之愈难烧结。为了促进烧结，必须使 $\gamma_{SV} \gg \gamma_{GB}$。一般 Al_2O_3 粉的表面能约为 $1 J/m^2$，而晶界能为 $0.4 J/m^2$，两者之差较大，比较易烧结。而一些共价键化合物如 Si_3N_4、SiC、AlN 等，它们的 γ_{GB}/γ_{SV} 比值小，烧结推动力小，因而不易烧结。清洁的 Si_3N_4 粉末 γ_{SV} 为 $1.8 J/m^2$，但它极易在空气中被氧污染而使 γ_{SV} 降低，同时由于共价键材料原子之间强烈的方向性而使 γ_{GB} 增高。

对于固体表面能一般不等于表面张力，但当界面上原子排列是无序的，或在高温下烧结时，这两者仍可当作数值相同来对待。

粉末体紧密堆积以后，颗粒间仍有很多细小气孔通过，在这些弯曲的表面上由于表面张力的作用而造成的压力差为：

$$P = \frac{2\gamma}{r} \tag{11-1}$$

应用热力学方法可以计算烧结推动力为：

$$G = V \cdot \Delta P \tag{11-2}$$

由于凸、凹表面处的蒸气压 P 分别高于和低于平表面的蒸气压 P_0，并用开尔文公式表达：

$$\ln \frac{P_{凸}}{P_0} = \frac{2\gamma M}{\rho R T r_{凸}} \tag{11-3}$$

$$\ln \frac{P_凹}{P_0} = \frac{2\gamma M}{dRTr_凹} \qquad (11-4)$$

式中，$P_凸$ 为凸表面的蒸气压；$P_凹$ 为凹表面的蒸气压；P_0 为平表面处的蒸气压；M 为相对分子质量；d 为密度；R 为气体通用常数；T 为热力学温度。

表面凹凸不平的固体颗粒，其凸处呈正压，凹处呈负压，故存在着使物质自凸处向凹处迁移。如果固体在高温下有较高的蒸气压，则可以通过气相导致物质从凸表面向凹表面处传递。

颗粒表面上的空位浓度与内部的浓度差称为空体差，颗粒表面上的空位浓度一般比内部空位浓度大，二者之差可用下式描述：

$$\Delta C = \frac{\gamma \delta^3}{\rho RT} C_0 \qquad (11-5)$$

式中，ΔC 为颗粒内部与表面的空位差；δ^3 为空位体积；ρ 为曲率半径；C_0 为平表面的空位浓度。

这一浓度差导致内部质点向表面扩散，推动质点迁移，可以加速烧结。

作为烧结动力的表面张力可以通过流动、扩散和液相或气相传递等方式推动物质的迁移。但由于固体有巨大的内聚力，这在很大程度上限制着烧结的进行，只有当固体质点具有明显可动性时，烧结才能以可度量的速度进行，故温度对烧结速度有本质的影响。一般当温度接近泰曼温度时，烧结速度就明显地增加。

由于烧结推动力与相变和化学反应的能量相比还是极小的，烧结不能自发进行，必须对粉体加以高温，才能促使粉末体转变为烧结体。

3. 烧结模型

关于烧结现象及机理的研究是从 1922 年开始的，当时以复杂的粉末团块为研究对象，直至 1949 年库津斯基提出孤立的两个颗粒或颗粒与平板的烧结模型，为烧结机理的研究开辟了一条道路，使烧结的研究变得简单起来。

烧结分烧结初期、中期、后期。中期和后期由于烧结历程不同烧结模型多种多样，很难用一种模型描述。

库津斯基提出粉末压块是由等径球体作为模型，随着烧结的进行，各接触点处开始形成颈部，并逐渐扩大，最后烧结成一个整体。

在烧结时，由于传质机理各异而引起颈部增长的方式不同，因此双球模型的中心距可以有两种情况：一种是颈部增长而两球中心距离不变，如图 11-2（a）所示，其中颈部曲率半径 $a = \frac{x^2}{2r}$，颈部表面积 $A = \frac{\pi^2 x^3}{r}$，颈部体积 $V = \frac{\pi x^4}{2r}$；另一种是随着颈部增长两球中心距离缩短，如图 11-2（b）所示，其中颈部曲率半径 $a = \frac{x^2}{4r}$，颈部表面积 $A = \frac{\pi^2 x^3}{2r}$，颈部体积 $V = \frac{\pi x^4}{4r}$。

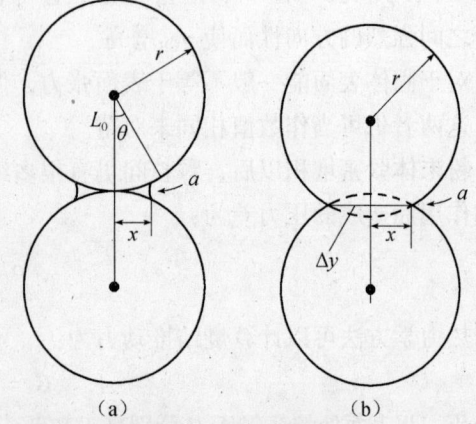

图 11-2 双球烧结模型
(a) 球距不变；(b) 球距缩短
a—颈部表面曲率半径；x—颈部半径；r—颗粒初始半径

双球模型对烧结初期一般是适用的，但随着烧结的进行，球形颗粒逐渐变形，因此在烧结中、后期采用其他模型。

11.2 固相烧结传质原理

固相烧结完全是固体颗粒之间的高温固结过程，没有液相参与。单一粉末体的烧结经常属于典型的固相烧结。固相烧结的主要传质方式有：蒸发-凝聚、扩散传质和塑性流变。

1. 蒸发-凝聚传质

在高温过程中，由于表面曲率不同，必然在系统的不同部位有不同的蒸气压，于是通过气相有一种传质趋势，这种传质过程仅仅在高温下或气压较大的系统内进行，如氧化铅、氧化铍和氧化铁的烧结。固体颗粒表面曲率不同，在高温时必然在系统的不同部位有不同的蒸气压。质点通过蒸发，再凝聚实现质点的迁移，达到烧结。这是烧结中定量计算最简单的一种传质方式，也是了解复杂烧结过程的基础。

（1）蒸发-凝聚传质模型

蒸发-凝聚传质采用的模型如图 11-3 所示。在球形颗粒表面有正曲率半径，而在两个颗粒连接处有一个小的负曲率半径的颈部，根据开尔文公式（11-6）可以得出，物质将从蒸气压高的凸形颗粒表面蒸发，通过气相传递而凝聚到蒸气压低的凹形颈部，从而使颈部逐渐被填充。

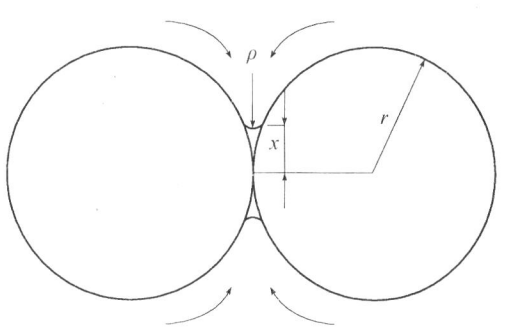

图 11-3 蒸发-凝聚传质

根据图 11-3 所示球形颗粒半径和颈部半径 x 之间的开尔文公式：

$$\ln \frac{P_1}{P_0} = \frac{\gamma M}{dRT} \left(\frac{1}{\rho} + \frac{1}{x} \right) \tag{11-6}$$

式中，P_1 为曲率半径为处的蒸气压；P_0 为球型颗粒表面的蒸气压；γ 为表面张力；M 为分子量；d 为密度；R 为气体通用常数。

式（11-6）反映了蒸发-凝聚传质产生的原因（曲率半径差别）和条件（颗粒足够小时压力差才显著），同时也反映了颗粒曲率半径与相对蒸气压的定量关系。几种材料的曲率半径、蒸气压差关系如表 11-1 所示。从表中可看出只有当颗粒半径在 10μm 以下，蒸气压差才较明显地表现出来。而在约 5μm 以下时，由曲率半径差异而引起的压差已十分显著，因此一般粉末烧结过程较合适的粒度至少为 10μm。

表 11-1 弯曲表面的压力差

物质	表面张力（mN/m）	曲率半径（μm）	压力差（MPa）
石英玻璃	300	0.1	12.3
		1.0	1.23
		10.0	0.123
液态钴 1550℃	1935	0.1	7.80
		1.0	0.78
		10.0	0.078

续表

物质	表面张力（mN/m）	曲率半径（μm）	压力差（MPa）
水 15℃	72	0.1	2.94
		1.0	0.294
		10.0	0.0294
Al_2O_3 固 1850℃	905	0.1	7.4
		1.0	0.74
		10.0	0.074
硅酸盐熔体	300	100	0.006

（2）颈部生长速率关系式

根据开尔文公式（11-6）及由气体分子运动论推出的物质在单位面积上凝聚速率正比于平衡气压和大气压差的朗格缪尔公式，结合图 11-2 中的几何关系，可以推导出球形颗粒接触面积颈部生长速率关系式：

$$\frac{x}{r} = \left(\frac{3\sqrt{\pi}\gamma M^{\frac{3}{2}} p_0}{\sqrt{2} R^{\frac{3}{2}} T^{\frac{3}{2}} d^2}\right)^{\frac{1}{3}} r^{-\frac{2}{3}} \cdot t^{\frac{1}{3}} \tag{11-7}$$

式中，$\frac{x}{r}$ 为颈部生长速率；x 为颈部半径；r 为颗粒半径；γ 为颗粒表面能；M 为相对分子量；p_0 为球形颗粒表面蒸气压；R 为气体常数；T 为温度；t 为时间。

由公式可见，从工艺控制考虑，两个重要的变量是原料起始粒度（r）和烧结温度（T）。粉末的起始粒度越小，烧结速率越大。由于蒸汽压（p_0）随温度而呈指数增加，因而提高温度对烧结有利。

（3）影响传质的因素

1）不能用延长烧结时间促进烧结。在烧结初期，颈部增长比较显著。随着烧结的进行，颈部的增长很快就停止了。因此，对于这类传质的烧结，用延长烧结时间，不能达到促进烧结的目的。

2）粉末的起始粒度愈小，烧结速率愈大。

3）提高烧结温度，可以提高烧结速率。

4）球与球之间的中心距不变，坯体不发生收缩，坯体密度无变化。烧结时颈部区域扩大，球的形状改变为椭圆，气孔形状改变，但球与球之间的中心距不变，也就是在这种传质过程中坯体不发生收缩。

（4）蒸发-凝聚传质的特点

坯体不发生收缩。烧结时颈部区域扩大，球的形状改变为椭圆，气孔形状改变，但球与球之间的中心距不变，也就是在这种传质过程中不发生收缩。

坯体密度不变。气孔形状的变化对坯体一些宏观性质有可观的影响，但不影响坯体密度。

气相传质过程要求把物质加热到可以产生足够蒸气压的温度。对于微米级的粉末体，要求蒸气压最低为 1～10Pa，才能看出传质的效果。而烧结氧化物材料往往不能达到这样高的蒸气压，如 Al_2O_3 在 1200℃时蒸气压只有 10^{-4} Pa，因而一般硅酸盐材料的烧结中这种传质方式并不多见。但近年来一些研究报道，ZnO 在 1100℃以上烧结和 TiO_2 在 1300～1350℃烧结时，发现符合气相传质的规律。

2. 扩散传质

对大多数固体材料，由于高温下蒸气压较低，则传质更易通过固态内质点扩散过程来进行。1949 年库津斯基提出了颈部应力模型，假定晶体是各向同性的，从颈部上取一个弯曲的曲颈基元 $ABCD$，ρ 和 x 为两个主曲率半径。假设指向接触面颈部中心的曲率半径 x 为正，而曲率半径 ρ 为负，又设 x 和 ρ 各自的夹角均为 θ，作用在曲颈基元上的表面张力和可以通过表面张力的定义来计算。

扩散传质是指质点（或空位）借助于浓度梯度推动而迁移的传质过程。如图 11-4 所示，烧结初期由于黏附作用使粒子间的接触界面逐渐扩大并形成具有负曲率的接触区，在颈部由于曲面特性所引起的毛细孔引力。

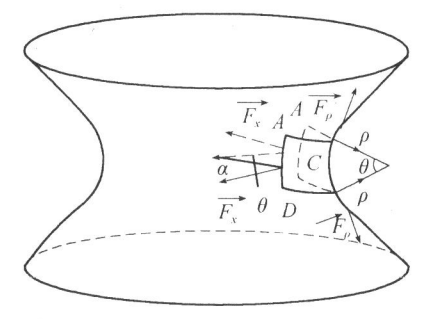

图 11-4 作用在"颈"部弯曲表面上的力

图 11-5 示意扩散传质途径。从图中可以看到扩散可以沿颗粒表面进行，也可以沿着两颗粒之间的界面进行或在晶粒内部进行，我们分别称为表面扩散、界面扩散和体积扩散。不论扩散途径如何，扩散的终点是颈部。当晶格内结构基元（原子或离子）移至颈部，原来结构基元所占位置成为新的空位，晶格内其他结构基元补充新出现的空位，就这样以"接力"方式物质向内部传递而空位向外部转移。空位在扩散传质中可以在以下三个部位消失：自由表面、内界面（晶界）和位错。随着烧结进行，晶界上的原子（或离子）活动频繁，排列很不规则，因此晶格内空位一旦移动到晶界上，结构基元的排列只需稍加调整空位就易消失。随着颈部填充和颗粒接触点处结构基元的迁移出现了气孔的缩小和颗粒中心距逼近。表现在宏观上则为气孔率下降和坯体的收缩。表 11-2 详细地介绍了图11-5中烧结初期物质在不同位置的扩散形式和迁移路线。

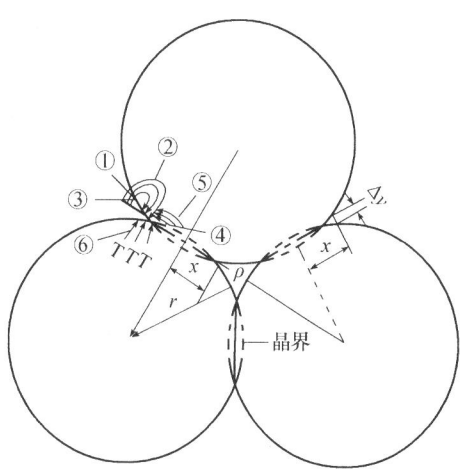

图 11-5 烧结初期物质的迁移路线
（箭头表示物质扩散的方向）

表 11-2 烧结初期物质迁移路线

编 号	线 路	物质来源	物质沉积
1	表面扩散	表面	颈
2	晶格扩散	表面	颈
3	气相转移	表面	颈
4	晶界扩散	晶界	颈
5	晶格扩散	晶界	颈
6	晶格扩散	位错	颈

对于一个不受应力的晶体，其空位浓度 C_0 是取决于温度 T 和形成空位所需的能量 ΔG。倘若质点（原子或离子）的直径为 δ，并近似地令空位体积为 δ^3，则在颈部区域每形成一个

空位时,毛细孔引力所做的功为 $\Delta W = \dfrac{\gamma\delta^3}{\rho}$。故在颈部表面形成一个空位所需的能量应为 $\Delta G_f = -\dfrac{\gamma\delta^3}{\rho}$,相应的空位浓度为:

$$C_0 = \frac{n_0}{N} = \exp\left(-\frac{\Delta G_f}{kT}\right) \tag{11-8}$$

在颈部表面的过剩空位浓度:

$$C' = \exp\left(-\frac{\Delta G_f}{kT} + \frac{\gamma\delta^3}{\rho kT}\right) \tag{11-9}$$

扩散传质过程按烧结温度及扩散进行的程度可分为烧结初期、中期和后期三个阶段。

在烧结初期,表面扩散的作用较明显,表面扩散开始的温度远低于体积扩散。例如 Al_2O_3 的体积扩散约在 900℃ 开始(即 $0.5T_{熔}$),表面扩散约 330℃(即 $0.26T_{熔}$)。烧结初期坯体内有大量连通气孔,表面扩散使颈部充填(此阶段 $\dfrac{x}{r}<0.3$)和促使空隙表面光滑和气孔球形化。由于表面扩散对空隙的消失和烧结体的收缩无显著影响,因而这阶段坯体的气孔率大,收缩在 1% 左右。

在颗粒和空隙形状未发生明显变化的初期阶段,即 $\dfrac{x}{r}<0.3$,线收缩率小于 6% 左右,库津斯基首先推导了基于体积扩散机理的烧结初期动力学方程。选用平板-球模型(图 11-6),令颈部表面作为空位源,质点从颗粒界面扩散到颈部表面,空位反向扩散到界面上,并通过界面通道溢出消失。

通过研究结果可以看出,反应烧结速率的线收缩率随时间的延续而减少。这是因为随着烧结的进行,颈部扩大、曲率减小,由此引起的毛细孔引力和空位浓度差也减少的缘故。所以试图以延长时间来最终提高致密度并非有效。图 11-7 所示是在保持一定烧结时间和温度的条件下,颗粒尺寸对 Al_2O_3 烧结的影响。可见随粒度减小,烧结速率增加,说明控制颗粒尺寸对烧结是重要的。

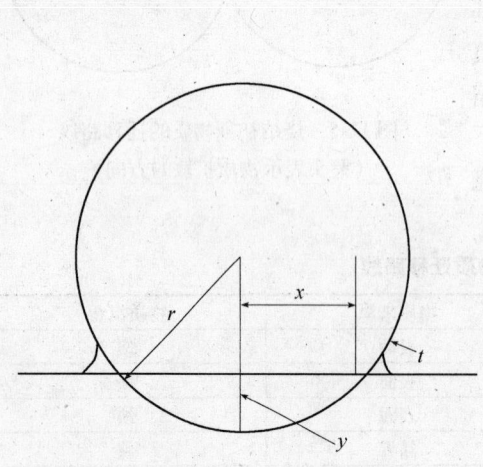

图 11-6 平板-球模型
r—球粒半径;x—接触半径;y—颗粒中心距的变化
颈部曲率半径 $t = \dfrac{x^2}{2r}$;颈部表面积 $A = \dfrac{\pi x^3}{r}$;
颈部体积 $V = \dfrac{\pi x^4}{r}$

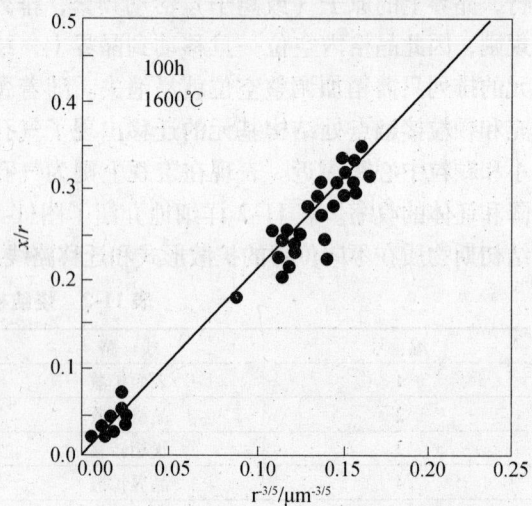

图 11-7 颗粒尺寸对 Al_2O_3 烧结时 $\dfrac{x}{r}$ 的影响

进入烧结中期,颈部将进一步增长,空隙进一步变形和缩小,但仍然是连通的,构成一种隧道系统。因此要定量处理中(后)期的烧结动力学过程就要涉及颗粒的形状、大小和空间堆积形式等几何因素,较难做严格的描述。

考虑到中期以后颗粒接触均已形成一定的颈部,使球状颗粒变成多面体形,空位形状也随之变化。于是考波(Coble)提出了如图 11-8(a)所示的十四面体的简化模型,每个十四面体由正八面体沿着它的顶点在边长 $\frac{1}{3}$ 处截去一段而成。这个十四面体有 6 个四边形和 8 个六边形的面,按体心立方的方式可以完全紧密地堆积在一起,如图 11-8(b)所示。每个边是 3 个颗粒(十四面体)的交界线,它相当于一个圆柱形气孔通道,每个顶点是 4 个颗粒的交汇点。依此模型可以把圆柱形空隙表面作为空位源,空位从这里向颗粒界面扩散,质点则逆向迁移,从而使坯体继续致密化。

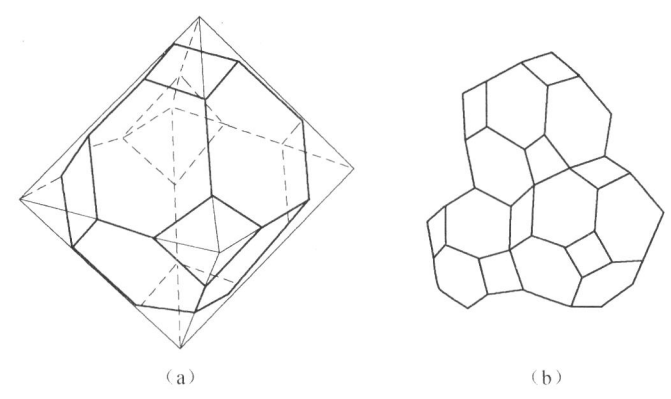

图 11-8 十四面体模型
(a)考波模型;(b)体心立方堆积方式

考波根据四面体模型确定烧结中期坯体气孔率(P_c)随烧结时间(t)变化的关系式:

$$P_c = \frac{10\pi D^* \Omega \gamma}{KTL^3}(t_f - t) \tag{11-10}$$

式中,γ 为表面能;L 为圆柱形空隙的长度;t 为烧结时间;t_f 为烧结进入中期的时间;D^* 是与扩散相关的系数。

由式(11-10)可见,烧结中期气孔率(P_c)与时间(t)成一次方关系,因而烧结中期致密化速率较快。

烧结后期,坯体一般已达 95% 以上的理论密度,多数空隙已经变成孤立的闭气孔。从十四面体模型来看,此过程可看作是相邻的三个圆柱形空隙向顶点收缩,因而形成的闭气孔将分布在十四面体的 24 个顶点处。据此,考波导出烧结后期的动力学公式。气孔率 P_l 为:

$$P_l = \frac{6\pi D^* \Omega \gamma}{\sqrt{2}KTL^3}(t_f - t) \tag{11-11}$$

上式表明,烧结中期和后期并无显著差异,当温度和晶粒尺寸不变时,气孔率随烧结时间而线性地减少。

固态烧结的传质方式除了蒸发-凝聚和扩散传质外,还有塑性流动。这种传质将在流动传质中介绍。

11.3 液相烧结传质机理

液相烧结（LPS）是一种重要的致密化过程，最早用于粉末冶金制品。由于粉末中总含有杂质，大多数材料在烧结过程中都会出现一些液相，即使没有杂质的纯固相系统，高温下也会出现"接触"熔融现象，因而纯粹的固相烧结实际上难以实现，材料制造中液相烧结的应用更为广泛。根据液相量的不同，又可分为液相量较少的液相烧结和液相量较多的黏性流动传质。在古代，大多数陶器和瓷器就是采用复杂的黏性流动传质。

液相烧结致密化过程的主要优点是提高烧结速率。首先，液相烧结可以在比固相烧结低的温度下，使固相烧结难以致密的坯体达到烧结致密度；其次，液相烧结是一种兼有可控微观结构和优化性能的陶瓷复合材料的制备方法，如制备具有显著改善断裂韧性的氮化硅复合材料。

Kingery 指出了液相烧结有三个基本要求：①在烧结温度下，必须有液相存在；②固相可被液相很好浸润（即低接触角）；③固相必须在液相中有一定的溶解度。

1. 液相烧结的过程

液相烧结致密化过程有三种速率机理，传统上划分为三个明显的阶段，如图 11-9（a）

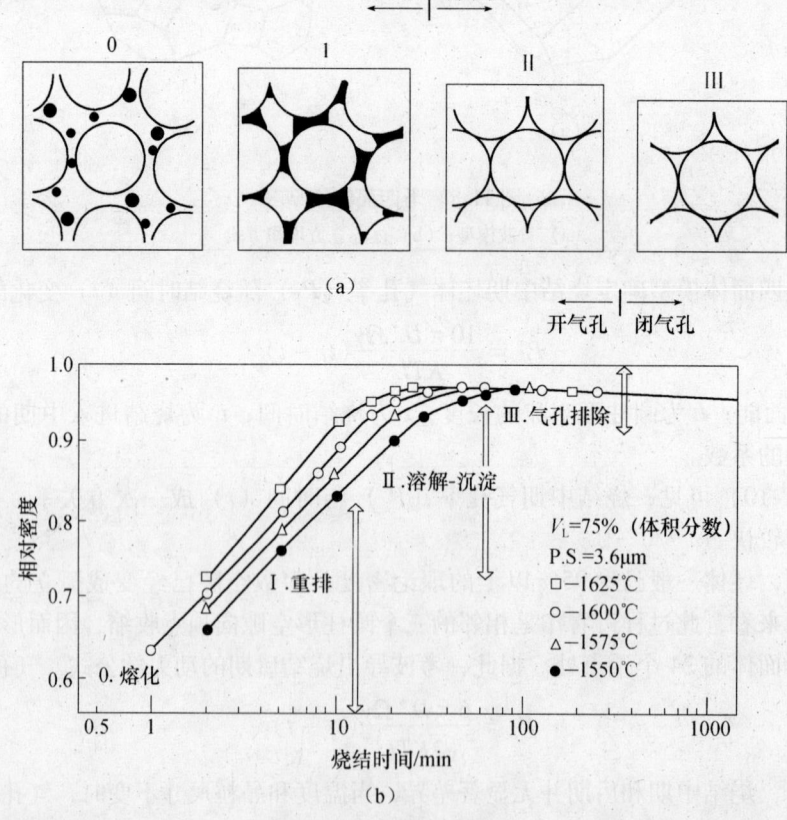

图 11-9 晶界气孔的变化

(a) 液相烧结不同阶段的示意图（0—熔化；I—重排；II—溶解及沉淀；III—气孔排除）；

(b) 在不同温度下，氧化铝-玻璃体系中，实际致密化作为烧结时间的函数所示意的不同 LPS 阶段

所示，示意性表示为阶段Ⅰ、Ⅱ和Ⅲ。但明显致密化之前，发生了一些重要的物理化学过程，如熔化、浸润（或液相流动）以及固相和液相之间的反应；在图11-9（a）中表示为阶段0。阶段0为过渡态，只产生可忽略的致密化。随着密度增加，致密化机理逐渐从重排（阶段Ⅰ）到溶解-沉淀（阶段Ⅱ），最后的气孔（或气相）排除（阶段Ⅲ）。但在实际粉末烧结中，交接阶段之间存在明显的重叠如图11-9（b）所示。一般来说，随着烧结的进行，致密化速率显著减小，一般从 10^{-3}/s 变为 10^{-6}/s。如图11-9（b）所示，随着烧结时间的延长，在液相烧结的后期，会出现明显的反致密化（或反烧结）。

2. 液相烧结的驱动力

液相烧结的推动力仍然是表面张力。通常固体表面能 γ_{SV} 比液体表面能 γ_{LV} 大。当满足 $\gamma_{SV} - \gamma_{SL} > \gamma_{LV}$ 的条件时，液相将润湿固相。总体来说，在固-液-气系统中从一种形态进行到另一种［图11-9（a）］的自由能变化为：

$$\Delta G = (\Delta A_{SV}\gamma_{SV}) + (\Delta A_{SS}\gamma_{SS}) + (\Delta A_{SL}\gamma_{SL}) + (\Delta A_{LV}\gamma_{LV}) \tag{11-12}$$

其中，ΔA_{SV}、ΔA_{SS}、ΔA_{SL} 和 ΔA_{LV} 是不同界面面积的变化，γ_{SV}、γ_{SS}、γ_{SL}、γ_{LV} 是对应的界面能（下标 S、L 和 V 分别代表固相、液相和气相）。若假设固相被液相很好地浸润，ΔA_{SV} 和 ΔA_{SS} 不重要。而且当无晶粒生长时，ΔA_{SL} 可忽略。因此在确定烧结驱动力时，ΔA_{LV} 是主要的和最重要的变量。

图11-10是两晶粒接触的双球模型的固-液-气系统。假设两球体间接触处形成凹液面，根据弯曲表面的张力，每个接触的力为：

$$F = (2\pi r_L \gamma_{LV} \cos\varphi) - \left[\pi r_L^2 \gamma_{LV}\left(\frac{1}{R_1} + \frac{1}{R_2}\right)\right] \tag{11-13}$$

式中，r_L 是凹镜的半径；φ 如图11-10中所定义；R_1 和 R_2 是弯液面的主半径。式中的第一项取决于液相表面张力；第二项是由于液-气相界面弯曲而形成的，被称为拉普拉斯力，因此，当具有很好浸润时，烧结中期的致密化驱动力可由在颗粒接触点弯液面产生的拉普拉斯力近似给出。

图11-10中，对于标准溶液，正应力下的相应溶解度为：

$$\ln\left(\frac{c'_L}{c^0_L}\right) = \frac{\sigma\Omega}{k_B T} \tag{11-14}$$

式中，c'_L 为正应力下的溶解度；c^0_L 为标准状态下的溶解度；k_B 为玻耳兹曼常量；T 为绝对温度；Ω 为气体的体积。

因此，接触点溶解度的增加将产生浓度梯度 Δc_1，从而产生使物质从接触点处迁移开的驱动力。

3. 液相烧结的动力学

（1）重排过程

在液相烧结初期，会发生一些连续的、同时进行的过程，包括熔化、浸润、铺展和再分布。由于固相颗粒周围局部毛细管力呈

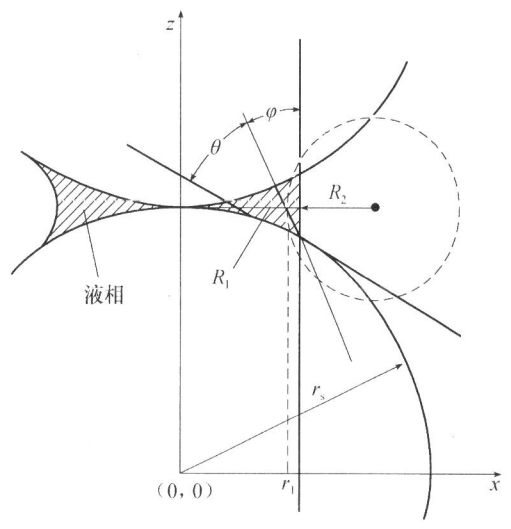

图11-10 液相烧结经典双球模型
[液相凹镜在晶粒接触点形成的拉普拉斯力，导致在接触点处的法向压应力]

随机方向分布，固相和液相都会经历显著的重排过程。局部重排由颗粒接触方式和弯液面几何形状控制，产生颗粒切向和旋转运动。在液相烧结过程中，颗粒间的液相膜起润滑作用。颗粒重排向减少气孔的方向进行，同时减小系统的表面自由能。当坯体的密度增加时，由于周围颗粒的紧密接触，颗粒进一步重排的阻力增加，直至形成紧密堆积结构。

早期的轴对称模型（图11-11）不能充分解释重排的驱动力和相应的移动方向。重排的驱动力来自毛细管力的不平衡，这种不平衡来自颗粒和颗粒尺寸的分布、颗粒的不规则形状、坯体中局部密度波动以及材料性质的各向异性。颗粒堆积的随机性导致颗粒的局部运动：推拉、滑动和转动。

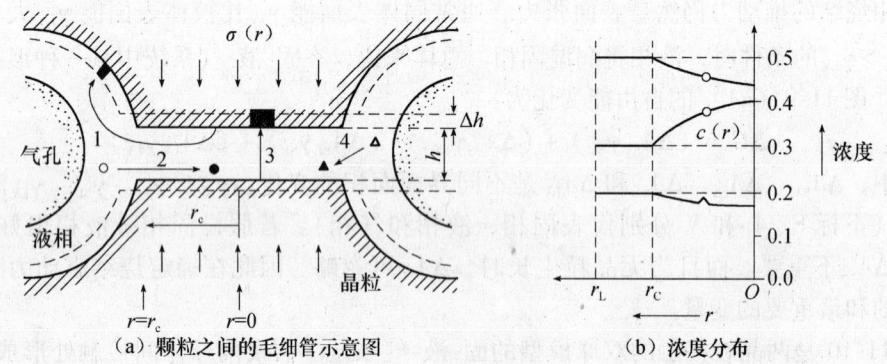

图 11-11　轴对称模型
(a) 液相烧结溶解-沉淀阶段的两晶粒接触示意图，示意出物质迁移的两个途径；
1—溶质的外扩散（□）；2，4—溶解物组分（○和△）向晶粒接触区域流动；3—在接触区域的溶解-再沉淀；
(b) 下个组分液相所对应浓度梯度作为 r 的函数，其中 r_C 是接触半径，h 是液相膜厚度

Kwon 的模型认为固相颗粒间层状液相的黏滞流动限制了重排过程。假设两颗粒间有一牛顿型液体，形变速率与施加在颗粒上的剪切应力成正比，则致密化速率由下式给出：

$$\frac{\mathrm{d}\left(\dfrac{\Delta\rho}{\rho_0}\right)}{\mathrm{d}t} = A(g)\frac{\gamma_{\mathrm{LV}}}{\eta rs} \tag{11-15}$$

式中，ρ 为相对密度；ρ_0 为初始坯体密度。$A(g)$ 随固相和液相的体积分数增大而增大，随相对密度增大而减小。对于实际的颗粒压制体，在约 30%～35%（体积分数）液相时，只通过重排即可达到完全致密化。

（2）溶解-沉淀过程

当重排基本完成后，为了进一步致密化，其他致密化机理必须起作用，这一阶段溶解-沉淀的致密化速率变得很显著。在晶粒接触处溶解度增加值 Δc_L，与法向力成正比，此力来自于使固相颗粒靠近的毛细管力（拉普拉斯力）。由于在颗粒接触点的溶解-沉淀，这一阶段的体积收缩主要来自于相邻颗粒间的中心至中心的距离。

对于多组分系统（图11-11），在受压颗粒接触区的高浓度溶解物，通过液相扩散，向晶粒非受压区迁移，然后在非受压（自由）固相表面再沉淀。这一物质迁移使接触点变平，坯体产生相应线收缩。由于同时减小了接触区域的有效应力，当接触区增大时，固相溶解速率降低。因此，当坯体密度增加时，致密化（体积收缩）速率减小。在溶解-沉淀的后期，相互连接的气孔结构断开，形成孤立（封闭）气孔。

对晶粒、液相和气孔结构采用合适的几何模型,可推导出致密化速率的参数关系。假设气孔处于十四面体(TKD)晶粒的边或角位置,由固-液-气系统的几何关系,可确定驱动力。

对于溶解-沉淀,通常存在两种决定速率过程,当物质迁移由液相的扩散所限制时,致密化速率为:

$$\frac{d\left(\frac{\Delta\rho}{\rho_0}\right)}{dt} = B(g)\frac{\delta D_b c_L \gamma_{LV} \Omega}{k_B T} r_s^{-2} \tag{11-16}$$

式中,$B(g)$ 是取决于 V_S、V_L、ρ 和表观二面角的几何常数;δ 是液面界面的厚度(典型值为 1~3nm);D_b 为溶质的晶界扩散常数;c_L 是溶质的溶解度。

式(11-16)表明,致密化强烈依赖于颗粒尺寸 r_s,扩散和界面反应。因此,可以通过测定晶粒尺寸指数确定致密化机理。小颗粒更倾向于晶界反应控制,这与简单的几何分析一致,为了致密化,较大晶粒需要更长的扩散路程从晶粒接触点扩散到气孔处。在液相烧结阶段,若晶粒生长很快,快速机理可能从界面反应变为扩散控制。

对于液相烧结的溶解-沉淀阶段控制致密化的机理,几乎没有严格的研究分析,这主要是因为早期过于简化的模型以及对于理想模型很难进行严密的实验验证。

(3)气孔排除过程

在烧结中期,相互连续的气孔通道收缩,形成封闭的气孔,对不同材料,密度范围为 0.9~0.95。实际上,气孔封闭后,液相烧结后期马上开始。封闭气孔中包含的气体物质通常来源于烧结气氛和液态蒸气。气孔封闭后,致密化的驱动力为:

$$S_D = \left(\frac{2\gamma_{LV}}{r_P}\right) - \sigma_P \tag{11-17}$$

式中,σ_P 为气孔内部的气压;r_P 为气孔半径。若 r_P 和 σ_P 保持很小(即 $S_D>0$),那么致密度将进行。当固相颗粒间的接触变平时,由溶解-沉淀决定的致密化速率将减小。但若由于晶粒生长或气孔粗化 r_s 增大以及由于内部反应而引起气体放出(例如,金属氧化物还原和残余炭的氧化)使 σ_P 增大,致密化驱动力可能是负值,在某些情况下,引起反致密化。

在液相烧结后期,晶粒和气孔的生长和粗化,液相组分扩散进固相,固相、液相及气相间反应产物的形成等几个过程可以同时发生。

(4)晶粒生长过程

液相烧结的晶粒生长与固相烧结有很大不同。若固相可被液相很好地浸润,晶粒间的物质迁移只通过液相发生,液相既可以促进,也可阻碍晶粒生长。在某些情况下,由于物质通过液相迁移的速率较高,液相烧结晶粒生长速率要比固相烧结快得多。在另外一些情况下,液相也能起晶粒生长抑制剂的作用。

一般在大量液相中,球形颗粒的晶粒生长由下式给出:

$$(r_s)^n - (r_s^0)^n = kt \tag{11-18}$$

式中,r_s 为晶粒平均半径;r_s^0 为在时间为 0 时的晶粒平均半径;k 为晶粒生长速率常数;n 为半径(或晶粒尺寸)指数,取决于晶粒生长机理;$n=3$ 和 $n=2$ 分别为扩散控制和界面反应控制。

当固相在液相中的溶解促进致密化时,不同形状和尺寸的颗粒溶解度不同,细小颗粒及颗粒尖角处溶质趋向于溶解,并在较粗大颗粒表面再沉淀。因此,当细小颗粒消失时,粗大颗粒长大。当液相量是晶粒生长的决定性变量时,液相中很小浓度的添加物会极大地影响晶粒生长的动力学和形貌。例如，在烧结氧化铝玻璃时，当 CaO 作为烧结助剂同 SiO_2 一起加入到氧化铝中时，与加入 MgO 相比，产生更快的晶粒生长及更多的小晶面。

11.4 晶粒长大与二次再结晶

在烧结中，坯体多数是晶态粉状材料压制而成，随烧结进行，坯体颗粒间发生再结晶和晶粒长大，使坯体强度提高。所以在烧结进程中，高温下还同时进行着两个过程，再结晶和晶粒长大。尤其是在烧结后期，这两个和烧结并行的高温动力学过程是绝对不能忽视的，它直接影响着烧结体的显微结构（如晶粒大小，气孔分布）和强度等性质。

晶粒生长与二次再结晶过程往往与烧结中、后期的传质过程是同时进行的。晶粒生长是无应变的材料在热处理时，平衡晶粒尺寸在不改变其分布的情况下，连续长大的过程。

1. 初次再结晶

初次再结晶是指从塑性变形的、具有应变的基质中，生长出新的无应变晶粒的成核和长大过程。

初次再结晶常发生在金属中，无机非金属材料特别是一些软性材料 NaCl、CaF_2 等，由于较易发生塑性变形，所以也会发生初次再结晶过程。另外，由于无机非金属材料烧结前都要破碎研磨成粉料，这时颗粒内常有残余应变，烧结时也会出现初次再结晶现象。

此过程的推动力是基质塑性变形所增加的能量。一般储存在变形基质中的能量约为 $0.5\sim1$cal/g 的数量级，虽然数值较熔融热小得多（熔融热是此值的 1000 倍甚至更多倍），但却足够提供晶界移动和晶粒长大所需的能量。

初次再结晶也包括两个步骤：成核和长大。晶粒长大通常需要一个诱导期，它相当于不稳定的核胚长大成稳定晶核所需要的时间。

2. 晶粒长大

（1）晶粒生长的推动力

在烧结中后期，细晶粒要逐渐长大，而一些晶粒生长过程也是另一部分晶粒缩小或消失的过程，其结果是平均晶粒尺寸都长大了，这种晶粒长大并不是小晶粒互相黏合的过程，而是晶界移动的结果，晶界两边物质自由能之差是晶界移动的推动力。小晶粒长大为大晶粒则使晶界面积减小及界面能降低，晶粒尺寸由 $1\mu m$ 变化到 1cm，对应的能量变化约为 $0.42\sim21$J/g，晶界两边物质的自由能差是晶粒长大的推动力。

图 11-12 表示两个晶界结构，弯曲晶界两边各为一晶粒，小圆代表各个晶粒中的原子，曲率较大的凸表面 A 的界面自由能高于曲率小的凹表面 B 的界面自由能，位于 A 的晶粒内的原子必然有向能量低的 B 位置跃迁的趋势。当 A 点原子到达 B 点并释放出 ΔG 能量后，就稳定在晶粒内，如果这种跃迁不断发生，则晶界就向着 A 晶粒曲率中心不断推移，导致晶粒 B 长大而晶粒 A 缩小，直至晶界平直，晶界两侧自由能相等为止。

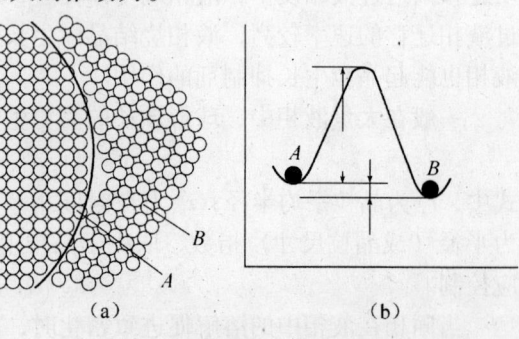

图 11-12 晶界结构及原子位能图
(a) 晶界结构；(b) 晶界能

（2）烧结时晶粒生长的热力学

如图11-12，晶粒由于曲率半径不同而产生的蒸气压差为：

$$\Delta P = \gamma \left(\frac{1}{r_1} + \frac{1}{r_2} \right) \tag{11-19}$$

式中，γ 为表面张力；r_1，r_2 为曲面的主曲率半径。

根据热力学基本方程 $\Delta G = -S\Delta T + V\Delta P$，当系统在恒温条件下，非体积功为零时有 $\Delta T = 0$，因此

$$\begin{aligned}\Delta G &= V\Delta P \\ &= \gamma V \left(\frac{1}{r_1} + \frac{1}{r_2} \right)\end{aligned} \tag{11-20}$$

式中，ΔG 为跨越曲线界面的自由能的变化；V 为摩尔体积。

晶粒 A 的原子跃迁到晶粒 B 上，势必需要克服自身晶格的势垒 G^*，因此从 $A \rightarrow B$ 成功跃迁的频率为：

$$f_{A \rightarrow B} = pv = v\exp\left(-\frac{\Delta G^*}{RT} \right) \tag{11-21}$$

式中，v 为质点的振动的频率；p 为具有能量为 ΔG^* 的粒子的几率。

根据量子力学的原理，微观粒子的能量为 $E = hv$，一个原子在一个自由度方向的平均振动能量为 $E = kT$，所以有：

$$v = \frac{E}{h} = \frac{kT}{h} = \frac{RT}{Nh} (N \text{为阿伏加德罗常数})$$

$$f_{A \rightarrow B} = \frac{RT}{Nh} \exp\left(-\frac{\Delta G^*}{RT} \right)$$

$B \rightarrow A$ 原子跃迁的频率为

$$f_{B \rightarrow A} = vp = v\exp\left(-\frac{\Delta G^* + \Delta G}{RT} \right) = \frac{RT}{Nh} \exp\left(-\frac{\Delta G^* + \Delta G}{RT} \right) \tag{11-22}$$

晶界移动的速度为

$$\begin{aligned}v &= B\lambda(f_{A \rightarrow B} - f_{B \rightarrow A}) \\ &= \frac{BRT\lambda}{Nh} \exp\left(-\frac{\Delta G^*}{RT} \right) \left[1 - \exp\left(-\frac{\Delta G}{RT} \right) \right] (B \text{为长大系数})\end{aligned}$$

考虑 $-\frac{\Delta G}{RT}$ 很小，$1 - e^{-x} = x$，及 $\Delta G = \gamma V \left(\frac{1}{r_1} + \frac{1}{r_2} \right)$

所以有：

$$\begin{aligned}v &= \frac{BRT\lambda}{Nh} \exp\left(-\frac{\Delta G^*}{RT} \right) \left[\frac{\gamma V}{RT} \left(\frac{1}{r_1} + \frac{1}{r_2} \right) \right] \\ &= \frac{BV\lambda\gamma}{Nh} \left(\frac{1}{r_1} + \frac{1}{r_2} \right) \exp\left(-\frac{\Delta G^*}{RT} \right)\end{aligned} \tag{11-23}$$

晶界移动的速率考虑自由能的热力学关系式还可写成：

$$v = \frac{BRT}{Nh} \lambda \left[\frac{\gamma V}{RT} \left(\frac{1}{r_1} + \frac{1}{r_2} \right) \right] \exp\left[\frac{\Delta S^*}{R} \left(-\frac{\Delta H^*}{RT} \right) \right] \tag{11-24}$$

晶粒生长速率随温度成指数规律增加。温度升高和曲率半径愈小，晶界向其曲率中心移

动的速率愈快。

(3) 烧结时晶粒生长的宏观描述

在烧结中、后期，细小晶粒逐渐长大，而一些晶粒的长大过程也是另一部分晶粒的缩小或消失过程，其结果是平均晶粒尺寸增加。

这一过程并不依赖于初次再结晶过程；晶粒长大不是小晶粒的相互粘接，而是晶界移动的结果。其含义的核心是晶粒平均尺寸增加。晶粒长大的推动力是晶界过剩的自由能，即晶界两侧物质的自由焓之差是使界面向曲率中心移动的驱动力。小晶粒生长为大晶粒，使界面面积减小，界面自由能降低，晶粒尺寸由 $1\mu m$ 变化到 $1cm$，相应的能量变化为 $0.1 \sim 5 Cal/g$。

晶粒正常长大时，如果晶界受到第二相杂质的阻碍，其移动可能出现三种情况。

1) 晶界能量较小，晶界移动被杂质或气孔所阻挡，晶粒正常长大停止。

2) 晶界具有一定的能量，晶界带动杂质移动或气孔扩大（图11-13），这时气孔利用晶界的快速通道排除，坯体不断致密。

3) 晶界能量大，晶界越过杂质或气孔，把气孔包裹在晶粒内部。由于气孔脱离晶界，再不能利用晶界这样的快速通道而排除，使烧结停止，致密度不再增加。这时将出现二次再结晶现象。

3. 二次再结晶

当坯体中有偌大晶粒存在时，这些大晶粒边数较多，晶界曲率较大，能量较高，使晶界可以越过杂质或气孔而继续移向邻近小晶粒的曲率中心（图11-14）。晶粒的进一步生长，增大了晶界的曲率使生长过程不断加速，直到大晶粒的边界相互接触为止。这个过程称为二次再结晶或异常的晶粒长大。简言之，二次再结晶是坯体中少数大晶粒尺寸的异常增加，其结果是个别晶粒的尺寸增加，这是区别于正常的晶粒长大的。当坯体中有少数大晶粒存在时，这些大晶粒往往成为二次再结晶的晶核，晶粒尺寸以这些大晶粒为核心异常生长。

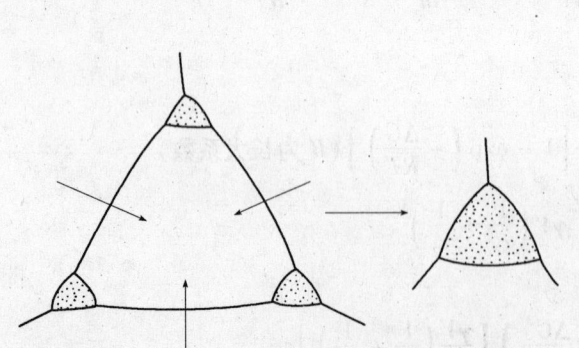

图11-13 由于晶粒长大使气孔扩大示意图

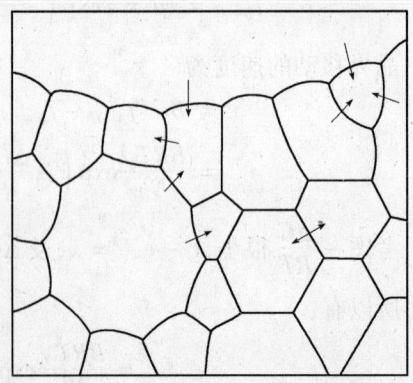

图11-14 烧结后期晶粒长大示意图

此过程的推动力仍然是晶界过剩界面能。二次再结晶的推动力是大晶粒晶面与邻近的小曲率半径的晶面相比有较低的表面能，在表面能驱动下，大晶粒界面向曲率半径小的晶粒中心推进，以致造成大晶粒进一步长大而小晶粒消失。

二次再结晶影响因素有以下几方面：

1) 晶粒晶界数

大晶粒的长大速率开始取决于晶粒的边缘数。晶界数大于 10 的大晶粒，成为二次再结晶的核心。

2) 起始物料颗粒的大小

当由细粉料制成多晶体时，则二次再结晶的程度取决于起始物料颗粒的大小。粗的起始粉料的二次再结晶的程度要小得多。

3) 工艺因素

从工艺控制考虑，造成二次再结晶的原因主要是原始物料粒度不均匀、烧结温度偏高和烧结速率太快，其他还有坯体成型压力不均匀，局部有不均匀液相等。

(2) 控制二次再结晶的方法

防止二次再结晶的最好方法是引入适当的添加剂，它能抑制晶界迁移，有效地加速气孔的排除。如 MgO 加入 Al_2O_3 中可制成达理论密度的制品，Y_2O_3 加入 ThO_2 中或 ThO_2 加入 CaO 中等。

烧结体中出现二次再结晶，由于大晶粒受到周围晶界应力的作用或由于本身易产生缺陷，结果常在大晶粒内出现隐裂纹，导致机、电性能恶化。因而工艺上需采取适当措施防止其发生。但在硬磁铁氧体 $BaFe_{12}O_{14}$ 的烧结中，在形成择优取向方面利用二次再结晶是有益的，在成型时通过高磁场的作用，使颗粒取向，烧结时控制大晶粒为二次再结晶的核，从而得到高度取向、高导磁率的材料。

11.5 影响烧结的因素

影响烧结的因素是多方面的。烧结温度、时间和物料粒度是三个直接的因素。烧结温度是影响烧结的重要因素。

1. 烧结温度和保温时间

提高烧结温度无论对固相扩散或对溶解-沉淀等传质都是有利的。但是单纯提高烧结温度不仅浪费燃料而且还会出现二次再结晶和使制品性能变坏，在有液相的烧结中，温度过高，液相量会过大，使制品变形，因此提高烧结温度必须全面考虑。

由烧结机理可知，只有体积扩散导致坯体致密化，表明扩散只能改变气孔形状而不能引起颗粒中心距的逼近，因此不出现致密化过程。在烧结高温阶段主要以体积扩散为主，而在低温阶段以表面扩散为主。如果材料的烧结在低温时间较长，不仅不引起致密化反而会因表面扩散改变了气孔的形状而给制品性能带来了损害。因此，从理论上分析应尽可能快地从低温升到高温以创造体积扩散的条件。

2. 物料活性的影响

烧结是基于在表面张力作用下的物质迁移而实现的。因此可以通过降低物料粒度来提高活性，但单纯依靠机械粉碎来提高物料分散度是有限度的，并且能量消耗也多。于是开始发展用化学方法（如添加活性氧化物）来提高物料活性和加速烧结的工艺，即活性烧结。

活性氧化物通常是用其相应的盐类热分解制成的。实践表明，采用不同形式的母盐以及热分解条件，对所得氧化物活性有着重要影响。

因此，合理选择分解温度很重要，一般说来对于给定的物料有着一个最适宜的热分解温度。温度过高会使结晶度增高、粒径变大、比表面活性下降；温度过低则可能因残留有未分解的母盐而妨碍颗粒的紧密充填和烧结。

3. 添加物的影响

实践证明，少量添加物常会明显地改变烧结速度，但对其作用机理的影响分析还并不全面。许多试验表明，以下的作用是可能的。

(1) 与烧结物形成固溶体

当添加物能与烧结物形成固溶体时，将使晶格畸变而得到活化。故可降低烧结温度，使扩散和烧结速度增大，这对于形成缺位型或间隙型固溶体尤为重要。

例如在 Al_2O_3 烧结中，通常加入少量 Cr_2O_3 或 TiO_2 促进烧结，就是因为 Cr_2O_3 与 Al_2O_3 中正离子半径相近，能形成连续固溶体。当加入 TiO_2 时促进烧结温度可以更低，因为除了 Ti^{4+} 与 Cr^{3+} 大小相同，能与 Al_2O_3 固溶外，还由于 Ti^{4+} 与 Al^{3+} 电价不同，置换后将伴随有正离子空位产生，而且在高温下 Ti^{4+} 可能转变成半径较大的 Ti^{3+} 从而加剧晶格畸变，使活性更高，故能更有效地促进烧结。

(2) 阻止晶型转变

有些氧化物在烧结时发生晶型转变并伴有较大体积效应，这就会使烧结致密化发生困难，并容易引起坯体开裂；这时若能选用适宜的添加物加以抑制，即可促进烧结。

(3) 抑制晶粒长大

由于烧结后期晶粒长大对烧结致密化有重要作用；但若二次再结晶或间断性晶粒长大过快，又会因晶粒变粗、晶界变宽而出现反致密化现象并影响制品的显微结构。这时，可通过加入能抑制晶粒异常长大的添加物来促进致密化进程。但应指出，由于晶粒成长与烧结的关系较为复杂，正常的晶粒长大是有益的，要抑制的只是二次再结晶引起的异常晶粒长大，因此并不是能抑制晶粒长大的添加物都会有助于烧结。

(4) 产生液相

已经指出，烧结时若有适当的液相，往往会大大促进颗粒重排和传质过程。添加物的另一作用机理，就在于能在较低温度下产生液相以促进烧结。液相的出现，可能是添加物本身熔点较低，也可能与烧结物形成多元低共熔物。但值得指出的是，能促进产生液相的添加物，并不都会促进烧结。例如对 Al_2O_3，即使是少量碱金属氧化物也会严重阻碍其烧结。此外，尚应考虑到液相对制品的显微结构及性能的可能影响，因此，合理选择添加物是个重要的课题。

4. 气氛的影响

实际生产中常常发现，有些物料的烧结过程对气体介质十分敏感。气氛不仅影响物料本身的烧结，也会影响各添加物的效果，因此常需进行相应的气氛控制。

气氛对烧结的影响是复杂的。同一种气体介质对于不同物料的烧结，往往表现出不同的甚至相反的效果，然而就作用机理而言，不外乎是物理的和化学的两方面作用。

(1) 物理作用

在烧结后期，坯体中孤立闭气孔逐渐缩小，压力增大，逐步抵消了作为烧结推动力的表面张力作用，烧结趋于缓慢，使得在通常条件下难于达到完全烧结。这时继续致密化，除了由气孔表面过剩空位的扩散外，闭气孔中的气体在固体中的溶解和扩散等过程也起着重要作用。

(2) 化学作用

主要表现在气体介质与烧结物之间的化学反应。在氧气气氛中，由于氧被烧结物表面吸附或发生化学作用，使晶体表面形成正离子缺位型的非化学计量化合物，正离子空位增加，扩散和烧结被加速，同时使闭气孔中的氧可能直接进入晶格，并和 O^{2-} 空位一样沿表面进行扩散。故凡是正离子扩散起控制作用的烧结过程，氧气氛和氧分压较高是有利的。

值得指出，有关氧化、还原气氛对烧结影响的实验资料，常会出现差异和矛盾。这通常是因为实验条件不同，控制烧结速度的扩散质点种类不同所引起的。当烧结由正离子扩散控制时，氧化气氛有利于正离子空位形成；对负离子扩散控制时，还原气氛或较低的氧分压将导致 O^{2-} 空位产生并促进烧结。

但是气氛的作用有时更为复杂，对于 BeO 情况正好相反。水蒸气对 BeO 烧结是十分有害的，因为 BeO 烧结主要按蒸发-冷凝机理进行的，水蒸气的存在会抑制 BeO 的升华作用 $BeO(s) + H_2O(g) \longrightarrow Be(OH)_2(g)$，后者较为稳定。

此外，工艺上为了兼顾烧结性和制品性能，有时尚需在不同烧结阶段控制不同气氛。

5. 压力的影响

外压对烧结的影响主要表现在两个方面——生坯成型压力和烧结时的外加压力（热压）。从烧结和固相反应机理容易理解，成型压力增大，坯体中颗粒堆积就较紧密、接触面积增大，烧结被加速。与此相比，热压的作用更为重要，表 11-3 示出不同烧结条件下 MgO 的烧结致密度表。

表 11-3　不同烧结条件下 MgO 的烧结致密度表

烧结条件	热压压力 (kg/cm^2)	烧结温度/℃	烧结时间/h	视比重 (g/cm^2)	相当于理论密度的百分比（%）
普通烧结	—	1500	4		94
热压烧结	150	1300	4	3.37	96
热压烧结	300	1350	10	3.44	97
活性热压烧结	240	1200	0.5	3.48	97
活性热压烧结	480	1000	1	3.52	98.4
活性热压烧结	480	1100	1	3.55	99.2
活性热压烧结	480	1300	1	3.56	99.6

影响烧结因素除了以上几点还有生坯内粉料的堆积程度、煅烧条件、烧结温度、加热速度、保温时间、粉料的粒度分布等。烧结的影响因素对烧结体的显微结构和机、电、光、热等性质将产生显著的影响。影响烧结的因素很多，而且相互之间的关系也较复杂，在研究烧结时如不充分考虑这些因素，并给予恰当的运用，就不能获得具有重复性和高致密度的制品。

习　题

11-1　基本概念：熔融温度、烧结温度、泰曼温度、液相烧结、晶粒生长。

11-2　烧结推动力是什么？它可凭哪些方式推动物质的迁移，各适用于何种烧结机理？

11-3　烧结过程是怎样产生的，各阶段的特征是什么？

11-4　设有粉料粒度为 $5\mu m$，若经 2h 烧结后，$\dfrac{x}{r}=0.1$。如果不考虑晶粒生长，若烧结

至 $\frac{x}{r}=0.2$,并分别经过蒸发-凝聚、体积扩散、黏性流动、溶解-沉淀传质,各需多少时间?若烧结 8h,各个传质过程的颈部增长 $\frac{x}{r}$ 又是多少?

11-5 下列过程中哪一个能使烧结体强度增大,而不产生坯体宏观上的收缩?试说明原因。

(a) 蒸发凝聚;(b) 体积扩散;(c) 黏性流动;(d) 表面扩散;(e) 溶解沉淀

11-6 有人试图用延长烧结时间来提高产品致密度,你认为此法是否可行?为什么?

11-7 烧结三个阶段的模型,为什么可以采用这些简化模型处理烧结过程,烧结三个阶段是如何表示烧结过程的?

11-8 假如直径为 $5\mu m$ 的气孔封闭在表面张力为 $2.8\times10^{-5}N\cdot m$ 的玻璃内,气孔内氮气压力是 0.8 大气压,当气体压力与表面张力产生的负压平衡时,气孔尺寸是多少?

11-9 在 1500℃,MgO 正常的晶粒长大期间,观察到晶体在 1 小时内直径从 $1\mu m$ 长大到 $10\mu m$,在此条件下,要得到直径 $20\mu m$ 的晶粒,需烧结多长时间?如已知晶界扩散活化能为 60kcal/mol,试计算在 1600℃ 下 4h 后晶粒的大小,为抑制晶粒长大,加入少量杂质,在 1600℃ 下保温 4h,晶粒大小又是多少?

11-10 假定 $NiCr_2O_4$ 的表面能为 $600erg/cm^2$,由半径 $0.5\mu m$ 的 NiO 和 Cr_2O_3 粉末合成尖晶石。在 1200℃ 和 1400℃ 时 Ni^{2+} 和 Cr^{3+} 离子的扩散系数分别为:Ni^{2+} 在 NiO 中 $D_{1473}=1\times10^{-11}$;$D_{1673}=3\times10^{-10}cm^2/s$;$Cr^{3+}$ 在 Cr_2O_3 中 $D_{1473}=7\times10^{-11}$;$D_{1673}=10^{-9}cm^2/s$,求在 1200℃ 和 1400℃ 烧结时,开始一秒的线收缩率是多少?(假定扩散粒子的半径为 $0.59Å$)($1\ erg=0.01W\cdot s$)。

11-11 材料的许多性能如强度、光学性能等要求其晶粒尺寸微小且分布均匀,工艺上应如何控制烧结过程以达到此目的?

第 12 章 材料的亚稳态

材料的稳定状态是指其体系自由能最低时的平衡状态，通常相图中所显示的即是稳定的平衡状态。但由于种种因素，材料会以高于平衡态时自由能的状态存在，处于一种非平衡的亚稳态。同一化学成分的材料，其亚稳态时的性能不同于平衡态时的性能，而且亚稳态可因形成条件的不同而呈多种形式，它们所表现的性能迥异，在很多情况下，亚稳态材料的某些性能会优于其处于平衡态时的性能，甚至出现特殊的性能。因此，对材料亚稳态的研究不仅有理论上的意义，更具有重要的实用价值。

材料在平衡条件下只以一种状态存在，而非平衡的亚稳态则可出现多种形式，大致有以下几种类型。

（1）细晶组织。当组织细小时，界面增多，自由能升高，故为亚稳状态。其中突出的例子是超细的纳米晶组织，其晶界体积可占材料总体积的50%以上。

（2）高密度晶体缺陷的存在。晶体缺陷使原子偏离平衡位置，晶体结构排列的规则性下降，故体系自由能增高。另外，对于有序合金，当其有序度下降，甚至呈无序状态（化学无序）时，也使自由能升高。

（3）形成过饱和固溶体。即溶质原子在固溶体中的浓度超过平衡浓度，甚至在平衡状态是互不溶解的组元发生了相互溶解。

（4）发生非平衡转变，生成具有与原先不同结构的亚稳新相。例如钢及合金中的马氏体、贝氏体，以及合金中的准晶态相等。

（5）由晶态转变为非晶态，由结构有序变为结构无序，自由能增高。

（6）材料在高能状态下迅速转变形成薄膜。

为什么非平衡的亚稳态能够存在？这可从图 12-1 所表示的自由能变化来解释。图中 a 点是自由能最高的不稳定状态；d 点是自由能最低的位置，此时体系处于稳定状态；b 点位于它们之间的另一低谷，如果要进入到自由能最低的 d 状态，需要越过能峰，在没有进一步的驱动力的情况下，体系就可能处于 b 这种亚稳状态，故从热力学上说明了亚稳态是可以存在的。

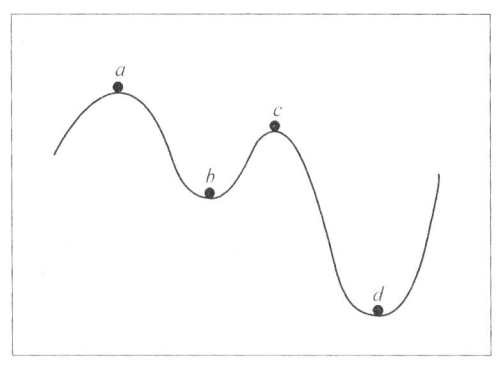

图 12-1 材料自由能随状态的变化示意图

12.1 纳米晶材料

霍尔-佩奇（Hall-Petch）公式指出了多晶体材料的强度与其晶粒尺寸之间的关系，晶粒越细小则强度越高。但通常的材料制备方法至多只能获得细小到微米级的晶粒，霍尔-佩奇公式的验证也只是到此范围。如果晶粒更为微小时，材料的性能将如何变化呢？由于当时尚不能制得这种超细晶材料，这还是一个留待解决的问题。自20世纪80年代以来，随着材料制备新技术的发展，人们开始研制出晶粒尺寸为纳米（nm）级的材料，并发现这类材料不仅强度更高（但不符合霍尔-佩奇公式），而且其结构和各种性能都具有特殊性，这引起了使用者极大的兴趣和关注。纳米晶材料（或称纳米结构材料）已成为国际上发展新材料领域中的一个重要内容，并在材料科学和凝聚态物理学科中引出了新的研究方向——纳米材料学。

1. 纳米晶材料的结构

纳米晶材料（纳米结构材料）的概念最早是由国际著名材料科学家H. Gleiter提出的，这类固体是由（至少在一个方向上）尺寸为几个纳米的结构单元（主要是晶体）所构成。图12-2表示纳米晶材料的二维硬球模型，不同取向的纳米尺度小晶粒由晶界联结在一起，由于晶粒极微小，晶界所占的比例也就相应地增大。若晶粒尺寸为5～10nm，按三维空间计算，晶界将占到50%体积，即有约50%原子位于排列不规则的晶界处，其原子密度及配位数远远偏离了完整晶体结构。因此纳米晶材料是一种非平衡态的结构，其中存在大量的晶体缺陷。此外，如果材料中存在杂质原子或溶质原子，则因这些原子的偏聚作用使晶界区域的化学成分也不同于晶内成分。由于结构上和化学上偏离正常多晶结构，所表现的各种性能也明显不同于通常的多晶体材料。

人们曾对双晶体的晶界应用高分辨电子显微分析、广角X射线或中子衍射分析，以及计算机结构模拟等多种方法，测得双晶体晶界的相对密度是晶体密度的75%～90%，而纳米晶材料的晶界结构不同于双晶体晶界，当晶粒尺寸为几个纳米时，其晶界的边长会短于晶界层厚度，故晶界处原子排列显著地改变。图12-3所示为应用正电子湮没技术测定的平均正电子寿命与晶粒尺寸的关系，可见随着晶粒尺寸的减小，寿命增加。这表示晶界中自由体积增加。一些研究表明，纳米晶材料不仅由其化学成分和晶粒尺寸来表征，还与材料的化学键类型、杂质情况、制备方法等因素有关，即使是同一成分、同样尺寸晶粒的材料，其晶界区域的原子排列也会因上述因素而明显地变化，其性能也相应地改变，故图12-2所示只是一个被简单化了的结构模型。

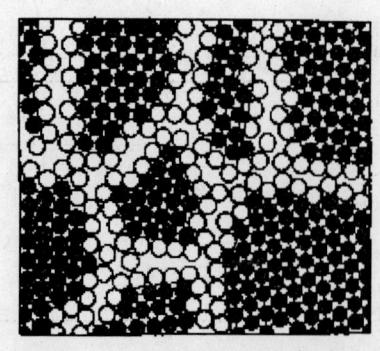

图12-2 纳米晶材料的二维模型
（黑球代表晶内原子；白球为界面处原子）

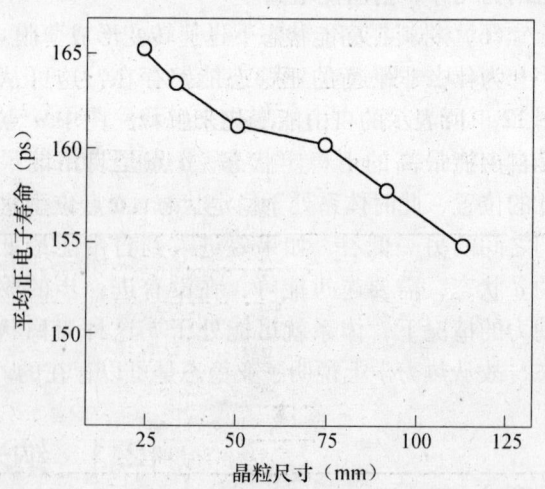

图12-3 纳米晶$Fe_{78}B_{13}Si_9$的晶粒大小与平均正电子寿命的关系

纳米材料也可由非晶物质组成。例如，半晶态高分子聚合物是由厚度为纳米级的晶态层和非晶态层相间地构成的（见图12-4），故是二维层状纳米结构材料。又如，纳米玻璃的组成相均为非晶态，它是由纳米尺度的玻璃珠和界面层所组成，如图12-5所示。由不同化学成分物相所组成的纳米晶材料，通常称为纳米复合材料。图12-6表示Ag-Fe纳米复合材料的构造，从Ag-Fe二元相图可知，掺合Fe在液态和固态均不互溶，但在Ag-Fe纳米结构中却出现一定的固溶度，形成Fe原子在Ag中的固溶体和Ag原子在Fe中的固溶体，溶质原子多数分布在界面地区及界面附近。除了所举的Ag-Fe系例子之外，其他互不固溶的体系构成的纳米复合材料中也出现类似的情况。这种亚稳态的纳米晶固溶体可在高能球磨等制备纳米晶的过程中形成，称为机械化学反应；另一类纳米复合材料是由化学成分不相同的超细晶和非晶组成的，其例子是纳米级的金属或半导体微粒（如Ag，CdS或CdSe）嵌在非晶的介电质基体中（如SiO_2），构成如图12-7所示的结构；第三类纳米复合材料是由掺杂的晶界所组成，如果掺杂原子甚少，不足以构成一原子层，则它们将占于界面区的低能位置上，如图12-8（a）中的Bi原子在纳米晶Cu的晶界中，每三个Cu原子包围一个Bi原子。如果掺杂原子的浓度较高，它们组成掺杂层于界面区域，如图12-8（b）为纳米尺寸的W微细晶粒被Ga原子层所隔开。显然，晶界掺杂层原子排列是不规则的，形成这类晶界的原因可能与应力诱导下溶质原子在晶界区域再分布有关，这样的再分布使晶界附近应力场储存能下降。掺杂晶界的形成可阻碍晶粒长大，有利于纳米晶的稳定性。

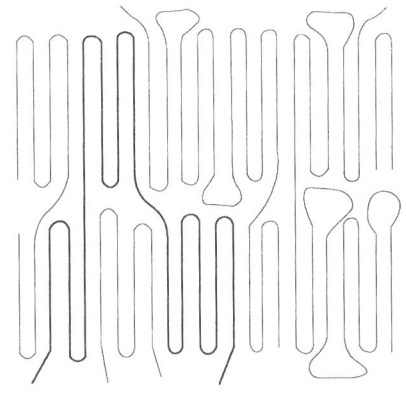

图12-4　半晶态高分子聚合物结构示意图
（粗黑线表示属于相邻晶体间的一个分子键）

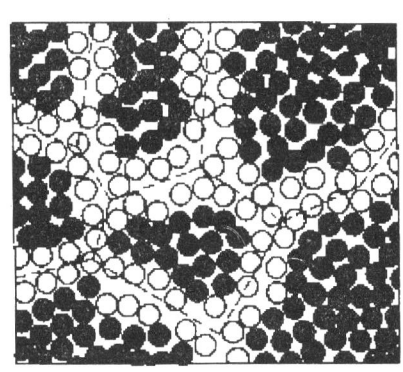

图12-5　纳米玻璃的结构示意图
（黑球为玻璃珠中的原子；白球为界面层原子）

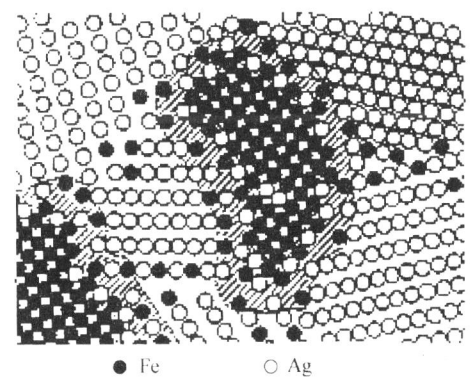

● Fe　○ Ag

图12-6　纳米晶Ag-Fe合金的示意图
（黑球为Fe原子；白球为Ag原子）

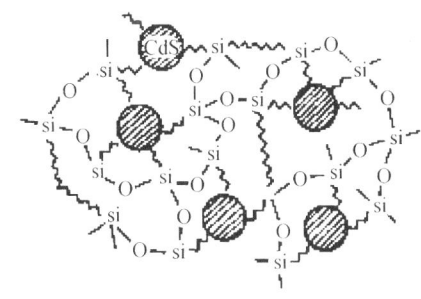

图12-7　CdS嵌在SiO_2非晶基体中
的纳米复合材料结构

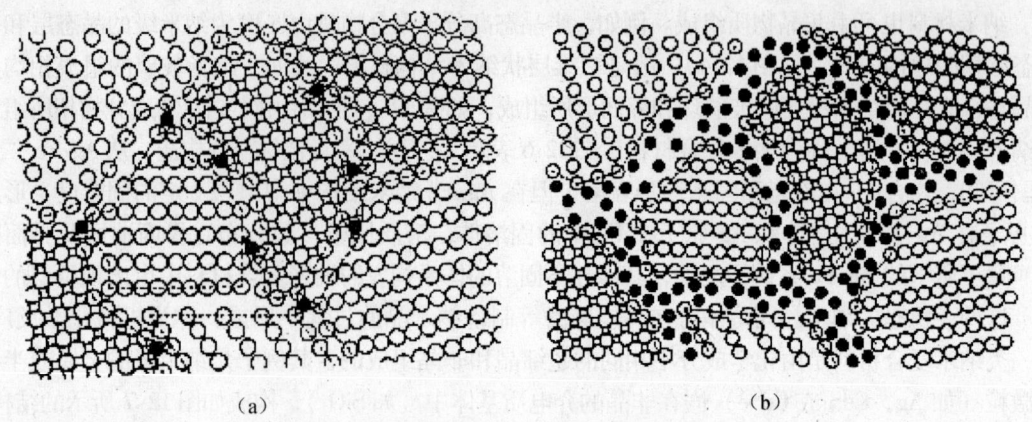

图 12-8 掺杂晶界的纳米复合材料结构示意图
(a) Bi (黑球) 于纳米晶 Cu 中；(b) Ga (黑球) 于纳米晶 W 中

2. 纳米晶材料的性能

纳米结构材料因其超细的晶体尺寸（与电子波长、平均自由程等为同一数量级）和高体积分数的晶界（高密度缺陷）而呈现出特殊的物理、化学和力学性能。表 12-1 所列的一些纳米晶材料与通常多晶体或非晶态时的性能比较，明显地反映了其变化特点。

表 12-1 纳米晶金属与通常多晶或非晶态的性能

性 能	单 位	金 属	多晶	非晶态	纳米晶
热膨胀系数	$10^{-6} K^{-1}$	Cu	16	18	31
比热容 (295K)	$J/(g \cdot K)$	Pd	0.24		0.37
密 度	g/cm^3	Fe	7.9	7.5	6
弹性模量	GPa	Pd	123		88
剪切模量	GPa	Pd	43		32
断裂强度	MPa	Fe-1.8%C	700		8000
屈服强度	MPa	Cu	83		185
饱和磁化强度 (4K)	$4\pi \cdot 10^{-7} m^3/kg$	Fe	222	215	130
磁化率	$4\pi \cdot 10^{-9} m^3/kg$	Sb	-1	-0.03	20
超导临界温度	K	Al	1.2		3.2
扩散激活能	eV	Ag 于 Cu 中 Cu 自扩散	2.0 2.04		0.39 0.64
德拜温度	K	Fe	467		3

纳米晶材料的力学性能远高于其通常多晶状态，表 12-1 中所举的高碳铁（质量分数 $\omega(C)=1.8\%$）就是一个突出的例子，其断裂强度由通常的 700MPa 提高到 8000MPa，增加达 1140%。但一些实验结果表明霍尔-佩奇公式的强度与晶粒尺寸关系并不延续到纳米晶

材料,这是因为霍尔-佩奇公式是根据位错塞积的强化作用而导出的,当晶粒尺寸为纳米级时,晶粒中可存在的位错极少,甚至只有一个,故霍尔-佩奇公式就不适用了。此外,纳米晶材料的晶界区域在应力作用下会发生弛豫过程而使材料强度下降;再者,强度的提高不能超过晶体的理论强度,晶粒变细使强度提高应受此限制。

图 12-9 是纳米晶铜(25nm)的应力-应变曲线与通常多晶 Cu(50μm)应力-应变曲线的比较,其屈服强度(σ_s)从原先的 83MPa 提高到 185MPa。图 12-10 为弥散分布于 Ni-Al 基体中的 Ni_3Al 纳米微晶对这种纳米复合材料流变应力的影响。图 12-11 显示纳米晶硬质合金 WC-Co 的硬度提高情况,其耐磨性也提高了一个数量级。纳米晶材料不仅具有高的强度和硬度,其塑性韧性也大大改善。例如陶瓷材料通常不具有塑性,但纳米 TiO_2 在室温下能塑性变形,在 180℃时形变量可达 100%。

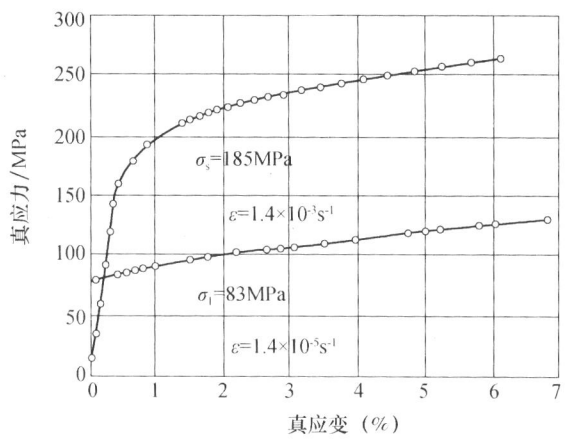

图 12-9 纳米晶铜(○)与通常多晶铜(□)的应力-应变曲线

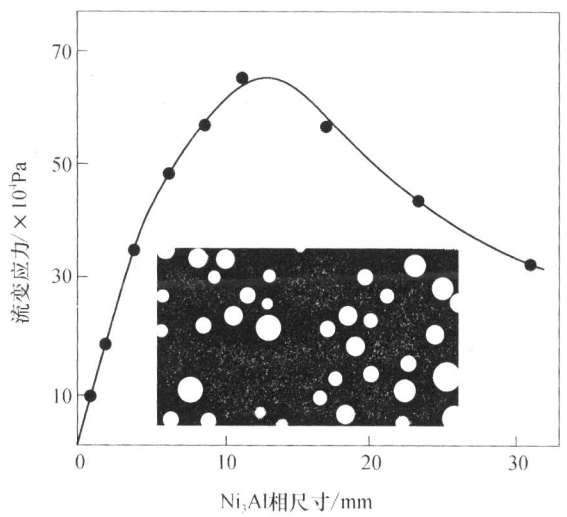

图 12-10 Ni_3Al 析出相尺寸对 Al 的原子数分数为 13% 的 Ni-Al 合金流变应力的影响

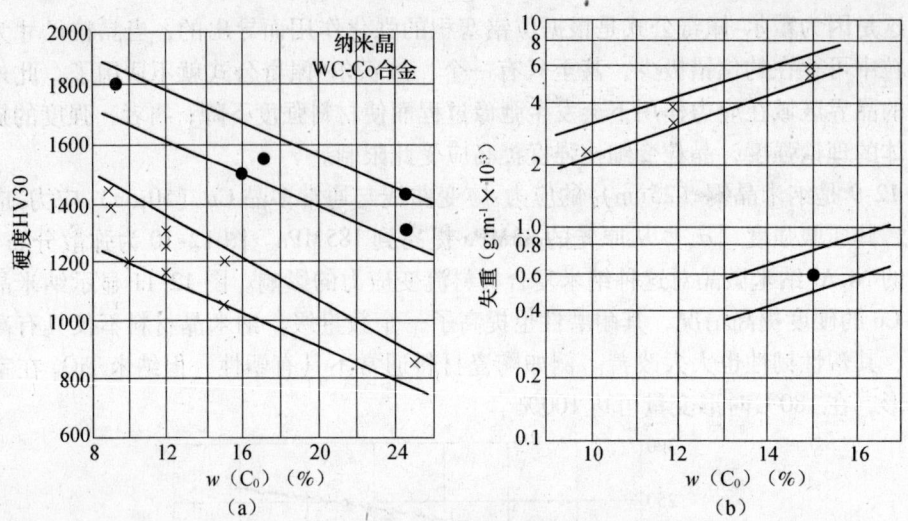

图 12-11 纳米晶与通常的 WC-Co 材料的比较
×—通常 ●—纳米晶
(a) 硬度；(b) 耐磨性

纳米晶微粒之间能产生量子输运的隧道效应、电荷转移和界面原子耦合等作用，故纳米材料的物理性能也异常于通常材料。纳米晶导电金属的电阻高于多晶材料，因为晶界对电子有散射作用，当晶粒尺寸小于电子平均自由程时，晶界散射作用加强，电阻及电阻温度系数增加。但纳米半导体材料却具有高的电导率，如纳米硅薄膜的室温电导率高于多晶硅 3 个数量级，高于非晶硅达 5 个数量级。纳米晶材料的磁性也不同于通常多晶材料，纳米铁磁材料具有低的饱和磁化强度、高的磁化率和低的矫顽力，例如，部分晶化的 $Fe_{73.5}Si_{13.5}B_9Cu_1Nb_3$ 合金中形成 5~20nm 的 Fe-Si（B）微晶分布于非晶基体上，具有高的起始磁导率（~10^5H/m）、低的矫顽力（~10^{-2}A/cm）、高的磁感应强度（达 1.7T），其磁性甚至超过最佳性能的坡莫合金，而后者的价格却甚为昂贵。纳米材料的其他性能，如超导临界温度和临界电流的提高、特殊的光学性质、触媒催化作用等也是引人注目的。

3. 纳米晶材料的形成

纳米晶材料可由多种途径形成，主要归纳为以下 4 方面。

（1）以非晶态（金属玻璃或溶胶）为起始相，使之在晶化过程中形成大量的晶核而生长成为纳米晶材料。

（2）对起始为通常粗晶的材料，通过强烈地塑性形变（如高能球磨、高速应变、爆炸成型等手段）或造成局域原子迁移（如高能粒子辐照、火花刻蚀等）使之产生高密度缺陷而致自由能升高，转变形成亚稳态纳米晶。

（3）通过蒸发、溅射等沉积途径，如物理气相沉积（PVD）化学气相沉积（CVD）、电化学方法等生成纳米微粒然后固化，或在基底材料上形成纳米晶薄膜材料。

（4）通过沉淀反应方法，如溶胶-凝胶（sol-gel）、热处理时效沉淀法等析出纳米微粒。

12.2 准晶态

经典的固体理论将固体物质按其原子聚集状态分为晶态和非晶态两种类型。晶体学分析得出：晶体中原子呈有序排列，且具有平移对称性，晶体点阵中各个阵点的周围环境必然完全相同,故晶体结构只能有1,2,3,4,6次旋转对称轴,而5次及高于6次的对称轴不能满足平移对称的条件,均不可能存在于晶体中。近年来由于材料制备技术的发展,出现了不符合晶体的对称条件,但呈一定的周期性有序排列的类似于晶态的固体,1984年Shechtrnan等首先报道了他们在快冷$Al_{86}Mn_{14}$合金中发现具有5次对称轴的结构。于是,一类新的原子聚集状态的固体出现了,这种状态被称为准晶态(quasicrystalline state),此固体称为准晶(quasicrystal)。准晶态的出现引起国际上高度重视,很快就在其他一些合金系中也发现了准晶,除了5次对称,还有8,10,12次对称轴,在准晶的结构分析和有关理论研究中都有了进展。

1. 准晶的结构

准晶的结构既不同于晶体、也不同于非晶态。图12-12是应用高分辨电子显微分析获得的准晶态$Al_{65}Cu_{25}Fe_{15}$合金的原子结构相,可见其原子分布不具有平移对称性,但仍有一定的规则,其5次对称性明显可见,且呈长程的取向性有序分布,故可认为是一种准周期性排列。

如何描绘准晶态结构?由于它不能通过平移操作实现周期性,故不能如晶体那样取一个晶胞来代表其结构。目前较常用的是以拼砌花砖方式的模型来表征准晶结构,其典型例子如图12-13所示,表示了5次对称的准周期结构。它是由两种单元(花砖)构成:一种是宽的棱方形,其角度为70°和108°;另一种是窄的棱方形(角度为36°及144°),它们的边长均为a,其面积之比为1.618:1(即为黄金分割),把它们按一定规则使两种单元配合地拼砌成具有周期性和5次对称性。图中细线单元为缩比的单元,缩比单元的边长与原先边长之比亦为1:1.618。上述的拼砌模型是二维图形,可据此作出三维的拼砌单元,如图12-14所示,可认为它们是构成准晶(二十面体对称的准晶相)的准点阵。

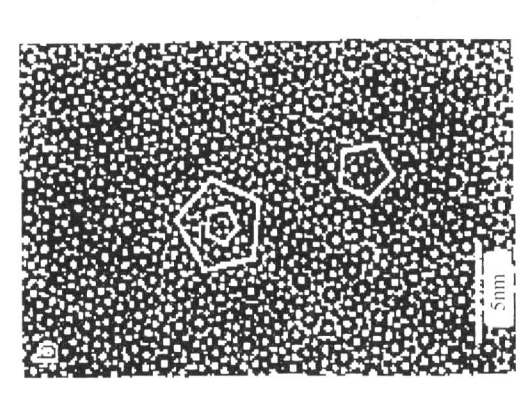

图12-12 准晶态$Al_{65}Cu_{25}Fe_{15}$合金的
高分辨电子显微像

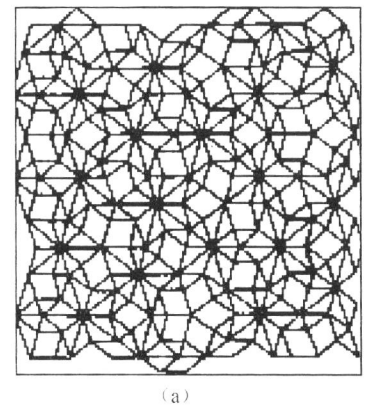

图12-13 准晶模型
(a)准晶结构的单元拼砌模型;
(b)表示缩比单元与原单元的缩比关系

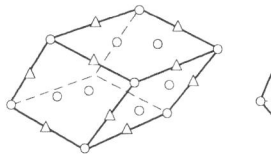

图12-14 拼砌单元的三维模型

准晶结构有多种形式，就目前所知可分成下列几种类型：

（1）一维准晶　这类准晶在一个方向是准周期性而其他两个方向是周期性的，例如 Al-Cu 系（$Al_{65}Cu_{20}Mn_{15}$，$Al_{65}Cu_{20}Co_{15}$，$Al_{65}Cu_{20}Fe_{10}Mn_5$ 等），Al-Ni 系（$Al_{80}Ni_{14}Si$），Al-Pd 系（$Al_{75}Fe_{10}Pb_{15}$）的准晶相，它们具有 CsCl 型的基本结构而在［111］方向呈准周期的结构。这类准晶相常发生于二十面体相或十面体相与结晶相之间发生相互转变的中间状态，故属亚稳状态。但在 $Al_{65}Cu_{20}Fe_{10}Mn_5$ 的充分退火样品中也发现一维准晶相，此时应属稳定态了，它沿着 10 次对称轴呈六层周期性，而垂直于此轴则呈八层周期。

（2）二维准晶　它们是由准周期有序的原子层周期地堆垛而构成的，是将准晶态和晶态的结构特征结合在一起。按照它们的对称特点，可为八边形、十边形或十二边形准晶。八边形准晶相的结构很接近产 Mn 型结构，其准周期原子层沿着 8 次对称轴周期地（按恒定的点阵常数 $a = 0.6315$ nm）堆垛上去。这类准晶的例子有 $Ni_{10}SiV_{15}$，$Cr_5Ni_3Si_2$，Mn_4Si，$Al_3Mn_{82}Si_{15}$，Fe-Mn-Si 等，图 12-15 表示根据高分辨电子显微像作出的 Cr-Ni-Si 八边形准晶相的结构拼砌模型。十边形准晶已在很多合金中发现，它们的结构是沿着 10 次轴周期地堆垛，其平移周期可为 0.4nm（如 $Al_{65}Co_{15}Cu_{20}$，$Al_{70}Co_{15}Ni_{15}$，$Al_{65}Ni_{15}Rh_{15}$，$Al_{71}Fe_5Ni_{24}$，$Al_{40}Ni_{20}Fe_{32}Nb_{18}$ 等）、0.8nm（如 $Al_{10}Co_4$）、1.2nm（如 Al_4Mn，$Al_{79}Fe_{2.6}Mn_{19.4}$，$Al_{65}Cu_{20}Mn_{15}$，$Al_{65}Cr_7Cu_{20}Fe_8$ 等）、1.6nm（Al_5Ir，Al_5Pd，Al_5Pt，Al_4Fe，$Al_{74}Mg_5Pd_{21}$，$Al_{80}Fe_{10}Pd_{10}$ 等）等，这些间距相应于二层、四层、六层、八层等堆垛为一周期。图 12-16 表示 $Al_{70}Co_{15}Ni_{15}$ 十边形准晶的高分辨电子显微像。十二角形准晶目前发现的还不多，如 $Cr_{70.6}Ni_{29.4}$，Ni_2V_3，$Ni_{10}SiV_{15}$，Ta_xTe，其结构类似于 σ-CrFe 型，由六方-三角及三角-正方结构的原子层所堆垛构成。

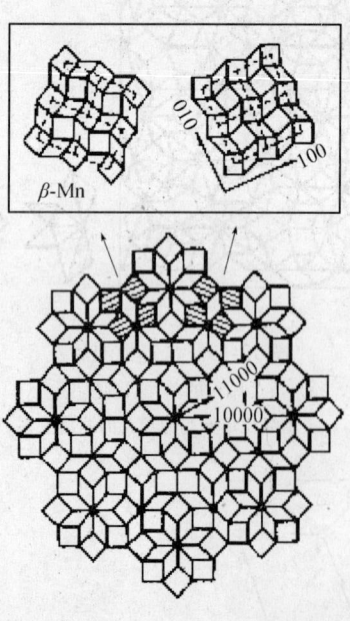

图 12-15　Cr-Ni-Si 八边形准晶结构的拼砌模型（斜线的砌块表示 β-Mn 结构单元）

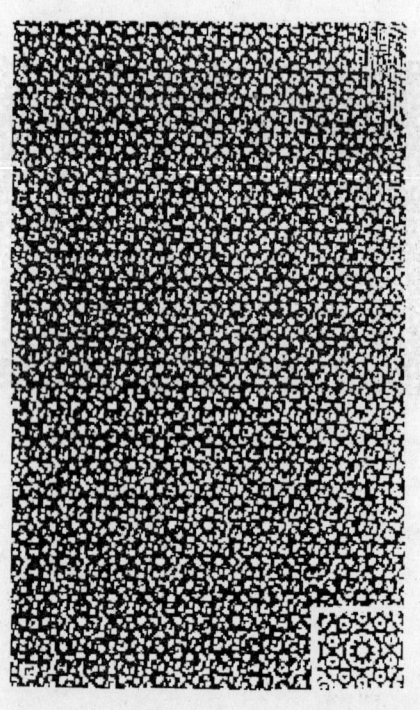

图 12-16　$Al_{70}Co_{15}Ni_{15}$ 十边形准晶的高分辨电子显微像（右下角为计算机模拟图像）

(3) 二十面体准晶可分为 A 和 B 两类。A 类以含有 54 个原子的二十面体作为结构单元；B 类则以含有 137 个原子的多面体为结构单元；A 类二十面体多数是铝-过渡族元素化合物，而 B 族极少含有过渡族元素。图 12-17 表示半个由 54 个原子构成的二十面体构造。

2. 准晶的形成

除了少数准晶（如 $Al_{65}Cu_{20}Fe_{10}Mn_5$，$Al_5Fe_{10}Pd_{15}$，$Al_{10}Co_4$ 等）为稳态相之外，大多数准晶相均属亚稳态产物，它们主要通过快冷方法形成，此外经离子注入混合或气相沉积等途径也能形成准晶。准晶的形成过程包括形核和生长两个过程，故采用快冷法时其冷速要确当控制，冷速过慢则不能抑制结晶过程而形成结晶相；冷速过大则准晶的形核生长也被抑制而形成非晶态。此外，其形成条件还与合金成分、晶体结构类型等多种因素有关，并非所有的合金都能形成准晶，这方面的规律还有待进一步探索和掌握。

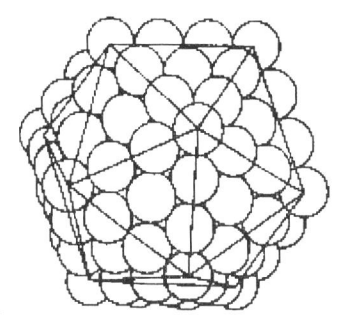

图 12-17　半个由 54 个原子构成的二十面体准晶结构单元

亚稳态的准晶在一定条件下会转变为结晶相，即平衡相。加热（退火）促使准晶的转变，故准晶转变是热激活过程，其晶化激活能与原子扩散激活能相近。但稳态准晶相在加热时不发生结晶化转变，例如从 Cu_2Fe 为二十面体准晶，在 845℃ 长期保温并不转变。

准晶也可能从非晶态转化形成，例如 Al-Mn 合金经快速凝固形成非晶后，在一定的加热条件下会转变成准晶，表明准晶相对于非晶态是热力学较稳定的亚稳态。

3. 准晶的性能

到目前为止，人们尚难以制成大块的准晶态材料，最大的也只是几个毫米直径，故对准晶的研究多集中在其结构方面，对性能的研究测试甚少报道。但从已获得的准晶都很脆的特点，作为结构材料使用尚无前景。准晶的特殊结构对其物理性能有明显的影响，这方面或许有可利用之处，尚待进一步研究。

准晶的密度低于其晶态时的密度，这是由于其原子排列的规则性不及晶态严密，但其密度高于非晶态，说明其准周期性排列仍是较密集的。准晶的比热容比晶态大，例如准晶态 Al-Mn 合金的比热容较相同成分的晶态合金高约 13%。准晶合金的电阻率甚高而电阻温度系数则甚小，其电阻随温度的变化规律也各不相同，如 $Al_{90}Mn_{10}$ 准晶合金在 4K 时电阻率为 $70\mu\Omega\cdot cm$，在 300K 时为 $150\mu\Omega\cdot cm$，故呈正的电阻温度系数；而 $Al_{85.7}Mn_{14.3}$ 在 4K 和 300K 时均为 $180\mu\Omega\cdot cm$，未有变化；$Al_{86}Mn_{14}$ 在 300K 时的电阻率虽高于 4K 时，但在 40K 时却出现最低值，其变化很特殊；$Al_{77.5}Mn_{22.5}$ 则呈负的电阻温度系数，在 4K 时为 $980\mu\Omega\cdot cm$，在 300K 时降为 $880\mu\Omega\cdot cm$。这些现象说明电阻与温度的关系没有一定的规律可循，因合金成分不同而不同。

总之，对准晶合金的性能目前还甚少了解，但准晶这一新兴领域已引起人们的高度重视，有关的研究工作正在开展中。

12.3 薄膜状态

薄膜通常通过材料的气态原子凝聚而形成。在薄膜形成的最早阶段，原子凝聚是以三维成核的形式开始，然后通过扩散过程核长大形成连续膜。薄膜形成的方式确实是独特的。薄膜新奇的结构特点和性质大部分归因于生长过程，因而薄膜生长对薄膜科学技术而言是最为基本、最为重要的。

1. 凝聚过程

气态原子的凝聚是气态原子与所到达基片表面通过一定的相互作用而实现的，这一相互作用即为气态碰击原子被表面原子的偶极矩或四极矩吸引到表面，结果原子在很短时间内失去垂直于表面的速度分量。只要原子的入射能量不太高，则气态原子就会被物理吸附，被吸附的原子称为吸附原子。吸附原子可以处于完全的热平衡状态，也可以处于非热平衡状态。由于来自表面和/或本身动能的热激活，吸附原子可以在表面上移动，即从一个势垒跳跃到另一个势垒。吸附原子在表面具有一定停留或滞留时间，在这一时间里，吸附原子可以和其他吸附原子作用形成稳定的原子团或被表面化学吸附，同时释放凝聚潜热。如果吸附原子没有被吸附，它将会重新被蒸发或被脱附到气相中。因此，凝聚是吸附和脱附过程的平衡净效果。

碰击原子被注入到基片（表面）的几率称为"凝聚"或"黏滞"系数。它由凝聚在表面上的原子数与总碰击原子数之比来确定。热平衡程度由调节系数 α_T 来描述，它定义为：

$$\alpha_T = \frac{T_I - T_R}{T_S - T_R} = \frac{E_I - E_R}{E_S - E_R} \tag{12-1}$$

式中，T_I 和 E_I 分别为入射原子的等效均方根温度和等效动能；T_R 和 E_R 分别为反射或再蒸发原子的等效均方根温度和等效动能；T_S 和 E_S 则对应于基片的等效均方根温度和等效动能。

许多研究人员研究了捕获入射原子以及入射原子通过范氏力进行能量交换等问题。通过采用原子和一维点阵弹簧进行正碰撞模型，人们得到：对于撞击原子和基片原子具有几乎相同质量的情况下，可以得到凝聚系数为1，而碰撞原子的动能比脱附能 Q_{des} 大25倍。由于金属气相入射粒子在金属表面的 Q_{des} 在1eV到4eV量级，则具有一百万度等效粒子束温度的气相原子很容易被物理吸附。对于三维点阵，对入射撞击原子的捕获是不完全的，原则上是由于三维点阵的较大僵硬性所致。如果碰撞原子比基片原子轻得多，或者入射原子具有很高动能，则黏附系数远远小于1。

2. Langmuir-Frenkel 凝聚理论

Langmuir 和 Frenkel 提出了一个凝聚模型。在这一模型中，吸附原子在所存在的时间里，在表面上移动形成原子对，而原子对则成为其他原子的凝聚中心。如果假设撞击表面和从表面脱附的原子相对比例保持恒定，则在温度 T 时，表面会形成原子对。且撞击原子数临界密度可由公式（12-2）给出。

$$R_c = \frac{v}{4A}\exp\left(-\frac{\mu}{kT}\right) \tag{12-2}$$

式中，A 是捕获原子的截面；μ 是单个原子吸附到表面的吸附能与一对原子的分解能之和。

3. 成核理论

现在我们考虑原子团生长的条件和作为沉积参数函数的临界原子团形成的速率以及一些实际结果。

（1）毛吸理论

均匀成核理论由 Volmer、Weber、Becker 和 Doring 提出，他们考虑了吸附原子团形成的总自由能，后来 Volmer 又将其扩展到异质成核，Pound 等人则将其扩展到薄膜中的特殊形状原子团形成。在这一均匀成核理论中，原子团势由吸附原子在基片表面的碰撞而形成。起初自由能随着原子团尺寸的增加而增加，直到原子团达到临界尺寸 r，当原子团尺寸继续增加时，自由能开始下降。如果体材料的热力学量可以赋予原子团，则形成半径为 r 的球形原子团的吉布斯自由能由表面自由能和凝聚体自由能之和给出，即：

$$\Delta G_0 = 4\pi r^2 \sigma_{CV} + \frac{4}{3}\pi r^3 \Delta G_V \qquad (12\text{-}3)$$

（2）统计或原子理论

由毛吸理论所假设的金属临界核尺寸是典型的原子尺寸，因此，毛吸模型的适用性是令人怀疑的。这一困难可由使用反应物和产物的配分函数和势能函数来克服。Walton 和 Rhodin 给出处理原子团能量和键的分析方法。根据这一理论，在低温下或较高的过饱和状态下，临界核可以是单个原子。这一原子通过无序过程与另一个原子形成原子对，从而变成稳定的原子团并自发生长。一对原子的稳定性源于每个原子假设有一条键。在较高基片温度下，一对原子可以不再是稳定的原子团。另一个最小的稳定原子团是每个原子有两条键。这样组态可以通过将原子放在三角形顶点上来实现。具有两条键的四原子组态将是正方形。

在这一理论中成核率正比于 N_0，如果假设振动配比函数为 1，取 E_n 为将 n 个吸附原子团分解成 n 个吸附在表面的单原子所需能量，则 n^* 个原子形成临界核速率的一般表达式为：

$$I = R a_0 N_0 \left(\frac{R}{vN_0}\right)^{n^*} \exp\left[\frac{(n^*+1)Q_{des} - Q_d + E_{n^*}}{kT}\right] \qquad (12\text{-}4)$$

由于基本原理的相似性，在毛吸理论和原子模型之间发现相似性不足为怪。两者的区别在于毛吸理论使用了连续变化的表面能，因而原子团的尺寸也连续变化，而对于原子理论，吸附原子的结合能是非连续变化，因而原子团尺寸变化也是不连续的。当然原子模型的非连续性对于小原子团更现实。将宏观数据应用到原子模型，Lewis 对两个理论所给出的成核过程的结果进行了详细的理论比较。他给出：由于小原子团成核的过饱和值不同，毛吸模型给出的临界核尺寸相对较大，但成核率较低。毛吸模型中的理想化形状假设给出的原子团能量较高，临界核较小，而高成核率则补偿了这些差别。但是，一般来说，两个模型相互之间有广泛的一致。

（3）其他各种模型

1）使用 Monte Carlo 计算方法可以分析涉及几个原子成核的凝聚过程。通过对原子指定几个简单的运动规则，可以对原子成核过程进行模拟，得到的计算结果显示，与所期望的吸附原子混合团聚在定性上是一致的。这一方法的进一步推广无疑在未来会得到更大关注。

2）二元凝聚成核是更复杂问题，在技术上也更具意义，因为它直接与合金和化合物膜的沉积相关。Reiss 从理论上分析了这一问题，他的详细研究结果已超出本书范围。但是，值得一提的是Gunther使用简单的临界凝聚概念，定性地分析了共蒸发原子不同相形式。

4. 生长过程

前一部分我们讨论了成核和三维岛的形成。这一部分我们将研究随后的岛生长和岛相互间的生长（混合结构）以及最终形成连续膜，同时也将处理各种沉积参数和其他物理因素对这一过程的影响。

1938年，Audrade通过对Ag膜的光学透射性质观察，得到了薄膜的生长过程，其观察结果与Uyeda的电子显微镜的观察结果惊人一致。电子显微镜研究可以原位进行，Bassett是第一个进行原位观察的研究者。通过在真空室外的荧光屏上摄像可以很方便地跟踪膜的生长过程。显微镜中的真空度不高，这是由于碳、氧和电子束污染引起的未知效应，以及难以控制的沉积参数都对连续摄像技术构成阻碍。值得注意的是，在原位实验中所观察到的生长顺序，与在分立系统中对膜不同生长阶段所获的图像差别不是特别大。因此，对不同生长阶段的分段分立研究被广泛采用，这是因为利用这一技术不仅可以在可控条件下制备样品，而且也可以使用其他物理测试如电阻率测试来补充电子显微镜数据。

具有明显特征的顺序沉积阶段如下：（1）首先形成无序分布的三维核，然后少量的沉积物迅速到达饱和密度，这些核随后形成所观察到的岛，岛的形状由界面能和沉积条件决定。整个生长过程受扩散控制，即吸附和亚临界原子团在基片表面扩散并被稳定岛俘获。（2）当岛通过进一步沉积而增大尺寸时，岛彼此靠近，大岛似乎以合并小岛而生长。岛密度以沉积条件决定的速率单调减少。这一阶段（这里暂且表示为合并阶段Ⅰ）涉及岛间通过扩散实现可观的质量传递。尽管还没有被完全证实，但小岛在高温下，在表面的物理移动是非常可能的。小岛的消失一般非常迅速（小于几分之一秒），如果一个半径为1nm的岛（约10^3个原子），在0.1s内，在接触面积为约$10^{14} cm^2$的面积上，合并到大岛，则质量以约$10^{-18}/cm^2 s$传递。（3）当岛分布达到临界状态时，岛的大尺寸迅速合并导致形成联通网络结构，岛将变平以增加表面覆盖度。这个过程（合并阶段Ⅱ）开始时很迅速，一旦形成网络便很快慢下来。网络包含大量的空隧道，在外延生长情况下，这些隧道是结晶学形貌中的孔洞。这些隧道偶尔很长，具有均匀宽度，均匀分布。在小区域内，它们具有一定曲线形状。（4）生长的最后阶段是需要足够量的沉积物缓慢填充隧道过程。不管大面积空位在合并形成复合结构的何处形成，都有二次成核发生。二次成核随着进一步沉积，一般缓慢生长和合并。当二次核完全由沉积材料围绕，此效应特别显著。

5. 沉积参数的影响

（1）一般考虑

沉积参数对膜生长的影响可以通过沉积参数对吸附原子的勃滞系数、成核密度和表面迁移率的影响来理解。膜的聚集随着表面迁移率的增加而增加，随着成核密度的减小而增加。聚集的增加意味着膜在一较大厚度时达到连续，且膜具有大晶粒和少量被冻结的结构缺陷。

在热力学平衡条件下的起始饱和成核密度由基片-气相系统确定，而与沉积率无关。但是在沉积率特别高（原子到达基片速率远高于原子的扩散率），气相原子或其表面存在静电荷，表面存在结构缺陷，荷能气相原子穿过基片表面并导致表面缺陷等情况下，上述结论不成立。所有这些因素都引起起始成核密度增加，因此随后的聚集大为减小。吸附的杂质也影响成核密度。例如，应用预成核中心（如在玻璃上的Bi_2O_3），Au的成核密度大大增加，因此当膜厚约为2nm时即可实现膜电性质的连续性。而在清洁玻璃上只有厚度达到约6nm时才能实现膜电性质的连续性。因而,这一方法在获得超薄、连续膜方面非常有用。

(2) 动能效应

利用速率选择器,Levinstein 研究了具有一定动能的 Au、Ag 气相原子的沉积。尽管观察到动能对膜的结构和生长没有影响,但由于沉积率不是固定的常数,结果令人怀疑。Chopra 确立了在增加原子团聚集和择优取向生长方面高动能的作用。溅射 Ag、Au 的外延生长,以及反应溅射 Al、Ta 氧化物等的平均温度要比蒸发形成同一种材料的平均温度低得多。所观察到的外延生长温度较低,是否完全由等价于较高基片温度的气相原子动能所致还不清楚,这是因为相似效应也可来自于荷能原子在表面的脱附和清洗。在溅射粒子中,由于荷电粒子的影响,这一情况变得更加复杂。在 77K 时,低压溅射 Ag 膜时,随着气相原子的平均动能增加,外延生长得到改善说明了动能的直接影响。

与蒸发膜相比,对于溅射薄膜,随着沉积厚度增加(图 12-18),合并岛的数量减少率快速增加,这是动能在提高原子团聚集方面起作用的一个令人信服的实例。溅射膜的原子团的高聚集性在电子显微镜实验中也得到验证。当沉积厚度增加时,溅射岛的密度接近一常数值,而后,岛变平从而得到连续的溅射膜。大岛的平整化可能源于静电荷,与蒸发情况相比,在溅射情况下,荷电粒子更多。如果溅射原子在碰撞中产生表面缺陷,从而导致成核密度增加,则上面的讨论由于原子团聚集大大减小而不再成立。

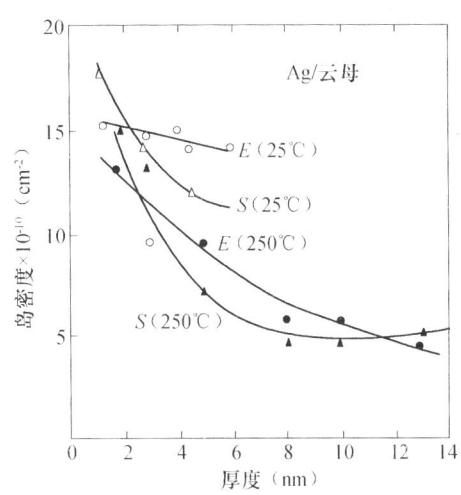

图 12-18 在 25℃ 和 250℃ 时在云母上蒸发（E）和溅射（S）沉积 Ag 膜,随着沉积的不断进行,岛密度减小

(3) 斜向沉积

斜向碰撞(即气相沉积以非直角入射方式进行)会增加吸附原子在表面迁移的速度分量。Chopra 和 Randlett 在研究 Au 和 Ag 膜蒸发沉积时发现,随着入射角的增加,原子团聚集增加。岛的早期生长和分布,对于入射角度达到 80°时,在膜平面是各向同性的。随着岛尺寸的增加,自遮蔽变得明显,在入射气相原子方向出现柱状生长(在垂直于基片方向拉长)。因此,膜的电性质保持连续性的临界厚度,在高入射角迅速增大。在超过某一入射角时,膜表面积迅速增加,与柱状生长图像一致。而且,对斜入射沉积的膜的应力性质、磁性质、反射和吸收性所观察到的各向异性,也都说明了生长的各向异性。

很清楚,各向异性的柱状生长完全由气相粒子的入射方向和吸附原子的表面迁移率决定,起始迁移率越高,各向异性生长就越不显著。因此,高温沉积 Au 和 Ag 膜显示很小的各向异性生长,即使入射角很大也是如此。而室温时凝聚在玻璃和食盐上的低迁移率 Al 膜则显示明显的柱状生长。

(4) 静电效应

我们已经讨论了合并 II 阶段的运动学。Chopra 发现,在具有较高吸附原子迁移率的金属膜沉积过程中,外加横向直流电场约 100V/cm,在比通常观察的平均厚度小的条件下,会产生合并第 II 阶段。在 NaCl 上有横向电场和无横向电场情况下沉积 Ag 膜,所加的电场似乎使分立岛变得平整,增加了岛的表面能,迫使它们合并。这将导致沿平行 NaCl 表面方向形成取向良好的结晶学网络,这可以与不加电场情况、但在同样沉积条件下得到的膜只具有部分择优取向相对照。外加电场使膜的临界厚度减小,在高温时厚度的减小非常明显。

6. 薄膜的生长模式

薄膜的形成过程一般可分为凝结过程、核形成与长大过程、岛形成与生长结合过程。而薄膜的生长模式可归纳为三种形式:(1)岛状模式(或 Volmer-Weber 模式);(2)单层模式(或 Frank-Vander Merwe 模式);(3)层岛复合模式(或 Stranski-Krastanov 模式),这三种模式分别示意于图 12-19。

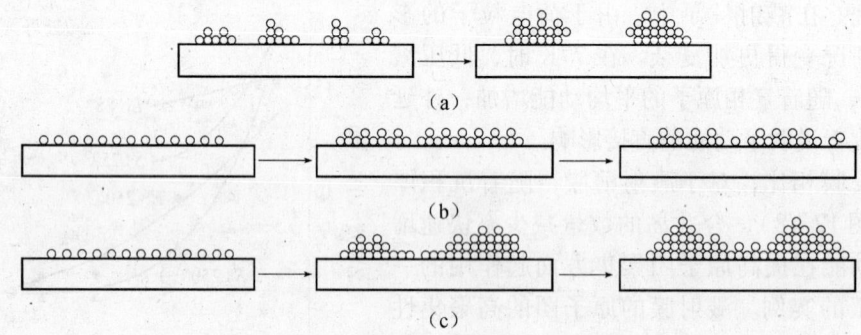

图 12-19　薄膜生长的三种基本模式
(a) 岛状生长模式;(b) 单层生长模式;(c) 层岛复合生长模式

当最小的稳定核在基片上形成就会出现岛状生长,它在三维尺度生长,最终形成多个岛。当沉积物中的原子或分子彼此间的结合较之与基片的结合强很多时,就会出现这种生长模式。在绝缘体、卤化物晶体、石墨、云母基片上沉积金属时,大多数显示出这一生长模式。

相反的特征出现在单层生长模式中。在单层生长模式中,最小的稳定核的扩展以压倒所有其他方式出现在二维空间,导致平面片层的形成。在这一生长模式中,原子或分子之间的结合要弱于原子或分子与基片的结合。第一个完整的单层会被结合稍松弛一些的第二层所覆盖。只要结合能的减少是连续的,直至接近体材料的结合能值,单层生长模型便可自持。这一生长模式的最重要的例子是半导体膜的单晶外延生长。

7. 薄膜制备的主要方法

薄膜生长方法是获得薄膜的关键。薄膜材料的质量和性能不仅依赖于薄膜材料的化学组成,而且与薄膜材料的制备技术具有一定的关系。

随着科学技术的发展和各学科之间的相互交叉,相继出现了一些新的薄膜制备技术。这些薄膜制备方法的出现,不仅使薄膜的质量在很大程度上得以改善,而且为发展一些新型的薄膜材料提供了必要的制备技术。如今常用的薄膜制备方法分类如图 12-20 所示。

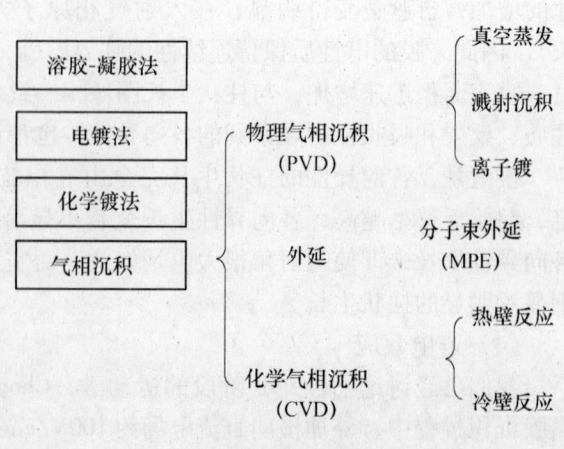

图 12-20　薄膜制备的基本方法分类

(1) 化学气相沉积（CVD）

化学气相沉积是制备各种各样薄膜材料的一种重要和普遍使用的技术，利用这一技术可以在各种基片上制备元素及化合物薄膜。化学气相沉积相对于其他薄膜沉积技术具有许多优点：它可以准确地控制薄膜的组分及掺杂浓度水平使其组分具有理想化学配比；可在复杂形状的基片上沉积成膜；由于许多反应可以在大气压下进行，系统不需要昂贵的真空设备；化学气相沉积的高沉积温度会大幅度改善晶体的结晶完整性；可以利用某些材料在熔点或蒸发时分解的特点而得到其他方法无法得到的材料；沉积过程可以在大尺寸基片或多基片上进行。

化学气相沉积的明显缺点是化学反应需要高温；反应气体会与基片或设备发生化学反应；在化学气相沉积中所使用的设备可能较为复杂，且有许多变量需要控制。

化学气相沉积有较为广泛的应用，例如利用化学气相沉积，在切削工具上获得的 TiN 或 SiC 涂层通过提高抗磨性可大幅度提高刀具的使用寿命；在大尺寸基片上，应用化学气相沉积非晶硅可使太阳能电池的制备成本降低；化学气相沉积获得的 TiN 可以成为黄金的替代品，从而使装饰宝石的成本降低。化学气相沉积主要应用于半导体集成电子技术，在硅片上硅的外延沉积以及用于集成电路中的介电膜如氧化硅、氮化硅的沉积都可由化学气相沉积来实现。

CVD 工艺大体分为两种：一种是使金属卤化物与含碳、氮、硼等的化合物进行气相反应；另一种是使加热基体表面的原料气体发生热分解。

CVD 的装置原理如图 12-21 所示，由气化部分、载气精练部分、反应部分和排除气体处理部分所构成。目前，正在开发批量生产的新装置。

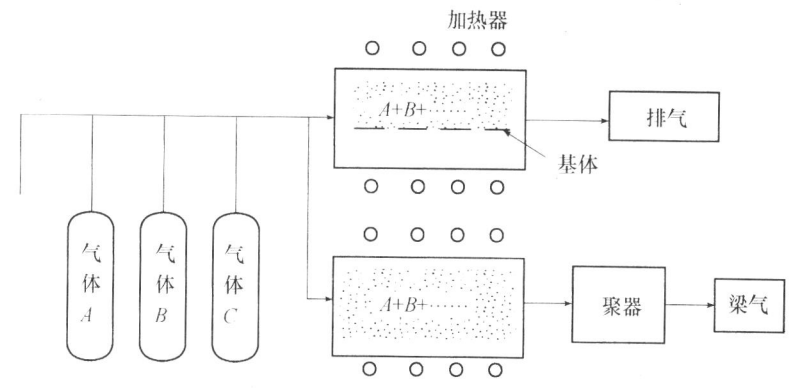

图 12-21 化学气相沉积的基本过程

CVD 是在含有原料气体、通过反应产生的副生气体、载气等多成分系气相中进行的，因而，当被覆涂层时，在加热基体与流体的边界上形成扩散层，该层的存在，对于涂层的致密度有很大影响。这样，由许多化学分子形成的扩散层虽然存在，但其析出过程是复杂的。粉体合成时，核的生成与成长的控制是工艺的重点。

(2) 化学镀

化学镀是 1946 年由 Brenner 和 Ridded 发明的。化学镀的沉积过程不是通过界面上固液两相间金属原子和离子的交换，而是液相离子 Mn^+ 通过液相中的还原剂 R 在金属或其他材料表面上的还原沉积。化学镀的关键是还原剂的选择和应用，最常用的还原剂是次磷酸盐和甲醛，近年来又逐渐采用硼氢化物以及氨基硼烷类和类衍生物等作为还原剂，以便室温操作和改变镀层性能。从本质上讲，化学镀是一个无外加电场的电化学过程。

化学镀技术是在金属的催化作用下，通过可控制的氧化还原反应产生金属的沉积过程。化学镀是无电沉积镀层，选择合适的化学镀溶液，将被镀工件表面去除油污后直接放入镀液中，根据设定的厚度确定浸镀的时间即可。一般只要有塑料或聚四氟容器，加热方式灵活，备有（如蒸气、油炉、煤气）烧水装置均可，这三种方法获得的镀层中，对于大多数金属镀层结合强度及硬度等来说无明显差异。化学镀优点是：

①工艺简单，适应范围广，不需要电源，不需要制作阳极，只要一般操作人员均可操作；
②镀层与基体的结合强度好；
③成品率高，成本低，溶液可循环使用，副反应少；
④无毒，有利于环保；
⑤投资少，数百元设备即可，见效快。

化学镀不及电镀、电刷镀沉积速度快。前者阳极形状比较灵活，特别适于局部镀和工件修复；后者阳极材料、形状要求比较高，可获得厚镀层，适于批量生产。但电镀、电刷镀均需电沉积镀层，需要上万至数万元的设备，工艺复杂。电镀、电刷镀铜、锌、银等不同程度地使用氰化物剧毒品，三废处理比较麻烦，成本高。目前，化学镀技术已在电子、阀门制造、机械、石油化工、汽车、航空航天等工业中得到广泛的应用。

(3) 真空蒸发

真空蒸发就是在真空容器中把蒸发源材料加热到相当高的温度，使其原子或分子获得足够的能量，脱离材料表面的束缚而蒸发到真空中成为蒸气原子或分子，它以直线运动穿过空间，当遇到待淀积的基片（如硅片）时，就沉积在基片表面，形成一层薄的金属膜。为什么要在真空中进行蒸发呢？由于在普通的大气中，存在着许多气体分子，高温蒸发出来的金属原子或分子将不断地与这些气体发生散射碰撞，这样一是改变了金属原子或分子的运动方向，使其不能顺利到达基片表面；二是空气中的氧极易使这些蒸汽原子氧化；三是系统中气体也将跟基片表面不断发生碰撞和金属原子一起沉积下来，形成疏松的金属膜，并使炽热的金属膜氧化，影响镀膜质量，因此在蒸发过程中要保持足够低的残余气体的压强，使这些蒸汽原子在该系统中运动的平均自由程大于源至基片的距离，并减少残余气体与基片的碰撞机会。

根据气体分子运动论，气体分子运动的平均自由程 $\bar{\lambda}$ 与系统中气体压强 P 有如下关系：

$$\bar{\lambda} = \frac{kT}{\sqrt{2}\pi d^2 P} \tag{12-5}$$

式中，k 为玻耳兹曼常数；d 为气体分子的直径；T 为绝对温度；P 为系统中的气体压强。

通常蒸发条件为 $P = 10^{-5}$ mmHg，由式（12-5）计算出（0℃，空气）：$\lambda = 500$ cm，它远大于实际给出的源到基片之间的距离 r。设初始时由蒸发源射出的分子有 n_0 个，其中一部分 n_1/n_0 在小于给定路程长度内发生碰撞，则遭到碰撞的分子数占总分子数的百分数为：

$$\frac{n_1}{n_0} = 1 - e^{-\frac{r}{\bar{\lambda}}} \tag{12-6}$$

由式（12-6）可计算出途中发生碰撞的分子数（%）与实际路程对平均自由程之比曲线。当平均自由程等于蒸发源到基片距离时，有63%的分子发生碰撞；当平均自由程10倍于蒸发源到基片距离时，只有9%的分子发生碰撞。由此可见，平均自由程必须比蒸发源到基片的距离大得多，才能避免在迁移过程中发生碰撞现象。

将固体材料置于高真空环境中加热，使之升华或蒸发并淀积在特定的衬底上，以获得薄膜的工艺方法。使用导电材料、介质材料、磁性材料和半导体材料，都可以通过真空蒸发工艺而获得淀积的薄膜。利用真空蒸发工艺形成各种薄膜是集成电路制备的一项重要技术。

真空蒸发工艺在微电子技术中主要用于制作有源元件、器件的接触及其金属互连、高精度低温度系数的薄膜电阻器，以及薄膜电容器的绝缘介质和电极等。薄膜磁性元件如存储元件、逻辑元件、光磁元件、声表面波器件、薄膜超导元件等的薄膜，都可用真空蒸发方法获得。

(4) 溅射制备薄膜技术

溅射是离子轰击物质表面，并在碰撞过程中发生动能与动量的转移，从而将物质表面原子激发出来的过程。1852年发现，1920年Langmuir首次用于沉积薄膜。

以一定能量的粒子（离子或中性原子、分子）轰击固体表面，使固体近表面的原子或分子获得足够大的能量而最终逸出固体表面的工艺。溅射只能在一定的真空状态下进行。

溅射用的轰击粒子通常是带正电荷的惰性气体离子，用得最多的是氩离子。氩电离后，氩离子在电场加速下获得动能轰击靶极。当氩离子能量低于5电子伏时，仅对靶极最外表层产生作用，主要使靶极表面原来吸附的杂质脱附。当氩离子能量达到靶极原子的结合能（约为靶极材料的升华热）时，引起靶极表面的原子迁移，产生表面损伤。轰击粒子的能量超过靶极材料升华热的四倍时，原子被推出晶格位置成为汽相逸出而产生溅射。对于大多数金属，溅射阈能约为10~25电子伏。

溅射产额，即单位入射离子轰击靶极溅出原子的平均数，与入射离子的能量有关。在阈能附近溅射，产额只有10^{-5}~10^{-4}个原子/离子，随着入射离子能量的增加，溅射产额按指数上升。当离子能量为10^3~10^4电子伏时，溅射产额达到一个稳定的极大值；能量超过10^4电子伏时，由于出现明显的离子注入现象而导致溅射产额下降。溅射产额还与靶极材料、原子结合能、晶格结构和晶体取向等有关。一般说来，单金属的溅射产额高于它的合金；在绝缘材料中，非晶体溅射产额最高，单晶其次，复合晶体最低。

溅射工艺主要用于溅射刻蚀和薄膜淀积两个方面。溅射刻蚀时，被刻蚀的材料置于靶极位置，受氩离子的轰击进行刻蚀。刻蚀速率与靶极材料的溅射产额、离子流密度和溅射室的真空度等因素有关。溅射刻蚀时，应尽可能从溅射室中除去溅出的靶极原子。常用的方法是引入反应气体，使之与溅出的靶极原子反应生成挥发性气体，通过真空系统从溅射室中排出。

淀积薄膜时，溅射源置于靶极，受氩离子轰击后发生溅射。如果靶材是单质的，则在衬底上生成靶极物质的单质薄膜；若在溅射室内有意识地引入反应气体，使之与溅出的靶材原子发生化学反应而淀积于衬底，便可形成靶极材料的化合物薄膜。通常，制取化合物或合金薄膜是用化合物或合金靶直接进行溅射而得。在溅射中，溅出的原子是与具有数千电子伏的高能离子交换能量后飞溅出来的，其能量较高，往往比蒸发原子高出1~2个数量级，因而用溅射法形成的薄膜与衬底的黏附性较蒸发为佳。若在溅射时衬底加适当的偏压，可以兼顾衬底的清洁处理，这对生成薄膜的台阶覆盖也有好处。另外，用溅射法可以制备不能用蒸发工艺制备的高熔点、低蒸气压物质膜，便于制备化合物或合金的薄膜。溅射主要有离子束溅射和等离子体溅射两种方法。离子束溅射装置中，由离子枪提供一定能量的定向离子束轰击靶极产生溅射。离子枪可以兼作衬底的清洁处理和对靶极的溅射。为避免在绝缘的固体表面产生电荷堆积，可采用荷能中性束的溅射（见图12-22）。中性束是荷能正离子在脱离离子枪之前由电子中和所致。离子束溅射广泛应用于表面分析仪器中，对样品进行清洁处理或剥层处理。由于束斑大小有限，用于大面积衬底的快速薄膜淀积尚有困难。

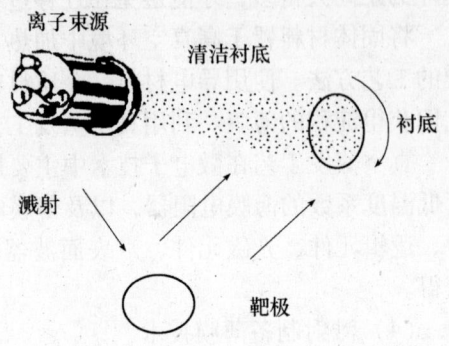

图 12-22 离子束源溅射装置

(5) 外延膜沉积技术

外延是指沉积膜与基片之间存在结晶学关系时，在基片上取向或单晶生长同一物质的方法。外延来自于希腊词"epi"和"taxis"。"epi"意思是"在……上面"，"taxis"意思是"排列"。当外延膜在同一种材料上生长时，称为同质外延；如果外延是在不同材料上生长则称为异质外延。外延用于生长元素、半导体化合物和合金薄结晶层。这一方法可以较好地控制膜的纯度、膜的完整性以及掺杂级别。外延生长技术及基本原理涉及热力学、质量传输运动学、表面过程。Stringfellow 对此已有详尽的评述。

由溶液或气相外延沉积膜可以由不同技术来实现。这一节我们将主要讨论分子束外延（MBE）、液相外延（LPE）、热壁外延（HWE）和金属有机物化学气相沉积（MOCVD）。

其中，分子束外延是在超高真空条件下精确控制原材料的中性分子束强度，并使其在加热的基片上进行外延生长的一种技术。从本质上讲，分子束外延也属于真空蒸发方法，但与传统真空蒸发不同的是，分子束外延系统具有超高真空，并配有原位监测和分析系统，能够获得高质量的单晶薄膜。

由于分子束外延系统具有许多与传统真空蒸发系统不同的地方，因此分子束外延生长有许多自己独特之处。

1) 由于系统是超高真空，因此杂质气体（如残余气体）不易进入薄膜，薄膜的纯度高。

2) 外延生长一般可在低温下进行。

3) 可严格控制薄膜成分以及掺杂浓度。

4) 对薄膜进行原位检测分析，从而可以严格控制薄膜的生长及性质。

当然，分子束外延生长方法也存在着一些问题，如设备昂贵、维护费用高、生长时间过长、不易大规模生产等。

参考文献

[1] 陆佩文. 无机材料物理化学 [M]. 武汉：武汉工业大学出版社，1996.
[2] 胡志强. 无机材料科学基础 [M]. 北京：化学工业出版社，2004.
[3] 浙江大学等. 硅酸盐物理化学 [M]. 北京：中国建筑工业出版社，1980.
[4] 谢希文，过梅丽. 材料科学与工程导论 [M]. 北京：北京航空航天大学出版社，1991.
[5] 周亚栋. 无机材料物理化学 [M]. 武汉：武汉工业大学出版社，1994.
[6] 张志杰. 材料物理化学 [M]. 北京：化学工业出版社，2006.